Die Reise nach Benares

Mukul Kesavan

Die Reise nach Benares

Roman

Aus dem Englischen von Matthias Müller

WILHELM HEYNE VERLAG
MÜNCHEN

Titel der englischen Originalausgabe: Looking through Glass
Die Originalausgabe erschien bei Chatto & Windus Ltd., London

Copyright © 1995 by Mukul Kesavan
Copyright © 1995 der deutschen Ausgabe by Wilhelm Heyne Verlag
GmbH & Co. KG, München
Umschlaggestaltung: Lo Breier, Hamburg
Satz: Kort Satz GmbH, München
Druck und Bindung: Ueberreuter, Korneuburg
Printed in Austria

ISBN 3-453-09084-5

Inhaltsverzeichnis

Danksagung

Mein besonderer Dank gilt:

Hari Sen, Amitav Ghosh, Gautam Mukhopadhyaya,
Rukun Advani, Radhika Chopra, Shalini Advani, Partho Dutta,
Sanjeev Saith, Ishwari Bajpai, Chandrakanta Das, Alok Sarin,
Gaiti Hasan, Ashok Ganju, Shukla Pulin und Sudhakar Kesavan.

Für Vater, Mutter und Arun

Gewissensbisse am Totenbett

Als wir am nächsten Morgen wiederkamen, waren von ihr nur noch Asche und Knochenstaub übrig. Dadi war achtundachtzig, als ihr Herz versagte, und sie brannte wie brüchiges Papier. Sie wäre zufrieden gewesen, dachte ich, während ich mich über den erloschenen Scheiterhaufen beugte und im Staub nach Knochenstücken stocherte. Reste hatte sie nie leiden können. Die Mahlzeiten in ihrem Haus in Kashmiri Gate waren immer streng überwacht. Den Enkeln wurden ihre Portionen zugeteilt, und sie stand hinter uns, bis wir unsere Teller blitzblank leer gegessen hatten. Wer nicht aufessen wollte, dem drohte sie mit der glühendroten Küchenzange, die im Choolha vergraben lag. Sie brauchte sie uns nie zu zeigen – wir wußten, genauso wie die Erwachsenen, daß Dadi eine Frau war, die ihr Wort hielt.

Als ihr Mann starb, lebte sie weiter in dem Haus in Kashmiri Gate, ließ sich von einer einzigen Dienerin versorgen und lehnte die halbherzige Gastfreundschaft ihrer Kinder ab: Mein Vater hatte vorgehabt, sie sich im Halbjahresrhythmus mit seinem jüngeren Bruder zu teilen. Ich wuchs mit den Erzählungen von Verwandten auf, die regelmäßig ihre Selbständigkeit bewunderten, diese vom Alter unverbeulte Unabhängigkeit. Keine Essensreste, keine unbezahlten Rechnungen. Sie, die selbst Sozialhelferin für gestrauchelte Frauen gewesen war, hatte sich fest entschlossen, kein Objekt karitativer Bemühungen zu werden.

Meine Eltern besuchten sie nicht oft in den zehn Jahren nach Dadajis Tod, und ich entwickelte erst ein enges Verhältnis zu ihr, nachdem ich die Dunkelkammer meiner Schule entdeckt hatte. Mr. D'Mello, der zuständige Lehrer, pflegte gern zu sagen, daß es bei Schwarzweißfotografie um Struktur und Körnigkeit gehe. Struktur und Körnigkeit, sagte er immer und hielt die riesige Vergrößerung eines Daumenabdrucks hoch, Struktur und Körnigkeit. Dies erschien mir im Alter von achtzehn eine wesentliche Erkenntnis, so daß ich mir, als in der *Illustrated Weekly of India* ein Porträtfotowettbewerb ausgeschrieben wurde, die Rollei meines Vaters auslieh. Während ich die Straße von Ludlow Castle nach Kashmiri Gate entlangeilte, probierte ich, gierig nach den Falten und Hautsäcken von Dadis Alter, in Gedanken schon verschiedene Blickwinkel aus.

Einen Preis gewann ich zwar nicht mit meinem Bild, in dem sie hinter dem verschwommenen Rad eines Charkha sitzt und spinnt, aber meine Besuche setzten sich, im Schnitt einmal im Monat, bis zu ihrem Tod fort. Am Anfang war es das Haus, das mich anzog ... Die abblätternden, getünchten Wände, die Streifenschatten der Fenstergitter, die Mosaikfußböden, die launisch von Sonnenstrahlen beschienen wurden, die schräg durch hohe Lüftungsklappen herabfielen. Es war kein Haus – es war ein Kasten voller Bilder, die darauf warteten, aufgenommen zu werden.

Ich nahm sie auf, und das Gesamtergebnis – das ich lernte, als Mappe zu bezeichnen – verschaffte mir im Leben einen Start als freier Fotograf. Aber die Bilder hatten ihren Preis. Bei jedem Besuch brachte ich eine Stunde damit zu, mir geduldig Dadis Erzählungen vom Unabhängigkeitskampf anzuhören. In der Anfangszeit war es eine epische Geschichte. Sie zeigte mir ein Weitwinkelbild der Gandhi-Jahrzehnte, aber nach den ersten paar Besuchen zoomte sie auf den großen Salzmarsch, den der Mahatma im Jahr 1930 angeführt hatte. Dort, im großen Theater zivilen Ungehorsams, spielte Dadi mit immer detaillierteren Requisiten die eine Szene nach, in der sie die Heldin gewesen war.

Tatsächlich kannte ich diese Szene in Umrissen schon, lange bevor Dadi sie für mich neu belebte. Sie war Teil unserer Familienlegende. Mit meinem noch nicht abgestillten Vater an ihrer Brust war Dadi Gandhis Aufruf gefolgt und hatte den Spirituosenladen in der Kashmiri-Gate-Arkade bestreikt. Sie legte sich auf die Türschwelle, um die Kunden zu zwingen, über sie zu steigen. Niemand wagte es, aber die Polizei schleppte schließlich die Streikposten weg – und auf die Weise verbrachten Dadi und mein Vater sechs Monate in einem Kolonialgefängnis.

Als meine Schwarzweißphase dem Ende zuging, kannte ich die Geschichte in all ihren hundert Versionen. Die Wiederholungen bedeuteten nicht, daß Dadi senil oder verrückt vor Einsamkeit war. Das immer wieder neue Erzählen dieser Geschichte war die einzige Nachgiebigkeit dieser starken Frau gegen sich selbst. Es war auch ihre Art, mir beizubringen, daß ich, wie ihre übrigen Enkelkinder, zu den ersten Bürgern eines freien Indiens gehörte – weil sie den Tribut für mich geleistet hatte. Für sie gab es einen strengen Statusunterschied zwischen ihren Nachkommen und denen jener Frauen, die für die Sache der Freiheit nicht gelitten hatten. Die anderen waren die Wohlfahrtskinder des unabhängigen Indiens, Waisen, die auf staatliche Güte angewiesen waren, während wir per Geburtsrecht Aktionäre der Nation waren. Dadi war eine begeisterte Bilanzenzieherin, und es bereitete ihr ungeheure Befriedigung, daß ihre Familie sicher in den schwarzen Zahlen stand.

Es war dann eine schreckliche Ironie, daß dieses hart erworbene Selbstwertgefühl zerstört wurde, als die Republik ihre patriotischen Leistungen offiziell würdigte. An einem Unabhängigkeitstag beschloß der Staat, eine größere Liste von Freiheitskämpfern zu ehren. Das bedeutete eine lobende Erwähnung in Kupfer und eine Rente von vierhundert Rupien monatlich. Mein Vater war stolz auf sie und ein wenig erleichtert. Er fand es angemessen und nützlich, daß die Opfer, die seine Mutter für die Sache der Freiheit erbracht hatte, jetzt für ihre eigene Unabhängigkeit im Alter bürgten.

Zu dieser Zeit waren meine Besuche sporadischer geworden, weil ich auf Farbfotografie umgestiegen und von Dadi und ihrem Haus in Kashmiri Gate zu anderen Motiven weitergezogen war. In die Farbbeilagen reinzukommen war Schwerarbeit, weil die Aufträge an üppig ausgerüstete Profis gingen und ich nur die Rollei meines Vaters hatte, die um 1957 auf dem neuesten Stand der Technik gewesen war. Ich brauchte Geld. Meine Eltern konnten mir keines geben, weil jede Rupie ihrer Ersparnisse in den Bau eines eigenen Hauses, das vor der Pensionierung meines Vaters fertig werden sollte, geflossen war. Und so kehrte ich neun Monate nach meinem letzten Besuch zu Kashmiri Gate zurück, eher von materialistischen Motiven angetrieben als von einer Inspiration in Schwarzweiß.

Dadi saß an ihrem Charkha – aber sie spann nicht. Sie starrte es an, als hätte sie noch nie im Leben ein Spinnrad gesehen. Ihr Haar, normalerweise zurückgekämmt, hatte sich aus seinem ordentlichen kleinen Knoten gelöst und hing ihr in schmutzigweißen Strähnen ins Gesicht. Sie sah krank und um Zentimeter abgemagert aus. Huch, dachte ich erschrocken, jetzt ist sie nur noch eine alte Frau. Dann tat sie etwas völlig Untypisches.

Ich brauche deine Hilfe, sagte sie.

Es mußte etwas Ernstes sein, wenn sie sich dazu durchringen konnte, um Hilfe zu bitten, und so ging ich zu ihr und setzte mich neben sie.

Warte, sagte sie und erhob sich mühsam, wobei sie sich bereitwillig an meiner Schulter hochhievte. Sie verschwand in ihrer kleinen Rumpelkammer und erschien wieder mit etwas, das wie ein Kästchen für eine Halskette aussah. Ich möchte, daß du die Amtsstelle findest, die mir das hier geschickt hat, und es dem betreffenden Beamten zurückgibst. Ächzend nahm sie wieder hinter dem Spinnrad Platz. Und sag ihm, fuhr sie in dem geschäftsmäßigen Ton eines Notars fort, der ein Testament vorliest, daß er aufhören soll, mir Geld zu schicken. Sie holte erschöpft Atem … Sorg dafür, daß er meinen Namen von seiner Liste streicht.

Ich öffnete das Kästchen und sah mein verzerrtes Gesicht in blankem Kupfer. Es war Dadis Plakette. Das war es, was sie zurückgeben wollte, das und die dazugehörige Rente.

Ich habe noch die dreitausendsechshundert Rupien, die sie mir bis jetzt geschickt haben, sagte sie. Ich habe nichts davon ausgegeben. Du mußt zum Buchhalter in dem Amt gehen und es ihm zurückgeben … Vergiß nicht, dir eine Quittung geben zu lassen.

Aber warum tat sie das? Es war eine staatliche Ehrung, eine staatliche Rente. An keiner von beiden klebte irgendwelcher Dreck. Sie hatte für die Freiheit gekämpft, sie war im Gefängnis gewesen, sie hatte das Wohlergehen ihrer Familie aufs Spiel gesetzt, sie hatte ein Anrecht auf …

Nein, habe ich nicht, unterbrach sie heftig. Ihre starre, aufrechte Haltung sackte etwas zusammen, und sie gestattete es sich, sich ein wenig an den Takht anzulehnen. Dann erklärte sie mir ihre Unwürdigkeit …

Sie hatte sich zuerst gefreut, als der offizielle Brief, der die Würdigung ankündigte, eintraf. Aber traurig war sie auch ein wenig, weil ihr Mann nicht mehr lebte, um an ihrer Freude teilzuhaben, so wie sie an seiner teilgehabt hatte, als er im Jahr 1942 zum Companion des Indian Empire ernannt worden war. 1942. Seit vierzig Jahren hatte sie nicht mehr an dieses Datum gedacht.

Und doch war es ein denkwürdiges Jahr gewesen, ein heiliges Jahr in der Erinnerung der Nation, das Jahr der »Quit India«-Rebellion.

Zwei Wochen lang im August jenes Jahres, sagte Dadi, wobei sich ihre Augen mit lange zurückliegendem Stolz füllten, gab es kein Raj in Nordindien. In Ballia und Azamgarh wurden Republiken ausgerufen ... Sie hielten natürlich nicht, weil die Briten ganze Armeen in Indien hatten, um gegen die Japaner zu kämpfen, und schließlich gewannen. Aber das Empire erbebte. Deswegen gingen die Briten fünf Jahre später, erklärte Dadi. 1942 war ihnen ihre Lektion erteilt worden.

Aber Dadi gehörte nicht zu denen, die sie erteilt hatten, und das war die Wurzel des Übels. Als die Rebellion begann, lag die Leidenschaft des Salzmarsches schon zwölf Jahre zurück, und Dadis Welt hatte sich verändert. Sie war älter, ihr Mann war inzwischen Richter, und ihre Söhne gingen auf ein neues, aber vielversprechendes Internat in den Bergen. Sie hatte sich daran gewöhnt, ihren Zehnten für die Nation in der Münze von Sozialarbeit zu zahlen – so daß sie wegsah, als auf die Barrikaden gerufen wurde.

Ich verstand es trotzdem nicht. Wieso jetzt diese Gewissensbisse? Nach vierzig Jahren?

Sie versuchte es zu erklären. Auch schon damals hatte sie Schuldgefühle gehabt, aber ihr Heim für gestrauchelte Frauen und ihre Spinnarbeit hatten sie verdrängt. Dann kam die Freiheit, und es war leicht, die Vergangenheit zu vergessen, weil man an eine Zukunft zu denken hatte.

Erst als sie im Rashtrapati Bhavan war, wo ihr und hundert anderen in einem öffentlichen Festakt die Plaketten übergeben wurden, rührten sich wieder ihre Schuldgefühle. Während sie da auf ihrem roten Plüschsessel saß und darauf wartete, daß sie an die Reihe kam, hörte sie, wie der Zeremonienmeister die einzelnen Namen verkündete und die geleisteten Opfer zusammenfaßte. Ihr wurde klar, daß jeder der Anwesenden im Jahr 1942 geschlagen, verwundet oder ins Gefängnis gesteckt worden war. Alle bis auf sie. Da kamen dann die Schuldgefühle wieder.

Hätte ich getan, worum sie mich an jenem Nachmittag gebeten hatte – die Plakette und die nicht eingelösten Rentenschecks zurückzugeben –, hätte sie vielleicht mit der Vergangenheit ihren Frieden schließen können. Aber ich tat es nicht. Ich tat es nicht, weil ich ihr Geld brauchte, um mir ein Zoomobjektiv zu kaufen, das mich Horizonten näherbringen würde, die ansonsten unerreichbar waren. Ich nutzte ihre Liebe für mich aus und nahm von ihr die dreitausendsechshundert Rupien, die sie nicht ausgegeben hatte. Das langte gerade für die Anzahlung. Das restliche Geld mußte in Raten abbezahlt werden, und so behielt Dadi schließlich ihre Rente meinetwegen, immer in der

Hoffnung, irgendwann einmal jeden Paisa zurückgeben zu können ...
Wenn ich ihr das Geld zurückzahlen würde, wie ich versprochen hatte,
aber nie tat.

Ich fand ihr Verhalten albern, aber ihre Schuldgefühle verzehrten sie.
Jeden Monat erlebte ich sie abgemagerter und besessener als zuvor. Jedesmal wenn der Rentenscheck kam, verzweifelte sie über die wachsenden Schulden, die ihren Namen belasteten. Sie war keine Aktionärin
der Republik mehr, nur noch eine Schuldnerin, eine Belastung für die
Nation, weil sie Geld annahm, das sie nicht verdiente.

Nach den ersten achtzehn Monaten Rente konnte sie sich keine zehn
Minuten lang mehr mit einem anderen Thema befassen. Sie besorgte
sich einen Leserausweis für die öffentliche Bücherei und ging täglich
dorthin, um das Zeitungsarchiv durchzusehen. Sie ging jede Zeitung
aus der Zeit durch, um alles über jene heldenhaften Tage im August zu
erfahren, die sie verpaßt hatte. Und dann, wenn ich sie wegen des Geldes besuchte, erzählte sie mir entsetzlich ausführlich von irgendeinem
Detail des Aufstandes, das sie gerade gelesen hatte ... Das sollte das riesige Ausmaß dessen hervorheben, was sie nicht getan hatte. Über das,
was sie im Jahr 1942 tatsächlich getan hatte, erzählte sie nie etwas, weder von ihren Kindern noch von ihrem Mann oder ihrem gemeinsamen
Leben. Die Augustrebellion wurde in ihrer Erinnerung zu einem
schwarzen Loch, das alles, was ihr je danach passierte, wegsaugte, das
ihr gesamtes Leben zu einem einzigen Nicht-Ereignis schrumpfen ließ.

Aber Dadi verlor nicht den Verstand. Bis zum Ende wurde sie, dank
der Hilfe ihres Dienstmädchens Jumna, mit der Gegenwart so gut
fertig, daß sie allein leben konnte. Was sie davor bewahrte, verrückt zu
werden, war die Angst, von ihren Söhnen abhängig zu sein. Ihre legendäre Unabhängigkeit war alles, was sie noch besaß. Sie starb, so wie sie
es sich gewünscht hätte, an ihrem alten Spinnrad sitzend in ihrem Haus
in Kashmiri Gate.

Sie hatte uns allen gesagt und auch in ihr Testament geschrieben, daß
wir sie nicht in den Öfen des elektrischen Krematoriums verbrennen
lassen sollten – sie wollte im Freien verbrannt werden. Und so brachten
wir sie zu dem weniger als zwei Kilometer entfernten Nigambodh Ghat
am Fluß Yamuna, wo sie schnell und gut verbrannte.

Nachdem ich damit fertig war, die Asche zu durchwühlen, füllte das,
was von ihr übriggeblieben war, weniger als ein Drittel der kleinen
Tonurne, die man mir gegeben hatte. Ich bedeckte die Öffnung der

Urne mit einem Stück Stoff und trug sie zum Tempel auf der anderen Straßenseite. Der Brahmane dort band eine Schlaufe um den Hals der Urne und hängte sie an einen Ast des riesigen Peepul-Baumes, der im Tempelhof wuchs. Sie blieb dort hängen, bis ich sie am nächsten Abend abholte, um sie auf meine Reise mitzunehmen. Ich hatte vor, über Lucknow nach Benares zu fahren, wo ich Dadis Asche auf den Stufen des Dasashwamedh Ghat in den Ganges streuen wollte.

Die Fahrt nach Lucknow dauerte mit dem Nachtzug neun Stunden, und nachdem ich es geschafft hatte, nicht auf der Liege am Gang zu landen, wußte ich, daß ich gut schlafen würde. Die Kameratasche benutzte ich als Kopfkissen, weil ich zum ersten Mal mit dem Zoom unterwegs und vor Dieben auf der Hut war. Es war so ein Auftrag, den ich nie ohne Teleobjektiv bekommen hätte. Vom *India Magazine* hatte ich den Auftrag bekommen, einen Artikel über »Die Verwendung von Kalkputz und Stuck in Nawabi Lucknow« zu illustrieren, und der Autor wollte vergrößerte Detailaufnahmen von Gesimsen, Ornamenten und Glasuren. Da sich diese Details auf Säulenkapitellen oder in unerreichbaren Kuppeln befanden, konnte man ihnen nur mit einem Zoom nahekommen. Mir gehörte jeder Zentimeter seiner potenten Länge – Dadis letzter Rentenscheck hatte dieses Kapitel säuberlich abgeschlossen.

Ihre Asche reiste in einer Thermosflasche, die ich (auf Anraten meiner Mutter) selbst beim Schlafen um meinen Körper geschnallt trug. Meine Mutter hatte die Asche aus der Urne entfernt, aus Angst, diese könne während der zweitägigen Reise zerbrechen. Ich beförderte die Asche nach Benares, weil Dadi in ihrem Testament geschrieben hatte, daß sie bei Kashi in den Ganges gestreut werden sollte. Alle in der Familie meinten zu wissen, warum, aber das war nicht der Fall. Dadis Wille hatte nichts mit der Heiligkeit von Benares zu tun. Es war ihr Gruß im Tod an die Märtyrer von 1942, von denen viele aus Benares und Umgebung stammten, ihr letzter Versuch, Teil der »Quit India«-Rebellion zu sein. Dadi war zu einem günstigen Zeitpunkt gestorben, weil ich für den Lucknow-Auftrag sowieso in Richtung Osten mußte. Ich erbot mich, die Asche mitzunehmen – ich schuldete Dadi etwas, und dies war eine gute Art, die Schuld zu begleichen.

Die Nacht verlief gut. Ausnahmsweise wirbelte das violette Nachtlicht keine häßlichen Träume auf, und das Chai-Chai-Gekrächze der

Teeburschen, das die mitternächtlichen Aufenthalte begleitete, weckte mich nicht auf. Ich erwachte zum Rhythmus des schönsten Sommergeräusches: Regen, der auf das Dach unseres Wagens trommelte, während der Zug durch die ereignislose Gangesebene tuckerte. Meine Armbanduhr zeigte fünf Uhr an. Noch eine Stunde bis Lucknow. Ich griff nach der Kameratasche und betastete sie – das Objektiv war da, beruhigend in seiner zuverlässigen Länge. An meiner Seite war die Thermosflasche. Ich berührte beide noch mal und streckte mich zufrieden aus. Die aufregende Nähe vergrößerter Horizonte und die sichere Aussicht, Dadis Überreste zu versenken, machten mich glücklich.

Es erschien mir falsch, dieses Glück mit ungeputzten Zähnen zu kosten, und so kletterte ich von meiner Pritsche herunter und steuerte auf das Waschbecken am Ende des Ganges zu. Es war mir peinlich, in der Reihe zu stehen, während die anderen die Kameratasche und die Thermosflasche beäugten, aber ich konnte das Risiko nicht eingehen, mich von ihnen zu trennen. Verlegenheit war ein kleiner Preis für die Gewißheit um sicheren Besitz. Nachher auf der Toilette legte ich mein Prinzip freier aus und hängte die Thermosflasche an den Türhaken, bevor ich mich hinhockte.

Als ich zum Abteil zurückkehrte, waren die Sitzplätze am Fenster frei, und ich ließ mich auf einen nieder, um, durch keine weitere Gesellschaft abgelenkt, den Regen draußen zu betrachten. Ich schob das Fenster hoch, wurde trotzdem aber nicht naß, da die Windböen den Regen schräg vom Fenster wegbliesen. Nachdem ich eine Viertelstunde lang die feuchte Frische eingeatmet, eine Viertelstunde lang den Wind im Gesicht gehabt hatte, trennte mich nur noch ein Herzschlag von der Glückseligkeit. Und dann erschien, als wolle er meinen frisch geputzten Zähnen die Ehre erweisen, ein dürftig uniformierter Bediensteter mit Tee. Ich ließ ihn in der Untertasse abkühlen und fragte mich, ob irgend jemand gerade die Welt ganz fein auf meine Frequenz einstellte. Ich hätte auf Holz klopfen sollen.

Der Zug hielt an der letzten Station vor Lucknow. Die Kartenspieler warfen ihre Karten hin und eilten auf den Bahnsteig, um sich Proviant zu kaufen. Ich blieb sitzen und träumte von den magischen Eigenschaften meines neuen Objektivs. Ich hatte mit ihm noch kein einziges Bild gemacht – es sollte auf dieser Reise eingeweiht werden. Die Macht, die in ihm steckte ... Die Welt in Nahaufnahme aus einer unangreifbaren Entfernung! Die Grimasse eines sich abmühenden Rikscha-Fahrers, das

Muster einer abblätternden Kuppel – es gehörte mir mit allen Details, die ich haben wollte, es gehörte mir, ohne das Risiko der Nähe.

Ein Pfiff ertönte, und der Zug setzte sich wieder in Bewegung. Der Bahnsteig glitt davon, und feuchtes Grün füllte wieder mein Fenster. Spontan öffnete ich meine Kameratasche und holte das Objektiv heraus. Ohne auf die neugierigen Blicke der Kartenspieler zu achten, die auf diesem letzten Abschnitt nach Lucknow aufgehört hatten zu spielen, schraubte ich es auf das Kameragehäuse auf. Dann fiel mir wieder der Regen ein und was er der Oberfläche des jungfräulichen Objektivs antun könnte, und so schraubte ich die Schutzklappe drauf, lehnte mich zurück und versuchte, nicht aufzufallen. Die anderen im Abteil dachten wahrscheinlich, ich wollte nur angeben – und wer konnte es ihnen verdenken! Ich hantierte mit der Kameratasche herum und sah entschlossen aus dem Fenster. Es reichte mir jetzt mit Regen und Vegetation, ich wollte nur noch, daß die Reise endlich zu Ende ging.

Aber eine halbe Stunde vor Lucknow, als wir uns gerade auf einer Brücke befanden, fuhr der Zug langsamer und hielt an. Sofort wurde das ganze Abteil von Unruhe erfaßt, alles ging an die Türen und spähte hinaus. Dann verbreitete sich auf dem langen Gang, von Wagen zu Wagen die Erklärung, die Strecke sei nicht frei, und die Leute gingen wieder auf ihre Plätze.

Der Zug hatte kurz vor dem Ende der Brücke gehalten. Durch das Brückengeländer konnte ich die träge, grüne Oberfläche des Flusses und das Braun seines sanft ansteigenden Ufers sehen, auf dem sich winzige Gestalten gleichmäßig bewegten. Als ich sie durch mein magisches Auge betrachtete, wurden sie zu Dhobis, die Wäsche auf Waschsteinen walkten.

Dhobis? Wieso waren die im Regen draußen? Ich blickte wieder durch das Objektiv und sah, daß es am Flußufer tatsächlich gar nicht regnete – die Wäscher hatten scharfgestochene Schatten. Zum Himmel hochblickend sah ich in den Wolken über uns einen riesigen Aufriß, durch den wäßriges Sonnenlicht auf den Fluß herunterschien. Ich streckte den Kopf aus dem Fenster und begutachtete das Ufer, das wir gerade verlassen hatten. Es war ebenfalls sonnenbeschienen, obwohl die Landschaft dahinter noch unter einem Regenvorhang lag. Nur der Fluß, seine Ufer, die Brücke und der darauf festsitzende Zug wurden beschienen.

Es war ein schräges, rätselhaftes Licht, das Fotografen gern benutzen, um ihre Bilder in eine geheimnisvolle Stimmung zu tauchen. Ich sah wieder durch das Fenster, aber vom Zuginnern gab es keinen anständigen Blickwinkel auf die Dhobis. Das Brückengeländer war ständig im Weg.

Es gab aber einen Aussichtspunkt gegenüber meinem Fenster, wo die gerade Linie des Brückengeländers durch eine Beobachtungsplattform unterbrochen wurde, die weiter über den Fluß hinausragte. Sie war weniger als zwei Meter von meinem Abteil entfernt. Ein sorgloser Passagier hatte bereits den einzigen Tragbalken, der die Beobachtungsplattform mit dem Gleis verband, überquert und dort eine Zigarette geraucht. Dann war er ebenso beiläufig wieder zurückgeschlendert und hatte seinen Platz bei dem neu begonnenen Kartenspiel eingenommen. Mir war ganz schwindlig vom Zusehen geworden – es gab keinerlei Halt für die Hände, nur Leere auf beiden Seiten bis hinunter zum Fluß.

Ich hätte mich nicht getraut, wenn der Regenbogen nicht gewesen wäre. Plötzlich war er da, spannte sich über Wolkenbank und Ufer in einem riesigen, schillernden Bogen. Die Kartenspieler spähten wieder durchs Fenster und lächelten – für sie war es nur ein Schauspiel. Für mich, mit Kodachrome in meiner Kamera und einem Objektiv, das eingeweiht werden sollte, war es ein Zeichen.

Der Zug hatte noch nicht gepfiffen, ich hatte also noch Zeit. Ich holte tief Luft, ging den Gang entlang zur Tür und schritt über den Tragbalken, ohne auch nur einmal hinunterzublicken oder auszuatmen. Mein Herz pochte vor Aufregung und Begeisterung, als ich mich auf den Boden der Plattform legte, um das Objektiv ruhig zu halten. Aber in den fünf Minuten, die ich da war, machte ich kein Foto, weil es letztendlich kein großartiges Bild zum Aufnehmen gab. Ich schaffte es, die Gruppe der Dhobis in verschiedene anständige Ausschnitte aufzuteilen, aber Turbane und auf Sand zum Trocknen ausgelegte Saris waren schon zu Tode fotografiert worden. Für die Einweihung dieses hart erworbenen Objektivs brauchte ich ein besonderes Motiv. Ich richtete mich widerwillig auf und sammelte den Mut, um zum Zug zurückzukehren – der Tragbalken mußte wieder bewältigt werden. Ich sicherte mein Gleichgewicht zunächst, indem ich die Thermosflasche, die ich immer noch umhängen hatte, so weit nach hinten schob, bis sie über meinem Hintern hing, und dann, indem ich mir den Fotoapparat unter einen Arm klemmte, damit er nicht herumschwenken und mich aus dem Gleichgewicht bringen konnte. Während ich mich dem schmalen Steg näherte und mich schielend vor lauter Anstrengung auf seine dreißig Zentimeter Breite konzentrierte, wurde ich von einer Gestalt am Rande meines Blickfelds abgelenkt.

Sie oder vielmehr er stand dort, wo sich der letzte Brückenpfeiler in die Flußböschung senkte, knietief im Wasser – und schaute hoch. Ich kehrte vom Tragbalken um und versuchte die Kamera auf ihn zu richten, aber jetzt war er nicht mehr zu sehen, da der Plattformrand die Sicht versperrte. So ging ich in die Hocke und arbeitete mich an den Balken heran, bis die Figur wieder ins Bild kam. Ich zog das Objektiv auseinander und zoomte sie heran. Ich hätte laut gelacht, wäre mein Ausguck sicherer gewesen, denn ein Mann in einem weißen Kurta ähnlich dem, den ich anhatte, blickte durch ein kleines Fernrohr zum Zug hoch. Mann mit Objektiv – das war das Bild, das ich gesucht hatte. Ich erweiterte den Bildausschnitt, um noch seinen hochgekrempelten Pajama und das Wasser mit draufzubekommen, aber in dem Moment machte er zwei Schritte nach links und verdarb alles. Vom Objektiv mutig gemacht (da es den Höhenschwindel vertrieb, weil es die Entfernung aufhob), setzte ich einen Fuß vor und stützte mich mit meinem linken Bein auf den Tragbalken. Ein paar Sekunden lang, während ich die Schärfe und Belichtung einstellte, starrten wir uns durch Schichten geschliffenen Glases an, und ich verspürte eine schnelle Zuneigung zu diesem so andersartigen Zwillingsbruder von mir. Wenn nichts anderes, dann würde es wenigstens eine gute, ausgefallene Studie ergeben.

Und dann ... Nun, es war nicht eine Sache allein. Es war der Pfiff, der ertönte, als ich gerade auf den Auslöser drücken wollte, dieser Donnerschlag in der Ferne, die Thermosflasche, die sich auf meinem Hintern verschob – es war all das zusammengenommen. Aber zuallererst war es das Gewicht des Objektivs. Ich hatte mich abgestützt und dabei sein Gewicht mit einberechnet, aber als ich mich anspannte, um abzudrücken, wurde es plötzlich doppelt so schwer, und in der Milliardstelsekunde, die für das Drücken des Auslösers erforderlich war, wurde es zehnmal schwerer und mehr, während es mich herunterzog. Dann fiel ich, stürzte dem grünen Fluß entgegen, den sich hin und her bewegenden Dhobis, dem Mann mit dem Fernrohr – und kurz bevor ich nichts mehr wußte, sah ich, wie mein Zehn-Tonnen-Objektiv im freien Fall vor mir das Wasser erreichte. Es machte einen großen Platscher.

Ich erwachte von dem Geräusch, das jemand machte, der zu ersticken schien. Dieser jemand war ich. Das Atmen ging nicht mehr automatisch. Ich mußte wach werden, um daran zu denken. Nach einer Minute eines schrecklichen Vakuums kehrte der Rhythmus wieder, und ich sank auf die Couch zurück, um dankbar zu weinen. Ich brauchte eine weitere Minute, bis ich mich soweit erholt hatte, daß ich die gebratene Leber riechen und den schmierigen Kronleuchter über mir sehen konnte. Unter meinem Kopf lag eine Art große Nackenrolle. Ich lag unter einem weißen Laken. Nichts fühlte sich feucht an.

Aber meine Brust fühlte sich wund an, und meine Stirn hämmerte, als hätte man mir die Haut abgezogen. Meine Hand gehorchte, als ich mir mit ihr die Augen wischen wollte, obwohl sie sich in Zeitlupe bewegte. Dann hörte ich, wie eine Tür geöffnet wurde, der Geruch von Leber verstärkte sich, und es näherten sich mir unterschiedliche Schritte. Zwei Frauen erschienen am Fußende der Couch, zwei Männer an der Seite.

Ich fragte nach meiner Kamera, aber heraus kam nur ein ersticktes Rasseln. Die ältere Frau schüttelte den Kopf und legte einen Finger auf den Mund. Der jüngere Mann und das Mädchen waren eindeutig verwandt. Sie sahen beide gut aus, hatten eine helle Haut und klare Züge. Die dicke Frau, die mich vom Reden abhalten wollte, war, wie ich beschloß, ihre Mutter, da sie trotz dunkler Brille wie der Junge aussah. Wer nicht ins Bild paßte, war der bleiche Mann mit dem borstigen Schnauzbart, der mir Kissen in den Rücken schob und mir eine Tasse Tee gab. Er war es, der die Erklärung übernahm.

Ich war von Masroor aus dem Fluß gerettet worden. Der gutaussehende Sohn lächelte beruhigend, und ich erkannte ihn sofort: Er war der Mann mit dem Fernrohr. Ich war in der Nähe des Ufers hineingefallen, und er hatte mich schnell herausgezogen. Aber durch den Schock und das geschluckte Wasser war ich während der Wiederbelebungsversuche am Ufer und der Rikschafahrt bewußtlos geblieben. Sie haben einen Schock, sagte der Schnauzbart streng. Er hielt mich offenbar für einen Selbstmörder. Ruhen Sie sich aus, befahl er, und dann zogen sie sich zurück und ließen mich wieder allein, ohne mir zu erklären, wieso Masroor durch ein Fernrohr zu einem Zug hochgesehen hatte.

Aber der Rat war gut, ich brauchte Schlaf. Nur war ich mir mit dem Atmen noch nicht so sicher, und deshalb rieb ich mir die Augen und blieb, halb aufgerichtet, auf den Kissen liegen. Es war ein altes Haus. Von dem Raum, in dem ich mich befand, sah man in einen Hof durch drei grüngestrichene Metallbögen, die mit Türen versehen waren – man hatte sie offen gelassen, damit Luft hereinkam. Obwohl der Kronleuchter dringend mal geputzt werden mußte, waren Möbel und Einrichtung schön antik, und das gesamte Interieur paßte zum Alter des Hauses: Nichts aus Plastik – jeder Gegenstand war aus Holz, Metall, Glas, Leder oder Wolle. Die Teppiche wirkten so abgenutzt, daß sie alte Erbstücke sein konnten, und die Türen hatten Scheiben aus orangerotem und grünem Glas, wie es heutzutage nicht mehr verwendet wird. Die Kaminuhr auf dem Beistelltisch war eine überflüssige Note, aber die anderen Stücke im Wohnzimmer schienen dort hinzugehören, besser als der Plunder, mit dem Dadi ihr Haus vollgestellt hatte.

Dadi. Mein Herz blieb stehen, und meine Atmung brach wieder zusammen. Ich bekam einen solchen Hustenanfall, daß mir die Speichelfäden aus dem Mund auf das Laken tropften. Ich wischte mir das Gesicht ab und sah mich panisch um – und vergoß dann echte Tränen, als ich die Thermosflasche auf einem kleinen Tisch am Kopfende der Couch entdeckte. Mit zittrigen Fingern schraubte ich den Verschluß auf und blickte hinein. Die Asche war noch da, trocken wie an dem Tag, an dem sie gebrannt hatte. Ich stellte mir die Flasche griffbereit auf den Boden. Dann legte ich mich in die Kissen zurück und konzentrierte mich auf das Problem der unbewußten Atmung.

An andere Dinge zu denken hatte keinen Sinn, da die Müdigkeit mich nicht denken ließ. Und so versuchte ich es mit Lesen. Wenn das, was ich las, langweilig genug war, bestand die Aussicht, daß ich einschlief, ohne daß es meine Lunge merkte. Sie hatten auf dem Beistelltisch ein paar Zeitungen liegen lassen. Die Blätter in Urdu nützten mir nichts, aber darunter lag eine, die *The Pioneer* hieß. An seinem Namenszug sah ich, daß es eine Regionalzeitung war. Die großstädtischen Massenblätter hatten schon seit Jahren keine gotischen Schrifttypen mehr verwendet. Selbst das Layout war primitiv, mit Schlagzeilen, die auf zwei Spalten zusammengedrängt waren. »Sowjets bombardieren Nazi-Schiffe auf der Wolga«. Sie hatten damit drei Zeilen gefüllt. Und die »Eine Million Männer in Mandschukuo mobilisiert« hatte man in eine einzige Spalte gestopft. Mandschukuo? Der Schlaf verflog. Mein Blick konzentrierte sich auf das Datum unter dem Zeitungsnamen. Es paßte ... Es paßte zu dem gotischen Namenszug und zu den Schlagzeilen und zu dem antiken Mobiliar. 4. August 1942.

Zum zweiten Mal an diesem Morgen sah ich das Ende der Welt, und dann wußte ich nichts mehr.

Innen

Ich fragte nicht noch einmal nach der Kamera. Auch nicht nach Masroors Fernrohr, obwohl ich die Sache später selbst herausfand, ohne daß man es mir gesagt hätte. Amnesie hatte ihre Regeln, und ich hielt mich an sie. Als 1942 unwiderlegbar geworden war, beschloß ich, mein Gedächtnis zu verlieren. Ich hatte keine Wahl. Irgendein anderes Vorgehen hätte unmögliche Erklärungen bedeutet. Also knauserte ich nicht – ich verlor sogar meinen Namen.

Masroors Schwester, Asharfi, fand für mich einen anderen, aber das war erst später. Es war seltsam, ohne Namen zurechtzukommen. Masroor räusperte mich an, Asharfi nannte mich Bhaisahib, Ammi, ihre Mutter, rief nur Arrey – Hallo – wenn sie meine Aufmerksamkeit haben wollte, und der schnauzbärtige Mann, der Haasan hieß, nannte mich Chinna. Er nahm meine Amnesie am schwersten. Bis du dich an deine Familie erinnerst, sagte er besorgt, bin ich dein Onkel.

Während der ersten fünf Tage begegnete ich niemand anderem, so daß die Namenlosigkeit eigentlich nicht so peinlich war. Sie mag sogar geholfen haben. Sie verwandelte mich von einem erwachsenen Mann in ein heimatloses Waisenkind. Das war wahrscheinlich ein Grund für Ammis unbesonnene Gastfreundschaft. Es gab auch noch andere: Masroor fühlte mir gegenüber Besitzansprüche, da es sonst niemand tat – schließlich hatte er mir neues Leben eingehaucht. Später, als Asharfi mich umbenannte, wurde ich auch ihre Schöpfung.

Aber in dieser ersten Woche war es mir egal, warum sie mich bei sich behielten, solange sie mich in Ruhe ließen. Ammi hatte mich in einem Zimmer im oberen Stockwerk untergebracht. Es war ein großes Haus, das vor dem Aufstand von 1857 erbaut worden war. Da mir die Kamera fehlte, war es sinnlos, daß man es verputzt und mit Stuck versehen hatte. Ich verbrachte die Vormittage damit, auf der Dachterrasse, die zum Hof lag, zu sitzen, Tee zu trinken und nicht die Zeitung zu lesen. Der Hof war mit einem Gitter dünner Metallstangen überdacht, die stark genug waren, daß man darauf gehen konnte, und dünn genug, um die Sonne durchzulassen. Ich verbrachte ganze Tage damit, durch diesen Metallrost auf das geschäftige Treiben unten im Hof hinunterzuschauen. An den Tagen, wo es mir unmöglich war zu akzeptieren, daß es das Jahr 1942 war, hatte ich das Gefühl, ich würde einer Galavorstellung eines endlosen historischen Theaterstückes beiwohnen.

Wenn es nicht regnete, lehnten am Eingang zum Flur aufgespannte schwarze Regenschirme zum Trocknen. Mutter und Tochter gingen nicht viel aus. Die Regenschirme gehörten Masroor und seinen Freunden. Er bewohnte ein Zimmer im Erdgeschoß auf der anderen Hofseite, aus dem er jeden Morgen um sechs erschien, unter dem Rost durchging und zur Tür hinaus auf die Massaldan Lane. Ich wußte, daß sie so hieß, weil Asharfi einmal versucht hatte, mir die Lage des Hauses zu erklären, falls ich mich verlaufen sollte. Da ich vorhatte, erst am Morgen des zehnten August aus dem Haus zu treten (und nie wiederzukommen), waren ihre Orientierungshilfen verlorene Liebesmüh. Ich hatte versucht, nicht zuzuhören. Mein Schicksal hing von meiner vollständigen Isolierung von allem um mich herum ab – selbst sich die geographische Lage einzuprägen bedeutete, diese Welt hereinsickern zu lassen.

Aber die Massaldan Lane blieb mir im Gedächtnis haften, ebenso wie andere gefährliche Stückchen Information, weil Asharfi sowohl zu freundlich als auch zu schön war, um sich einfach so ignorieren zu lassen. Masroor besuchte mich auch – manchmal nach dem Mittagessen oder zwischen den langen Gesprächen, zu denen er und seine Freunde die Köpfe zusammensteckten, wenn sie bei gutem Wetter im Hof und bei Regen in der Diele saßen. Er sagte nicht viel zu mir. Er erkundigte sich bloß nach meiner Gesundheit oder meinem Gedächtnis, und gelegentlich bot er an, in den Läden draußen für mich einzukaufen, falls ich irgend etwas wollte. Und wenn ich ablehnte (immer heftiger, als ich beabsichtigte), nickte er, lächelte und ging zu den geflüsterten Gesprächen mit seinen unerklärlich geheimnistuerischen Freunden zurück.

Ich war nicht neugierig. Er ging mich nichts an. Und auch sonst nichts in dieser Welt. Es lag eine triste Art von Trost in dieser Gewißheit. Sechs Tage nach dem Tag, an dem ich in den Fluß gefallen war, würde der Postzug wieder vorbeikommen und mich nach Hause bringen. Ich hatte vor, im Bahnhof von Charbagh zuzusteigen, so daß ich, wenn er durch diese Zeitkrümmung auf der Brücke fuhr, meine Zeit wiederfinden konnte. Wieder würde die Sonne auf den Fluß scheinen und Düsternis auf dem Land liegen, Männer würden Karten spielen und Dhobis am Ufer stehen. Und ich – ohne ein verhextes Kameraobjektiv, das mich aus dem Gleichgewicht bringen würde. Diesmal würde ich, wenn der Zug in den Bahnhof von Delhi einfuhr, in die wirkliche Welt von Farbfernsehen und Menschen, die ich kannte, hinaustreten.

Wenn ich so still und taub und gleichgültig wie möglich im Haus blieb, würde ich zu einer von der Vergangenheit unveränderten Gegenwart zurückkehren. In der gigantischen Woge der Geschichte würde der winzige Platscher, den ich verursacht hatte, unbemerkt vorübergehen. Nicht alles, was in der Vergangenheit geschehen war, war Geschichte, und wenn die Fakten dieser zurückgedrehten Zeit von Historikern gesiebt wurden, wollte ich ausgesiebt werden. Deswegen hatte ich beschlossen, mich für den August 1942 noch rigoroser nicht zu interessieren, als es damals selbst die arme Dadi getan hatte.

Gleichgültigkeit war am einfachsten zwischen acht Uhr morgens und dem Mittagessen aufrechtzuerhalten, wenn Asharfi im College war und Masroor zur La Martinière radelte, wo er Geschichte unterrichtete. Jeden Tag, wenn sie das Haus verlassen hatten, ging ich die Treppe hinunter und verkroch mich in einem der riesigen Lehnstühle in der Diele. Der Raum war gleichzeitig Bibliothek, es gab also genug zu lesen. An den meisten Vormittagen leistete Ammi mir Gesellschaft, aber sie war so beschäftigt, daß ihre Gegenwart keine Gefahr bedeutete.

Hatte sie erst mal die Säuberung des Hauses überwacht und Moonis den Speiseplan für das Mittagessen mitgeteilt, waren die Vormittage *Khatoon*, der Zeitschrift gewidmet, die sie alle Vierteljahre veröffentlichte. *Khatoon* war zehn Jahre alt, hatte zweihundertelf Abonnenten und nichts gemein mit anderen Frauenzeitschriften wie *Tahzib-un-Niswan* oder *Ismat*, die unbeirrt danach strebten, durch praktische Tips und Moralpredigten muslimische Frauen vor der Ignoranz zu retten. Wir interessieren uns nicht für derlei Dinge, sagte sie gerne hoheitsvoll. Was kann ich einer Frau über Kinder und Rezepte erzählen, worauf sie nicht selbst irgendwann kommen wird? Meine Khatoons, sagte sie, wollen leben, nicht lernen. Leben, das war das, was sie bei sich zu Hause nicht konnten, eingebunden in ihre häuslichen Pflichten, wie sie waren ... Und so schickte sie ihnen viermal im Jahr per Post andere Leben ins Haus.

24

Sie verfaßte die gesamte Zeitschrift selbst – jeden Artikel, manchmal sogar die Leserbriefe, wenn ihre Leserinnen sie im Stich ließen. Das erste Mal, als sie mir gegenüber *Khatoon* erwähnte, geschah es genau aus diesem Grund. Sie wollte, daß ich die Juliausgabe las und ihr einen Brief schrieb. Er sollte eine Länge von dreihundert Wörtern haben und mit Waheed Jahan unterschrieben sein. Das war eine ihrer regelmäßigen Stellvertreterinnen, aber Ammi hatte in dieser Ausgabe keine Zeit für sie. Ich war Ammi verpflichtet, weil sie mir Zuflucht gewährte, so daß ich mich dazu bereit erklärte. Aber als sie mir die fragliche Ausgabe von *Khatoon* gab, stellte es sich heraus, daß sie auf Urdu geschrieben war und damit in arabischer Schrift, die mir so unzugänglich war wie ein Code vom Mars. Daraufhin spannte Ammi mich für die Schwerarbeit ein. Ich schleppte Stapel von Zeitungen zu den alten Frauengemächern, der Zenana. Sie waren durch eine steile Wendeltreppe mit dem Flur verbunden, und als ich das erste Mal hochging, entdeckte ich, daß man von ihren Räumen durch Gitterfenster einen Blick auf die Diele hatte. Dort, von wo einst eingesperrte Frauen auf männliche Festlichkeiten hinuntergespäht hatten, konnte ich von oben einen Blick auf Ammi werfen, die gerade einen lebhaften Bericht über eine Hadsch-Pilgerfahrt verfaßte. Sowie er fertig war, würde sie ihn eiligst zur Druckerpresse bringen, die ihren Platz in den Frauengemächern hatte und von Masroor betätigt wurde.

Ammi testete einige Teile des Hadsch-Artikels, indem sie sie mir vorlas. Er war in der ersten Person geschrieben. Alle Artikel in *Khatoon* waren in der ersten Person geschrieben. Das war eine von Ammis Regeln. Es gab nichts Besseres als die erste Person, um den Lesern zu helfen, andere Leben zu leben. Sie hatte aufgehört, Artikel von Außenstehenden anzunehmen, weil sie dazu neigten, Informationen in der dritten Person feilzubieten. Jetzt schrieb sie ganze Ausgaben unter einem halben Dutzend Pseudonymen, damit ihre Leserinnen genau das bekamen, was sie wollte.

Die aktuelle Ausgabe, mit der sie schon zeitlich im Verzug war, brachte einen Spaziergang durch das maurische Granada (einschließlich einer filmgenauen Beschreibung der Alhambra und ihrer unvergleichlichen Stuck- und Putzornamentik), die Erinnerungen einer vornehmen Dame aus Calicut an die große und blutige Moplah-Rebellion von 1921 in Kerala, einen Brief über eine Eisenbahnreise von Istanbul nach Paris von einer emanzipierten Türkin, und natürlich die Hadsch-

Pilgerreise nach Mekka von der verwitweten Shakila Rahman aus Mymensingh, die, wie Ammi in ihrem Vorwort der Redaktion erklärte, ein Vorbild für uns alle sei.

Mir wurden große Stücke von all dem vorgelesen, und ich hörte sie mir gerne an, weil sämtliche Berichte von Ammi erfunden worden waren. Das Ich war in jedem Fall ein Pseudonym, die Berichte hatte sie sich ausgedacht, die Geographie war impressionistisch (die vornehme Dame aus Calicut erinnerte sich an die Malabarküste, gegen die Wellen der Bucht von Bengalen spülten), und die Tatsachen, die Ammi einarbeitete, waren willkürlich aus Büchern und Zeitungen abgeschrieben worden. Die Artikel waren von der Wirklichkeit von 1942 derart weit entrückt, daß keine Gefahr bestand, sie könnten mich mit der Gegenwart infizieren.

Ammi gab bereitwillig zu, daß nichts in *Khatoon* aus tatsächlich Erlebtem entstand. Zum Beispiel die Hadsch-Geschichte. Ammi war noch nie weiter westlich als Lucknow gekommen. Daß ihr Wissen aus erster Hand fehlte, bereitete ihr keine Sorgen. Wenn ich anfange, mich an Erfahrung zu halten, sagte sie mir einmal, dann muß ich *Khatoon* mit Rezepten füllen. Sie war skeptisch, was die Bedeutung von »wirklichem Leben« betraf. Wenn Frauen die Welt nicht neu erfinden, sagte sie, wer läßt sie denn darin leben? Das paßte mir gut. Bis zum zehnten, wenn der Postzug vorbeikam, um mich in meine eigene Zeit zurückzubringen, wollte ich mit der Wirklichkeit nichts zu tun haben.

Mittags wurde es mit der Distanz schwieriger, weil Masroor zum Essen nach Hause kam und er die Welt draußen mit hereinzubringen schien. Er kam oft in Begleitung unangekündigter Freunde, aber selbst wenn er allein war, bekam der abgeschirmte Frieden des Hauses unruhige Ränder. Nach drei Tagen gemeinsam eingenommener Mittagessen wußte ich, daß ihn irgend etwas beschäftigte. Zum Glück bestand sein bevorzugtes Verhalten beim Essen aus besorgter Schweigsamkeit, und dafür war ich dankbar. Nichtwissen läßt sich am besten schweigend kultivieren. Während des vierten, fünften und sechsten Augusts konnte ich also sein unheilschwangeres Schweigen ignorieren, ebenso wie seine häßlich abgekauten Fingernägel und Ammis stumme Sorge um ihren nervösen Sohn. Ich aß so schnell, wie es der Anstand erlaubte, und zog mich mit der Erklärung, ich würde mich schwach fühlen, auf mein Zimmer zurück. Dort baute ich mir, wie ein überwinternder Bär, eine Höhle aus Schlaf.

Aber am siebten Tag wurde mir sowohl Schlaf als auch Unschuld versagt. Der Vormittag war friedlich verlaufen, und um zwei setzten Ammi, Asharfi und ich uns zum Mittagessen nieder, nachdem wir eine halbe Stunde auf Masroor gewartet hatten. Es hatte heftig in den Hof hineingeregnet, und so vermutete Ammi schließlich, daß er wohl wartete, bis es aufhörte, und wies Moonis an, das Essen aufzutragen. Doch kaum hatten wir begonnen, wurde die Hoftür aufgerissen und Masroor kam hereingeeilt, dicht gefolgt von Haasan. Sie warfen ihre Regenschirme in den Hof, nachdem sie den Schutz der Diele erreicht hatten, vergaßen aber nicht, die Schuhe abzustreifen, bevor sie das Eßzimmer betraten. Schneller als man seinen Bissen herunterschlucken konnte, hatten sie sich zu uns gesellt, so daß ich zwar spürte, daß sich Ärger zusammenbraute, aber noch durch das Essen festgehalten war.

Der in Tagen aufgestaute Damm der Gefühle brach sofort.

Du wolltest mir ja nicht glauben, warf Masroor seiner Mutter vor. Bloß ein Gerücht, hast du gesagt, als ich dir von dem Spiel erzählt habe. Es ist aber kein Gerücht. Ich weiß es jetzt sicher, weil sie das Spiel auf dem Kricketplatz unserer Schule austragen werden. Der Direktor hat seine Zustimmung gegeben – er will zum Ritter geschlagen werden.

Ammi blickte besorgt zu Haasan hinüber, der nickte und die Geschichte bestätigte. Die Aligarh Muslim University werde gegen die Benares Hindu University über einen Zeitraum von drei Tagen Kricket spielen. Beginnen sollte es am elften. Es war der Plan des Gouverneurs der United Provinces, um Geld für den Kriegsfonds zu sammeln. Eintrittskarten kosteten acht Annas und eine Rupie.

Nachdem er die wesentlichen Tatsachen berichtet hatte, verstummte Haasan, ohne zu erklären, warum Masroor so beunruhigt über ein Kricketspiel war.

Sie bauen schon Tribünen auf, sagte Masroor zornig. Der Gouverneur will am elften viertausend Zuschauer auf dem Sportgelände der Schule haben, die zusehen, wie elf Hindus gegen elf Muslims spielen.

Er drehte eine schnelle Runde durch den Raum und kaute voller Wut auf seinen Lippen.

Was für eine prächtige Idee, sagte er heiser. Kricket, gesunder Wettbewerb und eine Kollekte für unseren schönen Krieg. Wunderschön, wunderschön ... Festzelte, Sonne, Limonade, weiße Uniformen auf dem Platz und Rupien in der Kriegskasse. Masroor blieb stehen. Hallett ist verrückt geworden. Eine einzige falsche Entscheidung, und wir haben abgehackte kurze und lange Beine auf der Tribüne herumliegen.

Unsinn, protestierte Haasan. In Lucknow hat's noch nie Krawalle zwischen Hindus und Muslims gegeben.

Das haben sie vor 1938 in Allahabad auch behauptet, schnauzte Masroor ihn sarkastisch an. Und in Benares vor 1939 – aber die Krawalle sind trotzdem passiert. Es gibt immer ein erstes Mal.

Haasan schüttelte den Kopf. Es wird nichts passieren, sagte er. In Lucknow hat's früher auch schon große Menschenmengen gegeben. Ich bin seit zwanzig Jahren hier und habe Dutzende von riesigen gemischten Versammlungen überlebt.

Masroor holte tief Luft.

Das war damals. Jetzt ist das anders. In den United Provinces von 1942, sagte er mit grimmiger Ironie, kommt es immer noch dazu, daß sich Hindus und Muslims in großer Zahl in der Öffentlichkeit versammeln und ungehemmt miteinander verkehren, ohne Zurückhaltung und ohne den üblichen gesellschaftlichen Abstand zu wahren ... Wir nennen das Krawalle.

Das ist lächerlich, sagte Haasan, der es überhaupt nicht lustig fand. Ich sag dir, es wird nichts passieren.

Und wenn es passiert, dann wirst du stundenlang in deinem Kaffeehaus darüber diskutieren, ob es unvermeidlich gewesen ist oder bloß ein dummer Unfall, sagte Masroor schneidend. Also, es hat in den letzten fünf Jahren genügend Massaker gegeben, daß Krawalle am elften durchaus im Bereich des Möglichen liegen. Ich werde dafür sorgen, daß es zu diesem Möglichen gar nicht erst kommt.

Er verließ das Haus ebenso ungestüm, wie er es betreten hatte. Ammi rief ihm hinterher, aber er war schon weg. Sie warf Haasan einen flehenden Blick zu, doch dieser seufzte nur und folgte Masroor in langsamerer Gangart aus dem Hof hinaus. Asharfi machte hinter ihm die Tür zu, und jetzt war es an Ammi zu seufzen. Ich beugte mich über meinen Teller und fing an, mit ungeheurem Tempo zu essen. Ich wollte weder, daß man mir etwas erklärte noch anvertraute. Masroor hatte zweifellos seine Gründe, aber diese, wie auch alles andere in dieser Welt, konnten mich nicht in Anspruch nehmen.

Weißt du, was dein Bruder vorhat? fragte Ammi ihre Tochter. Asharfi schüttelte den Kopf. Eine Zeitlang herrschte Schweigen, während Ammi über den Hof auf die verriegelte Tür starrte.

Ich wünschte, er könnte mit Intezar reden, flüsterte sie vor sich hin. In diesen Worten lag so viel Traurigkeit, daß ich von meinem Teller aufsah. Tränen rannen ihr rundes Gesicht herunter, ohne daß sie sie wegwischte. Selbst in meinem freiwilligen Unwissen merkte ich, daß sie nicht um Masroor weinte. Asharfi ging um den Tisch herum und drückte den Kopf ihrer Mutter an sich. Ich schlang mein Essen hinunter und flüchtete nach oben.

An diesem Spätnachmittag saß ich nach meinem Schläfchen im Bett und überlegte gerade, ob es klug wäre, neue Namen und frische Enthüllungen zu riskieren, indem ich nach unten zum Tee ging, als Haasan, der gewöhnlich nach seiner Arbeit im Kaffeehaus vorbeikam, in mein Zimmer hereinspazierte. Er trug ein Tablett mit Teegeschirr. Schon als er uns einschenkte, hatte ich das unbehagliche Gefühl, daß er mich in seiner Rolle als Onkel über die Zusammenhänge aufklären würde, die der nachmittäglichen Krise dieses Haushalts zugrunde lagen.

Von dem Tag an, da ich klargestellt hatte, daß ich unter Gedächtnisverlust litt, hatte Haasan es sich zur Aufgabe gemacht, meinen entleerten Kopf neu einzurichten. Bis jetzt war es seine Strategie gewesen, mich aus dem Haus herauszulocken, damit ich aus erster Hand neue Erinnerungen sammeln konnte. Jeden Tag lud er mich ein, mit ihm in dem Kaffeehaus, dessen Geschäftsführer er war und das sich in der Nähe der Hazrat Ganj befand, Mittag zu essen, und jeden Tag lehnte ich ab. Aber heute lief es anders. Er reichte mir eine Tasse Tee und fing an zu reden. Nachdem es ihm nicht gelungen war, mich hinauszuziehen, hatte er beschlossen, mir die Dinge statt dessen nahezubringen.

Intezar, erklärte er, war einer der Namen von Ammis verschollenem Ehemann. Der andere, auf den er die ersten vierundzwanzig Jahre seines Lebens gehört hatte, war Charandass. Charandass Ganjoo. Von Charandass zu Intezar. Die Geschichte dieser Verwandlung war der Schlüssel zu Ammis Tränen und Masroors missionarischer Wut.

Masroors Vater wurde als Sohn von Kalidass Ganjoo geboren, Sproß einer aus Kaschmir stammenden Brahmanenfamilie, die in Lucknow beheimatet war. Kalidass' Großvater, Makhandass (einfach nur Makhandass, Familiennamen waren 1825 nicht zwingend erforderlich), der Gründer des Lucknow-Zweiges der Familie, hatte Srinagar verlassen, um eine Anstellung am Hof des Nawab von Awadh zu finden. Makhandass und später sein Sohn Purshottamdass stiegen zu einem bescheidenen Rang auf und wurden Serishtadars in Diensten des Nawabs.

29

Wesentlich für den anhaltenden Wohlstand ihres Familienzweiges war ihre Fähigkeit, rechtzeitig zu erkennen, woher der Wind wehte. In den Wirren von 1857 flohen sie aus dem aufständischen Lucknow und steuerten unbeirrbar auf das britische Lager in Meerut zu. Sie kehrten mit der Armee der Rotröcke zurück und spielten eine bedeutende Nebenrolle, indem sie (und hier zog Haasan ein zerschlissenes, ledergebundenes Buch heraus und las daraus vor) »gegen Ende der Belagerung annehmbare, ständige und zuverlässige Informationen von ihren Kontakten in der Stadt lieferten«.

Auf diese Wetterhahnwendigkeit, ungerechtfertigterweise als Verrat bezeichnet (denn wo war damals die Nation?), wurde das Familienvermögen begründet. Haasan blätterte die Seiten des Buches durch, das den Titel *Die Geschichte und das Schicksal der Ganjoos* trug, und las den Wortlaut der Schenkung vor, die Makhandass als Belohnung erhalten hatte: Seiner Exzellenz, dem Generalgouverneur von Indien, gefällt es, am 25. Oktober 1858 Makhandass und den von seinem Leibe rechtmäßig gezeugten Nachkommen in Anerkennung seines gezeigten loyalen Verhaltens ein Stück Land von einer Fläche von 125 Acres, 2 Roods und 25 Poles, welches der beschlagnahmte Besitz des Rebellen Syed Hussain ist, sowie auch des genannten Rebellen Haveli oder Stadthaus in der Lokalität von Lal Bagh in Lucknow mietfrei auf alle Zeit zu übertragen.

Außer den Ländereien des toten Rebellen fielen auch sämtliche Angehörigen, einschließlich der Frauen aus den Frauengemächern, Makhandass und den seinen Lenden rechtmäßig Entsprossenen zu. Hussains Frauen protestierten nicht übermäßig. In jenen unruhigen Zeiten war es besser, von einem wohlhabenden Kafir gehalten zu werden, als sich seinen Lebensunterhalt auf der Straße zusammenzukratzen. Und so funktionierte Purshottamdass' neue, erweiterte Familie (Makhandass wurde im Jahr der Schenkung von der Grippe dahingerafft) reibungslos ... So reibungslos, daß der Stadttratsch, als seiner lange Zeit unfruchtbaren Frau ein Junge geboren wurde, das Kind Ummehani Begum zuschrieb, der jüngsten und außergewöhnlichsten Hinterbliebenen des dahingeschiedenen Hussain. Doch die Begum lebte bis ans Ende ihrer Tage in der Abgeschiedenheit der Frauengemächer, jetzt Heimstatt für die Druckerpresse, und das Gerücht verschwand unbestätigt. Der Junge, Kalidass, wuchs zum Mann heran und trat seine Erbschaft als rechtmäßiger Nachfolger an.

30

Sowie er den Familienbesitz geerbt hatte, folgte Kalidass der Tradition und nahm sich, obwohl selber Hindu, zwei muslimische Ehefrauen, die er mit großem Kostenaufwand unterhielt. Eine von ihnen starb unter rätselhaften Umständen kurz nach Intezars Geburt. Es hätte vielleicht einen Skandal gegeben, wäre Kalidass nicht so unangreifbar erfolgreich gewesen.

Das Geheimnis seines Erfolges lag in seinem Durchsetzungsvermögen. Als er 1897, dem Todesjahr seines Vaters, nach Beendigung seines Bachelor of Arts das St. Stephen's College verließ, sorgte er dafür, daß er eine Empfehlung des Direktors S. S. Allnutt, der ein Weißer war, und des Professors für englische Literatur, A.C. Maitland, der ebenfalls Weißer war, erhielt. Von diesen beiden sowie von jedem anderen Anerkennungsschreiben, das seine Familie seit ihrem Seitenwechsel im Jahr 1857 gesammelt hatte, ließ er Kopien anfertigen und fügte sie jeder Bewerbung für eine Staatsbeamtenstelle bei, die im Rang eines Commissioner oder darüber lag und in der er um eine Sinekure, eine Pfründe ohne Amtsverpflichtung, ersuchte. Manchmal ergänzte er die Belobigungen seiner Lehrer und die Bescheinigungen beharrlicher Loyalität durch gereimte Loblieder auf den zuständigen Beamten und gelegentlich durch einen Buchara-Teppich.

Nachdem er zweimal zu Tehsildar-Prüfungen angetreten und beide Male durchgefallen war, ging er dazu über, Belege seines Versagens mitzuschicken. Er argumentierte respektvoll, daß es, nun da der Weg des Verdienstes erschöpft sei, um so notwendiger wäre, auf einen Posten ernannt zu werden. Nicht irgendeinen Posten, sondern einen, der dem gesellschaftlichen Stand seiner Familie angemessen war, ihrer Pionierrolle in der weiblichen Erziehung (er hatte einer kleinen Grundschule für Mädchen eine Schenkung gemacht) und, da bei Kalidass nichts selbstverständlich war, ihrer Loyalität zum Raj.

Es funktionierte. Pandit Kalidass Ganjoo wurde nicht nur zum Tehsildar ernannt – was sein Vater mit ähnlicher Aufdringlichkeit geschafft hatte –, sondern zum Extra Assistant Commissioner, dem höchsten Rang, in den ein gebürtiger Inder aufsteigen konnte. Oder wie es im Anhang XIV der vom großen Mann persönlich zusammengestellten Familiengeschichte formuliert wurde:

(Revenue Secretary an Senior Secretary Finance Commission, Brief Nr. 229, 14. August 1897) ... Ich bin beauftragt mitzuteilen, daß der

Lt. Governor die Freude hat, Pandit Kalidass Ganjoo, Sohn von Pandit Purshottamdass Ganjoo, als Kandidat für den Posten eines Extra Assistant Commissioner nach Vorschrift 160 der Vorschriften des Land Revenue Act von 1887 zu akzeptieren. Die Originalanlagen Ihres Briefes werden Ihnen zurückgeschickt.

Na ja, nicht alle Anlagen – jedenfalls schickte niemand den Buchara-Teppich zurück –, aber Kalidass freute sich, seine Bescheinigungen wiederzubekommen, und fügte sie seiner Geschichte des Ganjoo-Klans als Anhang bei. Im letzten Kapitel des ersten Bandes dieses Werkes (der zweite handelte vom Schicksal der Familie) berichtete Kalidass über die Namensgebung seines Sohnes.

Seinen eigenen Angaben zufolge hatte sich Kalidass, nachdem das Treiben und Flüstern in den Frauengemächern durch die Schreie seines verschrumpelten Sohnes übertönt worden waren, dem Bild der thronenden Victoria zugewendet, das an einem zentralen Platz in der Diele hing. Er küßte den gerafften Saum dort, wo ungefähr die Füße hätten sein können, und beschloß, seinen Neugeborenen Charandass zu nennen. Nie einer, der eine gute Geschichte nicht nutzte, ließ er die Chronik drucken und binden – mit einer Fußnote, die erklärte, daß Charandass »Sklave zu den Füßen von« bedeutete – und schickte sie mit Weihnachtsgrüßen seinen englischen Vorgesetzten: eine demütige Saga vorbehaltlosen Dienstes an Mallika Victoria.

Wie alle Ganjoos mit einem guten Riecher für das, was groß im Kommen war, gesegnet, hatte Kalidass für seinen Sohn eine Laufbahn in der Justiz vorgesehen. Er hatte beschlossen, daß Charandass im Alter von fünfzehn Jahren den P&O-Dampfer nach Dover nehmen würde. War er erst einmal in England, würde er sich etwas Privatschulschliff aneignen, nach Oxford gehen und dann seinen Weg durch die Rechtsschulen machen. Geld war keine Frage. Die Obstgärten in Malihabad trugen gut und die damit erzielten Einnahmen, seinem Gehalt zugerechnet und mit ehrlicher Mauschelei abgerundet, machten ihn zu einem wohlhabenden Mann. Aber aus Gründen, die nicht in seiner Macht lagen, wurde aus all dem nichts. An Charandass' fünfzehntem Geburtstag brach der große Krieg aus.

Aber es war nicht alles verloren. Kalidass ließ seinen Sohn ebenbürtigen indischen Ersatz durchlaufen: La Martinière (weißer Gründer), St. Stephen's College (Nesthäkchen der Cambridge Mission), die Universität von Allahabad (Wiege der Anwälte, Oxford des Ostens), und dann eröffnete Charandass in Lucknow eine Anwaltspraxis, so englisch geworden, wie Indien ihn machen konnte.

Ich kannte ihn damals noch nicht, sagte Haasan. Wir begegneten uns zum ersten Mal im Jahr 1924. 1921 hatte ich meine eigenen Schwierigkeiten in Malabar. Aber andere, die ihn zu jener Zeit kannten, sagten, er sei erstaunlich echt für jemanden, der kein Auslandsheimkehrer war. Aber unter seinem geschliffenen Äußeren hatte sich etwas verändert, und sein Vater spürte es. Es war nichts Politisches, obwohl Kalidass wußte, daß sein Sohn ein heimlicher Anhänger des Congress war. Es störte ihn nicht. Weitsichtig wie immer, beeindruckte ihn die Macht von Gandhis Kampagne des zivilen Ungehorsams, die gerade um ihn herum tobte, und er erkannte, daß sie das war, was groß im Kommen lag. Ein Patriot in der Familie stellte eine nützliche Versicherung dar, und so ließ er Charandass gewähren, als dieser Gandhis Aufruf, die Gerichte zu boykottieren, folgte, während er eigentlich seine Praxis hätte aufbauen sollen.

Aber was Charandass innerlich aufwühlte, war nicht der Nationalismus, sondern eine viel gefährlichere Obsession: Der tödliche Wurm der Urdu-Lyrik nagte an seiner Seele. Er hatte schon mehrere Jahre vor sich hingefressen, seit Charandass während seiner College-Zeit in Delhi zum ersten Mal an einer Mushaira, einer Lyriklesung, teilgenommen hatte. Kalidass bekam erst eine Ahnung von der heimlichen Leidenschaft seines Sohnes, als Charandass im Haus in Lalbagh eine Lesung mit militanter antibritischer Lyrik veranstaltete.

Kalidass hatte nichts dagegen. Selbst mit Kentnissen in Urdu und Persisch ausgestattet, konnte er, wie jeder gebildete Mann, Verse schmieden oder das Antwort-Couplet zitieren. So nahm er, als die Mushaira begann, gutgelaunt seinen Platz im Publikum ein. Es war eine gute Zeit für politische Lyrik in Urdu, und Kalidass genoß alles auf eine distanzierte Art, aus großer ideologischer Distanz. Am Schluß bestanden alle darauf, daß Charandass etwas Eigenes vortrug, um die Mushaira abzurunden – da regte sich bei Kalidass zum ersten Mal Unbehaglichkeit.

Charandass erhob sich widerstrebend und rot vor Verlegenheit und nahm einen Platz in der Mitte des ungleichmäßigen Halbkreises der Zuhörer ein. Er habe nichts Eigenes anzubieten, sagte er nervös, er wolle daher einige Passagen aus einem Gedicht von Hali vortragen, das ihm besonders am Herzen liege. Dann begann er.

Kalidass erkannte es sofort, wie jeder andere auch – es war Halis *Musaddas*, seine legendäre Klage über den Niedergang des Islam. Zu einer Zeit, da politisch gesinnte Inder gegen die Maßnahmen der siegreichen Alliierten, das letzte Kalifat des Islams abzuschaffen, protestierten, war es ein gutes Gedicht, um einen Abend zündender Deklamierungen abzuschließen.

Es war also nicht das Gedicht, was Kalidass beunruhigte, sondern die Art und Weise, wie es vorgetragen wurde. Weniger als eine halbe Minute, nachdem Charandass begonnen hatte, standen ihm die Tränen groß und glänzend in den Augen und liefen ihm dann, während sein Vater entsetzt zusah, das Gesicht hinunter. Und so ging es weiter. Obwohl er die Passagen auswendig konnte, schaffte Charandass es nicht, auch nur zehn Zeilen am Stück zu rezitieren, ohne daß seine Stimme zitterte oder er innehalten mußte, um sich die Augen zu wischen. Zehn Minuten lang machte er unermüdlich weiter, während sein Vater sich vor Verlegenheit und Bestürzung wand. Als er geendet hatte, verharrte die Versammlung in tiefstem Schweigen – ob aus Schock, Kummer oder gutem Benehmen, war unmöglich festzustellen.

Später, als die Gäste gegangen waren, befragte Kalidass zaghaft seinen Sohn über seinen Vortrag.

Was war mit dir los, fragte er. War da irgendwas an dem Gedicht?

Nein, antwortete Charandass, und sein Vater atmete auf – es waren keine exzentrischen, nostalgischen Gefühle für den Ruhm des Islams.

Charandass zufolge hatten seine Tränen nichts mit dem zu tun, was im *Musaddas* stand. Nein, es waren nur die Worte, diese raschelnden, kehligen, halbbekannten Worte, die ihm einen Kloß undefinierbarer Gefühle in den Hals aufsteigen ließen und ihm die Luft abschnürten. Das passierte ihm oft – nicht nur beim *Musaddas*. Zum ersten Mal waren ihm die Tränen in der Mittelstufe gekommen, während er im Englischunterricht ein Gedicht vorlas: »Als sie ihn auf der Landstraße erschossen haben / Auf der Landstraße erschossen wie einen Hund, / Und er in seinem Blut auf der Landstraße lag, / Ein Gewebe aus Spitzen um seinen Hals.« Er erinnerte sich nur noch an diesen einzigen Vers des Gedichts, weil seine Lippen gezittert hatten und seine Stimme über jede zweite Silbe gestolpert war, als er mit dem Lesen an die Reihe kam. Es war nicht so sehr, was das Gedicht aussagte, sondern eher sein Klang, erzählte er seinem Vater, der zu Herzen gehende Rhythmus dieser Zeilen.

Damit mußte Kalidass sich zufriedengeben, weil es die einzige Erklärung war, die Charandass ihm gab. Er war sogar etwas erleichtert – wenigstens war sein Sohn nicht dem Islam verfallen, selbst wenn er in bezug auf andere Dinge etwas dünnhäutig schien. Aber keine Vorahnung, keine hellseherische Fähigkeit warnte ihn davor, wo Charandass' akustische Leidenschaft ihn hinführen würde. Doch als es passierte, schien es vorhersehbar gewesen zu sein: Während Charandass von einer Mushaira zur anderen eilte, lernte er Kamran Gulmargi kennen, einen Dichter, der so alt war wie sein Vater – mit einer Tochter, so jung wie er selbst. Kulsum.

Kulsum, überlegte ich laut.

Ja, Kulsum, sagte Haasan ärgerlich, eingeschnappt darüber, in seinem Redefluß unterbrochen worden zu sein. Ammi hat ja wohl auch einen richtigen Namen.

Kulsum und Charandass heirateten. Sie war natürlich Muslimin, aber das war nicht der Grund, warum er sie heiratete. Ihn verzehrte nicht plötzlich die Leidenschaft eines Abtrünnigen für den Islam. Er heiratete sie aus einem völlig weltlichen Grund: Liebe.

Man brauchte keinen Grund, um sich in Kulsum zu verlieben, sagte Haasan und schüttelte den Kopf, während er sich erinnerte. Sie war hübscher als Ruby Myers.

Charandass heiratete sie, nachdem er die notwendige Vorbedingung erfüllt hatte und Muslim geworden war. Und sicherlich halfen *Musaddas* und der Zauber des Urdu, daß er an den Islam glückliche Erwartungen knüpfte. Das heißt, glückliche für ihn, aber nicht für seinen Vater – der an einem einzigen Schreckensabend vernehmen mußte, daß sein Sohn nicht nur den Prototyp einer Nicht-Hindu geheiratet, sondern auch noch Muslim geworden war und seinen Namen geändert hatte.

Er änderte nicht wirklich seinen Namen. Charandass hatte die Mushaira-Person Intezar erfunden, lange bevor er Kulsum überhaupt begegnet war. Intezar war sein Künstlernamen, sein Takhallus. Er hatte ihn gewählt, weil er seinen Anspruch, ein Dichter zu sein, sicherte und gleichzeitig das Fehlen von Gedichten erklärte. Intezar. Warten. Ernster, stummer Poet, der auf die Muse wartet. So legte er sich nach der Heirat keinen zweiten Namen zu – er trennte sich einfach von seinem ersten.

Aber sein Vater war zu sehr am Boden zerstört, um sich um solche feinen Unterschiede zu kümmern. Für ihn war es das Ende der Welt, oder, zu allermindest, das Ende der Geschichte. Er, Kalidass, dessen

Vorfahren im dritten Jahrhundert vor Christus aus den sauberen arischen Gefilden von Jalalabad nach Kaschmir gezogen waren, dessen Vorfahre Kalhana als erster Indien in die Geschichte eingeschrieben hatte, dessen Ahnen eintausend Jahre lang alte arische Götter angebetet hatten, während überall um sie herum geringere Stämme sich dem Islam zuwandten, er, ausgerechnet er, hatte von einem Augenblick auf den anderen einen semitischen Sohn bekommen, der sich gen Westen verneigte, nie badete und seinen Hintern mit einem Schnabelkessel wusch.

Es bedeutete, daß *Das Schicksal der Ganjoos* nie vollendet werden würde. Sein Sohn ein Muslim! Alles andere hätte er mit seiner Vision von der Zukunft der Familie in Einklang bringen können. Er hatte früher auch schon Abweichungen in die Realität integriert. Schließlich hatte er in *Das Schicksal der Ganjoos* eine englische Erziehung für seinen Sohn vorausgesagt. Als das nicht zustande kam, hatte er eine gute indische Annäherung improvisiert, ohne das ursprüngliche Kapitel zu ändern, weil er glaubte, daß Schicksale durch die sich entfaltende Wahrheit ihres Wesens bestätigt wurden, nicht durch unwesentliche Detailfragen. Aber diese Heirat ... Diese Heirat war kein bloßer Schluckauf im Leben der Ganjoos – es war ein Herzinfarkt. Ein Sohn namens Intezar konnte beim besten Willen nicht an den Familienstammbaum gepfropft werden. Tatsächlich gab es jetzt gar keine Familie mehr – bloß einen gekappten Stammbaum, der zwischen den Zeiten baumelte. Intezar war sein einziger Sohn.

Kalidass fühlte sich mit dem Vergessen konfrontiert, schickte die Diener fort, verriegelte die Türen und sperrte die sinnlos gewordene Welt aus. Ein Woche später, als sie die Hoftür einschlugen und in das geräuschlose Haus eilten, saß er zusammengesackt über seinem Schreibtisch, eine Schreibfeder in der Hand, sein Gesicht in einer Lache blauer Tinte.

Er hatte versucht, sich aus der Sackgasse seines Schicksals herauszuschreiben. Auf dem Tisch stapelten sich durchgestrichene Blätter, der Papierkorb war vollgestopft mit zerknüllter Verzweiflung. Einiges davon waren halbherzige Pläne, um die Zukunft seiner Familie auf irgendeine Weise zu verlängern, damit sein vereiteltes Opus, *Das Schicksal der Ganjoos*, würdig abgeschlossen werden konnte. Eins der zerknitterten Papiere im Korb verriet, daß er an Adoption gedacht, sie aber dann aufgrund der prinzipientreuen Ansicht verworfen hatte, daß die Zukunft jeder Familie, die etwas taugte, sich eigenständig und ohne Zuhilfenahme von Manipulation entfalten müsse. Eine zweite Ehe mit einem natürlichen Erben hatte ihn länger beschäftigt: Das Für und Wider ergoß sich über viele Blätter. Begehrenswerter Witwer, gerade fünfzig geworden, wohlhabend, hellhäutig, in gutem geistigem Zustand – an Angeboten würde es nicht mangeln. Aber letztendlich war dieser Weg mit zu vielen Wenn-Schlaglöchern übersät: eine fruchtbare Frau; ein männliches Kind, das bis zum Mannesalter überlebte, immun gegen Epidemien und Krankheiten wäre; ein pflichtbewußter Sohn, der den vorgezeichneten Kurs einhalten würde und taub gegen die Sirenenklänge der Liebe und Dichtung. Die Dinge, die er als junger Mann vielleicht für selbstverständlich gehalten hätte, waren in seiner zweiten Lebenshälfte uneinnehmbare Festungen geworden. Und so strich er es – Wiederverheiratung war ein Vertrauensakt, dessen Bürde er nicht auf sich nehmen konnte. Die Rüstung der Hoffnung war für jüngere Männer gemacht.

Es gab auch noch andere Pläne, von denen wenige über den zweiten Satz hinauskamen, und die, die es taten, brachen kurz danach ab. Zum Zeitpunkt seines Todes hatte er die Zukunft bereits aufgegeben. Er versuchte bloß, sich selbst noch ein Ende zu schreiben. Die letzten paar Blätter, die, über denen er zusammengesackt war, waren voller enggeschriebener Buße. Er erkannte, daß er wegen seiner Hybris bestraft worden war, für seine Anmaßung, mit der er versucht hatte, das Los seiner Familie vorzuschreiben, und mit angemessener Zerknirschung überantwortete er sich dem Schicksal. Er entsann sich einer älteren Vorschrift, die von dem Familienoberhaupt mit erwachsenen Kindern verlangte, daß er seiner Familie entsagte und seine verbleibenden Jahre als wandernder Bettler fristete. Ein safranfarbener Dhoti, Perlenschnüre, eine Bettelschale und etwas Asche … Er würde Kashinath dazu bringen, den alten Stonely herauszuholen und ihn nach Benares zu fahren. Das war, wie er wußte, der beste Ort, um zu entsagen. Und dann … Und dann starb er, machte sich ungefragt davon, seine Nase in königsblauer Tinte.

Zum Glück für Intezar und Kulsum befand sich in all diesen Haufen vollgekritzelten Papiers kein Testament. Das bedeutete, daß dem ehemaligen Charandass das Haus und alles übrige auf dem normalen Weg zufiel, ohne Prozesse oder andere Schwierigkeiten. Einer der problematischeren Gegenstände, die Charandass erbte, war Kalidass' Leiche. Nicht daß sie stank oder so etwas – für einen Körper, der schon seit einigen Tagen tot war, hatte sie sich sogar erstaunlich gut erhalten, fast als wäre in den Tagen, wo der Tote vor sich hingebrütet hatte, die Zeit im Haus stehengeblieben. Aber die Leiche mußte verbrannt werden, und das konnte Intezar nach seiner Bekehrung nicht selber tun, und es gab niemand anders. Schließlich erbot sich Kashinath, der Fahrer, den Scheiterhaufen seines Herrn anzuzünden. Danach fuhr er in dem alten Stonely mit seiner Asche nach Benares, und so ging sogar Kalidass' letzter Wunsch in Erfüllung, wenn auch eher indirekt. Dann brachte Kashinath das Auto zurück und reichte seine Kündigung ein. Nachdem er den alten Herrn verabschiedet hatte, verließ er den neuen – wie Kalidass vertrat er einen eindeutigen Standpunkt, was die Abtrünnigkeit vom Glauben betraf.

Als Intezar und Kulsum das Haus bezogen, befand sich die Khilafat-Bewegung schon im Abklingen, und als Kemal Pascha das Kalifat in der Türkei abschaffte, verlief sie völlig im Sande. Es war wieder Zeit, an Arbeit zu denken, und so stellte Intezar die Diele mit Gerichtsentscheiden voll und begann nebenbei eine Anwaltspraxis. Aber er hatte es eigentlich nicht nötig, sich seinen Lebensunterhalt zu verdienen, und so verbrachte er den größten Teil seiner Zeit damit, sich im Koran unterweisen zu lassen. Er war ein gewissenhafter Konvertit. Wenn er auch nicht den Gipfel des Glaubens erklimmen konnte, so bewältigte er doch das Vorgebirge des Wortverständnisses.

Sein Hauptinteresse am Koran war jedoch ein anderes als ein theologisches. Es war tatsächlich eine Erweiterung seiner Leidenschaft für Urdu-Lyrik. Er hatte sich oft gefragt, wieso Lyrik auf Urdu, so wundervoll und bewegend wie sie war, in der Übersetzung so banal klang. Worin lag ihr Zauber? Nicht in ihrer Grammatik, soviel stand fest, weil es die gleiche Syntax wie Hindi hatte, und Lyrik in dieser schwülstigen Sprache besaß die Potenz eines Wasserbüffels. Womit also der Wortschatz übrigblieb, der sich aus dem Persischen und Arabischen speiste, während Hindi vom Sanskrit lebte. Es war der reiche Klang der Urdu-Wörter, der sich nicht übersetzen ließ. Und so tastete sich Intezar durch den Koran, um die Quelle des Urdu-Genius zu finden.

Jeden Tag kam der Maulvi und führte ihn wie ein Kind durch die Suren, die Kapitel des Korans, und paraphrasierte sie auf Urdu, bis Intezar nach unzähligen Unterrichtsstunden beschloß, daß dies eine Torheit war. Wenn es sterblicher Inspiration, die auf Urdu gereimt wurde, in einer anderen Sprache so schlecht erging, wie konnte dann eine Übersetzung mit der Feinheit und Größe von Gottes Offenbarung in der erwählten Sprache fertig werden? Es war nicht von ungefähr, daß dem Koran in einer Übersetzung nicht die Autorität der Offenbarung zugestanden wurde.

Plötzlich schien der Weg klar vor ihm zu liegen. Er mußte zuerst Arabisch lernen, bevor er mit Urdu zurechtkommen konnte. Denn wenn, so erkannte er, arabische Wörter, die mit einer fremden Grammatik verbunden waren, Urdu solche Kraft verleihen konnten, welchen ungeahnten Zauber mußten diese Wörter dann ausüben, wenn sie in ihrer heimischen Grammatik eingebettet waren, im Lande des offenbarten Koran!

Und so plante er, mit Kulsums belustigter Zustimmung, einen einjährigen Aufenthalt in Mekka. Vielleicht wird mich das Arabische, sagte er halb im Scherz zu seiner Frau, während sie seine Koffer für den Hadsch packte, vielleicht wird mich das Arabische endlich in die Lyrik stoßen. Kulsum lächelte. Dann wirst du einen neuen Künstlernamen brauchen, sagte sie, weil das Warten dann vorbei ist.

Die furchtbare Ironie dieser Antwort sollte sie in den Jahren schwindender Hoffnung, die auf seine Abreise folgten, nie mehr loslassen. Ich kannte ihn damals seit vier Jahren, sagte Haasan, womit er sich in einer kleinen Nebenrolle in die Handlung einführte. Und ich wußte, daß er vorhatte, innerhalb eines Jahres wiederzukommen. Während seines letzten Monats kam er jeden Tag ins Kaffeehaus und machte sich laut Sorgen um die Kinder und darüber, wie sich seine Abwesenheit auf sie auswirken würde. Es stand außer Frage, daß er zurückkommen wollte. Aber er kam nie zurück. Nicht ein einziges Mal in fast elf Jahren. Kein Brief, keine Botschaft, nicht einmal ein Gerücht. Er verschwand einfach.

Haasan hielt inne … Gerade als es spannend wurde. Ich hätte ihm am liebsten einen Tritt versetzt. Eine Geschichte konnte doch nicht mit dem Verschwinden der Hauptfigur aufhören. Nicht daß ich mich von Intezars Schicksal betroffen fühlte, aber in meiner Rolle als Publikum hatte ich einen Anspruch auf ein richtiges Ende.

Dann fuhr er fort:

Das ganze erste Jahr lang konnte Masroor nicht schlafen vor lauter Sehnsucht nach seinem Vater. Unter normalen Bedingungen hätte er seinen Verlust überwunden und sich eine Reihe von glücklichen Erinnerungen an Intezar bewahrt. Aber an einem Wintertag im Jahr 1932 wurde Masroor von Kalidass' ruhelosem Geist überfallen. Er war gerade damit zugange, Bettdecken aus einer Truhe zu ziehen, die in den alten Frauengemächern stand, als er ein eingemottetes Exemplar des unvollendeten Epos seines Großvaters fand: *Die Geschichte und das Schicksal der Ganjoos.*

Wie allen Chronisten der verhältnismäßig jüngeren Vergangenheit war Kalidass die Geschichte ausgegangen, als er auf die Gegenwart stieß. Aber da er einen sehr ausgeprägten Sinn für Ausgewähltheit besaß, löste er das Problem, indem er mit der Geschichte der Zukunft seiner Familie begann. Ehrgeizig, wie er für seine Nachkommen war, vermischte er das Schicksal der Ganjoos mit dem Triumph des indischen Nationalismus. Den Anfang machte Charandass' Rückkehr aus England, so englisch geworden wie jeder Engländer, ein echter Rechtsanwalt. Doch anstatt mit englischem Recht Geld zu verdienen, machte er sich die Sache der Nation zu eigen. Trotz seiner privilegierten Erziehung und trotz der Tatsache, daß er noch keinen Tag lang ehrliche Arbeit geleistet hatte, schlossen die Massen ihn sogleich ins Herz. Das Volk tanzte nach seiner Pfeife, die Briten gaben seinen Argumenten nach, und schließlich ergriff er die Flamme der Freiheit von Westminster und entfachte sie in seinem Volk irgendwo unter dem India Gate. Die dankbaren Bürger der souveränen Nation machten ihn zu ihrem Führer, und er regierte über sie bis zu seinem Tod, wonach seine Kinder regierten und dann seine Kindeskinder.

So stand es da, schloß Haasan eilig, bemüht, meine Aufmerksamkeit zu halten. Natürlich alles Unsinn, reine Erfindung, aber man muß bedenken, daß Masroor erst vierzehn war, als er es las, sehr jung. Das Leben seines Vaters war auf grausame Weise von seinem vorgeschriebenen Schicksal abgewichen. Weit davon entfernt, Indien zu helfen, seinen Weg zu finden, hatte er es geschafft, sich selbst zu verlieren. Noch schlimmer war, daß die Zukunft, die seinem Vater vorausgesagt war, sich tatsächlich für jemand anders verwirklicht hatte. Intezars Schicksal war von einem Zeitgenossen, dessen Vorfahren aus Kaschmir und der selbst aus dem weiter im Osten gelegenen Allahabad stammte, vom jungen Nehru, übernommen worden.

Am allerschlimmsten war, daß Masroor das Buch seines Großvaters kurz nach der zweiten Kampagne für den zivilen Ungehorsam von 1932 las, die Gandhi angeführt und bei der Nehru ihn als seine rechte Hand unterstützt hatte. In jener Zeit war Jawaharlal Nehrus Konterfei fast täglich auf der ersten Seite der Zeitungen zu sehen. Während Masroors Vater, für den diese Rolle geschrieben worden war, verschwunden blieb. Sowie dieser fatale Vergleich einmal angestellt war, hatte Masroor Intezar nicht mehr als einen sanften Vater oder verschwundenen Pilger in Erinnerung, sondern als einen unfruchtbaren Poeten, einen lächerlichen Erwachsenen, der herumlief und sich selbst verlor, einen Amateur, der versagt hatte und seiner Zukunft nicht gerecht wurde.

Seitdem hatte Masroor jede wache Minute seines Lebens damit verbracht, dafür zu sorgen, daß das gleiche niemals von ihm behauptet werden konnte. Es gab keine politische Sache oder Partei, die er sich nicht zu eigen gemacht hätte. Er wurde Mitglied des Congress, er wurde Mitglied der Muslim League. Bei den Wahlen von 1937 diente er beiden als Laufbursche. Als die zwei sich zerstritten, blieb er beim Congress, weil Nehru sein Vater hätte sein sollen. Jetzt mißtraute er allen Parteien, er wollte nur noch helfen, den Frieden zu bewahren. Deswegen war er wegen des Kricketspiels so aufgebracht.

Er ist zu leidenschaftlich, sagte Haasan. Das ist zuviel Gefühl für ein kleines Kricketspiel.

Er schüttelte den Kopf. Zu einer früheren Zeit hätte ihn diese Leidenschaft zu einem Führer von Menschen gemacht, aber dafür war es 1942 schon zu spät. Zwischen Gandhi, Jinnah und dem Mann, der seinem Vater die Zukunft gestohlen hatte, waren alle Aktien an Indiens Befreiung bereits verteilt.

Haasan hielt wieder inne, aber diesmal war es keine Pause – er war fertig. Er hatte Intezars Verschwinden immer noch nicht befriedigend erklärt, aber das getan, was er vorgehabt hatte: die Familiengeschichte umrissen, um das Verhalten Masroors zu erklären. Er sah mich aufmunternd an und schien eine Reaktion auf seine Familiensaga zu erwarten.

Er bekam keine. Statt dessen sagte ich, daß ich mir die Haare waschen wolle, und entschuldigte mich. Es stimmte – ich wollte es. Mein Schädel hatte während der ganzen Geschichte hindurch gejuckt. Ich drehte den Hahn im Bad auf und kratzte mir den Kopf, während sich der Eimer füllte. Es hatte schon den ganzen Tag geprickelt. War es Vorahnung?

Nein, es waren Läuse.

Draußen

Läuse. Die krabbeln.

Das wurde mir erst so richtig klar, nachdem ich drei an die Badezimmerwand geschmiert hatte. Dann purzelte ohne Vorwarnung das, was ich am Tag gegessen hatte, aus meinem Innern, einmal, zweimal, ohne Ende. Ich legte mich ins Bett und ließ den Kopf über den Rand hängen, um den Viechern das Herunterfallen zu erleichtern. Läuse gehörten ins orangerote Haar von Straßenkindern. Was hatten sie mit mir zu schaffen?

Von wem waren sie? Nicht von Ammi und auch nicht von Asharfi. Weil (a) mein Kopf nie nah genug an ihrem dran gewesen war und (b) weil sie nicht die Beschämung und das Schuldbewußtsein zeigten, die Nissen und Eier mit sich bringen mußten. Genauso bei Moonis, dem Koch, und Onkel Haasan. Blieb niemand weiter übrig. Es gab sonst niemanden, dem ich 1942 begegnet war. Vielleicht waren die Läuse im Zug an Bord gegangen, waren dann ausgeschlüpft und hatten sich vermehrt, während ich im Haus wieder zu Kräften kam. Das war die Theorie, die ich bevorzugte. Sie erlaubte mir, von meinen Zeitgenossen befallen zu sein. Ich wollte nicht durch Läuse mit 1942 verbunden werden.

Aber was sollte ich mit ihnen machen? Ich glaubte nicht, daß sie sich herauskämmen ließen. Und ich konnte nicht meine Gastgeber bitten, mich zu lausen. Wenn ich meinen Kopf mit einem Desinfektionsmittel tränkte, würde es Fragen wegen des Geruchs geben, und ich konnte ihnen nicht die Wahrheit sagen – selbst Ammi würde vor einem lausigen Hausgast zurückschrecken. Niemand entschied im Zweifelsfall zu Gunsten des Ungeziefers. Statt an jenem Abend zum Abendessen hinunterzugehen, wickelte ich mir einen Handtuchturban um den Kopf, um die Viecher unter Quarantäne zu stellen, und ging zu Bett.

Die ganze Nacht über plagten mich verschrobene Alpträume. Am Morgen zählte ich meine Füße, untersuchte die Innenseite des Handtuchs, putzte mir die Zähne und ging nach unten frühstücken. Masroor zuckte nicht zurück, als ich mich am Eßtisch neben ihn setzte. Moonis schenkte mir ohne Kommentar eine Tasse Tee ein. Ammi las für mich die letzte Fortsetzung von Shakila Rahmans unerschrockener Pilgerreise vor – als wäre nichts passiert, als würde es in meinen Haaren nicht vor krabbelnden Dreck wimmeln. Die Guten sind blind.

Plötzlich kam Haasan aus der Küche mit einer großen Pfanne, in der sich ein Omelett befand. Er schob es auf seinen Teller und sagte:

Und du wirst es nie schaffen, die Schienenlaschen aufzuschrauben.

Masroor stand vom Tisch auf, und stellte sich herausfordernd in einen der drei Bogendurchgänge, die auf den Hof hinausführten.

Ich war mitten in einen Streit hereingeplatzt.

Haasan zerschnitt das Omelett in zwei Vierecke und rief Moonis zu, er solle sich mit dem Toast beeilen.

Masroor blieb, wo er war.

Selbst wenn Bhukay einen passenden Schraubenschlüssel in der richtigen Größe besorgen kann, fuhr Haasan fort, taub gegenüber Masroors Schweigen, selbst dann nicht.

Er verstummte wieder und kaute, bis sein Mund halb leer war. Dann hielt er Daumen und Zeigefinger einen Zentimeter auseinander und sagte:

Die Muttern werden so tief in die Unterlegscheiben eingerostet sein. So tief. Ihr werdet King Kong oder Gama brauchen, um diese Schrauben zu drehen. Welchen von beiden habt ihr dabei?

Es war eine rhetorische Frage, aber Masroor beantwortete sie.

Bhukay, Bihari und mich, sagte er, in dem gleichmütigen Ton eines geduldigen Mannes, der bis an seine Grenze provoziert wird.

Ihr seid also zu dritt, sagte Haasan und tat so, als würde er zählen. Seien wir mal optimistisch. Nehmen wir an, irgend jemand hat die Schrauben in den Schienenlaschen jede Woche einmal geölt, seit die Gleise gelegt wurden, und sie lösen sich beim ersten Drehen des Schraubenschlüssels. Eine Viertelstunde Aufschrauben, und alle vier Schienenlaschen sind frei, und es gibt nichts, was diesen Gleisteil noch festhält. Bleibt nur noch eine Kleinigkeit zu erledigen: diesen Gleisteil zu bewegen. Nicht vollständig zu entfernen, nur so weit, daß der Verlauf der Schienen unterbrochen ist. Wenn ihr es nämlich so laßt, wie es ist, ist es sehr wahrscheinlich, daß das freiliegende Gleisstück unter dem Gewicht des Zuges an seinem Platz bleibt ... Und der Postzug wird mit dem Team aus Aligarh rechtzeitig zum Spiel im Charbagh-Bahnhof ankommen.

Masroor, jetzt in einem Sessel, hatte den Kopf zurückgeworfen und sein Gesicht hinter einer Miene herausfordernder Verachtung verschanzt. Er starrte schweigend zur Decke.

Haasan zerteilte seinen zweiten Omelettoast in quadratische Häppchen. Weißt du, hast du irgendeine Vorstellung, wieviel ein drei Meter langes Gleisstück wiegt? Ihr drei solltet mal lieber anfangen, im Kaisarbagh-Akhara Gewichte zu heben, wenn es euch mit der Sabotage ernst ist.

Masroor ließ sich nicht provozieren. Er wurde sogar zunehmend gelassener und unbekümmerter, je mehr Haasan versuchte, ihn aus seiner glühenden Verrücktheit herauszureißen, indem er ihm die Absurdität seines Planes vor Augen führte. Aber Haasan gelang es nur, Ammi davon zu überzeugen, daß niemand, nicht einmal ihr leidenschaftlicher Sohn, so ein idiotisches Vorhaben ernst meinen konnte. Als Haasan erst einmal die Unmöglichkeit der ganzen Idee bewiesen hatte, sah sie erleichtert aus und wies den mitgenommen dreinblickenden Moonis an, als Dank eine Portion Shami Kababs zuzubereiten. Als das Frühstück beendet war, hatte Haasan aufgegeben, und der Streit schien beigelegt. Ammi machte sich wieder Gedanken über die nächste Ausgabe von *Khatoon*. Als Masroor zur Arbeit fortging, rief sie ihm hinterher, daß er sein Versprechen nicht vergessen solle, ihr morgen mit dem Drucken der nächsten Ausgabe zu helfen. Worauf Masroor, als er sein Fahrrad über die Schwelle der Hoftür hob, irgend etwas entgegnete, das Ammi zu verstehen schien. Dann gingen Haasan und Asharfi los, zum Kaffeehaus und zum I.T. College, und es wurde wieder ein normaler Tag.

An diesem Abend nutzte ich die Ruhe, um mich Masroor anzuvertrauen. Er war nach dem Abendessen in sein Zimmer verschwunden, wohin ich ihm ganz schwach vor Beschämung und Nervosität folgte. Als er mir aufmachte, sah ich, daß er arbeitete. Vom Licht schräg angestrahlt lag ein offenes Buch auf dem Tisch. Es war ein Bradshaw, ein Zugfahrplan. Aber Masroor schien sich zu freuen, mich zu sehen, und so murmelte ich nicht, daß ich später noch mal vorbeikommen würde, sondern ließ mir von ihm einen Platz anbieten. Dann sagte ich es ihm.

Ich habe Läuse. So. Geradeheraus. Ich hätte gern langsam darauf hingesteuert, aber mir fiel nichts ein, keine Einführung, die den Weg hätte bereiten können. Was ist das für ein Buch? Ich habe Läuse. Oder, rauchst du? Ich rauche, aber ich habe Läuse. Das hörte sich alles albern an, und so sagte ich es ihm ohne Umschweife.

Dann, um dem Schweigen vorzubeugen, redete ich weiter. Ich hätte es gerade erst entdeckt, erklärte ich verzweifelt. Die Bettlaken seien nicht befallen, und ich könne in meinem Zimmer bleiben, wenn er das Gefühl habe, daß Gefahr bestehe, ich würde andere damit anstecken. Ich wolle von ihm nur einen Rat, wie ich sie töten könne.

Er ließ mich ohne Anzeichen von Entsetzen oder Belustigung ausreden. Noch beruhigender war die Art und Weise, wie er zuhörte. Er legte nicht die Fingerspitzen aneinander, lehnte sich nicht zurück, sah nicht zur Decke – das heißt, er schien nicht irgendwas zu überlegen. Er saß vorgelehnt auf seinem Stuhl, die Ellbogen auf den Knien, beide Hände zur Faust geballt ... Er sah so aus, als interessiere ihn meine Läusegeschichte. Als mir dann schließlich der Stoff ausging, fühlte ich mich daher mutig genug, ihn kleinlaut zu fragen, ob er die Geschichte für sich behalten könne, da ich nicht wolle, daß Ammi und Asharfi davon erfuhren.

Das war viel verlangt. Er hatte mich ins Haus gebracht, und jetzt war sein Gast Wirt von Ungeziefer. Es wäre sein gutes Recht gewesen, seine Mutter um Rat zu fragen. Aber mein Instinkt hatte mich nicht getrogen.

Keine Angst, sagte er. Wir brauchen Ammi damit nicht zu belasten. Er überlegte eine Weile. Ich hatte Läuse in der neunten Klasse, sagte er schließlich, mit gerunzelter Stirn, während er mühsam in seiner Erinnerung nach den genauen Umständen suchte. Ich glaube, Ammi hat ... Warte einen Moment, sagte er und ging zu einem Regal. Er griff nach oben und zog ein verstaubtes querliegendes Buch herunter. Es war ein Fotoalbum, das aus steifen schwarzen Blättern bestand, zwischen denen hauchdünnes Pauspapier lag. Das, was er suchte, fand er auf den letzten zehn Seiten. Sie waren mit Fotos von Masroor und seinen Schulkameraden beklebt, die sich Klasse für Klasse die zehnsprossige Schulleiter hinaufarbeiten. Die Fotos sahen wie zehn Kopien desselben Abzugs aus – die Klasse war immer auf einer Reihe von Stufen aufgestellt, der Hintergrund war immer von einem verrückten Gebäude ausgefüllt, das aussah, als habe man es aus den Überresten verschiedener Ruinen zusammengestellt, die Jungs trugen immer Blazer und Krawatten, und in der Mitte war immer ein Erwachsener. Dieser im Mittelpunkt plazierte Erwachsene war das einzige, was sich änderte – die anderen Gesichter blieben gleich.

Masroor blätterte eine Weile die Seiten durch und stieß dann ein Grunzen aus. Auf dem entscheidenden Bild steht ein völlig kahlköpfiger Masroor in der oberen Reihe und blickt mit einem breiten Grinsen in die Kamera. Gerade als das Foto geschossen wird, dreht der Junge zu seiner Linken den Kopf und hebt seine Hand hoch, um Masroors Kahlkopf zu streicheln. Masroor grinste ein zweites Mal aus der Distanz von einem Dutzend Jahren. Gaya hat den Stock gekriegt, weil er das Bild verdorben hat, sagte er.

Da war es schwarz auf weiß: Masroor hatte in der neunten Klasse Läuse gehabt, und Ammi hatte ihm die Haare abscheren lassen. Gleich hier im Hof, erklärte er. Der Friseur kam immer jeden Sonnabend ins Haus, bis ich mich weigerte, mir vor der Familie die Haare schneiden zu lassen, weil das kindisch war. Ich wollte es in einem Friseurgeschäft machen lassen wie ein Mann.

Und so radelte er zum Friseurgeschäft, das meilenweit entfernt in Aminabad war. Er brauchte eine halbe Stunde für die Fahrt. Ammi wollte, daß er zu einem Friseur in Lalbagh ging, aber Masroor genoß die Fahrradfahrt, weil früh am Sonntagmorgen aufzubrechen Unabhängigkeit und Abenteuer bedeutete. Er ging jetzt immer noch alle zwei Wochen hin.

Wenn du willst, können wir gleich morgen früh hinfahren. Es sei denn, du willst es hier im Haus machen lassen. Ich könnte ihm Bescheid sagen, und dann kommt er mit seiner Schere hierher.

Ich schüttelte den Kopf in stummem Entsetzen bei der Vorstellung, direkt vor den Augen von Ammi und Asharfi entlaust zu werden.

Dann brechen wir also morgen früh um sieben auf, sagte Masroor.

Ich nickte.

Kannst du Fahrrad fahren?

Ich nickte wieder.

Gut, sagte Masroor ermutigend. Du kannst Moonis' Rad nehmen. Mach dir keine Sorgen wegen deiner Haare. Zum Frühstück sind wir wieder zurück, und dann bist du sauber.

Vielen Dank, flüsterte ich und kämpfte gegen den aufsteigenden Drang an, ihm alles zu erzählen. Ich stieg die Stufen zu meinem Zimmer hoch und legte mich ins Bett.

Stunden später, gerade als ich endlich dabei war, einzuschlummern, hörte ich die gedämpften Schläge der Kaminuhr unten. Sie schlug zwölf. Schläfrig wurde mir bewußt, daß der achte Tag des Augusts 1942 vorbei war. Das Anfangsdatum der Bewegung, die meine Großmutter in ihren letzten Lebensjahren verfolgt hatte, war gekommen und verstrichen, und es war nichts passiert.

Der neunte August, frühmorgens. Ich wachte von lauten Störungsgeräuschen im Radio auf und von dem atemlosen Gedanken, daß dies mein letzter ganzer Tag im Jahr 1942 sein würde. Morgen früh um sieben würde ich schon wieder im Postzug sitzen, auf dem Rückweg nach Delhi und meiner eigenen Zeit.

Ich putzte mir die Zähne, kämmte mir zaghaft die Haare und eilte die Stufen hinunter zu Masroors Zimmer. Als ich eintrat, spielte Masroor gerade am Knopf eines großen Radios in einem runden Gehäuse herum. Der Raum war mit unverständlichen, lautsprecherverstärkten Stimmen erfüllt, während Masroor die Nadel ungeduldig über die verschiedenen Frequenzen drehte. Er stellte den Ton leise und schenkte mir ein Glas Tee ein. Es war schon die dritte Kanne, die er aufgesetzt hatte. Die ersten beiden hatte er in der vergangenen Stunde bei dem Versuch geleert, die Nachrichten reinzubekommen.

Nachrichten worüber, fragte ich ängstlich und legte die Finger um die Tasse mit meinem noch zu heißen Tee.

Eine Sekunde lang runzelte er ärgerlich die Stirn, und setzte dann eine reuevolle Miene auf.

Tut mir leid, sagte er. Ich vergesse immer, daß du dich ja an nichts erinnerst. Ich versuche, in den Nachrichten zu erfahren, was in Bombay auf der Sitzung des Congress beschlossen wurde. Sie haben gestern abend über die »Quit India«-Resolution debattiert.

Dann begann er zu erklären, ohne zu ahnen, daß ich, dank Dadi, die »Quit India«-Resolution wahrscheinlich besser kannte als die Congress-Abgeordneten, die über sie debattiert hatten.

Masroor war gegen sie. Nicht wegen dem, was in der Resolution gefordert wurde. Es wurde verlangt, daß die Briten das Regieren Indiens den Indern überließen. Dafür war er. Aber es war gerade Krieg. Und es gab Muslims, die dem Congress nicht trauten. Erst vor sechs Monaten hatte selbst Gandhi gesagt, daß er keine Kampagne des zivilen Ungehorsams starten würde, ohne vorher die Hindu-Muslim-Frage zu klären. Aber jetzt, sagte Masroor und goß sich aufgeregt ein weiteres Glas Tee ein, verlangt er von uns »Kämpfen oder untergehen«. Er schüttelte den Kopf und trank seinen Tee. Wenn sie diese »Quit India«-Sache durchsetzen, sagte er wieder ruhiger, wird Jinnah vor Ende des Jahrzehnts sein Pakistan haben.

Ich brauchte ihm nicht zu glauben. Ich wußte es. Jinnah hatte sein Pakistan bekommen, lange bevor das Jahrzehnt zu Ende war. Genaugenommen am 14. August 1947, wodurch Pakistan einen Tag älter als meine Republik war. Meine Armee hatte drei Kriege mit diesem Emporkömmling von einem Staat geführt, und hier war Masroor und hoffte, daß die Resolution nicht verabschiedet, daß die August-Kampagne sich nicht ereignen und daß es nicht zur Teilung kommen würde. Einen Moment lang verspürte ich die freudlose Überlegenheit eines Neunzigjährigen, der sich die Begeisterung eines Kindes anhört. Masroor, der bereit war, Züge für seine Sache entgleisen zu lassen, der nach Einbruch der Dunkelheit aus dem Haus schlich wie ein Anarchist der Jahrhundertwende, der loszieht, um den Zaren umzubringen, wirkte plötzlich so lächerlich wie die Mensaradikalen, die ich im College kennengelernt hatte. Erkenntnis im Rückblick macht Witzfiguren aus allem und jedem.

Nach einer weiteren Minute zwecklosen Herumdrehens am Radio fiel Masroor der Friseur ein, und er stellte den Apparat ab. Zahnbürste in der einen Hand und Zahnpulver in der anderen, ging er auf Zehenspitzen zu dem Waschbecken, das in einer Hofecke an der Wand hing, und dann zerriß er die Morgenstille, indem er rotzte und spuckte, sich die Nase putzte und würgte, während er die Wurzel seiner Zunge bürstete und alte Schleimablagerungen zu Tage förderte. Alldieweil bohrten sich die Läuse in meinen Schädel.

Als wir schließlich bereit zum Aufbruch waren, roch ich nach Mottenkugeln, weil Masroor Sachen, mit denen ich nach draußen gehen konnte, aus einer Truhe in seinem Zimmer herausgeholt hatte, wo Ammi seine alten Schuluniformen aufbewahrte. Er muß ein großer Schüler gewesen sein, denn die Hose mußte mit einem geknoteten Gürtel um meine Hüften gezurrt werden, und die kurzen Ärmel des Hemdes hingen mir über die Ellbogen. Aber seine Füße waren nur zwei Nummern größer, und die backsteinbraunen Leinenschuhe paßten mir fast. Er hatte an alles gedacht – er gab mir einen Tropenhelm, mit dem ich auf dem Rückweg meinen Kahlkopf bedecken konnte. Er trug auch einen. Das Leder des Kinnriemens war rissig, der Helm sah älter als Masroor aus. Während wir die Fahrräder über die Schwelle schoben, fragte ich mich, ob die Helme seinem Vater gehört hatten, und mich fröstelte. Es war ein komisches Gefühl, die Kopfbedeckung eines verschwundenen Mannes zu tragen.

Als wir aufbrachen, war es halb sieben und angenehm frisch, aber unsere Radfahrt dauerte so lange, daß bei unserem Eintreffen in Aminabad die frühmorgendliche Kühle nur noch eine Erinnerung in der feuchten Hitze des Augusttages war. Masroor wollte die Plätze seiner Erinnerung wiederbesuchen, weil er vorhatte, einen Zug anzuhalten, und nicht wußte, was die Zukunft bringen würde, und so schlängelten wir uns an der Hauptpost vorbei, seiner alten Schule, La Martinière, Haasans Kaffeehaus, der zerfallenen Residenz, der Irrenanstalt in Kaisarbagh, an der großen Halle des Bara Imambara ... Überall stieg er ab, stellte sich ruhig hin und schien in eine zweiminütige Gedenkstille zu versinken. Dann fuhren wir wieder weiter.

Nach vierzig Minuten von dieser Tour mit Umwegen wurde ich nervös. Ich hatte gedacht, daß dieses eine Mal, wo ich der Welt außerhalb des Hauses in Lalbagh ausgesetzt war, eine kurze Angelegenheit sein würde. Aber hier war ich, driftete wirr durch diese fremde Zeit, infizierte immer mehr davon mit meiner Anwesenheit und wurde dafür in ihren Staub eingetaucht.

Wir kamen schließlich nach Aminabad durch eine schmale Gasse, die nur aus kleinen Läden bestand. Sie hatten noch nicht aufgemacht, und so war es still in der Gasse, bis auf das Knarren einer großen, schwarzen Maschine, die von einem schwitzenden Mann mit gebündelten Zuckerrohrstangen gefüttert wurde. Gerade als wir nach links in die Hauptstraße des Basars bogen, kam eine Tonga, eine Pferdekarre, an uns vorbeigefahren, hoch beladen mit Körben, Bettrollen, einem Mann in einem grauen Sherwani, zwei Frauen in ihren verschleiernden Burqas und einigen Kindern. Die Räder und Hufe hallten klar und deutlich in der schwächer werdenden Stille. Es erinnerte mich an einen beunruhigenden Film, von dem ich nicht mehr wußte, wie er hieß.

Wie der Friseur hieß, wurde jedoch sofort klar, weil Masroor ihm zurief, sowie wir den Laden betraten. Es war ein großer Salon mit sechs Stühlen, die hohe Lehnen und gepolsterte Kopfstützen hatten. An drei Seiten standen jeweils zwei von ihnen, immer vor einem Waschbecken und einem Spiegel. Auf einem Stuhl saß ein ungeheuer dicker Mann, der vor lauter Anstrengung, das Kinn nach unten zu drücken, während ein Friseur an seinem Hinterkopf arbeitete, ganz rot im Gesicht war.

Bhukay, der Besitzer, hatte Masroor zufolge auch einen richtigen Namen, aber ein riesiger Appetit in seiner Jugend, dessen Ursache Darmwürmer gewesen waren, hatte ihm auf ewig Bhukay aufgehalst. Masroor flüsterte Bhukay ein paar Worte zu. Der nickte und winkte mich in den Stuhl neben dem Dicken, während er einen subtil anglo-indischen Kopf fertig machte, an dem er gerade arbeitete. Ich ließ mich mit einem nervösen und beschämten Gefühl nieder und hoffte, daß Masroor für die Dauer des Haarschnitts im Salon bleiben würde. Ich konnte ihn im Spiegel beobachten. Er saß auf einer Bank und stöberte einen unordentlichen Haufen Zeitschriften durch. Er stieß mit dem Ellbogen seinen Tropenhelm von der Bank, hob ihn auf, drückte ihn sich auf den Schädel, um ihn nicht wieder zu verlieren, und setzte seine Suche fort. Wo ist die Zeitung von heute, fragte er Bhukay. Sie war noch nicht gekommen.

Der Friseur zu meiner Linken war mit dem Haarschnitt bei dem Dicken fertig. Er verabreichte ihm jetzt eine Massage, klatschte und knetete seinen Kopf mit den Fingern, Knöcheln und Handballen. Die kleinen Schweinchenzüge seines Kunden hatten sich soweit entspannt, daß sein Gesicht wie ein glückliches Stück faltenloses Fett aussah. Als die Massage beendet war, puderte der Friseur ihm den Nacken und bürstete die unerwünschten Haare weg. Er band das Laken auf, das als Riesenlatz diente, und stellte sich dienstbeflissen auf die Seite, als der Dicke sich aus seinem Stuhl hievte, seinen Haarschnitt mit einem schwarzen Helm bedeckte und aus dem Geschäft watschelte.

Bhukay verpaßte dem Anglo-Inder seinen Fassonschnitt und kam dann zu meinem Stuhl. Er knöpfte mein Hemd auf, wickelte einen dünnen Streifen Watte um meinen Hals und knotete ein sauberes Laken darum herum. Mit einer Flaschenpumpe besprühte er meine Haare mit Wasser. Dann drückte er meinen Kopf über das Waschbecken und preßte heftig das überschüssige Wasser heraus. Als das getan war, kämmte er meine Haare mit einem Kamm nach hinten und machte sich an die Arbeit. Seine Schere schnatterte wie ein Vogel an meinen Ohren. Ich seufzte und schloß die Augen. Zum ersten Mal, seit ich in den Gomti gefallen war, entspannte ich mich. Ich befand mich in guten Händen: Ein Profi kümmerte sich um meine Probleme.

In weniger als zehn Minuten hatte er meine Haare zu ausgefransten

Stoppeln heruntergestutzt. Er legte die Schere weg und versetzte meinen Läusen noch mal eine Dusche. Dann wetzte er sein Rasiermesser. Ich beobachtete ihn ängstlich im Spiegel. Offene Rasiermesser machten mich nervös. Aber er war ein Künstler. Ein paar leere Schwünge über meinem Kopf und dann eine Reihe von gelassenen Strichen, die die Haare in schnellen Streifen abschälten, bis nichts mehr da war. Er war noch nicht fertig. Er goß etwas desinfizierenden Alkohol in eine Emailleschale und rieb ihn mit Baumwolltupfern in meinen geschorenen Kopf ein, der davon zu prickeln anfing. Das war noch nicht alles. Bevor ich ihn daran hindern konnte, nahm er einen gelben Flanellappen, so einen, wie man normalerweise zum Autoputzen benutzt, und polierte meinen Schädel, bis er glühte. Am Schluß war mir eigentlich alles egal. Ich war erleichtert und müde, und der Stuhl war bequem. So lag ich einfach da, zusammengesunken und schläfrig und glänzte wie ein Messingtürknopf.

Er haßte Haare. Haßte sie. Er sagte das in einem ernsten Ton, wie ein Credo. Schuppen, Schorf, Schmutz, Muff, Läuse, halbtote Schmarotzer, die sich von unseren Köpfen ernährten. Dicht, dünn, lang, kurz, grade, lockig, fettig, trocken – diese ganze Unordnung. Der Schädel, das war die Idealform, genauso wie das Ei. Haare waren sinnlos. Es war ein Vergnügen gewesen, mich kahl zu scheren. An den meisten Tagen mußte er seine Kunst und seine Prinzipien kompromittieren, um seinen Lebensunterhalt zu verdienen. Er stutzte Schnurrbärte, formte Koteletten, half Männern mit schütterem Haar, ihre Blöße mit strähnigen Fäden der Scham zu bedecken. Aber selbst bei Material wie mir modellierte er auf Sand. Er kämpfte für eine hoffnungslose Sache. Bereits jetzt schon wieder waren meine Haare dabei, unsichtbar zu wachsen. Egal wie glatt er mich rasierte, die häßlichen schwarzen Stoppeln würden wieder zum Vorschein kommen. Genauso wie Gesichter zu rasieren: Jeder Sieg war das Eingeständnis einer Niederlage. Nichts blieb, wie es war – Zeit und Leben kamen unaufhaltsam hereingekrochen.

Als Bhukay endlich mit mir fertig war, eilte Masroor immer noch rein und raus aus dem Salon, auf der Suche nach einem Zeitungsjungen. Wir verließen den Salon und traten wieder in die Hitze des Sommermorgens. Mein Rücken prickelte von der Hitze und den winzigen Härchen, die die Barriere des Latzlakens überwunden hatten und mir in den Nacken geschlichen waren. Ich ging zu unseren Fahrrädern, die ein paar Meter vom Friseursalon entfernt im Schatten standen, als mich

Masroor am Ellbogen packte und mich in die entgegengesetzte Richtung lenkte – eine Station stand noch aus auf dem heutigen Rundgang durch seine alten Zeiten in Lucknow.

Wir mußten nicht weit gehen. Nach weniger als zweihundert Metern blieb Masroor vor einem größtenteils verrammelten Süßwarenladen stehen. Nur ganz links war ein Teil seiner Vorderfront geöffnet. Dort stellte ein Mann in einer zerschlissenen Weste Jalebis her. Es war Bihari Halvai. Masroor kannte ihn gut aus der Zeit, in der er als kleiner Junge seinem Vater in demselben Laden zur Hand gegangen war. Masroor schien mit dem größten Teil von Lucknow per du zu sein.

Der Laden war alt – seine rechte Wand war gegen den zerfallenden, weißgetünchten Backstein eines winziges Grabmals geklemmt. Und genauso verkaufte sich auch der Süßwarenladen: »Der berühmte, alte Süßwarenladen gleich neben dem Grabmal«. Außer etwas Backstein und einer halben hohlen Kuppel war nicht viel zu sehen. Von dort, wo ich stand, konnte ich die Tür nicht sehen, die in das Monument hineinführte, weil das Grabmal durch einen riesigen Banyan-Baum, eine bengalische Feige, erdrückt wurde. Der Mutterstamm war längst verschwunden. Jetzt war da ein ganzer Hain von miteinander verbundenen Stämmen, die früher einmal Luftwurzeln gewesen waren, die inzwischen den Boden erreicht und sich eingegraben hatten. Einige waren nicht so weit gekommen, sie waren auf dem Weg nach unten einfach in einen anderen Ast oder Stamm hineingewachsen und dort in Mehrdeutigkeit erstarrt, zugleich Ast, Wurzel und verhinderter Stamm. Jeden Tag spähten Affen durch die Menge des verdeckenden, regengrünen Laubes hindurch auf den Süßwarenladen hinunter.

Bihari wackelte mit dem Kopf, als er Masroor sah, und wies uns zu den Holzbänken, die auf dem breiten Bürgersteig vor dem Laden verteilt standen. Er saß im Schneidersitz auf einem niedrigen Takht und drückte geschickt Spiralen weißer Mehlpaste in einen Bottich mit siedendem Öl, das sie in ein durchscheinendes Goldgelb alchimisierte. Wenn seine Tüte mit der Paste leer war, schob er die neu hinzugefügte Ladung mit einer perforierten Eisenkelle umher und sah zu, wie die Kringel sich verfärbten. Seine Kunden waren zu dieser frühen Stunde hauptsächlich Diener, die für ihre Herren Milch-und-Jalebi-Frühstücke auf die Beine stellen sollten.

Aber nachdem er zwei Ladungen gemacht hatte, drehte er sich um, um einen alten Mann zu bedienen, dessen Scheitelkäppchen und Bart ihn als Muslim auswiesen. Er war offensichtlich ein alter Kunde, weil Bihari seine Bestellung ausführte, ohne daß ein Wort gewechselt wurde. Eine Tüte in der Hand, begann er von rechts nach links auf das rauchende Öl zu schreiben. Als er die Breite des riesigen Bottichs durchmessen hatte, erkannt selbst ich, Analphabet der ich war, die Schlaufen und Kurven der arabischen Schrift. Er legte einen weiteren Streifen Schrift unter den ersten, und dann noch einen und so weiter, bis die eine Bottichhälfte voller Wörter war und die andere nackt vor sich hinblubberte. Er lehnte sich zurück, die Stirn immer noch vor Konzentration gerunzelt, und sah den alten Mann an, der still danebenstand.

Hier, Jamal Mian, sagte er. Deine Suren.

Jamal Mian starrte ehrfürchtig auf die goldenen Buchstaben, die auf dem Öl zitterten, und nickte. Bihar zerteilte die Streifen in handliche Wörter und Silben und wickelte sie dann in Zeitungspapier ein. Der alte Mann klemmte sich seinen Stock unter den Arm, um das Päckchen besser halten zu können, und steuerte mit behutsamen Schritten auf das überwucherte Grabmal zu.

Was war denn das alles, fragte Masroor neugierig, während er beobachtete, wie Jamal Mian in das Geheimnis von Banyan und Grabmal verschwand.

Das ist Haji Jamaluddin, sagte Bihari zärtlich. Und was er da hat, sind Suren aus dem Koran.

So was hast du aber noch nie gemacht, sagte Masroor.

Das denkst du, weil du gewöhnlich nicht zu dieser Uhrzeit hier vorbeikommst, antwortete der Jalebi-Mann. Ich mache das schon seit fünf Jahren jeden Tag. Aber nur für ihn.

War das irgendeine Sure aus dem Koran, oder sucht sich Jamal Mian was aus? Das war wieder typisch Masroor, mit seiner grenzenlosen Neugier für die Welt um ihn herum. Wir waren jetzt schon anderthalb Stunden draußen und in einer Zeit herumgezogen, die mir nicht gehörte. Je länger ich mich herumtrieb und je mehr Leute ich traf, desto größer war die Wahrscheinlichkeit, daß meine Anwesenheit dort irgendeinen Unterschied ausmachte. Da ich früh am nächsten Morgen einen Zug zu meiner verlegten Gegenwart erwischen mußte, wollte ich das Schicksal nicht herausfordern. Mir war es egal, wer die Sure auswählte. Ich wollte Masroor einfach einen Tritt geben, weil er gefragt hatte.

Bihari lächelte und schüttelte den Kopf. Jamal Mian ist Analphabet. Er kann nicht einmal Urdu lesen, geschweige denn den Koran. Da wird nichts ausgewählt. Wir arbeiten einfach das Buch der Reihe nach durch, eine Sure nach der andern.

Sie könnten also alles mögliche schreiben, sagte ich aggressiv, in der Hoffnung, das Gespräch abzukürzen, ohne daß er es merken würde. Es klappte nicht. Bihari entwaffnete mich, indem er zugab, daß er genau das einmal getan habe, vor drei Jahren, 1939. Jamal suchte ihn täglich auf. Er war seit dem Winter 1936 gekommen, dem Jahr, als er seine Pilgerreise nach Mekka gemacht hatte. Während seiner Rückreise auf dem Schiff hatte er eine Vision, in der ihm Baba Farid erschien, der Heilige des Grabmals, der seit dreihundert Jahren tot war. Er beklagte sich, daß seine Ruhe in letzter Zeit durch die ansteigende Welle der Gewalt im Lande gestört werde. Das Wort Gottes sei in Vergessenheit geraten. Deswegen wolle er, daß Jamal, der ein Hadschi war, ihm den Koran Sure für Sure von Anfang bis Ende vorlese und dann wieder von vorne. Und die Erscheinung versprach, daß die Gewalt, die in der Welt um sich griff, nie Lucknow erreichen würde, wenn Jamal dies immer weitermache.

Jamal Mian wußte nicht, was er tun sollte. Er konnte das Buch nicht vorlesen, weil er nicht lesen konnte. Seine Familie stammte ursprünglich aus dem Osten, sie waren Weber aus Benares, Analphabeten seit Beginn der Zeit. Dann vertraute er eines Tages Bihari sein Problem an, der ihm die Lösung vorschlug. Der Koran mit Jalebi geschrieben, täglich eine Sure. Auf die Weise konnte er gleichzeitig seiner Vision Folge leisten und die eßbare Opfergabe darbringen, wie es bei Baba Farids Grabmal Brauch war.

Woher wußte er so gut im Koran Bescheid, daß er ihn mit Jalebi schreiben konnte? Was ich natürlich meinte, war: Wie kam ein Koch zu Grundkenntnissen in klassischem Arabisch?

Auch daran nahm Bihari keinen Anstoß, obwohl ich es mit der Skepsis übertrieben haben mußte, denn Masroor runzelte die Stirn über meinen Ton. Mein Vater, sagte Bihari, ließ mich bis zu meinem vierzehnten Lebensjahr jeden Tag zwei Stunden lang von einem Maulvi im Koran unterrichten. Meine Freunde nennen mich Bihari Halvai, aber eigentlich heiße ich Omar, Omar Qureishi.

Ich errötete bis zu den Wurzeln meiner geschorenen Haare. Ich war nicht darauf gekommen, daß er Muslim sein könnte, weil ich noch nie einem muslimischen Halvai begegnet war. Ich unternahm keine weiteren Versuche, die Dinge zu beschleunigen.

Eines Tages, fuhr Bihari fort, zweieinhalb Jahre nachdem Jamal Mian mit seinen morgendlichen Besuchen bei mir begonnen hatte, gab ich ihm statt der üblichen Sure aus dem Koran die Schlagzeile einer alten Zeitung, mit der ich die Jalebis normalerweise einwickelte. Ich weiß nicht, wieso ich das tat – wahrscheinlich aus Langeweile. Wir hatten den Koran schon einmal durch und beim zweiten Mal schon mehr als die Hälfte hinter uns. Vielleicht war es die Hitze ... Es war Mitte Juni. Genaugenommen der neunzehnte Juni. Ich erinnere mich an das Datum, weil die Zeitung am nächsten Morgen eine fünf Zentimeter große Schlagzeile über die Krawalle in Kanpur brachte. Es waren die größten Krawalle seit Jahren. Vierhundert Tote und doppelt so viele Verwundete. Und Kanpur war weniger als hundert Kilometer von Lucknow entfernt.

Ich bin nicht abergläubisch, sagte Bihari grimmig, aber manchmal ist es schwierig, ein Zeichen zu ignorieren. Ich habe Jamal Mians Gelöbnis nie wieder entehrt.

Er gab uns eine zweite Portion Jalebis. Die erste Ladung hatte meine Hände und meinen Mund zu Fliegenpapier gemacht, Anziehungspunkt für jeden umherschwirrenden Fleck. Bihari drückte eine weitere Ladung in das Öl, lehnte sich zurück und wischte sich mit einem Schulterlappen den Schweiß vom Gesicht. Er deutete auf das Grabmal:

Einmal, nur einmal gab ich Jamal Mian die falschen Worte, und schon wurde bis Kanpur gemordet. Auch wenn ich bis zum Tag des Jüngsten Gerichts die richtigen Suren brate, wird das die Toten von Kanpur nicht mehr zum Leben erwecken. Deswegen komme ich mit euch, um den Zug aus Aligarh zu stoppen. Ich möchte Baba Farid helfen, das Versprechen zu halten, das er Jamal gegeben hat – das Morden darf nicht bis Lucknow kommen.

Mit einem Schnörkel legte er zwei parallele Linien auf die Öloberfläche, und bevor sie auseinandertreiben konnten, verband er sie in gleichmäßigen Abständen mit kurzen waagerechten Strichen. Als er fertig war, sah es wie eine Leiter aus, war es aber nicht. Angesichts des Zusammenhanges sollte es eindeutig ein Stück Eisenbahngleis sein. Als es die richtige Farbe hatte, holte Bihari es heraus und brach es in zwei Stücke. Ganz beiläufig. Nur war Masroor nicht da, um sein Bravourstück zu beklatschen, weil er endlich einen Zeitungsjungen entdeckt hatte und über die Straße rannte, ohne an den Verkehr zu denken. Nicht daß um halb neun Uhr an einem Sonntagmorgen im Jahr 1942 besonders viel Kraftfahrzeugverkehr gewesen wäre – bloß ab und zu ein

khakifarbener Jeep oder getarnter Lastwagen, unterwegs zu irgendeinem fernen Militärposten.

Masroor bezahlte den Zeitungsjungen und breitete die Zeitung aus.
Ich hätte ihm sagen können, was drin stand. Dadi hatte die Schlagzeilen des neunten Augusts jahrelang aufgesagt. »Kämpfen oder untergehen«, sagt Gandhi; Congress verabschiedet »Quit India«-Resolution;
Gandhi und andere verhaftet; Congress verboten; Jinnah verurteilt
Congress-Erpressung; Angriff auf öffentliche Gebäude. Natürlich nicht
alle auf einmal, aber je nachdem, welche Zeitung Masroor gekauft
hatte, eine Mischung von mindestens zwei oder drei.

Ich war also nicht überrascht, als Masroor auf dem gegenüberliegenden Bürgersteig verzweifelt auf die Knie sank, um auf allen vieren diese
Bestätigung aller seiner Befürchtungen zu lesen. Ich war nicht überrascht, aber ich wollte die Straße überqueren und einen Arm um ihn legen, um ihm den Trost der späteren Erkenntnis anzubieten. Ich wollte
ihm sagen, daß es keine Krawalle für die Dauer der Kampagne des zivilen Ungehorsams geben würde, die gerade begonnen hatte. Gleise würden in die Luft gesprengt, Telegrafendrähte durchschnitten, Polizei-
stationen angegriffen, Orte aus der Luft mit Maschinengewehren
beschossen, Tausende ins Gefängnis geworfen und viele getötet werden,
aber die Gewalt würde zwischen dem Raj und den Rebellen stattfinden,
nicht zwischen Hindus und Muslims. Das Morden, zu dem es, wie er
befürchtete, durch eine einseitige Unabhängigkeitserklärung des Congress kommen würde, passierte in Wirklichkeit nicht. Ich erhob mich,
um ihn zu beruhigen – hielt dann inne und setzte mich wieder auf
meine Bank. Wie sollte ich es sagen? Mach dir keine Sorgen, die Bewegung wird in ein paar Monaten tot sein, und in der Zeit wird es keine
Krawalle geben? Mach dir keine Sorgen, alles zu seiner Zeit, auch deine
Verzweiflung, und die Zeit für sie ist nicht jetzt, sondern in fünf Jahren,
wenn die Briten Indien tatsächlich verlassen und das Morden richtig
losgeht.

Ich blieb auf der Bank und ließ ihn allein mit den Neuigkeiten fertig
werden. Genaugenommen war es seine Zukunft, über die er verzweifelte,
nicht meine. Nachdem ich meine Gegenwart verlegt hatte, konnte ich
ihm ja kaum Ratschläge zu seiner erteilen. Außerdem sollte mein Zug um
sieben am nächsten Morgen losfahren, und ich war auf Bewährung.

Gerade als ich beschlossen hatte, mich nicht einzumischen, erhob
sich Masroor, ließ die Zeitung aber auf dem Boden liegen. Er drehte

sich um und ging mit grimmiger Miene auf uns zu. Er schob seinen Tropenhelm zurück, seine Hemdsärmel flatterten, die Schultern hatte er gegen das Schlimmste, was die Welt anrichten konnte, gestemmt. Noch viele Monate danach hatte ich Masroor so vor Augen, jedesmal wenn ich an ihn dachte. Er hatte, bevor er die Straße betrat, am Rand des Bürgersteigs innegehalten, als ich zu meiner Linken das Motorengeräusch hörte. Ich drehte mich um und sah einen Militärlastwagen die Straße entlangrasen. Masroor war stehengeblieben, um einen Pulk Radfahrer vorbeizulassen, also mußte er auch den Lastwagen gesehen haben, weil er aus der gleichen Richtung kam. Aber unerklärlicherweise machte er Anstalten, die Straße zu überqueren, sowie die Radfahrer vorbeigefahren waren. Er hatte keine zwei Schritte getan, als der Lastwagen auf ihm drauf war. Bremsen kreischten. Ich riß den Kopf herum, die Fäuste geballt, die Augen fest geschlossen.

Als ich sie wieder öffnete, war der Lastwagen quietschend zum Stillstand gekommen. Ich stürzte zur Unfallstelle, wo sich erstaunlicherweise keine Menschenmenge versammelte. Voller Angst rannte ich hinter dem Lastwagen zum anderen Bürgersteig. Ich zwang mich, einen Blick auf das Vorderrad und die Stoßstange zu werfen. Kein Blut, kein zertrümmerter Masroor. Mit größter Mühe gelang es mir, mich nicht zu übergeben, und ich bückte mich tiefer, um die Unterseite des Lastwagens in Augenschein zu nehmen. Er war nicht in die Eingeweide hineingemischt und auch nicht auf die Straße geschmiert.

Plötzlich setzte sich der Lastwagen wieder in Bewegung, und immer noch halb gebückt stolperte ich zurück auf den sicheren Bürgersteig. Während der Lastwagen langsam beschleunigte, glitt eine Rekrutierungswerbung, die über seine ganze Längsseite gemalt war, an meinen Augen vorbei. »Folgt dem Auftrag des Königs«, lautete der Slogan. »Das edelste Leben auf Erden«. Unter den Buchstaben starrten mir zwei schnurrbärtige Männer in Khaki-Uniformen und mit Epauletten ernst in die Augen. Neben ihnen, nicht in Vorderansicht, sondern im Profil, stand eine Gestalt in lockerer Khaki-Hose und einem weißen, kurzärmeligen Hemd. Ihre Füße, die in rotbraunen Home-Guard-Schuhen steckten, befanden sich in der Luft – oder über dem unteren Rand der Werbung – in einer künstlerischen Bewegungsstudie. Eine halb erhobene Hand deutete entweder einen militärischen Gruß an oder schob den Tropenhelm zurück. Während der Lastwagen davonfuhr, rannte ich neben ihm her, in dem Versuch, die Werbung im Auge zu behalten, bis ich nicht mehr atmen konnte, bis ich in der dicken Wolke des Auspuffs zu würgen anfing. Noch lange Zeit, nachdem sich der Rauch gelichtet hatte und der Lastwagen in der Ferne verschwunden war, stand ich wie angewurzelt mitten auf der Straße und versuchte dahinterzukommen, wie ein dreidimensionaler Mensch auf eine platte Fläche gebügelt werden konnte. Denn diese dritte Gestalt auf der Seite des Lastwagens war kein Soldat – es war Masroor.

Ich weiß nicht mehr, wie lange ich brauchte, um das Lalbagh-Haus zu erreichen, aber ich rannte die ganze Strecke. Ohne noch an unsere Fahrräder zu denken, die beim Friseurgeschäft standen, oder an Bihari, der auch gesehen hatte, wie der Lastwagen Masroor überfuhr, raste ich durch unbekannte Straßen, verirrte mich bei jeder Ecke, bis ich mich auf der Straße beim Turm der Hauptpost wiederfand, wo ich links einbog und heimwärts sprintete. Der Morgen rückte immer weiter fort während ich lief, und die Straßen füllten sich mit Rikschas, Fahrrädern und Menschen. Aber das Leben, das an mir vorbeiflitzte, wirkte künstlich und entrückt, als hätte man hinter die Scheiben eines Studioautos Verkehr projiziert. Guru Dutt in *Aar Paar*, wie er einen stillstehenden Buick lenkt, während man die Straßen Bombays sorgfältig in seine Heckscheibe eingearbeitet hat. Niemand ließ sich davon täuschen, aber niemand beschwerte sich, weil es auf die Stars ankam, und die waren echt. Ich lachte hysterisch (immer noch rennend) bei dem Gedanken, daß ich der Held dieses Films war. Als ich endlich die Gasse erreichte, die zum Lalbagh-Haus führte, war mir ganz schwindlig, und ich war atemlos. Ich wußte, daß meine Umwelt nichts Reales oder Substantielles an sich hatte, und so machte ich mir nicht die Mühe, an die Hoftür anzuklopfen, ich rannte einfach durch sie durch.

Ich muß von dem Schmerz ohnmächtig geworden sein. Ich erinnere mich an eine Explosion, als meine Nase platzte, und an eine weitere in meinem Unterleib, als er vom Türriegel zurückprallte. Ich fiel zu Boden und hielt mich mit beiden Händen fest, unfähig zu atmen oder zu schreien. Und gerade als Asharfis besorgte Stimme hinter der Tür Wer da? fragte, eine Sekunde, bevor ich das Bewußtsein verlor, spürte ich noch eine Welle der Verärgerung über die Unbeständigkeit dieses Films. Das war so, als würde man einen Studiowagen tatsächlich in die freie Natur rasen lassen. Du mußt dich schon entscheiden, Herr Regisseur, dachte ich wütend. Die Dinge können nicht einfach so nach Belieben zwischen Schein und Wirklichkeit wechseln.

Haasan übernimmt die Regie

Als Haasan an jenem Abend vorbeikam, saß ich mit Ammi und Asharfi sehr angespannt im Hof, weil ich nicht wußte, wo ich anfangen sollte. Schockiert von Masroors Verschwinden und benommen nach dem Zusammenstoß, hatte ich keine Erklärung für meine Kahlköpfigkeit abgegeben, und sie hatten nicht danach gefragt. Masroors Kommen und Gehen war so exzentrisch, daß sie sich nicht einmal nach ihm erkundigten. Ammi betupfte meine Nase mit Mercurochrome und scheuchte mich auf mein Zimmer hoch, wo ich mich erholen sollte. Mittags brachte mir Asharfi ein Tablett mit Essen und ließ mich dann den ganzen Nachmittag durchschlafen. Irgendwann im Laufe dieser unruhigen Siesta träumte ich, daß Bihari zu Besuch gekommen sei und ihnen alles erzählt habe, so daß das also erledigt war und ich nicht derjenige wäre, der es ihnen beibringen mußte. Ich bräuchte also keinen Anfang zu suchen.

Aber als ich zum Tee nach unten ging, waren sie so fröhlich, daß ich wußte, ich würde die Sache doch übernehmen müssen. Asharfi reichte mir eine Tasse und grinste mich ermutigend an.

Jetzt gehörst du zur Familie, sagte sie, mit einem Blick auf meinen rasierten Schädel. Jetzt siehst du ordentlich kahl aus – jeder Zentimeter ein Ganjoo!

Der Scherz brachte mich aus der Fassung. Wie konnte ich ihr sagen, daß sie einen Ganjoo verloren und nicht einen gefunden hatte? Daß ihr Bruder auf der Seite eines Fünf-Tonnen-Lastwagens fuhr und zweidimensional die Armee verkaufte? Warum ihr nicht gleich erzählen, daß ich aus der Zukunft heruntergefallen war, ohne Fallschirm?

Nicht daß ich ihnen irgendwas erzählen mußte. Ich war im Begriff, früh am nächsten Morgen diese Welt und alle ihre Unwahrscheinlichkeiten zu verlassen. Aber ich wollte es. Zum Teil, weil ich ihnen für die

Großherzigkeit, die sie mir gegenüber gezeigt hatten, die Wahrheit schuldete, aber hauptsächlich um mich von der unerträglichen Absurdität der morgendlichen Geschehnisse zu befreien. Ich wollte diesen Morgen nicht wie ein einsames Geheimnis in meine eigene Zeit mitnehmen. Er mußte im Hier und Jetzt weitergegeben werden. Wenn es eine unerledigte Angelegenheit war, dann war es eine unerledigte Angelegenheit des Jahres 1942 und seiner Bewohner. Sie konnten sie behalten.

Haasan kam mit grimmiger Miene herein und fragte, was passiert sei. Das machte es mir leicht. Die Tatsache, daß er wußte oder zu wissen schien, daß etwas nicht stimmte, bedeutete, daß ich nicht ganz von vorne anfangen mußte. Kaum hatte er gefragt, erzählte ich ihnen alles. Fast eine ganze Stunde lang legte ich ununterbrochen Zeugnis von den morgendlichen Ereignissen ab. Es war eine gute Geschichte, und ich erzählte sie mit aller Kühnheit, also erzählte ich sie auch gut. Als ich das Verschwinden beschrieb, hielten Ammi und Asharfi den Atem an – eine Minute später glaubten sie mir nicht mehr, aber während ich es erzählt hatte, war ihnen die Luft weggeblieben.

Trotzdem, der Trost der Ungläubigkeit kam leicht, weil ich der Erzähler der Geschichte war: ein Glatzkopf, der sein Gedächtnis verloren hatte, aus dem Nichts kam und der mit voller Wucht gegen verriegelte Türen rannte. Oh, direkt ausgesprochen wurde es nicht, aber Ammi bestellte eine zweite Runde Tee und dachte laut darüber nach, ob Masroor an diesem Abend rechtzeitig wiederkommen würde, um die August-Nummer von *Khatoon* zu drucken. Das kränkte mich, was albern war, weil ich Ungläubigkeit erwartet hatte. Aber als sie kam, nahm ich sie übel.

Als wir mit dem Tee fertig waren, hatte ich beschlossen, daß es mir egal war. Selbst wenn sie mir jedes Wort glaubten, welchen Unterschied würde es für mich machen? Am nächsten Morgen wäre ich in eine Zeit entschwunden, wo eine Nachricht von Masroor mich nie erreichen würde. Selbst wenn ich im Lucknow meiner Zeit nach ihnen suchen würde, wäre Ammi sehr wahrscheinlich tot, Asharfi wäre siebzig, und Masroor – wenn er nicht von der Seite eines uralten Lastwagens abblätterte – wäre ein Großvater, nicht der unerschrockene Mann, den ich kannte. Ich ging also wieder nach oben auf mein Zimmer, ohne auf der Wahrheit meiner Geschichte zu bestehen, und legte ein paar Sachen zusammen, die ich früh am nächsten Morgen brauchen würde: Wäsche zum Wechseln (eine weitere von Masroors khakifarbenen und weißen

Uniformen), Geld für die Fahrkarte (von Masroor geliehen), Home-Guard-Schuhe (Masroors) und das einzige, was wirklich mir gehörte: die Thermosflasche, die die Urne meiner Großmutter war. Dann ging ich nach unten zu einer letzten Mahlzeit im Lalbagh-Haus.

Einen atemlosen Augenblick lang, als ich die Diele durchquerte, fragte ich mich, ob sie wußten, daß ich sie verlassen würde, denn der lange, dunkle Tisch glänzte vom tanzenden Licht eines Armleuchters. Es sah aus wie die Szenerie für ein Abschiedsessen. Aber das war es nicht – eine Sicherung war durchgebrannt und hatte das Licht im Erdgeschoß ausgehen lassen. Aber ob Sicherung oder nicht, es war ein großartiges Gefühl, an einem Ende des Tisches zu sitzen, während Moonis das Essen auftrug, und unsere vornehm beschatteten Gesichter hin und her zu wenden wie ein Haufen alter Gemälde, die sich unterhalten. Haasan war zum Abendessen geblieben; wir waren also zu viert in dem Eßzimmer.

Ich war so erregt von dem Gedanken, am nächsten Morgen wieder nach Hause zu fahren, daß ich erst, als ich die erste Portion Korma mit Hilfe von zwei Fladenbroten aufgegessen hatte, merkte, daß die Gesichter um mich herum in dem freundlichen Kerzenlicht angespannt und besorgt aussahen. Natürlich – Masroor war zum Abendessen nicht nach Hause gekommen. Er war jetzt schon seit zwölf Stunden fort, Ammi sah nervös aus.

Es war Haasan, der das bedrückte Schweigen brach. Ich war eben in Biharis Geschäft, sagte er ruhig. Er sagt, er habe sich gerade über den Bottich gebeugt und eine neue Ladung Jalebis reingedrückt, als er die Bremsen kreischen hörte. Als er hochschaute, hatte er das Gefühl, undeutlich Masroor zu sehen – jedenfalls war es ein Mann, der einen Tropenhelm trug, so wie Masroor an diesem Morgen – , und dann war der Lastwagen schon auf ihm drauf. Er brauchte wohl ein paar Sekunden, um von seinem Sitz herunterzukommen, aber als er die Straße erreichte, stand der Lastwagen noch da. Er hat sich gebückt und darunter nachgesehen, aber Masroor war nicht da. Das einzige Gesicht, das er gesehen hat, war deins, wie du gerade das gleiche auf der anderen Seite des Lastwagens gemacht hast. Dann hat der Fahrer den Gang reingehauen, und der Laster ist weitergefahren, und du bist nebenhergerannt. Er sagt, er hat dir hinterhergerufen, daß du stehenbleiben sollst, bist du aber nicht. Und das war das letzte, was er von dir, dem Laster oder von Masroor gesehen hat.

Haasan räusperte sich. Ich hab ihn nach dem Bild gefragt, das du gesehen hast, sagte er vorsichtig mit einem Blick zu Ammi, die mich anstarrte. Ihm ist nichts dergleichen aufgefallen – jedenfalls nicht auf der Seite des Lasters, die er sehen konnte.

Wir wissen also nicht, was wir davon halten sollen, sagte Ammi besorgt. Ich weiß nur, daß er nie das Abendessen ausfallen läßt, ohne mir Bescheid zu sagen – und er ist nicht zu Hause. Sag, könnte es nicht ein Fenster im Lastwagen gewesen sein, durch das du ihn gesehen hast ...? Oder eine Tür?

Ich verspürte eine perverse Genugtuung angesichts dieser ganzen Besorgnis um mich herum. Das wäre ihnen eine Lehre, das Unwahrscheinliche nicht einfach so abzutun. Ich hatte jetzt seit einer Woche mit dem Unwahrscheinlichen gelebt. Sie hatten bloß einen Verwandten verloren – ich hatte eine Welt verloren.

Dann fiel mir ein, daß meine Rettung ja bevorstand und daß ich um sieben am nächsten Morgen auf dem Weg nach Hause sein würde. Der Gedanke machte mich großzügiger, gütiger. Mitleid wärmte mein Herz, nicht nur, weil sie Masroor verloren hatten, sondern weil das Ende der Welt, wie sie sie kannten, bevorstand. In weniger als fünf Jahren gäbe es Mord, Brandschatzung, Vergewaltigung, Massenflucht, Zugmassaker, Flüchtlinge, Enteignung, feindliche Ausländer ... kurz, die Teilung. Und hier waren sie, Asharfi, Ammi und Haasan, lebten in der Windstille und meinten, es sei der Sturm. Es gab mir das Gefühl, allwissend zu sein: Ich kam mir wie ein Historiker vor, der sich plötzlich irgendeiner verlorenen Sache, irgendeinem ausgestorbenen Geschlecht gegenübersieht, dessen Chronist er gewesen ist.

Also machte ich ihnen Hoffnung.

Ich berief mich darauf, daß ich in einem Zustand des Schocks gewesen sei, ich führte den Zeitabstand zwischen der Vollbremsung des Lasters und dem Moment, wo ich ihn erreicht hatte, an, ich beschwor sogar den Rauch des Auspuffs, der alles verschleiert hätte. Der Laster war ziemlich schnell gefahren, und ich hatte alle meine Kräfte gebraucht, um Schritt zu halten, so daß – ja, es hätte Masroor in einem Fenster sein können, ganz flüchtig, oder warum nicht auch in einer Tür. Und dann war da das Delirium der Erschöpfung, das Trügerische der Erinnerung und natürlich meine Amnesie, die sich womöglich auf mein Kurzzeitgedächtnis auswirkte. Gehirnerschütterung mußte auch in Betracht gezogen werden: Mein Kopf war von der Hoftür eingedellt worden. Bereits jetzt schon wurde er von einer rotblauen Beule entstellt, dort wo die Stirn in den Schädel überging.

Ich weiß nicht, ob sie diese überarbeitete Version schluckten, weil sie alle, einschließlich Ammi (die unbedingt überzeugt werden wollte), immer noch besorgt aussahen, als ich geendet hatte. Aber viel mehr konnte ich nicht tun. Ich hatte ihnen zur Teezeit die Wahrheit gesagt und sie zum Abendessen Zweifel gelehrt. Mehr hätte ein Berufshistoriker auch nicht tun können. Ich hatte für diese fremde Zeit mein Bestes getan. Ich hatte ihre Mitwirkenden wie Ebenbürtige aus Fleisch und Blut behandelt, wie freie Individuen mit einem eigenen Willen, die ihr Schicksal selbst gestalteten. Wie ich selbst. Während sie in Wirklichkeit Pappfiguren waren, die Nebenrollen in einem nach genauem Szenenplan ablaufenden Theaterstück ohne Happy End spielten. Masroor hatte jetzt sogar noch weniger Tiefe als eine Ausschneidepuppe. Vielleicht ist er untergetaucht, sagte ich und warf ihnen einen letzten Krümel Trost zu, dabei vage an die Gestalt des Mahdi im Islam denkend. Das war ein netter kleiner Touch, schien mir, gerade die richtige Note. Es mußte irgendwo bei ihnen eine verborgene Saite zum Klingen bringen – schließlich waren sie Muslims. Nachdem das erledigt war, wünschte ich ihnen ohne Gewissensbisse auf ewig eine gute Nacht.

Am nächsten Morgen wachte ich frisch und mit klarem Blick auf. Keine verklebten Augen, keine pelzige Zunge, keines der Nasenlöcher verstopft und eine freie Atmung. Der Wecker in meinem Kopf hatte um vier geklingelt, und so putzte ich mir die Zähne in fast vollständiger Dunkelheit, obwohl es kaum nötig war, da sich meine Zähne nagelneu anfühlten. Aber ich tat es trotzdem, weil ich in wenigen Stunden in der Welt, die ich verloren hatte, wieder ein neues Leben beginnen würde und es nicht richtig schien, den Schmutz aus einer anderen Zeit mit hinüberzunehmen.

Gewaschen und angezogen hängte ich mir die Thermosflasche um, zählte das Geld und ging los. Ich spähte durch den Rost, der den Hof überdachte – im Haus war alles still. Ich schlich die Treppe hinunter und drückte dabei die Flasche an die Hüfte. Im Hof brannte ein Licht, das ich von oben nicht gesehen hatte. Die Milchglasscheiben von Ammis Badezimmertür glühten gelbrot. Schiß sie immer so früh am Morgen, oder waren das ihre Sorgen? Lautlos eilte ich in meinen Leinenschuhen über den Hof, wie ich es schon am Morgen zuvor getan hatte, obwohl es gestern heller und ich nicht allein gewesen war.

Die Hoftür erschreckte mich mit einem lauten metallischen Quietschen, aber dann hatte ich das Haus verlassen und war draußen auf dem Sträßchen, die erste Etappe meiner Heimreise hatte begonnen. Es war mein Plan, zu Fuß zum Charbagh-Bahnhof zu gehen und mir eine Reservierung zu besorgen: Ich wollte nicht die grauenhafte Möglichkeit riskieren, keinen Platz im Zug zu bekommen. Ebensowenig würde ich zur Gomti-Brücke hochgehen und warten. Es wäre natürlich perfekt gewesen, dort wieder einzusteigen, wo ich heruntergefallen war, so als wäre das Herunterfallen gar nicht geschehen, aber was würde passieren, wenn das Signal diesmal nicht auf Rot stand und der Zug gar nicht hielt? Es war sicherer, den Zug im Charbagh-Bahnhof zu besteigen und direkt nach Benares zu fahren, um dort Dadis Asche zu versenken. Es hatte keinen Sinn, in Lucknow Station zu machen, auch nicht im Lucknow meiner Zeit, weil ich meine Kamera an den Gomti verloren hatte. Nein, Benares war die bessere Idee. Ich würde Dadis Asche versenken und mich dann zu Hause in Delhi von diesem ganzen Mißgeschick erholen. In einem Delhi, wo Kingsway und Queensway Rajpath und Janpath hießen, wo ein republikanischer Präsident in einem ehemaligen Palast des Vizekönigs wohnte. Kein einziges Mal zog ich die Möglichkeit in Betracht, daß der Zug mich nicht in meine eigene Zeit zurückbringen könnte, daß meine Verrückung in der Zeit nicht rückgängig gemacht werden könnte ... Einige Dinge sind Glaubenssache, und für mich war der Postzug heilig.

Das erste schlechte Zeichen waren die Soldaten. Dutzende von Männern in Khaki patrouillierten mit Gewehren durch die Straßen, und es waren keine Polizisten. Man hatte die Armee eingesetzt. Aber Militär, das für Ordnung sorgte, war dort, wo ich herkam, ein normaler Anblick, und so schenkte ich dem eigentlich keine große Beachtung. Aber mich befremdete, daß der Charbagh-Bahnhof so leer war. Der Boden war frei von Menschen, es gab keine Übernachtenden, die auf ausgebreitetem Bettzeug schliefen. Die Schalter waren völlig verlassen, und das schickte schon ein Frösteln böser Vorahnung meinen Nacken hinunter, aber vor dem Schalter für den Postzug und andere in östliche Richtung fahrende Züge schlängelte sich eine kleine Gruppe von acht oder neun Reisenden, was mir neue Hoffnung machte. Ich stellte mich in die Schlange und spürte die Aufregung wieder wachsen, während das Schalterfenster Minute um Minute näherrückte. Als ein alter

Mann sich hinter mir anstellte, entspannte ich mich. Ich fühlte mich sicher.

Ich kam plötzlich dran, weil die drei vor mir sich kaum zum Schalterfenster heruntergebeugt hatten, als sie sich schon wieder aufrichteten und mit niedergeschlagenen Mienen zur Seite traten. Fast bevor ich mich's versah, blickte ich durch schmutziges Glas auf einen kahlköpfigen Mann mit Hitlerbärtchen. Eine Fahrkarte für den Postzug nach Benares, sagte ich. Ich weiß nicht, wie die Worte herauskamen, weil mein Mund trocken war und mir das Hämmern meines Herzens in den Ohren hallte.

Der Schalterbeamte schlürfte ausgiebig an seinem Tee, der in einer Untertasse abkühlte. Er stellte sie hin und warf mir einen säuerlichen Blick zu.

Wie oft muß ich Ihnen noch sagen (das schmutzige Schalterfenster hatte alle seine Kunden zu einem einzigen, unverbesserlichen Kartenkäufer verwischt), daß der Postzug aus Delhi ausfällt? Alle Züge aus Delhi sind bis auf weiteres gestrichen, wegen Sabotage. Aber, sagte er und setzte eine Brille auf und spähte auf eine unleserlich mit Kreide beschriftete Tafel, wenn Sie nach Benares wollen, da gibt es einen Sonderzug, der heute abend um elf von Lucknow abfährt.

Ich verließ den Schalter benommen. Ein anderer Zug. Was sollte ich mit einem anderen Zug anfangen? Ich brauchte den Postzug, den Zug, mit dem ich gekommen war – nur der konnte mich wieder zurückbringen. Und der war gestrichen. Diese »Quit India«-Helden waren mein Untergang. »Kämpfen oder untergehen«, hatte Dadi gemurmelt, wie ich mich jetzt erinnerte. »Kämpfen oder untergehen« – Gandhis Schlachtruf für die Augustrebellen. Nun, sie hatten es getan – und ich wünschte ihnen den Tod. Sie hatten mich erledigt, genauso sicher wie sie Dadi erledigt hatten, wenn nicht noch schlimmer. Sie war von der Erinnerung an vergangene Dinge aufgefressen worden, aber diese namenlosen Patrioten hatten mir meine Zukunft versaut.

Ich sank auf eine Bank beim Haupteingang und blieb dort stundenlang sitzen, unfähig, irgendeinen Gedanken zu fassen oder mich zu bewegen. Ewigkeiten später – nach der Hitze zu urteilen muß es mindestens zehn Uhr gewesen sein – erhob ich mich und ging langsam zurück, nicht zum Lalbagh-Haus, sondern in die ungefähre Richtung der Hazrat Ganj.

Als ich an dem Parlamentsgebäude vorbeikam, hatte ich mich bereits wieder soweit erholt, daß ich ein paar Hoffnungsfetzen zusammenknoten konnte. Wenn die Unruhen vorbei waren, würde der Postzug wieder fahren. Noch zwei Wochen, vielleicht einen Monat, und ich konnte es wieder probieren. Wenn ich zurückgezogen lebte, mich von Läusen und anderem Ärger fernhielt, bestand noch eine Chance. Als ich schließlich die Hazrat Ganj erreichte, hatte ich mir sogar schon eine Begründung ausgedacht, mit der ich Ammi und Asharfi meinen frühmorgendlichen Aufbruch erklären konnte: Ich hatte die Straßen von Aminabad nach Masroor abgesucht.

Doch die jungfräuliche Hoffnung, das unschuldige Vertrauen des wahren Gläubigen – das war nicht mehr da. Eine Woche lang hatte ich keinen Moment daran gezweifelt, daß der Postzug am Morgen des zehnten kommen würde, um mich zurück in meine Gegenwart davonzutragen. Ich hatte mein Vertrauen darein gesetzt, daß das Unmögliche geschehen würde, weil es vorher schon einmal geschehen war. Ich hatte ausgeharrt, gewartet und Pläne geschmiedet, damit ich wieder vom Blitz getroffen würde, aber der Strahl war umgeleitet worden, mein Glaube war ins Wanken geraten, und Zweifel und nüchterne Vernunft überrannten mich. Warum sollte es passieren? Warum sollte es noch mal passieren? Warum sollte es noch mal mir passieren? Als mich meine Beine zu Haasans Kaffeehaus trugen, war meine Idee eher ein Mantra als ein ausgearbeiteter Plan – kein Amulett, bloß eine Gebetskette.

Zwischen den gelben Säulen, die dem Kaffeehaus vorgelagert waren, und den grünen Fliegengittertüren verlief ein breiter Korridor. Rechts neben den Türen hatte ein Zeitungs-Wallah einen Teil abgetrennt. Er saß auf einem niedrigen Hocker mit dem Rücken zur Wand, und ihn umgaben Stapel von Zeitungen. Ich kaufte den *Pioneer* – dann hätte ich was zu tun, während ich in Einsamkeit frühstückte. Es würde mir auch einen Grund liefern, Haasan zu ignorieren.

Ich ging durch die Tür und betrat eine dunkle, in Kühle gehüllte Welt. Einen Augenblick lang konnte ich nichts anderes sehen als das Glühen matter Glühbirnen, die auf halbem Weg zur Decke in der Luft hingen, wie schmierige Monde in einem trüben Äther. Allmählich, während ich mich unsicher zu einem Ecktisch tastete, verwandelte sich das Tiefseeaquarium in ein Eßlokal. Von irgendwoher erschien ein Kellner mit einem Turban mit Kokarde und einer grün-goldenen Schärpe. Er wischte die Krümel und die Feuchtigkeit mit einem zusammengelegten Lappen, der stark muffig roch, vom Tischtuch auf den Boden und wartete, ohne ansonsten zu zeigen, daß er von meiner Gegenwart Notiz nahm.

Schüchternheit hinderte mich daran, eine Speisekarte zu verlangen, und so wagte ich in Erinnerung an die College-Mensa eine Bestellung: Kaffee, Lamm-Dosa, Vada-Sambar. Das schien akzeptabel zu sein, weil der Kellner ohne ein Wort zu sagen kehrtmachte und wegging.

Die erste Seite des *Pioneer* war vollgepackt mit Meldungen über das scharfe Durchgreifen des Staates gegen den Congress. Selbst der Krieg an der Ostfront war rechts neben den Namen der Zeitung geschoben worden, um ihnen Platz zu machen. Jinnah hatte die »Quit India«-Bewegung in kleineren Schlagzeilen verurteilt. Während Rajagopalachari, Ex-Premier von Madras und Congress-Einzelgänger, die Sabotage von Bahngleisen verdammt und sie einer dem Congress nicht nahestehenden Gruppe von Schurken zugeschrieben hatte, die er als Unholde bezeichnete.

Auf der Leserbriefseite hatte ein Maharadscha aus Madras einen Brief über das Kricketspiel, das Masroor verhindern wollte, geschrieben:

Sosehr ich auch der Verteidigung der Zivilisation gegen den Faschismus verpflichtet bin, muß ich doch in meinen Anstrengungen für die alliierte Sache innehalten, um einen Protest niederzuschreiben gegen die Schirmherrschaft, die Seine Exzellenz, der Gouverneur der United Provinces, sektiererischem Sport zuteil werden läßt. Ich beziehe mich auf das Spiel, das zwischen den Kricketteams der Hindu-Universität von Benares und der Muslim-Universität von Aligarh ausgetragen werden soll, zur Unterstützung der Kriegskasse auf dem Land. Es ist abstoßend, daß Indiens Kricket und seine Kriegsanstrengungen von kommunalem Zwist befleckt werden sollen und daß derselbe britische Staat, der diesen Krieg führt, um die Unverwüstlichkeit der Demokratie und die Brüderlichkeit aller Menschen unter Beweis zu stellen, immer noch die zufällige Religionszugehörigkeit als Organisationsprinzip im Sport befürwortet. Darf ich mit allem Ernst an Seine Exzellenz Sir Maurice Hallett appellieren, diese Veranstaltung abzusagen und eine weniger provozierende Methode vorzuschlagen, die Kriegsschatulle zu füllen? Mit vorzüglicher usw. Maharajakumar Masulipatanam
P. S. Ich trete auch nicht für regionale Teams ein. Engstirnigkeit ist kein Deut besser als Sektierertum. Statt dessen kann das Prinzip des Besitzes und der Bildung gewinnbringend angewendet werden. So könnten Grundbesitzer gegen Pächter spielen oder Akademiker gegen Analphabeten. Die unteren Klassen hätten zwangsläufig eine große Zahl, aus der

sie eine Elf auswählen können, aber dieser Vorteil würde durch unsere qualitative Überlegenheit wieder wettgemacht werden. Teams, die auf diese Weise zusammengestellt wären, hätten den Vorteil, reale gesellschaftliche Gegebenheiten widerzuspiegeln statt der falschen und willkürlichen Einteilungen, die nur in den Köpfen von Eiferern existieren.

Das Essen, als es dann kam, schmeckte wunderbar. Das Dosa war zu einem dreieckigen Umschlag gefaltet und mit fein gehacktem Fleisch gefüllt. Von der äußeren Form her sah es so aus wie die Lamm-Dosas, die ich als Student gegessen hatte, aber sonst war es kein Vergleich. Die Füllung war sämig zart und erinnerte überhaupt nicht an gehacktes und gesalzenes Gummi. Der Kaffee schmeckte nicht nach Chlor. Er hatte ein Aroma wie die Idee eines Ur-Kaffees. Alles andere waren verwässerte Abweichungen.

Ich knabberte an den Ecken des Dosa und sparte mir die Mitte auf, wo das meiste Fleisch war, um es dann mit ein paar großen Bissen auf der Zunge zergehen zu lassen. Schließlich fand mich Haasan – trotz der Zeitung, trotz meines gesenkten Blicks und der düsteren Ecke, die ich mir ausgesucht hatte. Er trug ein weißes Buschhemd über einer dunklen Hose und hatte eine Miene verschwörerischer Sorge aufgesetzt.

Wo warst du, fragte er, ohne es wissen zu wollen. Ich bin heute morgen bei allen vorbeigegangen, um ihnen zu sagen, daß sie sich bis elf hier im Kaffeehaus einfinden sollen. Bhukay und Bihari haben gesagt, daß sie kommen. Ammi fand, es gehöre sich nicht, wenn sie und Asharfi in einem Kaffeehaus gesehen würden. Deswegen habe ich sie daran erinnert, daß der Grund des Treffens, der einzige Tagesordnungspunkt, Masroors Verschwinden ist – und was wir unternehmen sollen. Und auch, daß niemand sie in ihren Burqas erkennen wird. Am Schluß war sie einverstanden.

Ich nahm einen großen Schluck Kaffee und versuchte, mir aus dem, was er sagte, einen Sinn zusammenzureimen. Aber wieso müssen Ammi und Asharfi hierherkommen, fragte ich. Wieso können wir uns nicht im Lalbagh-Haus treffen?

Weil ich vor heute abend hier nicht weg kann und diese Geschichte mit Masroor sofort geklärt werden muß, antwortete Haasan einfach. Außerdem ist jetzt, wo Masroor weg ist, kein Mann mehr im Haus. Es gehört sich nicht, daß wir uns dort treffen.

Ich dachte an Moonis, aber Diener zählten offensichtlich nicht. Ich war ja auch noch da – aber vielleicht waren Gäste geschlechtslos. Dann stellte sich heraus, daß sie es wohl doch nicht waren, denn Haasan sah mich grüblerisch an und schlug unvermittelt vor, ich solle lieber bei ihm einziehen, bis entweder Masroor oder mein Gedächtnis wiedergekehrt waren.

Dankbar sagte ich, daß ich das gern täte. Haasan nickte geistesabwesend und wies den wartenden Kellner an, uns vier Milchkaffees zu bringen. Zucker extra, rief er ihm nach. Dann nahm er sich einen Stuhl heran, zog die Schultern hoch und sagte mit gesenkter Stimme: Jetzt hör mal zu ...

Der restliche Morgen entfaltete sich wie ein Theaterstück, dessen Tempo von pingeligen Regieanweisungen gedrosselt wird. Kaum hatten sich die Mitwirkenden versammelt, wurden sie von Haasan auch schon wieder zerstreut. Wir waren zu sechst: Haasan, ich, Bhukay, Bihari, Ammi und Asharfi. Bihari wollte noch mehr Stühle holen, damit man um einen Tisch sitzen konnte, aber Haasan mochte nichts davon wissen ... Es war eine Rebellion im Gange, und selbst in ruhigen Zeiten behielt der Staat ein Auge auf das Geflüster in Kaffeehäusern. Eine Versammlung von sechs Leuten, von denen zwei mit Burqas verschleiert waren, würde bloß Aufmerksamkeit erregen. Außerdem hatte er das Gerücht gehört, daß die Behörden in Lucknow Abschnitt 144 für potentielle Unruheherde in Kraft gesetzt hätten oder im Begriff seien, es zu tun, wonach Gruppen von mehr als vier Personen in öffentlichen Plätzen verboten waren. Wenn Quintette aufwieglerisch waren, dann waren Sextette eine Massenversammlung, und wenn man uns zu sechst verstohlen flüstern sah, konnte das leicht als eine aufwieglerische Zusammenrottung gelten.

Um also den beharrlichen, bärtigen Mann zu täuschen, der am Tisch bei der Tür saß und beobachtete, wer ein und aus ging, der vierundzwanzig Tassen Kaffee bestellte, zwei pro Stunde über zwölf Stunden, und sie kalt werden ließ, der mit niemandem sprach und der, wie jeder wußte, ein Spitzel war, beschloß Haasan, das Treffen in zwei benachbarte, aber sichtbar getrennte Gruppen aufzuteilen.

Ammi und Asharfi, ihr geht in die rechte, und ihr andern in die links daneben. Ich komme gleich nach.

Die Dinger links und rechts, die wir betreten sollten, waren halb abgetrennte Familiennischen im hinteren Teil des Speisesaals. Sie waren von den anderen Tischen im Hauptraum durch grün gestrichene hölzerne Trennwände und Klapptüren abgeschirmt. Nach den Spinnweben in den Ecken zu urteilen, sah es nicht so aus, als würde Haasans Kaffeehaus jemals von Familien besucht werden. Die Türen der Verschläge schirmten unsere Gesichter von den Blicken des Spitzels an der Tür ab. Wenn er wollte, konnte er, indem er sich bückte, unsere Füße beobachten, aber da waren nur drei Paare in jeder Kabine, eindeutig innerhalb der Grenzen selbst des strengsten Gesetzes. Auch wenn wir Masroors Geist mitzählten und einen Kellner berücksichtigten, bildeten wir immer noch zwei loyale, legale Vierer.

Wie die Türen, so endete auch die Sperrholzwand, die Ammi und Asharfi von uns übrigen trennte, einen halben Meter über dem Boden, so daß alles, was dort gesprochen würde, für uns deutlich hörbar wäre, und umgekehrt. Nur, es fand keine Unterhaltung statt – wir saßen stumm da und warteten darauf, daß Haasan uns unsere Stichworte gab. Bis dahin hörten wir nur das gleichmäßige Rhabarberhabarber eines Kaffeehauses bei Hochbetrieb.

Als Haasan sich schließlich wieder zeigte, hatte er eine Kelleruniform an und trug ein Tablett, das mit Kaffee und Rippchen beladen war. Unauffälliger, wenn ich Kellner bin und ihr was zum Essen habt, flüsterte er. Er guckt zwar nicht hier hin, aber lieber nichts riskieren. Dann ging er weiter, um Ammi und Asharfi zu bedienen, und bald herrschte in den beiden Kabinen lebhaftes Geklapper und Geschlürfe, als die Versammlung sich dem Ambiente des Ortes anpaßte und zu essen und zu trinken begann.

Nachdem er Ammi und Asharfi bedient hatte, kam Haasan zu unserer Kabine zurück und zündete sich eine Zigarette an. Masroor ist verschwunden, eröffnete er unvermittelt das Gespräch, und wir haben jetzt vierundzwanzig Stunden gewartet. Was sollen wir tun, fragte er bedeutungsvoll. Wen sollten wir um Hilfe bitten?

Die Polizei, dachte ich sofort. Wenn es darauf ankam, gleich zu handeln, dann war es das einzig Richtige, zur Polizei zu gehen. Ich wollte das gerade aussprechen, als Haasan mir zuvorkam. Er hatte an alles gedacht. Da begriff ich, daß er nicht nur das einzige Kostüm in diesem Speisesaaldrama hatte, er hatte auch den ganzen Text.

Zur Polizei können wir nicht gehen, sagte er entschieden. Wenn meine Vermutung stimmt, dann ist Masroor untergetaucht, und Polizisten sind bestimmt die allerletzten Leute, von denen er gefunden werden möchte.

Untergetaucht? Ich wartete darauf, daß jemand anders die naheliegende Frage stellte, jemand wie seine Mutter oder seine Schwester, aber als sie es nicht taten, tat ich es.

Wieso? fragte ich.

Um den Zug aus Aligarh besser stoppen zu können, sagte Haasan.

Die Eßgeräusche verstummten plötzlich. Haasan hatte unsere ungeteilte Aufmerksamkeit.

Es ist ganz einfach, wenn man es sich recht überlegt, sagte er. Er will ein Eisenbahngleis sabotieren. Dann, während er mit dir Jalebis ißt, sieht er einen Zeitungsverkäufer. Er kauft eine Zeitung und erfährt, daß der Congress wegen der »Quit India«-Resolution verboten worden ist und seine Mitglieder verhaftet werden. Er hat Angst, daß die Polizei ihn aufgreifen könnte, weil er bis vor einem Jahr ein Vier-Anna-Mitglied des Congress war und sein Name wahrscheinlich noch auf ihren Mitgliederlisten steht. Sowie er also die Meldungen gelesen hat, läßt er sich heimlich von diesem Armeelastwagen mitnehmen, der gerade vorbeikommt.

Aber er wäre nie fortgegangen, ohne mir Bescheid zu sagen, protestierte Bihari. Fünf Minuten, bevor er verschwunden ist, hat er noch meine Jalebis gegessen. Er hätte es mir bestimmt erzählt, wenn er vorgehabt hätte zu fliehen.

Da hatte er noch nicht die Zeitung gelesen, entgegnete Haasan. Er nimmt wahrscheinlich an, daß du und Bhukay ihn wie vereinbart morgen früh an der Stelle treffen werdet, wo ihr eure Sabotage durchführen wollt.

Und wenn seine Vermutung stimmte, wenn Masroor tatsächlich nur untergetaucht war, damit er zur festgesetzten Stunde wieder auftauchen konnte, um den Postzug entgleisen zu lassen, dann mußten wir, wenn wir ihn finden wollten, ebenfalls dort sein. Aber zuerst mußten wir wissen, an welcher Stelle der Hunderte von Kilometern zwischen Aligarh und Lucknow das Eisenbahngleis unterbrochen werden sollte.

Bhukay und Bihari sahen sich unentschlossen an.

Wir sagen dir, wo wir uns verabredet haben, wenn du uns versprichst, daß du uns nicht daran hinderst, sagte Bihari schließlich.

Zu meiner Überraschung stimmte Haasan zu. Er wollte nur dieser quälenden Ungewißheit über Masroors Verbleib ein Ende setzen. Masroor war ein für sich selbst verantwortlicher Erwachsener – Haasan hatte nicht vor, ihn zu fesseln und in einem Sack heimzubringen.

Aber wenn er versprechen solle, sich nicht einzumischen, dann stelle er auch eine Bedingung. Bhukay und Bihari würden ihn davon überzeugen müssen, daß ihnen die Konsequenzen des Plans klar waren, den sie zusammen mit Masroor ausgeheckt hatten.

Erleichtert, daß Haasan eingelenkt hatte, stimmten die Verschwörer zu. Das war ein großer Fehler. Als Statisten in einer Handlung, die Haasan entworfen hatte, hatten sie von vornherein keinerlei Chance.

Was wollt ihr machen, wenn ihr das Gleis auseinandergenommen habt, begann Haasan.

Schweigen. Haasan fing noch mal von vorne an.

Habt ihr vor, den Zug richtig entgleisen zu lassen?

Sie schüttelten die Köpfe.

Ihr wollt ihn nur stoppen?

Bhukay nickte.

Ihr müßt euch also überlegt haben, wie ihr den Zugführer warnen wollt, damit er rechtzeitig bremst.

Es entstand eine Pause – dann sprach Bihari.

Die Stelle, die wir uns ausgesucht haben, befindet sich acht Kilometer hinter dem Bahnhof von Unnao. Masroor hat vorgehabt, den Bahnhofsleiter zehn Minuten vor Ankunft des Zuges in Unnao anzurufen und ihn anonym von der Sabotage zu informieren, damit er Zeit hat, den Zug im Bahnhof anzuhalten, bis das Gleis wieder repariert ist.

Was dann für das Kricketspiel morgen vormittag zu spät wäre, fügte Bhukay hinzu.

Was hindert sie daran, das Spiel einen Tag später zu beginnen, erkundigte Haasan sich höflich.

Uns wird schon was einfallen, sagte Bihari mit unsicherem Trotz. Selbst wenn das Spiel nur verschoben werden muß, ist das schon etwas ... Wenigstens haben wir dann irgendwas getan.

Etwas mehr, als Kaffee zu verkaufen – oder sich Gründe auszudenken, nichts zu unternehmen, murmelte Bhukay zur Unterstützung seines Gefährten.

Haasan ignorierte die Spitze. Na gut, sagte er, vergessen wir mal, was danach passiert. Erzählt mir einfach, was ihr machen wollt, wenn ihr den Bahnhof telefonisch nicht erreichen könnt. Ich frage euch nicht mal, wie ihr ein Telefon in erreichbarer Nähe eines Eisenbahngleises, das durch Mango-Plantagen verläuft, finden wollt.

72

Nehmen wir an, ihr habt den Hörer in der Hand und euren Finger auf der Wählscheibe, aber ihr kriegt nur das Besetztzeichen. Wie wollt ihr den Bahnhofsleiter warnen?

Bhukay und Bihari sahen allmählich gehetzt aus. Haasan war unversöhnlich.

Es gibt zwei mögliche Argumente, die ihr zu euren Gunsten anführen könnt, fuhr er fort. Nummer eins, es ist nicht eure Absicht, den Zug entgleisen zu lassen oder den Tod seiner Passagiere zu verursachen. Die gute Absicht allein ist natürlich keine Entschuldigung. Nummer zwei, ihr wollt eure gute Absicht dadurch bekräftigen, daß ihr den Bahnhofsleiter anruft. Aber das ist eindeutig keine hieb- und stichfeste Garantie gegen eine Entgleisung, die den Tod zahlloser Unschuldiger verursachen könnte. Wie lautet also die Lösung? Wie lautet die Lösung, wo nichts sicher ist und doch etwas getan werden muß?

Kämpfen oder untergehen, murmelte Bhukay, vor lauter Verzweiflung Gandhi zitierend.

Es funktionierte nicht. Haasan machte ihn umgehend darauf aufmerksam, daß das Problem sei, daß sie kämpfen, aber andere untergehen würden. Es gab nur eine Möglichkeit, das moralische Problem, das hier entstand, zu umgehen: Sie mußten eine praktikable Lösung finden, die Verantwortung für das schreckliche Risiko von Entgleisung und Tod zu übernehmen. Und das nicht nur auf eine rein theoretische, schuldbewußte Art und Weise ...

Ihr müßt diese Verantwortung Wirklichkeit werden lassen, sagte Haasan.

Er verließ unvermittelt die Kabine, und wir blieben mit der Frage zurück, wie sich das wohl bewerkstelligen ließe. Wir blieben mit der Frage nicht lange allein, weil Haasan alsbald wieder mit einer zweiten Runde Kaffee und Rippchen erschien. Der Spitzel, erklärte er, würde es merkwürdig finden, wenn wir so lange bei einer Tasse Kaffee säßen.

Diesmal setzte er sich in die Kabine nebenan zu Ammi und Asharfi und führte seine Vortragsinquisition genau dort weiter, wo er sie unterbrochen hatte. Bhukay und Bihari sahen, als sie dem unsichtbaren Mann zuhörten, wie zwei mürrische Spiritualisten bei einer Seance aus: die Köpfe schiefgelegt, die Blicke ins Leere gerichtet, die Ohren für die Stimmen aus der anderen Welt gespitzt.

Die einzige Möglichkeit, die Verantwortung Wirklichkeit werden zu lassen, sagte Haasan, indem er seine Belehrung fortsetzte, ist die, daß ihr das gleiche Risiko eingeht, das ihr die Fahrgäste des Zuges einzugehen zwingt. Der beste Plan für Bhukay, Bihari und Masroor ist demnach, sich an das Gleis festzubinden, nachdem sie es verschoben haben. Auf die Weise werden sie, wenn der Zug nicht rechtzeitig vor der Entgleisung gestoppt wird, mit in den Tod gehen.

Zwei der drei Saboteure griffen nach ihren Kaffeetassen und stürzten die kochendheiße Flüssigkeit in großen Schlucken hinunter.

Haasan begnadigte sie. Das ist der ideale Plan, aber leider kein praktikabler. Er hat einen großen Haken – wer wird den letzten Mann festbinden? Wer kann garantieren, daß er im Angesicht des möglichen Todes seinem Pakt mit den anderen treu bleiben wird? Solidarität in extremis, sagte Haasan streng, ist selten.

Erleichterung machte Bhukay kreativ.

Ich habe eine Kuh, begann er. Genauer gesagt, gehörte sie seinem Vater, aber Bhukay war praktisch mit ihr zusammen aufgewachsen. Sie war ein Mitglied der Familie ... Selbst jetzt, wo das Alter ihr Euter ausgetrocknet habe, werde sie gefüttert und umsorgt. Es wäre ein furchtbarer Verlust, aber er sei bereit, das Opfer zu bringen: Er würde sie ans Gleis binden. Und wenn die Warnung vor ihrer Sabotage den Zugführer nicht rechtzeitig erreiche, wäre er lebenslänglich für den Tod einer Kuh verantwortlich. Er sei bereit, diese Bürde zu tragen.

Beide Kabinen verstummten angesichts Bhukays unerschrocknen Mutes. Aber er war noch nicht fertig. Die Kuh auf diesem schicksalhaften Gleis sollte sie alle drei ersetzen. Sie könnte die Summe ihrer kollektiven Verantwortung sein. Bihari könnte einen Anteil an ihr erwerben und Masroor auch. Es würde für sie nicht das gleiche bedeuten, da sie keine Hindus waren, aber es wäre trotzdem angemessen. Es könnte wie beim Id sein. Ja, wie beim Baqr-Id-Fest, wo man Schafe kaufte, um sie zu opfern.

Im Kontext dieses unwirklichen Gesprächs über eine absurde Verschwörung klang Bhukays Vorschlag einleuchtend. Dann erhob Bihari einen theologischen Einwand.

Wenn der Zug die Kuh trifft, wird sie durch einen einzigen Schlag getötet. Das Fleisch wird dann jhatka sein, nicht halal.

Haasan hatte das letzte Wort.

Keine Kühe auf Eisenbahngleisen, legte er fest. Ihr versucht doch, Krawalle zu verhindern, nicht welche auszulösen.

Wieder Schweigen. Haasan beendete es, indem er über den vorherigen Vorschlag nachdachte. Vielleicht konnte er die Verschwörer ans Gleis binden? Da er vorhatte, Bhukay und Bihari zu begleiten, könnte er sie fesseln, wenn ihre Mission beendet war. Und Masroor auch, wenn er da war.

Erstaunlicherweise hatten Ammi und Asharfi zu diesem unglaublichen Vorschlag nichts zu sagen. In meiner Kabine untersuchten Bhukay und Bihari ihre Kaffeetassen und wedelten die Hitze weg. Wieder verwarf Haasan diese Möglichkeit. Sie könnten es sich anders überlegen und sich davor sträuben, daß er sie fesselte. Aber selbst wenn sie Wort hielten und sich von ihm an die Gleise binden ließen, wie würde er sich fühlen, wenn der Zug sie dann doch überfuhr? Er würde vor Schuldgefühlen wahnsinnig werden. Selbst wenn er ihnen nur geholfen hatte, ihrer Verantwortung gerecht zu werden, würde er in alle Ewigkeit immer wieder aufs neue die alptraumhafte Szene durchleben, wie er ihre Knoten festgebunden hatte. Nein, er würde es nicht tun. Er würde sich wegen ihres Vorhabens nicht sein Leben zerstören.

Unsere Kabine stank jetzt vor Schweiß. Während Bhukay und Bihari vorher vor Entsetzen geschwitzt hatten, sonderten sie jetzt Ströme der Erleichterung ab. So daß sie, als Haasan mit seinem letzten Vorschlag kam, ihm ohne zu überlegen zustimmten. Wie Männer, die man kurz vor der Guillotine begnadigt hat, waren sie bereit, zu allem ja zu sagen.

Haasan zog plötzlich aus seiner Uniformjacke zwei Blatt gelben Papiers heraus, auf die jeweils die gleiche Aussage getippt worden war. Sie sind von einem Notar vorbereitet worden, sagte er. Es waren Geständnisse über diese Verschwörung. Wenn Bhukay und Bihari sie unterschrieben hatten, würden sie zur Aufbewahrung an den Notar zurückgehen. Wenn er am nächsten Tag erfuhr, daß der Zug entgleist war, würde er die Geständnisse an den Polizeipräsidenten von Lucknow City schicken. Danach wären Bhukay und Bihari gesuchte Männer. Masroor auch, wenn er wieder auftauchte. Haasan würde die Kopie der Geständnisse behalten, die Bhukay und Bihari unterschrieben.

Sie unterschrieben, ohne zu lesen, was auf den engbeschriebenen Blättern stand, ohne sich über die geheimnisvolle Vorausplanung zu wundern, mit der unterschriftsreife Geständnisse aus dem Nichts gezaubert worden waren, um eine Lösung zu besiegeln, die sich scheinbar erst nach langer Diskussion herausgebildet hatte. Sie unterschrieben einfach.

Dann drängte sie Haasan wegen des Tatzeitpunktes. Nach einigen

Entfernungsberechnungen wurde das Treffen für Viertel nach drei am nächsten Morgen vereinbart. Bihari hatte früher fahren wollen, weil die Stelle, die sie mit Masroor vereinbart hatten, achtzig Kilometer und Stunden mit dem Fahrrad von Lucknow entfernt lag. Aber Haasan erklärte ihnen, daß er sie dort in dem Stonely der Ganjoos hinfahren werde. Sie erhoben keinen Widerspruch. Sie blieben auch nicht für einen weiteren Kaffee. Sie bestätigten Haasan nur noch, daß sie sich um drei Uhr vor dem Lalbagh-Haus treffen würden – und dann hasteten sie durch die Schwingtüren und waren verschwunden.

Mit zufriedener Miene ging Haasan zu den Damen hinüber. Ich folgte ihm. Aber als ich die Nachbarkabine betrat, konnte ich keine Frauen sehen. Es waren drei Männer dort. Haasan und zwei kleine Männer in Kellneruniformen ohne Turbane. Die zwei Burqas, vor kurzem noch Ammi und Asharfi, lagen wie Tintenflecken auf dem Boden ausgebreitet.

Gesichterwechsel

Erst als wir zum Tee nach Lalbagh gingen, erst als ich sie mit meinen eigenen Augen sah, war ich wieder von ihrer ununterbrochenen Existenz überzeugt. Haasan erklärte den Taschenspielertrick, mit dem er die Burqas verwandelt hatte. Er hätte das Rätsel gerne hinausgezögert, sein großes Zauberfinale genossen, aber als er sah, wie meine Hände zitterten und ich bleich wurde, drückte er mich auf einen Stuhl und erzählte mir, wie er die Sache gedeichselt hatte.

Ammi und Asharfi waren nie im Kaffeehaus gewesen. Noch war Haasan der einzige, der sich kostümiert hatte. Haasan-zu-Kellner und Kellner-zu-Frauen..., das bedeutete nicht mehr, als einen Turban auf- und zwei abzusetzen. Die Burqas erleichterten die Sache, wie auch die kleine Statur der Kellner (er hatte ihnen genau deswegen die Rollen gegeben), aber das waren nur Requisiten. Entscheidend, sagte er stolz, war die Regie.

Das Kaffeehausdrama war ein Mittel zum Zweck gewesen. Zu zwei Zwecken. Der eine war, Masroor zu finden, und der zweite, den Plan, den er ausgeheckt hatte, zu vereiteln. Nachdem Haasan erst einmal seine Masroor-im-Untergrund-Vermutung hatte, ging es nur noch darum, aus Bhukay und Bihari die Information herauszuholen, wo die Sabotage stattfinden sollte. Deswegen hatte er für Ammi und Asharfi stumme Rollen eingearbeitet. Unter normalen Umständen hätten Bhukay und Bihari niemals ihren Treffpunkt verraten oder Haasan erlaubt, sie in der Nacht zu begleiten. Aber die Gegenwart einer trauernden Mutter und Schwester hatte sie dazu genötigt.

Aber undenkbar, anständige Frauen in ein Kaffeehaus zu bringen. Und auch unnötig. Zwei Burqas, zwei Kellner, zwei Familienräume und etwas List – mehr war nicht nötig gewesen, um die Verschwörer zum Singen zu bringen. Das Gelaber über Absatz 144 und staatliche Spitzel hatte geholfen, die Verkleideten in einer gesonderten Kabine zu isolieren und gegen das Risiko von Gesprächen zu schützen. Die Scharade war für ein Publikum von zweien inszeniert worden: Bhukay und Bihari. Und es hatte sich – selbst wenn das aus Haasans Mund kam – als ein denkwürdiger Augenblick in der Theatergeschichte entpuppt: das erste völlig in sich geschlossene Theaterstück, bei dem die Darsteller gleichzeitig das Publikum waren.

Aber wozu war das nötig, fragte ich. Wenn die Frauen nicht ins Kaffeehaus kommen konnten, hätte doch das Kaffeehaus zu den Frauen gehen können. Wieso hatte er nicht einfach ein Treffen im Lalbagh-Haus vereinbart?

Weil sich Ammi und Asharfi in einer seelischen Verfassung befanden, in der sie keinen Besuch empfangen konnten. Als er am Morgen auf dem Weg zur Arbeit vorbeigeschaut hatte, konnte Ammi vor Tränen kaum sehen oder sprechen. Aber auch wenn Ammi gefaßter gewesen wäre, hätte er Bhukay und Bihari nicht dort hingebracht – jetzt wo Masroor fort war, gab es, wie gesagt, keinen Mann mehr im Haus, jedoch immer noch so etwas wie Anstand. Es war nicht so, daß Bhukay oder Bihari Freunde von Ammi waren. Sie gehörten zu Masroors Freundeskreis, nicht zu ihrem.

Als wir im Lalbagh-Haus zum Tee eintrafen, fanden wir die alte, normale Ammi vor, wie wir sie kannten. Sie saß mitten in ihrem Wohnzimmer und streifte gerade Teewärmer über zwei dicke silberne Teekannen. Das Milchglasfenster von Ammis Bad, das mich am Morgen verabschiedet hatte, leuchtete immer noch gelbrot, als wir den Hof überquerten.

Wo ist Asharfi, fragte Haasan dämlich, als wäre sie es, die verlorengegangen sei und nicht ihr Bruder. Was? fragte Ammi geistesabwesend. Oh, sie nimmt gerade ein Bad.

Zwischen Ammis Stuhlgang im Morgengrauen und Asharfis abendlichem Bad lagen weniger als zwölf Stunden, aber innerhalb dieser Spanne hatten Epochen geendet und neue begonnen. Die Zeit vor dem Fahrkartenschalter erschien mir jetzt wie die Welt vor der Zeit. Gandhis Pöbel hatte gehandelt und meine Uhr gestohlen. Ich konnte fast meine Haare wachsen hören.

Haasan faßte das Treffen im Kaffeehaus zusammen, ohne etwas auszulassen, nicht einmal den Verkleidungsschwindel. Ammi störte er nicht. Das einzige Mal, als sie besorgt wirkte, war die Stelle, als er Bhukay und Bihari versprochen hatte, ihre Sabotageaktion nicht zu behindern. Haasan beruhigte sie. Es würde keine Heldentaten geben – es würde kein Gleis unterbrochen werden, es würde kein Zug entgleisen. Selbst wenn er nicht dabei wäre, um sie im Auge zu behalten, waren sie nicht in der Lage, nennenswerten Schaden anzurichten. Sie verfügten nicht über die nötige Ausrüstung, und jetzt, nach seinem Kaffeehausvortrag, in dem er die ethische Fragwürdigkeit ihre Planes entlarvt hatte, besaßen sie auch nicht mehr den Willen. Der Preis, den sie (nach seiner Vorschrift) für das Rüstzeug ihrer praktischen Verantwortung zahlen mußten, war so hoch, daß er sie entmutigte. Sie hatten nicht mehr den Mumm zur Sabotage.

Ammi war nicht überzeugt. Was, wenn Masroor auftauchte? Könnte er sie nicht wieder umstimmen, fragte sie, halb hoffnungsvoll angesichts der Aussicht, ihren Sohn wiederzufinden, halb ängstlich, welches Unheil er anrichten könnte.

Haasan schüttelte den Kopf. Wenn wir ihn finden, sagte er grimmig, wird er keine Gelegenheit bekommen, etwas zu sagen oder zu tun. Und wenn er nicht hören will, dann fesseln wir ihn und bringen ihn nach Hause.

Es war klar, daß er nicht vorhatte, sein Versprechen, sich nicht einzumischen, zu halten. Nur, Masroor mitgezählt, waren die anderen zu dritt – wenn er also Masroor mit Brachialgewalt abschleppen wollte, wer war da noch, der ihm dabei helfen würde? Wer waren diese »wir«?

Ich hätte nicht fragen sollen, vor allem nicht in der Gegenwart von Mutter und Schwester unseres vermißten Helden. Asharfi hatte sich gerade, feucht und sauber, zu uns gesellt. Selbsterhaltung hätte mich veranlassen müssen, den Mund zu halten – aber das Bedürfnis, Haasans raffinierten, von der falschen Voraussetzung ausgehenden Plan zu durchlöchern, machte mich unvorsichtig.

Na ja, sagte Haasan nachdenklich, das wirst du sein – und ich. Mehr Personal als uns beide brauchen wir nicht, endete er fröhlich, wir beide sind genug.

Was sollte ich sagen? Daß ich weder »uns« noch »wir« war? Erst gestern hatte Asharfi mich für die Familie vereinnahmt: »Jeder Zentimeter ein Ganjoo«. Es war also ganz natürlich für sie anzunehmen, daß ich gern bereit sei, ihnen zu helfen.

Ich hätte mich immer noch mit Kopfschmerzen oder einem Hitzschlag oder sonst irgendwas herausreden können, bevor Ammi das unmöglich machte.

Asharfi wird euch begleiten, sagte sie.

Waaas? sagte Haasan fassungslos.

Ammi nickte.

Haasan explodierte mit einem Schwall von Protesten, Argumenten und Einwänden: Sabotage, noch ein Mädchen, Gefahr, mitten in der Nacht, Polizeiverhaftung, Verstoß gegen Anstand und Sitte usw.

Ammi blieb ungerührt. Asharfi umarmte sie vor Aufregung.

Wenn er, für den Masroor ein Fremder ist, das Risiko auf sich nehmen kann, sagte Ammi mit einem dankbaren Blick zu mir, dann kann das auch jemand von seiner Familie.

Haasan explodierte wieder, aber sie blieb standhaft.

Ja, Haasan Bhaisahib gehörte zur Familie, war sogar mehr als das, aber sie mußte auch an die Vergangenheit denken. Intezars Ehefrau und Intezars Sohn hatten im Lalbagh-Haus gesessen und darauf gewartet, daß der Verschwundene wieder auftauchte. Sie warteten immer noch. Ammi würde es nicht zulassen, daß sich die Geschichte wiederholte. Sie wäre selbst mitgekommen, wenn sie nicht die rheumatischen Knoten in den Knien hätte. Und so würde Asharfi für die gesamte Familie einspringen, für Ammi und den abwesenden Intezar. Und wenn Masroor überredet werden mußte, dann würde Asharfis Anwesenheit helfen – sie waren sich immer sehr nahe gewesen.

Haasan gab sich geschlagen. Er warnte Asharfi, daß wir sie um Punkt drei Uhr morgens mit dem Auto abholen würden und er erwarte, daß sie dann abfahrbereit sei. Daraufhin, fast als würde es ihm noch nachträglich einfallen, meinte er zu Ammi, daß ich ab jetzt bei ihm wohnen würde. Ammi sagte nichts dazu. Entweder hatte sie es nicht gehört, oder es war ihr egal. Etwas gekränkt ging ich zum letzten Mal die Stufen hinauf, um meine Zahnbürste zu holen. Ich dachte, es wäre nicht richtig, die Kleidung mitzunehmen, die Masroor mir gegeben hatte, und sonst gab es nichts, was ich besaß. Außer der Thermosflasche, die ich schon seit dem Morgen quer über die Brust geschnallt trug.

Als wir das Haus verließen, fühlte ich mich Haasans verrücktem nächtlichem Ausflug voll und ganz verpflichtet. Ich konnte mich nicht davor drücken, jetzt wo Ammi ihre eigene Tochter zur Teilnahme an der Expedition bestimmt hatte. So blieb mir nur noch ein Ausweg – ich mußte Haasan seinen Plan zwischen jetzt und drei Uhr ausreden. Zum Teil natürlich, weil ich schreckliche Angst hatte, aber auch weil ich mir

Sorgen machte und Schuldgefühle wegen der idiotischen Prämisse hatte, auf der Haasan seinen Plan aufbaute: seine Vermutung, daß Masroor nicht verschwunden, sondern untergetaucht war. Jetzt wo Asharfi mit uns kam, würde ich mir nie verzeihen können, wenn irgend etwas passierte. Es war meine Schuld. Ich hatte am Abend zuvor den Samen für dieses absurde Unternehmen Haasan in den Kopf gesetzt. Ich hatte diesen Versuchsballon, daß Masroor untergetaucht sei, losgelassen, und Masroor hatte daraus einen Plan gearbeitet. Aber es war doch bloß als Freundlichkeit gemeint gewesen, nichts anderes. Veranlaßt durch Ammis gramvolles Gesicht, als ihr die Nachricht von Masroors Verschwinden so richtig klargeworden war, hatte ich ein paar tröstende Worte improvisiert, so wie ich es oft bei Dadi im Umgang mit trauernden Familien erlebt hatte. Wie konnte ich ahnen, daß Haasan sie ernst nehmen würde?

Aufgrund seines Namens hätte es mir eigentlich klar sein müssen. Ich wußte vage, daß Muslims im allgemeinen und Schiiten im besonderen dazu neigten, an Mahdis und Erlöser zu glauben, die vorübergehend untergetaucht waren, aber von denen feststand, daß sie wieder auftauchten, wenn die Zeit reif war. Vielleicht hatte die Tatsache, daß mein Dreierpublikum an jenem Abend muslimisch war, unbewußt die Fiktion vom untergetauchten Masroor angeregt. Trotzdem, ich hatte nie beabsichtigt, die Dinge so weit kommen zu lassen.

Bei diesem Gang zurück zum Kaffeehaus versuchte ich, die Angelegenheit zurechtzurücken. Ich hätte auf der Wahrheit dessen bestehen können, was ich an jenem Morgen auf der Seite des Lastwagens gesehen hatte. Aber ich tat es nicht. Erstens weil ich nicht wollte, daß Haasan mich für verrückt hielt, und zweitens weil ich am Abend vorher, in dem Versuch, Ammi aufzumuntern, so getan hatte, als könne ich mich vielleicht geirrt haben.

Statt dessen betonte ich die Unwahrscheinlichkeit der »Untergetaucht«-Hypothese. Wieso würde er verschwinden, ohne seinen Mitverschwörern Bescheid zu sagen? Selbst nachdem er die Schlagzeilen über die »Quit India«-Resolution gelesen hatte, hätte er Bihari auf der anderen Straßenseite sagen können, was er für Pläne hatte. Es war schließlich nicht so, daß es in der Amina Bazaar Road vor Polizisten wimmelte, die nach ihm fahndeten. So früh am Morgen waren fast keine Menschen unterwegs gewesen.

Haasan ließ sich nicht überzeugen. Er ging einfach in seinem breitbeinigen, gemächlichen Gang weiter und bog rechts in die vornehme Hazrat Ganj ein. Wie erklärst du es dir denn, sagte er schließlich.

Er wurde entführt, mutmaßte ich. Die Briten sind wegen der Japaner inzwischen so verzweifelt, daß sie wehrfähige Männer für die Armee entführen. Masroor wurde von diesem Armeelaster schanghait und eingezogen.

Haasan schüttelte bloß den Kopf. Wir hatten schon die Hälfte der Hazrat Ganj zurückgelegt und waren nur noch fünf Minuten vom Kaffeehaus entfernt. Wenn wir erst mal dort waren, würde es unmöglich sein, ihn umzustimmen – das Kaffeehaus war schließlich sein Revier und der Schauplatz seines morgendlichen Triumphes.

Da die Zeit knapp wurde, brachte ich meinen ganzen Mut auf und erklärte, daß seine Überzeugung, Masroor sei untergetaucht, viel mehr mit seiner schiitischen Erziehung als mit Intuition zu tun habe.

Das bewirkte, daß er abrupt stehenblieb. Und zwar so abrupt, daß die Passanten hinter uns ihn beinahe über den Haufen gerannt hätten.

Woher willst du wissen, daß ich Schiit bin, fragte er verwundert.

Das war nicht schwierig. Da war zum einen sein Name. Sunniten nannten sich kaum Hasan. Und dann sein Akzent. Seine Sprache war voller Doppelkonsonanten, klassisch südindisch, vor allem der breite a-Laut, wodurch »sir« zu »saar« wurde und Hasan zu Haasan. Beides zusammen, Name und Aussprache, deuteten auf Hyderabad, wo der Nizam über die größte städtische Konzentration von Schiiten auf dem indischen Subkontinent regierte. Es erklärte auch, warum Haasan in Lucknow war. Wenn ein Schiit aus Hyderabad sich nach Norden aufmachte, war sein logisches Ziel Lucknow, das kulturelle Herz des subkontinentalen Schiismus. Es war eigentlich ganz einfach.

Haasan schüttelte den Kopf, schwieg aber, bis wir sein Quartier erreichten, das direkt über dem Kaffeehaus lag. Der Raum, den er zum Schlafen benutzte, verfügte über eine Pritsche, zwei Stühle, einen Metallbecher, der auf der Armlehne des größeren Stuhls stand, eine Reihe von sechs Kleiderhaken, an denen karierte Lungis hingen, ein großes gerahmtes Bild eines jugendlichen, glattrasierten Mannes und einen Kalender.

Er verschwand im Nebenzimmer und erschien wieder in einem Lungi und einem Kurta. Dann drückte er mich auf einen Stuhl, brachte mir einen Becher Wasser und sagte sehr ernst:

Du solltest keine voreiligen Schlüsse ziehen.

82

Dann goß er sich aus großer Höhe einen Becher Wasser in die Kehle und begann seinen Vortrag.

Ich mußte ihm zufolge den Verstand verloren haben, wenn ich glaubte, daß Muslims bei dem Thema Untertauchen, Verborgenheit, Verschwinden, Ich sehe was was du nicht siehst usw. besonders beeinflußbar seien und sich ihr Glaube an den Mahdi, den erwarteten Erlöser, auf ihr Unterbewußtsein auswirke. Es bestehe keine Gefahr, daß irgendein Muslim einen straffälligen Masroor für den Großen Erleuchteten hielte. Vor allem nicht Haasan.

Vor allem deswegen nicht, weil er gar kein Muslim sei.

Der Becher fiel mir aus der Hand und machte vorne meine Hose naß.

Haasan betrachtete befriedigt die sich ausbreitende Feuchtigkeit und fuhr fort: Das einzige, wo ich richtig gelegen hatte, war die Herkunft seines Akzents. Er war südindisch, und er, Haasan, war es auch. Er sprach Haasan mit einem breiten »a« aus, nicht wegen einer durch das Drawidische bedingten Unfähigkeit, Hasan zu sagen, sondern aus dem einfachen Grund, weil sich sein Name auf eine Tempelstadt in Mysore bezog und nicht auf Hussains Märtyrerbruder. Das breite »a« gehörte zum Namen – es mußte sein. Sein vollständiger Name lautete nicht Muhammad Ali Hasan oder Ishaque Gibreel Hasan oder Syed Ehteshamuddin Hasan – er lautete Haasan Yamanachar Narasimhamurthy. Ortsname der Ahnen, Name des Vaters und Vorname, in dieser Reihenfolge. Sein verschwundener Freund Intezar war der erste gewesen, der ihn Haasan genannt hatte. Die anderen beiden Namen waren zu große Zungenbrecher für ihn gewesen.

Ich starrte Haasan stumm und dämlich an. Er mußte die Wahrheit sagen. Sein Name war zu ausgefallen, um improvisiert zu sein.

H. Y. Narasimhamurthy, spuckte er erbarmungslos aus. Iyengar-Hindu, nicht schiitischer Muslim.

Er muß meine Sprachlosigkeit für Skepsis gehalten haben, denn plötzlich zog er sein Kurta hoch und sagte: Sieh her!

Ich sah hin – und schloß schnell die Augen. Zwischen seinen Brustwarzen und von dort bis zum Nabel hinunter verliefen dicke und runzlige Narben in langen, geraden Linien, die sich zu einer Swastika, einem Hakenkreuz, verbanden.

Ich öffnete die Augen und sah noch einmal hin – es war immer noch da. Dann schüttelte Haasan aus der Tempelstadt das Kurta wieder herunter, und die Swastika verschwand hinter einer Hülle von Musselin.

Aber jetzt wußte ich, daß sie da war, wie ein auf ein gebundenes Buch geprägter Titel, der unter einem Schutzumschlag versteckt ist. Ich wollte seine Geschichte hören. Wieso war dieser Hindu mittleren Alters aus Mysore wie eine Kuh gebrandmarkt? Wie ich da in diesem Zimmer über dem Kaffeehaus saß, vergaß ich meine Pläne, aus dem Lucknow von 1942 herauszukommen. Ich wollte nur noch wissen, wie Haasan und seine Swastika da hineingeraten waren.

Es ist eine lange Geschichte, warnte er, aber an der Art und Weise, wie sich sein Gesicht mit nostalgischen Gefühlen verschleierte, wußte ich, daß er sie mir erzählen würde. Ich fragte noch mal. Er raffte seinen Lungi, um seine Beine besser kreuzen zu können, und begann.

Sein Vater war 1910 von Haasan nach Mysore umgezogen, der Hauptstadt des Reiches Seiner Hoheit. Dank Mirza. Er war im Central College in Bangalore mit Mirza befreundet gewesen. Dann gabelten sich ihre beruflichen Wege: Mirza kletterte die Karriereleiter hinauf und wurde Polizeidirektor von Mysore City, während Haasan Keshavamurthy Yamanachar, Haasans Vater, eine Bürostelle bei der Stadtverwaltung seines Heimatortes Haasan fand.

Zum Glück für Yamanachar blieb er trotz der Verpflichtungen einer Arbeitsstelle, einer Frau und Kindern gegenüber (er hatte Haasan mit sechzehn gezeugt, als das Jahrhundert ein Jahr alt war) mit seinem alten Klassenkameraden in Verbindung. Drei Jahre nachdem Mirza Polizeidirektor geworden war, machte er einen weiteren Sprung – diesmal ins Herz der Palastbürokratie. In einem Brief an Yamanachar beschrieb er seine neue Position als stellvertretender Sekretär Seiner Hoheit Krishnajirao Wodiyar. Zwei Jahre später, als er seine Stellung gefestigt und seinen Anteil an den Pfründen abgesteckt hatte, bot er seinem alten Freund an, Buchhalter beim öffentlichen Bauamt von Mysore City zu werden. Yamanachar verließ die Stadtverwaltung binnen eines Monats. Die neue Stelle bedeutete nicht nur vierhundert Rupien im Jahr, viermal soviel wie sein gegenwärtiges Einkommen, sie bedeutete auch eine Karriere in der Hauptstadt statt eines Sackgassenpostens in der Provinz.

Haasan war neun Jahre alt, als die Familie nach Mysore umzog. Niemand nannte ihn damals Haasan. Er hieß auch nicht Narasimhamurthy. Der einzige Name, auf den er hörte, war Chikka. Kleiner.

Ich habe Mysore geliebt, sagte Haasan. Nach der provinziellen Langeweile von Haasan war Mysore ein ewiges Riesenrad, ein Wirbel an Abwechslung. Es gab die Brindavan Gardens, wo die Fontänen der Springbrunnen zu Musik tanzten. Es gab den neuen Palast mit emaillierten Säulen und prachtvollen Kuppeln und elefantengroßen Kronleuchtern. Jedes Jahr fand die endlose, farbenprächtige Dussehra-Prozession statt, in der der Maharadscha in einer goldenen Howdah dahinwogte und die Elefanten seidene Beutel umhängen hatten, die ihre Scheiße auffingen, bevor sie hinunterfiel und die Straße beschmutzte. Und außerdem gab es die Turkas.

Bevor wir nach Mysore umgezogen waren, hatte ich noch nie einen Muslim gesehen, sagte Haasan, obwohl ich von Appa wußte, daß Mirza einer war. Aber nicht alle Turkas waren wie Mirza. Einige waren richtig arm, viele trugen kleine Käppchen aus Spitze, und keiner von ihnen betrat jemals unser Haus. Das heißt, keiner außer Mirza, der manchmal mit Appa nach Hause kam. Sie saßen dann in der Halle, und Mirza bekam Kaffee in einem silbernen Becher, den Amma, sowie er gegangen war, mit glühenden Kohlen reinigte, bevor sie ihn auf die normale Art und Weise abwusch.

Mr. T. C. A. Desikachar, Zensusbeauftragter und Yamanachars Sponsor für die örtliche Freimaurerloge, behauptete, jeder sechste Bewohner von Mysore City sei ein Turka. Jedesmal wenn er mit nach Hause kam, was oft geschah, brachte er diese Information im Gespräch unter, und jeder, dem er diese Zahl nannte, stimmte zu, daß einer von sechsen einer zuviel war. Es hatte Zeiten gegeben, das war lange her, noch vor der Regierungszeit eines Ungeheuers namens Tipu, als es keinen einzigen gegeben hatte.

Während eines Picknicks erfuhr der junge Haasan, warum es jetzt so viele Turkas gab. Yamanachar machte mit seiner Familie einen Ausflug in seinem gebrauchten Lagonda, den er in jener Woche gekauft hatte. Er fuhr mit ihnen zu den Ruinen von Seringapatam, Mysores alter Hauptstadt, wo Tipu der Schreckliche geherrscht hatte. Jetzt wirkte Seringapatam wie ein großes Dorf, das mit einer unerklärlich ruhmsüchtigen Vergangenheit belastet war. Im Herzen der Ruinen stießen Haasan und seine Familie auf eine alte überkuppelte Moschee in tadellosem Zustand, die Gol Gumbaz. Das Freitagsgebet war gerade zu Ende, und so strömten Scharen von Muslims heraus, die in ihren besten Jummas adrett und sauber aussahen.

Ich wußte damals nicht, was eine Moschee war, sagte Haasan, fast als wollte er sich verteidigen. Ich war erst zehn. Seine Mutter erklärte ihm, daß die Gol Gumbaz eine Turka-Brutstätte sei, ihre Kuppel sei ein Mutterei, das einmal in der Woche, freitags, in Betrieb ginge und Hunderte von frisch gelegten Turkas hervorbringe. Das glaubte er noch jahrelang.

Irgendwann während ihres zweiten Jahres in Mysore brachte Yamanachar eine Aquatinta von König Georg V. und Königin Mary mit nach Hause, ein Souvenir aus Delhi, wo er im Gefolge des Maharadscha gewesen war, um an einer großen Hofzeremonie teilzunehmen. Ein Jahr später stahl Haasan es aus seinem Rahmen und schenkte es Sabiha, die die Mädchenschule neben seiner besuchte, die eine Turka war und die er liebte. Hätte er damals die Wahrheit gewußt, hätte er vielleicht gelernt, eine andere zu lieben, aber er hatte immer nur Männer, und meistens bärtige Männer, aus den freitäglichen Brutstätten strömen sehen, und er war nie darauf gekommen, daß Turkas auch Mädchen sein konnten. Als er 1915 schließlich dahinterkam, war er schon zu verliebt, um sich darum kümmern.

Ich hatte kaum je ein Wort mit ihr gewechselt, gestand Haasan. Turka oder nicht, sie war ein Mädchen. Aber sie tauschten jeden Morgen Blicke, da sich Mädchen und Jungen bis zum Ende der Mittelstufe gemeinsam zur Morgenandacht auf dem einen Sportfeld versammelten, das sich die beiden Schulen teilten. Ihre Reihe stand neben Haasans, weil sie gleichaltrig waren und ihre Klasse das weibliche Gegenstück zu seiner war. Außer der Aquatinta stahl Haasan auch noch andere Dinge, um sie ihr zu schenken, wie den Löffel von dem Silberbesteck, mit dem er zu Hause aß, oder die auf magische Weise spannbare Feder aus der kaputten Simsuhr. Sie lehnte nie ein Geschenk ab, aber sie bedankte sich auch nie bei ihm, noch machte sie ihm je ein Gegengeschenk. Aber da Haasan wahre Liebe verspürte, brauchte er weder Wort noch Zeichen.

Später erfuhr er, daß es in der gesamten Schule nur zwei muslimische Mädchen gab. Die eine war Sabiha, und die andere war ihre Freundin Nafisa, Mirzas Nichte. Wie sich herausstellte, versuchte Mirza ein Exempel zu statuieren, indem er Nafisa auf die Schule schickte. Um es ihr leichterzumachen, unterstützte er auch Sabiha, die Tochter seines Reitknechts. Das war auch der Grund, warum die beiden immer in einem geschmückten Einspänner zur Schule kutschiert und wieder abgeholt wurden. Es erklärte auch, obwohl Haasan es damals nicht wußte, wieso Sabiha verschwand.

Ich habe ein persönliches Interesse an Fällen von Verschwinden, sagte Haasan ironisch. Meine erste große Liebe ist einfach verschwunden. Im Jahr 1916, zwei Jahre nach Beginn des Krieges, über den ich wenig wußte und der mich noch weniger interessierte, beschloß Mirza, daß er für die Emanzipation von Frauen im allgemeinen und muslimischen Frauen im besonderen genug getan habe. Nafisa war bereits sechzehn. Sie wurde also von der Schule genommen und verheiratet. Gerechter Mensch, der Mirza war, tat er das gleiche für ihre Klassenkameradin und Gefährtin Sabiha, das heißt, er verheiratete sie an einen sehr angesehenen Mann von Shirazi-Herkunft, dessen Familie, seit Generationen Pferdehändler, gute Beziehungen zu den fürstlichen Höfen des Dekkan unterhielt.

Aber 1916 wußte Haasan bloß, daß Sabiha verschwunden war. Das ganze Jahr lang – oder mindestens zwei Monate davon – war er todunglücklich. Er hatte keinen Appetit mehr, litt an chronischer Verstopfung und verbrachte Stunden auf der Toilette. Eines Tages hielt ihm Yamanachar eine Lektion über unregelmäßigen Lebenswandel in der Jugend. Dann fragte er ihn, ob er sich irgendwelche Gewohnheiten zugelegt habe, ob es wirklich gestaute Scheiße sei, die ihn so lange auf der Toilette halte – oder andere Dinge.

Er dachte, ich würde masturbieren, Marathons mit meiner Faust laufen, erinnerte sich Haasan mit einem leichten Lächeln. Mein Vater begann, nach Mädchen für mich zu suchen, bevor ich erblindete. Ich hatte gerade Sabiha durch irgendein Loch in der Welt verloren. Die Rede von Heirat gab mir den Rest – ich fing an, mich aufzulehnen.

Zuerst schnitt er sich seinen Dutt ab. Er hoffte, sein Vater würde ihn mit dem Stock verprügeln und ihm damit einen Grund liefern, wegzulaufen. Yamanachar fielen fast die Augen aus dem Kopf, als er seinen Sohn sah, aber er griff nicht nach dem Stock. Mit den größten Vorwürfen erinnerte er seinen Sohn daran, daß seine Vorfahren einst Priester im Tempel in Tirupati gewesen waren. Daß seiner Familie, aufgrund ihrer Abstammung, der dreihundertste Teil der Gewinne aus dem Verkauf der legendären Laddoos des Tempels zustehe. Daß nur ein unreifer Jüngling diese große Tradition entweihen könne. Daß er, Yamanachar, mehr denn je überzeugt sei, daß eine Ehefrau Haasan helfen würde, erwachsen zu werden.

In jener Nacht, sagte Haasan, habe ich mir überlegt, ob ich weglaufen soll. Aber Appa hatte mich nicht geschlagen oder mich in mein Zimmer eingesperrt, und so schien mir Weglaufen übertrieben.

Er tat das nächstbeste. Am nächsten Morgen bewarb er sich um eine Stelle bei der Verkehrspolizei von Mysore. Zum Glück erkannte der zuständige Inspektor ihn nicht als den Sohn seines Vaters, sonst hätte er vielleicht seine Bewerbung an diesen weitergeleitet. Haasan gab sich als Bindignavalle Kesavan Pavankumar aus und rundete sein Alter auf achtzehn auf. Bei der Polizei war man begeistert, einen gebildeten jungen Mann aufzunehmen, und binnen einer Woche wurde er für den Verkehrsdienst an der Malleshwaram-Kreuzung eingesetzt, von neun Uhr morgens bis mittags um zwölf. Ich habe mich für den Posten beworben, sagte Haasan, weil ich wußte, daß Appa täglich auf dem Weg zur Arbeit an dem Polizeistand vorbeikam.

Der erste Arbeitstag verlief ereignislos. Entweder nahm Appa einen anderen Weg zur Arbeit, oder er erkannte mich nicht in den breiten Shorts und dem Dienstturban. Ich hatte keine Zeit, mich umzusehen. Ein frischgebackener Polizist, der den Verkehr regeln wollte, hatte selbst im Mysore von 1916 alle Hände voll zu tun. Ich hätte ihn am nächsten Tag auch nicht erkannt, wenn er den Lagonda nicht gegen die Bordsteinkante gefahren hätte, bei dem Versuch, einen besseren Blick auf mich zu werfen. Ich fuchtelte weiter mit den Armen herum, während er zurücksetzte und zur Arbeit fuhr. Er war wahrscheinlich zu verlegen, um mich offen zur Kenntnis zu nehmen. Aber Dutzende seiner Freunde und ein paar seiner Feinde passierten die Malleshwaram-Kreuzung und hatten keine Mühe, Yamanachars Sohn zu erkennen. Am Abend wußte es ganz Mysore und Mirza auch, nachdem mein Vater ihn verzweifelt um Hilfe gebeten hatte.

Obwohl Mirza die schwindelerregend hohe Stellung eines Huzur-Ministers erreicht hatte (nur ein Rang unter der eines Dewan), hieß er aus Respekt vor der gemeinsamen Collegevergangenheit, als alle Menschen noch gleich waren, Yamanachar immer als Freund willkommen. Er zitierte den Polizeipräsidenten herbei und ließ Haasan wegen einer Lappalie entlassen: Plattfüße.

Aber er gab seinem Freund auch einen Rat. Er riet ihm, Haasan von Mysore fort in eine andere Stadt zu schicken, in irgendeine andere Stadt, wo Yamanachar einen verantwortungsvollen Verwandten hatte. Möglichst eine Stadt im britischen Teil von Indien, weil da jetzt die ganzen Arbeitsplätze waren. Laß ihn dort sein Abitur machen, drängte er ihn. Er muß sich an die Welt da draußen gewöhnen – er wird dort vielleicht mal seinen Lebensunterhalt verdienen müssen.

Das Verschwinden einer Turka hatte Haasans Leben verdorben, jetzt veränderte der Rat eines anderen es für immer.

Mirza hat für mich das Fenster zur Welt aufgestoßen, sagte Haasan mit entrücktem Blick. Ich werde ihm dafür immer dankbar sein. Ich glaube, der Rat, den er Appa gab, hatte irgendwas damit zu tun, daß er ein Turka war. Seine Vorfahren waren von Meshed nach Mysore ausgewandert – reisen muß für ihn also das erprobte Heilmittel gegen Rastlosigkeit gewesen sein.

Wie immer Yamanachar auch über Turkas gedacht haben mochte, gegenüber Höherstehenden zeigte Yamanachar gern Respekt, und der Huzur-Sekretär war eine äußerst hochstehende Person. Und so traf er binnen einer Woche Vorkehrungen, daß Haasan zur Beendigung seines Schulunterrichts nach Calicut an die Westküste geschickt werden konnte. Yamanachar hatte dort einen armen, verwitweten Cousin, Ramanujam, Sohn des Bruders seiner Mutter, dessen Armut durch Töchter noch verschlimmert wurde. Yamanachars Angebot von Unterhaltszahlungen für seinen Sohn zeitigte postwendend ein begeistertes Ja, und kaum war der Brief eingetroffen, wurde Haasan auf seine Reise zur Reife verfrachtet.

Ohne daß sein Vater etwas davon wußte, fuhr Haasan jedoch nicht direkt nach Calicut. Er hatte beschlossen, aus seiner ersten lange Reise allein das Beste zu machen, und hatte einen riesigen Umweg ausgearbeitet. Luftlinie war Calicut sicher nicht mehr als einhundertfünfzig Kilometer von Mysore entfernt, aber die Strecke, die Haasan sich überlegt hatte, ergab eine Reise von vielfacher Länge, die drei Tage seines siebzehntes Lebensjahres in Anspruch nahm.

Zunächst bestieg er den Zug nach Bangalore, dann weiter östlich nach Bowringpet und hinunter nach Jollarpet, wo er die Nacht illegal mit einem Dritte-Klasse-Fahrschein im Zweite-Klasse-Warteraum verbrachte. Von dort fuhr der Zug in westliche Richtung und pflügte sich den ganzen Tag durch langweilige Felder, bis er am frühen Abend Mettupallayam erreichte. Diesmal schlief Haasan auf dem Bahnsteig, weil ein jähzorniger weißer Farmer den einzigen Warteraum im Bahnhof von Mettupallayam gemietet hatte.

Es war noch dunkel, als Haasan am nächsten Morgen einen kleinen

Schmalspur-Express bestieg. Er paffte über Ebenen, die sich allmählich zu Hügeln ordneten und immer näher an den Zug heranrückten. Eine Stunde lang fuhr er durch ein Tal, das so feucht war, als würde es schwitzen, und dann, gerade als Haasan sich an die grünen Wände auf beiden Seiten gewöhnt hatte, verließ der Zug die Western Ghats und tuckerte in das wuchernde Grün der Malabar-Küste hinein.

Fast wäre ich in Palghat nicht rechtzeitig ausgestiegen, sagte Haasan, weil der Hauptbahnhof in Olavakkot auf der andere Seite des Flusses war und der Zug nur vier Minuten in Palghat hielt. Ich hatte einen Freund im Victoria College in Palghat, einen ehemaligen Schulkameraden, der zwei Jahre älter war als ich und Photo Chetty genannt wurde. Photo hatte eine Menge Geld, weil sein Vater der Kodakagent für den Bezirk von Madras war. Ich verbrachte zwei Tage in seinem Studentenwohnheim und besoff mich auf seine Kosten zum ersten Mal in meinem Leben. Dann nahm ich widerstrebend den Zug von Olavakkot nach Calicut.

Mein Vater hatte mir, mit einer gewissen Verlegenheit, erzählt, daß Ramanujam ein Eßlokal führe. Das tat er nicht mehr. Er war jetzt eine Mischung zwischen einem Koch und einem motorisierten Straßenverkäufer. Die ganze Woche hindurch halfen ihm seine Töchter, haltbare Speisen zuzubereiten, wie Murukku, Chatnipudi, Flaschen mit Gojju, große Dosen mit Pickles und Säcke mit Bananenflocken. Dienstags und freitags bestieg er dann eines der antiksten Motorräder des subkontinentalen Indiens, eine Triumph, füllte den Beiwagen mit den Speisen und verkaufte sie in Calicut von Haus zu Haus an Brahmanen. Das war seine Beschäftigung, als ich bei ihnen einzog. Seine Töchter waren unverheiratet, obwohl sie schon einundzwanzig und achtzehn waren. In Calicut herrschte akute Knappheit an Hebbar-Iyengar-Jungs. Die heiratsfähigen waren unerschwinglich, und außerdem hatten die Mädchen eine dunkle Haut.

Darüber hatte sich ihr Vater früher einmal Sorgen gemacht, erzählten die Mädchen mir, aber zu dem Zeitpunkt, als ich bei ihnen einzog, war er zu sehr damit beschäftigt, sie alle über Wasser zu halten, um sich noch groß darum zu kümmern. Ich hatte auch den Verdacht, daß sie ihm als unbezahlte Arbeitskräfte für seine Pickles- und Konservenherstellung so wertvoll waren, daß er sie eigentlich gar nicht verheiraten wollte. Mich benutzte er auf genau die gleiche Weise. Nichts von dem Unterhaltsgeld, das mein Vater für mich schickte, wurde für die Bezahlung der Schulgebühren verwendet, aus dem einleuchtenden Grund, weil Ramanujam nie den geringsten Versuch unternahm, mich anzumelden. Statt dessen lernte er mich in seinem Gewerbe an, was hauptsächlich bedeutete, daß jetzt eine zusätzliche Arbeitskraft da war, die Sujatha und Vishala im Küchenhof half, wo das Schneiden, Trocknen, Umrühren und Kleinhacken stattfand. Ich hatte nichts dagegen. Ich wollte nicht mehr auf die Schule, und es gab mir eine gewisse Befriedigung zu wissen, daß mein Vater nicht auf seine Kosten kam, daß er etwa soviel wie seinen Anteil an den Jahreseinnahmen für den Verkauf der Laddoos in Tirupati verlor. Zu jener Zeit gab ich ihm unerklärlicherweise die Schuld für Sabihas Verschwinden.

Aber mehr als aus diesem Grund war Haasan wegen der Schwestern mit seinem Los einverstanden. Unzufrieden, wie sie mit ihrem ledigen Zustand verständlicherweise waren, hatten sie ihre Verdrossenheit gehegt und gepflegt und wie einen kleinen Garten mit Sehnsucht und Frustration gedüngt. Vishala, die jüngere, zeigte gelegentlich ein Lächeln oder sogar Begeisterung, aber Sujathas Miene und Bewegungen waren von früh bis spät auf das Thema gequälter Mißmut eingestimmt. Das störte Haasan nicht, weil beide aufregend gebaut und neugierig waren, und er war das erste junge männliche Wesen, mit dem man sie in ihrem Leben zusammengebracht hatte. Aber selbst nachdem Haasan und Sujatha die quälend versteckten Mudras von Anziehung und Einwilligung getanzt hatten, und selbst als sie begannen, sich wilder oraler Liebe in der dreieckigen Lagerkammer unter der Hoftreppe hinzugeben, gestattete Sujatha sich kein einziges Mal schrankenlose Erfüllung. Selbst wenn sie sich im Taumel des Orgasmus befand, war der einzige Laut, der aus ihr drang, eine Art finsteres Zischen. Vishala war unbeschwerter, dafür kam es für sie nicht in Frage, sich auszuziehen oder Zärtlichkeiten zu erwidern, und sie gestattete Haasan nur, sie durch Bahnen von Stoff hindurch zu betasten, zu befühlen und zu kneifen. Sie öffnete den Mund oder vergaß ihn zu schließen, wenn Haasan sie küßte, aber darüber hinaus erlaubte sie sich keine Reaktion, und selbst den Rest ließ sie nicht länger als eine Minute zu.

Ihr einziger anderer Zeitvertreib war die kreative Abwandlung der Sachen, die sie herstellten, vor allem des Tamarinden-Chutney oder des Gojju, die, abgesehen davon, daß sie Ramanujams beliebteste Artikel waren, eine satte braune Farbe hatten, mit der sich alle möglichen unterschiedlichen Dinge risikolos vermischen ließen. Der Grund für diese

Abwandlungskampagne war Ramanujams brahmanische Obsession mit Reinheit. Es war Haasan und den Schwestern unter Strafe verboten, einen Kochtopf mit der linken – der unreinen – Hand umzurühren. Sie mußten sonst noch mal von vorne anfangen. Die Küche wurde sechsmal am Tag saubergemacht. Niesen, unvermeidlich, wenn Masalas geröstet wurden, war vollkommen untersagt. Ein Hatschi in seiner Hörweite bedeutete, diese Portion wegwerfen zu müssen. Immer wenn die eine oder andere der beiden Mädchen ihre Periode hatte, verlangsamte sich die Produktion, weil sie automatisch aus dem Küchenbereich verbannt wurde und Stubenarrest bekam.

Alles, was sie herstellten, schmeckte wunderbar, aber das Geschäft war zum Scheitern verurteilt. Ramanujams Kunden waren in der Mehrheit tamilische Brahmanen, die auf der Suche nach dem trügerischen Reichtum des Holzbooms gekommen waren. Als sie nacheinander starben oder wieder wegzogen, schrumpfte sein Geschäft, und in den zwei Jahren, die Haasan dort wohnte, konnte es kaum die Familie ernähren. In einem Ort wie Palghat, wo eingewanderte Brahmanen sich in dichten, engen Siedlungen niedergelassen hatten, hätte er sich vielleicht als Koch einen Lebensunterhalt verdienen können, so wie die Iyers von Palghat, aber in Calicut war es ein verzweifelter Kampf. Hätte er sein Angebot um Knoblauch und Zwiebeln erweitert, hätte er einen größeren Kundenkreis bedient, etwa die Mappila-Muslims, wäre er vielleicht zurechtgekommen, aber für Ramanujam waren selbst Tomaten tabu. Wo gab es da also noch Hoffnung?

Während der kalten Witterung im Jahr 1919, sagte Haasan, gab es Tage und Wochen, wo wir nicht genug zu essen hatten. Das einzige, was ihn noch in Calicut hielt, war Sujatha und das mißmutige, herzhafte Gedrücke in der Lagerkammer. Außerdem wußte Haasan, daß die monatliche Postanweisung seines Vaters die einzige Barriere zwischen der Familie und dem Elend war. Irgendwelche Vorschläge, daß Ramanujam, im Interesse der Produktion, seine Maßstäbe für die rituelle Hygiene herunterschrauben sollte, stießen bei ihm auf taube Ohren. Im Gegenteil, je mehr sich die Lage verschlechterte, desto pingeliger wurde er mit seiner Kocherei. Es war so, als würde er jetzt, nachdem er bei jedem Schritt hatte Prügel einstecken müssen, nachdem er alles, was er besaß, hatte verkaufen müssen, um sie vor dem Verhungern zu bewahren, als würde er jetzt das letzte, was ihm noch geblieben war, verteidigen, seine brahmanische Essenz: die Reinheit.

Hunger hat etwas Belebendes. Die Unzufriedenheit der Schwestern kochte zu Wut hoch. Aber Wut hieß nicht Konfrontation. Sie sagten kein Wort zu ihrem Vater, ihren Zorn drückten sie auf verstohlene, doch geeignetere Art und Weise aus. Noch während ihr Vater versuchte, sich im Formaldehyd der Reinheit einzubalsamieren, begannen die Mädchen, die Lebensmittel mit unorthodoxen Garnierungen interessanter zu machen. Sie fingen so an, wie es bei unzufriedenen Köchen üblich ist: Sie schwitzten in die Speisen, wurden dann mutiger und spuckten hinein. Danach waren sie nicht mehr zu halten, und jede versuchte, die andere darin zu übertrumpfen, sich die ungeheuerlichsten Verletzungen des Reinheitsideals ihres Vaters auszudenken. Schnupfen, Husten, Periode – jede Absonderung, jede Ausscheidung wurde in den Dienst ihrer Wut gepreßt. Aus Angst davor, was sie als nächstes tun könnten, bat Haasan ihn einmal, Kompromisse zu machen und mehr Abwechslung in die Küche zu bringen. Ramanujam sah ihn nur an. Lieber wäre er gestorben.

Und dann tat er es auch. Am neunten April, ich kann mich noch genau dran erinnern, sagte Haasan, hörte er auf zu essen. Zwei Wochen vor diesem Tag hatte er aufgehört, die Triumph zu beladen und unsere Speisen zu verkaufen. Dann gab er das Essen auf. Nach drei Tagen verzichtete er auf Wasser. Im Alter von siebenundsechzig Jahren, bei bester Gesundheit, entsagte Ramanujam der Welt und hungerte sich in dreiundzwanzig Tagen rituell zu Tode. Zum Ende hin war er so ausgedörrt, daß er nicht mehr urinieren konnte, so daß das Gift seine leeren Innereien auffraß, und tagelang saß er gekrümmt auf dem Boden, von Schmerz geadelt. Zwei Kinder, keine Freunde, keine Ersparnisse, und doch starb er als erhabener Mann, von seinem Seelenheil fest überzeugt.

Eine Woche nach dem Tag, an dem man Ramanujams Haut und Knochen verbrannt hatte, schlug ich mit der Triumph eine neue Route ein.

Haasan fuhr in ostsüdöstliche Richtung, von der Küste weg ins Landesinnere, machte in Manjeri, Tirurangadi und anderen Städten der Mappila-Muslims Station, um einen größeren Markt für seine Speisen zu finden. So anders wie die Route waren auch die Speisen. Fette, nackte Knoblauchzehen, in Senföl und Chilis eingelegt. Venusmuscheln in Essig. Und Dosenfleisch. Ja! sagte Haasan. Ich schwör's. 1920 haben wir an der Malabarküste schon Fleisch in Dosen eingelegt.

Die Dosenfabrik in Calicut war das Geisteskind von Photo Chettys

Vater. Er hatte sie mitten im ersten Weltkrieg gegründet, in der vagen Annahme, daß herumziehende Armeen haltbare Lebensmittel brauchten. Mr. Chetty war ein Freibeuter unter den Geschäftsleuten, und er ließ sich von seiner Begeisterung immer hinreißen. Er bestellte sich Nicholas Apperts große Abhandlung über Konservierung (verfaßt, um Männer in einem anderen, älteren Krieg ernähren zu helfen), in einer guten englischen Übersetzung. Er unterrichtete sich über jeden Fortschritt in der Geschichte des Konservierungsprozesses von Appert über den Engländer Durand (der die versiegelte Flasche des ersteren durch eine Dose ersetzt hatte), bis hin zu den Grenzen moderner Konservierung, der 1908 in Europa erfundenen Dose mit abziehbarem Deckel. Das war, wie Haasan betonte, 1918 gerade ein Jahrzehnt her. Nachdem Photo Chettys Vater alle einschlägigen Informationen über das Geschäft gelesen hatte, bestellte er die Maschinen per Versand und baute in Calicut eine echte Fabrik, gekachelt und verputzt, weil die Stadt an der Küste lag, in der Nähe von Fischereigründen und Schiffsverkehr. Dann fing er mit dem Konservieren an, zuversichtlich, daß die Aufträge schon hereinkämen.

Anfangs konservierte er wild drauf los. Er war so beeindruckt von dem Prozeß und seiner Fähigkeit, die Zeit aufzuhalten, daß er einen Haufen lebendiger Garnelen in Dosen einlegte, in dem Versuch, ihr Leben zu verlängern. Eine Zeitlang war er von dem Vorhaben besessen, das heilige Wasser des Ganges zu konservieren, damit es in seinem ursprünglichen Zustand an entfernt lebende Hindus verkauft werden konnte. Dann, in allerletzter Minute, ein Tag, bevor er ein Dutzend Tanks Gangeswasser per Schiene ordern wollte, wurde er von seinem Sohn Photo Chetty darauf aufmerksam gemacht, daß das Wasser des heiligen Flusses gerade deswegen so begehrt war, weil es nie schlecht wurde. Es zu konservieren konnte nur die Handlung eines Ungläubigen sein.

Danach zügelte er seine Leidenschaft mit seinem angeborenen Geschäftssinn und konzentrierte sich darauf, Meeresfrüchte und Fleisch zu konservieren. Die Kriegsaufträge, die ihn anfangs so inspiriert hatten, bekam er schließlich doch nicht, aber er stieß auf eine stetige Nachfrage aus dem Inland, weil sich herausstellte, daß den Engländern konservierte Sardinen besser schmeckten als frische. Sie hatten auch eine Schwäche für Rindfleisch in Dosen, das in ihrer Sprache, aus Gründen, die Mr. Chetty nie verstand, »Topffleisch« genannt wurde.

Photo Chetty legte für mich ein gutes Wort ein, und sein Vater überließ mir das Dosenrindfleisch mit Rabatt. Ich entfernte die Etiketten. Nicht daß meine Mappila-Kundschaft etwas dagegen gehabt hätte, aber ich wollte nicht, daß die Mädchen erfuhren, daß ich mit Fleisch handelte. Vor allem mit Rind. Die neue Route zahlte sich für uns aus. Das Dosenfleisch fand mit meinen Rabattpreisen reißenden Absatz, der eingelegte Knoblauch war ein Riesenerfolg. Innerhalb von sechs Monaten vervierfachte sich unser Umsatz, und ich begann mit regelmäßigen zweitägigen Verkaufsfahrten übers Wochenende auf der Triumph.

Die Schwestern waren nach Ramanujams Tod fromm geworden. Nach seinem Tod, genauer durch die Art seines Todes, hatte er spirituelle Berühmtheit erlangt. Es fing damit an, daß die Nachbarn vorbeikamen, um Girlanden über sein sepiabraunes Porträt zu hängen, das Photo Chetty für Haasan vergrößert und gerahmt hatte. Daraus war eine ständige Pilgerstätte geworden, zu der Wildfremde von jenseits der Stadtgrenzen kamen, um ihm Ehre zu erweisen. Die verwaisten Schwestern überwanden ihr Verwunderung und machten eifrig mit. Ein Weihrauchnebel erfüllte das Haus, Gebete, Hymnen und Gesänge fanden so häufig statt, daß sie sich teilweise überschnitten.

Zum ersten Mal seit vielen Jahren hatten Sujatha und Vishala Geld zum Ausgeben. Sie kauften blauweiße Solitäre und Tempelsaris, sogar Büstenhalter. Die Saris oder Edelsteine sah ich sie nie tragen – sie wurden in ihren Hochzeitsarsenalen verstaut. Nicht daß ich etwa die Büstenhalter gesehen hätte – als erste Geweihte des väterlichen Kults rang Sujatha jetzt mit mir in der Lagerkammer, ohne ihre Bluse auszuziehen. Aber Ramanujams Bild begleitete uns zu allen Zeiten, seine retuschierten Augen leuchteten vor Glückseligkeit.

Doch im nächsten Winter verschwand dieser neu gefundene Wohlstand. Es war das Jahr der großen Rebellion, und das Geschäft ging nicht nur schlecht, es hörte auf. Die Unruhen deckten sich mit den Grenzen von Haasans neuem Markt: Es waren die Mappilas, die seine Dosen und Pickles kauften, und es waren die Mappilas, die in sechs blutigen Monaten versuchten, in Malabar das Reich Gottes zu schaffen. Die Armee riegelte Süd-Malabar ab, und so verfiel Haasan gezwungenermaßen in vegetarische Orthodoxie und Bananenflocken. Wir mußten schließlich irgendwie leben, sagte Haasan.

Im Dezember hörte er Gerüchte, daß britische Garnisonen von tobenden muslimischen Mobs in die Flucht geschlagen würden. Photo Chetty schrieb aus Palghat, daß der Sohn der Nichte seiner Großtante einen Forstbeamten kannte, der mit eigenen Augen gesehen hätte, wie Rebellen eine brahmanische Familie aus Nambudiri zwangsweise zum Islam bekehrt hatten. Die brahmanische Kolonie in Calicut nahm dieses Gerücht ernster als andere. Da sie lesen und schreiben konnten, überreichten sie dem Gouverneur des Regierungsbezirkes Madras eine Petition mit der Bitte um Schutz. Und weil sie ängstlich waren, bildeten sie Bürgerwehren und patrouillierten zögernd in den Straßen, aber nichts geschah. Im April war der Aufstand endgültig niedergeschlagen, und im Juni nahm Haasan wieder seine Fahrten auf.

Außer den Lebensmitteln hatte er ein paar Vorsichtsmaßnahmen dabei. Dies waren ein kürzlich gewachsener Bart, nach muslimischer Art gestutzt, und eine kleine Spitzenkappe. Vorsichtshalber nahm er auch einen anderen Namen mit ... Ali Musaliar, ein Aushängeschild, das sowohl fromm als auch leicht einprägsam war.

Ich hatte eine längere Fahrt als gewöhnlich geplant, erinnerte sich Haasan, drei Tage statt der üblichen zwei, in der Hoffnung, die Knappheit der letzten sechs Monate habe die Nachfrage nach erstklassigen Lebensmitteln vergrößert. Es stellte sich als falsch heraus. Überall wo ich hinging, fand ich mißmutige, in ihre Häuser zurückgezogene Menschen und verwüstete Siedlungen. An irgendeinem Punkt waren die Briten zu exemplarischer Zerstörung übergegangen, deswegen waren die Mappila-Orte viel zu sehr mit Wiederaufbau beschäftigt, als daß sie Zeit und Geld für reisende Verkäufer gehabt hätten. In Manjeri, gewöhnlich mein bester Markt, verkaufte ich zwei Päckchen Bananenflocken. An jenem Nachmittag beschloß ich, meine Reise abzubrechen und nach Calicut zurückzufahren. Die Fahrten ins Gebiet der Mappilas würde ich auf bessere Zeiten verschieben müssen.

Ich hätte in Garudapuram fast nicht gehalten, weil das einzige Eßlokal dort ein fanatisch vegetarisches Etablissement war, wo mit heiligen Schnüren behangene Brahmanen das Essen auftrugen und unterdrückt wirkende Burschen in zerrissenen Dhotis die schmutzigen Teller abräumten. Die knirschende Sauberkeit dort hatte nichts mit Hygiene zu tun, sondern nur mit einer fanatischen rituellen Reinheit, an der ich Anstoß nahm, weil sie mich an Ramanujams selbstmörderische Pingeligkeit erinnerte, an Ammas mühsame Kohlenfeuerreinigung von Mirzas Silberbecher und – auf irgendeine vage, aber drückende Art – an meine hoffnungslose Liebe für die Freundin von Mirzas Nichte, die ätherische Sabiha.

Aber die Triumph war so heiß, daß sie mir die Haut von den Schenkeln und Knien brannte, dort wo sich mein Lungi hochgeschoben hatte. Und so schob ich meine Prinzipien beiseite, stellte das Motorrad neben der Handpumpe ab und suchte mir einen leeren Tisch im Lokal. Ich bestellte eine Schale Rasam und ein Thali und trat dann wieder hinaus zur Handpumpe, um den Schmutz der Reise abzuwaschen. Als ich wieder hineinging, spürte ich, daß irgendwas nicht stimmte, weil mir das Essen nicht von einem Brahmanen mit heiliger Schnur gebracht wurde, sondern von einem aus der Zerrissene-Lungi-Brigade. Außerdem schwamm auch noch eine Kakerlake in meinem Rasam. Ich blickte zu dem Jungen auf, der mich bedient hatte. Sein schmales, mißmutiges Gesicht zeigte jetzt eine Grimasse genußvoller Vorfreude. Ich sah mich um – niemand aß. Dann erschien aus der Küche, die ein türloser Durchgang mit dem Speiseraum verband, ein vierschrötiger Mann mit Fettansatz, mit gewellten schwarzen Haaren, einem borstigen, aber subtil unmilitärischen Schnurrbart, einem bis zu den Knien hochgeschobenen Dhoti und einem rotkarierten Bleeding-Madras-Hemd, das ihm mehrere Nummern zu klein war. Er war der Koch. Ich deutete schweigend auf die Kakerlake. Er ignorierte es.

Wo kommst du gerade her, fragte er barsch.

Manjeri, antwortete ich, ohne nachzudenken.

Ein wissendes Geflüster ging durch den Saal. Danach herrschte lange Zeit Schweigen, und so zeigte ich wieder auf die Kakerlake. Der Koch nahm den Becher und inspizierte ihn unnötig lange. Er sah sich zu den anderen im Raum um in der selbstbewußten Art eines sich produzierenden Rabauken und drehte sich dann zu mir mit der Miene eines Kathakali-Schauspielers, das Gesicht zu den stilisierten Falten himmlischen Zorns verknotet.

Manjeri, wiederholte er langsam. Was bedeutet für dich schon eine Kakerlake? Leuten deines Schlages sollte man den Rasam mit einem Kuheuter oder der Vorhaut deines Vaters servieren!

Dann hatte ich den Rasam in den Augen. Verbrüht und geblendet bekam ich einen Schlag gegen den Kopf und dann in den Magen. Irgend jemand trat mir gegen den Kiefer, ein anderer gegen die Schläfen. Ich muß halb bei Bewußtsein geblieben sein, weil ich mich erinnere, wie die andern mich umringten und mir ein paarmal in die Rippen traten. Irgend jemand brüllte, schneiden wir's ihm ab, schneiden wir's ihm ab, ein anderer lachte, und jemand anders sagte nein ... Und dann breitete sich diese schreckliche Bahn von Feuer und Schmerz über meine Brust aus ...

Es war stockdunkel und menschenleer, als Haasan draußen auf der Straße wieder zu Bewußtsein kam. Die Haut auf seiner Brust fühlte sich verbrannt und geschwollen an, aber er konnte nicht sehen, was sie getan hatten, weil es eine mondlose Nacht war und Garudapuram es noch nicht zu Gasbeleuchtung in den Straßen gebracht hatte. Vornüber gekrümmt taumelte er zu der Triumph, die noch intakt war. Beim Ankicken jagten ihm gewaltige Wellen von Schmerz über die Brust, aber dann war es geschafft, und während die Maschine im Leerlauf lief, untersuchte er im trüben Licht des Scheinwerfers die Striemen aus verfärbtem Blut, Kruste und Haut. Zwei eckige »S«-Zeichen, die sich in der Mitte kreuzten. Sie hatten ihm das Symbol ihres Glaubens eingebrannt.

Diese Swastika.

Die Kaffeemaschine pfiff, und Haasan unterbrach, um uns Kaffee zu holen. Er wartete, bis ich probiert hatte, ob er mir süß genug war, und fuhr dann mit seiner Erzählung fort.

Während der schmerzhaften Wochen, die es dauerte, bis sich ein richtiger Schorf gebildet hatte, wünschte er sich oft, sie hätten seinen Lungi angehoben und nachgesehen. Dann hätten sie gesehen, daß er bereits Mitglied ihrer Schar war, daß es weiterer Markierungen nicht bedurfte. Aber es war seine eigene Schuld gewesen, daß man ihn für einen Muslim gehalten hatte. Die originalen Kennzeichen waren seine eigenen gewesen: Kappe, Lungi und der sorgfältig gestutzte Bart. Er hatte sich zu einem Pappfigurmuslim vereinfacht. Der Koch war nur nach seinem Äußeren gegangen.

Monate, nachdem die Wunden verheilt waren, war Haasan so niedergeschlagen, daß er tagelang nicht scheißen konnte. Aber einmal alle drei Tage oder so drückte er alles heraus, weil es den Mann in seinem Inneren verdrängte, über den er nachbrüten wollte. Er war verwirrt. Er hatte nicht er selbst sein wollen, weil das Dutt, heilige Schnur, Vegetarismus und Reinheitsfetischismus bedeutet hätte. Es war auch nicht angenehm gewesen, Ali Musaliar zu sein. Am Ende fand er zu sich selbst, indem er Herz, Gedanken und sein Inneres mit Liebe für die Menschheit an sich vollpumpte, unklassifiziert, ungewandet.

Aber er wußte nicht, wie er diese Liebe anbringen sollte. Sie wallte, leckte, schwappte in ihm drin, und seine Gefühle stauten sich immer mehr in ihm auf. In Calicut gab es niemanden, mit dem er reden konnte. Die Töchter seines verstorbenen Onkels waren vollberufliche Dienerinnen seiner postumen Aura. Die Spenden einer wachsenden Gemeinde von Anhängern bedeuteten, daß sie nicht mehr auf die Triumph und auf Haasan angewiesen waren.

Manchmal leerten Photo Chetty und er eine Flasche Rum zusammen, und einmal nahm Haasan ihn im Beiwagen bis nach Ooty mit, wo sie auf Pferde wetteten und gewannen. Manchmal dachte er an sein Zuhause in Mysore, an Amma und Appa, und empfand schmerzvolle Sehnsucht, obwohl er wußte, daß er nicht zu dieser einengenden, mit breiten Straßen übersäten Stadt zurückkehren konnte. Noch nicht.

Aber ich mußte mich mit irgendwas beschäftigen, sagte Haasan, und es klang noch in der Erinnerung dringlich. Mit der Triumph Dosen und Konserven zu verkaufen war nicht mehr drin – dazu hatte ich nicht mehr die Nerven. Die Töchter brauchten mich nicht – vom Ernährer war ich ohne Übergang zum armen Verwandten geworden. Dann gab mir, durch Zufall, Photo Chettys Vater eine Stellung.

Er hatte erweitert. Bei der Konkursversteigerung überbot er Vadagraham Bioscope and Talkies GmbH und kaufte das alte Theater, riß die Sitze und die Bühne raus und stellte Reihen langer Tische zusammen mit ebenso langen Bänken auf. Der Teil des Saals, wo sich Kulissen und Bühne befunden hatten, wurde abgetrennt und zu einer Küche umgebaut. Es war ein außergewöhnliches Eßlokal, das erste seiner Art. Es wurden keine richtigen Mahlzeiten serviert, es gab keine großen Metallteller mit richtigem Essen, mit Reis, Rasam und Papad. Die Küche bereitete nur kleine Speisen zu, Snacks. Es gab Berge von kleinen Dosas, Idlis, Vadas, aber auch Hackfleisch, Sandwiches, eine sonderbare Kürbissoße in verschmierten Flaschen und fade Omeletts, die auf Dosa-Art zubereitet waren. Aber die eine, größte Attraktion war, daß sich mit einer Tasse billigem, grauem Kaffee unbegrenzter Anspruch auf einen Platz am Tisch erkaufen ließ. Weswegen Mr. Chetty es Kaffeehaus nannte. The Queen Victoria Coffee House.

Haasan wurde als Kellner eingestellt, was lange Arbeitszeiten bedeutete, sechs Tage die Woche, aber die Monate, die er dort während des Monsuns und des Winters 1922 verbrachte, waren insgesamt eine wunderbare, glückliche Zeit. Diese billigen Zwitterspeisen in einer prachtvollen Kaffeehauskellneruniform dünnen, jungen Männern zu servieren, die immerzu diskutierten, brachte Haasans gefurchter Seele Frieden.

Als Mr. Chetty sah, daß seine Idee ein uneingeschränkter Erfolg war, wuchs seine Begeisterung zu missionarischem Eifer an. Er beschloß, wie Sankara, sein Malayali-Vorgänger, seinem Genie ein Denkmal zu setzen, indem er in jedem Winkel des Subkontinents ein Kaffeehaus pflanzte. Die erste Zweigstelle war das Imperial Coffee House in der Hazrat Ganj. So kam ich nach Lucknow. Er brauchte einen von uns in Lucknow, der es in der Anfangszeit betreute – in Calicut hielt mich nichts mehr, und so meldete ich mich.

Jetzt wußte ich es also. Nachdem er seine Anwesenheit in Lucknow erklärt hatte, beendete Haasan seine Erzählung. Aber sie hörte in der Stadt auf, die er Anfang der zwanziger Jahre gekannt hatte, nicht in der, in der er jetzt lebte. Was bedeutete, daß die besten Teile rausgefallen waren: seine erste Begegnung mit Intezar, ob er jemals wieder nach Mysore zurückgekehrt war, Sujathas Hochzeit – falls sie jemals stattgefunden hatte, die ungeklärte Sache mit Sabiha, Mr. Chettys andere Kaffeehäuser, Intezars Verschwinden … In einer anderen Zeit hätte ich ihn vielleicht gedrängt, weiterzuerzählen. Aber nicht im August 1942. Für mich hätte er beim besten Willen die Geschichte nicht auf den allerneuesten Stand bringen können.

Haasan verkündete, daß er sich für ein paar Stunden hinlegen werde, um mit den geplanten Strapazen für den nächsten Morgen fertig zu werden. Ich versprach, ihn zu wecken, falls er verschlief. Fast im selben Moment begann er zu schnarchen. Der regelmäßige Rhythmus seines Schlafes war ansteckend. Nach zehn Minuten Zuhören war ich auch dabei einzunicken. Ich schüttelte mich wieder wach, wusch mir das Gesicht und trank den lauwarmen Absud aus der Kaffeemaschine. Dann nahm ich das Buch, das neben Haasans Bett lag, und ließ mich zum Lesen nieder. Es war Gandhis Autobiographie, *Die Geschichte meiner Experimente mit der Wahrheit.* Ich gab ihr den Vorzug vor der Konkurrenz der aktuellen Tageszeitung und einer Broschüre, in der die wirtschaftliche Unsinnigkeit Pakistans erläutert wurde (sollte es zustande kommen), weil die Autobiographie des Mahatma, wie auch Haasans Lebensbericht, den großen Vorzug hatte, im Jahr 1921 zu enden.

Wir fuhren mit dem Stonely der Ganjoos, der sich seit Intezars Verschwinden im Jahr 1927 in Haasans Obhut befand, zum Haus in Lalbagh. Masroor war damals noch zu jung zum Fahren gewesen, und so hatte Ammi die Verantwortung für den Unterhalt des Wagens Haasan übertragen. Sie hatte keinen Moment daran gedacht, ihn zu verkaufen. Er mußte für Intezars Rückkehr bereitgehalten werden.

Unterwegs holten wir noch Bihari und Bhukay an der Hauptkreuzung in Lalbagh ab. Die Nacht war bewölkt, und Haasan hatte die Scheinwerfer ausgestellt, um unerkannt zu bleiben. Bhukay trug eine große, fünf Zentimeter dicke Brechstange mit sich, und Bihari hatte einen klirrenden Sack geschultert. Sie hatten ihr Sabotagevorhaben offiziell noch nicht aufgegeben, aber ihr verschwitztes Schweigen (es war zu dunkel, um ihre Mienen zu lesen) roch nach Nervosität. Das gab mir Hoffnung.

Haasan hielt den Wagen im Leerlauf, während ich die Gasse hinunterlief und leise an die Hoftür klopfte. Sie wurde sofort geöffnet. Asharfi steckte in einer Burqa, so wie Haasan es ihr gesagt hatte – so würde man sie nicht erkennen, falls es Ärger gab. Außerdem waren Bhukay und Bihari für sie eigentlich Fremde. Sie umarmte ihre Mutter, die sich an sie klammerte und sie dann schweigend losließ. Die Tür schloß sich hinter uns, und wir eilten zum Auto.

Haasan lenkte den Wagen in westliche Richtung, und bald lag die Stadt hinter uns. Wir hätten noch schneller fahren können, aber der Stonely war ein alter Wagen und Haasan ein Autodidakt am Steuer, der langsam im höchsten Gang fuhr. Unsere Fahrt wurde von metallischem Lärm und dem furchtbaren abwürgenden Geräusch des Motors begleitet. Sie trugen meilenweit und machten die sorgfältig gelöschten Scheinwerfer sinnlos.

Es war ein sonderbar gebautes Auto, bei dem vorne mehr Platz war als hinten, so daß Bhukay und ich den Vordersitz mit Haasan teilten, während Asharfi und Bihari die kleine Bank hinter uns besetzten. Ich saß in der Mitte, was bedeutete, daß ich die Gangschaltung zwischen den Schenkeln hatte, es war also ganz gut, daß Haasan nichts vom Hoch- und Runterschalten hielt. Asharfi, von der Aussicht beflügelt, Masroor wiederzufinden, saß vorgebeugt da, die Ellbogen auf die Rückenlehne meines Sitzes gelegt, das Kinn auf die Hände gestützt, und duftete wunderbar nach irgendeiner zarten Sandelholzseife. Sie hatte die Schleierklappe ihrer Burqa nach hinten über den Kopf geworfen, und die entblößte Sichel ihres Profils war so schön, daß ich wegsah.

Eine halbe Stunde nach Beginn der Expedition platzte meine Blase fast vor lauter Anspannung wegen all dem, was schiefgehen konnte. Jedesmal wenn Haasan, immer noch im Blindflug, in ein Schlagloch donnerte oder vom Straßenrand abkam, machte ich mir fast in die Hose. Wäre ich Herr der Lage gewesen (und ohne Asharfi auf dem Rücksitz), hätte ich glatt über die Windschutzscheibe des Stonely pissen können, der ein aufklappbares Verdeck hatte, und selbst für den geflügelten Vogel Greif auf der Haube hätte es noch gelangt, daß beide naß geworden wären.

Ein sanfter Regen setzte ein, aber Haasan hielt nicht an, um das Verdeck aufzuspannen, und ebensowenig schaltete er die Scheinwerfer ein, um die Sicht zu verbessern. Der Stonely besaß nicht den Luxus eines Standlichts, und so navigierte Haasan im trüben Licht des bedeckten Mondes. An manchen Stellen beugten sich Bhukay und Bihari nach draußen und riefen Haasan unsere Position bezüglich der Straßenränder zu. Trotzdem kam Haasan ein paarmal von der Straße ab, und das Geholper gab mir fast den Rest. Durch den Gangschaltungsknüppel war mir nicht einmal die Erleichterung vergönnt, die Beine übereinanderzuschlagen und die Schenkel zusammenzudrücken. Ich fragte mich, wieviel nasser der Regen noch werden mußte, bis ich unbemerkt pissen konnte.

Im Verlauf der Fahrt nahm Asharfi das Kinn von meinem Sitz und lehnte sich zurück. Bhukay zu meiner Linken hatte angefangen zu schnarchen, und als ich mich nach hinten krümmte, um nach Bihari zu sehen, knirschte er in einem fiebrigen Dämmerzustand mit den Zähnen. Eine dünner Schleier von Schlaf legte sich über das Auto, so fein und durchlässig wie ein Moskitonetz, einige Geräusche sickerten herein, sterbende Nachtgeräusche, die auf- und abschwollen wie schwache Sender auf Kurzwelle.

Auf diesem letzten Abschnitt der Fahrt verliefen Straße und Eisenbahngleis parallel zueinander, nur durch eine etwa einen Kilometer breite Mangoplantage getrennt. Einige hundert Meter vor unserem Ziel platschte der Wagen durch eine Pfütze, die tiefer als die anderen war, und begann sofort zu stottern und zu würgen. Finster entschlossen bewahrte Haasan ihn vor dem Absterben, bis wir den Rest der Strecke hinter uns gebracht hatten. Dann lenkte er ihn von der Straße herunter, parkte ihn unnötigerweise im Schatten eines Baumes und stellte den Motor ab. Er klappte die Haube des Stonely auf. Der Vergaser war abgesoffen. Er würde eine Weile brauchen, bis er wieder trocken war.

Niemand machte sich Sorgen – es bestand jetzt keine Dringlichkeit mehr. Bhukay und Bihari verrieten nichts von der zielstrebigen Begeisterung engagierter Saboteure. Sie griffen nicht nach dem Brecheisen oder nach ihrem Sack voller Gleisdemontagewerkzeug, sie machten nicht einmal Anstalten, die Türen zu öffnen. Der Wurm von Skrupel und Zweifel, durch Haasan im Kaffeehaus eingesetzt, hatte verschlungen, was noch an Entschlossenheit übriggeblieben war.

Ihre Lähmung ließ Asharfi und Haasan freie Hand, sich nach Masroor umzusehen. Asharfi sprang aus dem Wagen und fragte Bihari immer wieder, ob dies der richtige Ort sei. Aufmerksam spähte sie in der nachlassenden Dunkelheit nach Anzeichen von Masroor. Von Asharfis Eifer angespornt, stiegen schließlich auch Bhukay und Bihari aus, folgten Haasan und tauchten im Hain der Mangobäume unter, der uns vom Eisenbahngleis trennte. Haasans Plan war, auf den erhöhten Bahndamm zu klettern. Von dem Standort aus hätten sie bessere Chancen, Masroor zu entdecken. Ich blieb im Wagen sitzen und beobachtete, wie sie in der Dunkelheit verschwanden. Ich hätte mich freuen sollen, daß Sabotage nicht mehr auf der Tagesordnung stand, daß das Gleis, auf dem mein rettender Zug eines Tages kommen würde, um mich heimzuholen, unbeschädigt blieb. Aber diese ferne Erwartung eines glücklichen Ausgangs trug nichts dazu bei, das schreckliche Gefühl von Enttäuschung zu lindern, das mich niederdrückte. Heute nacht würde gar nichts passieren – keine Sabotage, kein Wiederfinden von Masroor. Sie verschwendeten ihre Zeit – Masroor befand sich auf der Oberfläche eines Armeelasters.

Ich versuchte, meiner Antriebslosigkeit den Rahmen eines größeren Weltschmerzes zu geben. Vielleicht war es die Abgestumpftheit durch spätere Einsicht? War ich übersättigt durch Allwissenheit? Es war ein netter Gedanke, aber in Anbetracht der verrückten Unberechenbarkeit meines eigenen Lebens im Jahr 1942 erklärte das nicht viel. Ich war einfach nur enttäuscht. In den letzten achtundvierzig Stunden war so viel passiert – Masroors Verschwinden, die Kaffeehaus-Maskerade, Haasans Odyssee, die Aufregungen unserer mitternächtlichen Fahrt –, daß es bedauerlich schien, daß der Ausflug dazu verurteilt war, so zu verplätschern. Nichts schien mehr wichtig oder dringend – nicht einmal meine Blase. Schließlich folgte ich ihnen zum Bahndamm. Nicht um mich an der Scharade der Masroor-Suche zu beteiligen, sondern um ein wachsamer Zuschauer zu sein, um den Zug mit seiner kostbaren Fracht

Geschichte vorbeistampfen zu sehen, auf den Gleisen und immer noch pünktlich nach Fahrplan.

Es war vier Uhr, der Zug mußte also schon durch Unnao gefahren sein – Bihari zufolge würde er an dieser Stelle in einer knappen Viertelstunde vorbeikommen. Mich fröstelte. Es lag eine feuchte, einem Monsun ähnliche Schärfe in dem Wind, der aus den Plantagen heraus über das Gleis wehte. Ich kletterte die Stufen der Steinböschung hoch, die den Bahndamm abstützte, und stieß zu den anderen.

Nach zehn Minuten ergebnislosen Herumsuchens gab sich Haasan geschlagen und machte Anstalten, wieder umzudrehen. Aber Asharfi sah so gramgebeugt aus, daß er beschloß, sie noch etwas länger den Wachposten spielen zu lassen, während er zum Wagen zurückkehrte, um nachzusehen, ob er schon wieder lief. Bevor er ging, schärfte er ihr ein, daß sie vom Bahngleis verschwinden solle, sowie der Zug in Sicht kam. Bhukay und Bihari trotteten hinter ihm her. So blieben nur noch Asharfi und ich sinnlos auf dem Gleis herumstehen, unter einem dunklen Frühmorgenhimmel, der jetzt mit rosa und grauen Streifen marmoriert war.

Das Gleis begann zu summen – der Zug war unterwegs. Asharfi sah mich wie um Bestätigung an und ließ ihren Blick dann über das Gleis und die Plantagen schweifen – als würde das warnende Beben des herannahenden Zuges Masroor ankündigen. Ich hörte schwach, wie in der Ferne das Auto mit einem Husten ansprang. Es ertönte das gedämpfte Zuschlagen der hochgeklappten Motorhaube, und als ich mich umdrehte, sah ich, wie Haasan die Kurbel herauszog. Er winkte uns zu, aber ich wandte mich ab und beobachtete, wie Asharfi das Gleis entlangging. Sie sah sich beim Gehen nach beiden Seiten um, immer irrer und verzweifelter, während die Zeit, die für das geplante Wiedererscheinen ihres Bruders noch blieb, ablief.

Geh von dem Gleis runter, du kannst von hier aus schauen, riefen zwei Stimmen im Chor. Haasan hatte Bhukay und Bihari geschickt, uns zu holen. Die Vibration war jetzt stärker, und ihre Stimmen erreichten mich irgendwie schwankend. Ich meinte von einem fernen Ort vor mir ein schnaubendes Brüllen zu hören.

Asharfi war weiter in Richtung des herannahenden Zuges gegangen und dann stehengeblieben. Der Zug tauchte in der Ferne auf, sein Gesicht war eine schwarze Scheibe mit einem glühenden Auge. Die Wolkenbänke hatten sich geteilt, und Risse in ihnen glühten von der versteckten Sonne wie bewegungslose, rosa Blitze. Die Wolken verschmolzen mit dem Rauch, der aus dem Schornstein hochstieg – Atemzug um Atemzug blies der bedrohlich näherrückende Zug den Himmel aus.

Asharfi stand immer noch auf dem Gleis und blickte erwartungsvoll über die Schulter, wie eine Heldin in einer Selbstmordszene, die auf Regieanweisungen wartet. Ich kam langsam in Gang, aber es bestand noch keine Gefahr, weil der Zug noch in sicherer Entfernung war und Asharfi bloß zwanzig Schritte von mir weg. Ich begann, ihr durch den brüllenden Lärm entgegenzugehen. Hinter mir hörte ich, schwach, Bhukay und Bihari rufen, ich hörte jemanden die Stufen der Böschung hinaufeilen, die ich schon ein Stück hinter mir gelassen hatte. Dann drehte Asharfi sich um und schrie, die Großartigkeit der Szene löste sich auf, und mir wurde klar, daß dies ein Alptraum war. Noch während ich ihr und der mich blendenden, langsam aufgehenden Sonne entgegenrannte, schmolz mein Inneres und pfiff in meine Hose hinaus.

Als ich noch einen Meter von Asharfi entfernt war, wollte ich ihre Hand packen, aber sie hatte sich umgedreht, um mir in die Arme zu eilen, und so schlossen sich meine Finger um ihre burqabedeckte Brust. Und noch während wir über den Rand des Bahndamms sprangen, während die Hand, mit der ich sie anfaßte, weich vor Schreck wurde, während meine pißnaße Hose in der herbeiströmenden Luft abkühlte, explodierte die Welt vor Mißbilligung. Ein Blitz tauchte die Nacht in weiße Farbe und schleuderte uns meterweit über den Bahndamm, in den Mangohain hinein.

Es war eine Bombe. Als ich wieder sehen konnte, war an die Stelle der Böschung und eines Teils des Bahndamms eine Grube mit rauchenden Ruinen getreten. Alles wurde klar und deutlich von dem Scheinwerfer des Zuges beleuchtet, der etwa zweihundert Meter entfernt war und sich nicht bewegte. Ich muß einige Minuten lang bewußtlos gewesen sein, weil sich schon eine Menschenmenge versammelt hatte, die uns und den Schaden inspizierte und über die eigene Rettung staunte. Asharfi rappelte sich gerade drei Meter von mir entfernt vom Boden auf. Sie hatte Kapuze und Schleier verloren, und der Rest ihres Burqa hing in Fetzen herunter. Es war eine Bombe.

Es hatte also keines Bhukay oder Bihari oder des immer noch verschollenen Masroor bedurft. Irgendeine furchtlose Gruppe von »Quit India«-Patrioten hatte ihnen die Arbeit abgenommen. Aber – wo steckten Bhukay und Bihari überhaupt? Im Lichtkegel des Scheinwerfers waren sie nicht zu sehen, und alles außerhalb davon war im Kontrast dazu stockdunkel, unmöglich, irgendwas zu erkennen. Plötzlich tauchten Männer in Uniform und mit Taschenlampen auf, und mir schien, als würden sie uns taxieren. Ich kannte mich nicht gut genug mit Uniformen aus der Kolonialzeit aus, um zu sagen, ob es Armee oder Polizei war. Vielleicht hatten die Behörden wegen der »Quit India«-Unruhen begonnen, die Züge mit Sicherheitspersonal auszustatten. Ich wich zu Asharfi zurück, nahm ihre Hand und versuchte, meinen erschütterten Verstand zu organisieren. Versengt, zerschlagen und mit zerfetzter Kleidung waren wir eindeutig keine Passagiere, und jede andere Personengruppe war in dieser Situation automatisch verdächtig. Früher oder später würden diese uniformierten Männer, die im Moment das zerknäulte Gleis untersuchten, zu uns zurückkehren.

Ich hörte Haasans Stimme. Haasan! Ich hatte ihn ganz vergessen. Ich sah in die Richtung, von wo das Flüstern kam – er war drei Bäume entfernt und mimte verzweifelt Verstohlenheit. Erleichtert, daß ich endlich wußte, was ich tun sollte, zog ich Asharfi langsam in den Schutz der Bäume. Gerade als wir uns umdrehten und losrannten, ertönte ein Ruf, und es entstand Unruhe – jemand hatte uns entdeckt. Haasan führte uns, ich bildete die Nachhut, zwischen uns war Asharfi – und wie wir rannten! Weder sie noch ich hatten nach der Explosion unseren Gleichgewichtssinn wiedergefunden, so daß wir ständig stolperten. Ich rannte sogar gegen einen Baum, aber der Impuls zu fliehen war so stark, daß ich meine blutende Nase mit zwei Fingern zusammenkniff, um die Blutung zu lindern, mich wieder halb in die Hocke erhob und weiterrannte.

Wir erreichten den Wagen ein gutes Stück vor den Männern in Uniform, wer immer sie waren. Sie kamen gerade aus dem Hain herausgerannt, als wir die Türen zuschlugen. Der Stonely sprang beim ersten Drehen des Schlüssels an. Haasan wendete, und wie Pferde, die ihren Stall riechen, rasten wir Richtung Lucknow zurück.

2000 N.V.

An jenem frühen Morgen, als wir von dem zerbombten Eisenbahngleis bei Unnao flüchteten, hatte ich nur zwei Gedanken im
Kopf, während der Stonely die schlaglochübersäte Straße nach Lucknow entlangruckelte. Einer war unausgesprochen, aber ich wußte, daß
die anderen beiden auch daran dachten: Was war aus Bhukay und Bihari geworden? Waren sie vom Bahndamm geschleudert worden wie
Asharfi und ich, oder war die Bombe unter ihren Füßen hochgegangen
und hatte sie in kleinen Puzzleteilchen in die flankierenden Mango-
haine katapultiert? Oder hatten wir sie verkrüppelt liegen lassen, damit
sie vom Arm des Gesetzes aufgegriffen wurden?

Da es zu dem Zeitpunkt kein passender Gedanke war, wurde nicht
darüber gesprochen, und ich steckte ihn in meinem Hinterkopf weg,
um dem zweiten Gedanken Platz zu machen: Benares. Es war ein Gedanke, dessen Zeit gekommen war. Das Gleis, auf dem mein rettender
Zug eines Tages kommen sollte, war weg, von marodierenden Patrioten
zerstört. Ich konnte auch nicht darauf warten, daß die heilende Zeit das
Gleis wieder einrichtete und den Zug fahren ließ – ich war jetzt ein Ge-
setzloser, mein Gesicht war in uniformierten Gedächtnissen eingraviert,
ich wurde wegen des Kapitalverbrechens der gewalttätigen Sabotage,
wegen Unterwanderung des Staates, wegen Verrats gesucht. Es gab keinen Weg zurück – die Vergangenheit hatte mich für sich beansprucht.

Aber der Gedanke an Benares bewahrte mich davor zu verzweifeln.
Er erinnerte mich an die wichtigen Dinge. Ich war an jenem Abend in
jener fernen Epoche aufgebrochen, um die Asche meiner Großmutter
in Kashi zu versenken. Und das würde ich auch tun. Sowie wir wieder
in Lucknow waren, würde ich meine Thermosflasche holen und nach
Benares fahren, als hätte sich 1942 nie ereignet. In dieser Stadt garantierter Seelenrettung, in diesem Vorhof Moksha-erfüllter Ewigkeit war

Zeit etwas Triviales, und ein paar verlegte Jahrzehnte waren wie Stäubchen von Nichts im Universum. Ich würde Dadis Asche beim Dasashwamedh Ghat in den Ganges schütten, egal ob es 1942 war oder nicht, und meiner Zeit treu bleiben.

Haasan hatte inzwischen auch Pläne gemacht. Wir fuhren nicht direkt zum Haus in Lalbagh. Statt dessen parkte er den Wagen beim Schuppen hinter dem Kaffeehaus, wo er gewöhnlich untergestellt wurde, wischte den verräterischen Schlamm von den Rädern und deckte ihn mit einer Plane zu. Währenddessen eilte ich zu Haasans Zimmer hinauf und holte meine Thermosflasche. Von dort gingen wir zu Fuß nach Lalbagh. Wir gingen die Hazrat Ganj hinunter, versuchten, ganz beiläufig zu schlendern, suchten die Straße mit verstohlenen Blicken ab, sahen in jedem Milchmann oder übernächtigten Spätheimkehrer einen Polizisten in Zivil, der über Rundfunk den entscheidenden Hinweis bekommen hatte.

Als Ammi die Tür aufmachte, schlug sie sich die Hand vor den Mund und taumelte zurück. Erst da wurde uns klar, daß Asharfi und ich in unserem versengten und zerrissenen Zustand die Hauptstraße von Lucknow entlanggegangen waren. Haasan schickte uns fort, damit wir uns wieder herrichten konnten. Als wir wiederkamen, hatten Ammi und er schon alles besprochen. Haasan würde in Lucknow bleiben und das Kaffeehaus weiterbetreiben, so als ob nichts passiert wäre. Ihm drohte keine Gefahr, verhaftet zu werden, da die Polizei ihn nicht richtig zu Gesicht bekommen hatte.

Er hielt es auch für unwahrscheinlich, daß Asharfi oder ich aufgegriffen werden könnten, weil eine kurze Inspektion zweier zerzauster Gesichter im Schein einer Taschenlampe kaum zu einer Wiedererkennung führen dürfte. Trotzdem mußte man mit dieser Möglichkeit, so klein sie auch war, rechnen, und so würden Ammi und Asharfi sich für ein paar Wochen zu ihren Obstgärten in Malihabad zurückziehen, wie sie es manchmal im Sommer taten, und wenn Haasan das Gefühl hatte, daß es sicher war zurückzukehren, würde er Bescheid geben. Und was mich betraf, könnte ich ...

Ich wartete nicht darauf zu hören, was Haasan für mich geplant hatte. Benares, sagte ich einfach. Ich würde nach Benares fahren. Ich klopfte mir gegen den Kopf. Die Explosion, so enthüllte ich, hatte ein kleines Stück meiner vergessenen Vergangenheit wiederhergestellt. Ich hatte die Asche meiner Großmutter dabei, und ich mußte nach Benares, um sie am Dasashwamedh Ghat zu versenken. Das hätte ich schon vor einer Woche tun sollen, erklärte ich. Soviel war zumindest wahr.

Wie kommst du hin? Wo wirst du bleiben, fragten Mutter und Tochter, offensichtlich besorgt. Ich hatte gedacht, sie wären vielleicht erleichtert über mein Fortgehen, und als sie es nicht waren, schnürte sich mir der Hals zu, und meine Augen brannten, und ich hätte ihnen beinahe alles erzählt, aber dafür war keine Zeit – Haasan sagte ihnen, sie sollten sich mit dem Packen beeilen, und zog mich mit sich fort, um einen Tonga, einen Pferdewagen, zu suchen, der sie zu ihrer Plantage bringen konnte.

Aber zuerst gingen wir noch mal zurück zur Garage. Er trat um die verhüllte Form des Stonely herum und zog eine kleinere Plane weg. Es war ein dunkelgrünes Motorrad, das vor Chrom und Messing glänzte, mit einem runden Scheinwerfer auf einem langstieligen Hals. Ich erkannte es sofort aus Haasans Erzählung seiner Vergangenheit: Es war Ramanujams Triumph aus den alten Zeiten in Palghat, samt Beiwagen.

Er benutze es nicht mehr oft, sagte Haasan traurig. Als Masroor noch ein Schuljunge war, hatte er ihn immer in den Beiwagen gesetzt und lange Touren mit ihm unternommen. Aber jetzt schob er es nur noch sonntags morgens zu rituellen Fahrten hinaus, um es in Schuß zu halten. Er könne es für ein, zwei Monate entbehren, sagte er, aber ich solle gut drauf achtgeben, und er wolle es wiederhaben, wenn die Unruhen vorbei wären. Ich nickte gerührt. Er kickte die Maschine zu einem fauchenden Brüllen an, verstaute meine Thermosflasche im Beiwagen, wo einst Dosenfleisch mitgefahren war, und trat zurück, um eine weitere Bahn der Garagenfalttür zu öffnen. Es war Zeit zum Aufbruch.

Gewöhnliches Abschiednehmen wirkte nach den seltsamen Ereignissen der gestrigen Nacht fehl am Platz, und so sagte ich nichts. Ich tuckerte einfach an ihm vorbei, aus der Garage in die Straße hinaus, und überließ es ihm, einen Tonga für Ammi zu finden, die offenstehenden Probleme zu lösen und sich um Bhukay, Bihari und Masroor Sorgen zu machen. Ich wollte mich noch einmal umblicken, nur hatte ich noch nicht viel Erfahrung mit Motorrädern, und die Triumph beanspruchte meine ganze Aufmerksamkeit. Doch am Ende der Gasse, bevor ich in die Hazrat Ganj bog, dachte ich noch daran zu winken.

Zu meiner Zeit hatten Züge die Strecke zwischen Lucknow und Benares in rund acht Stunden zurückgelegt, aber ich fuhr zwölf Richtung

Osten und fand mich statt dessen in Azamgarh. Irgendwo unterwegs hatte sich die Straße gegabelt, und ich hatte die südliche Abzweigung verpaßt. Es war nicht meine Schuld. Die Regenfälle hatten die Schotterstraßen in Schlamm verwandelt, und es hatte meilenweit keine Menschenseele gegeben, die ich nach der Richtung hätte fragen können.

Und als ich auf einen einsamen Fußgänger getroffen war, hatte er die Straße hinunter Richtung Osten gedeutet, als würde Benares gleich hinter der nächsten Biegung liegen. Einige mögliche Informanten verschwanden, als ich langsamer wurde, um sie anzusprechen. Das verwunderte mich, bis mir klar wurde, daß ich, mit Khakihose, Tropenhelm und auf einem Motorrad mit Beiwagen, wahrscheinlich wie ein schlampiger Arm des Gesetzes aussah, höchst unwillkommen in diesem Kernland der 42er Rebellion. Das war eine weitere Sache, die ich nicht verstand: Hier fuhr ich nun mitten durch die östlichen Provinzen, wo, wenn Dadi zu glauben war, in den ersten zwei Wochen der Rebellion die Hoheit des Raj aufgehoben gewesen war, aber ich hatte noch kein einziges revolutionäres Schauspiel gesehen. Ich hatte keine bestimmten Erwartungen – irgend etwas Aufständisches hätte mir schon genügt, aber die Regenfälle schienen die Rebellen in die Häuser getrieben zu haben. Dann erreichte ich Azamgarh.

Azamgarh lag in der Schleife eines Flusses, der den Monsun benutzt hatte, die ganze Stadt mit Beschlag zu belegen. Der Fluß hieß Tons, was ich damals nicht wußte. Ich wußte nur, daß die Straßen Kanäle voll schwappendem Unrat waren, auf denen schwimmende Kackhaufen trieben. Ich entfernte vorsichtshalber die Thermosflasche aus dem Beiwagen: Das Wasser reichte an manchen Stellen bis zu den Rädern hoch.

Es war fast dunkel, aber ich war fest entschlossen, noch am selben Tag bis nach Benares zu kommen. Der einzige Grund, warum ich in Azamgarh hielt, war die Tatsache, daß es ein guter Platz zu sein schien, um nach der Richtung zu fragen. Trotz des Regens waren Leute auf den Straßen, durchnäßte Kolonnen von Fußgängern, die alle in die gleiche Richtung gingen. Sie waren auf dem Weg zum Shibli College. Das erfuhr ich, als ich dort hingebracht wurde.

Das geschah folgendermaßen: Ich hatte, als vorbereitende Maßnahme zum Nach-der-Richtung-Fragen, auf der einen Seite einer schmalen Gasse gebremst, und ich fragte mich gerade, ob mein Tropenhelm die guten Leute von Azamgarh so verscheuchen würde, wie er andere verscheucht hatte, als ich mich auf einmal von potentiellen Auskunftgebern umringt sah. Es waren alles junge Männer, und das Seltsame war, daß sie nicht wie Ortsansässige aussahen. In Hemd und Hose gekleidet und der eine oder andere bebrillt, sahen sie wie Studenten aus einer richtigen Stadt aus, was Azamgarh, von dem, was ich bisher davon gesehen hatte, nicht annähernd war.

Jedenfalls fragte ich sie nach der Richtung nach Benares, was eine Reihe schnell ausgetauschter stirnrunzelnder Blicke zur Folge hatte. Einer von ihnen kam auf mich zu, ein dünner, gemein aussehender Bursche mit wilden Haaren, klemmte sich das Vorderrad der Triumph zwischen die Beine, packte die Lenkstange mit einer großartigen Drohgebärde und fragte mich, wieso ich nach Benares wolle. Mein Herz schlug schneller, weil der Kreis enger wurde (einer von ihnen setzte sich in den Beiwagen), aber als ich es ihm sagte, war meine Stimme fest.

Ich hatte halb befürchtet, daß sie mir nicht glauben würden, aber sie taten es. Es klang einleuchtend, daß mich die Asche einer toten Großmutter nach Benares führte. Außerdem hatte ich ja die Thermosflasche, um meine Geschichte zu untermauern. Der dünne Wilde schraubte sie tatsächlich auf und schüttelte etwas von Dadis Überresten in seine Handfläche, aber als er die Knochenkrümel sah und die aufgestaute Süße des Weihrauchs roch, der das brennende Fleisch desodoriert, schüttete er die Probe hastig zurück und verschloß die Flasche mit mulmiger Miene. Der Mann im Beiwagen kletterte beschämt wieder heraus. Laßt ihn fahren, Yaar, sagte er.

Aber das taten sie nicht. Statt dessen brachten sie mich zum Shibli College, zu dem an jenem regnerischen Abend alle Straßen in Azamgarh zu führen schienen. Niemand übte wirklich Zwang aus oder stellte ein Ultimatum – mein Inquisitor setzte sich auf den Sozius und sagte mir, wie ich fahren solle, seine Kameraden folgten zu Fuß.

Das College, ein niedriges Gebäude mit einem Giebeldach und dicken Mauern, fiel auf, weil es weniger provisorisch aussah als der Rest von Azamgarh. Es war von der Schäbigkeit seiner Gaststadt durch eine hohe, weißgetünchte Mauer ohne Bemalungen abgeriegelt, die von einer böse aussehenden Schicht eingelassener Glasscherben bedeckt war. Das Gelände hinter der Mauer war wahrscheinlich gut gepflegt – ich konnte es nicht feststellen, auch nicht als ich beim Hineinfahren durch das offene Tor die Geschwindigkeit auf Kriechtempo drosselte, weil plötzlich Menschen wie Pilze aus dem Boden schossen.

Sie beobachteten einen Mann, der über die grauen Schieferziegel des schrägen Daches kletterte in dem Versuch, ganz nach oben zu kommen. Er kam nur langsam voran, weil er bloß eine Hand frei hatte – die andere hielt die Trikolore des Congress. Eine Fahnenhissung? So eine Menschenmenge wegen einer Fahnenhissung? Schließlich erreichte der Mann mit der Fahne den Dachfirst und setzte sich rittlings drauf. Er fand keine Stelle, wo er den Bambusfahnenmast hineinstecken konnte, und so überzeugte er sich, daß er festen Halt unter den Füßen hatte, und fing an, die Fahne von Hand zu schwenken.

Das löste vereinzelten Beifall aus, der hauptsächlich von dem Pulk eifriger Leute auf der Veranda unter seinem Standort kam. Eine dünne Reihe ähnlich jugendlicher Eiferer, die um die versammelten Zuhörer herumstanden, nahm das Geklatsche auf und hielt es eine Weile aufrecht. Mein Aufpasser klatschte ebenfalls.

Die Gruppe verstummte, und zwischen den Auserwählten auf der Veranda erhob sich eine schlanke, schöne Frau und begann von Revolution zu reden. Sie war ohne jeden Schick in einen weißen Khadi-Sari gekleidet, und sie war älter als die um sie herum, aber die Linie ihres Halses und der Schnitt ihres Gesichts hoben sie von der Masse ab, und ihre Stimme hatte eine durchdringende Schönheit.

Es war eine klare, tragende Stimme, vielleicht zu laut für Diskussionen in geschlossenen Räumen, aber gut fürs Redenhalten im Freien. Doch ihre Art hatte nichts Rhetorisches an sich, nur am Anfang hatte sie ihre Brüder und Schwestern begrüßt, obwohl keine andere Frau zu sehen war.

Ihr Körper war so gehemmt, wie ihre Stimme frei war. Wenn sie eine Geste machte, um einen Satz zu unterstreichen, flatterten ihre Hände in angedeuteten Kreisen um ihre Taille herum. Kein einziges Mal erhob sie ihre Arme ganz, um eine Betonung zu setzen – die Ellbogen klebten an ihrer Hüfte, während die Hände und Unterarme kleine, hilflose Bewegungen vollführten. Ich glaube, sie hatte Angst, daß ihr der Sari von der Schulter rutschen könnte. Sie stand auch etwas vorgebeugt, um ihre Brust möglichst zu verbergen.

Sowie sie anfing zu reden, wußte ich, daß sie Bengalin war, aber ich brauchte etwas länger, um herauszufinden, daß ihr Publikum in der Mehrheit Muslims waren. Sehen konnte man es nicht, weil nicht viele der versammelten Männer weiße Spitzenkappen trugen, und außerdem wurden die meisten vollständig durch Regenschirme verdeckt. Es waren die Dinge, die sie sagte, die mich drauf brachten.

Ihr habt sie bestimmt sagen hören, daß der Congress nicht für die Muslims spreche, daß unsere »Quit India«-Bewegung eine hinduistische Verschwörung sei. Sie hielt inne. Also morgen werden wir zu dem letzten noch nicht befreiten Polizeiposten in diesem Teil von Azamgarh marschieren, und, inschallah, morgen wird er so befreit sein, wie das gesamte Ballia schon befreit ist. Aber ich kann nicht beweisen, daß diese Freiheit auch Freiheit für Muslims bedeuten wird. Ich kann es nicht, weil Freiheit nicht etwas ist, was aufgeteilt werden kann – sie ist die Luft, die ihr atmet, sie ist unteilbar. Ich kann nicht beweisen, daß der Congress weltlich ist. Ich weiß nicht, ob es einen einzigen Muslim unter meinen Kameraden gibt. Aber ich werde mich nicht dafür entschuldigen, weil ich weiß, daß es auch keinen einzigen Hindu gibt. Es sind alles nur Nationalisten.

Es ertönte Beifall von ihren Mitstreitern, die weder Muslims noch Hindus waren, sondern nur Nationalisten, aber die Menschen, zu denen sie redete, zeigten keine Reaktion.

Congress-Mitglieder, sagte sie, können ihre Partei nicht verteidigen, indem sie Muslimköpfe zählen, weil wir gegenüber Etiketten, die uns teilen, blind sind. Ich spreche für mich selbst, sagte sie, wobei sie eine weitere ihrer abgeschwächten Gesten machte und mit ihrer Hand auf den Bauch klopfte, statt sie sich aufs Herz zu legen.

Ich bin Hindu, aber mein Mann ist Muslim. Meine Sprache ist Bengali, während seine Urdu ist. Meine Haut ist dunkel, während seine hell ist. Er ist ein Gemäßigter, und ich bin Sozialistin. Wir haben nichts gemein, aber wir sind verheiratet, weil wir zuallererst Inder sind!

Ich verstand die Logik nicht – ich war auch Inder, und sie war nicht mit mir verheiratet. Sie erläuterte es nicht. Vielleicht war es, typisch für den indischen Nationalismus, nicht nötig. Dann ging sie von Allgemeinplätzen über den Congress zum Zweck ihres Daseins in Azamgarh über und wie sie hierher gekommen waren, und dann wurde mir klar, warum ihre Genossen mich zu der Versammlung gebracht hatten.

Wir sind von Benares gekommen, sagte sie. Meine Vermutung, die jungen Männer wären Studenten aus einer Stadt, war richtig. Sie kamen wahrscheinlich alle von der Hindu-Universität dort. Sie waren nach Azamgarh gekommen, indem sie außerhalb der Stadtgrenze von Benares einen Zug gekapert hatten. Sie sagte das so, als wäre es ganz einfach gewesen, aber wer wußte besser als ich, daß dazu einiges gehörte!

Sie hatten den Zug angehalten, die Passagiere hinausgeworfen und den Lokführer gezwungen, bei Mau Richtung Westen zu fahren, wo die Benares-Linie auf die Strecke traf, die nach Azamgarh verlief. Morgen würden sie in ihrem gekaperten Zug aufbrechen, um Madhuban zu erobern, einen ländlichen Polizeiposten, nur deswegen von Bedeutung, weil es der letzte Ort in diesem Teil von Azamgarh war, wo noch der Union Jack wehte. Aber es gab ein Problem – und deswegen hielt sie diese Rede.

Madhuban lag fünfzehn Kilometer nördlich der Eisenbahnstrecke. Nach fünfzehn Kilometer Fußmarsch würden sie keine Kräfte mehr für die eigentliche Belagerung haben. Außerdem konnte ein befestigter Posten kaum durch Fußsoldaten allein gestürmt werden. Natürlich, sie vertraute fest darauf, daß der Posten sich ergeben würde, wenn die Polizisten drinnen die Armeen der Revolution erblickten, aber trotzdem, eine Machtdemonstration erforderte Fortbewegungsmittel.

Sie breitete ihre Hände so weit aus, wie es ihr Fixierte-Ellbogen-Stil gestattete, und appellierte an die Menge, ihnen Pferde, Elefanten, Motorräder, was immer sie hatten, auszuleihen – selbst Fahrräder. Sie würden sie ihnen am nächsten Tag zurückgeben, nachdem der Posten eingenommen worden war, und die provisorische Regierung der Indischen Republik von Azamgarh würde sich ihren hilfsbereiten Bürgern erkenntlich zeigen.

Ihre Rede war zu Ende, und der Regen, der sich zu einem Nieseln abgeschwächt hatte, prasselte nun wieder herunter. Die hilfsbereiten Bürger von Azamgarh, die während ihres Appells unruhig geworden waren, flüchteten jetzt, vom Gewitter unterstützt, aus dem Park. Der rattengesichtige Revolutionär hatte wieder Gesellschaft von seinen Freunden bekommen, und zusammen schoben sie die Triumph in den Schutz der Veranda. Niemand fragte mich um Erlaubnis – sie war für den Dienst an der Revolution requiriert worden.

Ich sagte nichts. Es waren zu viele, und ich wollte keinen Ärger. Außerdem war noch nichts verloren, weil ich immer noch die Thermosflasche besaß, und die Rednerin versprochen hatte, alle Fortbewegungsmittel am nächsten Tag zurückzugeben. Sie bockten das Motorrad auf dem Ständer auf und gingen hinein. Rattengesicht steckte, wie mir auffiel, den Zündschlüssel der Triumph ein. Ich drückte die Thermosflasche als Talisman an mich und folgte ihnen.

In dieser Nacht schlief ich in einer Bibliothek zusammen mit zwanzig anderen. Über die Hälfte der Sturmtruppe war zum gekaperten Zug zurückgegangen, um ihn während der Nacht zu bewachen. Die Vorhut, so wurde mir gesagt, befand sich schon in der Nähe des zum Angriffsziel bestimmten Polizeipostens, wo sie das Terrain auskundschaftete und die Botschaft des Aufstandes in die benachbarten Dörfer trug. Alles, sagte Rattengesicht, sei bis ins Detail geplant.

Die Bibliothek war der größte Raum im Shibli College, und die Rebellen verwandelten sie in einen Schlafsaal. Der Hausmeister wollte uns dort nicht haben, aber er konnte nichts dagegen tun. Das College war bei Ausbruch der Unruhen geschlossen worden, und jetzt, wo die Studenten in alle Winde verstreut waren, fehlte ihm der zahlenmäßige Rückhalt, um seiner Mißbilligung Nachdruck zu verleihen.

Die Frau, die die Rede gehalten hatte, versuchte, Ordnung zu halten. Während die Rebellen Tee von Untertassen schlürften, rauchten und bis spät in die Nacht redeten, erinnerte sie sie daran, daß dies eine muslimische Stätte der Gelehrsamkeit sei, daß sie ungebetene Gäste wären. Keine Provokation, keine Beschädigung, sagte sie immer wieder, und im großen und ganzen, bis auf den verschütteten Tee und die Zigarettenkippen, gehorchte man ihr.

Nicht daß sie etwa die Anführerin dieser Truppe war. Nach den Beobachtungen eines Abends schien sie eher eine Art Maskottchen zu sein. Sie wurde bedient und ehrerbietig behandelt (ich bekam immer mehr das Gefühl, daß sie das einigen beigebracht hatte), aber die ganze Diskussion, die Spekulation, das fieberhafte Planen für den morgigen Feldzug konzentrierte sich auf einen gutgebauten, muskulösen Mann, groß, dunkelhäutig und schnurrbärtig, der grünbraune Augen hatte und riesige weiße Zähne, die immerzu lächelten.

Mich lächelte er auch an, als Rattengesicht mich zu ihm brachte. Es tue ihm leid, sagte er, vom Tod meiner Großmutter zu erfahren. Wenn all das hier vorbei sei, würde er mich persönlich nach Benares begleiten und die letzten Riten für sie in die Wege leiten. Er kenne sämtliche Priester bei den Ghats namentlich. Er sei sich sicher, meine selige Großmutter würde mir die Zeit, die ich im Dienst an der Sache Mutter Indiens verbrachte, nicht übelnehmen. Er hatte recht – vielleicht war ich Dadis Stellvertreter im Jahr 1942.

Gegen elf Uhr zog sich die Frau allein in irgendein anderes Zimmer zum Schlafen zurück. Rattengesicht und seine Genossen machten sich daran, die Regale durchzukämmen und die Bücher zu befingern, jetzt wo sie nicht mehr da war, um es ihnen zu verbieten. Sie suchten etwas, womit sie sich in den Schlaf lesen konnten, aber alle Bücher waren in arabischer Schrift, die niemand in dieser Bibliothek lesen konnte. Sie fühlten sich nicht minderwertig, sie ärgerten sich bloß. Rattengesicht zog ein paar Bücher heraus und ließ sie als Experiment auf den Boden fallen. Eine kleine Staubwolke stieg auf. Er blickte sich um und schüttelte den Kopf. Die anderen blickten wissend drein, als hätte er irgendwas bewiesen. Es waren College-Jungs, und ein Raum voller Bücher in einer Schrift, die sie nicht lesen konnten, muß ihnen wie eine monströse Angeberei vorgekommen sein. Dann zogen wir alle ein paar Bücher heraus, um uns Kopfkissen daraus zu machen, und dort, in diesem Lager stummer, unlesbarer Dinge, schliefen wir.

Als ich aufwachte, regnete es. Der Himmel in den Luftklappen war grau, und die anderen tranken wieder Tee. Rattengesicht und drei andere spielten Karambolage. Das wußte ich, ohne die Augen zu öffnen, weil eine Ecke des Tisches ein paar Zentimeter von meinem Ohr entfernt und die Luft mit dem Geräusch zusammenstoßender Kugeln erfüllt war.

Halb wach, auf meinem Ellbogen aufgestützt, staunte ich über meinen schlechten Mundgeruch. Ich richtete mich weiter auf und sah ihnen beim Spielen zu. Rattengesicht war sehr gut. Mit gekonnter Geschicklichkeit, stieß er die Schwarzen und Weißen in die entsprechenden Löcher, und als nur noch ein Schwarzer auf dem Tisch übrig war, zielte er auf Braun, auf die Königin.

Wenn wir erst mal die Engländer rausgeworfen haben, sagte er mit einem anzüglichen Grinsen, wird es keine Könige und Königinnen mehr geben. In einer Republik sind alle gleich. Keine Sonderbehandlung. Wenn wir jetzt schon eine Republik wären, hätte Bose Madam kein Extrazimmer. Sie würde hier schlafen, hier bei uns. Er hielt inne, um seine Erregung hinunterzuschlucken, und erläuterte in den flüssigen Sätzen lang geprobter Phantasien, was er in einer Republik alles mit Bose Madam anstellen würde. Als er fertig war, fälschte sein rosafarbener Spielball die Königin in das hintere rechte Loch ab. Die anderen, die um das Brett herumsaßen, lachten anerkennend über diesen subtilen Höhepunkt. Rattengesicht zwinkerte ihnen zu.

Wir waren genau dreiunddreißig, den Anführer ausgenommen, aber einschließlich Bose Madam, wie ich durch Zählen ermittelte, als wir uns nach dem Frühstück alle in drei Reihen aufstellten und auf der überdachten Veranda exerzierten. Es war ein schlampiges Exerzieren, weil das Frühstück kein karges, ad hoc eingenommenes Mahl gewesen war, das ohne Aufhebens von einer tatendurstigen Rebellenbande verzehrt worden wäre. Statt dessen hatte es sich über anderthalb Stunden hingezogen, wobei der Anführer mit bestem Beispiel vorangegangen war. Rattengesicht zufolge war er nicht nur ein langjähriger Student der Hindu-Universität, sondern auch der beste junge Ringkämpfer, den Benares seit Jahren hervorgebracht hatte. Er trank fünf riesige Glas Milch, die jedes mit zwei rohen Eiern vermischt waren. Die Milch wurde von einem Wasserbüffel geliefert, der auf dem College-Gelände angebunden war. Die Eier, zwölf Dutzend, hatte man gegen eine Gutschrift eingetauscht, die im Namen der Provisorischen Republik von Azamgarh ausgestellt worden war – wie jede gute Armee lebten wir vom Land.

Chaubey, unser Anführer, hielt eine Rede über uns und neunzehnhundertzweiundvierzig.

Denkt dran, sagte er, dies ist kein gewöhnliches Jahr. Es ist nicht das neunzehnhundertzweiundvierzigste Jahr der imperialistischen Ära. Wenn wir uns von den Ausländern befreien wollen, müssen wir uns auch von ihrer Art der Zeitrechnung befreien. Dies ist das zweitausendste Jahr der Vikrami-Epoche. Achtundfünfzig Jahre vor dem ersten Jahr ihres Herrn gründete Vikramaditya das Königreich der Gerechten. Wir sind die Armee des Vikramaditya, und es ist uns zugefallen, dafür zu sorgen, daß Indien in das dritte Jahrtausend dieser Ära als eine Republik der Freien eintritt.

Wenn wir unserer Sache treu bleiben, sagte er, werden wir, ihr und ich, morgen um diese Zeit die Herrscher von Azamgarh sein. In einem Monat um diese Zeit wird es in Agra oder Awadh keinen einzigen Engländer mehr geben. Und bis Ende dieses Jahres wird Delhi uns gehören, und die Trikolore wird über dem Roten Fort wehen.

Aber die Armee des Vikramaditya mußte eine Stunde warten, bis der Regen aufhörte. Und als er es tat, war das Transportproblem nach wie vor ungelöst. Wenn Bose Madam erwartet hatte, das College-Gelände mit Fahrrädern und Pferden gefüllt zu sehen, dann wurde sie enttäuscht. Als sich das Wetter besserte, schwärmten Rattengesicht und die anderen aus, um die Azamgarhis an die Notwendigkeit zu erinnern, die Revolution mobil zu machen. Das Ergebnis war ein Gespann von sechs unwilligen Maultieren, die von einem nervösen Ziegelofenbesitzer ausgeliehen wurden, nachdem Rattengesicht ihm mit Konsequenzen gedroht hatte. Bis auf ihn schien Azamgarh der Freiheit nur widerwillig entgegenzusehen.

Am Ende fiel es mir zu, Bose Madam und Chaubey zum Bahnhof zu transportieren. Wir brauchten keine zehn Minuten, um ihn zu erreichen, aber die Straße war schlecht, und Bose Madam, mit der seltsamen Hilflosigkeit des Beiwagenfahrens unvertraut, kam unterwegs das Frühstück hoch.

Es war ein kurzer Zug – nur vier Draisinen und ein Gepäckwagen. Im Interesse von Geschwindigkeit und Kraftstoffeinsparung hatten die Rebellen den Rest abgekoppelt. Bose Madam wurde sofort dem Komfort eines Erste-Klasse-Abteils zugeführt. Ich begleitete die Triumph zum Gepäckwagen und half beim Aufladen. Da niemand etwas dagegen einwandte, ließ ich mich neben ihr nieder – auf die Weise würde ich sichergehen, daß sie unser Ziel in einem Stück erreichte.

Die Lok auf dem Gleis hechelte schon sanft Dampfstöße in die feuchte Luft. Alles war bereit, und wir fuhren los, sowie der Rest der Shibli-College-Truppe nachgekommen war. Rattengesicht ritt zu Maultier zum Gepäckwagen – es war nicht schwer zu erraten, wie er das Tier gelenkt hatte: Seine Ohren waren halb abgerissen und bluteten dort, wo sie am Kopf angewachsen waren. Rattengesicht würde mit mir fahren – und sein Maultier auch. Strahlend vor Stolz über seine kavalleristische Kühnheit ignorierte er sowohl den Spott seiner Kameraden als auch den Protest des Maultieres und zog es in den Gepäckwagen. Wir verließen Azamgarh um Viertel vor zwölf.

Wir brauchten eine Stunde, um zum Basislager zu kommen. Die Hälfte dieser Zeit befand ich mich in Panik, und während der restlichen grübelte ich. Es gab Grund zur Panik – ich war im Namen der Nation entführt und gezwungen worden, einer zum Scheitern verurteilten Rebellion zu dienen. Wenn die Geschichtsschreiber diese Zeit dokumentierten, würden auch die größten Hurrapatrioten unter ihnen konstatieren müssen, daß der Rebellion binnen eines Monats das Rückgrat gebrochen worden war. Ich riskierte mein Leben für eine Bewegung, die auch ohne irgendwelche Hilfe von mir wunderbar scheitern würde. Und dann durch so eine Kröte wie Rattengesicht zu erfahren, daß die Folge oder Kette der Ereignisse, die mich in diesen Gepäckwagen hineingesteckt hatte, nie hätte geschehen müssen – das würde ausreichen, um den Lachenden Buddha zum Grübeln zu bringen.

Diese Offenbarung kam mir auf halbem Wege während unserer Reise, als Rattengesicht die Lust verlor, das angebundene Maultier zu quälen. Er hatte ihm aus wissenschaftlicher Neugier mit einem Stock die Eier gekitzelt. Es war ein Test, um zu sehen, ob das Tier eine Erektion zustande brächte. Er wußte, daß sich Maultiere nicht fortpflanzten, aber er war sich nicht sicher, ob das daran lag, daß sie impotent oder unfruchtbar waren. Was passierte, war, daß das Maultier erregt wurde, ohne zu erigieren, und derart heftig um sich zu schlagen und zu schreien begann, daß Rattengesicht das Experiment abbrach. Blieb ich noch übrig.

Er beschloß, mit einem Kricketball, den er aus der Tasche zog, Fangen zu spielen. Für einen Maultiermasturbator schien mir das ein solch harmloser Spaß, daß ich schnell zustimmte, bevor er sich irgendeinen gemeineren Zeitvertreib ausdachte. Ich schlug sogar das *Maultier*-Spiel vor: Bei jedem nichtgefangenen Ball ein Buchstabe, und der erste, der *Maultier* zusammen hatte, hatte verloren. Ich verlor achtmal hintereinander, bevor die Reise zu Ende war, weil ich ihm sanfte Bälle zuwarf, während er Schmetterbälle zurückfeuerte, die manchmal das Maultier trafen, das dann jedesmal aufschrie.

Irgendwann hatte Rattengesicht keine Lust mehr, Ballfangen zu spielen, und zog einen Kricketschläger aus einer der Taschen im Gepäckwagen. Ich hatte der Tatsache, daß er einen Kricketball zur Hand hatte, keine Bedeutung beigemessen, aber der Schläger machte mich stutzig. Es war ein richtiger Schläger, über dessen Spleiß »English Willow« geschrieben stand, ein Schläger, wie ihn ein guter Club-Kricketspieler verwenden würde. Was hatte der im Gepäckwagen einer Rebellion zu suchen? Noch seltsamer war, daß er nicht der einzige Schläger im Wagen war. Während ich Rattengesichts Würfen und Abfälschern hinterherlief und den Ball aus düsteren, unbeleuchteten Ecken hervorholte, fand ich nicht nur weitere Schläger, sondern ganze Sätze von Kricketausrüstungen: Schutzeinlagen, Handschuhe, Lendenschützer, Schuhe mit Stollen, sogar Kappen.

Nachdenken fiel nicht leicht in dem Lärm des fahrenden Zuges, der von den Klagen eines Maultieres noch verschlimmert wurde, aber schließlich löste ich das Rätsel. Gestern war der vom Gouverneur bestimmte Tag des Kricketspiels zwischen der Muslim-University von Aligarh und der Hindu-University von Benares gewesen. Dieses Spiel war ausgefallen. Das wußte ich, weil ich die Explosion gesehen und gespürt hatte, durch die das Gleis zerstört und die Mannschaft aus Aligarh daran gehindert worden war, rechtzeitig zum Spiel in Lucknow einzutreffen. Jetzt war ich noch einen Schritt weiter: Ich fuhr tatsächlich in dem Zug, der gestern am frühen Morgen die Benares-Elf nach Lucknow hätte bringen sollen. Nur war er von Rattengesicht und seinen Patrioten entführt worden.

Ich fragte mich, was aus der Mannschaft geworden war. Nervös erkundigte ich mich bei ihm nach dem Schicksal der Kricketspieler.

Was mit der Mannschaft passiert ist, wiederholte er geistesabwesend. Nichts. Wir haben da ein großes Spiel verpaßt, aber wir haben beschlossen, daß der indische Befreiungskampf wichtiger ist als interuniversitäres Kricket.

Da hatte ich die Lösung. Die Rebellen hatten der Kricketmannschaft nichts angetan, weil die Kricketmannschaft die Vorhut der Rebellenschar war. Chaubey, ihr Anführer, war auch ihr Kricketkapitän und außerdem ihr erster Werfer. Es war Chaubey gewesen, der den Wachtmann und den Lokführer mit dem spitzen Ende eines Kricketstabes bedroht hatte, um den Zug zu entführen.

Die Mannschaft hatte nie vorgehabt, Lucknow zu erreichen und dort zu spielen. Alles, sagte Rattengesicht selbstgefällig, war vorher eingefädelt worden.

Die Mannschaft hatte gar nicht vorgehabt ... Ich dachte an Masroors selbstmörderische Entschlossenheit, das Spiel zu verhindern; an Bhukay und Bihari, die durch die Explosion auf dem Gleis vielleicht verstümmelt oder getötet worden waren; an Ammi und Asharfi, die sich wie Flüchtlinge in ihrer eigenen Stadt versteckten; an mich, wie ich nach Osten in die Arme dieser verrückten Rebellion geflohen war. Und all das unnötigerweise, zwecklos, ohne irgendeinen Grund, weil die Benares-Mannschaft sowieso nicht gekommen wäre.

Die Sinnlosigkeit von all dem machte mich derart wütend, daß ich mich vergaß und den Ball mit aller Wucht auf das unvorbereitete Rattengesicht schleuderte. Ich traf ihn, und zwar nicht irgendwo, sondern unzweideutig in die Eier. Das legte ihn um. Zu meinem Glück erreichten wir bald danach unser Ziel, so daß er, als er seinen Unterleib wieder unbehütet lassen konnte, alle Hände voll damit zu tun hatte, den Aufstand auszuladen.

Wir hatten an einer winzigen Station gehalten, die aus einem Wassertank auf Stelzen und einem Schild bestand. Der ursprüngliche Name war von Chaubeys Vorhut übermalt worden, und jetzt verkündeten einen halben Meter hohe schwarze Buchstaben auf orangefarbenem Grund »Azad Hind«.

Auf dem einzigen Bahnsteig der Station stand ein Elefant, und außer ihm waren da noch sechs Pferde. Draußen waren vier Büffel an einen Karren angejocht worden, der das Belagerungswerkzeug der Rebellen trug, einen Rammbock. Die Kundschaftertruppe hatte ihre Aufgabe, die Rebellion mobil zu machen, offensichtlich besser gelöst. Es war ihnen auch gelungen, die soziale Basis des Aufstandes zu erweitern – in der Menge, die uns begrüßte, als wir aus dem Zug stiegen, gab es echte Bauern. Sie trugen Dhotis, Schultertücher und Turbane. Es war schwer zu sagen, ob sie sich aus Überzeugung oder aus Neugier angeschlossen hatten, und es war mir eigentlich egal. Ich schnallte mechanisch meine Thermosflasche fest und ließ die Triumph sachte eine provisorische Rampe auf den Bahnsteig hinunter.

Überall lag Scheiße herum. Es waren die Tiere, vor allem der Elefant, der alles aus einer so großen Höhe fallenließ, daß um den Haufen in der Mitte ein pointillistischer Glorienschein spritzte. Das Vorderrad der Triumph grub Täler mit deutlichen Reifenprofilen in die festeren der Hügel.

Bose Madam verließ eilig die Station, während sie sich mit der einen Hand ein Ende ihres Saris vor die Nase hielt und mit der anderen den Saum und die Falten hochraffte. Einige Minuten später stieß der Rest der Truppe zu uns auf dem kleinen Platz vor dem Bahnhofstor. Wir waren jetzt sechzig oder siebzig, die Tiere nicht mitgezählt. Als alle ruhig geworden waren, trat Chaubey vor, um das weitere Vorgehen zu erläutern. Sein Gesicht war angespannt und ernst – dies war kein Picknick mehr.

Unser Ziel, so informierte er uns, war der Polizeiposten in Madhuban, etwa fünfzehn Kilometer nördlich. Der Kundschaftertrupp hatte die Information erhalten, daß er schwach besetzt sei: nur fünfzig Polizisten und Chowkidars, die von einem Unterinspektor angeführt wurden und nur über zehn Gewehre verfügten. Es bestand keine unmittelbare Gefahr, daß sie Verstärkung bekommen könnten, weil die Regenfälle die Gorakhpur Road, die dorthin führte, fortgespült hatten. Nachschub per Bahn war auch unwahrscheinlich, weil die Bahnhöfe in Kidihdapur und Bilthara Road wie auch der in Ghosi erobert worden waren und jetzt von den Nationalisten kontrolliert wurden.

Chaubey brach ab, als der Führer des Kundschaftertrupps zu ihm trat und ihm etwas ins Ohr flüsterte. Er sah verdutzt drein, räusperte sich und sagte, was Ghosi, den letztgenannten Bahnhof, betreffe, so seien wir die Nationalisten, die ihn kontrollierten: Azad Hind habe vor der Befreiung Ghosi geheißen.

Ungeachtet der unwahrscheinlichen Verstärkung ging es darum, so schnell wie möglich nach Madhuban zu kommen – drei Uhr nachmittags war der von Chaubey festgesetzte Zeitpunkt. Es war bereits Viertel vor zwei, und so wurde die Menge zu einer krummen Schlange angeordnet, und der Treck begann. Ich führte die Prozession an, weil ich die Ehre hatte, die Anführer chauffieren zu dürfen. Meine Passagiere waren dieselben wie auf der vorherigen Fahrt von Azamgarh zum Bahnhof, nur die Sitzordnung hatte sich geändert: Bose Madam saß nach ihrem unerfreulichen Beiwagenerlebnis auf dem Sozius, und statt dessen nahm Chaubey das Risiko bodennaher Übelkeit auf sich.

Rattengesicht gefiel das Arrangement überhaupt nicht. Er wollte Bose Madam neben sich auf dem Elefanten haben. Statt eines Howdah, eines Sitzgestells, hatten sie dem Elefanten ein kleines umgedrehtes Kinderbett auf den Rücken gebunden, so daß die Beine in die Luft ragten. Näher würde Rattengesicht der Erfüllung seines Wunsches, ein Bett mit Bose Madam zu teilen, nie wieder kommen. Chaubey legte gegen den Vorschlag sein Veto ein, weil ihr vom schwankenden Gang des Elefanten wahrscheinlich übel werden würde. Obwohl ich überhaupt nichts dafür konnte, warf mir Rattengesicht einen schockierend haßerfüllten Blick zu.

Eine Viertelstunde nach Aufbruch war allen klar, daß wir nie und nimmer um drei in Madhuban sein würden. Das hatte auch was mit der aufgewühlten Schotterstraße zu tun, aber hauptsächlich damit, daß wir sechzig Revolutionäre uns trotz Chaubeys tapferer Worte nicht sicher waren, ob wir es mit fünfzig Lakaien der Briten aufnehmen wollten. Das Zahlenverhältnis kam uns nicht günstig genug vor. Es war also schon fast drei, als wir Rampur erreichten, aber danach kam Schwung in unsere Expedition, weil es in Rampur ermutigend offenkundig wurde, daß wir nicht allein waren. Die Belagerung von Madhuban war, wie wir entdeckten, kein Plan, den ein paar Collegejungs ausgeheckt hatten – es war im Moment die beliebteste Freizeitbeschäftigung in der Gegend. In Rampur wimmelte es von Menschen, die entschlossen waren, Madhuban anzugreifen, sie waren nur von der Versuchung abgelenkt worden, Rampurs Postamt und dann seine verlassene Polizeistation niederzubrennen. Sie war verlassen, weil die bewaffneten Wachen von dem belagerten Inspektor nach Madhuban beordert worden waren. Diese Verstärkung fiel nicht sehr ins Gewicht, denn während sich die Polizisten in den dunklen Stunden des frühen Morgens davonmachten, hatten sie ihre Waffen vergessen und waren nur in ihren Interimsuniformen losgezogen.

Es war eine tausendköpfige Menge, die Rampurs Polizeiposten, in einer Art Generalprobe für die richtige Vorstellung in Madhuban, brennen sah. Dann gruppierten sich die anwesenden Beobachter, ohne daß es ihnen jemand befohlen hätte, zu einem Heer und marschierten in Richtung Fatehpur los, der letzten größeren Siedlung vor Madhuban. Das Universitätskontingent bildete jetzt die Nachhut, erleichtert, von seiner Vorreiterrolle befreit zu sein. Auf dem Motorrad langsam hinter ihnen her tuckernd, fiel es mir schwer, von dem Schauspiel unbeeindruckt zu bleiben. Die Prozession war hauptsächlich mit Lathis und Lanzen bewaffnet, aber es gab auch Sägen und Spaten, Hämmer und Pflugschare: Es war ein stachliger Dschungel in Bewegung.

Um Viertel vor vier erreichten wir Fatehpur, wo das Postamt routinemäßig für die Verbrennung vorbereitet wurde und Chaubey es schaffte, mit seinem Amtskollegen unter den Bauern zusammenzutreffen. Als die Akten des Postamts aufgestapelt waren, näherte sich ein mittelgroßer Mann in einem Dhoti und einer Feldmütze unserem Elefanten, begleitet von einigen anderen Männern, und lud Rattengesicht, in dem er unseren Anführer vermutete, ein, offiziell den Scheiterhaufen zu entzünden. Chaubey intervenierte, um das Mißverständnis richtigzustellen, und der Fremde stellte sich vor: Er hieß Tojo.

Die Situation klärte sich, nachdem Chaubey mit der ganzen Würde eines Ehrengastes, der ein Band durchschneidet, Feuer an den Haufen gelegt hatte. In dem nachfolgenden kleinen Gipfeltreffen stellte sich heraus, daß Tojo Schneider in Malaya gewesen war, bevor die japanische Besetzung ihn gezwungen hatte, in die indische Region zurückzukehren, wo er aufgewachsen war. Sein richtiger Name war Ramlakhan, aber nachdem die Japaner Malaya überrannt hatten, nannte er sich Tojo, ein guter Name für den Kampf gegen die Briten. Ramlakhan Tojo.

Tojo hatte eine Bitte: Er wollte gerne im Beiwagen fahren. Chaubey stimmte sofort zu. Er rief zu Rattengesicht hoch, er solle den Elefanten herunterlassen und Bose Madam und mich an Bord nehmen. Tojo wurde mit allergrößter Förmlichkeit in den Beiwagen geleitet, und Chaubey übernahm den Fahrersitz. Chaubey war begeistert: Diese eine Umbesetzung stellte ihn auf die gleiche Ebene mit einem authentischen plebejischen Führer und an die Spitze wirklicher Bauern, den fleischgewordenen indischen Massen.

Als das Postamt gut brannte, zog die Rebellenarmee zu ihrer letzten Etappe nach Madhuban los, das jetzt nur noch drei Kilometer entfernt lag. Die Prozession vor uns war ein herrlicher Anblick: fast ein halber Kilometer unterschiedlich bewaffneter Männer zwischen uns und irgendwelchen Gefahren.

Es war halb fünf, als wir endlich Madhuban erreichten, wo keine Menschenseele zu sehen war. Den Polizeiposten konnte man schon von weitem erkennen, weil er sich auf völlig ebenem, kahlem Gelände befand, ohne irgendwelche Bäume, die uns die Sicht versperrten. Nördlich und nordöstlich von ihm gab es ein paar Häuser, aber abgesehen davon unterbrach nichts die vollständige Flachheit der Gegend. Wir rückten so weit vor, bis die Spitze unserer ausgefransten Kolonne zweihundert Meter von der Umfassungsmauer entfernt war. Dann hielt sie an und gruppierte sich um. Die beruhigende Länge der Kolonne schmolz dahin, als alles sich an diese unsichtbare Grenze drängte.

Nach einer Viertelstunde waren die Rebellen in einer unordentlichen Linie parallel zur nördlichen Mauer des Polizeipostens aufgereiht. Wir befanden uns immer noch ein gutes Stück weiter hinten, aber dem wahrscheinlichen Kampfschauplatz sehr viel näher. Rattengesicht ließ die beiläufige Bemerkung fallen, daß die Reichweite einer Polizeimuskete weniger als hundertfünfzig Meter betrage, aber er hielt das umgedrehte Bett so fest umklammert, daß die Knöchel seiner zitternden Hand ganz weiß waren.

Aus der Entfernung betrachtet, bestand der Polizeiposten aus niedrigen, gelben Gebäuden, die in einem großen Hof lagen, der nach Westen, Süden und Osten durch hohe Mauern verteidigt wurde, und durch eine niedrigere im Norden, wo wir standen, in deren Mitte ein abblätterndes Holztor eingelassen war. Das Tor war nicht für eine Belagerung gedacht. Weder der Eingang noch die Mauern hatten Schießscharten, und dank der niedrigen Mauer und meiner erhöhten Position auf dem Elefantenrücken konnte ich sehen, daß die meisten Verteidiger ohne jegliche Deckung auskommen mußten. Es waren insgesamt fünfzig – wir waren zwanzig zu eins in der Überzahl.

Die Belagerung und die Stürmung verliefen völlig anders, als ich erwartet hatte. Ich hatte mir vage einen unablässigen Ansturm vorgestellt, einen ununterbrochenen Schlachtenlärm, ein blutiges Gedränge, bis die Schlacht gewonnen war. Tatsächlich entfaltete sich der Kampf auf eine seltsam förmliche, ungleichmäßige Art und Weise, wie bei alten Theaterstücken, bei denen während eines Szenenwechsels Stille herrschte.

Es begann mit Verhandlungen. Tojo kletterte aus dem Beiwagen und rief mit einem improvisierten Lautsprecher die Garnison auf, sich zu ergeben. Sie seien nicht gekommen, um gegen ihre indischen Brüder zu kämpfen, dröhnte er. Swaraj, Selbstherrschaft, sei errungen worden, Unabhängigkeit stehe kurz bevor, sie wollten lediglich die Trikolore vom Dach des Thana, der Polizeistation, wehen lassen und den Union Jack verbrennen.

Die andere Seite schwieg. Und so gingen Tojo und Chaubey mit bemerkenswertem oder tollkühnem Selbstvertrauen und mit erhobenen, nach außen gekehrten Händen auf das Tor zu: Sie waren als Friedensstifter gekommen. Fünf Meter vor dem Tor blieben sie stehen, und Tojo rief irgendwas, was ich nicht verstand. Eine Minute später gingen die Türen des Haupteingangs einen Spalt weit auf, und ein Mann in Jodhpurs und einem losen weißen Hemd erschien, begleitet von einem uniformierten Polizisten, wahrscheinlich dem Inspektor. Die Verhandlungen dauerten keine halbe Minute. Der Engländer und der Inspektor zogen sich in den Hof zurück, und die Türen wurden fest hinter ihnen zugeschlagen. Von unserem Standort aus hörte ich den fernen Knall.

Jemand brachte die Meldung: Die Bestürmung würde jetzt beginnen. Tojo hatte halb eine Kapitulation erwartet, aber dazu war es wegen der unerwarteten Anwesenheit von Niblick nicht gekommen. Niblick war der District Magistrate von Azamgarh, der Verwaltungschef der Region, ihr Allergrößter, ihr König. Er bereiste gerade die Provinz der Unruhen, und gestern nacht hatte er von der Belagerung Wind bekommen und war von Dohrighat nach Madhuban geeilt. Er wollte nicht auf die Argumente hören. Es herrschte Krieg.

Aber nicht sofort. Tojo und Chaubey kehrten zur Truppe zurück. Tojo hob die Hände, um sich Gehör zu verschaffen, und alles verstummte. Von meinem Posten auf dem Elefanten sah ich ihn dann in die Luft boxen, und in meinen Ohren hallten die Stimmen eines Sprechchors wider: I-N-Q-I-L-A-B Z-I-N-D-A-B-A-D! Es lebe die

Revolution! Und noch mal. Und noch mal, bis sogar unser Elefant den Kopf schüttelte und trompetete. Darauf Stille – und dann begann der Kampf. Aber noch kein Frontalangriff. Zuerst sollten die Belagerten durch Beschuß mürbe gemacht werden. Wir beobachteten, wie eine Gruppe Männer sich auf fünfzig Meter näherte, mit faustgroßen Steinen in ihren Dhotis. Sie legten sie auf den Boden und begannen dann gemeinsam, sie loszufeuern. Einige hatten richtige Schleudern, andere entfernten ihre Dhotis und improvisierten Steinschleudern, aber wie sie es auch anstellten, die Steine flogen unglaublich weit.

In den ersten zwei Minuten trafen fast sechs von ihnen Niblick. Auf dem Elefanten sitzend, konnte ich sehen, wie er seine Männer um sich scharte und getroffen wurde. Aber er war nicht ernstlich verletzt. Es war einfach Pech für ihn, daß er getroffen wurde, denn die Männer, die die Steine schleuderten, waren zu Fuß und konnten nicht, wie ich, über die Hofmauer hinübersehen und auf ihn zielen. Die in exponierten Stellungen postierten Polizisten waren viel schlechter dran. Ein Mann auf einer Leiter beim Brunnen hatte Kopf und Schulter über die Mauer gestreckt, als er mit seiner Muskete zielte, und er wurde ins Auge getroffen. Er schlug sich mit einer Hand gegen das Auge und fiel, vom Schlag aus dem Gleichgewicht gebracht, seitlich von der Leiter in den Brunnen. Es gab weitere ähnliche Verluste, und der Anblick verwundeter Posten, die plötzlich wegtauchten, wirkte Wunder für die Kampfmoral der Rebellen. Die Verteidiger hatten noch keinen einzigen Schuß abgefeuert. Es ging das Gerücht, daß sie kaum zwei Runden Munition für jedes Gewehr hatten. Das Steinbombardement dauerte eine Viertelstunde an und hörte dann auf. Das war das Ende der ersten Episode der Belagerung.

Der nächste Zug war Chaubeys Idee, die jedoch zu großer Selbstsicherheit entsprang. Nach einer Konferenz mit Tojo gab er den Befehl, den Rammbock zu entladen. Und so wurde der Büffelkarren geholt, und der Rammbock, der im Grunde nur ein kleiner Baumstamm war, dessen Äste man abgesägt hatte, wurde in Stellung gebracht. Außer den acht Leuten, die erforderlich waren, ihn zu tragen, stellte sich dahinter eine Reihe von etwa zwanzig Mann auf, und Tojo ordnete die Wiederaufnahme des Bombardements an. Das hatte offenkundig den Zweck, Deckungsfeuer zu geben, während die Rammbockbrigade das Tor aufbrach, wonach dann die anderen hinter ihnen hineinstürmen und durch ihre schiere Überzahl die Verteidiger im Nahkampf überwältigen sollten.

Es kam anders. Alles ging gut, bis der Rammbock etwa hundert Schritte vom Tor entfernt war. Wegen der Steine blieben die Verteidiger hinter der Mauer, es gab also keinen Gegenangriff. Dann teilten sich plötzlich die Flügel des zum Ziel auserkorenen Tores, Niblick erschien in der Öffnung und erschoß, seitlich wie auf einem Schießstand stehend, die ersten beiden Rammbockträger aus nächster Nähe. Dann gingen die Türen wieder zu. Seiner vier führenden Hände beraubt, rammte sich der Rammbock in den Boden, worauf er sogleich von allen verlassen wurde, außer von den Toten und einem Pechvogel in der Mitte, der sich die Beine unter dem Baumstamm einklemmte, als er zu Boden fiel. Aber nicht alle kamen davon: Drei Männer fielen auf der Flucht, ob aus Angst, Selbstschutz oder von Kugeln getroffen, war unmöglich festzustellen.

Auf weitere Frontalangriffe wurde vorerst verzichtet. Tojo leitete ein Täuschungsmanöver ein. Ein Kontingent von etwa hundert Mann, von Tojo persönlich angeführt, um seine Angriffsabsicht glaubhaft zu machen, bewegte sich zur Ostmauer des Polizeipostens, blieb aber außerhalb der Reichweite der Polizeimusketen. Währenddessen begann die Hauptstreitmacht als zusätzliche Ablenkung wieder mit Steinewerfen. Getarnt durch diese konkurrierenden Täuschungsmanöver, sprintete ein kleiner Trupp zur nordwestlichen Ecke der Mauer, die von einem Polizisten bewacht wurde, der dort auf dem schrägen Blechdach eines der Quartiere postiert war. Aber er blickte nach Osten zu Tojo und seinen Männern, es war also ein Leichtes für den Anführer des Sturmtrupps, eine Seite dieser fünf Meter hohen Mauer zu erklimmen und den Mann mit einem Speer zu durchbohren. Ein großes Jubelgebrüll ertönte aus unseren Reihen, als der Polizist zusammenbrach und vom Dach auf den Hof hinunterstürzte. Damit wurde der Sache der Rebellen jedoch ein schlechter Dienst erwiesen, weil der Lärm den Inspektor auf die akute Gefahr aufmerksam machte. Er zielte sorgfältig und schoß dem Angreifer ins Gesicht, den es in die Luft hob und über die Hofmauer schleuderte. Dann kletterte der Inspektor auf das freigewordene Blechdach, um die übrigen abzuwehren. Das war nicht mehr nötig: Der spektakuläre Tod ihres Anführers hatte die anderen in die Flucht geschlagen.

Nachdem diese Aktion vereitelt worden war, kehrte Tojo mit seiner Ablenkungsstreitmacht wieder zur Nordseite zurück, und eine Weile lang geschah gar nichts. Währenddessen hatte Rattengesicht auf dem Elefanten ein erfolgreiches Manöver abgeschlossen. Als Bose Madam und ich den Elefanten bestiegen hatten, war ganz vorne auf dem umgedrehten Kinderbett Platz gewesen, und wir hatten uns nebeneinandergesetzt. Inzwischen war es Rattengesicht in seiner Gier nach Bose Madam gelungen, sich zwischen uns zu zwängen. Das bedeutete, daß ich seitlich abgedrängt wurde, so daß meine rechte Schulter zum Polizeiposten zeigte. Ich fiel einzig und allein nur deswegen nicht vom Rand runter, weil ich meine Schenkel um das nächstgelegene Bein des Bettes geschlungen hatte. Es war eine unbequeme Position, so wie meine Beine da über die Flanke des Elefanten baumelten und das hölzerne Bein starr vom Unterleib bis zur Brust gegen mich gepreßt wurde wie eine kühne Erektion. Rattengesicht hatte sich so dazwischengezwängt, daß sein Rücken gegen meinen drückte und seine Brust gegen Bose Madams Seite gepreßt war, selbst als sie sich vorbeugte und die Schlacht mit gierigen Blicken verfolgte.

Der Elefant wiegte sich unablässig hin und her, und Rattengesicht atmete bald schwer in einer Ekstase der Reibung. Ich sagte nichts – es ging mich nichts an. Ich glaube, sie bemerkte nicht einmal, daß sie einen Frotteur an ihrer Seite hatte. Sie befand sich so im Bann des Schauspiels vor ihr, daß sie es wahrscheinlich natürlich fand, daß sich andere zu den Logenplätzen drängten, um die Revolution mitzuerleben. Sie jubelte und klatschte in die Hände und rief und erklärte in ehrfürchtigen, an uns gerichteten Ausrufen, was es für eine Ehre sei, sich mitten im Geschehen zu befinden. Aber natürlich waren wir nicht mitten im Geschehen, wir waren Zuschauer, dem Geschehen vielleicht gefährlich nah, aber trotzdem keine Teilnehmer – wofür ich dankbar war. Wie alle Akademiker kannte Bose Madam nicht den Unterschied zwischen zusehen und tun.

In der großen Arena ging es mit Scharmützeln weiter. Ein Stein- und Schüssebombardement demoralisierte einen Chowkidar, der auf einem Dach in nördlicher Richtung als Spähposten stand, derart, daß er die fünf Meter hohe Mauer hinuntersprang, um ihm zu entkommen. Aber da er nicht in Uniform war, wurde er für einen Rebellen gehalten und von seinen eigenen Leuten erschossen. Unmittelbar darauf führte Chaubey seine Mitstudenten zu einem Sturm auf die Nordmauer an, in die in regelmäßigen Abständen Fenster hineingebrochen waren. Es war ein guter Plan, weil die Garnison sie unmöglich alle einzeln verteidigen konnte, und da die Mauer an mehreren Stellen von Stützpfeilern unterbrochen war, konnte kein einzelner Schütze die gesamte Länge abdecken. Es gelang den Angreifern, einige Fenster aufzubrechen, aber sie kamen nicht an den Eisenstäben vorbei, die sie schützten. Doch die Mühe war nicht völlig umsonst: Sie schafften es, hineinzulangen und mehrere Gegenstände aus einem Raum herauszuangeln, der offenbar eine Art Lager war. Einer davon war ein Überzieher, aber der beste Fund war eine Muskete.

Ihre Beutestücke in der Hand, kehrten sie zur Truppe zurück, gerade rechtzeitig für das krönende Ereignis des Nachmittags, die endgültige Stürmung. Chaubey behauptete später, daß es nie hätte geschehen dürfen, daß der große Frontalangriff zu dem Zeitpunkt unnötig gewesen sei. Angesichts der Überzahl der Rebellen hätten fünf weitere Scharmützel, zehn weitere Verluste den Widerstand der Garnison gebrochen. Vielleicht hatte Chaubey recht, aber späte Erkenntnis vergißt den emotionalen Aufruhr des Augenblicks, sie filtert das Gefühl der Notwendigkeit heraus. In allen Köpfen nagte die Angst vor militärischer Verstärkung, der Übelkeit erregende Gedanke, daß sich ein Konvoi khakifarbener Truppentransporter über die unverteidigte Ebene um uns herum auf die Garnison zu bewegen könnte.

Was nicht heißen soll, daß Tojo, der den Sturm anführte, ihn geplant hatte. Nach zwei Stunden unentschlossenen Manövrierens war er mit seiner Weisheit am Ende, da kehrten Chaubeys Leute mit ihren Trophäen zurück. Außer dem Überzieher und der Muskete gab es noch eine Taschenlampe, ein Offiziersstöckchen, einen Emaillekrug mit Rasiermesser und Rasierpinsel und eines der üblichen gerahmten Farbporträts von König Georg VI. Mit einigem Zeremoniell führte Chaubey die ersten Beutestücke dieses Krieges dem ratlosen Tojo vor, der geistesabwesend den Überzieher anprobierte, das Rasiermesser abzog, den Pinsel befühlte, sich das Stöckchen gegen das Bein klatschte, die Muskete schulterte, die Taschenlampe aufblitzen ließ, aber schließlich nur das Porträt von König Georg haben wollte.

Wir sahen bestürzt zu, wie er das Bild hoch über den Kopf hielt und mit schnellen Schritten auf das Haupttor des Thana zueilte. Als er keine fünfzig Meter mehr entfernt war, blieb er stehen. Es war ein Wunder, daß er überhaupt so weit kam, ohne erschossen zu werden. Vielleicht dachten sie, er trage das Porträt als ein Zeichen reuevoller Vasallentreue. Das war nicht der Fall.

Dreckskerle, brüllte er den versteckten Veteidigern zu, um ihre Aufmerksamkeit zu erregen. Dreckskerle, Schakale, versteckt euch wie Weiber … Kommt raus, ihr Dreckskerle, kommt raus und kämpft, Eunuchen … Kommt und rettet euren König!

Dann schmetterte er das Bild auf den Boden. Er legte seine ganze Kraft hinein, so daß der Rahmen wieder hochsprang und Scherben wie Granatsplitter herumflogen. Eunuchen, brüllte er, während er rhythmisch auf König Georgs nach oben gekehrtes Gesicht stampfte, Eunuchen … Eunuchen … Eunuchen … Eunuchen.

Keiner von uns wußte, was seiner Meinung nach die Verteidiger tun sollten, und er selbst vielleicht auch nicht. Es war einer dieser seltenen Augenblicke durchsichtiger Spannung, den keinerlei Erwartung trübt. Tojos Provokation war so absurd, daß alles mögliche hätte passieren können. Aber es passierte nichts. Das Schweigen hinter der Mauer schwebte wie Rauch empor, um sich mit der glotzäugigen Stille in den Rebellenreihen zu verbinden, die Arena war gänzlich verstummt.

Als in dieser vollkommenen Stille Tojo seinen Dhoti hochzog und auf das Bild pißte, hätte ich schwören können, daß ich das Plätschern von Urin auf zerbrochenem Glas hörte. Tojo hatte aufgehört, Beleidigungen auszustoßen, er stand einfach mit gespreizten Beinen da und entleerte sich auf den königlichen Herrscher. Ich sah unwillkürlich zu Bose Madam hinüber: Ihr Gesicht war rosa, und das Ohr, das ich sehen konnte, leuchtete rot, aber ihr Blick blieb fest, und kein einziges Mal wandte sie ihre Augen von der ernüchternden Nacktheit des Kampfes ab.

Und es geschah immer noch nichts. Dann ging Tojo in die Hocke. Meine Nachbarin verlor die Nerven. Sie hielt den Atem an und schloß die Augen. Rattengesicht stöhnte aus diesem oder einem anderen Grund, Chaubey fluchte und sah weg, während der Rest von uns gebannt und entsetzt auf diese karge, schnörkellose Darstellung des nationalistischen Projekts starrte: ein Mann in einem Dhoti, der dabei ist, auf König Georg zu scheißen. Aber er tat es nicht, nicht ganz, weil auf der anderen Seite auch etwas passierte. Zum zweiten Mal an diesem Nachmittag ging das Haupttor auf, und Niblick erschien, den Lauf eines Gewehres entlangzielend, der Racheengel des Empires. Tojo war zu weit gegangen.

Ich schloß die Augen und wartete auf das Ende. Es gab eine Explosion. Als ich die Augen wieder aufmachte, sah ich den Rest von Niblicks Zusammenbruch: Er hielt sich die Hände vors Gesicht. Das Gewehr lag als rauchender Schrotthaufen auf dem Boden – der Verschluß war explodiert.

Während seine Männer ihn hereinzogen und das Tor verriegelten, erhob sich der unverletzte Tojo und ging zu seinem jubelnden Volk zurück. Er schritt wie ein Prophet – bedächtig, als gäbe es hinter ihm kein Lager voller Feinde. Zurückblickend bin ich mir sicher, daß bei diesem Gang die Idee zum großen Sturm geboren wurde.

Er hob die Arme, und das Jubeln verstummte. Sie sind verloren, begann er, mit den angemessenen prophetischen Worten. Sie haben Mauern und Gewehre, wir haben Gott und Gandhi. Ihr habt gesehen, wie nah ich herangegangen bin. Warum bin ich so nah herangegangen? Weil Gandhi Baba zu mir gekommen ist und gesagt hat: Ihre Mauern werden sich in Sand verwandeln, und ihre Waffen werden sich gegen sie richten. Und ihr habt es gesehen! Ihr habt gesehen, daß der rotgesichtige Affe versucht hat, mich zu erschießen, aber das Gewehr hat statt dessen sein Gesicht erschossen.

Sämtliche Gewehrsalven waren durch ein Wunder harmlos gemacht worden. Jetzt gab es keine Notwendigkeit mehr für Täuschungsmanöver, flankierende Attacken oder Taktieren. Mit Glaube und Mut konnten die Mauern und das Tor unverletzt erstürmt, die Polizeistation eingenommen werden!

Einhundert Gläubige folgten Tojo zum ersten direkten Sturm. Nach fünfzig Metern feuerten die Verteidiger ihre erste Salve ab, und das Wunder bewahrheitete sich. Als die Schüsse ertönten, zuckte die Spitze zusammen und blieb stehen, aber niemand fiel. Vielleicht schossen sie daneben oder nach oben, um die Angreifer bloß zu verjagen. Aber für die zuschauenden Rebellen war es ein Zeichen. Als Tojo sie jetzt weiterwinkte, rückten sie vor.

Nicht alle. Die Studenten rückten, bis auf ein oder zwei, nicht vor, obwohl sie die anderen anfeuerten und der anschwellenden Aufregung ihre Stimmen liehen. Und dann verstummten sie, als sie sie sterben sahen. Denn natürlich starben sie. Vom Elefantenrücken aus beobachtete ich, wie Niblick, der einen Verband an sein rechtes Auge preßte, das Töten dirigierte. Diesmal hielt die Garnison ihr Feuer zurück, bis Tojos juchzende Männer weniger als hundert Schritte entfernt waren. Dann schossen sie, ein-, zwei-, dreimal. Die Schlacht um Madhuban wurde in diesen Minuten verloren. Ich weiß nicht, wie viele starben. Mehr als hundert stürzten, aber von diesen waren einige verwundet und einige andere stolperten bloß. Tojo starb, die Hände gegen den Unterleib gepreßt. Irgend jemand hatte seinen König gerächt, indem er unter die Gürtellinie schoß.

Aber der Schuß, der mich Teil des blutigen Schauspiels werden ließ, bei dem ich zugeschaut hatte, der Bose Madam mitten ins Geschehen katapultierte, wurde von unserer Seite abgefeuert, nicht von der anderen. Er kam aus der erbeuteten Muskete. Ich weiß nicht, wer am Abzug war, weil der Schuß hinter uns losgefeuert wurde, und auch nicht, warum es passierte, denn von unserem Standort aus waren die Mauern nicht in Schußweite. Vielleicht war es ein letztes Aufflackern des Trotzes, Solidarität aus der Entfernung mit jenem verrückten Sturmangriff, den man bis dahin so klug vermieden hatte. Was immer auch der Grund gewesen sein mag, das Ergebnis war, daß sich ein Teil der Schrotkugeln, die die Mündung des einfachen Gewehres verließen, in den Hintern unseres Elefanten bohrten.

Der Mahout konnte nichts ausrichten. Angetrieben von diesem magischen Stachelstock galoppierte der Elefant in blinder Raserei zielstrebig auf die Nordmauer des Polizeipostens zu. Bose Madam schrie, als sie durch den fliegenden Start nach hinten geschleudert wurde, Rattengesicht grunzte überrascht, und ich sagte nichts, weil sich das Bein des Bettes tief in meinen Magen grub und mir die Luft abschnitt. Atemlos oder nicht, ich dachte trotzdem daran, zu überprüfen, ob ich meine Thermosflasche noch umgeschnallt hatte. Ich hatte. Inzwischen war der Elefant schon fast auf der fliehenden Infanterie der Rebellen drauf. Einige wichen aus, einige blieben stehen, andere drehten sich um und sahen zu — fragten sich vielleicht, ob sich ihre Seite neu gesammelt hatte. Sie sahen einen verzweifelten Elefanten vorbeigaloppieren und mit dem Kopf in die Mauer krachen, ein Stück rechts neben dem verriegelten Tor. Die Umfassungsmauer wurde an der Kollisionsstelle fast durchbrochen. Backsteine und Mörtel fielen auseinander, der Leib des Tieres hatte sich durch den Aufprall mehr als zur Hälfte in die Mauer hinein geschoben. Nur das Hinterteil befand sich noch auf der anderen Seite, als der Elefant zusammenbrach, benommen von der krachenden Wucht der Kollision. Doch für Rattengesicht und Bose Madam war die Reise noch nicht zu Ende. Sie flogen vom Rücken des Elefanten herunter und folgten dem Mahout in den Kieshof der Polizeistation.

Ich befand mich nur noch deswegen auf dem Elefanten, weil das Holzbein mich da eingeklemmt hatte. Schreiend vor Schmerzen zog ich meine Beine hoch und kletterte auf den Rücken des reglosen Tieres. Ich hatte mich kaum aufgerichtet, als man auf mich schoß. Etwas Heißes und Kaltes streifte meine Schläfe und schleuderte mich hinter die Mauer zurück.

Ich lag dort hilflos auf dem Rücken, so benommen wie der Elefant, als zwei fliehende Rebellen mich hochzogen und in Sicherheit brachten. Es wurde nicht hinter uns hergeschossen. Die Garnison gab sich damit zufrieden, daß die Belagerung beendet war. Ich weiß noch, daß ich Chaubey übergeben wurde, der mich in den Beiwagen der Triumph hob, und das ist das letzte, woran ich mich bei meiner Flucht nach Benares erinnere. Nicht daß ich bewußtlos geworden wäre. Ich war während der ganzen Fahrt bei Bewußtsein, aber ich erinnere mich nur an die Schmerzen, daran und an den seltsam wohltuenden Gedanken, daß Bose Madam jetzt so richtig mitten im Geschehen war.

Proben zu Sita

Es dauerte eine Woche, bevor sich meine Nase an den schweren Geruch von brennenden Hinduleichen gewöhnt hatte. Am Schluß wurde es so normal wie die Luft, die ich atmete. Es war die Luft, die ich atmete. Ich inhalierte täglich das Mehrfache meines Körpergewichts in sich in Rauch auflösendem Fleisch. In der Woche, die meine Verletzung brauchte, um zu heilen, und mein Geruchssinn, um zu sterben, erwarteten mich jeden Morgen beim Aufwachen rasende Kopfschmerzen, ein süßlicher, parfümierter Geruch und das Ebenbild eines mit gewaltigen Muskeln bepackten Primaten an der Wand gegenüber.

Eigentlich war es ein Bild von Hanuman aus einem alten Kalender, aber die Kugel hatte mir auch eine Gehirnerschütterung beschert, und ich konnte erst am Tag, nachdem meine Fäden gezogen wurden, wieder richtig scharf sehen. Mein Schädel war fünf Zentimeter von der Stirnmitte gestreift worden. Die Naht verlief in einer geraden Linie genau dort, wo mein Scheitel gewesen war, bevor ich mich hatte kahl scheren lassen. Wenn mein Haar nachwuchs, würde es ohne Kämmen in zwei ungleiche Teile fallen, getrennt durch einen Streifen toten Gewebes. Wie eine Perücke. Noch benommen vom Schlaf und den Riesendosen Sulfonamid, kicherte ich bei dem Gedanken – nie wieder würden meine Haare echt aussehen, jetzt wo man den zusammengehefteten Scheitel eines Haarteils in meinen Schädel eingenäht hatte.

Der verschwommene Raum meiner Genesung war mit Ausrangiertem möbliert: kaputte Keulen, eine fehlerhafte Hantel, zerrissene Lendenschurze, einzelne Gewichte ... Jedesmal wenn ich von meinem Bett aufstand, reckte es ein Bein in die Luft, wie ein markierender Hund. Es mußte besprungen werden, um wieder vierbeinig zu sein. Aber meine Thermosflasche war noch ganz. Irgend jemand – Chaubey? – hatte sie in eine kleine Nische in der Wand unterm Fenster gestellt. Es war ein kleines

Zimmer, und da die kaputten Dinge den meisten Raum einnahmen, war das Kopfende meines Bettes nur einen guten halben Meter vom ständig geöffneten Fenster entfernt. Das Fenster maß etwa einen Meter im Quadrat, und der Rahmen war mit abblätternder blauer Farbe gesprenkelt. Die Fensterläden, die früher einmal an braunroten, roststeifen Scharnieren gehangen hatten, lagen jetzt auf dem Boden unter meinem Bett.

Durch dieses Loch in der Wand meines Dachkammerkrankenzimmers strömte die Außenwelt herein. Regen prallte von der Fensterbank ab und spritzte mir ins Gesicht, riesige, gurrende Tauben kamen hereingetappt und schossen, Federn und Dreck zurücklassend, wieder hinaus. Stündlich hallten die Wände zahllose Male von dem gleichbleibenden Singsang der Sargträger wider – Ram naam satya hai, Rama ist der Name der Wahrheit –, während sie mit eiligen Schritten einen weiteren Leichnam zum Manikarnika Ghat trugen, weiterer Brennstoff für den Geruch, der mein Zimmer erfüllte.

In dieser ersten Woche, nachdem die schlimmste Schwäche vorüber war, verbrachte ich Stunden am Fenster und sah zu, wie die Leichen vorbeizogen. Von meinem Blickwinkel sah es so aus, als würde eine Prozession von Ein-Mann-Flößen auf einem Fluß von menschlichen Köpfen dahinschwanken. Es war eine belebte Gasse, voller Geschäfte und Betriebsamkeit, aber die kleinen Flöße flossen unbehindert vorbei: Hier hatten die Toten Vorfahrt. Weniger als vier Meter trennten die Gebäude, die sich wie die Wände einer Schlucht zu beiden Seiten der Gasse erhoben. Diese Distanz verringerte sich mit der Höhe, weil die Bauten dieser uralten Durchgangsstraße sanft auf einander zusackten. Das Fenster, das meinem gegenüberlag, zum Beispiel, kann nicht mehr als zwei bis drei Meter entfernt gewesen sein. Um zu verhindern, daß die Häuser sich tatsächlich trafen, waren in unregelmäßigen Abständen dicke Bambusstangen zwischen die sich gegenüberliegenden Fassaden geklemmt worden. Zwei solcher Stützstangen, mit fünfzehn Zentimetern Abstand, begannen zwei Meter unter meinem Fenstersims und endeten knapp unterhalb des entsprechenden Fensters auf der anderen Seite der Gasse. Von meinem Zimmer aus konnte ich den Himmel nicht sehen, nicht einmal wenn ich mich aus dem Fenster hängte und den Kopf verdrehte. Er wurde durch die breit gefächerten Äste eines Baumes verdeckt, der aus dem Dach des Hauses gegenüber wuchs. Seine Blätter filterten sämtliches Sonnenlicht in meinem Zimmer grün. Es war ein Gefühl, als würde man unter Wasser leben.

Abgesehen von der Thermosflasche war meine einzige menschliche Verbindung zur Vergangenheit Chaubey, und er war mir so gut wie fremd. Ich erkannte ihn nicht einmal, als ich nach einem Fieberanfall, bei dem ich fast zwei Tage lang unzusammenhängend vor mich hin gemurmelt hatte, wieder bei klarem Verstand war. Meine Augen registrierten bloß einen glattrasierten Mann mit kurzgeschorenen Haaren und einem geknoteten Büschel, das ihm aus dem Hinterkopf wuchs. Seine Stirn war mit Streifen von Asche angemalt – niemand hätte ihn als den Rebellenführer von Madhuban identifizieren können. Chaubey hatte Wort gehalten und mich nach Benares gebracht. Zuerst hatte er meine Wunde auch selbst behandelt, indem er sie mit einer glühenden Messerklinge ausbrannte. Das half nichts, und so brachte er am dritten Tag, als mein Fieber wieder gesunken war, den einzigen Arzt mit, dem er vertrauen konnte – den Tierarzt, der die dürren Kühe in den Viehställen des Maharadschas behandelte. Er war derjenige, der die Wunde säuberte und mich zusammennähte. Danach sah ich ihn nie wieder. Chaubey entfernte die Fäden.

Die zweite Person, die mich während meiner Genesung besuchte, war Guruji. Er sah aus wie ein Ringer, der sich zur Ruhe gesetzt hat und fett geworden ist. Genau das war er. Er war auch mein Gastgeber. An den Hanteln, Keulen und ähnlichen Gerätschaften hatte ich mir ausgerechnet, daß mein Zimmer Teil einer größeren Einrichtung war, die sich der körperlichen Ertüchtigung widmete. Dann erzählte Chaubey mir, ich würde in der ältesten und angesehensten Ringerakademie von Benares wohnen, dem legendären Pant Ram ka Akhara. Guruji war der zwölfte in der direkten Abstammungslinie von Pant Ram, der die Einrichtung im Jahr 1642, vor dreihundert Jahren, gegründet hatte. Ich glaube, er erzählte mir das alles, um zu betonen, wie privilegiert ich sei, allabendlich vom letzten der Linie besucht zu werden. Um Punkt fünf Uhr erschien er mit einem großen Silberbecher Buttermilch, den ich austrinken mußte. Wir wechselten nie ein Wort, weil dies die Zeit war, wo er seine Abendgebete sagte. Er saß einfach da, zählte seine Perlen ab und bewegte stumm die Lippen, bis ich den Becher leer getrunken hatte. Dann, immer noch die Lippen bewegend, lächelte er und verließ mich wieder.

Binnen zehn Tagen war ich jedoch so gesund, daß ich ohne zu wanken herumlaufen konnte, und während die Narbe auf meinem Stoppelschädel verblaßte, wurde mein Leben weniger einsam. Ohne irgendwelche Anweisungen oder eine Bemerkung, daß ich weit genug genesen sei, wurde ich sanft in einen neuen Tagesablauf gestupst. Um fünf Uhr morgens, als selbst die Durchgangsstraße der Toten unter meinem Fenster still war und man kaum eine Andeutung von Morgendämmerung spüren konnte, fand ich mich im Lotussitz zusammen mit einem Dutzend anderer wieder. Wir saßen in zwei Reihen von sechs oder sieben um den Hof herum, jenseits der Sandgruben, wo der Boden abfiel und unten die Leichen der letzten Nacht einsam auf den Scheiterhaufen des Manikarnika Ghats vor sich hin rauchten. Aber wir sahen nicht dort hinunter. Wir sollten den Blick auf den Horizont jenseits des Flusses gerichtet halten und möglichst nicht blinzeln, bis die ersten Strahlen der Sonne unsere Augen berührten.

Der restliche Tag war mit kleinen Arbeiten ausgefüllt, die Guruji mir auftrug. Meine erste Arbeit bestand darin, seine Paan-Blätter zu lüften. Guruji rollte seine Paans selber. Die zu Bündeln zusammengebundenen Blätter wurden in einem silbernen Kasten aufbewahrt, und es war meine Aufgabe, sie aufzubinden, jedes Blatt zu untersuchen und verfaulte Ecken abzuschnipsen. Das muß ich geschickt und gut ausgeführt haben, denn schon zwei Tage, nachdem ich angefangen hatte, durfte ich die Betelnüsse zerkleinern, die im selben silbernen Kasten lagerten. In der vierten Augustwoche hatte man mir schon den gesamten silbernen Kasten anvertraut, und manchmal, wenn Guruji selber zu beschäftigt war, bat er mich sogar, für ihn Paan zu rollen. Ich fing allmählich an, etwas von der professionellen Befriedigung einer verantwortungsvollen Houri zu verspüren.

Wie die anderen, die, während ich den Paan-Kasten betreute, Keulen schwangen, Liegestützen im Takt machten oder sich in muskulösen Umklammerungen in den Sandgruben wanden, gewöhnte ich mich daran, meine wachen Stunden in einem Lendenschurz zu verbringen. Ich aß, wenn sie aßen, schlief, wenn sie die heißesten Stunden des Nachmittags durchschliefen, betete gemeinsam mit ihnen. Und in der Abenddämmerung saßen wir wieder in zwei Reihen im Lotussitz, um Gurujis täglicher Predigt über die Bedeutung der Enthaltsamkeit und über jenes untergrabende Übel, Masturbation, zu lauschen.

Aber vom Hauptgeschäft des Akhara, der Kultivierung der Muskeln, war ich ausgeschlossen. Auf das Ringen war ich nicht scharf, aber die monotone Routine des Bodybuilding gefiel mir. Ich bat Guruji um die Erlaubnis, mitmachen zu dürfen. Er schüttelte den Kopf und sah dabei so finster drein, daß ich nie mehr wagte, ihn noch einmal zu fragen. Er nannte mir damals keinen Grund, und ich beharrte nicht darauf. Aber ich kam dahinter.

Ich durfte zwar nicht meinen eigenen Körper trainieren, aber ich durfte helfen, die Körper anderer zu trainieren. Ich sollte Körper einölen, und, nach ein paar Einweisungsstunden, Körper massieren. Ich sollte Sandgruben harken, die dann wieder von den Körpern festgetrampelt wurden, die ich eingeölt und massiert hatte. Dann harkte ich wieder die Gruben, lüftete die Blätter, zerhackte die Betelnüsse und sah zu, wie die Körper der anderen narzißtisch, beständig und wohltuend trainiert wurden. Die Ghats füllten und leerten sich, die Ringernovizen kamen und gingen, die Leichen machten ihre Reise ohne Rückfahrkarte zur Endstation. Es war eine Zeit datumslosen Friedens.

Eigentlich waren nur die Tage voller zeitlosem Frieden, die Nächte waren schwieriger. Die Aufregung begann eines Abends – es war gerade um die Zeit, als meine Wunde verheilt war –, nachdem ich die Petroleumlampe in meinem Zimmer gelöscht hatte und ins Bett gegangen war. Eine Weile nach dem Einschlafen (es hätten Stunden sein können), wachte ich durstig auf und bemerkte, daß im Fenster gegenüber das Licht brannte. Das war nichts Bemerkenswertes, weil ich wußte, daß die Wohnung dahinter bewohnt war. Ich hatte hin und wieder gesehen, wie ein kürbisgesichtiger Mann mittleren Alters die meistens geschlossen gehaltenen Fensterläden aufstieß und sie offen ließ, während er eine Zigarette rauchte. Ich kannte ihn sogar in gewisser Weise, weil er manchmal den Akhara besuchte. Er schien eine Art religiöser Amtsträger zu sein, weil er nur safranfarbene Kleidung trug. Und Guruji, der klassischer Gelehrsamkeit sehr viel Bedeutung beimaß, bat ihn oft, ihm für seine täglichen Warnungen vor Sex und Masturbation die Sanskrit-Bestätigung zu liefern. Eines Tages rundete Gyanendra Gurujis Sermon mit einem langen Sanskrit-Vers aus einem post-vedischen Text ab, der die genauen Nährwertentsprechungen eines Teelöffels verspritzten Samens nannte: zehn Seer Butterschmalz, fünfzig Seer geschälte Mandeln oder zwei Maud ungeschälten Reis. Nach der Beschämung auf den lauschenden Gesichtern um mich herum zu urteilen, waren an jenem Tag ganze Getreidespeicher geleert worden.

Aber in jener Nacht war nicht Gyanendra am Fenster, sondern eine Frau. Sie las ein Buch beim Licht einer Lampe, die sich nicht im Bild befand. Die Details waren nebensächlich. Wichtig war, daß sie nicht all ihre Kleidung trug. Sie saß schräg zum Fenster, das Gesicht abgewandt, und bis auf einen Zipfel eines Saris, den sie über ihre linke Schulter geworfen hatte, war ihr Rücken nackt. Das kam mir wie ein so unglaublicher Glücksfall vor, daß ich mich fragte, ob sie überhaupt eine Frau war. Sicher, ihre Haare waren unkonventionell kurz, wenn man bedenkt, daß dies 1942 war – fast ein Bürstenschnitt –, aber dann verlagerte sie ihre Stellung, um das flackernde Licht besser einzufangen, und die zarte Linie ihres Gesichts und ihres Halses im Profil bestätigten mich. Es war schwierig auszumachen in dem dunklen Gelb der Petroleumlampe, aber ich konnte eindeutig eine nackte Schulter sehen. Ich versuchte, mit dem unsicheren Licht und mit meiner Phantasie die zarte Wölbung der Brust unter dem dünnen Sari zu ergänzen, aber sie wurde vollkommen von dem nackten Arm verdeckt, der leicht vorgestreckt war, um das Buch zu halten.

Sie sah wie eine antike indische Frau in einem Hindi-Film aus, – wie die Sita spielende Shobhana Samarth –, in dem für antike indische Details gesorgt wird, indem man Blusen wegläßt. Aber ich wußte, daß dies kein Film war. Es war das Fenster gegenüber, und von ihm eingerahmt saß eine Frau aus Fleisch und Blut. In der vorgeschriebenen Yoga-Art starrte ich ohne zu blinzeln von der Sicherheit meines dunklen Zimmers aus, während mein Puls hämmerte und sich nur ein magischer Gedanke in meinem Kopf drehte: Es war kein Film, und es konnte alles mögliche passieren.

Es passierte gar nichts. Zehn Minuten später legte sie das Buch weg, und dann verschwand sie fast vollständig unterhalb des Fensters, als sie sich hinhockte, um sich mit irgendwas auf dem Boden zu beschäftigen. Es war die Lampe, weil das Bild plötzlich verlöschte und das Lichtquadrat vor mir schwarz wurde.

Danach schaffte ich es nie wieder, eine ganze Nacht durchzuschlafen. Jeden Tag, sowie es dunkel wurde, begann ich meine Nachtwache. Manchmal erschien sie gar nicht. In anderen Nächten blieben die Fensterläden verriegelt. Aber in einer von drei Nächten riß mich das Geräusch vom Anzünden einer Petroleumlampe in den Zustand elektrisierter Wachheit. Die Lampe ging langsam an. In manchen Nächten stand die Frau mitten im Fensterrahmen, während sie Petroleum in die Lampe auf dem Fenstersims pumpte, und wurde allmählich immer wirklicher im stärker werdenden Licht. Es gab Nächte, in denen die Lampe außerhalb des Bildes blieb, wie es in der Nacht der Fall gewesen war, als ich sie zum ersten Mal gesehen hatte. Das waren die besten Zeiten. Ton. Licht. Und dann trat sie auf – von rechts oder von links, oder sie kam hinterm Fenstersims hoch, je nachdem, wo sie die Lampe angezündet hatte. Die schlimmsten Nächte waren die, in denen zwar das Licht anging, aber sie nicht auftrat, wo sie, vielleicht lesend, hinter der Bühne blieb oder sonstwie unsichtbar war.

Da ihre Auftritte kein regelmäßiges Muster aufwiesen, gab es keine nächtliche Stunde, auf die ich meine Körperuhr stellen konnte. Oft blieb ich die ganze Nacht auf, meldete mich dann um fünf Uhr im Übungshof und starrte wieder ohne zu blinzeln, diesmal auf die Sonne. Aber einige Dinge waren berechenbar. Wenn sie sich zeigte, dann las sie entweder, oder sie schrieb etwas in ein kleines Notizbuch. Sie war immer im selben oder einem ähnlichen weißen Sari gekleidet ohne was drunter. Zumindest wiesen Arme, Schultern und Rücken (soweit ich ihn sehen konnte) keine Anzeichen von Ärmeln, Trägern oder genähtem Stoff auf. Und sie war immer schön. In dem aufreizend schattenreichen Lampenlicht und vom Fenster eingerahmt, sah sie wie ein wunderbares Gemälde aus.

Nach einer Woche wußte ich, daß sie auf dem Rücken Narben und Verfärbungen hatte, die wie Blut aussahen, aber wahrscheinlich Mercurochrome waren. Daß sie nicht älter als zwanzig war. Daß niemand das Zimmer mit ihr teilte. Dessen war ich mir fast sicher; fast, weil ich durch das Fenster nicht das ganze Zimmer einsehen konnte. Aber ich hatte sie nie mit jemandem reden hören oder jemand anders mit ihr, und so nahm ich an, daß sie dort alleine wohnte. Das tröstete mich, aber ich durfte natürlich nicht die Zeiten vergessen, als ich Gyanendra tagsüber an ihrem Fenster hatte rauchen sehen. Für mein Seelenheil hoffte ich, daß er in einem Nachbarzimmer wohnte. Auf alle Fälle hatte er irgendwas mit ihr zu tun.

Aber was? Wenn sie seine Mätresse war, warum war er nachts nicht da? Wenn er ihr Zuhälter war, wo waren ihre Freier? Und die einschlägigen Geräusche? Das Knarren und Grunzen, das Schnaufen und Keuchen, das Stöhnen? War er ein Verwandter? Er sah zu alt aus, um ihr Bruder zu sein, und ihr Vater konnte er auch nicht sein und gleichzeitig als Weiser glaubwürdig bleiben, der Enthaltsamkeit und Entsagung predigte.

Dann, eines Morgens, während ich im Lotussitz auf die Sonne wartete, und mein Blick zu den rauchenden Scheiterhaufen schweifte, kam ich drauf. Sie war eine Witwe. Ihre kurzgeschnittenen Haare. Ihr weißer Sari. Ihre Zurückgezogenheit. Benares. Alles zusammengenommen ergab das eines toten Mannes Ehefrau. Und Gyanendra? Vielleicht war er von ihrer Familie gebeten worden, ein Auge auf sie zu haben, ihr zu helfen, ihr den Weg ins Bettlerleben zu erleichtern. Das würde erklären, warum man sie noch nicht zusammen mit anderen Witwen in ein Dharmashala, eine Unterkunft für Pilger, gesteckt hatte. Es würde auch das Fehlen von Unterwäsche erklären. Witwen trugen keine.

Ich erwähnte sie niemandem gegenüber, außer Chaubey, und das erst später, als ich durch Gurujis idiotischen Plan dazu gezwungen wurde. Am Anfang war das Mädchen im Fenster mein Geheimnis.

Zu den Dingen, die ich mit Chaubey gern besprochen hätte, hatte er wiederum wenig zu sagen. Er wollte mir nichts über unseren Rückzug aus Madhuban erzählen und auch nicht, wie wir nach Benares gekommen waren, obwohl ich ihn öfter als einmal danach fragte. Was passiert ist, ist passiert, sagte er kurz und knapp. Die Vergangenheit war vorbei – aber es hatte keinen Rückzug gegeben. Wäre er nach Benares, in die Höhle des Löwen, zurückgekehrt, um einen Verwundeten zu pflegen, wenn er nur den Gedanken an Flucht im Kopf gehabt hätte? Nein, er wäre nach Norden geflohen und in den vor Polizeikontrollen sicheren Bergen untergetaucht, wie es so viele der anderen getan hatten. Er war nicht als Flüchtender in Benares, sondern als ein Mann von Ehre, der sein Wort gegeben hatte. Er hatte mir versprochen, mich sicher nach Benares zu bringen, und das hatte er getan. Noch wichtiger war das Versprechen, das er Guruji gegeben hatte.

Für Guruji war 1942 auch ein großes Jahr, aber aus Gründen, die nichts mit der Rebellion zu tun hatten. Es war das dreihundertjährige Jubiläum des Akhara, und er wollte es so feiern, daß sein Name in Benares genauso zum Begriff wurde wie Pant Rams. In der Ringkampfgeschichte von Benares hatte das Jahr 1642 den Beginn einer Epoche markiert. Seit dem Gründungsjahr des Akhara hatte kein Hunne, Grieche oder Muslim den Benares-Kesari-Titel bei der jährlichen Meisterschaft gewonnen, die unter der Schirmherrschaft des Maharadscha stand und an der jeder bedeutende Akhara in der Stadt teilnahm. Einer ununterbrochenen Reihe von Hindu-Kraftmenschen, alle im Feuer von Pant Rams Akademie geschmiedet und gehärtet, war von einer Folge von Königen der Schal des Siegers umgehängt worden. Pant Rams Akademie hatte im Alleingang die Ente in die Welt gesetzt, daß der Hindu von Benares Paan im Mund habe, Ghee in den Adern und Bhang im Hirn. Mit ihrem heroischen Beispiel hatte sie die Mannhaftigkeit der Männer von Aryavarta wiederhergestellt.

Natürlich errege das Neid, sagte Chaubey traurig. Gehässige Gerüchte hätten versucht, die Leistungen des Akhara zu schmälern. Eines hänge sich zum Beispiel an der Tatsache auf, daß das Akhara direkt über dem Verbrennungs-Ghat liege. Es stimmte, daß man von den Ringkampfgruben und dem Trainingshof einen Blick auf die Scheiterhaufen von Manikarnika hatte, aber aus dieser Tatsache die Theorie zu konstruieren, daß die Ringkämpfer ihre Kraft dadurch bezögen, daß sie auf rituelle Art und Weise die Substanz brennender Toter einatmeten ... Das war niederträchtige Verleumdung. Wenn das stimmte, wären die Priester an den Scheiterhaufen die stärksten Männer der Welt. Und ich wäre King Kong, dachte ich und nickte mitfühlend zu allem, was Chaubey sagte.

Trotz der Flüsterungen neidischer Menschen stand die Leistung des Akhara wie ein Denkmal seines Gründers da. Guruji wollte, daß man sich in gleicher Weise an ihn erinnerte – nur war sein Ehrgeiz größer. Pant Rams Legende hatte eine begrenzte Gefolgschaft von Spezialisten: Ringkämpfer, Bodybuilder und dergleichen. Guruji sah die Nachwelt als ein größeres Publikum: jeder Mann, jede Frau und jedes Kind von Benares, und das für alle Zeit. Nicht daß ihm Ringen mißfiel, er liebte die Kunst seiner Vorfahren, aber wie jeder Künstler pirschte er sich an den breiten Markt heran.

Chaubey war nach Benares zurückgekehrt, um Guruji zu helfen, seinen Namen unsterblich zu machen, und weil er mich mitgebracht hatte, baute Guruji mich in sein Vorhaben ein. Ich war jetzt ein Rädchen in seinem Getriebe, ein kleiner Schnörkel in seinem großen Plan.

Im Rückblick erscheint klar, daß Guruji mir, bald nachdem mich Chaubey verletzt ins Akhara getragen hatte, die Rolle von Sita zudachte. Das erklärte seine Sorge um das Wohlergehen eines Fremden, seine täglichen Runden mit der Buttermilch und später die Tatsache, daß er darauf bestand, daß ich mir die Nägel wachsen ließ und meine Haut, vor allem Brust und Schultern, mit Sahne einrieb, die von der morgendlichen Milch abgeschöpft wurde. Damals dachte ich bloß, er sei homosexuell, was mich nervös machte, wenn er mich besuchte, aber ich hatte keinen Schimmer einer Ahnung, daß er mich zum Star eines epischen Theaterstücks machen wollte.

Eines Morgens gegen Ende August oder in der ersten Septemberwoche – ich hatte den Überblick verloren – kam er dann mit einem Meter Haare in mein Zimmer und bat mich, sie aufzusetzen. Es war eine Perücke. Ich hätte mich weigern oder eine Erklärung verlangen sollen, aber ich war ein Flüchtling im Akhara, und ich lebte dort dank seines Wohlwollens. Also setzte ich sie auf und ließ mich von ihm zu einem Spiegel führen. Es war ein alter Spiegel, angeschlagen und fleckig, aber er war noch funktionstüchtig genug, mir das Bild einer passablen Frau zu zeigen. Guruji fand das auch. Er nickte und machte wortlos das Tipptopp-Zeichen. Dann, während seine Lippen wieder stumm die Perlen herunterbeteten, ging er fort und ließ die Perücke zurück.

Was führte er im Schilde? Wenn er erwartete, daß ich die Haare bei meiner täglichen Arbeit im Akhara auf dem Kopf tragen würde, dann hatte er sich geirrt. Ich würde nicht mit langen Locken muskulöse, kraftstrotzende Jungs massieren. Sie konnten auf falsche Gedanken kommen ... Und sie waren starke, instinktgetriebene Geschöpfe, zu allem fähig.

Zum Glück war es Dienstag, Ruhetag im Akhara, und so schloß ich mich in meinem Zimmer ein und betete, daß Chaubey käme. Er war schon seit fünf Jahren Gurujis Schüler, seit er nach Benares gekommen war, um Geschichte zu studieren. Er würde es wissen. Vielleicht hätte er irgendeine einfache Erklärung dafür.

Chaubey kam um sieben Uhr, als es dunkel war, zum Akhara. Ich hatte Glück, weil er nicht jeden Abend kam. Er hätte im Akhara wohnen können – es gab noch ein Zimmer –, aber nach der Belagerung von Madhuban wurde er gesucht, und Gurujis Einrichtung war ein sehr öffentlicher Ort. Deswegen wohnte er bei einem alten Ringerfreund, der das Ringen aufgegeben hatte und Koch in einem großen Haus am Tulsi Ghat geworden war. Aber er kam gewöhnlich dreimal die Woche vorbei, um mit Guruji zu sprechen, und dieser Abend war zufällig einer dieser Tage.

Guruji war gerade bei seinem Abendgebet, und so konnte ich fast eine halbe Stunde lang allein mit Chaubey reden. Ich erzählte ihm, wie sein Guru versuchte, einen Transvestiten aus mir zu machen. Ich wedelte mit der Perücke als Beweismittel seiner Verderbtheit herum. Doch Chaubey schien das alles nicht im geringsten zu schockieren.

Ich weiß, ich weiß, sagte er. Er habe es die ganzen letzten Wochen gewußt, seit dem zweiten oder dritten Tag nach unserer Ankunft in Benares.

Was gewußt?

Daß Guruji mich dafür eingeplant habe, Sita zu spielen.

Sita?

Sita. Die Frau von Rama in der Produktion des Ramlila, die vom Akhara vorbereitet werden solle und für das Dussehra-Fest im nächsten Jahr vorgesehen sei. Guruji hat vorgehabt, frühzeitig mit den Proben zu beginnen, sagte Chaubey beiläufig, aber er hat sie verschoben, um dir Zeit zu geben, dich zu erholen.

Ich saß völlig benommen da und fragte mich hysterisch, ob ich ihm für seine Rücksicht noch dankbar sein mußte. Eine Frage über die Perücke hatte mir Antwort auf alles beschert: Wieso Chaubey nach dem Fiasko in Madhuban nach Benares zurückgekehrt war, wieso ich, ein Zuschauer, im Mittelpunkt dieser Geschichte stand statt am Rand, auf welche Weise Guruji sich vorgenommen hatte, unsterblich zu werden . . .

Seitdem er die Nachfolge als Leiter des Akhara angetreten hatte, war Guruji auf der Suche nach einer Möglichkeit gewesen, das dreihundertjährige Jubiläum denkwürdig zu gestalten und seine Amtszeit als Guru, sein Verwalteramt, unvergeßlich zu machen. Aber womit? Auf dem Gebiet des Ringens war nicht noch mehr zu erreichen, nur weiterhin das gleiche. Oder Guruji hätte weiterblicken müssen, auf die Welt jenseits von Benares, aber darum ging es ihm nicht. Er wollte von Menschen in Erinnerung behalten werden, die für ihn zählten.

Vor drei Jahren dann, in dem Jahr, als der Krieg begann, war es ihm plötzlich eines Morgens gekommen, während er in einer flachen Wanne saß und seine Gliedmaßen mit Milch spülte. Er würde das größte Ramlila aufführen, das Benares jemals gesehen hatte! Er hätte schon viel früher drauf kommen müssen! Es war der direkteste Weg ins Herz eines jeden Benaresi, das ideale Vehikel für populären, anhaltenden Ruhm. Jedes Kind kannte die Geschichte von Rama, dem leibhaftigen Gott, König Dashraths Sohn und Sitas Ehemann, der Lanka über eine nicht mehr existierende Landzunge erobert hatte. Jeder kannte seinen Heerführer in diesem Feldzug, Hanuman, den Sohn des Windes, der, in seiner Eigenschaft als Schutzpatron aller zölibatären Kraftmänner, eingerahmt an den Wänden jedes Akhara hing. Er hätte wirklich früher drauf kommen können.

Es war nicht nur die bekannteste Geschichte – in der Welt, die für ihn zählte –, es war auch das größte Theaterereignis im Kalender von Benares. Zehn Tage lang jedes Jahr entfaltete sich das Epos an beiden Ufern des Ganges, von Ramnagar bis Benares. Zehn Tage lang sah die ganze Stadt zu, bis der vom Himmel unterstützte Rama jenen zehnköpfigen Herausforderer, Ravana, besiegt hatte, dessen Ebenbild dann, zusammen mit dem seiner Brüder, verbrannt wurde. Zwölf Meter personifiziertes Böses, vollgestopft mit Knallkörpern.

Am Anfang, als Guruji die Idee zur Diskussion stellte, waren die anderen skeptisch. Selbst Chaubey war nicht überzeugt. Benares hatte schon ein Ramlila, das unter der Schirmherrschaft von Seiner Hoheit persönlich, dem Maharadscha von Benares, stand. Die meisten Städte hatten mehr als ein Ramlila, aber in Benares betrachtete man die Version des Maharadschas als endgültig, und so hatte sich seit über hundert Jahren niemand mehr darüber Gedanken gemacht. Es war sinnlos, es jetzt zu tun, sagten Gurujis Freunde – niemand würde kommen.

Aber Guruji war vom Gegenteil überzeugt. Es würden alle hingehen, weil dies hier nicht bloß ein weiteres Ramlila wäre. Seine Produktion würde neue Maßstäbe für die Aufführungspraxis setzen. Sie würde für das Ramlila das leisten, was der Ton für den Film geleistet hatte.

Die Benaresi sahen sich das Ramlila des Maharadschas aus Gewohnheit an, argumentierte er. Sie sahen es sich an, weil es nichts anderes gab. Aus welchem Grund sollten sich Leute ein Stück ansehen, in dem Kriegerkönige von weichlichen Männern mit Dutt gespielt wurden? Wo Hanuman, der einen Berg mit einem Arm hochgehoben hatte, von einem Degenerierten dargestellt wurde, der nicht einmal eine Keule schultern konnte. Bei unserem Ramlila, sagte Guruji zu Chaubey, ist keine Affenmaske erforderlich, damit das Publikum Hanuman erkennt – man wird ihn an seinen Muskeln erkennen. Er überzeugte Chaubey, daß der Akhara das passende Ensemble für ein authentisches, lebendiges Ramlila war.

Und wer hatte außerdem in der modernen Betriebsamkeit von 1942 die Zeit, einem Theaterstück zu folgen, das länger als eine Woche dauerte, das sich gar wie das Ramlila des Maharadschas über zehn Tage erstreckte? Anstatt eine Aufführung über zehn Tage auszudehnen, würde der Akhara zehn Aufführungen geben, eine pro Tag. Er würde das Ramayana zu einem sechsstündigen Spektakel komprimieren, das mittags begann und zum Abendessen endete und bei dem alle langweiligen Teile weggelassen würden. Gurujis Produktion des Akhara würde die Stärke des Akhara ausnutzen, nämlich Stärke. Richtige Schlacht-szenen, Zweikämpfe von Hanuman und Sugriva, samt Würfen und Schleudergriffen, und einer Abschlußschlacht, bei der Freistil erlaubt wäre. Außerdem würden die Figuren vernünftig reden. Nicht in Versen. Kämpfende Männer redeten nicht in Reimpaaren.

Guruji wollte es am Tulsi Ghat im Freien aufführen, wo manchmal politische Kundgebungen abgehalten wurden. Bevor das Dussehra nächstes Jahr zu Ende ist, prophezeite er, werden die Bewohner von Benares auf die Bäume klettern, um einen Blick auf unser Ramlila zu werfen, weil es auf dem Boden keinen Platz mehr geben wird.

Ich glaube ihm, sagte Chaubey, der mit dem Rücken zum Fenster meines kleinen Zimmers saß. Deswegen bin ich nach Benares zurück-gekommen. Im Januar, lange vor dieser »Quit India«-Geschichte, hatte ich ihm versprochen, daß ich Hanumanji spielen würde. Das war auch der Grund, warum ich nicht wie die anderen in die Berge fliehen konnte, als die Bewegung zusammenbrach.

Und die Polizei, fragte ich.

Chaubey zuckte die Achseln. Es besteht eigentlich kein Risiko. In ei-nem Jahr wird mich die Polizei vergessen haben. Außerdem werde ich bei den Aufführungen eine Schnauze tragen – es wird mich niemand erkennen. Ich hab Glück, daß Guruji mir nicht die Rolle des Rama gegeben hat, sagte er und grinste.

Ich kam zur ursprünglichen Frage zurück – die Sache mit dem me-terlangen Haar. Warum sollte ich Sita spielen?

Weil ich schlank, zart und fast bartlos sei, klärte Chaubey mich auf. Und weil ich glatte Schultern hätte, ohne Haarzotteln drauf. Schultern waren entscheidend, da die Frauen des epischen Zeitalters keine Blusen trugen.

Ich verstand immer noch nicht. Wieso ich? Schlank, zart oder nicht, ich war trotzdem noch ein Mann. Es gab eine Welt voller Frauen mit zarteren Körpern, glatteren Schultern und einem weniger stoppeligen Kinn als meinem. Wenn Ringkämpfer Rama und Hanuman spielten, damit Männer Männer sein konnten, war es dann nicht logisch, daß Sita eine Frau sein sollte? Und war nicht die Tradition, nach der Sita von männlichen Darstellern gespielt wurde, der Hauptgrund für die geringe Glaubwürdigkeit des Ramlila alten Stils?

So spontan geäußert war es ein gutes Argument, und ich brachte es gut an. Chaubey stimmte mir zu. Anscheinend stimmte Guruji mir auch zu. Er wollte auch, daß eine Frau samt Busen, Hüften und melodischer Stimme die Sita spielte, aber keine achtbare Frau von annehmbarem Alter würde sich dazu bereiterklären.

Deswegen mußt du das machen, sagte Chaubey.

In diesem Zimmer, in dem die Gerätschaften der Männlichkeit verstreut lagen, gesagt zu bekommen, daß ich die Frau in einem geplanten Theaterstück sein sollte, ließ mich frösteln. Es war August und warm, und meine Situation war eher absurd als gefährlich. Aber ich fröstelte – und alles an mir, was nicht vom Lendenschurz bedeckt war, zitterte wie ein Fähnchen im Wind.

Seit ich in Benares war, hatte ich nicht weiter als bis zum Schlafengehen gedacht. Als ich aus Lucknow flüchtete, war Benares mein Ziel. Dadis Asche zu versenken erschien mir als eine Art Auflösung, ein Schluß, eine Möglichkeit, meiner eigenen Zeit treu zu bleiben ... Ich war schließlich an jenem lang entfernten Abend aufgebrochen, um Dadis Asche nach Kashi zu bringen. Jetzt war ich schon mehr als zwei Wochen in Benares, und ihre Asche lag immer noch in der Thermosflasche in einer Nische unter meinem Fenster. Etwas zu Ende bringen konnten Leute, für die es möglich war, mit anderen Dingen weiterzumachen. Ich hatte als Ziel nur die Asche, und ich würde sie erst versenken, wenn ich wußte, was danach kam.

Erst als ich für die Rolle der Sita bestimmt worden war, fing ich an, ernsthaft nachzudenken. Bis dahin war ich mit meiner Verletzung beschäftigt gewesen, mit meiner Genesung und mit dem Fenster gegenüber, ohne je an die Welt außerhalb des Akhara zu denken. Es gab nicht viel, worüber ich hätte nachdenken können – die einzigen Menschen, die ich in dieser Welt kannte, hatte ich in Lucknow zurückgelassen. Nach dem Fiasko von Madhuban war ich ein doppelter Flüchtling, und der Akhara bot Sicherheit, Unterschlupf, Essen und nächtliche Vergnügungen. Er war meine Oase, und ich sah keinen Grund, über die Wüste draußen nachzubrüten.

Aber diese Sita-Geschichte machte mich nachdenklich. Ich dachte nicht über die Zukunft nach. Der Plan, den ich aushecke, war darauf beschränkt, die Gegenwart zu retten. Das heißt, meinen angenehmen Alltag zu schützen oder zu vermeiden, daß ich eine epische Heldin wurde. Nachdem ich in Zeit und Ort durcheinandergebracht worden war, wollte ich keine Unklarheit bezüglich meines Geschlechts. Daß ich kein Transvestit auf einer Amateurbühne werden wollte, gehörte dazu. Der wichtigere Einwand gegen Sita war die halsabschnürende Angst vor dem Gedanken, Teil eines öffentlichen Schauspiels zu werden. Alles, was mir im Jahr 1942 zugestoßen war, hatte mich gelehrt, wie wichtig es war, in den Kulissen zu bleiben. In meiner Rolle als bloßer Zuschauer bei den Produktionen in Unnao und Madhuban hatte ich beinahe Leben und Freiheit verloren – und jetzt sollte ich in dem Stück mitspielen. Und nicht etwa als Statist, sondern als Star.

Natürlich hätte ich weglaufen können, aber das war nicht empfehlenswert. Der Akhara stellte absolute Sicherheit dar, und außerdem – wo sollte ich hingehen? Es gab nur eine einzige Möglichkeit, nicht Sita zu werden, und ich ergriff sie. Ich tauschte Erregung gegen Sicherheit ein – und erzählte Chaubey von dem Mädchen im Fenster.

Ich tat sogar noch mehr. Ich lud ihn zu einer der nächtlichen Vorführungen ein, damit er sich selbst davon überzeugen konnte, daß sie ideal für die Rolle war. Wie üblich befand sie sich in einem Zustand keuscher Blöße, aber selbst auf die Entfernung war es unschwer zu erkennen, daß die Rolle ihr viel besser stand als mir. Es war ein kurzer Auftritt. Sie schrieb keine halbe Stunde lang und drehte dann die Lampe aus. Chaubey sagte während dieser Zeit kein einziges Wort, aber jedesmal wenn er atmete, wurde die Luft in meinem Zimmer dünner. Er hörte sich wie eine geile Fahrradpumpe an. Ich machte mir Sorgen, daß sie ihn rasseln und schnauben hören könnte.

Er ging in jener Nacht schweigend nach Hause, aber als wir uns am nächsten Tag nach dem Mittagessen wiedersahen, hatte er meinen Vorschlag, daß das Fenstermädchen mich als Sita ersetzte, begeistert aufgegriffen. Das müssen wir sofort Guruji sagen, meinte er. Bevor die Proben anfangen. Er schüttelte mir heftig die Hand. Was für eine prachtvolle Idee! Endlich eine Sita, die es wert ist, entführt zu werden! Die es wert ist, daß man das Meer mit Steinen überbrückt, die es wert ist, daß man um sie Krieg führt!

Ich beruhigte ihn. Es hatte keinen Zweck, zu Guruji zu gehen, ohne vorher zu ermitteln, ob die junge Frau überhaupt zur Verfügung stand. Ich erzählte ihm von der Verbindung zu Gyanendra. Sie ist sein Mündel, sagte ich zuversichtlich. Gyanendra war zum Abendgebet oft im Akhara, Chaubey konnte ihn also draußen abfangen, um mit ihm unter vier Augen über die Frau zu sprechen.

Chaubey sah sofort ein, daß das sinnvoll war. Lieber behutsam vorgehen, sagte er nickend. Aber wenn ihr Vormund erst mal einverstanden war, gäbe es keine Probleme mehr. Er war sich sicher, daß Guruji sofort erkennen würde, daß sie für ein lebendiges Ramlila unverzichtbar war.

Es war ein guter Plan. Sie war ideal für die Rolle, Guruji wäre von ihr begeistert gewesen, ich hätte meine Ruhe gehabt ... Es war ein guter Plan, und er hätte vielleicht funktioniert – wenn nicht die fürchterliche Zauberkraft des Kinos das epische Theater überfallen hätte. Es war nicht meine Schuld: Was uns passierte, war ein lokales Beispiel für ein globales Phänomen.

Aber zu dem Zeitpunkt sahen die Zeichen noch günstig aus. Gyanendra kam abends zum Akhara, und nach dem Gebet sah ich, wie Chaubey ihm zur Tür hinaus folgte. Alles verlief nach Plan.

Ich sah Chaubey erst um die gleiche Zeit am nächsten Abend wieder. Inzwischen hatte Guruji am Morgen seine bahnbrechende Produktion in die Wege geleitet. Er ließ uns alle bei den Ringkampfgruben antreten und hielt eine Rede, die ausnahmsweise einmal keine Predigt über Selbstbefleckung war. Es ging darin ebensosehr um ihn wie um sein revisionistisches Ramlila. Ich, mich, meines kam häufig vor. Die einzige andere Person, die er in seiner Rede erwähnte, war Mutter Indien. Er führe das Ramlila für sie auf, sagte er. Er erklärte das nicht und brauchte es auch nicht: Im Jahr 1942 war »Nation« ein anderes Wort für Motiv.

Also, mein Leben als Sita hatte begonnen. Aber es stieg mir keinerlei Übelkeit im Magen auf, weil ich an meinen Plan glaubte, und die Zeichen sahen, wie gesagt, günstig aus. Ich stand die erste Probe sogar einigermaßen gefaßt durch. Aber einfach war das nicht, vor allem nachdem Guruji persönlich angefangen hatte, eine Frau aus mir zu machen. Es war eine komplizierte Angelegenheit, und die Perücke war nur ein Teil davon. Ich wurde in einen orangefarbenen Sari gekleidet, den ich, wie das Mädchen im Fenster, ohne Bluse trug. Um die Arme und Handgelenke wurden mir kleine Ketten aus weißen Blumen gebunden. Meine Perücke wurde zu einem kleinen Knoten auf meinem Kopf hochgesteckt, und der wurde auch mit Blumen bekränzt. Meine Lippen wurden leuchtend rot angemalt, und etwas unter meinem linken Mundwinkel wurde ein großer, schwarzer Leberfleck befestigt. All das geschah im Ringkampfhof, vor den Augen sämtlicher Schüler. Ich sah sie zuerst nicht an, aus Angst, sie könnten kichern. Aber als ich dann ihren

Blicken begegnete, erschreckte mich das, was ich sah, noch mehr. Sie lachten nicht – sie starrten mich mit blanker Verzückung an, so daß ich schnell wieder wegsah.

Mein Gastgeber und Regisseur war nicht zufrieden. Wie konnte das Bild der Hindu-Ehefrau verkörpert werden ohne roten Sindoor auf ihrem Scheitel – in diesem Fall auf dem Scheitel ihrer Perücke? Der Ringkämpfer, der für Requisiten zuständig war, notierte Sindoor. Da war auch die Sache mit meiner Figur. Guruji deutete vage auf seine Brust, und der Ringkämpfer notierte ein weiteres Requisit.

Guruji hatte seine eigenen Vorstellungen darüber, wie man ein Theaterstück erarbeitete, und er begann mit einer Kostümprobe. Ich war nicht die einzige Figur, die an diesem ersten Tag ausgestattet wurde. Jedem einzelnen im Akhara wurde eine Rolle gegeben und das Kostüm, das Gurujis Meinung nach dazugehörte. Nachdem er die Hauptfiguren besetzt hatte, teilte er den Rest in die zwei gegnerischen Heere auf: Die Haarigen bildeten Ramas Affenbrigade, und die anderen wurden zwangsläufig die schreckliche Horde des zehnköpfigen Ravana.

In einem Moment der Eingebung entschied Guruji, daß beide Seiten nur Lendenschurze tragen sollten – so würden ihre Muskeln besser zur Geltung kommen, und außerdem ließen sich dadurch Bekleidungskosten einsparen. Als Unterscheidungshilfe für das Publikum teilte er an die eine Gruppe Affenmasken aus Pappmaché aus und an die andere Dämonengesichter mit Vampirzähnen.

Hanuman war ebenso wie die anderen Hauptfiguren von der Lendenschurzvorschrift ausgenommen. Für ihn gab es einen Dhoti aus gelber Seide und eine vergoldete Krone, die große Ähnlichkeit mit der Zwiebelkuppel des Tadsch Mahal hatte. Guruji wollte, daß Chaubey sie anprobierte, aber Chaubey fehlte. Er war an diesem Morgen nicht erschienen. Guruji war außer sich: Ich muß wissen, ob die Krone in den Kampfszenen draufbleibt, sagte er zu mir, die Stirn vor Verärgerung gerunzelt. Außerdem hatte er vorgehabt, das mit den Kostümen am Vormittag zu erledigen und dann gleich den Höhepunkt des ganzen Stückes, die Schlachtszene, zu proben. Es ging darum, die blutigeren und die Action-Szenen richtig hinzukriegen. Die Reden, Gut und Böse, Dharma, Drama und das Geliebe und Geschiebe würden sich ganz von selbst ergeben, wenn das Kämpfen und Töten realistisch genug wirkte. Viele Nahkämpfe – und Würfe. Aber wo steckte Chaubey?

Chaubey kam um eins, aber ich konnte erst um vier mit ihm reden, als Guruji, hochzufrieden mit der glaubwürdig wirkenden Gewalt der Schlachtszenen, sein Ensemble eine Stunde früher als vorgesehen entließ. Das war ausschließlich Chaubey zu verdanken. Seine Miene war abwesend, als er kam, und er entschuldigte sich bei Guruji für die Verspätung. Dann zog er sich aus und schlüpfte in seine Figur. Die Krone paßte wie angegossen, das Gelb des Dhoti glänzte und blitzte. Da Guruji wollte, daß Hanuman so menschlich wie möglich aussah, ließ er Chaubey keine Maske tragen. Sein Make-up bestand in einer falschen Nase mit geblähten Nüstern in zwei Einlagen, die er zwischen Lippen und Zähne steckte, um das Äffische anzudeuten. Wie auch die anderen Affen trug er keinen Schwanz. Das war eine weitere von Gurujis Verbesserungen gegenüber konventionellen Ramlilas. Schwänze sind lächerlich, schnaubte er. Sie fallen ab, wenn man drauftritt, und behindern die Kampfszenen.

Wie will er Lanka ohne einen niederbrennen, fragte Rama, der die Rolle bekommen hatte, weil er so tiefschwarz war, daß er fast blau wirkte. Steht nicht geschrieben, daß er Feuer an seinen Schwanz und damit Feuer an die Stadt gelegt hat?

Das ist eine Lüge, bellte Guruji. Es steht geschrieben, und wenn schon. Das Ramayana war Tausende von Jahren nicht schriftlich festgelegt. Nur weil irgendein verlogener Schreiberling sich diese Geschichte vom brennenden Lanka ausgedacht hat, haben die Leute sie wie Papageien nachgespielt. In meinem Ramlila wird Hanuman eine brennende Fackel in der rechten Hand halten, um Lanka anzuzünden. Prägt euch drei Dinge ein, sagte Guruji streng. Hanuman ist ein Gott, kein Affe, Hinduismus ist eine männliche Religion, und das Ramayana ist eine Geschichte von Helden. Tragen Helden Schwänze?

Danach gab es keine Fragen und keine Diskussionen mehr. Chaubey demonstrierte, durch sein persönliches Beispiel, die dramatischen Möglichkeiten des Nahkampfes. Immer noch mit geistesabwesender Miene vollführte er perfekte Schwünge durch die Luft, Hüftwürfe, Fesselgriffe und andere Manöver, die seine Partner, die geschleudert, geworfen und gefesselt wurden, auf eine sehr realistische Art und Weise brüllen, bluten und ohnmächtig werden ließen. Chaubey schien all dies nicht zu bemerken, und manchmal mußte Guruji eingreifen und ihn bitten, etwas weniger lebensnah zu verfahren.

Als Guruji vorschlug, Schluß zu machen, nachdem alle verfügbaren Schauspieler aufgebraucht waren, führte ich den ungewöhnlich stillen

Chaubey zum Rand des Hofs, von wo man auf die Scheiterhaufen blickte, und stellte ihm die kritische Frage: Wird sie Sita spielen?

Er setzte zu einer klaren Antwort an. Sie hat keinen – begann er, hielt dann inne und griff sich in den Mund, um die Hanuman-Einlagen zu entfernen. Guruji wird bald auftauchen, sagte er mit einer zarteren, sterblicheren Stimme. Wir reden draußen miteinander. Draußen? Ich konnte nicht nachfragen, weil Chaubey den Akhara schon verlassen hatte. Ich folgte ihm. Dies war bereits jetzt ein denkwürdiger Nachmittag: Ich hatte noch nie zuvor einen Schritt aus dem Akhara getan.

Ich fand mich auf einer breiten Steintreppe wieder, die zum Verbrennungs-Ghat hinunterführte. Chaubey war schon fast unten, sehr auffällig in seinem gelben Seidendhoti. Ich folgte ihm gemessenen Schrittes, wobei ich die Falten des Sari nach außen trat, um sicherzugehen, daß der Saum mir nicht unter die Füße kam und mich zum Stolpern brachte. Und außerdem trug ich keine Bluse. Da niemand außerhalb des Akhara wußte, daß ich keine Frau war, mußte ich langsam gehen, damit mir das Ende des Saris nicht von der Schulter glitt. Vor allem weil ich in einem Jahr als Sita zu sehen sein würde.

Von den Stufen aus sah der Ghat durch die Scheiterhaufen dieses Morgens, die noch rötlich schwelten, wie eine Hand mit Brandblasen aus. Chaubey schlängelte sich zwischen den Haufen rauchender Asche bis zum Rand des Ufers durch, wo Stufen zum Fluß hinunterführten. Dort, wo das Wasser die Stufen erreichte, lag ein Ruderboot an einer kurzen Kette, die an einem im Stein eingelassenen Metallring befestigt war. Chaubey wartete, bis ich ihn eingeholt hatte, und dann stiegen wir ein paar Stufen hinunter und setzten uns hin, die Füße knapp überm Wasser. Ich sah mich ständig um, aber es erschien kein aufgebrachter Priester oder Wächter des Verbrennungsplatzes.

Mach dir keine Sorgen, sagte Chaubey, auf die Scheiterhaufen deutend. Sie denken wahrscheinlich, daß einer von denen unserer ist.

Beruhigt machte ich es mir bequem und sann darüber nach, daß in einer anderen Zeit und an einem anderen Ort einer von ihnen tatsächlich meiner gewesen war. Es war gar nicht so lange her, daß ich in Dadis noch warmem Scheiterhaufen nach ihren Überresten gestochert hatte.

Chaubeys Treffen mit Gyanendra am Abend zuvor hatte gut begonnen.

Er war so freundlich, sagte Chaubey, und in seiner Stimme klang noch die gestrige Überraschung nach. Ich bin zu ihm hingegangen und habe ihn gefragt, ob er fünf Minuten Zeit hätte – und er legte mir den Arm um die Schulter und nahm mich mit zu sich nach Hause.

Das Zuhause von Gyanendra war nicht das Zimmer, das zum Fenster gegenüber gehörte, es lag gleich daneben. Gyanendra und die Frau lebten in einem Dharmashala. Sowie Chaubey das Gebäude betrat, wußte er, daß es sich um eine Art Herberge handelte, weil man über den Hof, um den herum sie gebaut war, kreuz und quer mit Wäscheleinen bespannt hatte, die unter der Wäsche schwer herabhingen. Keine einzelne Familie, auch nicht die größte Großfamilie, hätte so viel Wäsche erzeugen können. Während sie die Stufen zum zweiten Stock, wo Gyanendra wohnte, hochgingen, erzählte er Chaubey, daß der Dharmashala gegen Ende des achtzehnten Jahrhunderts von einem Marathen-Adligen erbaut worden sei, dreißig Jahre zu spät für einen Platz an den Ghats mit Blick auf den Fluß. Aber das Haus sagte Gyanendra zu. Die Vorfahren des Geschäftsführers stammten wie Gyanendra aus Baroda, und das schuf eine Verbindung. So hatte Gyanendra in dieser für Durchreisende bestimmten Pilgerherberge eine halbwegs dauerhafte Unterkunft gefunden.

Sein Zimmer war groß und fensterlos. Licht kam nur durch die Milchglasscheiben in der Tür herein. Es gab ein Bett, einen Regenschirm, der an einem Kleiderhaken hing, ein zerfleddertes Exemplar des *Ramcharitmanas* in einer Gita-Press-Ausgabe und ein großes Buch, das in Zeitungspapier eingebunden war. Eine Ecke des Zimmers beherbergte einen Haufen irgendwelcher Maschinen. In der Düsternis, die herrschte, war schwer auszumachen, um was es sich handelte.

Dann habe ich ihn gefragt, sagte Chaubey. Ich sagte, wir würden ein gutes Mädchen für die Rolle der Sita suchen, und ob er seinem Mündel erlauben würde, sie zu spielen.

Wie kommst du darauf, daß ich ein Mündel habe, fragte Gyanendra in scharfem Ton. Dafür hatte Chaubey sich keine Antwort zurechtgelegt, und so sagte er ihm die Wahrheit über das Fenster. Nicht die ganze Wahrheit. Unsere voyeuristische Nachtwache unterschlug er und stellte sie statt dessen als einen Zufallsblick dar.

Hast du mit ihr darüber geredet?

Nein, sagte Chaubey wahrheitsgetreu. Ich wollte erst Sie fragen.

Ich bin froh, daß du nicht mit ihr geredet hast, sagte Gyanendra wieder gütig. Sie habe in letzter Zeit soviel Leid erlebt, daß er versuche, sie vor der Außenwelt zu schützen. Und daß sie Sita spielen könne – unmöglich.

Warum? fragte Chaubey niedergeschlagen.

Weil es nicht richtig wäre. Nicht weil er fand, daß Schauspielerei anrüchig sei. Gyanendra versicherte Chaubey eilig, daß alles sicherlich höchst anständig zuginge, wenn Guruji die Sache leitete. Es sei nur so, daß sie völlig ungeeignet sei.

Wieso? fragte Chaubey.

Sie ist Witwe, sagte Gyanendra einfach.

Er hatte sie zum ersten Mal auf dem Scheiterhaufen ihres Mannes gesehen, von dem er sie rettete, weil er in diesen Dingen progressiv war und nicht an Witwenverbrennung glaubte. Jetzt versuchte er, ihr den Weg zurück in die Welt zu ebnen, indem er ihr ein neues Selbstwertgefühl einflößte. Er selbst wäre begeistert, wenn sie Sita spielen würde – es würde ihr Selbstbewußtsein wunderbar stärken. Aber Reformismus hatte seine Grenzen. Sita war die Verkörperung der idealen Hindu-Ehefrau. Es war einfach unmöglich, daß sie von einer Witwe gespielt wurde. Was würden die Leute denken? Gyanendra schüttelte den Kopf. Wenn es ums Ramlila ging, mußte man auf die Meinung der Leute Rücksicht nehmen.

Außerdem war sie stumm. Der brennende Scheiterhaufen hat ihr den Rücken versengt, bevor Gyanendra sie herunterreißen konnte, und der Schock und die Schmerzen hatten sie stumm gemacht. Der Arzt, zu dem er sie brachte, meinte, es ließe sich nicht sagen, wann sie ihre Sprache wiederfinden würde. Er selbst hatte sie noch kein einziges Wort reden hören. Eine stumme Witwe die Rolle von Sita spielen zu lassen wäre mehr als riskant. Es wäre ein Skandal.

Da hat er recht, sagte Chaubey und schaute mich ergeben an. Ich fand auch, daß er recht hatte. Selbst als unmittelbar Beteiligter sah ich ein, daß es besser war, wenn Sita von einem Junggesellen gespielt wurde, der reden konnte, als von einer Witwe, die es nicht konnte. Schon gut, sagte ich mehr zu mir selbst als zu Chaubey, es ist bloß ein Theaterstück, und in weniger als einem Jahr ist alles vorbei.

Ich erhob mich und wollte gehen, aber Chaubey war noch nicht fertig.

Weißt du, was er dann gemacht hat, fragte er mit verhaltenem Ärger in der Stimme.

Nein, was? fragte ich automatisch, obwohl ich eigentlich nicht mehr mit ihm reden wollte. Er war der Überbringer schlechter Nachrichten, und ich konnte ihm das nicht verzeihen. Ich wollte mich meiner Enttäuschung in Abgeschiedenheit hingeben.

Er hat mir eine Rolle angeboten, sagte Chaubey beleidigt. Zwei Minuten, nachdem er gesagt hatte, wir könnten das Mädchen nicht für die Sita bekommen, sagt er mir, er hätte die ideale Rolle für mich!

Er hat gesagt, er macht gerade einen Film. Einen Film! Dieser Fakir hat mir eine Rolle in einem Film angeboten, als würden ihm die Bombay Talkies gehören!

Ich zuckte die Achseln. Es war dumm von Chaubey, sich so aufzuregen. Angesichts Gyanendras Alter war das offensichtlich irgend so ein seniles Hirngespinst von ihm, ein Filmemacher sein zu wollen. Oder ein Scherz.

Aber es war kein Scherz. Lächelnd über Chaubeys aufgebrachte Ungläubigkeit ging Gyanendra mit einer Laterne zu einer der dunklen Ecken des Zimmers. Er hob die Laterne hoch, und mit einem Mal lösten sich die unbestimmbaren Formen in eine große Kamera auf, die auf einem Stativ montiert war.

Eine Filmkamera, fragte ich unwillkürlich.

Nein, sagte Chaubey. Eine Kamera für Fotografien. Gyanendra sagte, er würde eine Filmkamera mieten, wenn die Dreharbeiten begännen. Diese würde er für Standfotos und für Pressefotos verwenden. Aber selbst diese hier war eine große, wie sie Profis benutzen.

Und dann, sagte Chaubey ruhig, auf seine Fingerknöchel blickend, habe ich ihn gefragt, was es für ein Film sei.

Ein Klassiker, sagte Gyanendra großartig. Guruji ist nicht der einzige, der alten indischen Epen Leben einhauchen kann. Ich kann das auch. Deswegen will ich dich haben: deinen epischen Körper für meinen epischen Film.

Die Kamera hatte Chaubey so überrascht, daß er sich ergeben alles erklären ließ.

Es war ein Epos mit begrenztem Budget – ohne aber mit Glaubwürdigkeit oder Kunst zu knausern. Der Film würde dem klassischen Text treu bleiben. Zufälligerweise war es nur so, daß das Original (und daher das Drehbuch) keine Statisten, Requisiten, Kostüme oder sonstiges budgetbelastendes Brimborium erforderte. Auch keine Außenaufnahmen – nur Innenaufnahmen und einen einzigen Drehort. Die größte Einsparung wäre die Tonspur ... Es gab keine. Zwanzig Jahre, nachdem der Tonfilm das Kino überrannt hatte, war er im Begriff, ein stummes Epos zu produzieren. Kein Ton. Das Thema dieses Klassikers verlangte eine rein visuelle Behandlung. In diesem Land der hundert Sprachen war

Sprache kein Kommunikationsmittel. Um ihr Zielpublikum zu erreichen, würde es die größte Geschichte sein müssen, die je gezeigt wurde – nicht erzählt. Rassiger als das *Ramayana*, mit mehr Höhepunkten als das *Mahabharata*, so lange dauernd wie die *Odyssee* … Es gab keinen Grund, warum es kein internationaler Erfolg werden sollte.

Was ist es, fragte ich Chaubey gebannt.

Was ist es, fragte Chaubey in der lampenerleuchteten Düsternis.

Gyanendra antwortete nicht sogleich. Er strich sich mit den Fingerknöcheln über die Unterseite seines Kinns und sah Chaubey scharf an.

Vatsayayanas *Kamasutra*, sagte er beiläufig.

Vatsayayanas *Kamasutra,* imitierte Chaubey für mich, noch in der Erinnerung entrüstet. Wie Valmikis *Ramayana* oder Vyasas *Mahabharata* – alles ganz anständig. Der Name des Autors macht es zum Klassiker.

Seltsam erregt ließ er seiner Wut freien Lauf. Was bildete Gyanendra sich ein? Daß er, Chaubey, ein Dummkopf sei? Daß er nicht wüßte, daß das *Kamasutra* ein schmutziges Sexhandbuch war, das ein antiker indischer Perverser geschrieben hatte?

Er wollte, daß ich, sagte er mit bebender Stimme, daß ich diese ganzen Stellungen mit dem Mädchen im Fenster ausführe! Ich habe ihm gesagt, ich könnte nicht schauspielern. Darauf hat er gesagt, daß ich das auch nicht bräuchte – weil ich all diese Dinge tatsächlich mit ihr machen würde, während er uns filmte.

Chaubey holte tief Luft. Ich habe ihm gesagt, daß ich ein Brahmachari bin, enthaltsam und rein. Das sei der Film auch, hat er gesagt. Reine Form und reines Vergnügen in perfekter Harmonie. Enthaltsamkeit sei nur eine von vier Stadien im Leben. Früher oder später würde er, Chaubey, einem Haushalt vorstehen, und bevor er das täte, wäre es nützlich, etwas Übung zu bekommen.

Aber sie ist eine Witwe, protestierte Chaubey.

Gyanendra hatte auf alles eine Antwort, selbst darauf. Ich glaube nicht daran, daß Witwen zu unfruchtbarer Keuschheit verdammt werden sollten, sagte er feierlich, genauso wie ich nicht daran glaube, daß sie verbrannt werden sollten.

Außerdem, wenn sie ihren Weg im Leben gehen wollte, anstatt sich den Schädel zu scheren und auf den Tod zu warten, wie es die anderen Witwen in Benares taten, brauchte sie einen Lebensunterhalt. Und wenn das hier, ihr Debüt-Spielfilm, ein Kassenschlager würde, dann könnte sie Karriere machen. Und es war sowieso eigentlich kein Sex – es war Kunst.

Aber Chaubey ließ sich nicht täuschen … Das behauptete er zumindest. Nein, er wußte, wenn er einen Zuhälter vor sich hatte, und was anderes war Gyanendra gemäß dem Sanskrit nicht. Er hatte den lüsternen Schurken sofort durchschaut.

Nicht wirklich sofort, dachte ich, während ich die Stufen zur Verbrennungsstätte hinauftrottete und wir uns wieder zum Akhara zurückbegaben. Für jemanden, der so entrüstet über Gyanendras Vorschlag war, hatte sich die Debatte um Schauspielern, Kunst, Enthaltsamkeit und Witwenschaft zu sehr in die Länge gezogen. Er hätte aus dem Dharmashala hinausstürmen müssen, sowie der Name des Films genannt worden war. Seine aufgewärmte Entrüstung klang nicht echt.

Aber es ging mich nichts an. Die für mich entscheidende Information war schon am Anfang seiner Geschichte aufgetaucht: Das Mädchen stand nicht zur Verfügung, also würde ich die Sita spielen müssen. Das war das einzig Wichtige. Ich machte mir nicht einmal Sorgen, daß das Mädchen nicht mehr vor meinem Fenster erscheinen könnte, jetzt wo Chaubey Gyanendra erzählt hatte, wie er sie das erste Mal gesehen hatte. Es wäre jetzt nicht mehr dasselbe, nicht nachdem ich wußte, was sie durchgemacht hatte. Ob der Film tatsächlich zustande käme, ob das arme Mädchen das *Kamasutra* spielen müßte, ob Chaubey von Gyanendras Angebot insgeheim erregt war – über all das empfand ich keinerlei Neugier, bloß Gleichgültigkeit.

Was ich jedoch empfand, als ich mich zwischen den Scheiterhaufen hindurchgeschlängelt und die Schwelle des Akhara erreicht hatte, war ein Gefühl der Erleichterung. Schon unten am Fluß, während ich Chaubey zuhörte, hatte ich mich damit abgefunden, Sita zu sein. Jetzt fühlte ich mich fast versöhnt. Es hätte schlimmer kommen können. Guruji hätte Gyanendra sein können. Ich zog mir fröstelnd den Sari um die Schultern. Lieber Sita im Ramlila als eine unbedeutendere Frau in einem Sexfilm.

Ein Mädchen im Fenster

Das erste Mal, als Chaubey mich nervös machte, war am zweiten März. Es war ein Dienstag, der Tag, an dem wir unter dem Peepul-Baum einen ersten Durchlauf der Lanka-Szene probten.

Wir hatten bereits mehr als vier Monate Proben hinter uns, und Guruji machte sich Sorgen. Er hatte das Ramayana umgeschrieben, um Chaubey herauszustellen, weil in einem Action-betonten Ramlila Hanuman der Held war. Aber Chaubey schien keinerlei Begeisterung für seine Rolle aufzubringen. Er lernte nie seinen Text, was die Proben bremste, noch war auf ihn bei den Durchläufen für die Kampfszenen Verlaß, weil er oft Gurujis Warnungen vergaß und seine Partner mit schrecklicher, geistesabwesender Gewalttätigkeit verstümmelte.

Guruji wußte es nicht, aber der Held seines heiligen Epos träumte von weltlichem Ruhm. Zwei Wochen zuvor hatte Gyanendra sein Angebot wiederholt, und seitdem hatte Chaubey seine Abende damit verbracht, neue Argumente gegen einen Vorschlag zu proben, den er schon vor Monaten am Flußufer verurteilt hatte.

Manchmal war es seine Sorge um das arme Mädchen im Fenster, zu anderen Zeiten war es die Notwendigkeit, seinen Nektar zu dämmen, um ihm die Möglichkeit zu geben, sich zu Muskeln zu verdichten. Und außerdem, wenn eine Witwe nicht Sita spielen konnte, dann konnte ein Mann, der sich der Fleischeslust hingab, nicht Hanuman spielen. Wenn jene das Vorbild indischer Fraulichkeit war, dann war dieser der Prototyp enthaltsamer Kraft. Wie konnte er sich nebenher als Sexualgymnastiker betätigen, während er sich darauf vorbereitete, Hanuman zu sein? Außerdem war das Mädchen eine schutzlose junge Witwe. Es wäre etwas anderes, wenn sie eine benutzte Frau wäre, die so etwas gewohnt war. Das heißt, etwas anderes für jemand anders. Er konnte es nicht tun, nein, das kam nicht in Frage.

Bis zu diesem Tag der Wahrheit, diesem Dienstag, bestand meine Taktik darin, einfach zuzuhören. Es war klar, daß Chaubey ganz spitz darauf war, das Fenstermädchen zwischen die Finger zu kriegen. Mindestens einmal am Tag erklomm er, verknotet vor Lust, die Stufen zu meinem Zimmer, um sehnsüchtig auf das gegenüberliegende Fenster zu starren, dessen Fensterläden geschlossen blieben. Chaubey wollte, daß ich ihm sagte, seine aufwendigen Argumente gegen das *Kamasutra* seien banal, ihre Ehre, sein Samen und Gurujis Ramlila spielten keine Rolle, er solle es einfach tun und Gyanendras Vorschlag annehmen. Aber ich sagte nichts. Es ging mich nichts an. Trotzdem empfand ich ein zurückhaltendes Vergnügen daran, ihn brennen zu sehen.

Dann sah er mich unter dem Peepul-Baum auf eine bestimmte Art und Weise an, und alles änderte sich. Der Baum war von entscheidender Bedeutung für die Lanka-Szene, weil die entführte Sita verzweifelt unter einem Baum sitzen mußte. Der freie Platz in der Nähe von Tulsi Ghat, wo unser Ramlila schließlich aufgeführt werden sollte, hatte einen majestätischen, breitgefächerten Neem-Baum, wie geschaffen für diesen Zweck. Zum Glück für Guruji verfügte der Akhara über einen einigermaßen annehmbaren Ersatz, eben den Peepul, der an der östlichen Hofmauer wuchs.

Die Probe hatte begonnen, und ich saß unter den Ästen, in einen Sari gehüllt, Perücke und Arme vor Blumen duftend, mein Rosenblütenmund vor Melancholie dahinwelkend vor lauter Sehnsucht nach meinem blauschwarzen Rama, als plötzlich ein dumpfer Aufprall zu hören war, als wäre eine große Frucht heruntergefallen. Ich blickte auf, und da stand Hanuman. Es war ein spektakulärer Absprung, und Chaubey vollführte ihn sehr gut. Er kniete vor mir und gab mir Nachricht von meinem Ehemann, dem Affenheer, der Überbrückung der Meerenge, der letzten, fürchterlichen Schlacht und meiner bevorstehenden Befreiung. Dieser Teil fiel Chaubey schwerer, weil es eine lange Rede war und er sich Texte nicht gut merken konnte.

Doch an jenem Dienstag morgen flossen ihm die Worte mit erstaunlicher Geläufigkeit von den Lippen. Er warf sich in die Rede hinein und schaffte sie beim ersten Mal, wobei er mir die ganze Zeit tief in die Augen sah. So tief, daß ich die Augenlider niederschlug und schüchtern wegsah, worauf Guruji einen freudigen Ausruf hören ließ und die Szene für gelungen erklärte.

Ich hütete mich, wegen dieses brennenden Blickes irgendein Aufhebens zu machen. Guruji würde kaum glauben, daß sein Lieblingsschüler so von dem Wunsch zerfressen war, es endlich zu tun, daß er angefangen hatte, sein Auge auf das erstbeste zu werfen, das einer Frau am nächsten kam – nämlich mich. Selbst wenn er mir glaubte, würde er wahrscheinlich eher mich wegschicken, als das Risiko einzugehen, den muskulösesten Hanuman der Geschichte zu verlieren. Nein, petzen würde mich mit einem Schlag heimatlos und freundlos machen. Als es am nächsten Tag dann wieder passierte, stellte ich mich daher der heiklen Aufgabe, mir Chaubeys Freundschaft zu bewahren und seine Liebe umzuleiten.

Ich mußte schnell handeln. In der Öffentlichkeit angeglotzt zu werden war eine Sache – er konnte nicht sehr weit gehen. Aber in meinem Zimmer waren die Möglichkeiten grenzenlos. Es war ein abgelegenes Dachzimmer, es gäbe also keine Zeugen, nicht einmal das Mädchen im Fenster gegenüber, jetzt, wo ständig die Läden geschlossen waren.

Am nächsten Tag bestätigte Chaubey meine Befürchtungen. Er besuchte mich am Abend und verbrachte zu meiner großen Erleichterung die erste halbe Stunde auf die übliche Weise, nämlich damit, auf das Fenster zu starren, um es kraft seines Willens zu öffnen. Aber als nichts passierte, wich er von der gewöhnlichen Routine ab. Anstatt seine vielen guten Gründe aufzuführen, die Stellungen des *Kamasutra* nicht im Film zu verkörpern, bot er mir an, mich zu massieren. Anbieten ist wahrscheinlich das falsche Wort. Im Grunde ließ er mich wissen, daß er meinen Körper in begehrenswerte Formen kneten wollte.

Das war der Moment, in dem mir klar wurde, daß er schon ziemlich hinüber war, denn ich sah zu diesem Zeitpunkt nicht wie eine Frau aus. Ich trug nicht mein Kostüm: keine Perücke, keine Blumen, keinen Lippenstift, keinen Sari ohne Bluse. Entweder benutzte Chaubey also seine Phantasie, um meine fehlenden Körperteile zu ergänzen (so wie ich es einst mit den im Schatten liegenden des Mädchens im Fenster getan hatte), oder ihm war alles egal. Die eine wie die andere Erklärung lief auf Vergewaltigung hinaus. Wilde Gedanken an Tapferkeit und Verweigerung jeglicher Kapitulation jagten mir durch den Kopf, während ich nach der Keule unter meinem Bett griff. Sie wurde nicht benötigt – die Tür ging auf, und Guruji kam mit meinem Glas Milch herein.

Chaubey ging bald darauf, aber morgen war wieder ein Tag. Ich konnte in jener Nacht nicht schlafen. Der sichere Kokon der Dunkelheit dröselte sich Minute um Minute auf, Faden um Faden, und im fin-

160

steren Licht der Morgendämmerung rang ich immer noch mit der gleichen, herben unangenehmen Wahl: Unzucht oder Auszug.

Ich wollte nicht weglaufen. Es würde nichts lösen, weil die Welt anderswo ein ungemütlicher Ort war. Seit dieser furchtbaren Nacht am Bahngleis in Unnao war ich auf der Flucht – Lucknow, Azamgarh, Madhuban –, jede panikartige Flucht erschütternder als die letzte. Ich wollte einfach, daß das Hier und Jetzt für immer weiterging. Gesichter, die ich kannte, und ein vertrauter Ort, wo ich essen und schlafen konnte – mehr brauchte ich nicht.

Von einer heftigen Sehnsucht nach der Gegenwart gepackt, schlich ich die Treppe hinunter, um mich zu den Ringernovizen zu gesellen, zu ihrer glotzäugigen Begrüßung der aufgehenden Sonne. Fünfzig tiefe und gleichmäßige Atemzüge spülten das Gehirn von den abgestandenen Träumen der Nacht frei, behauptete Guruji. An diesem Morgen atmete ich mit Feuereifer. Ich atmete derartig tief ein, daß beim vierzigsten Atemzug mein Kopf mit einer schwindeligen Ruhe erfüllt war. Und in diese Leere, für kurze Zeit frei von dem Getriebe und Gerausche der Welt da draußen, fiel die ideale Lösung für das Problem Chaubey – wie ein Artist ohne Netz, der auf einem Taschentuch landet. Wie ein Kurzwellensignal, das ein Dritte-Welt-Radio findet. Wie ein Wunder!

Anstatt mich zu verstecken, als Chaubey zur Arbeit erschien, suchte ich also die Begegnung. Guruji probte gerade die Konfrontation zwischen Ravana und Angada, so daß keiner von uns beiden vor dem Mittagessen irgendwas zu tun hatte. Kühn nahm ich seinen Arm und führte ihn wieder hinunter zum Ghat, um meinen Plan auszuführen. Wir hätten uns auch in meinem Zimmer unterhalten können, aber ich war noch nicht bereit, das Risiko eines Gesprächs in meinen vier Wänden einzugehen.

Wieder saßen wir auf den obersten Stufen der Treppe, die zum Fluß hinunterführte. Der Fluß schien diesmal höher zu sein – die meisten Stufen waren unter Wasser, aber das Boot war noch da und schaukelte an seiner Metalleine. Selbst die Dinge, über die wir redeten, waren die gleichen wie beim letzten Mal: Gyanendra, das Mädchen im Fenster, das *Kamasutra* und die ethische Frage des Ja. Oder des Nein. Nur hatten wir diesmal die Rollen getauscht. Diesmal redete ich.

In weniger als einer halben Stunde legte ich Chaubey jedes Argument dar, das er je hatte hören wollen, aber nicht genug Verstand hatte, sich selbst auszudenken. Mit erschreckender Geläufigkeit, nur innehaltend, um das Gesicht des Mädchens aus meinen Gedanken zu verbannen, zeigte ich ihm, wieso er das Angebot ohne Gewissensbisse und Vorbehalte annehmen sollte.

Zum Glück war ich schon so lange Chaubeys Vertrauter gewesen, daß ich seine Gründe, nein zu sagen, alle im Kopf hatte. Erstens: Vergewaltigung. Das war leicht. Es wäre keine. Wir wußten, daß sie Witwe war. Daraus folgte, daß sie eine Ehefrau gewesen war, sie war also an Sex gewöhnt. Sie hätte alles mögliche sein können, bevor sie fast eine Sati geworden wäre, sogar eine Schauspielerin – in welchem Fall es sowieso keine Vergewaltigung wäre. Und wer weiß, vielleicht tat sie es ja freiwillig. Nachdem man sie einmal den Fängen des Todes entrissen hatte, war wahrscheinlich jede Erfahrung eine Zugabe für sie: Schicksaleschlimmer-als-der-Tod leben nur in Köpfen, die noch nie probiert haben zu sterben.

Und überhaupt, wo blieb seine Selbstachtung? Er wäre doch wohl eine Verbesserung gegenüber jedem Mann, den sie je gekannt hatte? Lieber er als irgendein anderer. Und es würde irgendeinen anderen geben, weil Gyanendra eindeutig entschlossen war, den Film zu machen. Wollte Chaubey, daß irgendein Idiot Hand an sie legte, nur weil ein guter Mann nein gesagt hatte?

Das brachte mich zur Frage der Männlichkeit und ihrer Vergeudung. Gurujis Warnungen, erklärte ich ihm, galten in diesem Fall nicht, weil sie sich auf Masturbation bezogen, aber wenn er es mit dem Fenstermädchen machte, wäre es keine. Das eine war unnatürlich, das andere nicht. Das eine war selbstbezogen, das andere war klassisch vorgeschrieben. Das eine war einsam und fruchtlos, das andere war heilsam und fruchtbar, weil es einem Massenpublikum das *Kamasutra* illustrieren würde, diesen glorreichen Text aus dem goldenen Zeitalter der Guptas, nach welchem hauptsächlich Finsternis geherrscht hatte. Begriff er das denn nicht?

Chaubey schwankte. Er wollte sich überzeugen lassen, aber ihm bereitete immer noch der Gedanke Sorgen, seine Kraft mit Sex zu verschwenden. Ich riß diesen Zweifel mit der Wurzel aus.

Er würde überhaupt nichts verschwenden, weil Zurückhalten das Gebot der Stunde war. Es mußten so viele Stellungen in einem durchführbaren Drehzeitplan untergebracht werden, daß er rigide Selbstbeherrschung üben mußte. Wenn er sich jedesmal gehenließe, würde das Warten darauf, daß der Saft wieder stieg, die Dreharbeiten in unmöglicher Weise in die Länge ziehen.

Aber wenn er erst mal Beherrschung gelernt hatte, würde Sex mit dem Fenstermädchen alles andere als ein Verstoß gegen das enthaltsame Leben sein, sondern vielmehr dessen größter Prüfstein, die Feuerprobe. Ein schönes Mädchen und die altbewährten Praktiken der Antike auf der einen Seite, Chaubey und die eiserne Disziplin von Pant Rams Akhara auf der anderen. Er konnte es schaffen. Es war nichts anderes, als lange in die Sonne zu sehen, ohne zu blinzeln – und das machten wir jeden Morgen. Wenn er das schaffte, wenn die Strenge frommen Junggesellentums – In-die-Sonne-Starren, tiefes Atmen, Liegestützen – Vatsyayana und dem Charme des Mädchens im Fenster widerstünden, würde er, Chaubey, mehr verehrt werden als alle Nationalisten oder Filmstars in ihren kühnsten Träumen. Denn dann hätte er die Reichweite der Enthaltsamkeit bis in die Höhle des Löwen ausgedehnt: Er hätte Sex vegetarisch gemacht.

Hier mußten Chaubey und ich auf die Seite rücken, um eine Gruppe Leute durchzulassen. Sie sahen aus wie eine Trauerfamilie mit einem begleitenden Priester. Einer von ihnen, ein junger Mann, trug eine Urne, aber weder er noch die anderen wirkten besonders betroffen. Vielleicht war es ein Großelternteil, das nach einem erfüllten Leben gestorben war. Sie bestiegen das Boot, während der Priester mit konzentrierter Miene Formeln vor sich hin murmelte, und legten ab. Als sie die Flußmitte erreichten, hielt der junge Mann die Urne eine Weile über das Wasser und versenkte sie dann in den Fluß.

Du machst dir wegen nichts Sorgen, sagte ich sanft zu ihm. Wenn du es zurückhältst und nicht blinzelst, dann schaffst du es und bleibst trotzdem keusch und rein.

Ein schüchternes Lächeln breitete sich über Chaubeys besorgtem Gesicht aus. Ich atmete vor Erleichterung durch und entspannte mich. Ich hatte es geschafft ... Einfach so, ganz ohne Probleme – bessere Männer als Chaubey waren schon auf diesen Leim gegangen.

Wir gingen langsamen Schrittes zurück und machten einen Bogen um die heftige Hitze der noch lebhafter brennenden Scheiterhaufen. Auf halbem Wege die Treppe hoch klopfte er mir dankbar auf die Schulter – wieder von Mann zu Mann – und sagte: Ich mach's heute abend, gleich nach der Probe. Ich gehe mit ihm zum Dharmashala zurück und sag unterwegs ja.

Mir war es egal, wie er es machte. Es ging mich nichts an. Es genügte mir zu wissen, daß nach drei nervenaufreibenden Tagen Chaubey wieder auf meiner Seite war.

Nach meinem Gespräch mit Chaubey kümmerte ich mich nicht mehr um die Zeit und um meine Sorgen, sondern begann mit den Dingen zu leben, die immer die gleichen waren. Jeden Morgen bestätigte ich die Welt, indem ich die Sandgruben abhakte, die Ringer in ihren Lendenschurzen, die Gestalt, die vor dem Wandspiegel auf dem Kopf stand, die Gleichmäßigkeit von fünfzig Lotussitzatemzügen, den süßen, ständigen Geruch brennender Hindu-Leichen. Ich prägte mir Stück um Stück die Flußfront ein und ordnete das geschäftige Treiben in Muster und tägliche Abläufe.

Die Gleichheit der Proben war Balsam. Nachdem die Kampfszenen choreographiert waren, ordnete Guruji Durchläufe des gesamten Stücks an. Die anderen murrten, aber mir gefiel die Plackerei und Wiederholung. Denselben Text sagen, dieselben Dinge tun, täglich ein wenig besser werden, diesem perfekten Zustand zustreben, wo der Text wie am Schnürchen kam und Stichworte genau zum richtigen Zeitpunkt fielen – das war für mich der Grundriß des angenehmen Lebens.

Wenn Gurujis Ramlila später im Jahr ein Erfolg würde, konnte es zum festen Bestandteil im Kulturkalender von Benares werden. Es wäre etwas, womit ich mein Leben verankern konnte. Zu allermindest würde ein jährliches Ramlila mich mit einer Gruppe von Leuten versorgen, die ich kannte. Selbst wenn die Schauspieler wechselten, die Figuren, die sie spielten, würden dieselben bleiben. Das reichte schon. Vertrautheit reichte – ich erwartete keine Freundschaft. Masroor war ein Freund gewesen – jetzt war er ein Stück Werbung auf einem Armeelaster. Haasan, Ammi, Asharfi – in weniger als einer Woche waren sie mir zur Familie geworden. Aber hier war ich nun und versteckte mich in Benares, während sie in Lucknow untergetaucht waren. Guruji und Chaubey und die anderen im Akhara waren zwar keine Freunde, aber wenigstens kannte ich sie, und das bedeutete mir viel. Es war Geld auf der Bank, ein Spatz in der Hand, besser als gar nichts. Jetzt irgendwelche Veränderungen würde nur wieder Fremde bedeuten.

Um mein kleines Leben zu pflegen und zu hegen, schnitt ich die Welt heraus. Ich fragte Chaubey nie, was an jenem Abend passiert war, aber mir entging nicht, daß nach meiner Sag-ja-Rede er und Gyanendra immer gemeinsam den Akhara verließen. Ich dachte auch nicht an das Fenster gegenüber, außer daß ich mir wünschte, meins hätte auch Fensterläden. Ich vereinfachte mein Leben, bis es nur noch vom Ensemble des Ramlila bevölkert war ... Das Problem war nur, daß einer der Schauspieler eine Doppelrolle hatte.

Aber wenigstens für eine Woche behielt Chaubey sein anderes Leben für sich. Jedem im Ensemble fiel auf, wie sauber und glattrasiert er plötzlich war. Und Guruji tadelte ihn scharf an dem Tag, da er ohne Haare auf dem Körper erschien. Chaubey gab keine Erklärung dazu ab.

Dann, eines Abends nach der Probe, kam er mit zwei Gläsern back-steinroten Tees zu meinem Zimmer. Ein Frösteln von Vorahnung lief mir über die Arme, aber was sollte ich sagen? Da er es jetzt aller Wahrscheinlichkeit nach nicht mehr auf meinen Körper abgesehen hatte, ließ ich ihn herein. Der Tee war so süß, daß mir die Zähne weh taten. Ich machte eine große Sache daraus, ihn zu trinken, blies und schlürfte abwechselnd, um ihn davon abzuhalten, mir Dinge zu erzählen, die ich nicht wissen wollte. Dann ging mir irgendwann der Tee aus, und Chaubey begann.

Er hatte seine Nase und seine Mundeinlagen entfernt. Jetzt wandte er seinen Blick mit großer Bedächtigkeit zum verschlossenen Fenster gegenüber und sah dann mit einer verschämten und vage wissenden Miene wieder zu mir zurück. Er begann zu sprechen, aber ich konnte kein Wort hören, nicht ein einziges Wort, obwohl er so emphatisch redete, daß ich seine Lippen lesen konnte. *Du hast recht gehabt, das Mädchen ist nichts als eine – Schlampe!*

Der Ton kam mit dem letzten Wort, und zwar so laut, daß Chaubey vor Schreck verstummte.

Tut mir leid, sagte er, nachdem er sich wieder zusammengerissen hatte. Manchmal ist es schwierig, die Dinge auseinanderzuhalten. Es gab ein Problem mit dem roten Faden. Da war der Film, wo er nicht sprechen konnte, und das Stück, wo er lauter als im wirklichen Leben sein mußte. Und dann gab es das normale Leben in der Mitte.

Du hast also mit dem Drehen begonnen, fragte ich, mit dem unbestimmten Gefühl, ausgeschlossen zu sein.

Nein, nein, sagte er und schüttelte den Kopf. Erst mal muß ich lernen, wie man ohne Worte schauspielert. Alles ist viel langsamer. Es gibt mehr Bewegungen. Man muß mehr Gesichter machen. Er wiederholte das Zum-Fenster-des-Mädchens-gucken-und-dann-wieder-zu-mir als Beispiel für dieses Darstellen.

Sie hatten mit dem Drehen noch nicht begonnen, aber er hatte das Mädchen kennengelernt. Drei Tage, nachdem er sich bereit erklärt hatte, den Film zu machen, war er in ihr Zimmer geführt worden.

Du hast recht, sagte er wieder. Sie ist keine achtbare Frau. Es mit ihr zu machen wird nicht das gleiche sein wie das, wovor ich Angst gehabt habe.

Woraus ich entnahm, daß *sie* zu vergewaltigen nicht das gleiche wie eine Vergewaltigung wäre.

Daß es sich bei ihr um eine Schlampe handelte, war ihm auf mehrfache Weise klargeworden. Das Zimmer, in dem sie wohnte, war klein und dunkel und stank nach ungelüftetem Schweiß. Es wurde von einer einzigen Petroleumlampe beleuchtet, in deren Licht sie auf einer Matratze lag, in Bluse und Unterrock, der Arbeitskleidung einer Stadtprostituierten. Der Rotlichtbezirk einer jeden Stadt hatte Balkons, auf denen Huren in Unterröcken herumhingen.

Außerdem machte sie keine Anstalten, sich zu bedecken, als Gyanendra und Chaubey hereinkamen, sie nahm ihre Anwesenheit kaum zur Kenntnis. Sie lag halb aufgestützt auf hohen Nackenrollen und wandte das Gesicht dem verriegelten Fenster zu. Ihr starrer, passiver Blick sah blind aus.

Den Blick habe ich gleich erkannt, sagte Chaubey stolz. Jeder zweite Sadhu in Kashi hat genau den gleichen Gesichtsausdruck. Es ist das Opium.

Er war erleichtert, daß das Mädchen keine achtbare Frau war. Anstatt ein Mädchen aus gutem Hause zu ruinieren, unterstützte er Gyanendra, einer gestrauchelten Frau aufzuhelfen. Aber er war ehrlich genug zuzugeben, daß sie trotz Bluse, Unterrock und Opium immer noch den Körper eines Filmstars hatte. Ich freue mich darauf, es mit ihr zu machen, beichtete er mir von Mann zu Mann. Natürlich nicht bis zur letzten Konsequenz, nicht so, daß er die Kontrolle verlor und sich verschwendete, aber es als einen Akt der Selbsterziehung zu tun, als eine Erprobung seines Willens und seiner Disziplin.

Nach dieser einen voreiligen Frage am Anfang, als ich hatte wissen wollen, ob die Dreharbeiten begonnen hätten, hörte ich ihm schweigend zu. Die Angelegenheit lag außerhalb der enggezogenen Grenzen meiner Welt. Sie brauchte keine Reaktion von mir. Und Chaubey wartete auch auf keine – er erzählte einfach seine Geschichte und ging. Er wollte einen Bruchteil der nicht zurückhaltbaren Erregung, die der Film in ihm aufgerührt hatte, abladen, und ich war der einzige im Akhara, dem er es ohne Bedenken erzählen konnte. Im Interesse der Diskretion hatte ich ihm mein Ohr geliehen. Es war bloß eine Geschichte, weder wahr noch unwahr. Und es war nicht meine Geschichte, so daß keine Partei ergriffen werden mußte, keine Urteile zu fällen waren. Ich hatte mich daran beteiligt, Chaubey zu einer Hauptfigur darin zu machen, aber das war mir aufgezwungen worden. Ich war kein Komplize, weil es Selbstverteidigung gewesen war. Unmittelbar drohende Unzucht war mein mildernder Umstand.

Zwei Tage später war Chaubey wieder da, mit einem Bildband des *Kamasutra.* Ich habe ihn gebeten, mir ein Drehbuch zu geben, damit ich die Rolle lernen kann, sagte Chaubey, aber statt dessen hat er mir das hier gegeben.

Ein Blick auf die Abbildungen überzeugte ihn, daß ein Großteil seines Körpers einer Generalüberholung bedurfte. Er konnte mit seinem Körper mehr machen als die meisten Männer, aber einige Stellungen bereiteten ihm Sorgen. Gyanendra hatte ihm gesagt, er solle die Bilder nicht wörtlich nehmen, weil die meisten bloß Beispiele jenes antiken indischen Sports, des Austauschpuzzles, seien. Ein Verbindungspunkt und acht Glieder: Wie viele Stellungen ergab das, wenn man auch die unwahrscheinlichen mit einschloß? Zum Glück konnte man im Film die Wirklichkeit fälschen. Gyanendra brauchte ein paar Bilder mit Umarmungen und ein paar Einstellungen von Penetrationen für die Phantasielosen, aber der Rest würde durch Taschenspielertricks am Schneidetisch zustande kommen. Doch das konnte Chaubey nicht beruhigen. Er war ein Kraftmensch und Athlet – er machte nichts, ohne vorher zu trainieren.

Womit er zum Grund seines Besuchs kam. Er wollte das *Kamasutra* in meinem Zimmer lassen.

Wieso das denn, fragte ich abwehrend.

Er errötete und stand auf. Er stellte sich mit dem Rücken zu mir ans Fenster und räusperte sich.

Du mußt mir bei meinem Training helfen, sagte er. Dann erzählte er mir, warum.

Er hatte die Kontrolle über seinen Körper verloren. Seit dem Tag, als er zu Gyanendra ja gesagt hatte, plagten ihn Träume – erotische, feuchte Träume. Nur daß er sie auch tagsüber hatte. Sowie er an das Mädchen dachte oder ein Bild in dem Buch ansah ... Jetzt ließ er den Dhobi seine Dhotis zweimal wöchentlich waschen. Er konnte keine Lendenschurze mehr tragen. Sein Zustand verlangte etwas Verhüllenderes. Wenn das noch einen Monat so weiterging, wäre er nur noch eine Hülse, ein hohler Mann ohne Mark. Befreit von den Skrupeln der Enthaltsamkeit, improvisierte seine Phantasie Bilder von derart lüsterner Geilheit, daß sie ihm angst machten.

Er drehte sich um und sah mich flehend an.

Du mußt mir helfen, diese Bilder in meinem Kopf zu zähmen, bettelte er.

Ich war argwöhnisch und erwiderte nichts darauf. Ich dachte an Gandhi, der nackt neben seiner Nichte geschlafen hatte, um seine Fleischeslust zu beherrschen. Er hatte diesen Test nicht bestanden, soviel wußte ich noch, und Chaubey war kein Mohandas.

Aber darum ging es gar nicht. Er wollte nicht neben mir schlafen. Ich sollte ihm nur Teile des *Kamasutra* vorlesen. Tägliche Lesungen würden vielleicht seine Immunität gegen das erotische Potential des Buches aufbauen. Wenn er lernen könnte, sich das *Kamasutra* als eine Art Lehrbuch vorzustellen, mit Theorien und Formeln, dann könnte er vielleicht länger durchhalten. Der Schlüssel, meinte er, lag darin, sich das Buch in Worten vorzustellen, nicht in Bildern. Deswegen brauchte er jemand anders, der es vorlas. Wenn er selbst in den illustrierten Text blickte, löste das eine Multimediashow in seinem Kopf aus, eine erotische Licht-Ton-Vorstellung.

Das erschien mir einigermaßen harmlos, und so erklärte ich mich einverstanden. Danach verbrachte Chaubey fast jeden Abend eine Stunde damit, mit dem Gesicht auf meinem Bett zu liegen, während ich ihm meterweise Vatsyayanas Pedanterie vorlas. Es war weniger erregend als eine Anatomiestunde. Wie irgend jemand dieses Paukbuch zum Sex erregend finden konnte, war mir ein Rätsel. Aber Chaubey ging es so. Alle paar Minuten wälzte er sich herum, grunzte und seufzte er, und manchmal rief er, ich solle aufhören, damit er nicht überkoche. Manchmal kam sein Ruf nach Unterbrechung zu spät. Wenn das passierte, brach er die Lesesitzung ab und ging nach Hause, um sich umzuziehen.

Während die Tage vergingen, gab es immer weniger solche Malheurs. Ich lernte, den Text im Stil nationalistischer Redner zu lesen: mit Bedacht und bedeutsamen Pausen dazwischen. Auf die Weise hörte Chaubey jedes Wort eines Satzes, ohne seinen ganzen Sinn zu erfassen. Nach Ablauf einer Woche konnte er eine Stunde Lesen ohne Verschütten bewältigen. Ich begann sogar einen erregenden Stolz auf sein Durchhaltevermögen zu empfinden. Das hätte mich warnen müssen.

Keine Beteiligung bleibt ohne Folgen, nicht einmal Lesen. Vor allem nicht Lesen. Worte suchen alle Anfänge heim.

Aber eine weitere Woche lang passierte nichts. Dann, Ende März, um die Zeit, als die Ramlila-Proben die Hektik eines Räderwerks erreichten, kam schließlich eins zum andern.

Chaubey fragte mich, ob ich bei den Fotografien helfen würde.

Fotografien?

Fotografien, bestätigte Chaubey. Gyanendra wollte Fotografien, Standbilder. Er brauchte mehrere Dutzend für mehrere Zwecke: Als Produktions-Standfotos, als Pressematerial, um kleine Alben herzustellen, mit denen er Verleiher überzeugen wollte, für Plakate und Werbung – kein Film konnte ohne Fotografien auskommen.

Und was müßte ich tun, fragte ich.

Chaubey beruhigte mich. Nichts Abwegiges. Nur das, was ich schon die letzten vierzehn Tage getan hatte – das *Kamasutra* vorlesen, während Gyanendra die Bilder machte. Er hatte sich jetzt schon seit einiger Zeit in Selbstkontrolle geübt und auch recht erfolgreich, aber dies war das erste Mal, daß er mit ihr zusammen im Bild wäre. Er wollte nicht, daß ihn seine Drüsen im Stich ließen.

Nein, sagte ich sofort. Mit dem Film will ich nichts zu tun haben.

Du brauchst nicht direkt was zu tun, sagte Chaubey ernst. Lies einfach nur aus dem Buch vor, so wie du es bis jetzt gemacht hast. Weiter nichts. Es wird mir helfen, ruhig zu bleiben, wenn ich mit ihr posiere. Deine Stimme bewirkt, daß mir das, was ich mache, wie Gedrucktes vorkommt. Es bremst mich. Ich brauche das – ich will sie nicht vollkleckern.

Ich stellte mir vor, wie ich, anstatt das Fenster gegenüber von hier zu betrachten, an ihm säße und das *Kamasutra* deklamierte, während Chaubey und das Mädchen für schmutzige Bilder posierten. Das war eine Szene, die ich auf keinem Filmmaterial meines Lebens haben wollte. Deswegen war die Antwort leicht.

Nein, sagte ich wieder.

Aber Chaubey las meine Gedanken.

Du brauchst nicht einmal mit uns im gleichen Zimmer zu sein, sagte er. Du kannst einfach hier sitzen bleiben und das Buch laut vorlesen. Das Fenster da ist weniger als drei Meter von deinem entfernt, deine Stimme wird also gut zu hören sein. Du brauchst nicht einmal zuzusehen, wenn du nicht willst. Lies mit dem Rücken zum Fenster.

Er ließ nicht locker. Alle Augenblicke fand er eine neue Art und Weise, mir zu sagen, wie unentbehrlich ich sei. Er brauche meine Stimme, weil das Ganze dadurch weniger wie Pornographie und mehr wie ein Anleitungshandbuch wirke. Und ich würde es nur einmal machen müssen – nur für sein Kamera-Debüt mit dem Fenstermädchen. Selbst Maestros brauchten das Dröhnen des Tanpura, um ihre Tonhöhe zu finden ... Und er war bloß ein Anfänger.

Das war so absurd, daß ich lachen mußte. Das hätte ich nicht tun sollen, weil ich zwar nicht gerade ja sagte, aber vergaß, noch einmal nein zu sagen. Was bedeutete, daß ich zwei Tage später mit dem Buch in den Händen an meinem Fenster stand. Das Fenster gegenüber war schon belebt. Ich war etwas spät dran.

Ich wäre rechtzeitig gekommen, wenn Guruji an diesem Morgen nicht beschlossen hätte, die Proben zum Tulsi Ghat zu verlegen, wo das Stück im Endeffekt aufgeführt werden sollte. Er wollte, daß wir ein Gefühl für den richtigen Schauplatz bekamen. Um halb fünf (die Fotositzung war für sechs Uhr angesetzt) täuschte Chaubey einen verrenkten Knöchel vor und verschwand mit Gurujis Erlaubnis. Eine Stunde später – um nicht Gurujis Verdacht zu erregen – gab ich vor, Durchfall zu haben, und rannte zum Akhara zurück. Ich trug immer noch einen Sari und Blumen im Haar. Unterwegs machten die herumschlendernden Männer saugende Knutschgeräusche, während sie mich mit ihren Blicken verfolgten. Als ich endlich mein Zimmer erreichte und unter das Bett tauchte, um das Buch zum Film hervorzuholen, hatte die Vorstellung schon begonnen.

Das Mädchen stand in der Mitte der Szene, vom Fenster eingerahmt, in ein altes indisches Frauengewand, einen roten Sari, gekleidet und hatte weiße Blumen im Haar (genau wie ich), aber irgendwas stimmte nicht. Aus ihren Augen strömten Tränen, und ihr Mund war in einem Schrei geöffnet, den man nicht hören konnte. Gyanendra betrat die Bildfläche, und das Mädchen wich zurück. Im Hintergrund bemerkte ich Chaubey, der sie beobachtete.

Plötzlich bückte sich das Mädchen und richtete sich wieder auf. Sie hielt jetzt eine brennende Petroleumlampe in beiden Händen und schwang sie in flammenden, bedrohlichen Bögen. Nun wich Gyanendra zurück. Das sah nicht wie das *Kamasutra* aus, sie schien eindeutig aus der Rolle zu fallen. Das Zimmer war mit Lampen behängt und von einem gelben Licht erfüllt, in dem ihr roter Seidensari glänzte und blitzte. Gyanendra redete mit einer tiefen, samtigen Stimme, die zwischendurch vor Nervosität brach, auf sie ein und sagte ihr, sie solle die Lampe wegstellen. Aber sie schwang sie weiter. Ich hatte nicht das Gefühl, daß sie lange so weitermachen könnte, weil sie benommen und unsicher wirkte. Die kreisenden Bewegungen machten sie schwindlig, und die ausladenden Lampenschwünge wurden schon schwächer. Das Ende kam schnell. Als Gyanendra eine Gelegenheit witterte und näher herantrat, um ihr die Lampe zu entreißen, schleuderte sie sie ihm entgegen. Die Lampe verfehlte ihn, prallte von dem oberen Rand des Fensterrahmens ab und knallte auf die Straße hinunter. Ich sah sie nicht landen, weil ich mich geduckt hatte, sowie ich sie fliegen sah. Als ich mich wieder aufrichtete und über den Fenstersims blickte, sah ich nur noch geschlossene Fensterläden. Die Matinee war zu Ende.

Eine Viertelstunde später saß Chaubey in meinem Zimmer. Sie will mehr Geld, sagte er. Das hatte ihm zumindest Gyanendra erzählt. Nach dem Zwischenfall mit dem Lampengeschwenke hatte er Chaubey aus dem Zimmer geschoben, um ein Wörtchen mit ihr zu reden. Chaubey hatte sie danach nicht mehr gesehen, aber Gyanendra war aus dem Zimmer gekommen und hatte ihm gesagt, daß alles geregelt sei. Er habe gedroht, sie aus dem Film herauszunehmen, und sie habe sofort klein beigegeben. Anscheinend war das immer so mit Starlets. Sie verkauften ihren Körper für eine Rolle, aber sowie sie aufgefordert wurden, vor der Kamera ihre Bluse auszuziehen, wollten die Schlampen Geld sehen. Und sie hatten diesmal nicht einmal versucht, ihr die Kleider auszuziehen. Gyanendra hatte vorgehabt, ganz sachte mit einem Kuß in voller Kostümierung anzufangen.

Du hast ja gesehen, wie sie geweint und gezittert und mit der Lampe herumgefuchtelt hat, sagte Chaubey kopfschüttelnd. Was für eine Schauspielerin. Man könnte meinen, sie sei eine Jungfrau und nicht eine verbrauchte Witwe.

Das Wichtige war jedenfalls, daß sie morgen endlich die Fotositzung machen wollten und mich wieder bräuchten.

Nein, sagte ich schnell. Die Szene im Fenster an diesem Abend hatte mich umgestimmt. Was Gyanendra und Chaubey mit dem Mädchen anstellten, mußten sie zwischen sich und ihrem Gewissen ausmachen – sie waren die Schauspieler in diesem Drama. Aber wenn ich für Chaubey den Text vorlas, wäre ich ein Komplize. Es war durchaus möglich, daß Gyanendras Geschichte stimmte, daß die Szene, die ich beobachtet hatte, von einem Lohndisput diktiert worden war, aber ich hätte nicht drauf gewettet. Es fiel mir also nicht schwer, nein zu sagen.

Aber du sollst mir den Text gar nicht mehr vorlesen, sagte Chaubey triumphierend. Wir hatten schon angefangen, bevor du gekommen bist, und ich bin sehr gut ohne dich ausgekommen. Ich hatte mich unter Kontrolle – war ein bißchen erregt, aber nicht kurz davor, meinen Dhoti zu beschmutzen. Er grinste wie ein kleiner Junge.

Jetzt wollten sie mich aus einem anderen Grund haben. Gyanendra konnte die Aufnahmen nicht selber machen, weil er die Hände frei haben mußte, falls sie wieder eine Szene machte. Sie wollten, daß ich die Kamera bediente.

Nein, sagte ich sofort. Diesmal brauchte ich nicht einmal zu überlegen. Ich würde keinen Schritt in dieses Zimmer tun. Nichts konnte mich dazu bringen, in irgendeiner von diesem Fenster eingerahmten Szene vorzukommen.

Keine Sorge, sagte Chaubey besänftigend. Du brauchst überhaupt nichts zu tun. Er wird die Kamera einstellen. Du brauchst nur noch auf den Auslöser zu drücken, wenn er es dir sagt.

Hör mal, sagte ich geduldig, ich glaube, du verstehst mich nicht ganz. Ich werde keinen Schritt in dieses Fens … in dieses Zimmer tun.

Aber das brauchst du gar nicht, sagte Chaubey triumphierend. Wir stellen die Kamera in dein Zimmer.

Ich war so empört, daß mir die Sprache wegblieb. Chaubey drängte weiter. Gyanendra war es recht, wenn die Bilder von meinem Zimmer aus gemacht würden. Ihm gefiel sogar die Vorstellung, daß der Fensterrahmen auf den Bildern drauf wäre. Wer die Fotos sähe, würde die besondere Erregung des hineinblickenden Außenstehenden verspüren. Das ergäbe gutes Werbematerial.

Schließlich war es die Kamera, die mich rumkriegte. Wäre da nicht die herrliche Aussicht gewesen, wieder Bilder zu machen, hätte ich weiter nein gesagt. Aber der Gedanke, wieder mit einer Kamera zu hantieren – durch den Sucher zu gucken bedeutete eigentlich keine richtige Beteiligung. Es würde mich nicht für den Inhalt des Fensterrahmens verantwortlich machen, so wie das beim Vorlesen des *Kamasutra* der Fall gewesen wäre. Theaterbesucher waren für das Theaterstück nicht verantwortlich, aber Souffleure schon – und Bilder machen war nur eine andere Form des Zuschauens. Ich weiß nicht, ob ich tatsächlich ja sagte, aber als Chaubey an diesem Abend mein Zimmer verließ, hatten wir eine Abmachung.

In dieser Nacht träumte ich, daß ich das stumme Mädchen schreien hörte.

Es war schon der zweite Tag hintereinander, daß ich dank meiner vorgeschobenen überregen Darmtätigkeit früher entlassen wurde als das restliche Ensemble. Chaubey ließ Bescheid sagen, daß er seinen verrenkten Knöchel pflege, und erschien überhaupt nicht. Als ich in mein Zimmer kam, war die Kamera schon aufgestellt. Sie stand auf einem Stativ und zeigte aus meinem Fenster hinaus.

Im Fenster gegenüber waren Gyanendra und Chaubey zu sehen, aber das Mädchen fehlte. Chaubey trug Ohrringe und eine Perücke, was ihm schulterlanges Haar bescherte, wie es gutaussehende Männer des Goldenen Zeitalters getragen hatten. Um seinen Hals war eine doppelte Perlenkette geschlungen, und seine enormen Bizepse wurden durch vergoldete Armreife betont.

Gyanendra trug seine übliche Safranrobe, aber heute hatte er auch noch eine Sonnenbrille auf. Als er mich sah, fing er an, mir Anweisungen bezüglich der Handhabung der Kamera zuzubrüllen. Mir von diesem Safranlüstling, dem, wie ich vermutete, mehr daran gelegen war, schmutzige Bilder als einen Film zu machen, mein Handwerk erklären zu lassen, war unerträglich. Ich sagte ihm schroff, daß ich ein professioneller Fotograf sei. Es gäbe nichts, was er mir über irgendeine Kamera erzählen könne, das ich nicht schon wisse.

Das brachte ihn zum Schweigen, aber es war gänzlich unwahr. Vielleicht war ich ja mal ein professioneller Fotograf gewesen, aber ich hatte noch nie eine klassische Fachkamera bedient, samt schwarzem Tuch, Balgen und 6x8-Inch-Glasplatte für jede Belichtung. Das war das, was ich in meinem Zimmer stehen hatte. Aber ich würde mein Unwissen nicht zugeben. Aus Büchern wußte ich ja, wie sie funktionieren sollte. Das übrige würde dann schon kommen.

Ich steckte den Kopf unter das schwarze Tuch und ortete den Sucher. Dann zog ich den Balgen aus, bis Chaubeys Ohrringe vor Schärfe glänzten. Auf meinem Bild war zuviel Backsteinmauer unterm Fenster, und hier half mir mein Bücherwissen. Ich hatte irgendwo gelesen, daß man das korrigieren konnte, indem man die Objektivplatine verstellte, und so war es.

Als das Mädchen dann endlich ins Bild kam, hatte ich einen ziemlich engen Bildausschnitt erreicht: nur das Fenster und ein unvermeidbarer roter Backsteinrand. Ich sah nicht, von welcher Seite sie ins Bild kam – sie war plötzlich da, knapp links von der Mitte, und trug den gleichen roten Sari wie am Vortag. Ihr Gesicht sah etwas verquollen aus, und ihr rechter Kiefer wirkte geschwollen, aber das konnte eine Lichttäuschung sein, oder vielleicht war ihre untere Gesichtshälfte von Natur aus asymmetrisch. Es war nicht mehr zu sehen, nachdem ich die Schärfe eine Idee weicher gestellt hatte.

Sowohl Chaubey als auch das Mädchen schafften es, ihre Stellungen so lange zu halten, daß ich vier Platten belichten konnte. Auf den Bildern sah man sie Arm in Arm, er auf ihre Brust gelehnt, er, ihr Ohrläppchen beißend und beide sich küssend – in dieser Reihenfolge. Diesmal leistete das Mädchen keinen Widerstand, obwohl sie manchmal so stark zitterte, daß ich warten mußte, bis sie wieder aufgehört hatte, sonst wären ihre Umrisse unscharf rausgekommen.

Nach diesen ersten vier Belichtungen gab es eine Pause. In meinem Sucher ging Chaubey zum rechten Bildrand und verschwand. Gyanendra näherte sich dem Mädchen, das vor ihm bis zum Fenstersims zurückwich. Er sagte irgendwas zu ihr, was ich nicht mitbekam, weil unter dem schwarzen Tuch alle Geräusche von draußen gedämpft wurden. Sowie er zu Ende geredet hatte, verschwand sie links aus dem Sucher. Zwei Minuten später erschien Chaubey wieder. Er war anfangs schon mit nacktem Oberkörper aufgetreten, ich brauchte also eine Minute, um zu begreifen, daß er jetzt völlig nackt war. Er trug nicht nur keinen Dhoti, er trug nicht mal seinen Lendenschurz, und als er die Bildmitte betrat, gingen ihm seine Gefühle voraus. Er schien sich Sorgen zu machen, wie lange seine Erregung anhalten würde, weil er ständig den Blick auf sich gerichtet hielt und nicht einmal aufschaute, um nach dem Mädchen zu sehen.

Der Anblick war mir peinlich, und so schwenkte ich die Kamera etwas nach links, um ihn aus dem Sucher herauszunehmen. In dem Moment zerrte Gyanendra das Mädchen wieder ins Bild. Sie hatte immer noch alle ihre Sachen an, was ihn aufzuregen schien, weil er sie heftig schüttelte. Das wollte ich nicht sehen, und so schwenkte ich die Kamera wieder zurück auf Chaubey, aber er war immer noch zutiefst mit sich selbst beschäftigt. Ich stellte wieder die ursprüngliche Einstellung her. In dieser waren rechts Chaubey, der sich überwachte, und links das

Mädchen zu sehen. Sie stand mit dem Rücken zur Kamera, während sie mit Gyanendra rang, der versuchte, ihr die Kleider auszuziehen. Sie war so sehr damit beschäftigt, sie anzubehalten, daß ihr Chaubeys Nacktheit zunächst gar nicht aufzufallen schien. Dann tat Chaubey, immer noch verzückt auf seine Lenden starrend, einen Schritt vor, und sie sah ihn.

Sie wand sich aus Gyanendras Griff, wirbelte herum und umklammerte mit rasselndem Atem den Fenstersims. Ihr Gesicht war häßlich vor Angst: die Augen starr, die Nasenflügel gebläht, der Mund in einem endlosen Schrei aufgerissen, den ich nicht hören konnte. Aber plötzlich bellten die Hunde unten in der Gasse.

Gyanendra tat einen Schritt auf sie zu, meine Augen schlossen sich aus Selbstschutz, und mein zitternder Zeigefinger drückte völlig unbeabsichtigt auf den Auslöser. Der Blitz explodierte, und als ich die Augen wieder öffnete, waren nur noch Chaubey und Gyanendra im Bild – das Mädchen war verschwunden. Zuerst dachte ich, sie habe sich in irgendeinen Teil des Zimmers zurückgezogen, der im Sucher nicht zu sehen war. Dann sah ich, daß die beiden Männer aus dem Fenster blickten. Großer Gott! Ich dachte an die Lampe, die sie am Tag zuvor aus dem Fenster geschleudert hatte, an das gräßliche Geräusch, als sie unten auf der Straße zerschmettert war. Ich machte die Augen wieder zu.

Als nichts passierte, öffnete ich sie wieder und kippte die Kamera nach unten. Der Fenstersims verschwand, und der Sucher füllte sich mit Backstein und dann noch mehr Backstein, bis die Kamera sich nicht weiter kippen ließ. Ich faßte meinen Mut zusammen, schleuderte die schwarze Kapuze weg und lehnte mich aus meinem Fenster. Da war sie – nicht zerschmettert und tot auf der Straße unter mir, sondern in der Luft schwebend. So kam es mir zumindest vor, bis ich sah, daß sie auf den beiden parallelen Bambusstangen lag, die unter ihrem und meinem Fenster in die Hauswände getrieben worden waren, um zu verhindern, daß die Gebäude gegeneinandersackten.

Chaubey und Gyanendra hingen aus ihrem Fenster, das einen guten Meter über den Bambusstangen endete. Sie wedelten mit den Armen und riefen dem Mädchen etwas zu. Ich konnte nicht hören, was sie sagten.

Das ist Vergewaltigung, dachte ich. Niemand springt wegen eines Lohndisputs aus dem Fenster. Was würde sie als nächstes tun? Ihre Möglichkeiten waren begrenzt. Sie konnte loslassen und in den sicheren Tod stürzen oder zu dem Fenster und zu einem schlimmeren

Schicksal zurückkehren. Stumm wie sie war, konnte sie nicht einmal um Hilfe schreien.

Aber während ich zusah, rappelte sie sich auf, bis sie auf Händen und Knien balancieren konnte, und das eröffnete eine neue Möglichkeit. Eine, die ich hätte voraussehen sollen, es aber nicht getan hatte – diese Dinge hängen oft von der jeweiligen Sichtweise ab. Sie sicherte ihr Gleichgewicht auf den Bambusstangen und begann, auf das Fenster zu-zukriechen. Nicht auf das, das sie verlassen hatte – sondern auf das, von dem aus ich die Szene beobachtete!

Ich kämpfte gegen den Drang an, unter das schwarze Stofftuch zu tauchen, um zu überprüfen, ob es auch tatsächlich im Sucher passierte. Als ich den Impuls überwunden hatte, hockte sie schon direkt unter mir. Jetzt konnte ich ihre Schultern zittern sehen, während sie in der Backsteinmauer nach Kerben für ihre Finger tastete, die ihr den nötigen Halt gaben, um sich aufrichten zu können. Zentimeter um Zentimeter, Fingernagel um Fingernagel, die Handflächen an die Mauer gepreßt, bewegten sich ihre Hände nach oben und zogen den Körper hinterher. Dann fanden ihre Finger den Fenstersims. Ihre Hände griffen hinein und umklammerten den Sims. Sie stand jetzt fester verankert, als sie es gewesen war, seitdem sie das andere Fenster verlassen hatte. Aber nun gab es eine Schwierigkeit. Mein Fenster lag etwas höher als ihres, so daß es zwei Meter waren zwischen den Bambusstangen, auf denen sie stand, und dem Fenstersims, den sie umklammert hielt. Den Sprung einen Meter in die Tiefe auf die Bambusstangen am anderen Ende hatte sie alleine geschafft, aber an diesem Ende mußte ihr jemand hochhelfen.

Es ging mich immer noch nichts an, aber diesmal blieb mir keine Wahl, jetzt da sie aus dem Sucher heraus in mein Leben getreten war. Ich hätte sie wahrscheinlich auf jeden Fall hochgezogen, aber was mich zur Eile veranlaßte, war das Knacken der Bambusstangen, als Gyanendra sich auf sie herunterließ. Er sah verrückt vor Wut aus und muß es auch gewesen sein, weil er sich aufrecht auf die Stangen stellte. Die Vorsicht, mit dem das Mädchen über den Abgrund gekrochen war, war seine Sache nicht. Nein, er hatte eindeutig vor herüberzulaufen. Wie er sie zurückschleppen wollte, auf zwei Bambusstangen an die zwölf Meter über dem Erdboden balancierend, war mir schleierhaft, und es war mir auch egal. Er mußte sie erst mal kriegen. Ich hob ihre Hände hoch, und sie klammerten sich um meinen Hals. Dann stemmte ich die Knie gegen die Wand, um nicht umzukippen, packte sie unter den

Achselhöhlen und begann zu ziehen. Als ihre Füße die Stangen verließen, verließen meine Arme beinahe meine Gelenkpfannen, aber ich biß die Zähne zusammen, hielt den Atem an und zog weiter. Plötzlich fiel ich rückwärts mit einem Körper in den Armen und wußte, daß ich Gyanendra zuvorgekommen war.

Tatsächlich war Gyanendra gar nicht mehr im Rennen. Als ich mich erhob und hinaussah, waren die Bambusstangen frei von Verkehr. Dann sah ich genauer hin und entdeckte blutleere Finger, die sich um eine der Stangen klammerten. Gyanendra hatte den Halt verloren und baumelte jetzt über der Straße. Er sah albern aus mit seiner Sonnenbrille. Das Mädchen hockte auf allen vieren auf meinem Bett und erbrach sich atemlos.

Bis zu dem Moment hatte ich nicht die Absicht gehabt, mit dem Mädchen zu fliehen. Ich hatte sie vor einem Sturz bewahrt, hatte aber keine großartigeren Rettungspläne im Kopf gehabt. Es war Chaubey, der die Sache für mich entschied. Ich hatte ihn in der ganzen Aufregung vergessen, aber nachdem ich ein Stück von meinem Sari abgerissen hatte, damit sie sich das Erbrochene wegwischen konnte, fiel mir wieder ein, daß er der noch fehlende Schauspieler in diesem abseitigen Drama war. Ich sah zum Fenster hinüber, aber es war leer. Dann hörte ich unten Schritte. Ich blickte hinunter und sah ihn über die Straße rennen, ohne seinen Regisseur zu beachten, der immer noch vor sich hinbaumelte und zwecklos mit den Beinen ruderte. Gyanendra schrie nicht um Hilfe. Entweder hatte er zuviel Angst, um zu schreien, oder er hatte das wirkliche Leben mit seinem Stummfilm verwechselt.

Eine Minute später hörte ich Chaubeys unverkennbare Schritte auf der Treppe, die zu meinem Dachzimmer hochführte. Er kam sie holen. Sie hörte ihn auch und kam, wild um sich blickend, mühsam auf die Beine. Ich legte einen Finger auf meine Lippen, daß sie mich nicht verraten solle. Ich griff mir eine der vielen Keulen, die in meinem Zimmer herumlagen, und stellte mich so neben die Tür, daß ich unbemerkt blieb, wenn sie aufging. Ich zitterte vor Angst, aber dann war es doch ganz einfach. Er riß die Tür auf, stürzte herein – und blieb wie angewurzelt stehen, als er das mit Erbrochenem befleckte Mädchen am Fenster stehen sah. Er hatte mir den Rücken zugekehrt und gab ein völlig bewegungsloses Ziel ab, als ich die Keule von rechts nach links schwang und sie sicher auf seine Schläfe auftreffen ließ. Er fiel auf die Knie, und so schlug ich noch mal zu, und dann war Ruhe.

Ich tat es nicht aus Ritterlichkeit. Es war viel einfacher. Es war die Tatsache, daß wir beide Saris trugen. Als ich ihn die Stufen zu meinem Zimmer hochsteigen hörte, erinnerte ich mich an die Male, wo mir eben dieses Geräusch Angst und Schrecken eingejagt hatte, in den Tagen, als er begonnen hatte, mir schöne Augen zu machen. Als ich sie also vor Entsetzen zusammenzucken sah, griff ich aus einem Gefühl schwesterlicher Solidarität nach der Keule. Ich stoppte Chaubey, weil sie auch eine Frau war.

Sie hatte sich wieder gekrümmt, um sich ein weiteres Mal zu übergeben, aber jetzt war keine Zeit mehr für den Luxus einer zweiten Würgerei. In dem Moment, da die Keule gegen ihr Ziel krachte, war mein Pfandrecht auf das Dachzimmer erloschen. Wir mußten weg, bevor Guruji zurückkam oder Chaubey wieder aufwachte, egal was zuerst stattfand. Ich trauerte kurz über meine geruhsamen Tage als Sita – und verdrängte dann den Gedanken. Sita konnte es sich leisten, ein bißchen herumzuheulen – ihre Rettung war ins Regiebuch geschrieben. Meine nicht. Jetzt wo ich nicht mehr Sita war, hatte ich keine Regieanweisung mehr, an die ich mich halten konnte, keinen Text zum Sprechen. Aber vom Kontext der Szene her, die gerade geendet hatte, wußte ich, daß ich einen schnellen Abgang improvisieren mußte.

Und so unterbrach ich das Mädchen beim Übergeben, zog sie hoch und dachte gerade noch rechtzeitig an Dadi. Ich griff sie mir und raste die Treppe hinunter, in der einen Hand die Thermosflasche, an der andern das Mädchen. Der Hof war Gott sei Dank leer – Guruji und die anderen waren noch nicht vom Tulsi Ghat zurückgekehrt. Als wir über die Schwelle des Akhara auf die Stufen traten, die hinunter zum Verbrennungsplatz führten, hatte ich keine anderen Pläne, als irgendwo in der Stadt unterzutauchen. Und so wandten wir uns nach rechts und rannten die Stufen hoch, dem Refugium der dunklen und gewundenen Gassen von Benares entgegen. Wir hätten es vielleicht geschafft, wenn ich oben auf der Treppe nicht buchstäblich kopfüber in Gurujis Bauch gerannt wäre und ihn umgestoßen hätte. Er hatte sich nicht lange genug am Tulsi Ghat aufgehalten.

Wir blieben nicht stehen, um ihm aufzuhelfen. Wir machten kehrt und rannten jetzt die Stufen hinunter zum Verbrennungs-Ghat. Der Gedanke, daß einige Mitglieder des Ensembles, vielleicht Rama oder Lakshmana, mit Guruji zurückgegangen und uns jetzt dicht auf den Fersen sein könnten, ließ mir das Blut in den Adern gefrieren und drängte mich weiter. Am Schluß nahmen wir drei Stufen auf einmal. Trauma oder nicht, das Mädchen machte mit.

Wir verschwendeten keine Zeit, um die Scheiterhaufen herumzulaufen – einige übersprangen wir, über die größeren liefen wir einfach rüber. Zum Glück brannte keiner von ihnen richtig. Schlimmstenfalls schwelten sie, und Angst verlieh unseren Sohlen die Unempfindlichkeit von Asbest. Ich war mir nicht sicher, was wir tun sollten, wenn wir den Fluß erreichten, aber das spielte keine Rolle. Das Mädchen war mit weniger Perspektive aus dem Fenster gesprungen – irgendwas würde sich schon ergeben.

Und das war auch der Fall. Als wir die Stufen erreichten, die zum Fluß hinunterführten, brauchte ich nicht einmal zu überlegen. Denn dort auf dem Wasser schaukelte sanft das an der untersten Stufe festgemachte Boot, genauso wie an dem Nachmittag, als ich Chaubey die Rolle verkauft hatte. Ich zog es ans Ufer und sah rein – die Ruder waren da. Vor Erleicherung zitternd stolperte ich hinein und zerrte das Mädchen an Bord. Die Kette war nur am Bug eingehakt und ließ sich leicht lösen – ich brauchte das Boot nur von den Stufen abzustoßen.

Mit dem Rücken zum Fluß, das Gesicht zum Ufer, ruderte ich los. Niemand verfolgte uns. Die Scheiterhaufen rauchten gleichgültig vor sich hin, während das Boot in kleinen Bögen hin und her schwankte und sich drehte. Das letzte Mal, daß ich gerudert hatte, war auf dem See in Naini Tal gewesen, wo der Abschlußjahrgang unserer Schule zu einem Schulpicknick hingefahren war. Damals gab es keine Strömung, mit der ich fertig werden mußte.

Schließlich hatte ich den Dreh raus. Der Trick war, nicht im rechten Winkel zur Strömung zu rudern, sondern schräg dazu. Es war klar, wo wir hinwollten. Zur anderen Seite, zum anderen Ufer, wo der Maharadscha von Benares in seinem Palast in Ramnagar lebte, der Heimat eines anderen, früheren Ramlila, in dem es, Gott sei's gedankt, keine Rolle für mich gab. Das war Grund genug, dort hinzuwollen.

Aber etwas mußte ich noch erledigen, bevor wir das andere Ufer erreichten. Auf der Flußmitte legte ich die Riemen ein und griff nach Dadis Thermosflasche. Das war schließlich der Grund, aus dem ich von Delhi aufgebrochen war, vor so unmöglich langer Zeit. Sie wollte, daß ihre Asche in Benares versenkt wurde, und jetzt war die Zeit gekommen. Es spielte keine Rolle, daß sie in diesem Moment gesund und munter war und wahrscheinlich in ihrem Haus in Delhi Baumwolle kämmte – dies war der zeitlose Ganges. Ich kippte die Thermosflasche ins Wasser, sah zu, wie sich ein paar Blasen bildeten, und ließ sie dann los. Vielleicht würde ich nach Delhi gehen und meine Großmutter besuchen. Sie wäre keine vierzig Jahre alt – und am Leben. Ich war fertig mit den Toten.

Jinnahs Kellner

Anfang April, als der Winter sich in warme Tage und angenehme Nächte verflüchtigt hatte und die drückende Sommerhitze noch einen Monat entfernt lag, wurden meine Großmutter und ich Nachbarn. Ich hatte Glück, daß das Wetter mild war, weil ich während meines ersten Monats in Delhi die Nächte im Freien verbrachte – auf dem Boden der Arkaden, die vor den Ladenfassaden in Kashmiri Gate verliefen. Meine einzige Bedeckung war der Sari, in dem ich aus Benares geflohen war.

Die erste Nacht hatte ich mich vor Student's Stores gebettet, zwanzig Bögen östlich von einer Reihe schlafender Kellner, die tagsüber im Carlton Restaurant arbeiteten und nachts vor der verrammelten Fassade schliefen. Ich war also nicht der einzige, der ungemütlich nächtigte, aber die Kellner hatten es besser – sie hatten wenigstens ihre Schlafrollen und ihre Uniformen. Ich trug immer noch (schon den vierten Tag hintereinander) das Kostüm, das ich in Benares kreiert hatte, indem ich Sitas Sari in zwei ungleiche Teile zerriß. Das längere Stück hatte ich mir wie einen Dhoti um die Hüfte gewickelt, während der restliche Streifen entweder als Schal oder Handtuch diente, je nach Notwendigkeit.

Dadi wohnte hinter den Läden in einem kleinen Haus, das ihr Mann von Major Multan Singh gemietet hatte, dem alles in dem Teil von Kashmiri Gate gehörte, einschließlich der Ladenarkade. Der Weg zum Haus führte durch einen großen Toreingang in der Mitte der Arkade, auf deren Bogen in Großbuchstaben MULTAN SINGH BUILDINGS stand.

Am Morgen nach der ersten Nacht im Freien muß ich mindestens ein dutzendmal durch diesen Bogen und die dahinterliegende dunkle Passage gegangen sein (die so lang war wie die Läden auf beiden Seiten tief). Zweimal bog ich sogar in die Gasse, die an den Küchenräumen des Carlton vorbei und zu Dadis Haus führte. Aber beide Male schlugen meine Füße Wurzeln am hinteren Ende des Restaurants. Es lag nicht nur an meiner Kleidung, daß ich stehenblieb, nicht einmal an dem befremdenden Gefühl, eine feuerbestattete Großmutter zu besuchen. Es war viel einfacher. Da ich sie schlecht besuchen und behaupten konnte, ihr noch nicht geborener Enkel zu sein, brauchte ich einen Vorwand, um an ihrer Haustür zu klingeln, und es fiel mir nichts annähernd Plausibles ein.

Ich stand gerade unentschlossen vor der Küche des Carlton und fragte mich, wie es weitergehen sollte, als sich meine Lebensqualität unerwartet verbesserte. Ein Mann in der Küchentür war gerade damit beschäftigt, Hühner zu köpfen. In Grübelei um Dadi versunken, hatte ich ihn nicht bemerkt, trotz der Blutfontänen und der kopflos umherrennenden Hühner. Er muß mich für einen Bettler gehalten haben, der nach den Küchenresten angeln wollte, weil er auf eine »He, boy«-Art mit den Fingern schnipste und mir auftrug, die leblosen Hühner zu rupfen. Es war eine schmierige, rutschige Arbeit, und ich hatte Angst, die noch warmen Vögel könnten sich zwischen meinen Händen bewegen. Aber nach zwei Stunden in diesem Stil durfte ich mich zu den Kellnern zum Mittagessen gesellen. Es war das erste Mal, daß ich mir 1942 meinen Lebensunterhalt verdient hatte.

Das Hühnerrupfen ist meine Chance gewesen. Von dem Moment an, da Mr. Rosario, der Geschäftsführer, erfuhr, daß ich fließend Englisch sprach, stieg ich vom Geflügelsäubern zum Bedienen der Sahibs auf. Er hatte nur eine Frage. Er wollte wissen, warum ich einen Dhoti trug.

Du bist doch nicht etwa ein Congress-Anhänger, oder, alter Knabe, fragte er mißtrauisch. Leute trugen entweder Dhotis oder sprachen Englisch. Nur Congress-Anhänger und Bengalen taten beides, und Rosario wollte weder die einen noch die anderen haben.

Nein, nein, beruhigte ich ihn in beiden Punkten. Der Dhoti, sagte ich ihm, sei ein Zufall. Ich wisse nicht einmal, warum ich einen trüge, weil ich mein Gedächtnis verloren hätte.

Rosario nickte zustimmend und schickte jemand, der bei mir für eine Kellneruniform Maß nahm. Man ließ mich in der Regel in Ruhe, wenn ich erzählte, daß ich meine Vergangenheit vergessen hatte. Amnesie entwaffnet.

Als erst mal die Uniform genehmigt war, folgte die Schlafrolle, und nach ein paar Tagen war ich den anderen Kellnern gleichgestellt. Sie waren freundlich. Sie machten mir nachts Platz für meine Schlafrolle und zeigten mir, wo ich sie tagsüber verstauen konnte. Sie wurde an einen Ast des alten Neem-Baumes gebunden, der der Straße vor dem Restaurant Schatten spendete. Der Neem war mit einem Dutzend solcher Bündel behängt. Niemand stahl sie je – sie baumelten da einfach, schwangen wie große aufgeblähte Früchte hin und her.

Nach einem Monat im Carlton verbesserte sich mein Leben noch mal: Ich bekam einen besseren Job und eine überdachte Schlafstätte. In der letzten Aprilwoche gab mir Rosario einen Nachmittag frei. Ich hatte dreißig Zwölfstundentage ohne Pause gearbeitet, aber er stellte es trotzdem als einen großen Gefallen dar.

Als ich dann den halben Tag frei hatte, mußte ich mich entscheiden, wo ich ihn verbringen wollte. Das war nicht leicht, weil sich bis zu meinem zwanzigsten Lebensjahr mein gesamtes Leben im Umkreis einer halben Stunde zu Fuß vom Carlton abgespielt hatte. Abgesehen von Dadis Haus, das in einem gewissen erweiterten Familiensinn mein Zuhause war, war ich in diesem Viertel zur Schule gegangen, und das College hatte sich auch nur einige Kilometer von Kashmiri Gate entfernt befunden.

Da Dadis Haus im Moment Sperrgebiet war, blieb mir die Wahl zwischen dem alten College und der alten Schule. Die alte Schule gewann: Zwölf Jahre meiner tagtäglichen Vergangenheit lagen hinter ihren Mauern, während das College nur auf drei kam. Außerdem war die Schule zuerst dagewesen, und es erschien mir besser, die Vergangenheit in der richtigen Reihenfolge wiederzuentdecken.

Die Schule befand sich zweieinhalb Kilometer entfernt im Sahib-Viertel, den Civil Lines. Die Straße dorthin verlief durch Kashmiri Gate, der nördlichen Öffnung in der Stadtmauer, die dem ganzen Viertel seinen Namen gab. Es war ein gutes Gefühl, wieder durch den großen Steinbogen zu gehen, weil die Stadt ihn für Verkehr gesperrt hatte, als ich mit der Mittelstufe fertig war.

Die Straße war enger, als ich sie in Erinnerung hatte, und es gab keinen Autoverkehr, Laufen war also eine leichte, ungestörte Angelegenheit. Zu meiner Linken stand die Doppelreihe Palmen im Nicholson Park so steif und still wie zu meiner Zeit, wie Ehrenwachen, die nie bequem standen. Zu meiner Rechten glänzte der Busbahnhof für Fernbusse in seinem dunklen, finsteren Beton durch Abwesenheit. An seiner Stelle befanden sich Sportplätze in geflecktem Grün und Braun, kontrastiert durch Sichtblenden und Männer in Weiß. Es war ein sonniger Tag.

Der Sportplatz, der bis in meine Mittelstufenjahre überlebt hatte, war keine Überraschung, ich erinnerte mich daran, wie die ausufernde Häßlichkeit des Busbahnhofs vor meinen Augen gewachsen war. Aber der Laden, der sich weiter oben in der Straße, kurz vor der Benzinzapfsäule befunden hatte, und der Nancy hieß, war weg. Er lag auf der Strecke meines Schulbusses, und jeden Morgen hatte ich nach den augenlosen Köpfen mit den Haartürmen im Schaufenster Ausschau gehalten. Meine älteren Cousinen, die sich danach sehnten, ihre langweiligen geflochtenen Pferdeschwänze zum Bubikopf stutzen oder in eine Dauerwelle legen zu lassen, machten mich immer auf den Laden aufmerksam, wenn wir nach Ludlow Castle gingen, um ein Eis zu essen. Da läßt sich Mrs. Gandhi die Haare färben, sagten sie immer, ihre Stimmen zu einem Flüstern gesenkt. Es war ein Wahrzeichen gewesen, so dauerhaft und zeitlos wie das Alte Fort war ... Und jetzt war es weg.

Aber ich verließ mich darauf, daß die alten Schulgebäude noch da waren. Ich wollte durch den Speisesaal gehen, in dem es nach Bananen und Milch roch, durch den Rosengarten mit seinen gußeisernen Gittern und blühenden Kletterrosen, um die angelegten Lotusteiche herum, die mit schmollmündigen Goldfischen gefüllt waren, durch den Pater-Flügel, wo die Patres (so ging das Gerücht) Söhne zeugten, um den Fünfzehn-Meter-Swimmingpool, der zu fünfzig Prozent aus Pipi bestand, ins Zimmer vom alten Knockwood, wo er kleinen Jungs den Stock gab – all die Wahrzeichen auf dieser kleinen Karte, die meine aushäusige Welt gewesen war. Die Alte Schule war wirklich alt, sagte ich mir, als ich um die Ecke bog, die zum Haupttor führte. Diese doppelstöckigen, weißgetünchten Gebäude mit den hohen Decken waren älter als die vierziger Jahre. Sie mußten da sein.

Und sie waren es. Die Alte Schule war genau so, wie ich sie in Erinnerung hatte. Sogar besser – die Tünche war weißer, die Gärten waren grüner, die Goldfische waren schlanker, als sie in meiner Zeit gewesen waren. Während ich mich in einem Nebel stolzer Zuneigung umblickte, schien es mir, als sei die Schule in ihren besten Jahren – kein Schmutz, keine Abnutzung – zellophanhäutig, jungfräulich.

Eine halbe Stunde nach Beginn meines Rundgangs durch das Gelände begann ich die Unterschiede zu bemerken. Die Grotte Unserer Heiligen Jungfrau war noch nicht gebaut, und der lange Schuppen hinter dem Tor auf der rechten Seite, wo ich Werken gehabt hatte, wurde als Garage benutzt. Die Schule schien eine Menge Autos zu besitzen: Allein neun waren in dem Schuppen geparkt, alle glänzend schwarz, mit glitzerndem Chrom. In meinen ganzen zwölf Jahren in der Schule hatte ich nur zwei gesehen – einen alten Mercedes und einen VW-Käfer.

Und seltsamerweise waren nicht viele Kinder unterwegs. Das Gelände war voller feingekleideter Erwachsener: Erwachsene in Livree, Erwachsene in Kleidern, Erwachsene in steifen Sommeranzügen. Die säulenbestandene Veranda war mit Männern bevölkert, die in Korbstühlen saßen und geeiste Gin-Tonics tranken, anstatt mit Jungs in grauen Drillichshorts, die Tischtennis spielten. Die Tennisplätze mit dem roten Lehmboden zu meiner Linken waren genau die gleichen, bis hin zu den Bougainvillearanken am Drahtzaun, aber der Ort wirkte fremd. Er hatte überhaupt nichts von einer Schule – eher was von einem Hotel.

Cecil.

Ein verblassender Name auf dem hinteren Schultor, den die Padres zu übermalen vergessen hatten. Ich muß zehntausendmal dran vorbeigegangen sein, ohne je einen Gedanken drauf zu verschwenden, aber jetzt schob er mir sich in den Kopf wie eine Münze in einen Schlitz, jeder Serifenbuchstabe in deutlichem Schwarz abgehoben.

Das Cecil.

Natürlich.

Die alten Schulgebäude waren älter als die Alte Schule ... Das erklärte alles. Das Schulgelände war nicht für eine Missionarsschule maßgeschneidert worden, sondern für ein Kolonialhotel. Das Cecil hatte seinen Gastgeber, den Raj, um zehn ganze Jahre überdauert. Erst danach waren die Jesuiten eingezogen. Ich hatte diese Tatsachen immer gewußt, aber auf eine unzusammenhängende Weise. Die Gin-Tonics verbanden sie alle miteinander.

Das Cecil Hotel.

Gekommen, um ein Stück von 1942 zu suchen, das ich mein eigen nennen konnte, mußte ich feststellen, daß die Alte Schule nicht alt genug war. Ich konnte keinen Anspruch auf diesen Ort erheben. Es war noch nicht die Schule, die ich kannte, und Hotels waren keine geeignete Alma Mater. Ich war kein Ehemaliger, ich war ein Unbefugter – ein uniformierter Dienstbote von einem unbedeutenderen Hotel.

Ich wollte sofort wieder umdrehen, aber Müdigkeit hielt mich davon ab. Ich hatte das Reisen satt, und so blieb ich zwischen der überdachten Veranda und dem Kieshof stehen. Schule oder nicht, dies war ein alter, vertrauter Ort, ein Ort, an dem man sich niederlassen konnte, eine feste Adresse. Dann zog es mich plötzlich über die Veranda, und ich bog nach rechts, durch die große Schwingtür in den Speisesaal, wo ich zahllose Mittagessen gegessen hatte. Er war jetzt das Restaurant für die Hotelgäste, und keine halbe Stunde später hatte man mich als einen seiner Kellner eingestellt. Englischsprachiges Kellnerpotential war vom Krieg aufgebraucht worden, man war also froh, mich zu bekommen. Ich war als ehemaliger Schüler durchs Tor hereinspaziert, als ein Teilhaber der Vergangenheit meiner Schule, und ich spazierte als Kellner wieder hinaus, ein Statist in ihrer Vorgeschichte.

Ich verließ das Carlton ohne Bedauern, weil meine neue Stellung besser bezahlt wurde und, was noch wichtiger war, sie ein eigenes Zimmer bedeutete. Die Kellner waren nicht auf dem Hotelgelände untergebracht, aber Captain Nazar, der Geschäftsführer, fand für mich ein Zimmer in Kashmiri Gate. Es befand sich in der oberen Etage eines zweistöckigen Gebäudes direkt neben der Ladenarkade, die auch das Carlton beherbergte.

Im Erdgeschoß war eine Ledergerberei, die Imperial Leather Tannery, deren Fassade mit Reihen von Federbüschen und Wappen bemalt war. Diese zeigten den Passanten, daß die Gerberei Hoflieferant eines jeden Vizekönigs in der jüngeren Geschichte des Raj gewesen war. Nach Linlithgows Namen und Titel war kaum noch für zwei weitere Namen Platz. Zum Glück für die Imperial Tannery stand das Ende des Empires bevor.

Der obere Stock beherbergte das East India Irgendwas – das verwitterte Schild, das an einen seiner Balkons gehakt war, ließ das letzte Wort im unklaren. Die Farbe war abgeblättert – nur der erste Buchstabe war noch zu sehen, ein »C«, was alles mögliche bedeuten konnte, von Club bis Company. Seit zwanzig Jahren herrschte Streit um die Besitzverhältnisse, und offiziell wohnte dort niemand, aber der Verwalter, ein Mann namens Ghosh, verdiente sich etwas dazu, indem er Zimmer vermietete.

Mein Zimmer hatte eine sechs Meter hohe Decke, eine Kommode, die mit zwei beinahe kompletten Tafelservicen gefüllt war, einen Eßtisch von der altmodischen Sorte, nämlich ausziehbar, und eine billige, geflochtene Pritsche. Das Zimmer ging auf einen schmalen Balkon hinaus, von dem man einen direkten Blick auf das einzige Kino in der Nähe der Civil Lines hatte, das Ritz.

Ich kam nie mehr dazu, St. Stephen's College zu besuchen, wo ich in einer anderen Zeit Student gewesen war, weder an dem Tag, da ich meine Schule hatte besuchen wollen und statt dessen das Cecil fand, noch irgendwann später, obwohl das College sich direkt in meiner Nachbarschaft befand. Es lag dem Carlton gegenüber auf der anderen Seite des Parks, des grünen Rechtecks in der Mitte von Kashmiri Gate. Ich ging mehrmals an den College-Toren vorbei, ohne einmal hineinzugehen, weil dies nicht der Campus war, wo ich die Vorlesungen durchgepennt hatte. Der lag einige Kilometer jenseits von Kashmiri Gate, vorbei am Cecil Hotel, über den Ridge hinüber, in dem neuen Universitätsgelände. Dahin war St. Stephen's im Jahr 1945, gleich nach dem Zweiten Weltkrieg, der jetzt noch im Gange war, umgezogen. Ich betrat nie das College-Gelände von Kashmiri Gate, weil ich nicht wußte, was ich unter den gegebenen Umständen fühlen durfte. Es war das gleiche wie mit der Schule. Ein Gebäude mit zwei Geschichten. Eine Geschichte mit zwei Gebäuden. Ein Ort hatte den Namen gewechselt, und ein Name hatte den Ort gewechselt, was für Erinnerung und Nostalgie wirkliche Probleme schuf.

Es war das Ritz, das mir half, mich einzuleben. Meine ersten drei Wochen im Cecil arbeitete ich die Schicht von sieben bis sieben, wodurch ich eine gute Stunde Zeit zum Waschen und Essen hatte, bevor die Abendvorstellung begann. In diesen zwanzig Tagen sah ich ein Dutzend Filme. Was für Filme! *Argentine Nights. Congo Maisie. Twenty Mule Team. Hawaiian Nights. Mein Kampf.* So glitzernd fremd, daß mir die unzuverlässige Welt der Vierziger allmählich normal und alltäglich vorkam. Selbst *Edison, the Man* ließ das Leben draußen langweilig und irgendwie gewöhnlich erscheinen.

Benares wurde ein schlechter Film. Ich dachte kaum je an Gyanendra und Chaubey, und wenn ich es tat, dann als verblaßte Schurken in kleinen Nebenrollen. Selbst das Mädchen im Fenster kam immer seltener in meinen Träumen vor, aber das war mein eigenes Verdienst. Sie hätte sich zu einem richtigen Ärgernis entwickeln können, wenn ich sie nicht in Allahabad aus meinem Film herausgeschnitten hätte.

Noch bevor unser Ruderboot Ramnagars Ufer erreichte, wußte ich, daß ich sie loswerden mußte. Ich hatte nicht vor, sie mit nach Delhi zu nehmen. Sie war eine totale Belastung – weder Ehefrau noch Mutter, noch Schwester, noch irgendeine anerkannte Art von Verwandte. Wer würde einem unverheirateten Paar einen Platz zum Übernachten geben?

In jener Nacht schliefen wir auf einem Grashang an der Mauer des Ramnagar Fort, mehr als einen Kilometer von dem Ruderboot entfernt, das wir am Ufer zurückgelassen hatten. Die Wölbung einer Mauer schützte uns vor den Blicken möglicher Verfolger. Das Mädchen schien gegen mein Schlafarrangement keine Einwände zu haben, trotzdem entfernte sie sich hundert Schritte, bevor sie sich zum Schlafen niederließ. Da ich beschlossen hatte, sie früh am nächsten Morgen zu verlassen, paßte mir das gut ins Konzept.

Als ich am nächsten Morgen die Augen aufschlug, sah ich als allererstes einen weißen Raddampfer, der direkt vor mir auf dem Fluß lag. Drei schwarze Elefanten kamen hintereinander eine Metallrampe ans Ufer herunter, von bunt livrierten Männern eskortiert. Es waren die Elefantenknechte des Maharadschas, obwohl ich das damals nicht wußte. Und es war mir auch egal. Der Dampfer zeigte in die richtige Richtung – nach Westen. Mehr wollte ich nicht wissen. Es war eine Möglichkeit, aus Benares rauszukommen. Es war meine Fahrkarte nach Delhi. Es war kein Dampfer, es war ein göttliches Geschenk.

Ich hätte das Mädchen zurückgelassen – sie schlief noch –, aber ich hatte kein Geld für den Fahrschein. Ich würde um die Passage betteln müssen, deswegen brauchte ich das Mädchen fürs Pathos. Als ich sie schüttelte, erwachte sie mit einem kleinen Schaudern, wirkte dann aber gefaßt und furchtlos. Ich erklärte ihr meinen Plan, langsam und laut, bis mir wieder einfiel, daß sie nicht taub war, sondern nur stumm. Als ich fertig war, nickte sie, und wir gingen zusammen zum Schiff.

Die Mannschaft des Dampfers schien aus zwei Personen zu bestehen. Aus einem Gurkha in Khakishorts, offenbar Mädchen für alles, und seinem Herrn mit einer steifen, spitzen Mütze, die mit schmutziger Borte besetzt war, einer ergrauten Weste mit kurzen Ärmeln und einem blauen Lungi. Der Kapitän wartete nicht, bis wir angekommen waren. Sowie er sich sicher war, daß wir auf sein Schiff zusteuerten, eilte er die Rampe hinunter, um uns zu begrüßen. Kaum hatte ich ihn schüchtern um eine Passage auf seinem Dampfer gebeten, scheuchte er uns buchstäblich an Bord.

Ich bin Kapitän Mitter, sagte er eifrig und streckte mir seine Hand entgegen. Wo wollen Sie hin?

Delhi, sagte ich, während ich auf seine Hand blickte, und mich fragte, ob es in Ordnung wäre, sie zu schütteln. Seine Begeisterung verwirrte mich.

Kapitän Mitter zog ein Gesicht. Er wirbelte traurig das Steuerrad herum. Ich kann Sie nicht nach Delhi bringen, sagte er. Vor fünfzig Jahren gab es noch genug Wasser in diesem Fluß, um nach Garhmukteshwar zu kommen, ohne auf Grund zu laufen. Aber das Beste, was ich heute noch für Sie tun kann, ist Allahabad. Er sah uns hoffnungsvoll an. Fahren Sie doch mit uns nach Allahabad. Von dort gibt es täglich Züge nach Delhi.

Ich nickte zustimmend. Ich traute mich nicht, in der Gegenwart dieses Schutzengels in einem Lungi zu sprechen. Was für ein Glück! Ich bedauerte es ein wenig, daß ich das Mädchen mitgebracht hatte. Es war nicht nötig gewesen, sie vorzuführen oder die herzzereißenden Umstände aufzusagen, die sie nach Westen trieben. Aber jetzt ließ sich das nicht mehr ändern.

Aber – sagte Kapitän Mitter. Es gab eine Bedingung. Bezahlung in Arbeitskraft. Er hatte eine weitere Ladung abzuholen, vierzig Kilometer stromabwärts in Chunar, einem mittelalterlichen Fort, das an einer strategisch wichtigen Flußbiegung des Ganges erbaut worden war. Bevor die Eisenbahn kam, hatte es einmal geheißen: Wer Chunar hält ... Aber jetzt war es bloß eine überflüssige Festung. Sie hatte einmal die Geschicke des Reiches bestimmt – jetzt beherbergte sie seine Opfer. Kapitän Mitter zählte sie an seinen Fingern ab: britische Soldaten, die für den Raj ihren Verstand verloren hatten, weiße straffällige Jugendliche, weiße halbwüchsige Bastarde und militärische Waisen europäischer Herkunft. Die Augustrebellion hatte dem Kommandanten des Forts angst gemacht, erklärte Mitter. Er wollte seine Schützlinge an einen weniger isolierten Ort verlegen. Normalerweise hätte man sie per Schiene transportiert, aber es gab immer noch Sabotage-Aktionen, und so hatten die Behörden beschlossen, daß ein Dampfer die sicherere Alternative sei.

Ich soll sie nach Allahabad bringen, zu der Militärgarnison dort, sagte er. Fünfzehn Rupien pro Nase – das ist das beste Geschäft, das man mir seit Jahren angeboten hat. Aber was mache ich mit dem Dung?

Ich folgte seinem Blick, der verzweifelt über das Deck des Dampfers schweifte. Der Großteil des Decks war einfach ein Sumpf aus Elefantenscheiße.

Es sind drei Tage, wissen Sie, vom Elefantenmarkt in Sonepur bis nach Benares, sagte Mitter düster. Der Maharadscha von Benares hatte die Elefanten angefordert, weil es eine Hochzeit in der königlichen Familie gab, und die Elefanten, die er normalerweise für Zeremonien benutzte, alle Verstopfung hatten.

Mir wurde also gesagt, ich solle dafür sorgen, daß ihre Vertreter nie zu scheißen aufhören, sagte Mitter. Gurung und ich haben zwei Maunds Flohlarven in ihr Futter gemischt ... Und Sie sehen ja, wie gut das funktioniert hat. Wie soll ich denn die Chunar-Passagiere abholen, wenn ich das hier an Bord habe? Gurung will's nicht machen, sagte er mit einem bösen Blick auf seinen ersten und einzigen Maat. Er ist plötzlich ein Krieger einer martialischen Rasse geworden. Gurkhas schippen anscheinend keinen Elefantendung. Krieger! Als ich ihn auf-gegabelt habe, hat er die Affenkäfige im Zoo von Alipore saubergemacht, und jetzt ist er sich zu gut für Elefantendung!

Gurung sah seinen Kapitän friedfertig an und schwieg. Ich kann es auch nicht machen, sagte Mitter. Ich habe einen schlechten Rücken.

Er hatte wirklich ein Problem. Die Insassen des Forts von Chunar waren Straffällige, Waisen und Verrückte, aber sie waren auch Mündel des britischen Empires – man konnte sie nicht in einem Meer aus Dung unterbringen. Dem Kommandanten würde es nicht gefallen, und Ka-pitän Mitter würde seinen Auftrag verlieren. Fünfzehn Rupien pro Nase mal fünfzig Nasen – siebenhundertundfünfzig Rupien!

Das Mädchen und ich verdienten uns jede Paisa unserer Passage nach Allahabad. Zum Glück war das Schiff nicht mit einem Dieselmotor umgerüstet worden, es war noch ein richtiger mit Kohle gefeuerter Dampfer, es gab also Schaufeln an Bord. Mit ihnen schaufelten wir den Dung über Bord, während das Schiff Richtung Westen tuckerte. Wir ar-beiteten drei Stunden in gebückter Haltung durch, bewegten uns zum Rhythmus des ins Wasser klatschenden Schaufelrads, bis unsere Rücken weh zu tun vergaßen, bis der monströse Geruch von tagealter Elefanten-scheiße nicht mehr zu merken war. Als die bescheidenen Zinnen des Forts von Chunar in Sicht kamen, hatten wir das Hauptdeck gesäubert und geputzt.

Es zahlte sich aus. Als wir in Allahabad von Bord gingen, schlug mir Kapitän Mitter auf die Schulter und drückte mir Geld in die Hand. Es reichte für zwei Dritte-Klasse-Fahrkarten nach Delhi. Für Sie und Ihre Frau, sagte er mit väterlicher Miene.

Es hatte keinen Sinn, ihn zu berichtigen, und so dankte ich ihm ein-fach und machte mich direkt auf den Weg zum Bahnhof. Das Mädchen trottete hinterher. Ich überlegte mir kurz, ob ich sie verlassen und mich allein mit dem Geld davonmachen sollte, aber das kam mir unannehmbar gemein vor. Immerhin hatte sie ihren Anteil der Scheiße geschaufelt. Aber ich konnte sie nicht mit nach Delhi nehmen, da ein neuer Start bedeutete, daß ich mit leichtem Gepäck reisen mußte.

Ich wählte einen Kompromiß. Ich kaufte ihr einen Fahrschein nach Lucknow und schrieb darauf die Adresse von Ammis Lalbagh-Haus. Jetzt mußte sie sehen, wie sie ... Falls sie es je schaffte, dort hinzufinden. Sag ihnen, der Kahlkopf hat dich geschickt, sagte ich ihr, kurz bevor ich sie allein ließ. Der Kahlkopf mit dem dreirädrigen Motorrad. Und daß es ihm gutgeht.

Während dieser ersten Wochen in Delhi fragte ich mich oft, ob sie das Haus gefunden hatte, ob Ammi sie aufgenommen hatte. Am allermeisten fragte ich mich, ob sie sich nach mir erkundigt hatten, ob ich ihnen fehlte. Sie fehlten mir jedenfalls: Meine Erinnerungen an Lucknow waren lebhafter als die Filme, die ich im Ritz sah.

Fast anderthalb Monate waren nach meiner Ankunft in Delhi vergangen, und ich hatte ihnen keinen Brief geschrieben, obwohl ich es wollte. Eine vage Angst, daß der Geheimdienst ihn abfangen könnte, hinderte mich jedesmal daran. Jetzt wo Eisenbahnsabotage und bewaffnete Rebellion ein Teil meiner jüngsten Vergangenheit war, hatte ich keinen Zweifel, daß ich gesucht wurde.

Dann eines Abends Mitte Mai siegte die Einsamkeit über die Vorsicht. Ich ging besonnen vor. Ich adressierte den Brief einfach an den Geschäftsführer, Imperial Coffee House, Hazrat Ganj, Lucknow. Haasans Name kam nirgendwo vor. Der Brief begann mit Sehr geehrter Herr. Ich erkundigte mich förmlich nach Begum Ganjoo und ihrer Tochter, dann bat ich um Neuigkeiten von meinem alten Freund Masroor. Nebenbei erwähnte ich die mutwillige Zerstörung eines alten Triumph-Motorrads mit Beiwagen durch rebellische Vandalen und wie leid es mir tue, es verloren zu haben. An keiner Stelle erwähnte ich das Fenstermädchen. Ich schloß mit einem Hochachtungsvoll und einem unleserlichen Gekrakel. Ich versiegelte den Briefumschlag und schrieb auf der Rückseite in kleinen Buchstaben meinen Namen und meine Adresse: Cecil-Ober, c/o Geschäftsführer, East India C-, Kashmiri Gate, Delhi.

Haasans Antwort erreichte mich postwendend. Ich hatte die ganze Nacht lang Dienst gehabt und fand den Umschlag unter der Tür, als ich nach Hause kam. Einen Moment lang dachte ich, er sei für jemand anders, weil er an A. Ganjoo, Esq. adressiert war. Dann verstand ich. A. Ganjoo. Ein Ganjoo! Wären mir nicht die Tränen gekommen, hätte ich vielleicht gelacht. Der gute Haasan! Besorgt um die Einsamkeit meiner Amnesie, hatte er einen Namen und eine Familie für mich gefunden.

Ammi ging es gut. Asharfi ebenfalls. Von Masroor gab es immer noch nichts Neues, aber die Ankunft des Mädchens hatte diesem Verlust die Spitze genommen. Sie hatten ihr eine Tafel gekauft, die sie benutzte, um mit ihnen zu reden. Sie hieß Parwana (stell dir vor, Nachtfalter zu heißen!) – das war das zweite, was sie ihnen aufgeschrieben hatte. Das erste (auf einem Stück Papier, weil das vor dem Kauf der Tafel lag) waren ihre Referenzen. Der Kahlkopf und das Motorrad – sie hatten sofort gewußt, daß ich damit gemeint war! Was auch gut war, weil sie sie sonst nicht aufgenommen hätten. Dies waren keine zuverlässigen Zeiten, jetzt wo Masroor verschwunden war und Eisenbahngleise in die Luft flogen. Aber jetzt konnte man sie sich aus dem Lalbagh-Haus nicht mehr wegdenken. Für Asharfi war sie wie eine Schwester, und sie waren unzertrennlich. Und Ammi! Parwanas Narben hatten sie inspiriert, wieder mit *Khatoon* weiterzumachen. Seit Masroors Verschwinden hatte sie keine Zeile mehr geschrieben, aber was Parwana vom Verbranntwerden erzählte, hatte ihr wieder Auftrieb gegeben. Verbrannt. Stell dir das bloß vor! Aber das Gute war, daß sie es sich nicht vorzustellen brauchte. Parwana war da, um die Geschichte zu erzählen. Noch war sie nicht bereit dazu, aber wenn es soweit war, hatte Ammi vor, sie in einer Sondernummer von *Khatoon* niederzuschreiben. Sati in den vierziger Jahren des zwanzigsten Jahrhunderts ... Unglaublich! Als hätte Ram Mohun Roy nie gelebt.

Es war kein langer Brief, aber er war irritierend voll mit dem Fenstermädchen. Ganz am Schluß erkundigte sich Haasan nach mir. Es freue sie, schrieb er, daß ich eine Arbeit hätte, und vielleicht, wenn es paßte, könne ich sie besuchen ... Vielleicht im Winter. Wegen des Motorrads solle ich mir keine Sorgen machen. Solche Sachen kämen vor – wichtig sei, daß es mir gutging. Seien mir irgendwelche Erinnerungen wiedergekommen? Erinnerte ich mich an meine Familie? Asharfi hatte ihn gebeten, mir ihre Grüße zu schicken, Ammi wollte, daß ich wußte, daß ich eine Familie in Lucknow hätte. Er würde mir sofort schreiben, wenn es Neuigkeiten von Masroor gäbe. Von Ammi, Asharfi und ihm die besten Grüße.

Das Fenstermädchen, bemerkte ich ungnädig, schickte mir nichts.

Abgesehen von diesem einen schlechten Gedanken war der Brief ein Aufbaumittel. Bis zum Winter, fand ich, wollte ich nicht warten. Vielleicht, wenn ich hart arbeitete und mich mit Kilmartin gut stellte, konnte ich mir in zwei Monaten eine Woche frei nehmen. Drei Tage würden auch schon reichen, weil Lucknow nur eine Nacht entfernt lag.

Eine Woche lang war ich rundum glücklich, aber es dauerte nicht an, weil jeden Morgen das Datum auf der *Hindustan Times* einen weiteren Tag im Countdown bis zur Teilung anzeigte. Am Ende dieser sieben Tage waren es noch eintausendfünfhundertundsechsunddreißig Tage bis zum 14. August 1947. Bis zur Teilung.

Um mich machte ich mir keine Sorgen. Ich war als Hindu geboren, und den Berichten zufolge waren es in Delhi hauptsächlich die Muslims, die starben. Ich machte mir auch keine Sorgen um Indien, weil es schwierig war, etwas für einen Subkontinent zu empfinden. Ich machte mir nur Sorgen um meine Freunde in Lucknow. Nicht um Haasan, da er ja auch Hindu war, aber um Ammi und Asharfi und um Masroor, wenn sie ihn je wiederfanden. Heute in vier Jahren konnte ich sie auf zweierlei Weise verlieren: Sie könnten bei den Teilungsmassakern getötet werden, oder sie könnten das Land verlassen und nach Pakistan gehen. Wie viele Muslims waren im Jahr 1947 gestorben oder ausgewandert? Jeder hundertste? Jeder fünfzigste? Jeder fünfte? Endlos und sinnlos versuchte ich mich an statistischen Berechnungen, ohne irgendeine Grundlage dafür zu haben.

Manchmal wünschte ich, ich hätte sie gefragt. Aber was gefragt? Werdet ihr nach Pakistan gehen? Als es noch nicht gebildet war, als noch niemand wußte, ob es wirklich zur Teilung kommen würde? Selbst wenn ich sie fragte und sie sagen würden: Pakistan? Unsinn! Nein, niemals! – Was für einen Trost würde ich darin finden? Denn 1947 flohen Tausende, die 1943 dageblieben wären.

Trotzdem wollte ich wissen, wie sie über den Ruf der Muslim League nach einem getrennten muslimischen Staat dachten, genauso wie mich beim allerersten Mal, als ich im Lalbagh-Haus auf die Toilette gegangen war, interessiert hätte, wieso sie einen Kessel mit einer gebogenen Tülle benutzten, um sich den Hintern zu waschen, anstelle eines Kruges oder eines Lotas, wie alle anderen. Ich hatte damals nicht gefragt, zum Teil weil es ein etwas seltsames Gesprächsthema war, aber hauptsächlich weil ich, wie andere nichtreligiöse Menschen im unabhängigen Indien, in dem

Glauben erzogen worden war, Religion sei Privatsache und spiele sich auf dem inneren Raum zwischen Verstand und Gefühl ab. Sie könne sich also auf keinen Fall auf die Technik des Arschreinigens auswirken, denn damit würde sie im säkularen Reich ihre Kompetenzen überschreiten. Mir wurde auch beigebracht, daß Unterschiede unwichtig seien, da wir im Wesentlichen unseres Menschseins alle gleich wären. Und so fragte ich nie, und ich wußte immer noch nicht, wofür der Kessel war.

Aber jetzt war die Situation anders. In Lucknow hatte ich nicht die Notwendigkeit von Neugier verspürt, weil ich mich als einen zufälligen Touristen in einer anderen Zeit betrachtet hatte. Aber jetzt, wo ich hier auf Dauer lebte und die Teilung Bestandteil meiner Zukunft war, brauchte ich Informationen, um damit fertig werden zu können, wenn sie käme. Deswegen wollte ich so dringend nach Lucknow – ich wollte ihnen Fragen stellen. Aber bis ich irgendwelchen Urlaub bekam, saß ich in Delhi fest.

Die Tage vergingen.

Dann, eines Tages, quartierte sich Jinnah im Cecil ein. Und so fragte ich statt dessen ihn.

An dem Abend, als ich ihn bediente, war er schon als Qaid-i-Azam bekannt. Ich wußte damals nicht, was es bedeutete, aber ich vermutete, daß es ungefähr Vater der Nation hieß. Captain Patrick Kilmartin bestimmte mich dazu, ihm das Abendessen zu servieren, weil ich gut Englisch sprach und der Caddyazzum, wie er ihn nannte, vielleicht irgendeinen Sonderwunsch hatte. Im wirklichen Leben war Patrick im Ersten Weltkrieg wahrscheinlich ein einfacher nichtkämpfender Soldat gewesen, und das einzige Essen, das er wirklich verstand, war Rindfleisch und Kartoffelbrei, aber das Cecil behielt ihn als Oberkellner, weil er selbst in der idiotischen Pinguinuniform wie ein Vizekönig aussah: hager, glattrasiert, müde Augen, graue Haare und Mittelscheitel.

Ist heute nachmittag angekommen, sagte er zu mir, als wir unser Aussehen im Küchenspiegel überprüften. Weswegen ist er hier, fragte ich. Zu Beratungen, sagte Patrick bedeutsam und schob ein Haar in sein Nasenloch zurück. Dann stieß er die Küchentür auf, und wir gingen durch den ganzen Speisesaal zum Tisch des Qaid. Er war von seinen Nachbarn durch drei mit chinesischer Seide bespannte Stellwände getrennt – auf den ersten Blick sah er wie jemand aus, der in einem teuren Pflegeheim stirbt. Während er sich die Speisekarte ansah, bemerkte ich, daß seine Zähne verfärbt waren und seine Haut, obwohl sie sich straff über seinen vogelähnlichen Schädel spannte, die rissige Textur von Handtaschenleder hatte. Als er seine Bestellung aufgab, erinnerte mich seine Stimme an Kobad Sir, der mich in einem Raum, der keine fünfzig Meter von Jinnahs Tisch entfernt war, in Geometrie mit genau dieser Stimme unterrichtet hatte: der Empire-Akzent, schön geerdet durch die Gujarati-Betonungen Westindiens, wo sowohl Jinnah als auch die Parsen ihre Wurzeln hatten.

Als ich mit der Suppe kam, ließ ich eine Gabel fallen, um einen Blick auf seine Schuhe unter dem Tisch werfen zu können – auf den Fotos, die ich von ihm gesehen hatte, war er immer mit zweifarbigen Budapestern an den Füßen abgebildet gewesen. Er trug sie auch diesmal. Sie gefielen mir – sie waren wie die Schuhe, die die amerikanischen Gangster in den Filmen trugen, die ich mir im Ritz angesehen hatte. Außerdem waren sie so bizarr, daß sie ihn davor bewahrten, wie ein Kaffer auszusehen. Während ich ihm Wasser ins Glas goß, fragte ich mich, ob er auch das Kesselding verwendete. Die Schuhe, der Anzug, der Windsorknoten deuteten auf Papier hin. Nein, befand ich. Nicht Papier. Schließlich war er der Qaid-i-Azam, ein Antiimperialist. Eine derartige Ungeheuerlichkeit würde er nicht nachäffen.

Er aß sein Essen, ohne irgendwas zu beanstanden, und machte sich sogar die Mühe, jedesmal aufzublicken und danke zu sagen, wenn ich ihm nachschenkte. Zwischendurch kamen andere Speisende allein oder zu zweit, um ihn zu begrüßen oder ihm ihre Aufwartung zu machen. Bei ihnen war er weder der Vater der im Entstehen begriffenen Nation noch ein Sahib. Er war die angesehene Persönlichkeit des öffentlichen Lebens – abwechselnd onkelhaft, ernst, unnahbar oder freundlich. Als er Hühnchen bestellte, war ich einen Moment lang enttäuscht, weil ich Jahre nach der Teilung gehört hatte, wie meine Tante über die Unnatürlichkeit von Pakistan herzog: ein islamischer Staat, den ein Schweinefleisch essender Anwalt gegründet hatte. Für sie wurde dadurch aus dem Land der Reinen ein Staat, der nach seinen eigenen Maßstäben durch die privaten Sünden seines Gründers verunreinigt wurde. Darin fand meine Tante irgendeinen obskuren Trost. Aber während ich diese einsame Figur in ihrem lächerlich geckigen Aufzug und den extravaganten Schuhen bediente, war ich froh, daß er nicht Schweinefleisch aß oder Wein bestellte. Es war ein langer Weg für ihn gewesen, vom parsischen Bombay und dem Eintreten für eine Hindu-Muslim-Gemeinschaft seiner frühen Jahre zur Qaidschaft und der Forderung nach Pakistan, und er muß seine Gründe gehabt haben. Wenn er als Persönlichkeit des öffentlichen Lebens die Tabus des Islams beachtete, dann war das nur richtig.

Danach verlangte er Kaffee. Es war dieses Alltägliche seiner Bitte, die mir die unglaubliche Wahrheit klarmachte: Jinnah und ich waren Zeitgenossen. Das war ein so verwirrender Gedanke, daß ich Zeitgenosse mit Ebenbürtigem verwechselte. Das muß ich getan haben, sonst hätte ich nie die Kühnheit besessen, ihm die Frage zu stellen. Als er dabei war, die Rechnung zu unterschreiben, warf ich meinen Verstand über Bord und fragte: Mr. Jinnah, Sir, wollen Sie wirklich, daß das Land geteilt wird? Er hielt mitten im Unterschreiben inne und blickte überrascht auf, aber auch, wie ich erleichtert feststellte, belustigt. Er unterschrieb die Rechnung, drehte den Zettel um und kritzelte ein paar Worte drauf. Ohne wieder in meine Richtung zu sehen, erhob er sich und ging langsam raus, so dünn wie ein Schatten in diesem mit Speisen gefüllten Raum.

In einer klaren, spitzen Handschrift hatte er geschrieben: Entscheidende Frage. Anwälte haben keine Meinungen – sie haben Fälle. Anders als die Rechnung war das hier nicht unterschrieben.

Ich las es noch mal, aber es war zwecklos. Es gab nichts zwischen den Zeilen zu lesen, keine Wahrheit, die sich herausdestillieren ließ. Es geschah mir recht. Was hätte er sonst sagen können? Daß er falsch zitiert worden sei? Und was hätte das für einen Unterschied gemacht? Teilung war einmal Teil meiner Vergangenheit gewesen, und jetzt war sie ein unabänderlicher Teil meiner Zukunft. Das war durch nichts zu ändern, nicht einmal durch eine Versicherung des Qaid.

Als ich nach Hause kam, erwartete mich ein Brief aus Lucknow, in Haasans Handschrift adressiert. Ich ging ins Zimmer und trat auf den Balkon, um ihn zu lesen. Das Ritz auf der anderen Straßenseite lag still und verlassen da. Ein kleiner Junge wechselte gerade die Namen auf der Anschlagtafel aus. Von weiter rechts hörte ich gemeinschaftliches yogisches Gelächter, das von den frühmorgendlichen Stammkunden im Tränentropfen-Park kam.

Ich brauchte eine Weile, um den Brief zu lesen. Dann las ich ihn noch mal. Und ein drittes Mal. Als ich fertig war, hatte sich der Blick vom Balkon nicht verändert: ein desolates Kino, ein kleiner Junge, der große Buchstaben herunterriß, unnatürliches Gelächter. Alles war gleich. Der Brief war lang, vier Seiten und ein paar Zeilen, aber nach dreimaligem Lesen konnte ich mich nur noch an folgendes erinnern:

Haasan hat Parwana und Asharfi in den Frauengemächern erwischt,
wie sie sich neben der Handpresse geküßt haben –
wie sie sich richtig geküßt
haben, auf den Mund, nicht Wange oder so.
Auf den Mund. Sie war außerdem schwanger, er wußte
nicht, von wem, das heißt, Parwana, nicht Asharfi. Ammi
wußte nur über die Schwangerschaft Bescheid, die andere
Sache hatte er ihr nicht erzählt, sie war einfach zu
schockierend, aber es war klar, daß sie
nicht bleiben konnte, und ich hatte sie ihnen geschickt.
Würde ich sie jetzt also bitte
wieder zurücknehmen.

Dies war, was Father Montfort, S. J., der uns in der 9. Klasse die Kunst der Zusammenfassung gelehrt hatte, das *Wesentliche* zu nennen pflegte.

197

Die Veranstaltungen des Tages

Ich hätte Parwana umbringen können. Sie wie eine Schlange häuten mögen. Aber sie war nicht zur Hand, und so zerknüllte ich statt dessen den Brief und drückte ihn, bis die Tinte tropfte.

Was sie von mir in Lucknow denken mußten – ihnen dieses Mädchen zu schicken! Und die arme Ammi! Zuerst ein verschollener Ehemann, dann ein verschwundener Sohn und jetzt eine Tochter, die von einer schwangeren Witwe verführt wurde. Es war wie ein schlechter Traum, nur schlimmer, weil es tatsächlich passiert war. Das einzig Positive, das ich sehen konnte, war, daß sie nicht meinten, ich sei für ihre Schwangerschaft verantwortlich. Ich las den Brief zwanzigmal in der einen Stunde, seit ich ihn geöffnet hatte, aber es veränderte sich nichts. Er endete immer mit der unterstrichenen Blockschrift: <u>BITTE SCHAFF DIESES MÄDCHEN WEG</u>.

Aber das konnte ich nicht. Das war unmöglich. Bei mir konnte sie nicht bleiben, und sonst gab es nirgendwo einen Ort in Delhi, wo sie hingehen konnte. Sie konnte kein Dienstmädchen werden und anderswo leben, weil niemand eine schwangere Frau ohne Referenzen aufnahm, und ich glaubte nicht, daß Haasan und Ammi bereit wären, für sie die Garantie zu übernehmen. Wenn Haasan sie doch einfach nur aus dem Haus geworfen hätte! Das war auch das, was er vorgehabt hatte, nachdem er dahintergekommen war, aber Asharfi hatte diese Möglichkeit verhindert. Sie war schamlos eisern geblieben – wenn Parwana rausgeworfen würde, ohne daß man irgendwelche Vorkehrungen für ihr Wohl träfe, dann würde sie, Asharfi, aufhören zu essen. Dadurch würde Ammi auf die Angelegenheit aufmerksam werden, und man müßte ihr dann die ganze Wahrheit sagen. Das war das letzte, was Haasan wollte. Er wußte, daß Ammi, auch ohne etwas gesagt bekommen zu haben, vermutete, daß sich zwischen Asharfi und Parwana irgendwas Unnatürliches ereignete, aber er hatte nicht vor, ihren Verdacht zu bestätigen. Er glaubte, die ganze, rückhaltlose Wahrheit würde sie in den Wahnsinn treiben.

Deswegen hatte er mir geschrieben und meine Hilfe verlangt, denn es war meine Schuld, daß sie überhaupt da war. Und das stimmte, aber Verantwortung zu übernehmen hieß noch nicht, eine Lösung zu finden. Ich konnte nichts tun, um sie verschwinden zu lassen. Ich konnte wirklich nichts tun.

Ich hätte Haasan sofort zurückschreiben und mich auf meine Hilflosigkeit berufen müssen, aber ich wollte nicht in seinem Ansehen sinken, und deswegen verschob ich es immer wieder. Ich hörte sogar auf nachzusehen, ob irgendwelche der Briefe, die unter die Tür des East India C- geschoben wurden, für mich waren. Wenn Haasan eine Fortsetzung zu seinem Brief geschrieben hatte, dann wollte ich es nicht wissen. Im Hotel bediente ich doppelt so viele Tische wie vorher, nahm so viele Bestellungen entgegen, daß ich keine Zeit mehr zum Denken hatte. Zwölf Stunden am Tag war ich mit den Gedanken völlig bei Gimlets, Shandies, Lemon Twists, Cocktailwürstchen, gekochter Ente, Schweinebraten, Melba-Toast und der geheimnisvollen Kerosin-Kühltruhe, die nur für triefendes Eis taugte.

Ich schlief nicht mehr. Früher hatte ich immer bis zum Mittag geschlafen, wenn ich von der Nachtschicht nach Hause gekommen war. Nach der Arbeit kehrte ich zu meinem Zimmer zurück, um die Müdigkeit mit einem Eimer Wasser wegzuwaschen, und ging dann direkt zum Mitthan Halvai für eine Tasse Tee und Frühstück. Dann wechselte ich normalerweise zum Park, um die Zeitung zu lesen, die ich mir jeden Morgen aus dem Gemeinschaftsraum des Cecil klaute. Ich hatte einen Lieblingsplatz, eine grüne Bank, die von Lala Bishmbernath Goyal gespendet worden war, zum Andenken an seine Mutter, Lalita Devi, im Schatten eines kleinen Gulmohur-Baumes. Dort saß ich, der ablenkenden Größe der St. James Church den Rücken zugekehrt, und las die Zeitung Zeile um Zeile, Seite um Seite. Ich machte Zeitunglesen zu einer Berufung, weil ich mich jetzt, da Parwana mich um meine Familie gebracht hatte, mit dieser Geschichtsbuchwelt vertraut machen mußte.

Die Zeitung war voller Leute, die ich kannte. Da war ein eingerahmter Bericht auf der Titelseite des *Bombay Chronicle*, in dem stand, daß Nehru von seinen Gefängniswärtern daran gehindert worden sei, Indira zu schreiben. Ich fühlte mit Jawaharlal. Ich wollte auch Briefe schreiben. An Ammi und Asharfi und Haasan. Und konnte es nicht – dank Parwana. An manchen Tagen saß ich stundenlang im Park, bis die Sonne unerträglich wurde. Nicht immer las ich. Oft döste ich auf der Bank, und die Zeitung glitt mir aus der Hand und flog davon. Stets war irgendeiner der Jungs in Khakishorts, die immerzu am anderen Ende des Parks irgendwelche Drillübungen machten, da, um sie aufzulesen und mir zurückzubringen. Ihre einfachen, holprigen Bewegungen zu beobachten hatte etwas Entspannendes – manchmal war das der Grund, warum ich eindöste.

Die Zeitung tat mehr, als die Zeit zu füllen, die ich sonst schlafend verbracht hätte. Sie gab mir ein Gefühl von Verhältnismäßigkeit. Die in den Schlagzeilen genannten Opfer an der Ostfront machten mich dankbar, daß ich am Leben war. Mehr noch, die Zeitung war ein Ort, wo ich meine Gefühle ausleben konnte, zu einer Zeit, wo es nicht möglich war, sie einer Familie oder Freunden gegenüber zu zeigen.

Und so reagierte ich auf jeden Spaltenzentimeter Katastrophe mit bewußtem Gefühl. Einige Dinge waren jedoch schwerer zu fühlen als andere. Eines Tages enthielt die Zeitung einen Bericht über die drei Herzinfarkte, die Kasturba Gandhi im Gefängnis erlitten hatte. Der diensthabende Arzt der Behörde gab sich bedeckt: Bedauerlicherweise, sagte er, kann eine Wiederholung nicht ausgeschlossen werden. Die tragische Aussicht ihres Todes fiel glatt durch mein Herz hindurch, ohne ein Wellenkräuseln. Es fiel schwer, sie sich als eine Person vorzustellen, für mich war sie immer ein Teil des Mahatma gewesen, so wie seine Brille oder sein Gehstock.

Ich las die Zeitung ganz durch, bis auf die Leitartikelseite. In den Leitartikeln ging es immer um die Unvermeidbarkeit oder Unmöglichkeit der Teilung, und ihre Meinungen interessierten mich nicht besonders. Aber ich las alles andere, von Mutt'n Jeff bis zu den Veranstaltungen des Tages. Vor allem die Veranstaltungen des Tages, weil nach einer Woche mönchischen Zeitunglesens, als das kleingedruckte Leben aus zweiter Hand zu langweilen anfing, die Veranstaltungen des Tages zu meinem Fenster in die Welt der Menschen wurden.

An dem Tag, als ich beschloß, mich wieder in die wirkliche Welt zu begeben (es war Sonntag), sagten mir die Veranstaltungen des Tages nicht zu. Es gab ein Historienspiel zu Ehren des Patriarchen der East Indies

(St.-Theresa-Schule, 18.30 Uhr) und ein Treffen der Maharashtra Lingayat Sabha (über dem Madras-Café, 20.00 Uhr), aber ich hatte immer noch Nachtschicht, sie fanden für mich also beide zur falschen Tageszeit statt. Fast alles war für den Abend angesetzt, und ich hatte nur noch zwei Alternativen zur Auswahl: eine Sabbat-Sonderpredigt in St. James, die von einem Gastpastor, Reverend A. J. Carrick aus Sylhet, gehalten werden sollte, und ein Vortrag in der Blavatsky Lodge, wo Mr. Kulkarni über: »Was inkarniert?« sprechen würde. Ich wollte zum Vortrag gehen, weil mir der Titel gefiel, und vielleicht gäbe es irgendwelche Seancen, aber ich wußte nicht, wie man zur Blavatsky Lodge kam, während St. James, in ihrer ganzen weißgetünchten Mächtigkeit, zwanzig Meter von der Bank entfernt war, wo ich die Veranstaltungen des Tages durchschaute. An diesem Tag packte ich die Zeitung also eine Stunde früher weg als sonst, zog mir die gestärkte graue Hose an und das noch steifere Hemd, die der Dhobi gerade wiedergebracht hatte, knöpfte den Kragenknopf zu, um die fehlende Krawatte zu kompensieren, und verließ das East India C- um 10.20 Uhr, um an einem kirchlichen Gottesdienst teilzunehmen. Zum ersten Mal seit diesem wunderbaren Wintertag im Jahr 1965, als Father Noel sich das Genick gebrochen hatte und die Schule sich versammelte, um seiner zu gedenken.

Vor der Hofmauer der Kirche waren nur drei Autos geparkt, aber Dutzende von Fahrrrädern und zwei riesige, PS-stark aussehende Armeemotorräder mit der Aufschrift BSA auf den bedrohlichen Wölbungen ihrer Benzintanks. Die beiden Flügel des Hoftores hingen in schiefen Winkeln an ihren Scharnieren, ihre unteren Ecken fest in den Kiesweg gekeilt, der zum Haupteingang der Kirche führte. Der Garten verwelkte immer mehr, je länger der Sommer das Gras austrocknete, aber die Blumenbeete am Wegrand hielten noch durch, und die Bougainvillea-Büsche an der Hofmauer quollen über vor rosa Blüten.

Drinnen gab es Ventilatoren über dem Altarraum, aber in der Mitte des Hauptschiffs, wo ich Platz nahm, stand die Luft, und ich spürte, wie auf meinen Unterarmen Schweiß ausbrach. Das gleißende Licht draußen hätte aus einem anderen Land stammen können. Unstetes Licht aus hohen, grünen Fenstern ließ das Hauptschiff dunkel erglühen.

Als ich eintrat, waren die Bänke schon mehr als zur Hälfte gefüllt, und der Gottesdienst hatte gerade begonnen. Ein Mann, der nicht wie ein Priester gekleidet war, las eine lange Passage aus Matthäus vor, und dann wurden Lieder gesungen. Ein anderer Mann, auch in Zivil, las ein kürzeres Stück aus der Epistel vor, und dann kamen wieder Lieder. Zwischendurch standen wir auf und setzten uns und knieten, alles mehrmals. Dann kam ein dritter Mann, in Kragen und Soutane, zum Pult und erklärte, daß wir die Ehre hätten, heute den Reverend A. J. Carrick bei uns zu begrüßen, der die Predigt halten werde. Ein weiterer Mann in Priesterbekleidung nahm seinen Platz auf der Kanzel ein.

Er war großgewachsen und sehr dünn, und sein Gesicht war mit aneinandergereihten Sommersprossen gefleckt. Im Profil sah es wie die Mondsichel in Comicheften aus: Nase und Kinn bogen sich so kühn aufeinander zu, daß sie sich fast trafen. Er begann ohne jegliche Vorrede, ohne die Gemeinde zu begrüßen oder dem amtstragenden Reverend für die Ehre zu danken, die ihm erwiesen wurde. Er sah nicht einmal auf das Buch, das er geöffnet in den Händen hielt.

Es war aber nahe Ostern, sagte er, der Juden Fest.

Er hielt inne.

Dann, ohne auch nur einmal auf das Buch vor sich zu blicken, rezitierte er den Text, den er ausgesucht hatte, auswendig.

Es war aber nahe Ostern, wiederholte er, der Juden Fest. Da hob Jesus seine Augen auf und sieht, daß viel Volks zu ihm kommt. Und spricht zu Philippus: Wo kaufen wir Brot, daß diese essen?

Johannes 6, sagte er leise, fast unhörbar, und klappte das ungelesene Buch zu.

Zwölf Jahre in einer Jesuitenschule halfen mir, die Speisung der fünftausend sofort zu erkennen. Nach zwölf vollen Tagen Zeitunglesen war es schön zu wissen, daß ich noch etwas außer Nachrichten im Kopf hatte. Aber Carrick ging auf Nummer Sicher – er verbrachte fünf Minuten damit, die Geschichte zu paraphrasieren, bis zu den Namen und Zahlen. Da waren Philippus und Andreas (der Bruder von Simon Petrus), es gab fünf Brote und zwei Fische, diese reichten für fünftausend Menschen, und es waren zwölf Körbe voller Krümel übrig, nachdem sie gespeist worden waren.

Dann hielt er wieder inne, ziemlich lange, wie mir vorkam. Ich machte es mir auf meiner Bank bequem und schloß die Augen. Märchen in einem dunklen, unterseeischen Ort ... Schlaf sickerte wie linderndes Öl in meinen Kopf.

Er war nicht von Dauer.

Ich komme aus Bengalen, wo die Armen gerade angefangen haben zu verhungern, fuhr er fort.

Ich wachte wieder auf, betrogen. Johannes 6 war nur eine Abkürzung zur Gegenwart. Ein weiteres Mal Nachrichten.

Eintausend mal fünftausend müssen Essen haben, sagte er, halb-biblisch. Nicht zum Feste feiern – nur um den Sommer zu überleben. Wenn wir nichts tun, werden wir vor Jahresende Millionen von Toten haben. Sechs Monate werden mehr Leichen über Bengalen bringen, als die Westfront in drei langen Jahren gesehen hat. Der Erlöser begleitet uns heute nicht, aber wir müssen zeigen, daß wir immer noch Wunder vollbringen können in Seinem Namen, welcher für uns gestorben ist.

Wenn wir wirklich Christen sind, müssen unsere Gedanken zu jeder Zeit von einer einzigen Frage erfüllt sein:

Wo kaufen wir Brot, daß diese essen?

Er endete und trat von der Kanzel. Er hatte mir den Morgen versaut. Die schlimmste Hungersnot in der Geschichte Indiens, der größte Beweis der Bösartigkeit des Raj, die Katastrophe, deren Namen und Datum jeder Schüler kannte ... Und im Jahr 1943 lebend, hatte es einer Predigt eines englischen Paters bedurft, damit ich mich daran erinnerte.

Aber andererseits, wenn man sechsmal die Woche fünfgängige Menüs servierte, war Hunger eine ferne Vorstellung. Bei all dem Geplauder, das ich beim Servieren mitbekam, hatte noch nie jemand die Hungersnot im Osten erwähnt. Noch hatten die Titelseiten irgend-welche Berichte über Hunger, geschweige denn Tod gebracht. Dieser Carrick hatte die Schlagzeilen vorweggenommen. Das war Insider-information – wahrscheinlich hatte er mit eigenen Augen bengalische Bauern sterben sehen.

Es gab für mich also eine gewisse Entschuldigung. Trotzdem kam mir der kühle, dunkle Frieden der Kirche plötzlich wie eine unzulässige Nachsicht gegen mich selbst vor. Ich schlich mich davon, bevor das Glaubensbekenntnis gebetet wurde, die Kommunion stattfand, man den Kollektenbeutel herumreichte – das war was für die Gläubigen. Draußen schlug mir das harte, gleißende Licht ins Gesicht.

Wieder im Freien zu sein, rückte die Proportionen zurecht. Schuld-gefühle waren anmaßend. Wo ich nicht einmal in der Lage war, Haasan ein einziges lästiges Mädchen vom Hals zu schaffen, war es al-bern von mir, mich wegen den fünf Millionen Toten der Geschichts-bücher aufzuregen. Sie waren geschrieben. Ich stand im Eingang und wartete darauf, daß meine Pupillen kleiner wurden. Es war heiß, selbst für Juni.

Ich ging wieder dazu über, die Veranstaltungen des Tages durchzusehen, auf der Suche nach einem Eingang ins normale Leben, ein Leben, das nicht von dem unnatürlichen Ereignisreichtum der Zeitung infiziert war. Selbst im Jahr 1943 mußte es doch irgendeine Alltagswelt geben, die aus Schülern, Postboten, Gemischtwarenhändlern, Astrologen, Freimaurerclubs usw. bestand und vor sich hintrottete, ungestört von Krieg, Hungersnot oder der Aussicht auf Teilung. Zwischen der Ewigkeit der Aufnahme von Bestellungen und der Tyrannei der Geschichte mußte es doch irgendein mittelmäßiges Leben für mich geben.

Ich ließ die Chance vorübergehen, Mr. Kulkarnis zweiten Vortrag vor der Theosophischen Gesellschaft (alle willkommen) in der Blavatsky Lodge über das Thema der Inkarnation zu besuchen. Von »Was inkarniert?« war er weitergegangen zu »Inkarnation und die Geschöpfe der Vorhölle – Geister, Poltergeister und Churails«. Noch besuchte ich den achten jährlichen Ansari-Gedenkvortrag (16 Ratendon Road, 11 Uhr). Der Redner war Dr. Raghavachar, und er hatte das Thema »Unteilbares Indien« gewählt.

Mein Glück änderte sich an einem Montag, genau einen Monat nach dem Tag, an dem ich Haasans SOS-Ruf bekommen hatte. An diesem Tag war ich gezwungen, die *Hindustan Times* aus dem Gesellschaftsraum des Cecil zu stehlen, weil alle lesbaren Zeitungen besetzt waren. Strenggenommen waren es also nicht die Veranstaltungen des Tages, die mein Leben veränderten. In der *Hindustan Times* hieß die Rubrik »Was ist heute los?«.

Es war nicht die erste Eintragung in der Spalte, nicht einmal die letzte, aber es war die erste, die ich las. Sie sprang mir von der Seite geradewegs in die Augen:

Smt. Kaushalya Devi, Schatzmeisterin von Nari Niketan, wird über »Die Rolle des Kunsthandwerks bei der Aufrichtung gestrauchelter Frauen« sprechen, unter der Schirmherrschaft der Ortsgruppe der Indian University Women's Association. Veranstaltungsort: Auditorium des Indraprastha College. Zeit: 18.30 Uhr.

Es war die falsche Zeit für mich. 18.30 Uhr war die Stunde, in der ich am meisten zu tun hatte, wo später Tee sich mit frühem Abendessen überschnitt. Aber es war nicht die Zeit, die mich packte, es war der Name. Kaushalya Devi war meine Großmutter. Es mochte noch andere

Kaushalya Devis geben, aber keine, die Vorträge über gestrauchelte Frauen hielt. Und die Tatsache, daß sie Schatzmeisterin von Nari Niketan war, machte alles klar. Nari Niketan war eine Besserungsanstalt für reuige Prostituierte, wo ihnen alternative Fertigkeiten wie Sticken, Häkeln, Stricken und einfache Methoden der Kerzenherstellung beigebracht wurden. Dadi hatte sie bis zum letzten Jahr ihres Lebens jeden Freitag besucht.

Ich hatte Nari Niketan ebenso vergessen wie die bengalische Hungersnot, aber dank »Was ist heute los?« hatte ich meine verlegten Erinnerungen wiedergefunden. Meine Welt war plötzlich wieder in Ordnung. Parwana, unverheiratet und schwanger, war eine gestrauchelte Frau, Dadis Spezialität. Ich brauchte sie bloß zusammenzubringen. Mit einem Streich könnte ich mich in den Augen meiner Pflegefamilie in Lucknow reinwaschen und hier meine Großmutter kennenlernen. Seit meiner Ankunft in Delhi hatte ich nach einem Vorwand Ausschau gehalten, Dadi aufzusuchen, und all diese Zeit lag er zum Greifen nah vor mir. Benommen durch die schlichte Perfektion von Gottes Plan, eilte ich zum Mitthan Halvai, wo ich zwei Tassen Tee bestellte und ein Telegramm aufsetzte. Die kurzgefaße Prahlerei – Schickt sie, ich kläre alles – änderte ich jedoch aufgrund meiner normalen Bescheidenheit in einen einseitigen Brief, aber das Wesentliche blieb unverändert: Lieber Haasan Mamoo, wenn Du Parwana im Charbagh-Bahnhof in einen Zug nach Delhi setzen kannst, werde ich an meinem Ende ein neues Leben für sie arrangieren. Herzliche Grüße.

Ich ging mit dem Brief zur Hauptpost, wo ich ihn per Einschreiben (mit Empfangsbestätigung) abschickte und den Mann hinterm Schalter die Briefmarken in meiner Anwesenheit entwerten ließ. Auf dem Heimweg mußte ich mich beherrschen, damit meine Füße nicht vor Aufregung tanzten. Ich erinnerte mich daran, daß es noch eine Weile dauern würde, bis Parwana kam. Zuerst würde mich ein Brief von Haasan erreichen, in dem er mir sagte, wann sie käme. Dann, ein paar Tage oder eine Woche später, würde sie eintreffen. Es hatte keinen Sinn, sich in einen Zustand asthmatischer Aufregung hineinzusteigern. Lange, tiefe Atemzüge.

Es half nichts. Ich wollte sie sofort in Delhi haben. Per Kurier. Telegrafiert. Gefaxt. Ich konnte mir die Vorfreude auf der Zunge zergehen lassen, sie in meiner Spucke schmecken. Es war ein Geschmack, den ich vor sehr langer Zeit kennengelernt hatte, als ich, gut bei Kasse mit den

Einnahmen von meinem neunten Geburtstag, einen Balsaholz-Segel-flugzeug-Baukasten bestellt hatte, der im *Illustrated Weekly* abgebildet war, verführt von dem schwindelerregenden Versprechen der Anzeige: Postwendend. Wir garantieren. Kein Geld jetzt!

Parwana

Parwana traf am fünfzehnten Juni ein.

Haasans Telegramm erreichte mich am siebten, drei Tage nachdem ich den Brief abgeschickt hatte: schulferienstoßzeit stop frühestmöglicher platz fünfzehnter oudh express 18 uhr neu delhi bitte abholen brief folgt sehr dankbar haasan.

Aber sehr dankbar Haasans Brief fand mich nicht, und das einwöchige Warten auf sie wurde nicht erleichtert durch weitere Informationen. War sie versöhnt oder voller Groll, zahm oder dschungelwild, gehorsam oder unbändig? Bis zum fünfzehnten hatte ich schon ein Dutzend Möglichkeiten durchgespielt, wie meine Pläne für sie scheitern konnten. Ich hatte nur den einzigen Vorteil, daß sie stumm war. Wenn ich für Dadi ihr erbärmliches Leben zusammenfaßte, würde sie mich nicht ständig unterbrechen.

An dem Tag, als ihr Zug kommen sollte, hatte ich Morgenschicht, was bedeutete, daß mir weniger als eine Stunde blieb, mich zu erholen, bevor ich mich zum Bahnhof aufmachen mußte. Kekse und Tee, waschen, dann lange Zeit hocken, weil der Anfang nicht raus wollte und ich zu angespannt war, ihn für eine Weile in Ruhe zu lassen und dann zu überraschen. Lange Züge an einer Capstan halfen, aber es ist nicht das gleiche, wenn man nachhilft. Ungeformt und blaß, füllte sich das Klo mit der säuerlichen, geronnenen Aufregung.

Der Tongawallah weigerte sich, die kürzere Route über die Darya Ganj zu nehmen, weil sein Pferd zu alt war für die starke Steigung kurz vor dem Roten Fort. Ich widersprach nicht, und so wendete er den Tonga und fuhr in die Nicholson Road. Ich hatte sie als eine enge, volle Gasse in Erinnerung, aber wir kamen mit Tempo voran. Rechter Hand begleitete uns die alte Stadtmauer für die Hälfte des Weges.

Meine einzige Erinnerung an diese Fahrt ist, daß die Straßen leer wirkten, selbst die verwinkelten. Das Bahnhofsgebäude war klein und neu, und die Parkplätze waren fast alle von Armeelastern besetzt, was mich verwunderte, bis mir wieder einfiel, daß Krieg war. Ich machte einen zwanzig Meter großen Bogen um sie. Weniger als ein Jahr zuvor hatte so ein Laster Masroor vor meinen Augen verschluckt. Genaugenommen vor zehn Monaten und einer Woche, und der Gedanke daran nahm mir noch immer unangenehm und beängstigend den Atem.

Ich blieb neben einem khakifarbenen Motorrad mit Beiwagen stehen und streichelte den Scheinwerfer. Dann zog ich meine Hand weg und marschierte los, um mir eine Bahnsteigkarte zu kaufen. Ich war nicht hier, um alte Geister wachzurufen. Die Vergangenheit war vergangen, und im Begriff, jederzeit auf Bahnsteig drei anzukommen, war der Schlüssel zu meiner Zukunft: Parwana.

Ich stieg auf die Hochbrücke, von der in regelmäßigen Abständen Metalltreppen zu den Bahnsteigen hinunterführten. In weniger als fünf Minuten fühlten sich meine Zähne körnig an durch den Kohlestaub, der von den Dampfloks, die unter mir rangierten, hochgepafft wurde. Die erste Treppe rechter Hand führte zum Bahnsteig drei hinunter, wo der Oudh Express erwartet wurde. Aber ich blieb auf der Hochbrücke stehen, weil es der Bahnhofsuhr zufolge erst halb sechs war und ich, angenommen, der Zug kam pünktlich, noch eine halbe Stunde Zeit hatte.

Die Hochbrücke lag mehr als zehn Meter über den Gleisen, aber selbst in dieser Höhe wurde die Welt ein einziges Getöse, wenn zwei Züge aneinander vorbeifuhren und hechelten und pfiffen wie lüsterne alte Männer. In den seltenen Pausen zwischen den Zügen wurden gewöhnliche Geräusche unnatürlich laut. Ich konnte die Kulis atmen hören, wenn sie, von Körben, Matratzen und Überseekoffern niedergedrückt, vorbeieilten. Es war während einer dieser Pausen, daß ich den Ruf zum Gebet hörte. Ich hatte Glück. Ein Zug hätte diese schrillen arabischen Laute übertönt, und dann wäre mir die Moschee zwischen den Bahngleisen vielleicht nicht aufgefallen.

Sie lag genau zwischen den Bahnsteigen eins und zwei, so auffällig fehl am Platz, daß sie fast unsichtbar war. Tatsächlich waren es, aus der ungehinderten Sicht, die ich von der Hochbrücke hatte, drei klobige, weißgetünchte Kuppeln, ein wenig plattgedrückt von hier oben, und ein winziger Hof. Von meiner erhöhten Position aus konnte ich den bärtigen Maulana und seine Gemeinde sehen, wie sie sich im Gebet niederbeugten und aufrichteten. Als sie fertig waren, stellte ich fest, daß sich der Oudh Express um eine halbe Stunde verspäten würde, und so blieb ich, wo ich war, als müßiger Moschee-Beobachter, aus keinem anderen Grund als aus dem Vergnügen, unbeobachtet zu spionieren.

Die Gruppe der Betenden löste sich nicht auf, statt dessen begann der Maulana, jetzt ihnen zugewandt, zu reden. Ich bekam die ersten Worte nicht mit, weil eine Rangierlokomotive auf Bahnsteig vier vorbeidonnerte, aber danach schwebten seine Sätze mit ferner Klarheit zu mir hoch, und nur das eine oder andere Wort fehlte.

... heute konfrontiert sind. Letzte Woche hat uns Janaab Yusuf Qureishi, Sekretär der North-Western Railways Muslim Employees Association gezeigt, wie muslimischen Arbeitern durch diese Regierung Unrecht zugefügt wird. Vor ihm hat Maulana Nomani die Forderung der Liga nach Pakistan erklärt. Euer Redner heute ist kein politischer Führer oder Gelehrter, aber er ist ein Muslim, der ein Herz für seine Glaubensgemeinschaft hat. Bitte also ... meinem jungen Freund ...

Der Name des jungen Freundes wurde von einem Zugpfiff übertönt. Ein großgewachsener, bärtiger Mann nahm den Platz des Maulana ein und begann. Er war schwerer zu verstehen, weil seine Stimme tiefer als die des Maulana war und nicht so gut trug. Ich lehnte mich übers Geländer und hielt mir die Hand hinters Ohr, aber fast eine Minute lang hörte ich nur einen brummelnden Bass. Dann wurde der Redner allmählich warm, und seine Worte trugen besser.

Neunzehnhunderteinundvierzig.

Das waren seine ersten Worte, die ich verstand.

... neunzehnhunderteinundvierzig wurden wir gezählt. Tausende von Volkszählungsbeamten haben Millionen von Muslims gezählt, dann haben sie uns zusammengerechnet, ihre Ergebnisse verglichen und verkündet, es gäbe acht Crores von Leuten wie ihr und ich. Achtzig Millionen ... Muslims. Das ist die Wahrheit, die eigene Wahrheit der Regierung – gedruckt, gebunden und veröffentlicht.

Aber für uns, für Muslims, ist das nicht die ganze Wahrheit. Die ganze Wahrheit ist, daß es achtzig Millionen Muslims in diesem Land gibt, die unsichtbar sind!

Er hielt inne, damit das ankam.

Nicht für jeden unsichtbar, sagte er, ein wenig auf seinen Hacken wippend. Nicht für die Briten, die uns zählen. Nicht für die Hindus, die uns hassen, die uns überall sehen – beschnittene Ungeheuer, die einmal im Jahr baden und sich ständig vermehren. Es ist der Congress, der uns nicht sieht. Es ist die Partei der Nation, die blind ist.

Zuerst bleicht sie uns mit Weltlichkeit, bis wir durchsichtig sind, und dann geht sie durch uns hindurch, so wie ihr und ich durch Dschinns und Geister gehen. Für Nehrus Congress sind wir dauerhaft unsichtbar. Wenn wir für ihn sind, sind wir keine Muslims, dann sind wir Menschen, durchsichtig in unserer Menschlichkeit. Wenn wir gegen ihn sind, sind wir immer noch keine Muslims, weil wir dann feudalistisch oder bürgerlich sind, eine abstruse Art asozialer Schurken.

Bis vor einem Jahr war ich ein Congress-Anhänger. Seit dem Faizpur-Congress war ich ein Vier-Anna-Mitglied. Und wie andere Congress-Muslims wurde ich zu einem Vorzeigemuselman, aber das hat mich nie gestört, weil ich Freunde in der Partei hatte, die zufälligerweise Hindus, Sikhs oder Christen waren, aber letztendlich waren wir grundsätzlich Menschen. Grundsätzlich Menschen.

Aber als der Congress letzten August in Bombay zusammentrat, entdeckte ich, daß es zwei Sorten von grundsätzlichen Menschen gab: jene, die die »Quit India«-Bewegung sofort haben wollten, und jene, die das nicht wollten. Die erste Sorte hatte zufällig Namen wie Jawaharlal, Shyamaprasad, Mohandas, Purshottamdas, Narendra Deo, während die zweite Sorte zufällig auf Namen wie Khalid, Ibrahim, Shaukat, Mansoor und Ahmad hörte ... Als sich Khalid, Ibrahim, Shaukat, Mansoor und Ahmad erhoben und sich gegen den Start der »Quit India«-Kampagne aussprachen, weil sie die Situation zwischen Hindus und Muslims für zu angespannt hielten, wurden sie auf der Stelle unsichtbar. Sie wurden von dem langen Schatten der Massen verdeckt. Ihnen wurde vom Arbeits-komitee des Congress gesagt, daß die Massen die Kampagne befürworte-ten. Vielleicht hatte das Komitee recht. Wenn die Massen einfach mehr als die Hälfte der Menschen bedeutete, die in der Volkszählung gezählt worden waren, konnte man von der Gesamtsumme achtzig Millionen Muslims abziehen und immer noch Massen übrig haben. Und so sah der Congress wieder durch uns hindurch, im Namen der Massen, der Geschichte und der Freiheit.

Wie können wir ihm helfen, uns zu sehen, fragte er, und machte sich dann daran, seine eigene Frage zu beantworten. Da der Congress ein-fache Ideen wie Freiheit und die Massen liebt, müssen Muslims sich vereinfachen. Da unser Problem Durchsichtigkeit ist, müssen wir im Namen des Islam undurchsichtig werden. Selbst hier, in einer Moschee, sehe ich Muslims, die wie Zivilisten gekleidet sind – aber vergeßt nicht, die können euch in dieser Kleidung nicht sehen! Also verbrennt eure Hemden und Hosen, und laßt eure Bärte wachsen. Steckt eure Mütter, Schwestern und Ehefrauen in große, schwarze Burqas. Hebt eure Käppchen nicht nur für diese Gebete auf, tragt sie überall. Tragt sie, wie Soldaten Uniformen tragen. Zwingt den Congress, euch mit euren Bärten und Burqas anzusehen – weil sie erst dann wissen werden, daß wir hier sind. Erst dann werden sie sehen.

Er hatte noch nicht geendet, als ich mich losriß und die Stufen zum Bahnsteig drei hinuntereilte, weil der Oudh Express Zeit aufgeholt hatte und demnächst eintreffen würde. Ich konnte vom Bahnsteig aus noch die Moschee sehen, aber der Redner und sein Publikum waren hinter den Mauern des Hofes verborgen. Ich konnte ihn auch nicht mehr hören – vielleicht trug seine Stimme in die Weite nicht so gut wie in die Höhe. Ich fragte mich, ob Masroor, wo immer er sein mochte, auch so dachte, weil er auch gegen die »Quit India«-Entscheidung gewesen war. Aber es blieb keine Zeit mehr, mich was zu fragen, weil in dem Moment der Oudh Express in einem Nebel von Rauch einfuhr.

Sie saß auf der unteren Pritsche eines Damenabteils und hielt etwas in den Händen, was wie ein Brotmesser aussah. Sie sah jung, ruhig und mehr oder weniger so wie vorher aus. Sie betrachtete mich eine Weile und verglich vielleicht mein Gesicht mit ihrer Erinnerung daran. Dann verstaute sie mit einem kleinen Nicken das Messer zwischen einer Wasserflasche und einer Thermosflasche in einem Bastkorb am Fenster. Auf dem Boden zwischen den Liegen standen ein großer, mit Asharfis Namen beschrifteter Blechkoffer, eine grüne, pralle, mit Riemen zugezurrte Reisetasche, ein dicker Surahi, dessen Tülle wie ein Löwenkopf gearbeitet war, ein Korb mit Mangos, eine Frühstücksdose und ein großer, schwarzer Regenschirm.

Sie trug Asharfis Reifohrringe, und ich meinte ihr Salwar Kameez aus meiner Zeit im Lalbagh-Haus wiederzuerkennen. Es beunruhigte mich, daß nichts an ihr auf Laster hindeutete, nicht einmal ihr Bauch, der völlig flach zu sein schien. Würde Dadi sie wirklich als eine gestrauchelte Frau akzeptieren, wenn sie wie ein gutbehütetes junges Mädchen aussah? Ich verdrängte den Gedanken. Es hatte keinen Sinn, sich jetzt darüber Sorgen zu machen. Zum Glück konnte sie nicht für sich sprechen, so konnte Dadi sie nicht direkt befragen. Ich war der Vermittler, und das war gut so. Und im Moment war ihre Stummheit auch günstig, weil sie eisbrechende Einleitungen überflüssig machte. Der Anblick von ihr hatte mir jeglichen Small talk aus dem Schädel vertrieben.

Nach einem kurzen Schweigen beschloß ich, die Situation in die Hand zu nehmen, indem ich ihre Gepäckstücke laut zählte. Eins, zwei, drei, vier, fünf, plus den Blechkoffer und den Regenschirm, und das macht sie ...

Du wirst einen Kuli brauchen, sagte Parwana.

Während des gesamten Heimwegs war ich sprachlos. Ich konzentrierte mich ganz auf die unmittelbaren Aufgaben: einen Kuli engagieren, dem Mann am Tor unsere Karten zeigen, einen Tonga mieten, das Gepäck aufladen, den Kuli bezahlen, einsteigen. Ich schenkte jeder dieser Aufgaben meine ungeteilte Aufmerksamkeit, denn in einer Welt, in der die Stummen unangekündigt redeten, war nichts selbstverständlich, und so etwas wie eine Heimkehr gab es nicht. Es war nur eine Vorstellung, die davon abhing, daß getrennte Ereignisse hintereinander abliefen, und da kein Ereignis das nächste nach sich zog – einen Kuli engagieren bedeutete nicht, daß ein Tonga folgen würde –, war eine Heimkehr eine Idee, die allein durch den Willen verwirklicht werden mußte.

Ich hatte keinen Blick für irgendwas anderes. Ich bemerkte den bärtigen Redner von der Eisenbahnmoschee, der in der Nähe des Tonga stand, als ich das Gepäck auflud, und Parwana betrachtete, aber ich schenkte ihm keine weitere Beachtung. Dann sah ich ihn wieder am Ende unsrer Fahrt, in Kashmiri Gate, als wir vor dem East India C- ausstiegen. Er lehnte über der Seite seines Tonga, als er an uns vorbeifuhr, und starrte Parwana an. Er schien uns zu verfolgen, aber ich ließ mich durch seine Hartnäckigkeit nicht von der anstehenden Aufgabe ablenken, Parwanas Sachen abzuladen. Wenn wir erst einmal sicher im East India C- waren, wäre Zeit genug, um an andere Dinge zu denken. Aber nicht vorher. In dieser Welt, in der ich gefangen war, gab es keine Garantie, daß sich ein unbeobachteter Tonga nicht in eine an der Straße stehende Moschee verwandeln würde. Ewige Wachsamkeit war der Preis dafür, daß man den Verstand behielt.

Aber der Schock, sie sprechen zu hören, ließ während der vier Tage nach, die sie mit mir verbrachte, bevor Dadi sie aufnahm. In dieser Zeit erklärte sie mir, wie sie ihre Sprache wiedergefunden und wieso sie sie überhaupt verloren hatte. Sie, die beinahe einmal gestorben wäre, hatte sich von Geschichte gänzlich freigemacht, von der Gewohnheit, Zeit als

212

eine Reihe von Ereignissen zu sehen, die einem Ende zustrebten. Soweit ich feststellen konnte, war sie nicht gegen die Pläne, die ich für sie gemacht hatte. Ich erzählte ihr, was ich über Nari Niketan wußte, und sie hörte ruhig zu. Ich hatte das unbehagliche Gefühl, daß sie genauso reagiert hätte, wenn ich ihr gesagt hätte, daß sie am nächsten Tag sterben würde. Parwana glaubte nicht an die Zukunft.

Ich beschloß, sie am nächsten Samstag Dadi vorzustellen, weil meine Kellnerfreunde aus dem Carlton mir gesagt hatten, daß Kaushalya Devi am Wochenende Benachteiligte zur Audienz empfing. In der Zeit, die wir bis dahin hatten, versuchte ich Parwana einzutrichtern, daß sie meine Schwester sei, zumindest solange sie bei mir im East India C- wohnte, weil es das war, was ich dem Verwalter erzählt hatte. Ich verbrachte Stunden damit, sie zu trainieren, ich half ihr, sich eine plausible Geschichte ihres gestrauchelten Zustandes einzuprägen – eine, die sie Dadi vortragen und die Dadi glauben konnte. Jeden Abend sahen wir uns zur Ablenkung und Entspannung einen Film im Ritz an. Als der Samstag kam, konnte Parwana ihre Geschichte fließend hersagen. Es half, daß sie sich keine erfundene Geschichte einprägen mußte – sie brauchte lediglich einen Teil der Wahrheit zu vergessen.

Samstag morgen. Dadis Audienzzeit war von neun bis eins, und so verließen wir das East India C- um Viertel vor neun. Parwana sah geschrubbt und jung aus. Sie hatte sich die Haare in einen Zopf geflochten, und ich ließ sie Asharfis Goldreife abnehmen, weil nackte, durchstochene Ohren Mädchen seltsam verletzlich aussehen lassen.

Wir erreichten die Gasse hinter dem Carlton zu früh und liefen auf und ab. Kurz vor neun gingen wir dann noch mal durch die Gasse und eilten am Kücheneingang des Carlton vorbei, wo man gerade im Begriff war, die ersten Hühner fürs Mittagessen zu schlachten.

Wir zögerten kaum, als wir vor den vier Stufen standen, die zur erhöhten Veranda führten. Ich blieb nur kurz stehen, um ein Blatt von der Tulsi-Pflanze zu pflücken, die in einem großen, grünen Kübel stand. Ich aß es als Glücksbringer und um der alten Zeiten willen. Einen Moment lang stand ich schweigend da und betrachtete die Tauben, die über das Verandadach flatterten. Vor uns waren die geschlossenen Doppeltüren, die sich zu meiner Zeit zum europäischen Wohnzimmer geöffnet hatten.

Rechts neben der Tür nannte eine hölzerne Tafel den Namen meines Großvaters. Etwa auf der gleichen Höhe wie sein Name war eine neu aussehende elektrische Klingel, ein schwarzer Knopf, in einer weißen Porzellaneinfassung, angebracht. Sie starrte uns mit glubschäugiger Verachtung an. Ich holte tief Luft und drückte drauf.

Irgendwo drinnen war ein gedämpftes Bing zu hören, und eine Stimme rief Jumna! Einen Augenblick später wurde eine der Doppeltüren entriegelt und von einem beleibten Dienstmädchen mittleren Alters geöffnet. Sie trat beiseite und winkte uns herein. Wir wurden offenbar erwartet oder zumindest irgend jemand mit uns Austauschbares. Drinnen war es dunkel und kühl, aber es war nicht das Wohnzimmer, das ich aus meiner Kindheit in Erinnerung hatte. Es sah eher wie die Vorstellung eines Filmproduzenten von der Kanzlei eines reichen Anwalts aus. Escritoire war eines der Wörter, die mir einfielen. Chaiselongue, Ormolu-Uhr, Damast und Mahagoni waren andere – nicht weil ich wußte, was sie bedeuteten, sondern weil sie zu der Vornehmheit des Raumes zu passen schienen.

In der Mitte einer Menge Burma-Teak und Leder saß Dadi mit übergeschlagenen Beinen auf einer großen weißen Matratze. Sie sah rundlich, schwarzhaarig, glattgesichtig und überhaupt nicht wie sie selbst aus. Ihr Kopf und der Rest von ihr waren in handgesponnenen Stoff gehüllt. Vor ihr stand ein Spinnrad, ganz ähnlich dem auf der Fahne des Congress.

Setzt euch, sagte sie, ohne den Blick von dem Faden zu nehmen, den sie auszog, und so schoben wir unsere Sandalen weg und ließen uns auf dem Rand der Matratze nieder. Jumna schloß die Tür und verriegelte sie. Dadi sprach für eine eindrucksvoll lange Zeitspanne nicht mit uns, etwa zwei Minuten, aber die Wirkung wurde durch ihre Spinnerei verdorben, weil der Faden in dieser Zeit zweimal riß. Als sie die Zeit für gekommen hielt, schob sie das Rad mit einem ärgerlichen kleinen Schubser beiseite, obwohl ihr Gesicht ruhig blieb. Ohne mich zu beachten, richtete sie ihren Blick auf Parwana. Ja, mein Kind, sagte sie mit nonnenähnlicher Überlegenheit (obwohl sie nicht älter als vierzig sein konnte), erzähl mir, wie es passiert ist.

Ich räusperte mich, in der Hoffnung, ihr eine Zusammenfassung von Parwanas Schwierigkeiten geben zu können, aber sie brachte mich mit einem herrischen kleinen Handwedeln zum Schweigen. Laß sie für sich selbst sprechen, sagte sie streng. Du kannst deine Rolle in dieser Sache später erläutern. Sie wandte sich wieder an Parwana. Komm, meine Liebe, sagte sie forsch, fang an. Ihre durch und durch bürgerliche Art,

214

zusätzlich zu der Autorität dieses Zimmers, reichte aus, um Gehorsam zu bewirken. Und so fing Parwana an.

Sie begann mit dem Waisenhaus in Bombay, wo sie von ihrer Kindheit bis zum Erwachsenenalter gelebt hatte. Ich bekam an meinem fünften Geburtstag einen Namen, sagte sie. Als man mich dort abgab, hatte ich keinen, und dann hat das Büro meine Akte verloren, deswegen haben sie es immer wieder verschoben, weil sie nicht wußten, was ich war. Welche Religion, meine ich. Dann, als ich fünf wurde, hatte das Waisenhaus goldenes Jubiläum. Uns besuchte der Gouverneur von Bombay, deswegen haben sie die Gebäude weiß getüncht und mir einen Namen gegeben. Der Leiter nannte mich Chandrakanta.

Aber sie hatte den Namen erst sechs Monate, als er wieder geändert wurde. Es hatten sich Unruhen wie eine Krankheit übers Land ausgebreitet, und in Bombay erhitzten sich die Gemüter, als *Noor*, eine lokale Zeitung, dem städtischen Waisenhaus vorwarf, es würde seinen Kindern Hindu-Namen geben. Und so mußte Chandrakanta umbenannt werden. Der Leiter kritzelte Ruth, Shireen, Shama und Parwana auf verschiedene Zettel und erlaubte Chandrakanta, einen aus seinem Tropenhelm zu ziehen.

Ich fragte, ob ich die andern Zettel sehen könnte, nachdem ich Ruth gezogen hatte, sagte Parwana, nur um sicherzugehen, daß ich endlich einen richtigen Namen bekam. Der Leiter war freundlich. Als ich statt dessen um Parwana bat, gab er ihn mir. Er stammte aus Madras und sprach nicht so gut Hindi, und ich war noch klein, wir wußten also beide nicht, daß Parwana kein geeigneter Name für ein Mädchen war.

Dadi interessierte das alles nicht. Ja, ja, sagte sie mit stahlharter Geduld, aber wie bist du obdachlos und mittellos geworden?

Das waren große Vermutungen, denn mit ihrem dunkelgrünen Kameez und ihrer leichenblassen Haut sah Parwana besonders hochgeboren aus. Aber es war nicht Dadis Schuld. Die meisten Leute, die sie samstags aufsuchten, waren wahrscheinlich sowohl obdach- als auch mittellos, und Parwana hatte auf alle Fälle keine dauerhafte Bleibe.

Das passierte erst, nachdem ich das Waisenhaus verlassen hatte, sagte Parwana, nicht gekränkt. In unserm letzten Jahr dort lernten wir Stenografie. Wir sollten irgendeine Fertigkeit vorweisen können, weil wir mit achtzehn das Waisenhaus verlassen und für uns selber sorgen mußten. Wir wurden von Miss Furdoonji unterrichtet, die alt und unverheiratet war und in der Nähe wohnte. Sie berechnete dem Waisenhaus nichts für die Stunden, weil sie uns liebte. Eigentlich verbrachte sie mehr Zeit mit Englischkonversation als mit Stenografie. Ihr werdet noch alle Ayahs, schimpfte sie uns, wenn wir es satt hatten, ihr Sätze hinterherzusprechen. Dann las sie uns Gedichte vor – wunderschöne Gedichte über Schiffe und Schlachten, England und Amerika ... Whitman nicht Pitman, sagte sie immer, und sie hatte recht. Das Englisch half. Jedenfalls am Anfang.

Einige von uns wurden Ayahs, aber ich brachte es weiter – ich ging zur Fluglinie. Es gab da ein wunderbares Bild in der Zeitung: Fünf lachende Mädchen in Käppis und Uniformen, ein Pilot in der Mitte und ein Propeller im Hintergrund. Es gehörte zu einer Anzeige, wo draufstand, daß ich fliegen könnte. Daß ich fliegen könnte und auch noch dafür bezahlt würde, wenn ich hübsch und gesund wäre und etwas Englisch spräche. Weiter nichts. Es war ein Märchen. Ich bewarb mich, hatte ein Vorstellungsgespräch und bekam die Stelle. Eigentlich war es gar nicht so überraschend, daß ich sie bekam. Alle Mädchen auf dem Zeitungsbild hatten nämlich Namen wie Sally, Pamela und Doreen. Sie waren ganz erfreut darüber, eine Parwana auf ihrer Gehaltsliste zu haben. Ich glaube, eine Parvati hätten sie noch lieber gehabt, aber für die erste indische Fluglinie war ich besser als nichts.

Und so verließ ich das Waisenhaus sechs Monate vor meinem achtzehnten Geburtstag und zog in eine Art Wohnheim in Bandra. Die Fluglinie hatte eine große Wohnung im zweiten Stock eines heruntergekommenen Gebäudes gemietet, das Dhotiwala Mansions hieß, wo alle Stewardeßschülerinnen wohnen mußten. Dort verbrachte ich acht Monate mit Maureen, Patsy, Sarah und Pam.

Einen Moment lang schwieg Parwana und lächelte in glücklicher Erinnerung. Es war die schönste Zeit meines Lebens. Ich lernte Polka und Walzer tanzen. Jeden Abend zog Maureen ihr Grammophon auf, und wir tanzten alle, miteinander oder mit Kissen als Partner. Ich tanzte normalerweise mit Sarah, weil ich nicht sehr gut war und sie gut führte. Sie duftete immer nach Afghan Snow. Patsy hatte einen Freund, als einzige von uns. Er war in der Handelsmarine, glaube ich, aber meistens da, weil er gerade einige Monate Landurlaub bekommen hatte. Jeden Sonntag fuhr er uns alle in seinem offenen Morris spazieren. Einmal nahm er uns sogar nach Khandala mit ...

Parwana, unterbrach Dadi bestimmt, aber mit einer Sanftheit, die mich überraschte. Hätte sie nicht ihre Pflicht zu tun gehabt, hätte sie vielleicht auch gerne etwas über den Ausflug nach Khandala gehört. Parwana, sagte sie, du mußt mir erzählen, was eigentlich passiert ist. Wie das Publikum in einem Horrorfilm wartete sie auf die schrecklichen Teile. Es war nicht ihre Schuld – sie war Sozialhelferin, ihr Fachgebiet war Mühsal, nicht Freude. Parwana schwieg lange Zeit. Dann blickte sie auf und sagte: Es ist mehr als eine Sache passiert. Lassen Sie mich erzählen, was passiert ist, eins nach dem andern – dann können Sie sie zusammenzählen.

Vielleicht ist das alles passiert, weil ich keinen Freund wie Sidney hatte, mit einem Auto und einer Zukunft. Und vielleicht hatte ich keinen, weil ich in einem Waisenhaus aufgewachsen war. Aber das kann nicht der einzige Grund gewesen sein, weil Maureen, Sarah und Pam auch keine Freunde hatten, und sie hatten alle Familie. Aber Tatsache war, daß Patsy, die einzige von uns, die dann Stewardeß wurde, auch die einzige war, die einen Freund hatte, also gab es da vielleicht einen Zusammenhang. Wir andern sind nie geflogen. Wir machten die ganze achtmonatige Ausbildung – Körperhaltung, Gleichgewicht, richtiges Make-up, Notausgänge, Verhalten bei Übelkeit, natürliches Lächeln –, aber am Schluß sind wir alle ausgestiegen. Und sind alle zum Film gegangen.

Das mit dem Film war Sarahs Schuld. Es wäre nichts passiert, wenn sie nicht eine entfernte Cousine von Nelson Deane gewesen wäre, der in allen Filmen die Walzer in Geburtstagsfestszenen choreographierte. Drei Monate vor Ende der Ausbildung erschien er im Wohnheim – er brauchte für einen Quickstep eine Tänzerin in einem trägerlosen, silbernen Kleid. Sarah, die genauso gern tanzte, wie sie ins Kino ging, überlegte nicht lange. Anfangs konnten wir es vor der Fluglinie geheimhalten, sagte Parwana. In der ersten Woche probte Sarah jeden Abend mit mir ihre Schritte und trug dabei ihren Slip statt des Kostüms, das sie nicht mit nach Hause nehmen durfte. So von nahem roch sie nach Fettschminke, wilder Aufregung und Schweiß, sie roch nach Begeisterung. Schließlich kam die Geschäftsführung dahinter, und sie mußte gehen. Am Abend, bevor sie zu Cousin Nelson zog, veranstaltete Maureen ein riesiges Bratenessen für sie.

Trotzdem könnten die anderen heute Stewardessen sein, wenn sie nicht den Unterricht geschwänzt hätten, um an dem Tag, wo Sarahs Tanz gedreht wurde, dabeizusein. Sie gingen in ihren Uniformen, weil es die schicksten Sachen waren, die sie hatten: nach unten enger werdender Röcke, kurze Jacken, Halstücher und freche kleine Käppis. Sie fielen auf, selbst in dem schäbigen Glanz des Studios. Sie fielen in ihren Uniformen auf und wurden verpflichtet. Pamela bekam eine kleine Rolle in Sarahs Film als junger Vamp, und Maureen wurde in die große Tanzszene eingebaut, nachdem der Produzent befunden hatte, daß diese nicht groß genug war. Parwana fiel dem stoppelbärtigen Regieassistenten auf, der jede Minute beim Drehen litt, weil sein Herz am tragischen Realismus hing.

Er hieß Satyakaam. Er löcherte Parwana, bis sie sich bereit erklärte, in seinem ersten Film mitzuspielen. Vielleicht war es wegen ihres Namens, warum er sie haben wollte: Parwana, der Falter, der in die Flamme flattert, die Hauptmetapher in Filmsongs. Satyakaams Realismus suchte seine melancholische Wahrheit in der Sprache von Staub, Blut, Ranken, Tauben, Trunkenheit und Asche, und so war Parwanas Name eine Verbindung. Für Ruth oder Chandrakanta wäre es vielleicht anders gelaufen.

Während der nächsten zwei Monate gelang es ihm, Geld für den Film aufzutreiben. Am Ende dieser Zeit waren nur noch Patsy und Parwana im Wohnheim übrig. Aber vor lauter Sidney und Satyakaam trafen sie sich fast nie nach dem Unterricht. Sieben Abende nacheinander, bevor die Dreharbeiten begannen, erläuterte Satyakaam Parwana die Handlung, die sich mit jedem Tag mehr zuspitzte. In ihrem nackten Gerüst war es die Geschichte einer Witwe, die von einer grausamen, engstirnigen Welt auf den Scheiterhaufen ihres Gatten gezwungen wird, von dem sie in letzter Sekunde ein unterdrückter Idealist rettet. Aber sie ist schon so weit angesengt, daß sie in einen Zustand des Schocks gerät, und der restliche Film drehte sich um den Idealisten (Satyakaam persönlich), der sie wieder in die Welt der Lebenden zurückführt. Die Witwe war gesellschaftliche Realität. Parwana sollte die Witwe sein.

Die Dreharbeiten begannen mit der Scheiterhaufenszene, um gleich mit einem authentischen Start anzufangen, und Satyakaam inszenierte sie mit grenzenlosem Realismus. Realismus. Aus Parwanas Geschichte wurde klar, daß alles wegen Satyakaams Realismusbesessenheit passiert war. Mißtrauisch gegenüber der Phantasie, glaubte er, daß Kunst die Summe authentischer Details sei. Vor dem Drehen hatte er eine Inventur der Realität gemacht, die er brauchte, und war dann einkaufen gegangen. Einer der Posten, die er gekauft hatte, war Parwana.

Er fand kein passendes Flußufer, wo er die Verbrennung filmen konnte, und so gab er sich mit dem Studio zufrieden, wo er die Szene in mondloses Schwarz badete, um alles nicht Realistische, das in den Ecken des Bildes lauern konnte, zu verbergen. Es gab echtes Sandelholz und reines Ghee für den Scheiterhaufen, einen richtigen Pandit, der traditionelle heilige Verse rezitieren sollte, und einen wirklichen Kadaver aus der Leichenhalle des Krankenhauses als toten Gatten, der allerdings größtenteils unter dem Sandelholz verborgen sein würde, so daß nur seine Stirn zu sehen wäre. Mit dem roten Sari angetan, der für sich selbst opfernde Witwen vorgeschrieben war, sollte Parwana auf den Scheiterhaufen gelegt werden, die Arme an die Seiten gebunden und ihre Füße gefesselt, obwohl das durch den Sari kunstvoll verborgen werden würde. Aber nicht so vollständig, daß das Publikum die Fesseln nicht sehen könnte. Als Jünger des wirklichen Lebens wollte Satyakaam klarmachen, daß Sati ein erzwungener Akt war. Dann würde die Kamera zu Rufen von Jai Sati Mata – Es lebe die Frau, die Sati begeht! – auf die Fackel zoomen, wie sie an die mit Ghee getränkten Balken gehalten wird. Parwana würde anfangen, sich schreiend in den Flammen zu winden, die, in widerwilliger Konzession an die Erfindungsgabe der Kunst, später drübergelegt werden würden.

Parwanas Stimme, die zu einem Flüstern verblaßt war, verlor sich jetzt völlig, und der Raum füllte sich mit einem gespenstischen Klirren, da ihr Körper so zitterte, daß die Glasreife an ihren Handgelenken aneinanderschlugen. Sie erholte sich jedoch schnell wieder und setzte ihre Geschichte fort, aber inzwischen hätten sowohl Dadi als auch ich sagen können, worauf alles hinauslief. Und doch lauschten wir mit der besitzergreifenden Erregung, die daher kommt, daß man das Ende kennt.

Als die Einstellung eingerichtet war und die Kameras liefen, streifte der Priester, der Parwana schon zweimal an den Busen gefaßt hatte, während er sie auf dem Scheiterhaufen in die richtige Lage brachte, ein letztes Mal ihre Brüste und hängte ihr die Rudraksha-Kette um den Hals. Der Gesang Jai Sati Mata! wurde immer lauter, der hohe Kamerawagen fuhr in einem langsamen Kreis um den Scheiterhaufen, wie in einer bizarren Parodie der rituellen Umrundung, und Parwana verspürte ein sanftes Glühen von Wärme und roch den nussigen Geruch von angebranntem Fleisch.

Vielleicht überschritt der Statist, der die Fackel hielt, seine Kompetenz, vielleicht war es ein Unfall, daß die Stämme Feuer fingen, aber nach

Parwanas Beschreibung von Satyakaam erscheint es wahrscheinlicher, daß grober Realismus der Übeltäter war. Letztendlich, vermute ich, konnte er die Vorstellung von synthetischen Flammen nicht ertragen, weil er ein ehrlicher Filmemacher war, kein Illusionist, und wirkliches Leben wird ohne Taschenspielertricks gelebt.

Ich schrie sehr laut, sagte Parwana, weil ich mir nicht sicher war, ob der Tote brannte oder ich.

Später stellte sie fest, daß ihr Gesäß schwer angesengt worden war. Aber Satyakaam wollte die Szene in den Kasten bekommen, und so setzte die Kamera ihre Kreise fort – es waren Profis. Wenn es ihnen überlassen worden wäre, wäre Parwana vielleicht gestorben, weil der Saum ihres Saris Feuer fing und sie nicht einmal dann aufhörten. Inzwischen schrie sie stumm, obwohl sie nicht wußte, daß ihre Stimme weg war. Es war der Priester, der ihr das Leben rettete, indem er sie von dem Scheiterhaufen riß, als der Sari in Brand geriet, und die Stoffbahnen, die in ihrem Unterrock steckten, herunterzog. Innerhalb von Sekunden war sie von dem Sari befreit, der wie Späne auf dem Studioboden brannte.

Der Priester war Gyanendra, Gyanendra von Benares und dem Fenster gegenüber. Später erzählte er ihr, daß ihre Unterwäsche durch irgendein Wunder nicht Feuer gefangen hatten, obwohl der Unterrock so versengt war, daß er sich fest wie Papad anfühlte.

Das verhinderte nicht, daß sich die Haut auf meinem Hintern monatelang in braunen Streifen schälte, sagte Parwana.

Alle ihre Erinnerungen an die Woche, die folgte, stammen aus zweiter Hand, von Gyanendra geliefert, nachdem sie Bombay verlassen hatten. Nur eine Empfindung war stärker als der Schock und die Beruhigungsmittel: die intensive Kälte in ihrer Gesäßregion, während sie halb im Koma auf dem Bauch lag. Vier Tage lang hatte sie kleine Eisblöcke auf ihrem Gesäß. Als es verheilt war, erklärte Gyanendra, daß das Eis die Schmerzen der Haut hatte lindern und Narbenbildung verhindern sollen. Aber es war nicht Fürsorge, was ihn dazu bewegt hatte, ihren Hintern vor Makel zu bewahren. Er hatte Pläne für sie. Arme Parwana! Gezeichnet im Namen des Realismus, dann geschändet um der Phantasie willen.

Da er sein Material im Kasten hatte, wollte Satyakaam, daß sie vom Drehort und aus Bombay verschwand, bevor irgendein Unruhestifter der Presse oder der Polizei Bescheid sagte. Gyanendra war der einzige Freiwillige für den Job, nannte seinen Preis und bekam ihn: dreihundert Rupien, ein Blitzlichtgerät, hundert Blitzlichter und eine Kamera mit Stativ. Dann brachte er sie nach Benares, zu dem Zimmer gegenüber meinem, auf der anderen Straßenseite von Pant Rams Akhara.

Er hätte sie irgendwo hinbringen können, aber er brachte sie nach Benares, nicht nach Quilon oder Quetta oder Nagercoil, weil seit dreihundert Jahren seine kürbisgesichtigen Vorfahren in den klassischen Akademien von Kashi Sanskrit gelehrt hatten. Aber das langsame Aussterben gutbezahlter Ämter, Wanderlust und Lust einfacherer Art hatten die Beine des jungen Gyanendra westwärts nach Bombay gelenkt, wo er sechs elende Monate lang lernen mußte, daß klassische Gelehrsamkeit sich nicht verkaufen ließ und nicht anerkannt wurde, daß die Priesterkunst eine Ermäßigungsfahrkarte zum Hungertod war.

Aber letztendlich starb er nicht den Hungertod, weil harte Tatsachen wie Hunger nur auf die wirkliche Welt zutrafen, wo Hausfrauen nachmittags hurten und Anwälte auf den Straßen schliefen. In Bombays frei imaginierender Filmwelt konnte jeder einen Lebensunterhalt verdienen, weil jeder, egal wie obskur oder bizarr, bereits eine Rolle in der fiebrigen Story eines Drehbuchschreibers hatte. Es ging nur darum, am richtigen Ort zu sein.

Und so hatte sich Gyanendra, zusammen mit eintausend anderen Gaffern, eines milden Winternachmittags eingefunden, um eine Szene zu beobachten, die auf den Stufen des Tadsch-Mahal Hotels gedreht wurde, als der Regisseur, dem eine Tempelszene vorschwebte, ihm auf der Stelle eine Rolle als amtierender Priester gab. Sein Gesicht, bereits brahmanisch von Jahrhunderten der Inzucht, war noch edler geworden, je mehr sein Haaransatz zurückging, und asketischer vor lauter Unterernährung. Gyanendra erfüllte ein Bedürfnis und wurde bald für jeden Film obligatorisch, in dem man einen heiligen Mann benötigte. Er besserte sein Einkommen noch auf, indem er Film-Muhurats leitete, das Ritual, das für alle guten Anfänge wichtig ist.

Es war ein Lebensunterhalt, aber nach einigen Jahren bekam er Heimweh. Er sehnte sich nach Benares, nach dem perfekten Rhythmus jener frühmorgendlichen Gesänge, die, zumindest für ihre Dauer, einer anarchischen Welt metrische Ordnung auferlegten. Was ihn daran hinderte zurückzukehren, war seine Abscheu vor der schäbig-vornehmen Armut, in der sein Vater sich sein Leben lang abgequält und in der auch er sich zum Mannesalter hingeschleppt hatte. Um in die Stadt garantierter Seelenrettung zurückkehren zu können, brauchte er ein Einkommen, das ihm erlaubte, sich der mündlichen Tradition als Künstler zu verpflichten – nicht in dem ererbten Brotberuf.

Im Laufe seiner Suche nach einer Lösung des schwierigen Problems, genügend Geld aufzutreiben, hatte er sich jemand wie Parwana gewünscht – lange bevor er ihr an Satyakaams Drehort begegnet war. Seit Jahren schon hatte er davon geträumt, eine illustrierte Ausgabe des *Kamasutra* zu veröffentlichen und mit der ganzen Gelehrsamkeit seiner Vorfahren zu kommentieren. Aber er hatte nie das Geld oder den Mut gehabt, ein Filmsternchen zu überreden, für das Projekt Modell zu stehen. Als es dann geschah, daß ihm ein wunderschönes Mädchen, nur leicht beschädigt, in die Hände fiel – nein, ihm in die Hände gestoßen wurde, überraschte ihn das nicht, weil er wußte, daß es ihre Bestimmung war. Er wußte, daß sein Traum Vater dieser Tochter war.

Die Geschichte von dem Stummfilm erfand er als Köder, damit Chaubey bei den Fotos mitmachte. Er konnte nicht sagen, daß er einen Tonfilm machen wollte, weil ich meine Sprache verloren hatte, sagte Parwana mit einem kleinen Lächeln. Dadi runzelte die Stirn – es war unnatürlich zu lächeln, während man sich an so ein Unglück erinnerte.

Zuerst war es gar nicht so schlimm, sagte Parwana in dem Versuch zu erklären. Ich vertraute ihm – er hatte mir das Leben gerettet. Ich habe natürlich die Mädchen vermißt, besonders Sarah und ihren wunderbaren Geruch. Ich habe auch das Grammophon vermißt und vor allem das Tanzen. Aber ich wollte nicht sofort zurück. Erst wenn ich meine Sprache wiedergefunden hatte, erst wenn ich wieder normal war. Ich hatte ihnen so viel zu erzählen, so viel zu erklären, und ich wollte es ihnen nicht vorspielen wie ein Affe.

Drei Monate lang, sagte Parwana, habe ich dieses Zimmer kein einziges Mal verlassen. Nicht wegen ihm, obwohl er mein Fenster gerne geschlossen hielt, und manchmal, glaube ich, hat er mir Opium ins Essen gemischt. Er hat mir mehr als einmal angeboten, mich auf einen Spaziergang zu begleiten. Ich ging nicht. Ich wollte nicht in die Welt hineingehen, die ich von meinem Fenster aus sah.

Es waren die Tragbahren, die sie davon abhielten. Die Tragbahren und die Leichen, die sich die Straße hinunterbewegten und dann nach links bogen zu den Stufen, die zu den Scheiterhaufen von Manikarnika führten. Davon hatte sie genug. Sie verließ das Zimmer nie, weil ihr Fenster zur Welt ihr ständig Vorschauen ihres Debütfilms zeigte. Es hatte nichts mit Gyanendra zu tun.

222

Dadi wirkte enttäuscht. Würde sich nach all dem Gyanendra bloß als ein exzentrischer Sozialhelfer entpuppen? Es trat ein langes Schweigen ein. Dann fuhr Parwana mit der Geschichte wieder fort – und diesmal lieferte sie Dadi ihren Schurken.

Ich war nicht dort, um es mir erzählen zu lassen. Als sie anfing zu beschreiben, wie Chaubey sie vergewaltigt hatte, wies Dadi mich an, draußen zu warten, bis sie mich wieder hereinriefe. Wieder stand ich auf der überdachten Veranda und beobachtete aufmerksam, wie die Tauben vorbeiflatterten. Aber ich verpaßte nichts, was ich nicht schon wußte – Parwana hatte mir die Vergewaltigung nicht nur einmal, sondern mehrere Male beschrieben, während wir die Geschichte probten, die sie jetzt meiner Großmutter erzählte. Außerdem gab es noch alles, was ich aus eigener Anschauung gehört und gesehen hatte.

Aber ich wußte, daß ich in ihrer Geschichte nicht als der Voyeur von gegenüber vorkommen würde – das hatte sie mir versprochen. Sie wollte mich aus der Chaubey-Episode herauslassen. Wir hatten vereinbart, daß sie mitten beim Erzählen der Vergewaltigungsszene von dem Trauma der Erinnerung heimgesucht würde. Dann würde sie sich wieder in ihre Sprachlosigkeit zurückziehen, was Dadi verstehen würde. Ich wollte nicht, daß Dadi erfuhr, daß ich Parwana in Benares gekannt hatte – sie würde den voreiligen Schluß ziehen, ich sei verantwortlich für ihren schwangeren Zustand. Wir brauchten eine Geschichte, um ihre Flucht von Gyanendra zu erklären, in der ich nicht vorkam. Ein traumatisiertes Schweigen würde Parwana genug Zeit geben, eine zu erfinden.

Sie brauchte auch Zeit für eine andere Erklärung – wie sie ihre Stimme wiedergefunden hatte. Vielleicht konnte sie es auf irgendeinen späteren Zwischenfall zurückführen, der so schlimm war wie das Versengtwerden. Ein Schock, der sie wieder in die Normalität zurückgebracht hatte, konnte ihre Geschichte sein. Oder vielleicht war sie in der Lage, sich eine bessere auszudenken. Denn die Wahrheit durft sie Dadi nicht erzählen: daß sie ihre Sprache im Staub einer alten Zenana, eines nicht mehr benutzten Frauengemachs, wiedergefunden hatte, als sie nach drei Wochen der Zärtlichkeit ihre Liebe erklären wollte.

Wieder Gesellschaft

Technisch gesehen war das Treffen ein Erfolg. Ich stellte mich Dadi, die in der Blüte ihres Lebens stand, vor, und sie akzeptierte Parwana für ihr Nari Niketan. Dadi bestand sogar darauf, sie im Haus zu behalten, bis für sie ein Platz in der Besserungsanstalt auf der anderen Seite des Flusses gefunden wurde. Das Problem war nur, daß ich keine Großmutter gewann – ich verlor bloß eine brandneue Freundin. Bevor ich das Haus verließ, nahm Dadi mich beiseite und sagte mir geradeheraus, daß ich Parwana nicht besuchen dürfe. Sie sei im Begriff, ein neues Leben zu beginnen, und ich sei eine lebende Erinnerung an das alte, das sie vergessen solle. Sie notierte sich der Form halber meine Adresse – dann griff sie in ihr Einkaufsnetz und gab mir ein Trinkgeld. Ich war so vor den Kopf gestoßen, daß ich die Münze nahm und fortging, ohne Parwana auf Wiedersehen zu sagen. Das Leben sah nicht auf. Die Stimme des Blutes schwieg.

Für mich änderte sich nichts bis auf das Wetter, das, als der Juli auf den Juni folgte, statt heiß sehr heiß wurde. Im Sommer leerte sich das Cecil zusehends, als immer mehr Sahibs der Regierung und dem kühlen Wetter in die Berge folgten. Nachdem die Saison in Simla so richtig in Schwung kam, wurden immer mehr Kellner versetzt, um das Personal des dortigen Cecil aufzustocken. Patrick selbst ging Ende Juni, um das Niveau des Restaurants mit seinem Prokonsulprofil aufzuwerten. Er hatte mich schon für Ende Mai zur Versetzung vorgesehen, aber da wollte ich noch nicht gehen, und so hatte er mich als Teil des sommerlichen Notpersonals in Delhi bleiben lassen. Aber während ich leere Tische bediente, ohne Nachricht von Dadi oder Parwana, fragte ich mich allmählich, ob ich nicht doch hätte gehen sollen.

Als mein Brief an Haasan, in dem ich über Parwanas erfolgreiche Rehabilitierung berichtete, auch nach drei Wochen ohne Antwort blieb, schrieb ich Patrick mit der Bitte um Versetzung nach Simla. Er schrieb zurück und bat mich zu warten, weil alle Plätze belegt seien. Erst gegen Ende der Saison würde es offene Stellen geben, wenn zusätzliche Arbeitskräfte benötigt wurden, um mit dem letzten Ansturm von Sahib-Festlichkeiten fertig zu werden. Es sah also so aus, als würde ich den größten Teil des Sommers in Delhi festsitzen, ohne irgendeine Gesellschaft, nicht mal Patricks.

Es war bloß Einsamkeit, die mich dazu trieb, Urdu zu lernen. Ich ging die Kleinanzeigen in der *Hindustan Times* durch, gelangweilt nach einer neuen Stelle suchend, als ich eine fettgedruckte Anzeige sah, die verkündete, daß das Anjuman-i-Taraqqi-e-Urdu kostenlose Fernkurse in dieser Sprache anbot.

Es war schon Wochen her, daß ich richtig mit jemandem kommuniziert hatte, außer gute Sachen auf der Speisekarte zu empfehlen oder mich nach Getränkewünschen zu erkundigen, und so schrieb ich sofort an das Anjuman-i-Taraqqi-e-Urdu. Ein Fernkurs war nicht das gleiche wie ein Freund, aber es war das nächstbeste. Ich würde Briefe bekommen.

Bei den ersten Lektionen waren die Briefe, die ich an das Anjuman schrieb, so kryptisch, daß die Kriegszensoren wahrscheinlich dachten, daß sie in irgendeiner verwickelten Chiffre verschlüsselt waren. Lala tala la; la tala lala; la lala tala; tala la lala. Fade in der Übersetzung, ohne ihre mundsprachliche Kraft, bedeuteten diese Sätze: Lala Schloß hol; hol Schloß lala; hol lala Schloß und Schloß hol lala. Meinem Fernlehrer beim Anjuman gefielen meine Briefe: In einem seiner Antwortbriefe schrieb er, ich hätte die Grundlagen der Urdu-Prosa gemeistert.

Lektionen drei und vier fielen mit der Fastenzeit des Ramadan zusammen. Ich meinte, die blumige Schrift meines Brieffreundes vor Hunger wanken zu sehen. Ich kannte seinen Namen nicht (ich adressierte meine Briefe direkt ans Anjuman), aber ich konnte zwischen den Zeilen lesen, daß er ein freundlicher, bärtiger Maulana mit graugrünen Augen war, der allen als Inayatsahib bekannt war.

Es war das erste Mal in meinem Leben, daß mir der Ramadan-Monat überhaupt auffiel, und das nur, weil Einsamkeit mich auf entscheidende Weise abhängig vom geschriebenen und gedruckten Wort gemacht hatte. Der *Hindustan Times* zufolge lagen der Imam der Jama Masjid in Delhi und sein Kollege in der Nakhuda-Moschee in Kalkutta im Streit – sie konnten sich nicht über das Datum einig werden, an dem das Ramadan-Fasten enden sollte, nachdem jeder den Vollmond in einer anderen Nacht gesehen hatte. Schließlich legten sie ihren Streit bei, und die Muslims im ganzen Land kehrten wieder zu ihren normalen Eßgewohnheiten zurück. Aber für viele Bengalen, Muslims und andere, ging das Fasten weiter. Der für Ernährung zuständige Mann im Rat des Vizekönigs war der Meinung, unbegründete Gerüchte würden eine unnötige Sterblichkeit erzeugen, und warnte Bengalen davor, aus Panik zu verhungern.

Ende Mai hatte der Pastor aus Sylhet bereits die Zeichen gesehen. Die Tagespresse, gezwungen, die Welt nüchtern und sachlich zu betrachten, brauchte etwas länger. Anfang Juli kam eine kleine, eingerahmte Meldung über Haferschleimküchen in den Hungergebieten des ländlichen Bengalen auf die Titelseite. Aber erst am sechsundzwanzigsten August, erst als die Hungertoten auf den Straßen Kalkuttas sich auf fünfzig pro Tag einpendelten, wurde die Hungersnot in die Schlagzeilen befördert.

Lange davor, in der dritten Juliwoche, um die Zeit herum, als ich anfing, ohne zu überlegen die Seiten meiner Urdu-Fibel von links nach rechts zu blättern, erreichte die Hungersnot den bengalischen Grenzaußenposten, wo ich wohnte, das East India C-. Der Verwalter war aus Chittagong in Ostbengalen, von wo sein älterer Bruder ihm eine Postkarte geschickt hatte. Auf die eine Seite hatte er geschrieben, daß das Land ihrer Vorväter so gute Erträge brachte, wie man es in einem schlechten Jahr erwarten konnte. Auf der anderen drängte er seinen Bruder, mit soviel Bargeld, wie er nur auftreiben konnte, ins Dorf zurückzukehren. Die Hungrigen verkauften ihr Land für fast nichts gegen Geld auf die Hand – es sei ein guter Zeitpunkt zum Kaufen. Der Verwalter nahm mich beiseite und gab mir die Schlüssel zum Gebäude. Er wäre nicht länger als zwei Wochen weg, beschwatzte er mich. Ich bräuchte nur alles abzuschließen, bevor ich zum Hotel ging. Ich erklärte mich sofort bereit, weil ich an meine Freunde vom Carlton dachte, die den kurzen Luxus von Betten und einem Dach über dem Kopf genießen konnten. Außerdem hätte ich Gesellschaft. Am nächsten Tag lud der Verwalter anstelle von Gepäck vier Säcke Reis auf einen Tonga und machte sich auf den Weg zum Bahnhof.

Aber die Kellner des Carlton kamen nie dazu, die Gastfreundschaft des C- zu kosten, weil die Hungersnot, die den Verwalter ostwärts zog, Lucknow westwärts vor meine Türschwelle trieb. Am Morgen nach der Abreise des Verwalters wachte ich durch beharrliches Klopfen an der Haustür auf. Mit verklebten Augen, pelziger Zunge und fast an meinem schlechten Mundgeruch erstickend, machte ich die Tür auf und sah vor mir einen mit Dosen, Koffern, Körben und Schlafrollen vollgestapelten Treppenabsatz. Unten vom Treppenhaus konnte ich Keuchen hören. Wer immer geklopft hatte, war wieder nach unten gegangen, um weiteres Gepäck hochzuschleppen. Eine Minute später kam ein riesiges, rostiges Boiler-ähnliches Gebilde in Sicht. Der Mann darunter war Haasan.

Nachdem er das Ding abgestellt hatte, konnte er erst mal eine Weile nicht reden, und so sahen wir schweigend zu, wie Ammi und eine abgezehrt wirkende Asharfi die Treppe hochkamen. Ammi, dick und atemlos, war die erste, die mich begrüßte. Salaam aleikum, keuchte sie, als sie die letzte Stufe bewältigt hatte und sich auf den nächsten Koffer niederließ, um Atem zu schöpfen. Sie sah die stille Asharfi und den stummen Haasan mißbilligend an.

Wieso die langen Gesichter, fragte sie tyrannisch. Treppensteigen ist eine gute Übung für eine Bergregion.

Soso. Sie waren also unterwegs. Bis sie was von Bergregion sagte, hatte ihr unerwartetes Erscheinen vor meiner Tür meinen Kopf mit Visionen einer Familienwiedervereinigung gefüllt. Aber ich hätte es besser wissen sollen. Sie waren nur auf der Durchreise. Trotzdem, nach diesen langen Wochen, wo Urdu-Lektionen und Zeitungen die Menschen ersetzt hatten, war ich selbst mit einer Durchreise zufrieden. Wir ließen das Gepäck auf dem Treppenabsatz für später, und ich führte sie durch die geräumige Leere des C-, ließ sie sich ihre Zimmer aussuchen und fühlte mich dabei wie ein zu Geld gekommener Emigrant, der seine Familie nachgeholt hat.

Als sie sich wuschen und ich aus Rücksicht vor Haasans Alter ganz allein das Gepäck hereingetragen hatte, war es bereits Viertel vor acht, und so machte ich für uns alle Tee. Ich konnte keine Untersetzer finden und benutzte statt dessen Sofaschoner und legte vier Gedecke aus. Es war das erste Mal, daß ich das Geschirr aus der Kommode benutzte, das Service war mit einer dichten Staubschicht überzogen. Bei dem Geschäft des Spülens und Wischens, dem zarten Klirren von Teelöffeln gegen Porzellan und dem gemütlichen Geräusch, als Ammi, Asharfi und Haasan ihre Stühle heranzogen und sich zum Tee niederließen, kam ich mir wie eine Hausfrau vor.

Eine Zeitlang herrschte entspannte Stille, die nur durch Schlürfgeräusche unterbrochen wurde, aber als sie über die erste Tasse hinauszugehen drohte, fragte ich Haasan, was das rostige Boilerdings sein sollte.

Das ist ein Zimmerheizgerät, sagte Ammi, bevor Haasan, der unglücklich dreinsah, antworten konnte. Frag ihn nicht. Er will überhaupt nicht nach Simla. Ihr Ton legte nahe, daß dies so ähnlich war, wie impotent oder Vegetarier zu sein. Es ist schon in der Familie meines Mannes, seit sie aus Kashmir weggezogen sind. Aber in Lucknow war es nie kalt genug. Jetzt in Simla wird es wieder arbeiten müssen.

Ich wartete, aber als niemand eine Erklärung anbot, fragte ich, warum sie nach Simla gingen. Es war eine harmlose Frage, aber sie löste einen Streit aus, der mein Zimmer die nächste halbe Stunde erschütterte. Asharfi nahm an der Diskussion nicht teil – sie sah einfach nur weiter verhärmt und angespannt aus. Ich fragte mich, ob sie sich nach Parwana verzehrte.

Ammi und Haasan trugen den Streit unter sich aus. Es war schwer zu sagen, worum es eigentlich ging, aber es schien irgendwas mit Leichen in Lucknow zu tun zu haben.

Die erste wurde im Auto eines Freundes gefunden. Es stand zu dem Zeitpunkt auf dem Parkplatz von Charbagh-Bahnhof. Der Freund war hineingegangen, um eine Fahrkarte nach Ajmer Sharif zu kaufen, um den Schrein von Shaikh Moin-ud-din Chishti zu besuchen. Als er zu seinem Auto zurückkam, rief Ammi aus, saß eine tote Frau auf dem Fahrersitz, splitternackt, mit einem Kind an der Brust, den Kopf auf dem Lenkrad.

Das stimmt nicht, unterbrach Haasan zornig. Rifaqat hat erzählt, daß die Frau neben dem Auto im Schatten lag, mit dem Kopf auf dem Trittbrett. Und das Kind wurde nicht gesäugt. Der Bahnhofsarzt hat Rifaqat gesagt, daß es schon seit fast zwei Tagen tot gewesen sei. Die Mutter hat seine Leiche mit sich herumgetragen. Und sie war nicht nackt, sie hatte bloß ein Stück ihres Saris abgerissen, um ihr Kind einzuwickeln. Du solltest über Tote keine falschen Sachen erzählen!

Verblüfft durch die Heftigkeit von Haasans Gefühlen, gab Ammi die Charbagh-Leiche zugunsten ihres nächsten Beispiels auf.

Am Tag, nachdem Rifaqat Bhai uns das von dem Auto erzählt hat, gab es eine Leiche in der Straße vor unserem Haus. Und diese, sagte sie und sah Haasan herausfordernd ins mißbilligende Gesicht, habe ich mit eigenen Augen gesehen.

Es war offenbar ein Streit, den sie schon vorher geführt hatten, aber ich wußte immer noch nicht, worum es ging, weil Ammi daran festhielt, ihre Beispiele anzuführen, bevor sie das Argument brachte, das sie beweisen sollten.

Und in der Woche drauf, fuhr sie fort, sind überall in Lucknow Dutzende von Leichen aufgetaucht. Zwei wurden auf der Veranda des Parlamentsgebäudes gefunden. Die Nachtwächter haben sie dort früh am Morgen entdeckt. Und direkt vor Haasans Kaffeehaus war ein ganzer Berg von ihnen, sagte sie triumphierend, als wäre mit der Nähe der Leichen zu Haasans Arbeitsplatz der Fall endlich glasklar. Dann waren da die sechs, die sie in den Ruinen der Residenz gefunden haben. Zwanzig Tote in weniger als einer Woche – was kann das sonst bedeuten? Sag mir das!

Ich sah sie erschrocken an. Was konnte ich ihr sagen? Ich wußte nicht einmal, wovon sie redeten. Das muß Haasan klargeworden sein, denn er fing an, mit großer Zurückhaltung zu erklären.

Ihm zufolge glaubte Ammi, daß Lucknow von einer Epidemie dahingerafft werde. Es hatte in den letzten beiden Monaten Gerüchte gegeben, daß der Krieg im Osten Seuchen vor sich hertreibe. Die bevorzugte Seuche war Pocken, aber Haasan hatte Gerüchte gehört, die von Cholera, Typhus und Grippe sprachen – sogar von Pest war die Rede. Ammi glaubte, es sei alles zusammen. Sie war sich sicher, daß diese Leichen in Lucknow an irgendeiner sich ausbreitenden Krankheit gestorben waren.

Deswegen sind wir hier, sagte Haasan resigniert. Ammi glaubt, daß Epidemien keine Berge besteigen können, also ist Simla sicher, Lucknow und Delhi aber nicht. Natürlich ist das Unsinn. Es gab keinen Anlaß, Lucknow zu verlassen. Diese Leichen sind an Hunger gestorben, nicht an einer Krankheit.

Er zog sich zu seiner Teetasse zurück und leerte sie mit lauten, zornigen Schlürfern. Ammi war unbeeindruckt. Zwanzig in einer Woche, wiederholte sie. Mücken und Regenwürmer sterben über Nacht, aber nicht Menschen. Es braucht Zeit, um an Hunger zu sterben.

Ammi, sagte Asharfi leise, zum ersten Mal das Wort ergreifend, diese Frau vor unserer Tür – auf der Straße ... Ihr Gesicht war so abgemagert, daß es wie ein Totenschädel aussah.

Weil sie schon abgemagert war, als die Pest sie erwischt hat, sagte ihre Mutter überzeugt und griff nach der Zuckerdose. Sie muß eine Bettlerin gewesen sein. Es sei denn, Haasan Sahib, der alles weiß, kann auch garantieren, daß es keine dünnen Bettler in Lucknow gibt.

Ammi hatte ihr Plädoyer abgeschlossen.

Es waren keine Bettler, sagte Haasan müde. Sie sind über viele Wochen und Hunderte von Meilen gestorben. Die Leichen in Lucknow waren verhungerte Bengalen, die die Züge nach Westen genommen haben, um der Hungersnot zu entkommen. Aber ihr Hunger hat sie eingeholt, und sie sind gestorben. Weiter nichts. Sie sind an Hunger gestorben. Wir waren in Lucknow in keinerlei Gefahr – Verhungern ist keine ansteckende Krankheit. Er sah mit strenger Abneigung zu, wie Ammi sich eine weitere Tasse Tee eingoß und Zucker hineinlöffelte. Selbst wenn es so wäre, sagte er schneidend, wärst du immun dagegen.

Du rätst ja einfach nur, sagte Ammi mit beleidigender Beiläufigkeit. Sie wischte sich das Gesicht ab und sah zum Ventilator hoch. Asharfi, mach, daß er schneller läuft. Uff! Ich sterbe.

Reine Theorie, sagte sie, sich wieder ins Gefecht stürzend. Die hatte nichts Bengalisches an sich, die Leiche draußen auf der Straße. Sie hatte nicht diese verschlagenen, schrägen Augen, wie die Bengalen sie haben, und sie hat auch nicht einen von diesen rotgeränderten Saris getragen. Und diese Armreifen, die bengalische Frauen tragen, einen rot, einen weiß? Die hat sie auch nicht getragen.

Selbst bevor wir reagieren konnten, muß Ammi erkannt haben, daß diese Beweismittel alles andere als schlüssig waren. Ich kann euch nur sagen, was ich gesehen habe, sagte sie abwehrend. Was soll ich denn sagen? Daß sie Urdu gesprochen hat? Hat sie nicht. Sie war tot. Ich glaube immer noch, daß sie eine Bettlerin aus der Stadt war. Die Pest – oder die Cholera oder Typhus oder was es ist – die kriegen die zuerst, weil sie dreckiges Wasser trinken und nie ihre Löcher saubermachen. Und sie hätten sie an uns weitergegeben, wenn ich nicht an Khalas Häuschen in Simla gedacht hätte. Seit sie nach Lucknow gezogen ist, steht es leer. Und selbst wenn du recht hast, sagte sie zu Haasan mit der Großzügigkeit einer Siegerin, warum betrachtest du es nicht einfach als Urlaub – jetzt wo wir schon hingehen.

Der Streit blieb unentschieden, und es war eine Erlösung, zur Arbeit zu gehen. Aber erst mußte ich ihnen versprechen, Plätze auf dem Kalka Mail für sie zu reservieren, sowie ich meine Schicht im Hotel beendet hatte. Ich verbrachte den größten Teil des Morgens damit, Servietten in Pfaue zu verwandeln und dann die Vögel in Gläser zu klemmen, wo sie auf die Mittagsgäste des Cecil warteten, damit die sie wieder in Servietten verwandelten. Heute war Samstag, und um eins war der Speisesaal voll, was bei dem heißen Wetter während der Woche nie passierte.

Es war für mich ein langes Mittagessen. Ich bekam einen Tisch, um den herum uniformierte Männer saßen, die es mit dem Essen nicht eilig hatten. Ein junger Haufen, hauptsächlich Subalterne, das hieß also eine Stunde lang Gin-Tonic und Bier, obschon eine amerikanische Stimme um einen Martini bat und irgendein Komiker Portwein bestellte. Das Gespräch am Tisch drehte sich aus irgendeinem sonderbaren Grund ausschließlich um drei Männer namens Archie, Percy und Claude. Diese drei waren tatsächlich zwei Männer – das schloß ich aus der Bemerkung eines der Soldaten, der sich laut fragte, ob Archibalds Freunde ihn Percy nannten.

Als ich nach einer Stunde solider Trinkerei die Shrimp-Cocktails servierte, hatten sie es immer noch mit Archie und Claude. Ich dachte allmählich, sie hätten einen Sonnenstich. So was konnte doch wohl niemand, nicht einmal die Opfer von Militärakademien, einen ganzen Nachmittag lang durchhalten.

Ich kehrte in die Küche zurück und hörte, wie einer der Beverly-Zwillinge zum anderen sagte: Dad wird begeistert sein – Archie ist der erste, der aus der Armee kommt. Ich ging direkt zum Spülbecken und spritzte mir Wasser ins Gesicht. Wieso diskutierten britische Subalterne und anglo-indische Kellner gleichzeitig über Archie und Claude? Ich ging zu Ronald, dem älteren Beverly, und fragte ihn. Das Geheimnis lüftete sich. Sie diskutierten alle über die morgendlichen Schlagzeilen, die ich wegen meines Besuches und des Streites zu lesen vergessen hatte.

Unglaublicherweise waren diese zwei mit Namen wie aus einem Varieté auf die beiden wichtigsten Posten des Landes befördert worden. Feldmarschall Sir Archibald Percival Wavell hatte die Nachfolge von Lord Linlithgow als Vizekönig angetreten, während General Sir Claude Auchinleck in das von Ritter Archibald geräumte Amt des Oberkommandierenden befördert worden war. Ich kannte Wavell aus den Geschichtsbüchern, aber nicht per Vornamen. Ronalds Vater und der Zeitung zufolge, die er las, bedeuteten diese Ernennungen, daß man erwartete, der Krieg im Osten werde bis 1950 dauern. Während ich durch die Schwingtüren der Küche ging und die Kalbskotletts über den Kopf hielt, stellte ich fest, daß ich sie um diese Freiheit zu spekulieren beneidete. Ich saß mit der Gewißheit späterer Erkenntnis fest.

Aber da geschichtliche Erkenntnis eine unzuverlässige Orientierung für individuelles Schicksal war, versuchte ich, mein Leben in die Hand zu nehmen, indem ich den Küchenchef fragte, ob die Versetzung nach Simla Aussicht hätte durchzukommen. Jetzt, da Ammi und die anderen dort hingingen, wollte ich auch dort sein. Captain Nazar war der Küchenchef und gleichzeitig auch der Geschäftsführer. Als ich ihn kennengelernt hatte, war er der liebenswerte Soldatentyp gewesen, der Flasche zugetan und sehr umgänglich in Fragen wie Urlaub und Versetzungen. Aber dann kam Jinnah, und Nazar war wie verwandelt. Er ging dazu über, geckige beige Anzüge zu tragen, sich das Haar zurückzukämmen und mit eingezogenen Wangen in seinem Büro zu sitzen. Als ich ihn wegen Simla löcherte, legte er sofort die Fingerspitzen aneinander und zog die Augenbrauen hoch. Nach einer langen, stummen Pause der Überlegung gab er drei Worte von sich: Kann nichts versprechen. Ich war nicht allzu sehr entmutigt, weil er unter der Jinnah-Masche ein freundlicher Mann war. Ich wußte, daß er nach einer gewissen Zeit des Nichts-versprechen-Könnens für mich tun würde, was ihm möglich war.

Als ich nach Kashmiri Gate zurückkehrte, stellte ich fest, daß Archibalds Ernennung bereits meine Umgebung verändert hatte – bei der Imperial Tannery wurde die gemalte Galerie vizeköniglicher Schirmherren auf den neuesten Stand gebracht. Während ich den Mann auf der Leiter betrachtete, wie er Percy dazumalte, wunderte ich mich mit einem unbehaglichen Gefühl über die Geschwindigkeit seiner Verewigung. Von den Schlagzeilen zur Geschichte in weniger als einem Tag – das war beängstigend. Ich erinnerte mich an meine lang zurückliegende Schulzeit, als ich jeden Morgen an dieser Ladenfassade vorbeigegangen war und stumm die unvertrauten Namen nachgesprochen hatte. Hinter Wavells hatte es nur noch einen Namen gegeben: Mountbatten.

Oben war Ammi gerade damit beschäftigt, einen Trunk zu wärmen, um Asharfis Lebensgeister zu beleben. Haasan rauchte eine Zigarette, die Caravan hieß und auf deren Packung eine Palme, ein Kamel, zwei Araber und eine Moschee abgebildet waren. Asharfi saß über einen Stickrahmen gebeugt. Meine Pflegefamilie war nicht der Meinung, daß das Ende des Empires bevorstand. Ich zog meine Uniform aus und zog los, um die Plätze für den Kalka Mail zu reservieren.

Diesmal brauchte ich keinen Tonga, weil der Kalka Mail vom Delhi-Hauptbahnhof abfuhr, der weniger als eine Viertelstunde zu Fuß entfernt lag. Ich stand eine Stunde lang an, und dann sagte mir der Schalterbeamte, daß die nächsten vier Züge ausgebucht seien. Er könne mich bestenfalls auf die Warteliste für Mittwoch setzen. Ich kaufte die Karten. Auf dem Heimweg durch die Dämmerung dachte ich wieder an Archibald und fröstelte. Die Zeit kam auf Touren. Es würde nicht mehr lange dauern, bis die vier Jahre vor August 1947 aufgebraucht waren. Ich mußte anfangen, Ammi und Asharfi zu bearbeiten, damit sie blieben, wenn die Teilung kam. Aber wie? Was war das zentrale Argument? Und wo war Masroor? Ich brauchte die Antworten schnell, denn zwischen Archie und der Wand war nur noch ein freier Platz.

Sonntagsausflüge

An einem Sonntag um sechs Uhr morgens schlief die Straße unter den Balkonen des East India C- noch. Aber ein Stück weiter auf dieser Straße wanderten Asharfi, Ammi, Haasan und ich, gebadet, frühstücksgesättigt und bepackt auf dem Bürgersteig hin und her. Nebenan im Park wurden Hanteln gehoben und gesenkt. Seit fast zwanzig Minuten versuchten wir, einen Phut-Phut herbeizuwinken, der uns zum Alten Fort bringen sollte. Wir fanden keinen, hauptsächlich weil zu dieser frühen Morgenstunde nicht viele unterwegs waren. Und diejenigen, die es waren, wollten zur Jama Masjid fahren oder noch weiter zur Darya Ganj, aber nicht zum Alten Fort, weil es auf dem Weg zu nirgendwo lag und sie keine Passagiere zurück in die Zivilisation finden würden. Schließlich nahm uns der fünfte mit, nachdem wir ihm zusätzlich acht Anna geboten hatten. Wir stiegen ein und klemmten den Korb zwischen die Sitze, aber Asharfi, deretwegen der ganze Ausflug organisiert worden war, machte ein genauso langes Gesicht wie vorher.

Die Idee mit dem Picknick war am Vorabend auf dem reichen, dunklen Humus von Asharfis Trübsal zum Keimen gebracht und großgezogen worden. Asharfi, die vor dem Abendessen grambegeugt ausgesehen hatte und dann die ganze Mahlzeit hindurch unerschütterlich gramgebeugt geblieben war, hatte ihre Mutter zu der Überzeugung gebracht, daß ein Ausflug das richtige sei. Als geeignete Ablenkung entschied sich Ammi für ein Picknick und gegen den starken Reiz der Läden oder der Sehenswürdigkeiten, obwohl ein Picknick viel Arbeit bedeutete. Für sie waren Picknicks ein erlerntes Vergnügen, und sie wußte, daß man sie sich verdienen mußte. Während wir bis spät in die Nacht unwillig Sandwiches schnitten, erinnerte Ammi uns in Abständen immer wieder daran, daß Freude die richtige Einstellung sei – es liege in der Natur eines Picknicks, daß es hauptsächlich aus der Arbeit bestehe, die ihm vorausgehe.

Aber Sandwiches schneiden war nur ein Teil des Picknickgebäudes, wie es von Ammi errichtet wurde. Aus einem der vielen für Simla bestimmten Koffer holte sie einen kleinen quadratischen Kasten hervor. Drinnen befanden sich unzerbrechliche Tassen und Teller aus grünem Bakelit, die mit rissigen Lederriemen festgemacht waren. Es gab Löffel und Gabeln, die in schlau ausgedachten Einbuchtungen steckten, sogar eine unzerbrechliche Thermosflasche mit matter Metalloberfläche. Fest in zwei Klammern auf der Innenseite des Kastendeckels eingerollt war ein großes Wachstuch, das mit gelb-braun-roten Blättern irgendeines amerikanischen Herbstes bedruckt war. Das sollte zwischen den Picknickplatz und das Picknickgeschirr geschoben werden.

Der Ort wurde genauso sorgfältig ausgewählt wie das Zubehör. Er mußte weit entfernt sein und grün bewaldet, einsam, aber nicht ganz aus der Welt. Ammi hatte gut gewählt. Die Stadtgeräusche verstummten abrupt, als wir Delhi Gate und die Altstadt hinter uns ließen. Die großen Pressegebäude meiner Zeit zwischen der alten Stadtmauer und der Harding Bridge waren noch nicht gebaut, und als wir nach der Brücke links in die Mathura Road einbogen, herrschte Stille. Rechts kein Oberstes Gericht und links ein kümmerlicher Wald, wo die Pyramiden von Pragati Maidan hätten sein müssen. Nur eine Straße mit nichts drauf außer den 750 Kubikzentimetern Indian Chief, der unsere Passagierkabine zog, und dem Trommelschlag seines Motors, der der Stille trotzte. Dann kam das Fort in Sicht, ramponierter als ich es in Erinnerung hatte.

Das Alte Fort hatte seinen Namen teilweise daher, daß es älter war als das Rote Fort, aber hauptsächlich weil es eine Ruine war. Seine Zinnen zerbröckelten und waren überwuchert, und trotz des mittelalterlichen Stils, in dem es gebaut war, glaubten alle außer den Pedanten, daß es unermeßlich antik war, mindestens so alt wie jener epische Krieg der Mahabharata. Es war ein guter Platz für Picknicks: grün, entlegen, einsam und zeitlos.

Das Picknick begann gut. Die Erdrampe, die zum Haupttor aufstieg, war rauh unter den Füßen, aber so sanft geneigt, daß selbst Ammi sie ohne Schwierigkeiten bewältigte. Drinnen war der Boden eben, und die Moschee mit der flachen Kuppel schien ein guter Ort zu sein, um dort unseren Korb auszubreiten. Das Innere des Forts bestand hauptsächlich aus Gebüsch, bis auf die Moschee und ein paar gedrungene Gebäude. Eins davon soll die Bibliothek des Kaisers Humayun gewesen sein, nur sah es dafür nicht groß genug aus. Das Leben, das diesen Bauten Sinn gegeben hatte, war seit langem verschwunden, und sie wirkten eher wie die nachlässig gevierteilten Glieder eines Sandsteinriesen denn wie Gebäuderuinen. Wir trotteten die Wendeltreppe der zwergenhaften Bibliothek hinauf und betrachteten das Innere des Forts von oben. Es war wirklich der ideale Platz für ein Picknick: zerzaust, aber nicht wild, verfallene Pracht unter der nominellen Obhut des Archaeological Survey.

Ammi war rehabilitiert, aber nicht glücklich. Das Fort sollte Asharfis traurigem Herzen Freude bringen, aber ihre Tochter, wenn sie auch gehorsam mit uns anderen in die Bibliothek hinaufgestiegen war, sah noch genauso bedrückt aus wie bei unserem Aufbruch. Für Ammi waren Picknicks Anlässe, bei denen die Zeit zum Stillstand gebracht und die Welt ausgesperrt wurde. Sie hatte gehofft, daß mangels Ereignissen und Erinnerungen eine Dosis harmlosen Vergnügens die Trübsal aus Asharfi herausspülen würde. Wie ein Einlauf. Haasan, der Dinge wußte, die Ammi nicht wußte, hoffte ebenfalls, daß sich Asharfis Sehnsucht nach Parwana sich in dem asexuellen Glück dieses Wochendparadieses auflösen würde. Das war zumindest der Plan. Er funktionierte nicht.

Er scheiterte teilweise auch deswegen, weil die Sandwiches an der Zeitkrankheit litten. Das gewachste Herbsttuch schützte zwar die Lebensmittel vor der Erde, aber in den Stunden vor dem Verzehr war die Hitze herangeschlichen. Das Brot wellte sich, die Butter zerlief, und die Gurken begannen nach der Sünde selbst zu schmecken. Die Bitterkeit hatte mehr mit dem Ort als mit der Zeit zu tun. Indien war ein schlechter Platz für einen Garten Eden. Asharfi spie den halbgekauten Happen aus und kotzte auf die Steinplatten. Für uns andere waren die Sandwiches auch bitter, aber wir erledigten unser Ausspeien etwas diskreter in Servietten hinein. In einem Land, wo man im Zweifelsfall nicht zu Gunsten des Gemüses entscheiden konnte, welche Hoffnung gab es da für die Unschuld?

Aber im Grunde wurde unser Sonntagsausflug durch späteres Wissen zerstört. Meines natürlich, weil ich auf mehr zurückzublicken hatte als alle im Jahr 1943 zusammengenommen. Im Jahr 1947, in vier Jahren und Jahre vor meiner Geburt, war dieses verfallene Fort wachgerüttelt und zu einem Heim für Tausende von Menschen gemacht worden, für mehr, als es jemals zuvor beherbergt hatte, selbst in seinen Prunkzeiten. Die Säulen der Moschee waren mit Wäscheleinen behängt worden, und jede Nacht hatte sich die kümmerliche Fläche durch ihre blinkenden Lagerfeuer in ein Spiegelbild des Himmels verwandelt. Täglich war der Geruch von Scheiße höher gestiegen, aber die Nachbarn hatten sich nicht beschwert, weil es damals keine gab: Die Viertel, die sich in meiner Erinnerung um das Fort herum drängten, waren noch ein Blinzeln im Auge der Stadtplaner. Auch der Zoo am Außenwerk des Forts war noch nicht gebaut worden, und so protestierte kein eifriger Wärter, daß seine exotischen Schützlinge durch Fäkalieninfektionen gefährdet seien. Oder es gab doch einen Zoo, aber innerhalb des Forts, wo eine einzige Spezies, Homo islamicus, zu ihrer eigenen Sicherheit und ihrem Wohlergehen eingepfercht wurde. Ein besserer Zoo, fortschrittlich und der sich gegen Käfige aussprach, denn man hielt seine Schützlinge nur so lange fest, bis sie in ihrem natürlichen Lebensraum freigelassen werden konnten, der damals gerade ein paar hundert Kilometer entfernt eingezäunt wurde.

Später wurde das Fort wieder eine zeitlose Ruine, und die Mahabharata-Theorie erlangte erneut allgemeine Gültigkeit. An die Stelle des provisorischen Zoos innerhalb seiner Mauern trat ein permanenter außerhalb. Eltern, Liebespaare, Bauern und Konvois von Schulkindern fanden schlichte Freuden auf seinem Gelände, einige lernten nebenher sogar etwas Naturgeschichte. Der erste Zoo geriet allmählich in Vergessenheit.

Aber nicht vollständig, sonst gäbe es keine spätere Erkenntnis. Es gibt immer Überlebende, die dann schwätzen und tratschen. Mein Überlebender war Siddiqi Sir, der uns in der Mittelstufe in Staatsbürgerkunde unterrichtete, obwohl seine Leidenschaft eher der Geschichte galt. Seine Schwester hatte das Land der Reinen über das Flüchtlingslager im Alten Fort betreten. Er hatte sie zweimal täglich mit Lebensmitteln besucht, bis sie ihre Kinder nahm und nach Karatschi abreiste. Nach dem Unterricht erzählte er mir die ganze Geschichte von dem Alten Fort, nicht einmal, sondern mehrere Male. Absurderweise wünschte ich mir jetzt, ich hätte ihn gefragt, ob er dort Ammi und Asharfi gesehen hatte.

Für mich war das Picknick ein schlechter Traum, sowie Ammi den Veranstaltungsort bestimmt hatte. Als wir uns auf der Mathura Road dem Fort näherten, hatte ich eine Vision von Ammi, Asharfi und Masroor, wie sie in einem Armeelaster aus einem endlosen Konvoi hineingepfercht saßen, auf dem Weg zum Flüchtlingslager im Fort, mit ihrem, im Moment für Simla bestimmten, Gepäck. Die Fahrt mit dem Phut-Phut, die Mahlzeit im Freien, der Schauplatz des Alten Forts – die ganze Sache kam mir wie eine zwanglose Probe ohne Requisiten und Statisten für diese riesige Flucht in vier Jahren vor. Und es war gut möglich, daß Ammi und ihre Kinder Nebenrollen in diesem Stück hatten – schließlich waren sie Muslims. Als wir die Sandwiches auspackten, war mir schon schlecht aus Vorahnung, vor Angst, meine Welt ein weiteres Mal zu verlieren. Vielleicht habe ich die Sandwiches infiziert.

In stillem Einvernehmen packten wir die Picknicksachen zusammen und verließen das Fort, keine Stunde nach unserer Ankunft. Der Phut-Phut war noch da und wartete – er hatte keine neue Fahrt gefunden. Haasan und ich nahmen Stücke behauener Trümmer als Andenken mit, vielleicht Teile von einem umgestürzten Pfeiler, der früher einmal ein Dach gestützt hatte.

Während wir in einer Stille heimwärts fuhren, die durch den Lärm des Motors noch vertieft wurde, ahnte Ammi nicht, daß ihre Pläne für Asharfi bis zum Abendessen durchkreuzt würden. Ahnungslos hatte sie ihre Enttäuschung abgestreift, als wir die Strecke zwischen der Jama Masjid und dem anderen Fort erreichten. Während wir unter der Eisenbahnbrücke durchfuhren und an der Hauptpost vorbeikamen, machte sie schon fröhliche Vorschläge für einen lustigen Abend. Als wir vor dem East India C- vorfuhren, bot sich zu ihrem Glück der Ort unseres zweiten Sonntagsausfluges schon von selbst an. Auf dem einzigen freien Platz, der auf der Herrschermauer der Imperial Tannery übriggeblieben war, diesem gleichen Platz, den eines Tages Mountbattens Name und Wappen ausfüllen würde, klebte ein Handzettel (weißer Grund mit safrangelben und grünen Rändern):

AUSSTELLUNG!
Alles Made-in-India
SWADESHI!!
Besucht und unterstützt sie
Sonntagabend 18 bis 20 Uhr

Weiter unten in kleineren Buchstaben stand unter einem großen Stern: Riesenrad! Karussell! Eiskrem! Kulfi und Chaat!

Ammi ließ uns den Phut-Phut-Fahrer bezahlen und den Korb ausladen, während sie das Plakat genauer inspizierte. Als ich auf dem Weg zur Treppe den Korb an ihr vorbeischleppte, saugte sie das Plakat begierig in sich auf. Sie sah angeregt aus.

Ammi beging den Fehler, Asharfis Vergangenheit als gesichert hinzunehmen. Parwana war Geschichte, dachte sie, ein Fleck auf der Tugend der Familie, der chemisch reinigbar war, ein Schnappschuß, der mit der Zeit vergilben und verblassen würde. Das war eine Fehleinschätzung, weil die Vergangenheit ihrer Tochter in der Nachbarschaft lauerte, wozu Vergangenheiten die Neigung haben. Asharfis Vergangenheit war tatsächlich gleich um die Ecke, kurz davor, ins Blickfeld zu spazieren. Ammi ahnte es noch nicht und wir genausowenig, aber ihr zweiter Versuch mit Ausflugstherapie war verantwortlich dafür, daß ihre Tochter auf Kollisionskurs mit ihrer verstoßenen Geliebten gebracht wurde. Wenn sie alles auf sich hätte beruhen lassen, hätte sich Parwana mit der Zeit in eine schmerzlose, sepiafarbene Erinnerung verwandelt. Aber Ammi mischte sich ein. Und so bekam Parwana wieder ein Gastspiel in Asharfis Leben – in Farbe und, was gefährlicher war, in Fleisch und Blut.

Parwanas Weg in dieser unglückseligen Begegnung wurde durch eine Krise im Haus meiner Großeltern festgesetzt. Es war keine große Krise, nur eine kleine ... Oder es wäre eine kleine gewesen, wenn es nicht Gandhis Charkha und Dadis Schuldgefühle gegeben hätte. Jedenfalls brauchte das alles Zeit zum Gären. Am Anfang, in diesen ersten Wochen, nachdem meine Großmutter sie aufgenommen hatte, ertranken Parwanas Tage in sinnlicher Häuslichkeit. Sie bekam ein vom restlichen Haus abgetrenntes Zimmer, weil sie weder Bedienstete noch Verwandte noch Freundin war. Die Stufen, die vom Hof neben der Küche zum oberen Stock führten, bogen nach rechts und endeten in einem Treppenabsatz, von dem Parwanas Zimmer abging. Es war eigentlich ein mit Koffern gefüllter Abstellraum, wo Platz für ein Bett gemacht worden war. Hier schlief sie, nachdem sie im staubigen Licht einer uralten Glühbirne in dem Lager brüchiger Familienalben geblättert hatte, die sie ausgegraben hatte. Mit der Zeit war der Geruch von Mottenkugeln für sie etwas Selbstverständliches.

An den Vormittagen ging sie Dadi auf die Nerven, indem sie fragte, ob sie irgendwas tun könne. In der ersten Woche viertelte sie vierhundert harte grüne Mangos auf dem Hackbrett. Dann wendete sie die Stücke in Salz, färbte sie gelb mit Kurkuma und breitete sie auf einem Tuch aus, wo sie sich mit Sonne vollsaugen sollten. Sie bettelte darum, Chapatis machen zu dürfen. Dadi war sich unsicher, ob sie eine Waise unklarer Herkunft ihr Essen kochen lassen konnte, aber der Richter erinnerte sie daran, daß Rama persönlich während seines Exils im Wald Obst von einer Unberührbaren angenommen hatte. Schon, sagte Dadi, nur das war Obst, und das hier ist Getreide. Aber der Richter war ein standfester Mann mit Prinzipien – weswegen er auch zum Companion des Indian Empire ernannt wurde.

Doch aus Billigung aufgrund von Prinzipien wurde von Herzen kommende Begeisterung, als Parwana weiche, vollkommen runde Chapatis in Stapeln wie Eierkuchen herstellte. Sie bereitete sie im Gujarati-Stil zu, indem sie etwas Ghee in den Teig hineinknetete. Das Butterschmalz machte das Kocharrangement annehmbarer orthodox, Dadi konnte Parwanas Chapatis als gebraten betrachten – und gebratenes Essen durfte man annehmen, selbst von Fremden.

Nichts von alledem bedeutete, daß Dadi aus Parwana ein Mädchen für alles machen wollte. Dadi war eine moralisch denkende Frau, und der Gedanke, ihren Schützling als billige Arbeitskraft zu benutzen, kam ihr nie in den Sinn. Sie wollte nicht, daß Parwana diese niederen Arbeiten verrichtete. Sie hatte Pläne für sie. Zwei Tatsachen aus Parwanas kurzgefaßter Biographie hatten einen großen Eindruck auf Dadi gemacht: Sie sprach fließend Englisch, und sie hatte einmal, unter dem Einfluß anglo-indischer Wohnungsgenossinnen, Kleider getragen. Aus diesen Informationsbruchstücken war sie auf Parwanas natürliche Berufung gekommen: Sie würde Schreibmaschine und Steno lernen und Sekretärin werden. Dadi beschloß, Parwana nicht in die Besserungsanstalt auf dem anderen Flußufer zu schicken. Sie würde bei ihnen bleiben, und wenn sie ihr Kind nicht weggeben wollte (da sie selber Waise gewesen war), könnte es bei ihr bleiben. Es gab genug Platz.

Dadi wollte die Frage einer Sekretärinnenausbildung immer zur Sprache bringen (sie sollte Parwana zu Hause mit der Hilfe von Pitmans Fibeln zuteil werden), aber ihr Plan wurde von einem stärkeren Willen durchkreuzt – Parwanas wilde und unerklärliche Entschlossenheit, zu waschen, wischen, putzen, hacken, kochen, nähen und selbst zu spinnen. Es war ihr Talent fürs Spinnen, zusammen mit ihrem fließenden Englisch (und daher einer offensichtlich guten, wenn auch anonymen

240

Erziehung), die Dadi zu dem Entschluß brachte, sie mehr oder weniger zu adoptieren. Parwana hatte den Umgang mit Rad und Spindel schnell gelernt, und nach ihrer zweiten Woche riß ihr der Faden beim Spinnen weniger häufig als Dadi – obwohl dazu nicht viel gehörte.

Die Schlange in diesem Paradies war der Companion des Indian Empire. In der dritten Woche von Parwanas Aufenthalt brachte ein frankierter brauner Umschlag, versiegelt, geprägt und mit einem Stempel der indischen Regierung versehen, die offizielle Bestätigung, daß es Ihrer Kaiserlichen Majestät usw. gefalle, den Rai Bahadur zum Companion des Indian Empire zu ernennen. Das zerstörte Dadis Seelenfrieden. Sie freute sich für ihren Mann, freute sich, daß seine Integrität und beeindruckende Kompetenz anerkannt worden waren. Aber die Ehre machte sie auch unbehaglich, weil sie früher einmal als Streikposten einen Laden blockiert hatte, der ausländischen Alkohol verkaufte, und sogar mit Gandhi ins Gefängnis gegangen war. Verschiedene Gefängnisse natürlich, aber die gleiche Sache der Freiheit.

Und jetzt war ihr Mann ein Companion dieses Empire. Sie wußte, daß er ein gerechter und aufrechter Mann war, kein Kriecher, egal was manche andere über den Rai Bahadur erzählten. Dadi kam sich unzulänglich vor und hatte ein schlechtes Gewissen, was unerträglich war, weil ihr Leben bis dahin klare Fronten gekannt hatte. Jetzt erwies es sich plötzlich als unmöglich, die berufliche Leistung ihres Mannes mit ihrem Patriotismus zu vereinbaren. Und so gab sie genaues Abwägen auf und wandte sich der Zauberei zu. Sie beschloß, ihre Schuld zu exorzieren, und das Zaubermittel, das sie wählte, war Khadi.

Die Teufelsaustreibung begann mit der beruflichen Garderobe des Richters. Sein schwarzer Leinenmantel, seine gestreiften Hosen, seine Hemden und Anwaltsbeffchen aus feinster ägyptischer Wolle – all das wurde innerhalb einer Woche durch Selbstgesponnenes ersetzt. Parwana war von der Arbeitslawine begeistert: Sie schnitt Ballen von Stoff zurecht, nähte Hemden, Taschentücher, Beffchen, sogar Socken, die der Richter statt mit Strumpfhaltern mit Gummibändern trug. Mit dem Mantel wurde Masterji beauftragt, der Schneider mit dem hennagefärbten Haar, der den dicksten zur Verfügung stehenden Baumwollstoff schwarz färben und zuschneiden ließ. Als alles vorbei war, sah mein geduldiger Großvater seltsam ländlich für einen hauptstädtischen Richter aus, aber er hatte Überzeugungen im öffentlichen Leben immer respektiert, und so beschwerte er sich kein einziges Mal.

Nichts davon hätte Parwanas Wiedereintritt in unser Leben verursacht, hätte Dadi nun bei ihrem Mann aufgehört. Der Richter hatte kleidungsmäßig Stellung bezogen, seine patriotische Echtheit war jetzt für alle sichtbar außer für die Fanatiker, und er hätte nur noch den Companion des Indian Empire zurückgeben können. Aber wie Vegetarier und Nationalisten war Dadi von dem Bedürfnis nach Konsequenz getrieben. Alles im Haus in Kashmiri Gate, befand sie, müsse in Khadi gehüllt werden – diese selbstgesponnene Rüstung der werdenden Nation. Nachdem Dadajis Potential erschöpft war, wurden der Sitz und die Polster des Takht im Wohnzimmer neu mit Khadi bezogen. Dann wurden die Chintz-Vorhänge im europäischen Salon durch grobe, schmutzigweiße Tücher ersetzt. Aber bei ihrem nächsten Ausfall erlitt Dadi einen Rückschlag. Sie hatte zum Angriff auf Großvaters ledergebundene Sammlung von Gerichtsurteilen angesetzt, als er ihr Einhalt gebot. Seine Person war veränderbar, aber nicht die Präzedenzfälle. Es gab keinen Präzedenzfall in der Geschichte dieser heiligen Kompendien, der ihre Aufbewahrung in irgend etwas anderem als granatapfelrotem Leder gestattet hätte. Dadi protestierte, daß es um das Prinzip gehe. Mit strenger Endgültigkeit entschied der Richter, daß Prinzip, wenn es nicht durch entsprechende Vorläufer gemäßigt werde, Fanatismus gleichkäme, nicht Idealismus.

Es war dieser Rückschlag, zusammen mit Parwanas wachsender Taille, was diese unglückselige sonntägliche Begegnung hervorbrachte. Inzwischen schon weit im vierten Monat, war Parwana allmählich aus der Salwar-Kameez-Garderobe herausgewachsen, die Asharfi ihr vor ihrer Abreise aus Lucknow aufgedrängt hatte. Parwana ließ ständig den Saum aus, um sie anbehalten zu können, aber schließlich – das war ungefähr in der Woche, in der Dadi bei den Fallsammlungen verlor – war klar, daß Zeit und Bauch sich nicht mehr verleugnen ließen.

Zwei Sonntage vor unserem Picknick riß Parwanas Kameez, der aus hauchzartem Musselin war, mit einem hörbaren Ratsch, als sie nach der Wäscheleine griff, und das Geräusch wurde von Dadis aufmerksamen Ohren registriert. Parwana, beschloß sie auf der Stelle, solle neu in Khadi eingekleidet werden. Parwana hatte nichts dagegen, nicht einmal als beschlossen wurde, daß für sie keine Salwar-Kameez-Garderobe gemacht würde – sie sollte ausschließlich Saris tragen. Dadi war bezüglich der Vorzüge eines Saris sehr beredt: Er war züchtiger, indischer als der fremde Salwar, anständiger als ein Kleid. Er war unerläßlich, wenn Parwana zum

Prototyp der nationalistischen Stenografin gemacht werden sollte – eingehüllt und keusch, nicht berockt und lasziv. Der größte Vorteil von allen blieb unerwähnt – Saris würden viel mehr Khadi verbrauchen. Sechs Meter für den Sari, anderthalb Meter für die Bluse, drei Meter für den Unterrock, und dann mußte man noch die Unterwäsche dazuzählen.

Am Anfang (bevor sie sie richtig anprobierte) war Parwana von den sechs neuen Saris, die Dadi ihr hatte machen lassen, ganz eingenommen. Sie stellte sich gern vor, daß sie sie wie Dadi tragen würde, die Saris mit militärischem Schick trug: frisch gestärkt und steif gebügelt. Ihre Aufregung wuchs, als Dadi ihr auf der Nähmaschine Blusen nähte. Diese hatten hohe, runde Ausschnitte und hübsche, bauschige Ärmel, die sich wie kleine Flügel über die Schultern wölbten. Als Dadi ein dünnes, sechs Meter langes Stück handgearbeiteter Spitze auf zwei der Saris nähte, um ihre beige Nüchternheit etwas aufzulockern, fing Parwana an, sich in einen Sari hineinzuträumen. Dann, an einem Sonntag, damit der Richter Zeuge der Verwandlung werden konnte, brachte Dadi Parwana bei, wie man einen Sari trägt. Ganz langsam und einfach, Schritt für Schritt, führte sie Parwana das Festmachen im Unterrock, das Rumwickeln, das Fälteln mit den Fingern und schließlich die Möglichkeit vor, das Ende um den Rücken herum oder über die Brust zu schlagen.

Doch Parwana hörte nichts davon. Sie brannte. Es hatte als ein Prickeln begonnen, als sie den riesigen improvisierten BH anzog, der wie ein Korsett aussah, und den Khadi-Schlüpfer, der ihr bis zu den Knien reichte, ähnlich wie die gestreiften Kacchas, wie sie auch Schreiner trugen. Als Dadi zu den Falten kam, brauchte Parwana schon acht Hände, um das Jucken zu kratzen. Dadi führte sie hinaus zum Richter, und sie ließen sich nieder, um Parwana in dem neuen Kleidungsstück herumlaufen zu sehen. Das Herumgehen entschied die Sache dann: Jedesmal wenn Parwana einen Schritt tat, scheuerte der Unterrock an ihren Schienbeinen, Waden, Knien und Hüften. Nach einer Durchquerung des Wohnzimmers waren ihre Beine Säulen, die einen Ausschlag stützten.

Plötzlich gab sie die Scharade auf und rannte stöhnend in Dadis Ankleidezimmer. Als Dadi ihr verwirrt folgte, hatte sie bereits den Sari heruntergerissen und schüttelte mit einer Hand wahllos Talgpuder auf ihre nackte Haut, während sie mit der anderen an den noch übrigen Kleidungsstücken zerrte. Ihr BH-Geschirr hatte ihre Brustwarzen wundgerieben, ihre Hüfte rippte ein durchgehendes Striemenfeuer, dort wo die

Kordel des Unterrocks eingeschnitten hatte. Ihr Rücken hatte sich mit einem zornigen Rot überzogen, und Parwana meinte, ohnmächtig zu werden von der schrecklichen Lust, die ihr das Kratzen ihres Hinterns bereitete. Dadi registrierte das alles schweigend. Sie puderte die Stellen, an die Parwana nicht rankam, faltete den Sari zusammen und legte ihn weg. Dann ging sie hinaus in das Wohnzimmer, damit Parwana sich wieder in den zu engen Kameez hineinzwängen konnte. Während sie damit kämpfte, die Pumphose über die leichte Wölbung ihres Bauches zu ziehen, hörte sie Dadi zum Richter sagen: Es muß an der Stärke liegen. Es wird schon besser, wenn es erst mal gewaschen ist.

Wurde es aber nicht. Drei Wäschen später konnte das Khadi-Ensemble, unterstützt von der schwülen Julihitze, Parwana immer noch in einen Striemen auf zwei Beinen verwandeln. Am Mittwoch, drei Tage vor unserem Sonntagspicknick, zog sie die Notbremse und weigerte sich, den Sari noch einmal zu tragen. Das bedeutete Krise, weil Parwana spätestens in zwei Wochen völlig aus ihren stark beanspruchten Sachen herausgewachsen sein würde. Doch Dadi weigerte sich, ihre Niederlage einzugestehen. Sie würde keine Zugeständnisse in Richtung von in Webereien hergestellten Stoffen machen. Das wäre ein Abweichen vom Prinzip angesichts der bloßen Realität. Im August 1942 hatte sie das so oft getan, daß es für ein Leben reichte. Nicht einmal mehr! Der Haushalt wurde in Panik gestürzt, als Nacktheit oder zumindest ungenügende Bekleidung Parwana als Schicksal drohte. Sie war niedergeschlagen, weil der Fluß der Häuslichkeit, in dem sie jeden Morgen geschwommen war, sich jetzt auf die Zwangsjacke platzender Nähte beschränkt hatte.

Zum Glück tat sich Hoffnung auf, bevor sie platzten. Freitag abend erhielt der Richter einen Brief von dem Komitee Nichtinhaftierter Nationalisten (eine schöne Bezeichnung für Congress-Mitglieder, die nach der »Quit India«-Kampagne nicht ins Gefängnis gekommen waren), in dem er eingeladen wurde, die Schirmherrschaft einer Ausstellung zu übernehmen, die der Autarkie und Swadeshi-Wirtschaft gewidmet war. Von Spinnrad bis Fahrrad würde die Kraft der einheimischen Industrie dargestellt werden, versprach der Brief. Korrekt wie der Richter war, schrieb er zurück, dankte, bedauerte aber, daß es ihm nicht möglich sei, teilzunehmen. Beinahe hätte er dem Schicksal einen Strich durch die Rechnung gemacht. Zum Glück für Parwana und Asharfi überprüfte Dadi die Briefe an ihren Mann, bevor sie sie wegwarf, und ihr war es zu verdanken, daß die Ausstellung, die vom

Komitee Nichtinhaftierter Nationalisten veranstaltet wurde, eine andere Schirmherrschaft fand.

Sowie sie die Einladung gelesen hatte, war Dadi überzeugt, daß sie ein Zeichen war. Ein Zeichen, daß ihr beharrliches Engagement für das Gewand der Freiheit im Begriff war, belohnt zu werden. In ihrem zielstrebigen Eifer sah sie nicht eine Ausstellung von Spinn- und Fahrrädern, sondern eine von Webstühlen und deren Erzeugnissen: Ballen und Ballen in Khadi von jeder erdenklichen Textur und Qualität, aus denen sie einen feinen und weichen auswählen würde, der nicht Parwanas Fleisch kasteite. Mit einem Schlag ließ die Spannung im Haus nach. Als Dadi Parwana von der Ausstellung erzählte, war ihr Schützling begeistert – nicht weil sie an einen hauchzarten Khadi glaubte, sondern angesichts der Aussicht, wieder einmal auszugehen. Nationalismus in den vier Wänden hatte sie so klaustrophobisch gemacht, daß ihr Patriotismus im Freien wie eine Belohnung vorkam.

Das Schicksal kommt auf bescheidenen Rollen daher.

Wir kamen zur Ausstellung eine halbe Stunde, bevor sie anfing, was Ammis Schuld war. Sie hatte zu früh Tee gemacht, um Viertel nach vier, eine ganze Stunde, bevor es Zeit war, sich vom Sonntagnachmittagsschlaf zu erheben. Sie war es auch nicht gewohnt, Tee zu machen: Sie ließ den großblättrigen Darjeeling weg und brühte statt dessen vier Löffel Teestaub auf. Wir tranken ein dunkelbraunes Spülmittel, das unsere Zungen abschälte und uns zu elektrisierter Wachheit aufrichtete.

Ammi beobachtete die Uhr und tauschte ihre Ringe hin und her – Türkis, Opal, Amethyst, Koralle; kleiner Finger, Ringfinger, Mittelfinger, Zeigefinger und zurück. Asharfi reinigte sich die Fingernägel mit einer Gabel, bis Haasan sie ihr wegnahm. Er begann, an den Zinken zu ziehen und das andere Ende auf den Tisch zu halten, um metallische Resonanzen zu erzeugen. Ich lehnte mich in meinem Stuhl zurück und lauschte meinem Bauch, der den ganzen Tag lang nichts anderes zu knabbern gehabt hatte als Tee und vergiftete Sandwiches. Haasan verschwand mit seinen Zigaretten auf den Balkon und begann, die Zeit in fünfminütigen Röllchen aufzubrauchen, die leise in Stummeln endeten. Die Luft war dick mit aufgeladener Erwartung, obwohl keiner von uns wußte, worauf wir eigentlich warteten. Asharfi stieß ihren Stuhl zurück und stellte das Radio an. Musik erfüllte das Zimmer. Haasan drückte eine halbgerauchte Zigarette aus (drei Minuten) und zündete eine andere an.

Um Viertel vor sechs waren Haasan die Zigaretten ausgegangen, und als er hinunterging, um neue zu holen, erhob sich die ganze Gesellschaft erleichtert, um ihm zu folgen. Er kaufte eine Schachtel Players von dem Paanwallah vor dem Carlton. Gegenüber dem Restaurant verwandelte ein gestreiftes Festzelt, von dem noch Teile aufgebaut wurden, den Park. Die Straße zwischen den Ladenarkaden und dem Park war mit Karren verstopft, die entladen wurden. Wir waren zu früh, weil die Ausstellungseröffnung sich verspätete – Gruppen von Männern in selbstgesponnenem Weiß trugen Rosetten, die so groß wie ihre Gesichter waren, und eilten mit entschlossener Hektik umher, aber es war klar, daß es noch eine Weile dauern würde. Und so bat ich einen Kellner, den ich kannte, das Restaurant aufzuschließen und uns in die dunkle Kühle hineinzulassen. Wir saßen dort schweigend, kostenlose Gläser eisgekühlten Wassers in den Händen.

Eine halbe Stunde später traten Haasan und ich hinaus, um nachzusehen, ob das Fest begonnen hatte. Die Straße war jetzt frei von Karren, obwohl der Lärm und der Staub um das Hauptzelt darauf hindeuteten, daß immer noch Stände aufgebaut wurden. Während wir zusahen, fuhr ein Tonga vor, in dem ein Mann mit einer Maschine saß. Der Mann stieg aus und half seiner Mitreisenden herunter. Als die Maschine auf der Straße stand, war sie so groß wie ein Zwerg und hatte die Farbe von Waffenmetall. Wo eigentlich der Kopf hätte sitzen sollen, hatte sie einen waagerechten Hebelfortsatz. Das ist eine Handpresse, sagte Haasan, der eine Menge über die verschiedensten Dinge wußte. Es gab Anzeichen, daß der Rummelplatz zum Leben erwachte. Das Riesenrad bewegte sich, und wir konnten von dort, wo wir standen, das atemlose Gekreische der sich Drehenden hören. Haasan ging ins Restaurant zurück, um die Damen abzuholen. Es war soweit.

Wir gingen am Park entlang bis zum Haupteingang. Dort befand sich das Riesenrad zu unserer Rechten, abseits vom Ausstellungszelt. Der Staub des Sommers war durch großzügiges Wassersprengen befeuchtet worden, und es gab sogar einen knirschenden roten Kiesweg bis zur Öffnung des Hauptzeltes, aus der rosettengeschmückte Congress-Mitglieder erschienen und in das sie wieder verschwanden. Um das Festzelt herum verlief ein Zaun, der aus einem auf Bambusstangen gespannten Stoff bestand und einen kreisförmigen, fünf Meter breiten Korridor bildete, in dem Essens- und Unterhaltungsstände aufgebaut waren. Es gab dort Chaatwallahs, Paanwallahs, Kulfi-Verkäufer, Puppenspieler, Schlangenbeschwörer, Fotografen, einen Zauberer, der unter gesprungenen Teetassen Murmeln verschwinden ließ, einen Mann, der rosa Zuckerwatte spann, indem er auf einem feststehenden Rad in die Pedale trat, zwei Waagen, die auch die Zukunft voraussagten, und eine Kraftmaschine, die den Kunden in Pfund anzeigten, wie stark ihre Griffe waren.

Um Asharfi aufzumuntern, machten wir zuerst diesen Kirmesrundgang. Ammi aß Kulfi, Asharfi wurde genötigt, zwei Ballen Zuckerwatte zu essen, um die sorglose Freude ihrer Kindheit wiederzuerleben, ich drückte die Nadel der Greifmaschine jenseits der Sechzig-Pfund-Marke, der Zauberer pflückte ein Spatzenei aus Ammis Haaren, und doch war, nachdem wir den Rundgang fast beendet hatten, auf Asharfis Gesicht immer noch kein Glück zu sehen.

Zum ersten Mal an diesem Tag sah ich Ammi den Kopf hängen lassen. Die Enttäuschung des Morgens hatte sie eingesteckt, aber jetzt sah sie aus, als wäre sie der Verzweiflung nahe. Vielleicht fragte sie sich, wie die nächsten paar Monate in Simla aussehen würden, wenn Asharfis Stimmung anhielt. Sie hätte womöglich aufgegeben, aber gerade da, in diesem kritischen Moment, sah sie das sich drehende Riesenrad.

Wir fahren alle damit, sagte sie zu niemand besonderem, ihr Gesicht von Hoffnung aufgehellt. Asharfi hatte als Kind Riesenräder geliebt.

Die erwachsene Asharfi wirkte gleichgültig gegenüber dieser Freude, aber Ammis verzweifelter Optimismus war unerschütterlich. Ohne groß nach links oder rechts zu sehen, stürzten wir zu der Warteschlange.

Ich wollte stehenbleiben und mir den Mann mit dem Bart und seiner zwergenhaften Maschine genauer ansehen. Er hatte seinen Stand am Ende des Rummelrundgangs aufgestellt. Als wir an ihm vorbeikamen, stand er zwischen der Presse und einer Staffelei, eine Sonnenbrille auf der Nase, obwohl es schon dämmerte. Die Staffelei zeigte eine gedruckte Karte des ungeteilten Indiens. Mich interessierte weder die Karte noch seine Maschine – nur sein Gesicht, das mir bekannt vorkam. Gerade als Ammi das Riesenrad sichtete, konnte ich ihn einordnen. Er war der Volksaufhetzer von der Bahnhofsmoschee, der Parwana angeglotzt hatte und unserem Tonga gefolgt war. Ammi bemerkte ihn nicht, weil sie nur Augen für das Riesenrad hatte. Asharfi auch nicht, was nicht überraschte, weil sie traurig zu Boden blickte.

Als wir das hintere Ende der Riesenradschlange erreichten, stellte ich fest, daß Haasan nicht bei uns war. Ich blickte zurück in die Richtung, aus der wir gekommen waren – und fiel fast um. Haasan umarmte gerade den bärtigen volksaufhetzenden Handpressenmann!

Ich wollte zurückeilen und herausfinden, was da los war, aber ich konnte nicht. Da Ammi und Asharfi Damen waren und nicht in einer Schlange stehen konnten, hing unser Platz in der Kartenschlange von mir ab. Es standen schon ein Dutzend Leute hinter mir, und Ammi war so erpicht darauf, auf das Riesenrad zu kommen, daß sie fuchsteufelswild geworden wäre, wenn ich meinen Platz verloren hätte. Die Schlange rückte qualvoll langsam voran. Als ich mich noch einmal nach dem sich umarmenden Pärchen umsah, war es verschwunden. Nach zehn langen Minuten kam ich an die Reihe. Ich kaufte vier Karten. Von Haasan und dem bärtigen Mann war immer noch nichts zu sehen. Unwichtigerweise fragte ich mich, ob eine der Karten verschwendet wäre. Wir gehörten zu der nächsten Gruppe, und das Rad wurde schon langsamer. Selbst Ammi fiel auf, daß wir kein Vierer mehr waren. Wo ist Haasan, fragte sie.

Ich brauchte nicht zu antworten, weil das Haasan machte. Hier bin ich, sagte er, hinter mir auftauchend, als wäre er schon die ganze Zeit dort gewesen. Ich machte den Mund auf, um ihm hundert Fragen zu stellen, aber er brachte mich mit einem kleinen Kopfschütteln zum Schweigen. Das Rad hatte angehalten, und Ammi drängte Asharfi zu der Stelle, wo zwei Angestellte den Passagieren beim Einsteigen halfen. Warte, bis wir eingestiegen sind, zischte Haasan zwischen den Mundwinkeln hervor.

Jede Bank auf dem Riesenrad hatte Platz für zwei Personen, und die Frauen wurden zuerst draufgelassen, so daß Ammi und Asharfi senkrecht über uns schwebten, als wir mit dem Einsteigen an die Reihe kamen. Es war nur ein kleines Riesenrad, und es brauchte keinen Motor, um betrieben zu werden. Zwei Männer kletterten flink die Speichen zum Drehpunkt hoch und fingen an, das Rad wie eine Tretmühle zu betätigen, indem sie die Speichen mit den Füßen nach unten drückten, während sich das Rad langsam drehte. Von der Seite betrachtet müssen sie wie zwei anmutig gehende Männer ausgesehen haben, die keinen Schritt vorankamen. Zu einer anderen Zeit hätte ich mich vielleicht gefragt, wieso sie nicht herunterfielen, aber in dem Moment konnte ich nur daran denken, was Haasan mir gleich erzählen wollte. Die Erde war zehn Meter unter uns, und das Rad war voll beladen, als er sich herüberlehnte und mir ins Ohr flüsterte. Er faßte sich kurz. Vier einzelne Worte, die keinen Sinn ergaben, aber mich die Sicherheitsstange umklammern ließen.

Ich habe Masroor gefunden, sagte er.

Masroor.

Eine Radumdrehung lang wußte ich nichts darauf zu sagen. Haasan sagte auch nichts. Er saß einfach da und genoß meine Verblüffung.

Dieser Mann mit dem Bart ... ?

Ja.

Das kann doch nicht sein, flüsterte ich, während meine letzte Erinnerung an ihn in entnervender Zeitlupe durch meinen Kopf zog: Masroor fährt, plattgepreßt, um in die zwei Dimensionen eines Rekrutierungsplakats zu passen, auf der Seite eines Armeelasters davon.

Hallo! Was soll das heißen, das kann nicht sein, sagte Haasan ungeduldig. Ich habe ihn aufwachsen sehen. Ich würde ihn in einer Burqa erkennen.

Mutter und Tochter waren jetzt unter uns, während wir erdwärts abtauchten. Asharfi saß still und aufrecht da, blickte geradeaus und ließ sich durch überhaupt nichts anmerken, daß sie sich in der Luft befand. Ammi zeigte mehr Lebendigkeit. Sie übergab sich über den Rand.

Wieso hast du es ihnen nicht erzählt, fragte ich.

Er hat mir gesagt, ich soll nicht, sagte Haasan unglücklich, und sah dabei besorgt und verwirrt aus. Er hat gesagt, er würde im Januar nach Hause kommen und uns alles erzählen.

Hast du ihn nicht gefragt, wo er die ganze Zeit gesteckt hat, drängte ich und stampfte fast vor Neugier auf.

Haasan warf mir einen Blick zu. Natürlich habe ich das, sagte er. Aber er wollte es mir nicht sagen.

Ich starrte ihn ungläubig an. Wie hatte er das als Antwort akzeptieren können? Ich hätte die Wahrheit aus Masroor herausgeschüttelt.

Haasan zuckte die Schultern. Ich hab's dir doch gerade gesagt, sagte er abwehrend, er wollte kein Wort sagen.

Haasan Sahib, sagte ich und versuchte, nicht über ihn herzufallen, du hast über zehn Minuten mit Masroor geredet. Irgendwas muß er dir doch erzählt haben. Selbst wenn er dir nicht gesagt hat, wo er in den letzten zehn Monaten gesteckt hat oder was er in den nächsten sechs tun will, muß er dir doch gesagt haben, was er jetzt hier mit dieser Maschine macht.

Ja, ja, sagte Haasan eifrig und nickte erleichtert. Soviel weiß ich. Er hat gesagt, die Maschine ist dazu da, Zweifel zu säen.

Masroor hatte eine Maschine zum Zweifelsäen.

Sie bestand aus Landkarten und einer modifizierten Presse, und sie stellte Puzzles her, die eine Anna pro Stück kosteten, weil Geld die Leute dazu bringt mitzumachen. Seine Landkarten waren maßstabsgetreu gezeichnet und zeigten die politischen Grenzen Indiens, wie sie waren – bevor die Teilung, der Tod der Fürstentümer und die Geburt der Sprachprovinzen die Gestalt des Landes veränderten. Das heißt, bevor es zu Pakistan, Bangladesh, Tamil Nadu, Andrha Pradesh, Meghalaya, Mizoram, Gujarat und Orissa kam. Bevor Karnataka und Uttar Pradesh irgendwas bedeuteten. Dies war eine Landkarte, wo ein Brief nach Hyderabad auf Sindhi zugestellt werden konnte. Sie zeigte jede der zahllosen politischen Einheiten, aus denen sich Indien damals zusammensetzte. Die großen und kleinen Königreiche, die riesigen Regierungsbezirke und Provinzen Britisch Indiens, die winzigen Überreste gescheiterter Reiche: Goa, Pondicherry, Chandernagore ... Nach dem Kauf der Landkarte konnten Masroors Kunden sie entweder intakt mitnehmen oder sie sich in ein Puzzle zerschneiden lassen. Hier wurde dann die Presse eingesetzt: In der Art eines Druckblocks für Stoff hatte Masroor eine Indienkarte mit scharfen Kanten in Auftrag gegeben, die genauso groß war wie die, die auf der Staffelei gezeigt wurde. Dieser Block war in den unteren Teil des Kopfstücks der Presse eingelassen. Wenn der Kunde an dem Hebel zog und die Backen der Presse sich schlossen, wurde seine Landkarte säuberlich in ihre einzelnen politischen Einheiten zerschnitten, und das Puzzle war geboren.

Er gibt ihnen auch eine Gebrauchsanweisung mit, sagte Haasan. Die zwei Männer an der Nabe des Riesenrads gingen jetzt viel schneller. Mit ihren schweißgetränkten Unterhemden und ihren dunkel glänzenden Schultern sahen sie wie ein Logo für die Arbeiterklasse aus. Als das Rad immer schwindelerregender herumwirbelte, hatte ich das Gefühl, jedesmal wenn es abwärts ging, meinen Magen hinter mir zu lassen. Es fiel mir schwer, Anweisungen zum Zusammensetzen eines Puzzles aufzunehmen. Aber Haasan brüllte sie mir geduldig ins Ohr, bis ich sie begriffen hatte. Sie gingen folgendermaßen: 1. Dies ist ein schwieriges Puzzle, also lassen Sie sich Zeit, sonst legen Sie vielleicht ein Stück an die falsche Stelle und können es nie vollenden. 2. Die Ausbuchtungen jedes Stücks, die in die entsprechenden Einbuchtungen der anderen hineinpassen, können leicht abreißen, weil das Papier steif und spröde ist. Also vorsichtig mit ihnen umgehen, sonst werden Teile der Landkarte lose bleiben. 3. Das Spiel kann von mehr als einem Spieler gespielt werden. Sie können eine andere Person bitten, Ihnen beim Zusammensetzen der Landkarte zu helfen.

Als Haasan fertig war, hatten die Männer aufgehört zu treten, und es war Zeit auszusteigen. Ammi und Asharfi waren die ersten, die ausstiegen. Asharfi sah windzerzaust, aber ungerührt aus. Ammi hielt sich ihr Taschentuch vor den Mund. Wir dachten, ihr sei immer noch übel, aber tatsächlich setzte sie diskret ihr Gebiß wieder ein, das sich bei einem der Schwünge in die Tiefe gelockert hatte. Sie betrachtete das sture Gesicht ihrer Tochter und schüttelte den Kopf. Ich wandte mich in Richtung Handpresse und Masroor, aber Haasan zog mich zurück. Du wirst ihre Aufmerksamkeit auf ihn lenken, sagte er streng. Geh später hin.

Irgendwie beherrschte ich mich und rannte nicht los, um ihn zu suchen, die wichtigste Figur in diesem meinem zweiten Leben. Hebamme, Bruder, Freund ... Masroor. Er war vor zehn Monaten verschwunden, und ich war mir wie ein verlorener Mensch vorgekommen – er war schließlich der einzige, der mich in diese Zeit hatte hineinfallen sehen. Als Haasan mir erzählte, daß er wieder da war, fühlte ich mich verbürgt ... Wie eine Geschichte, die man nur vom Hörensagen kennt, bis Beweise für sie gefunden werden. Er hatte mich in diese Welt hineinfallen sehen, und ich hatte gesehen, wie er in eine Zwischenwelt hineingeplättet wurde. Jetzt wo er wieder unter den Lebenden war, wollte ich zu ihm laufen, ihm die Hand schütteln und meinen Freund unter dem Bart und der Mütze finden. Statt dessen folgte ich den anderen gehorsam in das Hauptzelt.

Während der Rummel und die Stände draußen vor lauter Menschen aus den Nähten platzten, herrschte in dem Festzelt, das das Hauptstück der Veranstaltung beherbergte, nämlich die Ausstellung einheimischer Industrie, gähnende Leere. Hauptsächlich weil es drinnen nichts zu essen gab und rosettenbehängte Wichtigtuer Eßbares am Eingang abfingen. Wir gingen hinein, und die Ausstellung begann links mit einem einzigen Rad, wie ein Dokumentarfilm über Technologie es vielleicht getan hätte. Es war ein Büffelkarrenrad. Aber nicht irgendein Büffelkarrenrad, weil das ein Symbol für das zeitlose Indien gewesen wäre, und in dieser Ausstellung ging es um Fortschritt. Dies war ein revolutionäres Büffelkarrenrad, weil sein Rand mit einem Gummireifen ausgestattet war, was die Fahrt des Karrens über Furchen erleichtern und die Dinge allgemein beschleunigen würde.

Wir betrachteten es respektvoll, bevor wir zum nächsten Ausstellungsstück weitergingen, einem tragbaren Spinnrad, das in einen Holzkasten mit einem Koffergriff eingebaut war. Drei kleine Jungs hockten in der Nähe, und wir waren von dieser frühreifen Neugier beeindruckt, bis wir entdeckten, daß sie versuchten, Masroors Puzzle zusammenzusetzen. Während ich zusah, wie sie fleißig herumprobierten, schämte ich mich plötzlich für Masroor. Es war zu aufwendig bedeutungsvoll, dieses Puzzle. Zerschneide zuerst eigenhändig dein Land in Stücke. Dann setz es wieder Stück für Stück zusammen, um zu begreifen, wie komplex die indische Einheit ist, wie schwer es ist, sie zu bauen. Diese bedeutenden Anweisungen! Das Puzzle sollte Congress-Mitgliedern klarmachen, daß sie ihre muslimischen Teile fallen ließen. Masroor wollte durch Puzzles das Bewußtsein erhöhen, wie irgendein progressiver Kindergartenerzieher ... Aber das hier war eine Erwachsenenwelt. Plötzlich fühlte ich mich um Jahrzehnte älter als mein Held. Haasan ergriff meinen Arm und drängte mich zu Ammi und Asharfi, die eine fahrradähnliche Maschine inspizierten.

Der freiwillige Vorführer, der auf dem Fahrrad saß, erklärte, daß die Maschine, die er im Begriff war zu betreiben, kein Endprodukt indischen Einfallsreichtums sei, sondern ein experimenteller Prototyp, eine Maschine im Werden. Es war eine tastende Antwort auf das Problem der ländlichen Elektrifizierung: die Suche nach einer passenden Stromerzeugung. Das Prinzip hinter der Maschine war dem des Dynamos entlehnt, mit dem Fahrradlampen betrieben wurden. Aber da Dorfbewohner mehr Strom brauchten als Fahrradlampen, war ein größeres Getrieberad eingebaut worden, und die Hind Cycle Company hatte ein Tandem für das Projekt gebaut. Hier rief unser Vorführer einen anderen Freiwilligen herbei, der auf den Sattel hinter ihm kletterte, und mit der scheuen Bedächtigkeit unerfahrener Darsteller fingen sie an zu radeln.

Für eine Weile wußte keiner von uns, was wir davon halten sollten, bis wir bemerkten, daß eine nackte Lampe, die auf dem Boden neben dem Vorderrad stand, zu flackern anfing. Zuerst wurden die Fäden rot, dann, als das Duo auf Tempo kam, begann die Lampe langsam zu glühen. In ihrem hellsten Stadium leuchtete die Birne stumpf wie ein sterbender Zwergstern, dann bremsten die Radler, und das Glühen erstarb.

Die Freiwilligen waren rot vor Anstrengung und Verlegenheit: vor Anstrengung wegen des Tretens und vor Verlegenheit über das Fünfzehn-Kerzen-Strom-Ergebnis. Dies sei, wiederholten sie, bloß ein Arbeitsmodell – es kam auf das Prinzip an. Es bestand die Möglichkeit, daß die Fahrradvorrichtung verworfen und das Prinzip in irgendeinem anderen Apparat auferstehen würde, wie etwa in einem Wasserrad oder ... einem Riesenrad, schlug Haasan vor ... oder einem Riesenrad, stimmten sie eifrig zu, aber bevor sie Zeit hatten, seinen Vorschlag zu überprüfen, zogen wir weiter.

Das nächste Ausstellungsstück war ein Halbkreis mit sechs pedalbetriebenen Nähmaschinen, an deren Schwungrädern Griffe befestigt waren, damit sie auch per Hand angetrieben werden konnten. Die Exponate sollten zur Zuschauerbeteiligung ermuntern, es standen also Schemel vor den Nähmaschinen, die auch alle besetzt waren. Zwei von ihnen von den Damen unserer Gruppe: Ammi und Asharfi hatten die Gelegenheit genutzt, sich hinzusetzen.

Haasan stubste mich an. Alles verläuft heute in Kreisen, sagte er völlig kryptisch.

Ich sah ihn bloß verständnislos an.

Siehst du denn nicht, flüsterte er, diese ganze Ausstellung besteht gänzlich aus Rädern.

Jetzt da er es erwähnte: Riesenrad, Karrenrad, Spinnrad, Fahrradräder, Schwungräder.

Das kann kein Zufall sein, murmelte Haasan, während er sich ratlos umsah. Wir suchten nach einer möglichen Erklärung. Die Nation ist in Bewegung, kam mir in den Sinn, denn dies war eine Congress-Ausstellung. Haasan war kreativer. Waren die Räder das Symbol für den unaufhaltsamen Marsch des Congress-Nationalismus? Waren sie eine Anspielung auf die unerbittlichen Räder Jagannathas? Und wenn ja, entstammte die Sprache der Congress-Politik hinduistischen Wagenprozessionen? Folgte daraus, daß der indische Nationalismus ein riesiger Rath Yatra war, bei dem Gandhi im Hauptfestwagen saß und der Congress in die Seile gespannt war?

Fünfzig Jahre nach 1943 wäre Haasan Sozialhistoriker gewesen, weil Fragen wie diese ihm ständig von allein in den Sinn kamen. Aber in diesem Festzelt, unter dem Druck kunterbunter Ereignisse, war keine Zeit, daß hochkarätige Spekulationen zu Einsichten hätten heranreifen können. Hier drohten Krisen, die Gedankengänge entgleisen ließen. Es fing damit an, daß plötzlich Dadi und Parwana am Eingang des Festzelts erschienen.

Haasan verstummte einen Moment durch den Schock, erholte sich aber schnell. Er machte zwei Schritte nach links, um Asharfi die Sicht zu versperren, in der Hoffnung, daß ihr durch die Beschäftigung mit der Nähmaschine nichts auffiel. Bis dahin hatte Asharfi das Pedal halbherzig betätigt und beobachtet, wie die Nadelstange sich auf und ab bewegte. Aber wie eine Magnetnadel, die den Norden findet, richtete sich ihr Blick auf Parwana, sobald sie eintrat. Haasan machte seine Schritte umsonst.

Sie wollte aufstehen, aber Ammi, die geradezu besessen sensibel auf jede Bewegung ihrer melancholischen Tochter reagierte, hatte Parwana ebenfalls gesehen und streckte ihre Hand aus. Nicht um Asharfi festzuhalten – sie faßte sie nicht an –, nur als stumme Warnung. Ohne ihre Augen von Parwana zu nehmen, die sich über das tragbare Spinnrad beugte, sank Asharfi wieder auf ihren Stuhl zurück. Sie biß sich auf die Unterlippe und sah erschlagen aus.

Wie auf ein Stichwort drehte Parwana sich um, und ihre Blicke trafen sich. Unbehindert durch Herkunft oder Familie und somit nicht zum Verhaltenskodex indischer Frauen erzogen, hatte Parwana keinerlei Schamgefühl. Sie stürzte Asharfi entgegen und wollte laut ihren Namen rufen. Aber Dadi, mit der Art gestrauchelter Frauen vertraut, erwies sich als eine wachsame Anstandsdame. Sie war Parwanas ungläubigem, begeistertem Starren gefolgt und hatte mich erblickt. Voreilige Schlüsse ziehend, ergriff sie Maßnahmen. Sie packte Parwanas Zopf und zerrte ihn nach hinten. Das stoppte ihren aufgeregten Schützling mitten im Lauf, wodurch sich Parwanas Begrüßungsruf in einen gequälten Aufschrei verwandelte. In dem Moment schob sich ein Pulk von Gaffern zwischen uns. Als sie vorbeigegangen waren, war auch der Moment vorbei. Wo Parwana vorher nur Asharfi gesehen hatte, registrierte sie jetzt auch uns. Schweigend ging sie wieder dazu über, das Spinnrad zu inspizieren, und Dadi ließ ihre Haare los.

Im Festzelt wurde es drückend heiß, als es sich mit Menschen füllte, die, nachdem sie gegessen hatten, hereingewandert kamen, um sich ein wenig unterhalten zu lassen. Es befand sich eine ziemlich große Menschenmenge drinnen, als das Zelt plötzlich mit selbstgesponnener Aktivität zu wogen anfing. Männer in Khadi und mit Rosetten begannen wieder herumzuhasten. Es ertönte lautes Krachen, als Klappstühle herumgeschoben wurden, und die Aufmerksamkeit verlagerte sich von den Exponaten zur Quelle des Lärms. Ich wischte mir mit dem Ärmel den Schweiß vom Gesicht und blickte mich wieder um.

Die Leute gingen nicht mehr soviel herum. Die meisten standen auf Zehenspitzen oder reckten die Hälse und warteten darauf, daß etwas geschah. Parwana hatte einen erhöhten Platz auf dem vorderen Sitz des Generatorfahrrads gefunden. Zum Glück war es ein Damenfahrrad, sonst hätte sie nicht drauf sitzen können. Ammi und Asharfi waren vernünftigerweise auf ihren Schemeln geblieben, denn bei der Geschwindigkeit, mit der sich das Zelt füllte, würde es bald keine Stehplätze mehr geben. Haasan, einige Schritte entfernt, sah neugierig aus, so wie immer, wenn sich Erlebnisse aus erster Hand ankündigten. Es sah aus, als würde es eine Rede geben.

Ich schlüpfte davon, um Masroor zu suchen. Er stand immer noch neben seiner Presse und sammelte seine Landkarten und Gebrauchsanweisungen im Licht einer Petroleumlampe ein. Er hatte keine Kunden um sich, und ich machte ihn mit einem Räuspern auf mich aufmerksam. Masroor, sagte ich geradeheraus. Auf einmal wollte ich gar nicht da sein, plötzlich war mir bewußt, wie schwach mein Anspruch auf ihn war. Er kam um den improvisierten Tisch herum und sah mich in dem gelben Zwielicht genauer an. Dann, ohne Vorwarnung, senkten sich seine Hände auf meine Schultern, und ich wurde in eine schiefe Umarmung genommen, die angesichts seiner Größe bedeutete, daß mein Gesicht gegen seine Achselhöhle gedrückt wurde. Ich konnte seine Rippen durch den Sherwani hindurch spüren – er war erschreckend dünn.

Was soll diese ganze Sache mit den Landkarten, fragte ich leise, als wir wieder voneinander ließen. Masroor verzog das Gesicht. Haasan Mamoo hat es dir also erzählt. Er schwieg einen Moment. Es geht nicht um sehr viel, sagte er abschätzig. Nur darum, was zu tun. Alles ist besser, als nur zu warten.

Er sagte nicht, worauf er wartete, und ich fragte ihn nicht. Es würde noch genug Zeit für Fragen geben, jetzt wo er wieder da war. Ich zeigte auf das Festzelt. Sie sind da drin, sagte ich. Asharfi und Ammi? Ich nickte. Masroor warf seine Landkarten in eine Pappschachtel und verstaute sie hinter der Presse. Er rief einem Mann vom Nachbarstand, einem Ballonverkäufer, zu, er solle ein Auge auf seine Sachen haben, und ging dann mit mir zum Eingang des Zeltes. Nur um sie mal zu sehen, sagte er zu mir, als wir eintraten. Ich will nicht, daß sie mich sehen.

Es war gerade eine Rede in Gang. Ein großgewachsener, dünner Mann in einem Dhoti stand auf einem Tisch und bewegte seinen rechten Arm in einer »Immer vorwärts«-Art hin und her. Kein anderer Teil von ihm bewegte sich – nur dieser Arm und sein Mund, aus dem rhythmisch Wörter strömten –, wie eine Gestalt in einem schlechten Zeichentrickfilm. Es war schwierig, Ammi und Asharfi zu entdecken, denn die stehenden Petroleumlampen, die das Zelt beleuchteten, waren schwächer geworden, und in der ganzen Betriebsamkeit wegen der Rede hatten die Veranstalter vergessen, sie wieder aufzupumpen. Aber die Schwungräder der Nähmaschinen glänzten selbst in diesem Licht, und nach einigem Hin und Her fand ich Ammi und Asharfi für Masroor.

Wir schoben uns durch die Menge, damit Masroor sie besser sehen konnte, aber nicht so nahe, daß sie ihn entdeckten. Asharfi saß in einer komischen Haltung: Ihre Füße betrieben die Pedale der Nähmaschine, aber den Kopf hatte sie scharf nach rechts gedreht. Sie starrte zu Parwana auf dem Fahrrad, aber Masroor dachte einen Moment lang, sie würde ihn ansehen.

Schau, sagte ich, da ist Ammi neben ihr. Das lenkte ihn vom Gegenstand ab, auf den Asharfis Blick gerichtet war. Zu meiner großen Erleichterung, denn ich fühlte mich nicht gewachsen, ihm in der Hitze und der Aufregung im Zelt auch noch die zusätzliche Komplikation mit Parwana zu erklären.

Parwana ihrerseits starrte zu Asharfi zurück, während sich ihre Beine, die die Pedale des fest verankerten Fahrrads betätigten, im Gleichlauf mit Asharfis bewegten. Oberhalb des Sattels war sie die verkörperte Unbeweglichkeit: Rücken gerade, die Hände um die Lenkstange geklammert, wie eine Heldin, die in einem Filmstudio eine Fahrradfahrt mimt. Es gab nichts, was auf die leidenschaftliche Mühe ihrer heftig bewegten Beine hinwies, außer den kleinen Schweißbächen, die an ihrem Gesicht herunterliefen. Unter ihr, zu ihrer Rechten, hatte die mit dem Dynamo verbundene Birne angefangen zu glühen.

Wir waren von den verzückt radelnden Mädchen weniger als fünf Meter entfernt, aber wir konnten weder das Geklapper der Nähmaschine noch das Sirren des Fahrrades über dem Radau im Zelt hören. Der Redner hatte inzwischen begonnen, seine »Immer vorwärts«-Masche abzuwechseln, indem er sich in Abständen auf die Brust klopfte. Seine Rede, heftig nationalistisch im Ton, war vom Inhalt collagenähnlich. Er nahm seine Rolle als Stellvertreter eingekerkerter Congress-Führer dermaßen wörtlich, daß er sich wie eine nationalistische Zitatensammlung anhörte. Es gibt heute nur zwei Kräfte in Indien, sagte er, den britischen Raj, der den Imperialismus repräsentiert, und den Congress, der den Nationalismus symbolisiert (immer vorwärts). Wenn der Congress den imperialistischen Adler demütigen kann, wieso wird er dann nicht mit der Krähe der Muslim League fertig (Faust und Brust)? Der Congress ist die Partei aller Teile, aller Klassen, aller Teile aller Klassen. Wer nicht den Congress unterstützt, wird in den Mülleimern der Geschichte verfaulen (Beifall). Sie haben ein falsches Bewußtsein, ja sie haben ein Unbewußtsein (Gelächter).

Von der Reaktion ermutigt, schwebte der Redner über die autorisierten Texte hinaus. In Karatschi, rief er, die Luft jetzt zackiger boxend, hat der Congress beschlossen, daß er nie Selbstbestimmung akzeptieren wird, wenn das Spaltung bedeutet. Ich warne sie (er brauchte nicht zu sagen, wen), sie werden ihren getrennten Staat drei Meter unter der Erde errichten müssen (anhaltender Beifall).

Masroor schnaubte vor Mißbilligung durch die Nase. Ich sah zu den Nähmaschinen: Ammi hatte sich aufmerksam vorgebeugt, aber Asharfi und Parwana waren sich der Welt um sich herum nicht bewußt, während sie auf ihren Plätzen radelten, die Augen aufeinander gerichtet, wie Vögel, die angestrengt loszufliegen versuchten. Die Glühbirne die mit Parwanas Fahrrad verbunden war, glühte jetzt stärker, oder vielleicht sah es wegen der schwächer gewordenen Stehlampen so aus.

Die Briten meinen, sie hätten durch das Einkerkern der Congress-Mitglieder die Nation erwürgt. Er hielt inne. Die Briten irren sich. Freiheit lebt nicht nur in der Rebellion. Sie stirbt nicht, wenn die Rebellion niedergeschlagen wird. Sie lebt weiter in den Körpern der Patrioten, in den Händen, die diese Maschinen in diesem Zelt gemacht haben, in den Swadeshi-Köpfen, die sie entworfen haben. Also sollen der Raj und seine Freunde nicht vergessen ...

Masroor blickte sich besorgt um. Hier muß es vor Informanten nur so wimmeln, sagte er. Wenn er so weitermacht, wird bald die Polizei hier sein. Schaff Ammi und Asharfi hier raus ... Ich gehe Haasan suchen.

Ich schob mich bis auf sechs Schritte an Ammi heran und rief so laut, wie ich mich traute. Sie drehte sich in meine Richtung und hielt sich die Hand hinters Ohr. Steh auf, kreischte ich flüsternd, was sie nicht hörte, weil der große Dünne wieder zu reden angefangen hatte.

Sie haben die Ruhe Brahmas gesehen und den Frieden Vishnus, verkündete er. Sollen sie den Zorn Mahesas fürchten. Ich warne sie – soll das schlafende Auge liegen, soll Jin ...

Der Lautsprecher schnitt seine Rede auf dem Jin … glatt ab, und das Zelt wurde plötzlich zu einer Höhle der Stille bis auf das Sirren des Fahrrades und das Geklapper der Nähmaschine.

Dies ist eine illegale Versammlung, dröhnte eine hohle Stimme. Sie werden sich auf der Stelle zerstreuen. Nach Paragraph 144 wird Ihnen befohlen, sich zu zerstreuen.

Eine Sekunde lang waren das Zelt und alle, die sich darin befanden so bewegungslos wie bei einem Schnappschuß. Dann gab es ein scharfes, knallendes Geräusch in der Nähe von Parwana und ein strahlendes Aufblitzen, als die Glühbirne platzte. Parwana sackte stöhnend auf die Lenkstange, erschöpft. Der Redner bekam es mit der Angst zu tun und sprang vom Tisch. Sekunden später hörte das Geklapper auf, Asharfi schrie heiser und hielt sich an der Nähmaschine fest.

Dann folgte das Chaos.

Als ich Ammi erreicht hatte, war die Polizei schon in das Zelt eingedrungen und teilte Schläge mit ihren Lathis aus, um bei der friedlichen Zerstreuung nachzuhelfen. Während ich Asharfi auf die Beine half, sah ich, wie Dadi Parwana vom Fahrrad zerrte. Von Haasan oder Masroor war nichts zu sehen.

Ein paar Schritte vor dem Eingang hörten wir ein schreckliches Krachen: Das Zelt hinter uns begann teilweise einzustürzen. Ein Polizist stand bedrohlich mit erhobenem Schlagstock vor uns. Ich duckte mich, vor Angst furzend, und zog Ammi und Asharfi näher an mich heran. Er nahm Rücksicht auf die Frauen und schlug mich nicht. Dann waren wir aus dem Zelt draußen, stolperten über gestürzte Menschen, versuchten, der Panik hinter uns zu entkommen. Als wir in Richtung Straße rannten, in die ungefähre Richtung von St. James, sah ich kurz Masroors Presse, die wie ein ausrangierter Roboter auf der Seite lag. Wir rannten eigentlich nicht, weil für Ammi die höchste Geschwindigkeit ein wogendes Stolpern war. Wir stürzten in wankender Zeitlupe zum Parkrand. Als wir, scheinbar nach einer Ewigkeit, das Umfassungsgeländer erreicht hatten, konnte Ammi wegen ihres Körpergewichts und ihres Saris nicht drüberklettern. Ohne sie um Erlaubnis zu fragen, hievte ich sie mir mit einem angelernten Feuerwehrheber auf den Rücken und sprang über den halben Meter Zaun mit der Leichtigkeit, die großer Angst entspringt.

Ammi brach auf dem Bürgersteig zusammen, aber das spielte keine Rolle, weil das Geländer, das wir gerade übersprungen hatten, jetzt wie ein Kordon um das Chaos wirkte. Wir warteten, bis sie wieder durch die Nase atmen konnte, und machten uns dann gemächlich zu unserem Refugium, dem East India C-, auf. Niemand sagte etwas, bis wir drinnen waren, oder drehte sich nach dem Durcheinander hinter uns um.

Ich eilte in die Küche, um Tee zu machen. Haasan traf zehn Minuten nach uns ein. Er hatte Masroor in dem ganzen Wahnsinn verloren. Als ich das Tablett ins Zimmer trug, saßen Mutter und Tochter am Tisch. Asharfi nahm mir die Kanne ab und schenkte ein. Sie schenkte ein, bis Ammis und Haasans Tassen überliefen. In dem Moment, glaube ich, fiel Ammi auf, daß ihre Tochter lächelte: ein fernes, sattes Lächeln, das die ganze Mißstimmung des Tages wie einen Traum erscheinen ließ. Es lag ein schweres Glück in diesem Lächeln. Und eine Art Triumph.

Die Wahrheit laut Masroor

Nach ihrer Abreise nach Simla füllte ich mein Leben mit Mangos – dank meiner Großmutter. Gegen Ende ihres Lebens hatte Dadi dazu geneigt, ständig zu erzählen, daß früher alles besser gewesen sei. Mit der Zeit verdichtete sich ihre Verachtung für das Heute zu einer Rede, die immer mit dem Preis für Mangos während der Herrschaft Georgs V. endete. Ein ganzer Korb für eine Rupie, sagte sie mit einem traurigen und stolzen Kopfschütteln. Wieder allein, kaufte ich mir zwei Körbe voll als Gesellschaft. Sie kosteten mich zwei Rupien; sie hatte also nicht gelogen. Das waren noch Zeiten ...

Ich legte zwei Eisblöcke in die Emaillebadewanne, die ich nie benutzte, und lagerte die Mangos dort. Lange Sommernachmittage im Schatten eines Badezimmers, Mangos essend ..., nicht eine oder zwei, sondern zehn oder zwölf, wie Dadi es in jener weiter zurückliegenden Zeit getan hatte, als die Inder Zeitgenossen von König Georg waren. Die Zeit verging in einem Getriefe von Fruchtfleisch.

Am vierten Morgen des Mangothons hatte ich bereits ein Furunkel am Rand eines Nasenlochs und ein zweites, das in meinem rechten Mundwinkel wuchs. Einatmen war schmerzhaft, und jedesmal wenn sich meine Lippen berührten, gab mir die eingequetschte Pustel einen Stich ins Herz. Ich untersuchte die kleinen Eiterblasen im Spiegel überm Waschbecken und fragte mich, ob ich sie gefahrlos mit dem Fingernagel ausdrücken konnte. Captain Nazar war meine Rettung. Er hatte nach dem Abendessen in der Küche vorbeigeschaut, um mir zu sagen, daß er meine Versetzung nach Simla durchgekriegt habe. Ich würde binnen einer Woche dort sein. In dem kühlen Wetter gab es keine Furunkel, mit denen man sich herumquälen mußte. Und Einsamkeit gäbe es auch keine mehr. Ich könnte Ammi und Asharfi besuchen – Haasan hatte sie einquartiert und war nach Lucknow zurückgekehrt. Parwana war sicher in Dadis Obhut. Aber wo um Himmels willen war Masroor?

Ich hatte ihn seit dem Abend des Festes nicht mehr gesehen. Er war kein einziges Mal vorbeigekommen – ein Sohn, der seit fast einem Jahr seine Mutter und Schwester nicht mehr gesehen hatte. Selbst wenn er, aus irgendeinem unbekannten Grund, seiner Familie aus dem Weg gehen wollte, hätte er doch versuchen können, sich mit Haasan oder mir in Verbindung zu setzen. Nachdem wir ihm Stillschweigen hatten versprechen müssen, war er uns zumindest eine Erklärung schuldig. Als Kompromiß beschloß ich, den reiferen Furunkel an meinem Mund auszudrücken und den in meiner Nase in Ruhe zu lassen. Vielleicht war es die Polizei, die ihn fernhielt. Oder Tbc. Falls er Tuberkulose hatte, wäre es für ihn besser, mit uns zusammen in Simla zu sein. Es gab dort Sanatorien für Leute wie ihn. Meine Nägel waren schmutzig, und so drückte ich den Pickel mit dem stumpfen Ende eines Bleistifts aus. Er fiel sofort zusammen, und etwas Warmes tröpfelte mir am Kinn herunter. Jetzt war der Furunkel nur noch ein rosa Huppel von der gleichen Farbe wie meine Lippen. Ich drückte versuchsweise auf dem Huppel herum. Es klingelte an der Tür.

Während ich die wunde Stelle mit Mercurochrome betupfte, ging ich, um aufzumachen. Noch bevor ich öffnete, wußte ich, daß mein Besucher Masroor war. Man könnte es Vorahnung nennen. Aber er sah sehr viel kleiner aus, und ich wußte sofort, daß er das Gesicht mit Parwana vertauscht hatte. Mich konnte nichts mehr überraschen. Komm rein, sagte ich und bewahrte eisern Haltung.

Ist sie da, fragte Parwana, sofort zur Sache kommend.

Ich schüttelte den Kopf.

Sie schien darauf vorbereitet zu sein, weil sich ihre Miene nicht veränderte, aber ihre Schultern sackten herab, und sie schloß für einen Moment die Augen. Dann machte sie Anstalten, wieder zu gehen. Nach drei Tagen Einsamkeit war jemand, den ich kannte, an meiner Tür, und sie wollte wieder weggehen, ohne sich nach mir zu erkundigen, ohne ein freundliches Wort.

Ich kann ihr eine Nachricht schicken, wenn du möchtest, hörte ich mich sagen. Komm rein. Ich – mach uns einen Tee.

Ich war nicht stolz.

Sie sah unsicher aus und trat dann über die Schwelle.

Kein Tee, sagte sie, ohne sich hinzusetzen. Zu Hause fragen sie sich vielleicht, wo ich stecke.

Sie zog einen alten Briefumschlag und einen Bleistiftstummel hervor und kritzelte irgendwas darauf. Dann gab sie mir den Umschlag.

Der Richter mietet für den Sommer ein Haus in den Bergen, sagte sie. Das ist die Adresse. Könntest du ..., begann sie schüchtern und brach dann ab. Sie begann wieder, diesmal ganz sachlich. Ich möchte, daß du ihn ihr schickst, wo immer sie ist. Aber sag ihr, sie soll mir nicht an diese Adresse schreiben. Sag ihr, sie soll mir postlagernd schreiben. Ich hol mir dann die Briefe ab. Ihr Blick war kein bißchen unsicher, und nachdem sie geendet hatte, sah sie mir noch lange herausfordernd in die Augen, falls ich es wagen sollte, einen Kommentar abzugeben oder nachzubohren. Das tat ich nicht. Aber als ich die Adresse auf dem Umschlag sah, mußte ich spontan grinsen. Holcombe stand da ...

Holcombe
Lower Mall Road
In der Nähe des Cecil Hotel
Simla.
Simla!

Schließlich setzte sie sich doch hin, und ich machte uns Tee. Sie fand die Aussicht, in Simla zu sein, aufregend, und sie wollte mit jemandem darüber reden. Sie erzählte mir von ihrem Kleidungsproblem und wie der bevorstehende Aufenthalt in Simla es gelöst hatte. Dadi hatte einen Alptraum gehabt, in dem Parwana die Hauptstraße in Kleidung entlangging, die aus allen Nähten platzte, während ganz Britisch Indien zusah. Richter Rameshwar Prasad, ein Companion des British Empire, der seinen Schützling in Fetzen vorführt! Dadi beschloß, für Parwanas Garderobe eine Ausnahme von ihrer selbstgesponnenen Regel zu machen.

Es war eine Ausnahme, die man leicht rechtfertigen konnte. In Simla war es kalt, und da es so etwas wie selbstgesponnene Wolle nicht gab, hätte sie für Parwana sowieso fertige Wollsachen kaufen müssen. Da die Khadi-Regel aus Gründen gebrochen werden mußte, die jenseits ihrer Macht lagen, machte es nichts, wenn, in diesem einen Ausnahmefall, Parwanas andere Sachen – Salwar-Kameez-Anzüge, ein oder zwei Saris und natürlich Unterwäsche – aus maschinell hergestelltem Stoff genäht wurden. Außerdem war Simla kein richtiger Ort. Dadi war jetzt seit fast einem Jahrzehnt jeden Sommer dort gewesen, und jedesmal wenn sie hinging, war das, als würde sie in einem Märchen leben. Im Märchen eines Ausländers, gefüllt mit Schlössern, Giebeln und großen weißen Damen. Gebrochene Versprechen zählten nur in der wirklichen Welt ... Und Simla war eine Art Traum.

Masterji wird die Sachen heute fertignähen, sagte Parwana und goß sich eine zweite Tasse ein. Ihre Augen glühten bei dem Gedanken an Kleidung, in die sie hineinpassen würde.

Ich wollte fragen, ob es mit dem Kind gut voranging, aber ich wußte nicht, ob sie darüber sprechen wollte, und so sprachen wir statt dessen über Simla. Sie, die in einem Waisenhaus in Bombay aufgewachsen war, hatte noch nie Schnee fallen sehen oder Urlaub gemacht – also verhieß Simla noch nie dagewesenes Vergnügen.

Ich weiß nicht, ob wir dort so lange bleiben werden, daß wir den Schnee erleben, sagte Parwana vorsichtig, weil sie nicht das Schicksal herausfordern wollte. Richter Sahib muß nach Delhi zurück, wenn die Gerichte wieder anfangen, aber Madam hat gesagt, daß wir – sie und ich – vielleicht länger bleiben. Es kommt darauf an, was der Arzt sagt, ob er mich reisen läßt.

Sie leerte ihre Tasse und starrte hinein wie jemand, der versucht, in den Teeblättern zu lesen. Vielleicht wollte sie wissen, ob es ein Junge sein würde. Sie konnte so lange gucken, wie sie wollte, es würde sie davon abhalten wegzugehen. Kleider, Schnee, Babys – mich interessierte alles, was sie sagte. Ich wollte ihr noch eine Tasse einschenken, aber die Kanne war leer. Ich mache noch mal welchen, sagte ich schnell, aber es hatte keinen Zweck. Ich hatte sie an die Zeit erinnert.

Ich muß gehen, sagte sie mit einem Anflug von Panik, sonst schicken sie die Diener los, mich suchen. Ich bot ihr an, sie nach Hause zu begleiten, aber das lehnte sie ab. Sie ging allein die Treppe hinunter, und ich kehrte in mein Zimmer zurück, um die Neuigkeit zu genießen: Parwana und ich wären Nachbarn in Simla. Ich fragte mich, ob ich richtig daran getan hatte, ihr zu verheimlichen, daß Asharfi auch in Simla war.

Noch während ich darüber nachsann, klingelte es wieder an der Tür. Es war wieder Parwana.

Komm runter, keuchte sie, atemlos vor Zorn. Da ist ein Mann, der mich verfolgt! Dann war sie schon wieder weg, rannte die Stufen so schnell hinunter, wie es ihre zu engen Kleider erlaubten. Immer noch prächtig aussehend in meiner schulterbestückten Kellneruniform, rannte ich ihr hinterher.

Wie sieht er aus, fragte ich, als wir beide vor der verrammelten

Fassade der Imperial Tannery standen und die frühmorgendlich leere Straße absuchten.

Parwana biß sich frustriert auf die Lippen. Er ist wieder weggelaufen, sagte sie, ihre Stimme rauh vor Verachtung. Dieses Schwein! Das ist das vierte Mal, daß ich ihn diese Woche erwischt habe.

Hat er – hat er irgendwas getan, fragte ich zaghaft.

Er ist groß, mit einem ganz schmalen Schnurrbart, sagte Parwana hilfreich, ihre Antworten hinkten eine Frage hinterher. Sie hielt inne. Nein, das hat er nicht. Nicht so was. Er taucht einfach auf und verschwindet wieder, wenn ich ihn entdecke.

Es vergingen ein paar Minuten, und als niemand auftauchte, bestand ich darauf, sie bis zum Hintereingang des Carlton zu begleiten. Von dort ging sie alleine weiter. Ich möchte nicht, daß Madam oder einer der Diener dich mit mir zusammen sieht, sagte sie ehrlich. Dann bedankte sie sich lächelnd und eilte davon.

Auf dem Rückweg war ich ein bißchen verärgert, daß sie nicht in meiner Gesellschaft gesehen werden wollte. Ich versuchte, das zu einem Gefühl der Kränkung aufzubauen, aber eher halbherzig, weil ich wußte, daß sie es nicht persönlich meinte. In meinem Zimmer gab es für mich nichts zu tun, und so schlenderte ich in die Nicholson Road für eine Tasse Tee beim Chaiwallah, der sich in einer der Bogennischen in der Stadtmauer niedergelassen hatte. Mitten beim Tee fiel mir ein, daß die Türen zum East India C- noch offen waren. Ich hatte bei der ganzen Aufregung um den Schurken mit dem schmalen Schnurrbart vergessen, sie abzuschließen. Ich leerte die Tasse mit einem Schluck, der mir die Zunge verbrannte, und rannte zurück nach Hause. Als ich ankam, verriegelte ich hinter mir die Türen und rannte nach oben. Dann erstarrte ich – aus meinem Zimmer hörte ich das Rascheln von Papier.

Ich schlich zur Tür und stieß sie ohne Vorwarnung auf. Ein langer Mann mit einem schmalen Schnurrbart und weizenfarbener Kleidung lag auf meinem Bett und las Zeitung. Er war genauso, wie Parwana ihn beschrieben hatte, aber er war noch mehr als das. Er war auch Masroor.

Dies war das dritte Gesicht, mit dem ich ihn sah. In Lucknow war er glattrasiert und bei dem Fest bärtig gewesen. Jetzt hatte er Pomade im Haar und einen messerscharfen Schnurrbart. Ohne jegliche Verlegenheit legte er die Zeitung weg und setzte sich auf.

Wieso hast du so lang gebraucht, fragte er leicht vorwurfsvoll.

Wieso ist sie hierhergekommen, fuhr er, ebenfalls ohne Einleitung fort. Keine Namen, Gründe – einfach die nackten Fragen. Er erhob sich ruckartig vom Bett und ging hinaus auf den Balkon, wo es schwerer war, ihn zu verstehen.

Hat sie dir gesagt, wo sie hingeht? Ich weiß, daß sie Delhi verläßt. Diese Frau, bei der sie wohnt, hat drei leere Reisetaschen zum Lüften an ihre Wäscheleine gehängt.

Er kam ins Zimmer zurück.

Hat sie dir's gesagt?

Jetzt war ich derjenige, der auf den Balkon trat und sich ans Geländer stellte. Ich tat es aus keinem anderen Grund als aus einem unklaren Gefühl heraus, daß die Szene dies erforderte. Masroor folgte mir, stellte sich neben mich und starrte mürrisch auf das Ritz. Nach einem längeren Schweigen, in dem ich mich fragte, was ich sagen sollte, sprach er wieder.

Hat sie dir gesagt, wo sie hingeht, fragte er zum dritten Mal.

Diesmal hatte ich eine Antwort parat.

Warum sollte sie, konterte ich und ließ ein bitteres Lächeln um meine Lippen spielen. Hast du's denn getan?

Dann erzählte er mir – die ganze Geschichte. Aber vorher schienen sich seine Augen von mir abzuwenden und in sein Inneres zu spähen, wo die Erinnerungen an sein Verschwinden lagerten. Sein Gesicht kräuselte sich wie die Filmleinwand vor einer Rückblende. Seine Haut wurde blaß, und er verlor seine Gesichtsfarbe, bis er wie ein verblichenes Transparent aussah, durch das ich fast die Filmplakate des Ritz sehen konnte.

Ich wartete nicht, um zu überprüfen, ob der Fehler in meinen Augen oder in seinen Molekülen lag. Ich packte ihn am Kragen. Vielleicht war er nicht kurz davor, wieder zu verschwinden, vielleicht war es normal für ihn, wie eine flackernde Kerze zu zittern, aber das Risiko wollte ich nicht eingehen. Ich würde ihn nicht ein zweites Mal verschwinden lassen. Jedenfalls nicht mit mir als Publikum. Er konnte soviel flackern, wie er wollte, alleine, zu Hause – wo immer das sein mochte.

Und so zog ich ihn nah an mich heran, während ich halb erwartete, daß sich meine Hände um nichts schließen würden. Aber sein Hemd war durchaus real, auch wenn sich die Schultern darunter skelettartig anfühlten. Ich spreizte die Beine und lehnte mich beim Ziehen nach hinten, die Kraft und das Gewicht eines erwachsenen Mannes erwartend. Aber leichter als ein Fünfzig-Kilo-Schwächling lag er mir in den Armen, bevor ich überhaupt angefangen hatte, richtig zu ziehen. Ich verlor das Gleichgewicht, und wir fielen zusammen auf den Boden, in einer Umarmung wie ein hektisches Liebespaar.

Tbc, dachte ich bestürzt, während ich mich aufrappelte. Seine Blässe, seine Gewichtslosigkeit ... Er war ausgehöhlt. Ich half ihm auf, seine Versuche ignorierend, mich wegzuschieben. Ich mußte ihn nach Simla bringen – seine Mutter war dort und seine Schwester. Und die Sanatorien. Aber zunächst mußte seine Stirn versorgt werden. Er hatte sie sich beim Sturz aufgeschlagen. Es war fast ein gutes Gefühl, ihn bluten zu sehen – nach dieser schrecklichen Blässe war das Rot auf seinem Gesicht eine Beruhigung. Wenigstens flackerte er nicht mehr.

Ich half ihm ins Zimmer und auf mein Bett. Als ich mit Watte und einer Flasche Jod aus dem Bad zurückkam, saß er aufrecht, eine Hand an seine verletzte Stirn gepreßt. Ein dünnes Blutrinnsal sickerte zwischen seinen Fingern hindurch. Als ich das Jod auf seine Wunde tupfte, zuckte er wie jemand, der Elektroschocks bekommt.

Das Jod hörte nach einer Minute auf zu brennen, und er hörte auf zu zittern. Ich zündete eine Zigarette an und gab sie ihm. Das hatte ich aus einem Kriegsfilm. Er muß ihn auch gesehen haben, weil er sie nahm, obwohl ich ihn noch nie hatte rauchen sehen. Einen langen, ungeschickten Zug mit sorgfältig geschürzten Lippen – mehr brauchte er nicht. Während er auf die glühende Asche blickte, begann er mir seine Geschichte zu erzählen. Vier Tage später, als die Schmalspurbahn nach Simla in Barog hielt, damit wir frühstücken konnten, erzählte er sie immer noch. Es war eine lange Geschichte, weil es nicht nur seine allein war.

Ich war nicht der einzige, der verschwand, sagte Masroor zu Beginn. Er kannte persönlich dreizehn Leute, die ebenfalls verschwanden. Es konnten Tausende andere gewesen sein, vielleicht Millionen. Die, die er getroffen oder von denen er gehört hatte, waren am selben Tag wie er verschwunden – am neunten August. Das war die zweite Sache, die sie gemeinsam hatten. Die erste? Jeder, der am neunten August verschwand, war Muslim.

Außer Masroor hatte ich nur einmal Lebewesen vor meinen Augen verschwinden sehen, und zwar als ich in der Grundschule war und der große Gogia Pascha nach St. Xaviers kam. Es war irgendwann Anfang der siebziger Jahre – es hatte eine Hungersnot oder Unruhen gegeben, und die Padres hatten die jährlichen Klassenpicknicks als Sparmaßnahme ausfallen lassen. Der »Größte Zauberer der Welt« war engagiert worden, um uns zu trösten. Die Schule hatte damals noch keine Aula, und so wurden wir in Reihen auf die riesigen Stufen gesetzt, die die beiden Seiten des Kricketplatzes säumten.

Der Pascha stand mit seinen Assistenten und seinem Brimborium unter uns auf einer provisorischen Holzbühne. Eine verdrießliche, betrogene Grundschule, sechshundert Kinder, starrte auf ihn herunter, aber der Pascha war seinem Publikum gewachsen. Zu den Tönen eines Schlangenbeschwörers riß er den Deckel von einem flachen Korb. Die Kobra hob ihren Kopf hoch, breitete ihre Brillenzeichnung aus, und begann sich hin und her zu wiegen. Der Pascha nahm von einem kaftangekleideten Gehilfen eine Taube entgegen, stopfte sie in den Korb und knallte den Deckel auf die tanzende Schlange und die schlagenden Federn. Gilli, gilli, gilli, gilli, machte er, gilli, gilli, gilli, seine Hände kreisten über den Korb, in dem die Schlange fraß, und sein türkisches Gesicht leuchtete vor Boshaftigkeit. Er riß den Deckel wieder herunter und die Schlange rollte sich auf und tanzte brav. Keine Taube.

Er wiederholte das siebenmal mit sieben Tauben, bis wir dachten, die Kobra müsse platzen. Als er beim siebten Mal den Deckel hochhob, um uns das Verschwinden des Vogels zu zeigen, griff er auch hinein und zog die Kobra heraus. Er tat den Deckel wieder drauf, hielt die Schlange am Schwanz und knallte sie wie eine Peitsche – und presto! – die Schlange war weg ... Oder nein, sie hatte sich in einen steifen Malakka-Stock verwandelt. Gilli, gilli, gilli, plapperte der Pascha, sich aufplusternd, gilli, gilli, gilli, gilli. Dann schleuderte er den Stock in die Luft wie den Stab eines Tambourmajors und fing ihn geschickt wieder auf. Die Grundschule verfiel in hektischen Beifall.

Aber das war noch nicht alles. Über den Schlangenkorb gebeugt, wirbelte er den Stock herum und sah dabei wie eine Kreuzung zwischen Zubin Mehta und Haroun al Rashid aus. Das Gedudel des Schlangenbeschwörers erreichte den Höhepunkt und brach dann ab. Der Pascha hielt seinen Stab mitten in der Bewegung fest und erstarrte. Dann löste sich das Stilleben auf, als er sich auf den Korb stürzte und ihn hoch in die Luft schleuderte. Sechshundert Köpfe drehten sich nach oben und sahen den Deckel herunterfliegen und sieben wiederhergestellte Tauben herausflattern. Zwölfhundert Hände klatschten, bis der Sportplatz widerhallte.

Aber es gab noch eine letzte Wendung. Als die Tauben wieder eingefangen waren, schlug der Pascha den Stock hart übers Knie. Man hörte ein Knacken – aber statt zwei Stücke Holz in seinen Händen war da ein vertrautes Stück Braun über sein Knie drapiert: Der Stock, der einmal eine Schlange gewesen war, war jetzt eine neue Schulkrawatte.

Er wählte mich aus dem Publikum aus, weil ich meine zu Hause vergessen hatte, und band sie mir um, während die anderen neidisch zusahen. Sie hätten sie mit meinem Segen haben können. Sie verdarb den Rest der Zaubervorführung für mich. Es war schwer, mich zu konzentrieren, mit einer Kobra um meine Kehle geknotet. An jenem Abend zu Hause, als Pran Mausaji, mein Polizeionkel und daher die Familienautorität in Sachen Unruhen, bedrohlich von muslimischen Unruhestiftern redete, dachte ich an das finstere Gesicht des Paschas und fröstelte. Noch Jahre danach war der große Gogia Pascha meine private Vision eines hinterhältigen Muslims.

Dann wurde ich groß und lernte, nicht mehr an bedrohliche Türken und Zaubertricks zu glauben ... Und jetzt redete Masroor von einem Trick, der kein Taschenspielertrick war, sondern ein Trick, der Tausende ins Schattenreich geweht hatte – aber nicht irgendwelche Tausende, nein. Dies war ein einmaliger Trick, der nur bei Muslims funktionierte.

Ich konnte mich nicht dazu entschließen, es nicht zu glauben, nicht wo ich mich an die andere Zeit so gut erinnerte. Hier war wieder dieser Militärlastwagen mit dem Rekrutierungsplakat, das über seine ganze Längsseite gemalt war. »Folgt dem Auftrag des Königs« lautete der Slogan. »Das edelste Leben auf Erden.« Unter dem Slogan starrten mir zwei schnurrbärtige Männer in Khaki ernst in die Augen. Neben ihnen, nicht in Vorderansicht, sondern im Profil, stand eine Gestalt in lockerer Khaki-Hose und einem weißen, kurzärmeligen Hemd. Ihre Füße, die in rotbraunen Home-Guard-Schuhen steckten, befanden sich in der Luft – oder über dem unteren Rand der Werbung – in einer künstlerischen Bewegungsstudie. Eine halb erhobene Hand deutete entweder einen militärischen Gruß an oder schob den Tropenhelm zurück ... Nein, ich konnte nicht lachen. Ich hatte persönlich einen Muslim verschwinden sehen – soviel zumindest war sicher.

Dieser selbe Muslim saß jetzt vor zwei Tellern mit Eisenbahn-Omeletts, die in der Kälte dampften, und erzählte mir Geschichten vom Schattenreich. Und er war dort gewesen, und so streifte ich meine Zweifel ab und hörte zu.

Warum sie verschwanden, war einfach. Am achten August war das Arbeitskomitee des Congress in Bombay zusammengetreten und hatte die Resolution verabschiedet, in der die Briten aufgefordert wurden, Indien zu verlassen, sonst ... Am neunten August, sagte Masroor, verschwanden wir. Das eine folgte auf das andere. Wie Tag auf Nacht.

Ich hatte so sehr gebetet, daß der Congress die Resolution nicht verabschieden würde, sagte Masroor zwischen Ei und Toast. Das erste halbe Jahr hatte er sich keine Sorgen gemacht, denn jedesmal wenn irgendein Radikaler bürgerlichen Ungehorsam der Massen forderte, hatte Gandhi nein gesagt. Es sollte keine direkten Aktionen geben, die Briten zu verjagen, bevor die Muslims sich nicht einverstanden erklärt hatten.

Dann änderte Gandhi plötzlich seine Meinung. Plötzlich war ihm das muslimische Denken verschlossen, plötzlich wurden die Massen unwiderstehlich wichtig. Von ihm angeregt, trafen sich die Mitglieder des Arbeitskomitees des Congress in Bombay und verabschiedeten die »Quit India«-Resolution, die die Muslims zugunsten der Massen links liegen ließ. Wie ein Haufen Yogis, die von der Kraft des Geistes angefeuert werden, konzentrierten sie sich auf das Hindu-Muslim-Problem und machten es unsichtbar. Und zusammen mit dem Problem, sagte Masroor, wurden auch wir unsichtbar.

Nicht jeder Muslim – nur die, die an den Congress und an dessen Traum von einem freien und vereinten Indien glaubten, für die es wichtig war, daß der Congress weiter an sie glaubte. Sie hatten es riskiert, von ihrer Gemeinschaft verstoßen zu werden, indem sie sich der Forderung der Liga nach einer muslimischen Heimat widersetzt hatten, weil sie sich einer einzigen säkularen Nation verpflichtet fühlten. Aber sie wußten auch, daß Millionen von Muslims dem Congress mißtrauten, daß sie überzeugt werden mußten, daß rhetorische Forderungen, Indien zu verlassen, ohne ihnen ihre Ängste zu nehmen, sie auf ewig entfremden würden. Und deswegen sprachen sich muslimische Congress-Mitglieder gegen die Resolution aus, beteten, daß die Partei auf sie hören würde, hofften, daß die Partei, an die sie glaubten, etwas Glauben an sie zeigen würde. Weil nämlich sonst niemand an uns glaubte, sagte Masroor ironisch. Für die Muslim League waren wir keine Muslims – wir waren Congress-Schoßhunde. Für die Briten waren wir politisch nicht wichtig genug, um aufzufallen. Blieb noch der Congress. Und der tat am achten August so, als wären wir nicht da ... Na ja, plötzlich waren wir auch nicht mehr da.

Sozusagen. Niemand verschwand spurlos. Der Grad des Verschwindens stand im umgekehrten Verhältnis zum Engagement des Opfers für den Congress. Einige wurden bloß etwas hellhäutiger, wogegen sie nichts hatten. Andere, die aktiver in der Partei waren, wurden zum Teil durchsichtig. Bei Inayat Sahib, einem Veteran der großen Khilafat-Kampagne, der nach den Unruhen in Kanpur zum Congress auf Abstand gegangen war, passierte nicht mehr, als daß er bei einer Besprechung des Gemeindeausschusses, die auf den neunten fiel, mitten während einer Diskussion plötzlich völlig nackt dastand. Bis auf die Silberknöpfe, die an seinen Kurta genäht waren, und dem Gummi seiner Hose waren seine Sachen vollkommen durchsichtig geworden. Er mußte beinahe einen ganzen Monat lang sein Schlafzimmer hüten, weil kein Kleidungsstück an ihm undurchsichtig blieb. Sein einziges Vergnügen in dieser einsamen Zeit bestand darin, die Knochen seines rechten Unterarms zu betrachten, die sich so klar wie auf einem Röntgenbild abzeichneten, wenn er den Arm gegen die Sonne hielt.

Einige wurden dünner. Einige wenige wurden impotent. Je engagierter sie waren, desto weniger ließen sie zurück. Einer ließ bloß seinen Namen in dem Roman zurück, den er gerade gelesen hatte, als er die Nachricht hörte. Er hatte Forster gelesen, und als sie das Buch neben dem leeren Lehnstuhl fanden, war auf jeder Seite Aziz zu Salman geworden.

Sein Bruder Saleem redigierte gerade die Spätausgabe der *Hindustan Times,* als die Nachricht durch den Ticker kam. Er verschwand in die linke Ecke der Tageskarikatur, knapp unter der letzten Falte von Mahatmas Lendenschurz. Er wurde in so viele Exemplare verwandelt, daß er, als er wieder auftauchte, nur noch ein Schatten seiner selbst war. Sogar jetzt noch schlich er, Masroor zufolge, durch die Stadt in der ständigen Angst, einem seiner Doppelgänger zu begegnen.

Rizwan stand gerade im sonnenüberfluteten Hof seines Hauses in der Rowse Avenue, als er die Morgenzeitung öffnete. Er verschwand ohne einen Ton und hinterließ nur den Abdruck seines Schattens auf dem warmen Backsteinboden. Der Schatten blieb den ganzen Tag über dort, ein schräger Schatten, den am neunten Tag des Augusts eine tiefe, frühe Morgensonne geworfen hatte. Jeden Abend verschwand er mit dem Sonnenuntergang. Seine Frau, Farheen, wurde eine Sonnenanbeterin. In den Nächten, in denen sie schlafen konnte, war sie schon um drei Uhr auf und spähte durch das Laub des riesigen Peepul-Baumes, der die Ostecke des Hofes beschattete, nach Anzeichen ersten Lichts.

Die Sonne zog den Schatten ihres Mannes auf dem Hofboden nach, und der Schatten war Farheens Garantie, daß noch Hoffnung bestand. Sie markierte die Umrisse mit grüner und roter Kreide, damit sie nachts nicht drauftrat. Sie begann bedeckte Tage zu hassen, die Licht und Schatten wegwischten, und das erste Mal, als es nach seinem Verschwinden regnete, wäre sie fast gestorben. Sie baute Deiche, spannte Regenschirme auf und wischte wie eine Wahnsinnige, um das Wasser von der Kreidefigur fernzuhalten, aber es nutzte alles nichts. Der Regen fegte über den Hof und spülte die Kreide fort in die Gullys. Farheen weinte, bis sie ganz benommen war. Am Nachmittag kam die Sonne heraus und trocknete den Hof, und als Farheen sich aus ihrer Ohnmacht erhob, war das erste, was sie sah, Rizwans Schatten, so scharf konturiert wie am Tag zuvor. Dann, eines Morgens, an die vier Wochen nach dem Tag, an dem Rizwan verschwunden war, stieg sie aus dem Bett und fand ihren Mann im Tiefschlaf dort liegen, wo der Schatten gewesen war.

Es passierte auch den Reichen und Berühmten. Yousuf bin Aansoo, Jubiläumsstar und König der Tragödie (unter einem anderen Namen) war am neunten August im Studio der Bombay Talkies und wurde gerade für den morgendlichen Dreh geschminkt. Wie immer trafen die Zeitungen säuberlich gestapelt auf einem Silbertablett ein. Sie waren plattgebügelt worden, ohne daß Yousuf es extra sagen mußte. Der Produzent wußte, daß Yousuf Bhai seine *Times of India* kroß und unzerknittert mochte, und er wollte ihm gefallen. Der Maskenbildner entfernte sich wie immer aus der Garderobe: Yousuf Sahib, der die Zeitung sehr ernsthaft las, mochte vollkommene Einsamkeit.

Yousuf bin Aansoo benutzte die Morgenzeitung, um sich auf die Arbeit vorzubereiten. Er lächelte zusammen mit Mutt'n Jeff, wurde mit der Ostfront nüchtern, ließ Tränen in seine Augen treten, wenn er den Blick über die Todesanzeigen schweifen ließ. Zwischendurch nahm er den Spiegel zu Hilfe, um zu überprüfen, ob sein Gesicht Schritt hielt. Nach einer halben Stunde davon war er bereit für die Arbeit, im Leerlauf schnurrend wie ein gut getunter Silver Ghost.

Sein schiefes Lächeln funktionierte an diesem Morgen gut, was ihn freute. Dieses leichte linksseitige Kräuseln, dieses Lächeln, das nie ganz stattfand, war ein wesentlicher Bestandteil seines tragischen Stils. Noch fast-lächelnd las er den Comic strip noch mal, und erst dann blätterte er zur Titelseite. Er kam nicht weiter als bis zu den Schlagzeilen.

»Kämpfen oder untergehen«, sagt Gandhi, las er. Congress verabschiedet »Quit India«-Resolution.

Wie die anderen, die nicht geglaubt hatten, daß der Congress sie
tatsächlich verabschieden würde, war er schockiert. Aber er war auch
Yousuf bin Aansoo, und so drehte er sich zum Spiegel, um zu sehen, wie
schockiert er aussah. Und so fanden sie ihn. Eine Viertelstunde später,
als sein Maskenbildner anklopfte und hereinkam, war das erste, was er
sah, Yousuf im Spiegel, der schockiert aussieht. Im nächsten Moment
begann er zu schreien – weil er Yousuf im Spiegel sehen konnte, aber
nicht Yousuf im Raum.

Der Produzent, der dem Maskenbildner in den Raum folgte, konnte
sich den Luxus, hysterisch zu werden, nicht leisten. Er hatte schon zu
viele Jahre lang unwahrscheinliche Filme gemacht, um Zeit auf das
Warum zu verschwenden. Er bewegte den Spiegel etwas hin und her,
um zu sehen, ob sich die Szene darin veränderte. Aber als er feststellte,
daß der Spiegel ein riesiges Standbild geworden war, wandte er sich
praktischen Dingen zu. Er wollte nicht, daß bekannt wurde, daß der
Held seines Films, der bestverkäufliche Star der Branche, dessen Namen
soviel Zugkraft hatte, daß die Kredithaie ihre Geldbeutel öffneten, verschwunden war, aber ein Spiegelbild hinterlassen hatte – selbst ein
Gerücht würde ihn ruinieren. Und so drehte er den Spiegel zur Wand,
schloß die Garderobe ab und schwor den Maskenbildner darauf ein, ab-
solutes Stillschweigen zu bewahren. Dann streute er aus, daß Yousuf,
der Drehbuchschreiber und der Regisseur sich in die Berge zurückgezogen hätten, um den zweiten Teil des Films umzuschreiben. Die Dreharbeiten würden fortgesetzt, sowie sie fertig wären.

Sechs Wochen lang bluffte er und schindete Zeit in der Hoffnung
auf ein Wunder, und dann gerade als seine Gläubiger allmählich die
Geduld verloren, geschah es. Am Morgen des dreiundzwanzigsten September schloß er routinemäßig ohne große Hoffnung die Garderobe
auf – und da saß Yousuf, mit dem Gesicht zur Wand, eine zwei Monate
alte Zeitung in den Händen, und überall um sich herum die glitzern-
den Splitter und Scherben eines zertrümmerten Spiegels.

Der Produzent schob seinen Unglauben beiseite und fuhr mit den
Dreharbeiten fort, als wäre nichts passiert. Es half, daß Yousuf keine Erinnerung an sein Spiegeldasein hatte. Die Zeit war für ihn stehengeblieben. Eigentlich hätte er einen Zweimonatsbart haben müssen, aber er
kehrte ebenso frisch rasiert wieder, wie er am Tag seines Verschwindens

gewesen war. Er sah genauso aus wie vorher ... Und doch war da etwas mit seinem Gesicht, was nicht ganz stimmte. Es störte den Produzenten, daß er es nicht genau bestimmen konnte. Erst als er sich die erste Rohkopie ansah, erkannte er, was los war. In all dem Material, das nach Yousufs Rückkehr gedreht wurde, war sein Markenzeichen, das schiefe Lächeln, auf der falschen Seite. Es war jetzt sein rechter Mundwinkel, der sich nach oben bog. Beim Yousuf von gestern war es der linke gewesen! Anderen im Team fiel das auch auf, aber sie nahmen einfach an, daß man im Labor die Negative beim Entwickeln falsch herum eingelegt hatte. Manche führten es auf einen geänderten Stil zurück, denn sie wußten nichts von dem Spiegel. Yousuf auch nicht. Yousuf wußte nur, daß Spiegel für ihn jetzt nutzlos waren, denn wenn er in einen hineinsah, sah niemand zurück.

Aber seine Schwierigkeiten waren trivial. Er mußte lernen, seinen Scheitel ohne Spiegelbild zu ziehen, und mußte sich daran gewöhnen, plötzlich Linkshänder zu sein – das war alles. Das einzige, was Yousuf wirklich verlor, war sein Spiegelbild. Prof. Chishti veränderte sich grundlegender. Er hatte gerade die erste seiner morgendlichen Vorlesungen beendet: Synkretismus im indischen Islam des Mittelalters. Es war erst das sechste Mal in ebenso vielen Jahren, daß er seiner M.A.-Klasse (dem letzten Semester) erläuterte, wie den heterodoxeren Sufi-Orden und dem vedantischen Monismus das geistige Ideal der Selbstaufhebung gemeinsam war, aber er glaubte schon längst kein einziges Wort mehr von seinen Vorlesungsaufzeichnungen. Es bereitete ihm eine gewisse Genugtuung, sein idiotisches Gekritzel von der Tafel wegzuwischen. Er sammelte gerade seine Papiere zusammen, als draußen im Flur eine Gruppe Studenten, die gerade die Nachricht gehört hatte, Radau machte und in einem spontanen Chor rief, Quit India! Prof. Chishti verschwand in einem Wölkchen von Kreide. Was von ihm blieb, war eine weiße Silhouette auf der Tafel, die er gerade saubergewischt hatte. Irgendwann während der nächsten Vorlesung in diesem Seminarraum wischte ein Mathematiker sie weg, um Platz für seine Zahlen zu schaffen. Es war einfach Pech. Pech, daß sich das Schattendasein des Professors in so etwas Flüchtigem wie Kreide manifestiert hatte. Pech, weil er einer der Verschwundenen war, die nicht mehr zurückkamen.

Ich hatte mehr Glück, sagte Masroor. Sein Untergrund war die Seite des Lastwagens, und wie der Rest des Rekrutierungsplakats war er mit

Ölfarbe gemalt, die nicht im Regen verlief, obwohl sie in der Hitze der Sommersonne etwas verblaßte und stellenweise Blasen warf. Sechs Wochen lang fuhr er durch die Gangesebene, weil der Laster, von dem er ein Teil war, für die dringende Aufgabe eingesetzt worden war, die Congress-Rebellion von 1942 zu unterdrücken. Sechs Wochen, so lange dauerte es, um dem Aufstand das Rückgrat zu brechen. Sein Laster muß nach Delhi zurückbeordert worden sein, um den Bahnhof dort zu bewachen, denn als Masroor wieder aus dem Schattenreich heraussprang, wachte er auf dem Gelände des Bahnhofs von Neu-Delhi auf. Das geschah gegen Mittag des zwanzigsten September 1942.

Das war ungefähr das Datum, wo alle, plus minus eine Woche, zurückkehrten. Inayat, Salman, Saleem, Rizwan, Yousuf und die Tausende, die Masroor nicht kannte und nicht benennen konnte. Masroor war überzeugt, daß ihre Rückkehr mit dem Leben der Rebellion verknüpft war. Sie verschwanden mit ihrem Beginn und kehrten zurück, als sie zu Ende ging. Mitte September waren die Congress-Mitglieder mit dem Scheintod an der Reihe – im Gefängnis. Zerschlagen, verboten und eingekerkert, verlor die Partei ihre Fertigkeit, Leute verschwinden zu lassen. Sie hatte ihr »Quit India«-Mantra benutzt, um die Massen herbeizuzaubern, die gesichtslosen, treulosen, um sich greifenden Massen – und verloren. Und jetzt war wieder Platz für Masroor und seinesgleichen.

Eine Stunde nach meiner Neugeburt, sagte Masroor, während er sein zweites Omelett in mundgerechte Häppchen zerschnitt, saß ich zitternd auf den Stufen, die zu den Schaltern hochführten. Ich zitterte, bis meine Gelenke schmerzten und mein Hals sich müde anfühlte. Ich saß da und sah den Kulis bei der Arbeit zu, als ich den Azaan hörte.

Es war der Ruf zum Nachmittagsgebet, und er kam von der Moschee zwischen den Gleisen. Masroor lauschte der nasalen Folge von Tönen für ein paar Minuten, stieß sich dann von den Stufen hoch und begann in die Richtung zu laufen, aus der sie herkamen. Obwohl die Moschee so winzig war, war sie trotzdem nicht voll. Ein bärtiger Maulana sprach das Gebet, und Masroor erinnerte sich an die in der Kindheit erlernten Bewegungen, die dabei auszuführen waren.

Der Maulana hieß Muin-ud-din Dehlavi. Die Männer aus seiner Familie hatten schon über zweihundert Jahre, bevor der erste Zug durch den Bahnhof von Neu-Delhi gepfiffen war, die Gläubigen zum Gebet zu dieser Moschee gerufen. Das Land, das der Mughal ihnen gegeben hatte, damit sie sich und die Moschee unterhalten konnten, war in Eisenbahngleise und Rangierhöfe parzelliert worden. Jetzt verdankte die Familie und die Moschee ihre Zwischen-Existenz der Güte eines englischen Kaisers. Fünf Generationen der Imams der Moschee waren Pensionäre eines christlichen Raj gewesen.

Pensionär oder nicht, Maulana Muin-ud-din führte die Moschee mit dem Herzen eines Millionärs. Sein eigenes Leben war so karg wie das des ärmsten Kulis in seiner Gemeinde. Selber dünn wie eine Bohnenstange, gab er sein Geld aus, um andere zu füttern. Jeden Abend kamen die Gläubigen zum Beten, und die Hungrigen blieben zum Essen. In den meisten Nächten wurde der Hof der Moschee zur Herberge für Obdachlose – wie Masroor – umfunktioniert. Er ging dorthin, weil er sich an den Gesang erinnerte, und blieb den ganzen Winter lang.

Zuerst blieb er, weil er nicht das Fahrgeld für die Bahnfahrt nach Lucknow hatte. Dann, als er das Geld hatte, wollte er nicht mehr fahren, weil er inzwischen Saleem kannte – denjenigen der in der Karikatur des Tages verschwunden und hunderttausendmal reproduziert worden war. Als er wieder auftauchte (zwei Tage nach Masroor), lag er unter der untersten Pritsche eines Erste-Klasse-Abteils in einem Zug, der Richtung Westen nach Delhi unterwegs war. Irgendein Passagier hatte seine Badeschlappen in Papier der Zeitung jenes furchtbaren Morgens gewickelt und **die** zerknüllten Seiten unter seinem Platz gelassen. Wie Masroor fand Saleem Unterschlupf in Maulana Muin-ud-dins Moschee.

Bevor er Saleem begegnete, hätte Masroor sein Verschwinden als einen schlechten Witz abtun oder es unter Alptraum verbuchen können. Aber nachdem er Saleems Geschichte gehört hatte, nachdem er wußte, daß auch andere den gleichen Alptraum gehabt hatten, konnte er sein Leben in Lucknow nicht einfach wieder aufnehmen, als wäre nichts geschehen ... Wenn auch nur aus dem Grund, daß es jederzeit wieder passieren konnte.

Im Verlauf dieses Winters, als sie sich zaghaft aus dem schützenden Kokon der Moschee herauswagten, erfuhren Masroor und Saleem von anderen, die das Schattenreich besucht hatten. Einige lernten sie kennen, von anderen hörten sie aus zweiter Hand. Es wurde so klar wie die Beule auf Maulana Muin-ud-dins Stirn, daß allen Verschwundenen gemeinsam war (abgesehen davon, daß es sich um Muslims handelte), daß sie keine Anhänger der Muslim League waren oder für ihr Ziel, einen separaten Muslimstaat namens Pakistan, eintraten. Einige waren richtiggehend dagegen, andere hatten Zweifel, der Rest war einfach unentschlossen. Aber ob sie es wußten oder nicht, in der vollständig polarisierten Politik von 1942 machte sie das zu Congress-Muslims.

Saleem befand, daß das Leben als Congress-Muslim von Natur aus instabil war. Und so trat er in die Muslim League ein, nicht aus großer Überzeugung, sondern mit dem bescheidenen Ziel, seinen Halt in der Wirklichkeit zu festigen. Nachdem er seine panische Angst davor überwunden hatte, einem Doppelgänger aus irgendeinem anderen Exemplar der Karikatur von jenem Tag zu begegnen, suchte er sich Arbeit. Er ging nicht zur *Hindustan Times* zurück – diesmal versuchte er es mit *Dawn,* die Jinnah gerade gegründet hatte, weil die Muslim League eine Zeitung brauchte, in der sie ihre Ansichten darlegen konnte.

Der Redakteur nahm ihn sofort. Saleem war ein günstiges Angebot: Er war ein erfahrener Journalist, er war Muslim, und da er nicht auf ewig von den Almosen des Maulana leben wollte, war er bereit, für fast nichts zu arbeiten. Der Redakteur nahm sogar den völlig unerfahrenen Masroor als freien Sportreporter mit auf. Frei, weil er pro Bericht bezahlt wurde. Auf Saleems Anraten begann Masroor mit einer Reihe von Porträts: große pakistanische Kricketspieler – früher und heute.

Masroor gab sich alle Mühe, Saleems Beispiel zu folgen. Er lernte die Argumente für Pakistan, wie er einmal die Argumente dagegen gelernt hatte. Er studierte die Karten, auf denen die hypothetischen Grenzen eingezeichnet waren, und versuchte zu übersehen, daß keine von ihnen Lucknow mit einschlossen. Er ließ sich einen Bart wachsen und kaufte einen Sherwani. Er redete sogar in der Öffentlichkeit – nicht so sehr für die Muslim League als gegen den Congress. Nicht daß irgend jemandem der Unterschied auffiel: 1942 gab es keinen Platz für unbedeutende Nuancen.

Aber er war nicht mit dem Herzen dabei. Er hatte nicht die Massen des Congress abgelehnt, um sie durch die der Muslim League zu ersetzen. Nachdem die Vorstellung einer Heimat, die durch Kampf gereinigt und durch Nationalismus verbunden war, sein Herz nicht höher schlagen ließ, konnte der Gedanke an einen separaten Muslimstaat, den man zu einer zweihundertprozentigen Reinheit destilliert hatte, seinen Puls nicht auf 180 schnellen lassen. Er fragte sich manchmal, was für ein Indien er haben wollte, wenn die Briten gegangen wären, was sie früher oder später würden. Es war unvermeidlich, daß er, der sieben Jahre lang in der Oberstufe von La Martinière Geschichte unterrichtet hatte, in der Vergangenheit nach einem Vergleich suchte. Was er eigentlich wollte, war eine sporadisch republikanische, nicht durchgängig demokratische Version der österreichisch-ungarischen Monarchie. Eine schlampig gebaute Koalition von Kleinstaaten, die durch Eigeninteresse und Handel miteinander verbunden waren, taub gegenüber großen Ideen und blind gegenüber kreuzzüglerischen Visionen. Das wollte er.

Aber das stand nicht zur Debatte. Er hatte versucht, die Idee selber feilzubieten mit dem Puzzle, das ich ihn bei dem Fest verkaufen sah, aber ein weltfremder Spinner zu sein hatte keine Zukunft. Und so legte er das Schicksal des Subkontinents vorläufig ad acta und konzentrierte sich auf sein eigenes. Und da seine erste Priorität darin bestand, auf einer dauerhaften Basis wirklich zu werden, hatte er beschlossen, in die Armee einzutreten.

Masroor bestand darauf, daß dieser Entschluß sich logisch aus seiner Situation ergab. Aus seiner Erfahrung im Schattenreich hatte er gelernt, daß er eine Identität brauchte, die gegenüber den politischen Schwankungen des Subkontinents durchweg immun war. Die Armee erfüllte diese Bedingung: Sie kämpfte gegen die Faschisten (was eine gute Sache war), und sie würde wahrscheinlich weiterhin gegen die Faschisten kämpfen, ungeachtet dessen, was der Congress und die Liga sagten oder taten. So wäre er für die Dauer des Krieges sicher. Saleem und ich, sagte Masroor, haben nicht gehört, daß muslimische Soldaten verschwunden sind. Nach dem Krieg müßten Entscheidungen getroffen werden – aber das hatte noch Zeit.

Und obwohl er es nicht zugeben wollte, muß die Tatsache, daß er sechs Wochen auf einem Rekrutierungsplakat verbracht hatte, das auf die Seite eines Armeelasters gemalt war, irgendwas mit seiner Entschlossenheit zu tun gehabt haben, den Dienst in Uniform anzutreten. Ich weiß, wenn ich Masroor gewesen wäre, hätte ich das als ein Vorzeichen angesehen.

Der Zug hielt in Summerhill. Es war die letzte Station vor Simla, aber ich stieg aus, um das Pissoir des Bahnhofs zu benutzen. Allein schon bei dem Gedanken, daß Masroor sich der Armee anschließen wollte, mußte ich gehen.

Er war mit beängstigender Gründlichkeit an die Sache herangegangen. Der leichteste Weg, auf Offiziersebene einzutreten, erzählte er mir, war die Short Service Commission, und so bewarb er sich dort. Er hätte jetzt in Uniform sein können, wenn er nicht durch die Gesundheits-prüfung gefallen wäre.

Ironischerweise machte ihm seine Zeit auf dem Rekrutierungsplakat einen Strich durch die Rechnung. Wie Saleem und viele andere hatte er während dieser Wochen im Schattenreich abgenommen – in seinem Fall zwölfeinhalb Kilo. Für seine Größe hatte er Untergewicht. Und so lehnten die Ärzte ihn ab.

Aber der Rekrutierungsoffizier war ermutigend herzlich gewesen. Masroor brauchte nur Fett anzusetzen. Wenn er in sechs Monaten wie-der vorbeikäme, daß heißt im Januar 1944, könne er es noch mal pro-bieren. Seine anderen Tests wären dann noch gültig. Er bräuchte sich nur noch einmal wiegen zu lassen. Bring die Nadel einfach auf siebzig Kilo, sagte der popogescheitelte Adjutant, und die Sache ist geritzt.

Deswegen wollte Masroor seiner Familie bis zum Januar nächsten Jahres aus dem Weg gehen. Er würde sich mit Ammi und Asharfi erst in Verbindung setzen, wenn er in Khaki war, nicht vorher. Er wußte, daß seine Mutter einen Anfall kriegen würde, wenn sie erfuhr, daß er Soldat werden wollte. Deswegen hatte er während des Fests im Schatten gelau-ert und mich und Haasan auf Stillschweigen eingeschworen – er wußte, es würde ihm leichterfallen, entschlossen aufzutreten, wenn er erst mal sein Offizierspatent hatte.

Aber er würde es nicht kriegen. Was mich betraf, so war die Sache nicht geritzt. Ich wußte, daß der Krieg fast vorüber war und daß die Kräfte des Lichts ohne Masroors Hilfe gewinnen würden. Egal wie oft die Politik des Subkontinents ihn ins Schattenreich beförderte, es war völlig unnötig, daß er einen Kriegstod riskierte. Zumindest bot das Schattenreich die Aussicht auf Rückkehr.

Außerdem brauchte ich ihn. Er war ein Drittel der einzigen Familie, die ich hatte, und wenn er sich umbringen ließ, würde ich auch noch den Rest verlieren. Wenn die Teilung ohne Masroor kam, würden sie nach Pakistan ziehen müssen, nach Gujranwala, wo Ammis Cousin als Ingenieur an irgendwelchen Kanälen arbeitete. Um auf dieser Seite der Grenze zu bleiben, brauchten sie die Sicherheit eines Mannes. Als Mas-roor mir also erzählte, daß er Soldat werden wolle, begann ich sofort, seine Demilitarisierung zu planen.

Schritt Nummer eins bestand darin, ihn nach Simla zu bringen, wo ich ihn im Auge behalten konnte. Das war nicht schwierig. Seine skelettartige Magerkeit war ein passendes Argument. Als er mich in meinem Zimmer im East India C- aufsuchte, lag die Gesundheitsuntersuchung zwei Monate zurück, und in dieser Zeit hatte er sein Leben um die Suche nach diesen Extrapfunden herumorganisiert. Hin und wieder, wenn Zweifel oder Langeweile an ihm nagten, wandte er sich halbherzig wieder den alten Gewohnheiten zu: in der Moschee Reden halten, seine Puzzles verkaufen oder an seinem halbfertigen Porträt des urpakistanischen Werfers Jehangir Khan arbeiten, aber meistens aß und schlief er. Am Ende dieser zwei Monate hatte er bloß vier Pfund zugenommen. In diesem Tempo würde es ein Jahr dauern, bevor er das erforderliche Gewicht drauf hatte – und sein Termin war Januar.

Ich bot ihm Hoffnung an. Ich erwähnte meine Versetzung nach Simla und legte ihm dar, wie ein paar Monate Aufenthalt dort ihm helfen würden, die Armee im Sturm zu nehmen. Bergwanderungen, Hotelessen und der legendäre Appetit eines kalten Klimas. Unterkunft wäre kein Problem. Winter war Nebensaison, und in den Personalunterkünften des Cecil würde es ein paar leere Pritschen geben. Er konnte sogar seinen Lebensunterhalt als Aushilfe verdienen. Das hätte wahrscheinlich gereicht, ihn mit mir zusammen auf den Kalka Mail zu kriegen, aber um eine runde Sache draus zu machen, spielte ich meine Trumpfkönigin: Parwana.

Sie war der Grund, weswegen er zu mir gekommen war. Ihretwegen hatte er sich den Bart abgenommen und zum dünnen Schnurrbart gestutzt. Er hatte sie zum ersten Mal am Bahnhof gesehen, an dem Tag, als ich sie abholte. Sie kam die Hochbrücke entlang (begleitet von dem gepäckgebeugten Kuli und mir – aber uns sah er nicht). Er redete gerade mit Maulana Muin-ud-din im Hof der Moschee, nachdem er seine Rede gehalten hatte, als eine vorbeifahrende Lok ihre Stimmen übertönte. Masroor hob den Blick in gemimter Verärgerung gen Himmel – und sah Parwana auf dem wallenden Rauch der vorbeifahrenden Lokomotive wie eine Houri auf den Schäfchenwolken des Paradieses schweben.

Sein Gespräch mit dem Maulana führte er nicht mehr zu Ende. Sowie der letzte Waggon des endlosen Güterzuges vorbeigerollt war, sprang er über die Gleise, lief über die vielen kleinen Scheißhaufen hinweg und zog sich auf den Bahnsteig hoch. Drei Stufen auf einmal nehmend, raste er über die Hochbrücke und holte seine Houri am Ausgang ein, von wo er sie bis zum Parkplatz der Tongas beschattete. Dann folgte er uns bis nach Kashmiri Gate, bis zur Tür des East India C-.

Er prägte sich den Ort ein und fuhr weg, entschlossen, wiederzukommen. Aber dann bekam er die Grippe, und er brauchte eine Woche, sich davon zu erholen. Währenddessen war Parwana bereits bei Dadi eingekerkert. Zwei Wochen lang hielt er an der Kurve der Nicholson Road, wo sich die C.Lal-Apotheke befindet, Wache. Er verlor Schlaf und kostbare Pfunde, ohne sie einmal zu Gesicht zu bekommen. Nach Ende der zwei Wochen gab er auf und kehrte verzweifelt zu bewußtem Essen zurück. Er verzehrte sich einerseits nach Liebe und aß andererseits für die Armee. Das ergab nicht viel sichtbaren Erfolg auf den kleinen Pappkarten, die von der Waage im Bahnhof ausgegeben wurden. Sechsundfünfzig Komma sieben hatten sie dreimal hintereinander ausgedruckt, jedesmal mit derselben Vorhersage: Dein Glück wird sich wenden.

Dann hörte er von dem Fest in Kashmiri Gate, und seine Hoffnung flammte wieder auf. Vielleicht wäre sie dort. Und so baute er sich zum letzten Mal mit den Puzzlelandkarten und der Presse auf – und fand sie. Es war nur ein flüchtiger Blick in dem halbdunklen Festzelt, bevor die Polizei und das Chaos hereinbrachen, aber es reichte. Er spürte ihr bis zum Haus des Hindu-Richters nach.

Ein modernes Hindu-Mädchen! Sein Herz erzitterte angesichts der auf der Hand liegenden Hoffnungslosigkeit dieser Liebe. Er rasierte sein Gesicht und suchte einen Schneider auf – welches moderne Mädchen würde einen zweiten Blick auf einen bärtigen Muslim werfen, der für die letzte Jahrhundertwende gekleidet war? Als er Parwana bis zu meinem Zimmer verfolgte, war sie für ihn zu einer Obsession geworden. Wunderschön anzusehen und vermutlich unerreichbar, war sie für den armen Masroor das ideale Objekt seiner Begierde. Ich schürte diese hoffnungslose Leidenschaft. Ich sagte ihm alles, was ich über sie wußte, und ließ nur Asharfi und Lucknow aus. Jede Tatsache, die ihre Achtbarkeit minderte – das Waisenhaus, ihre Berührung mit dem Film, der Scheiterhaufen, die Vergewaltigung, die Schwangerschaft –, feuerte seine Liebe zu schwindelerregenderen Temperaturen an, bis seine Schlitzaugen am Ende der Erzählung brennenden Glühfäden glichen.

Dann sagte ich ihm, daß sie in Simla war.

Die Runde hatte ich mit der Herzkönigin gewonnen, und hier waren wir und näherten uns dem Bahnhof von Simla. Schritt eins war geschafft. Das Problem war nur, daß ich keine Ahnung hatte, wie Schritt Nummer zwei aussehen sollte. Würde Masroor bleiben, wenn er erst mal wußte, daß seine Mutter und seine Schwester auch in Simla waren?

Ich betete, daß Parwanas Schwangerschaft sie drinnen halten würde, vor Asharfi und ihrer Mutter verborgen. Ich wollte gar nicht daran denken, was passieren würde, wenn Masroor herausbekäme, daß die Frau, die er liebte, zuerst seine Schwester geliebt hatte.

Die Kulis banden sich die Koffer und Reisetaschen auf den Rücken, und wir tauchten aus der Düsternis des Bahnhofs in das frische, kalte Tageslicht hinaus. Plötzlich erschienen mir meine Sorgen absurd. Jeder, den ich kannte und der mir was bedeutete (mit der Ausnahme von Haasan) war in Sicherheit in dieser Berghauptstadt des Raj, durch zweitausend Höhenmeter von den Unruhen unten entfernt. Was mehr konnte ich mir wünschen? Und was Masroor und die Armee betraf, so würde sich schon irgendwas ergeben. Alles war möglich. War Masroor nicht verschwunden? War ich nicht in die Vergangenheit versetzt worden? Hatte Gogia Pascha nicht eine Schlange in einen Stock und in eine Krawatte verwandelt? Ich setzte meinen Glauben auf Wunder, atmete die kalte, nach Kiefern duftende Luft ein und folgte den beladenen Kulis die Cart Road hinauf zum Cecil.

Simla

Als wir nach Simla kamen, hatten Asharfi und Parwana sich noch nicht entdeckt. Das hatte nicht nur mit Glück, sondern auch mit Simlas Geographie zu tun. Der Ort lag auf einem geschwungenen Kamm, der sich über mehrere Hänge hinzog. Entlang des Kamms verlief die Mall, die Hauptstraße, wo allabendlich das vornehme Simla einkaufte und promenierte, und die Mitte der Mall, wo einmal etwas Schreckliches passiert war oder auch nicht, hieß Skandalecke. Hier war das Herz von Simla. Es bot eine Aussicht auf die höchsten Gipfel in den höchsten Bergketten des Himalaya. Lloyds Bank stand stolz und zweistöckig zur Linken, während zur Rechten eine schmale Straße sich zu einem Platz hinaufwand, auf dem sich ein Pavillon befand. Noch ein wenig höher gelegen erhob sich ein gotischer Turm aus Stein – dies war Christchurch, wo das vornehme Simla betete. Westlich und östlich der Skandalecke führte die Mall bergab. Große Giebelhäuser, Schweizer Chalets, Landhäuser aus Märchenbüchern reihten sich auf dem Kamm und den benachbarten Hängen zu einer leuchtenden Halskette der Fröhlichkeit des Britischen Empire auf. Parwana wohnte an einem Ende der Mall und Asharfi und Ammi am anderen. Der Richter hatte Holcombe gemietet, ein reizvolles Anwesen, keine zehn Minuten von der Lodge des Vizekönigs und gleich um die Ecke von uns im Cecil. Das Cottage des Cousins aus Gujranwala, das Ammi bewohnte, befand sich dagegen fast eine Stunde zu Fuß (wenn man forsch ausschritt) vom Hotel entfernt in der Verborgenheit von Chota oder Little Simla, wo Offiziere und Staatsbeamte nie gesichtet wurden.

Ammis Haus war eines aus einer Gruppe von dreien, die ein Jahr vor dem Krieg von Sir Toba Sing gebaut worden waren. Er hatte sich seine Ernennung zum Ritter dadurch verdient, daß er geholfen hatte, große Teile des von Sir Lutyen entworfenen Delhi zu bauen. Die Häuser waren klein, aber solide. Unten eine Küche und ein großes Zimmer, oben zwei kleinere Zimmer und ein Bad, das Ganze von einem kleinen Garten umsäumt. Ammis Cousin aus Gujranwala, der Sir Tobas Sohn aus ihrer gemeinsamen Zeit am F. C. College kannte, hatte das mittlere Haus billig bekommen. Das Cottage zur Linken war von Miss Heloise Kaufman gekauft worden, die seit fünfzehn Jahren die beste Konditorei auf der Mall betrieb. Die letzten vier, seit Beginn des Krieges, war sie dazu übergegangen, jedem, dem sie begegnete (einschließlich Asharfi), zu erzählen, daß sie Schweizerin sei. Um die vierzig und blond, hatte sie einen dünnen Körper und ein pausbäckiges Porzellanpuppenge-sicht, das um das Kinn herum die Konturen zu verlieren begann. Sie hatte eine gesellige Art und trillerte freundliche Hallos, jedesmal wenn sie Asharfi oder ihre Mutter sah. Aber Ammi mochte sie nicht, sie sprach von ihr als dieser angemalten Frau und ignorierte sie, indem sie Taubheit vorschützte.

Ihr anderer Nachbar war der Sportlehrer der Bishop Cotton School. Er war ein stämmiger, rothaariger Mann namens Tristram Greyly – so-gar seine Wimpern hatten einen Orangeton. An den meisten Nachmit-tagen war er in seinem Garten mit Gießen und Jäten beschäftigt, aber in dem ganzen Monat, den sie schon da waren, hatte er sie noch kein einziges Mal zur Kenntnis genommen. Dies und eine gewisse Blässe überzeugten Ammi, daß Greyly ein Eurasier war. Lucknow ist voll mit diesen Anglos, sagte sie zu ihrer Tochter. Die erkenne ich immer.

Ammis Plan war, in Simla zu überwintern und im März nach Luck-now zurückzukehren. Bis dahin würde sich die Epidemie, vor der sie Asharfi gerettet hatte, abgeklungen sein, und die Ebenen konnten wie-der ohne Gefahr bewohnt werden. Sie grub sich gegen die kommende Kälte ein. Der kohlebetriebene Heizofen, den sie aus Lucknow mitge-schleppt hatten, wurde in der Mitte des Wohnzimmers aufgestellt, von wo er erdrückende Hitze in alle Richtungen ausstrahlte. Die oberen Räume hatten keine Kamine, und so kaufte sie Wärmflaschen, um damit ihre Betten zu wärmen, und packte die neuen, dicken Stepp-decken aus, die sie vor der Abreise in die Berge bestellt hatte.

Zunächst begriff Asharfi nicht die Bedeutung dieser ganzen Vorkeh-rungen. Ammi hatte es immer wieder verschoben, ihrer Tochter zu sagen, wie lange sie bleiben würden, in der Hoffnung, daß es ihr irgendwann nichts mehr ausmachen würde. Asharfi, die wußte, daß ihre Mutter Kälte nicht ausstehen konnte, nahm an, daß sie Simla nach Ende der Saison wieder verlassen würden. Im Oktober wären sie dann schon wieder im sonnigen Lucknow, wo die Straßen eben waren, wo sie Freunde hatte, wo sie bei Benbow's am Fenster mit einer Tasse Tee sitzen und zusehen konnte, wie Lucknow vorbeispazierte.

Dann, vier Wochen nach dem Tag ihrer Ankunft in Simla, als Asharfi gerade am bulligen Heizofen saß und, aus Langeweile im Endstadium, einen Teewärmer stickte, klopfte es an der Tür. Sie legte verwirrt ihren Rahmen weg und ging aufmachen. Ammi war oben, und sonst besuchte sie nie jemand. Sie öffnete die Tür und sah – Moonis, ihren Koch aus Lucknow. Er trug eine Kappe, einen Schal und einen unförmigen Mantel, alles in Khaki. Er sah aus wie ein fetter Deserteur von der Burma-Front.

Ich mußte einen Kuli mieten, sagte er stolz und stampfte mit den Füßen auf. Der taumelnde Einheimische ließ eine riesige Reisetasche und einen Koffer herab. Moonis gab ihm eine Münze mit der Miene eines Einundzwanzig-Salutschuß-Nawab und ging durch die Tür, die eine erstaunte Asharfi offenhielt. In dem Moment begriff sie, daß ihre Quarantäne viel länger dauern würde, als sie gedacht hatte. Wieso würde Ammi sonst Moonis importieren?

Ammi stritt nichts ab.

Bis März ... Asharfi formte die Worte in blanker Verzweiflung. Was soll ich die ganze Zeit hier tun? Ich kenne hier niemanden. Ich kann nirgendwo hingehen – du läßt mich ja nicht mal allein zur Mall gehen!

Nun, jetzt kannst du mit Moonis gehen, sagte Ammi gewitzt.

Asharfi beachtete sie nicht. Sie stand am Schlafzimmerfenster, starrte auf den Garten hinunter und stellte sich vor, wie er in zwei Monaten aussehen würde – die Bäume nackt, das Gras von Schneewehen bedeckt.

Wenn erst mal der Schnee da ist, kann ich keine Spaziergänge mehr machen, sagte sie halb zu sich selbst. Und der Teewärmer ist morgen abend fertig. Ammi, was soll ich denn tun, jammerte sie. Für Moonis und dich ist das was anderes. Ihr seid alt ... Sie brach ab, entsetzt über ihre eigene Ungehörigkeit.

Sprich weiter, sagte Ammi sanft und legte die Kissenbezüge, die sie sortiert hatte, beiseite. Wie ist das für uns was anderes?

Nichts, murmelte Asharfi. Ich meine nur, es ist leichter für euch ...

Drinnen zu sitzen und zu warten, ergänzte Ammi ihren Satz.

Asharfi nickte.

Dann bin ich froh, daß wir bleiben, sagte ihre Mutter langsam. Weil Warten etwas ist, was eine Frau können sollte. Sie hielt inne, als Moonis mit Tee hereinkam, um ihm zu zeigen, daß ihr seine Anwesenheit bewußt war. Dann wartete sie, bis er das Tablett abgesetzt hatte und geräuschvoll wieder nach unten ging.

Ich war nicht viel älter, als du es jetzt bist, als dein Vater fortging, sagte sie, und ich habe jede Stunde der zwölf Jahre gewartet. Das letzte Jahr lang habe ich auch auf deinen Bruder gewartet. Und du kannst keine sechs Monate warten? Ich wache jede Nacht auf, weil ich einen Alptraum habe, in dem dein Vater nach Hause kommt und das Lalbagh-Haus verschlossen vorfindet. Meinst du, ich will hier sein, wenn ich zu Hause sein könnte, um auf Intezar und Masroor zu warten? Aber ich weiß, wenn wir jetzt nach Hause gehen und die Krankheit bekommen und sterben wie all die anderen, dann wird dein Vater bestimmt zu einem leeren Haus zurückkommen. Zwölf Jahre lang habe ich von Hoffnung gelebt. Aber ich weiß auch, daß man leben muß, um zu hoffen. Tote Männer hoffen nicht. Und tote Frauen auch nicht, fügte die Herausgeberin von *Khatoon* hinzu.

Danach beschwerte sich Asharfi nicht mehr. Sie beschloß, ihr Exil wie einen Haushaltskurs zu behandeln. Sie kochte, strickte, nähte, stickte zu festgelegten Zeiten am Tag, vergnügte sich mit ihren Fähigkeiten für den Heiratsmarkt. Moonis übernahm die Haushaltspflichten und überließ seine Herrin ihrer einsamen Aufgabe: Warten. Manchmal fragte sich Ammi, wer das übernehmen würde, wenn sie mal nicht mehr wäre. Sie dachte an die Zukunft, was sie seit Jahren nicht mehr getan hatte. Jetzt wo Masroor weg war, was würde mit dem Namen geschehen? Sie mochte sich nicht vorstellen, daß nichts sie überleben würde – Masroor verloren, Asharfi unverheiratet, *Khatoon* eingegangen.

Vielleicht konnte sie in den leeren Monaten, die vor ihnen lagen, ihre Tochter darauf vorbereiten, die Leitung von *Khatoon* zu übernehmen. Sie brauchte auf jeden Fall Hilfe. Sie war zwei Ausgaben im Rückstand, dank der Unruhen des letzten Jahres. Sie könnte ihre Lieblingsvertreterin, Shakila Rahman – dieselbe Shakila, die in der vorletzten Ausgabe so bewegend ihre Pilgerreise nach Mekka geschildert hatte –, ihre Abenteuer zu Pferde über das Vorgebirge des Himalaya beschreiben lassen. Sie könnte sogar Asharfi dazu bringen, es zu schreiben. Es würde ihr guttun, sich in einem anderen Leben zu bewegen als in dem, das sie lebte.

Auf diese Weise bereiteten sich Mutter, Tochter und Familienfaktotum auf den Winter vor, verließen selten das Haus und trafen nie jemanden. In Chota Simla eingesperrt, bestand keine Gefahr, daß sie Parwana über den Weg laufen konnten.

Dann, am ersten Sonntag im September, machte die Vizekönigin ihren Hungersnotappell.

Ich spiel die Maria, bot Delia Mulholland an, und plötzlich herrschte Schweigen um den Tisch im Teeraum des Cecil.

Patrick, der sich in seine Pflichten als Oberkellner gut eingelebt hatte, nachdem er aus Delhi geholt worden war, gab Zeichen, daß das Gebäck serviert werden sollte.

Der Pastor, der am Kopfende saß, nestelte an seinem Kragen und blickte um den Tisch herum zu den restlichen Mitgliedern des Komitees. Es lag Ärger in der Luft. Lady Armitage hatte die Augenbrauen hochgezogen. Sie sah die dicke Schwester Magdalena an und mimte ungläubiges Staunen – in Zeitlupe, falls Delia es nicht mitbekam. Byatt hatte den Zigarettenhalter aus dem Mund genommen.

Das ist wirklich mutig, sagte er bewundernd.

Delia stellte ihre Tasse hin und funkelte ihn an.

Es wäre schön, dachte der Reverend sehnsüchtig, ihnen allen nur ein einziges Mal einen Einlauf mit dem Tee zu verpassen, um den Dreck herauszuspülen und ihre Seelen zu reinigen. Seine großen, braungebrannten Hände hatten sich auf der Tischdecke zu Würgekrallen gekrümmt. Er holte tief Luft und streckte seine Finger in Friedlichkeit aus. Dann rief er sich selbst in Erinnerung, daß er Reverend A. J. Carrick war, hob das Kinn und entspannte sein Gesicht. Das war ein Trick, den er seinem Bischof in Kalkutta abgeguckt hatte, diese Miene ruhiger Bischofswürde.

Er konnte es sich nicht leisten, jetzt die Beherrschung zu verlieren. Das Komitee war seine Idee gewesen, und wie verabscheuungswürdig er auch die Werkzeuge Seines Willens fand, war es doch immer noch Gottes Werk, was sie taten. Der Gedanke an die Leben, die sie retten könnten, war das einzige, was ihn in dieser Bergirrenanstalt den Verstand behalten ließ.

Nichts hätte schlimmer sein können als sein erster Monat in Simla – er war noch nie so kurz davor gewesen, sein geistliches Amt aufzugeben. Nachdem er eine Spendenausgabestelle und eine Haferschleimküche in Sylhet mitten in der schlimmsten Hungersnot dieses Jahrhunderts geleitet hatte, sah er sich plötzlich, keine drei Wochen später, als Hirte der bestgefütterten Schäfchen im ganzen Raj. Es hatte natürlich keine Erklärung für diese abrupte Versetzung gegeben. Die Kirche war eine Bürokratie wie jede andere – nur noch schlimmer, weil sie noch die entscheidende Unterstützung durch Gottes Willen hatte.

Im Winter würde es noch schlimmer werden. Die meisten seiner Gemeindemitglieder würden in die Täler absteigen und einen einsamen Rest zusammengekauert in den schneeverwehten Bungalows zurücklassen. Wie Pflaumen in der Marmelade. Es gäbe noch weniger zu tun – wenn das überhaupt möglich war in einem Ort, der von Vollgestopften und lebenden Toten bewohnt war.

Dann, an einem Sonntag im September, flüsterte die Stimme der Vizekönigin über den Äther, und es ward Licht. Ihre Kaiserliche Hoheit sprach nicht über Mutterschaft, die Festsaison oder Krankenpflege als den perfekten Ausdruck des weiblichen Wesens. Sie sprach statt dessen von der Pflicht der Gattin eines jeden Zivilisten und Soldaten, ihren Teil zu leisten und ihr Scherflein für die hungernden Bengalen beizutragen. Und weil sie ihren Appell übers Radio machte, hörte Simla zu – das Radio war im Jahr 1943 immer noch eine bedeutende, geheimnisvolle Sache, und während des Krieges hatten sich die Engländer daran gewöhnt, es ernst zu nehmen.

Aber Carrick wußte, daß der Appell der Vizekönigin allein zu nichts führen würde. Es hatte schon vier Jahre lang Spendenaufrufe für die Kriegsanstrengungen gegeben, und die Leute hatten die Verpflichtung zur Großzügigkeit satt. Außerdem war der Krieg noch nicht vorbei, und wenn es zu einer Wahl zwischen einer regionalen Hungersnot und dem Weltkrieg kam, wußte Carrick, für welche Sache seine Schäfchen sich entscheiden würden. Und daher beschloß er sicherzugehen, daß seine Gemeindeglieder keine Wahl treffen mußten: Er benutzte die Kanzel, um den Krieg und die Hungersnot zu einer Sache zu verschmelzen.

Es ist unsere christliche Pflicht, erklärte er in der Kirche an dem Sonntag nach dem Appell der Vizekönigin, die Weihnachtszeit unseren Brüdern in Krieg und Not zu widmen. Er warf einen verstohlenen Blick auf den Text – »... und hätte allen Glauben, so daß ich Berge versetzte, und hätte der Liebe nicht, so wäre ich nichts«. Er hielt inne. 1. Korinther 13. Er hielt wieder inne. Denkt an diese hundert Tunnels, die aus dem lebenden Felsen des Himalayas geschnitten wurden, um die Eisenbahn nach Simla zu bringen. Wahrlich, wir haben Berge versetzt. Aber dieses große Werk christlicher Ingenieurskunst wird wie bloße Hybris erscheinen, wenn nicht alle, die wir hier versammelt sind, großzügig den Hungernden und den Dienenden geben. Erinnert euch an das Wunder unseres Herrn und an die Speisung der fünftausend, sagte er, zu seinem Lieblingstext zurückkehrend, den er einige Wochen zuvor in St. James in Delhi verwendet hatte. »Dies ist das Brot, das vom Himmel kommt, daß der Mensch davon esse und nicht sterbe.« Also folgt Ihm, indem ihr großzügig gebt, und ihr werdet die von Herzen empfundene Dankbarkeit der Bedürftigen empfangen. Für ein verhungerndes Kind ist alles Essen ein Wunder.

Und da er seine Gemeinde richtig einschätzte, machte er deutlich, daß die Spenden dem Geist der Jahreszeit entsprechend festlich gesammelt würden. Am Heiligabend würde es einen Wohltätigkeitsball geben und ein Krippenspiel. Für beides würden Karten verkauft werden.

Er fand die Aufmerksamkeit seiner Schäfchen, vor allem jener, die vorhatten, in Simla zu überwintern. Gegen die trübe Aussicht einer schneeverwehten Belagerung ließ er die Aussicht auf Fröhlichkeit aufleuchten und bot einen guten Grund für kollektive Lustbarkeit, lange nachdem die Saison beendet wäre. Plötzlich wurde der Kaltwetterrest zur Wintervorhut, und Simla war mit Wohltätigkeit geladen.

Zur Mittagszeit an diesem Sonntag hatte er sein Organisationskomitee beisammen. Es setzte sich natürlich aus jenen zusammen, die im Ort bleiben würden, was seine Auswahlmöglichkeit begrenzte, aber größtenteils stand das Komitee sowieso von vorneherein fest. Lady Armitage gehörte automatisch dazu, da sie die Gattin des Generalmajors war. Captain Eugene Byatt mit Zwicker und Zigarette war ebenfalls unvermeidlich, weil er der Ehrenvorsitzende des Gaiety Theatre war. Wenn die Idee mit dem Krippenspiel durchkam, würde es nützlich sein, ihn für die Requisiten, Kostüme und andere Sachen zu haben. Schwester Magdalena war Küchenschwester in dem Kloster an der Sanjauli Road, und Carrick hatte sie aus ökumenischen Gründen ausgewählt. Er wollte nicht, daß die Katholiken sich übergangen fühlten, was ihn anging, so sollte es keine Angelegenheit der Kirche von England werden. Delia – es gab keinen besonderen Vorteil, sie dabeizuhaben, aber er hatte um Hilfe gebeten, und sie hatte sich begeistert gemeldet. Ursprünglich wollte er sie nicht haben, weil Byatt ihn gewarnt hatte,

auf seine indirekte, boshafte Art, daß Elinor Armitage Delia nicht riechen könne, und Carrick wußte, was Gezänk in kleinen Kirchenkomi-
tees anrichten konnte. Aber letztendlich tat er die Warnung als Tratsch
ab und verhielt sich gerecht. Sie tat ihm auch ein wenig leid. Sie war
wahrscheinlich einsam, saß in Simla fest, während ihr Mann, Major
Mulholland, in letzter Zeit Quartiermeister der Fernmeldetruppe
Simla, die Japsen an der burmesischen Front bekämpfte. Zu ihren Gunsten stand die Tatsache, daß sie jede Menge Zeit hatte ohne Ablenkung
von Kindern. Sie war auch eine prachtvolle Frau, noch keine vierzig,
mit roten Haaren und dunkelgrünen Augen, und Carrick, wie fast jeder
andere, den er kannte, zog gutaussehende Frauen allen anderen vor.
Und so hatte er sie ins Organisationskomitee aufgenommen.

Und hier war sie, eine von Simlas stadtbekannten Charmeusen
(Byatts neuestem Bericht zufolge), und erhob ihren Anspruch auf die
Muttergottes im Krippenspiel. Er hätte auf Byatt hören sollen. Er ließ
seinen Mund Delia nachsichtig anlächeln, indem er seine Lippen ein
bißchen auseinanderzog, ohne die Zähne zu zeigen.

In der Regel, Mrs. Mulholland, sagte er bedauernd, wird die Jungfrau Maria – er hielt inne, damit die Worte ankamen – von Frauen
dunklerer Farbe gespielt. Ihre keltische Schönheit, fuhr er eilig fort, als
er sie den Mund aufmachen sah, um Protest zu erheben, war in Bethle-
hem völlig unbekannt.

Nicht überzeugt, aber geschmeichelt, bestand Delia nicht weiter auf
ihrer Kandidatur. Sie schlug eine andere Richtung ein:

Wen haben Sie denn für die Rolle des Jesuskinds vorgesehen, fragte
sie.

Der Rest des Komitees blickte zu Carrick.

Ja, Reverend, sagen Sie es uns doch, sagte Byatt hinterhältig, Carricks
Unbehagen genießend. Es muß die richtige Farbe haben, wie Sie sagen,
und das richtige Alter. Wo werden wir im Ort das Abbild von unserem
Jesuskind finden?

Captain Byatt, sagte Schwester Magdalena vorwurfsvoll, Sie sollten
eigentlich wissen, denke ich, daß in meinem Land jedes kleine Wesen
das Abbild Gottes ist. Er hat sie so gemacht.

Schweigen.

Patrick ließ frische Kannen Tee bringen.

Wenn jedes Baby Jesus sein kann, sagte Delia nachdenklich, dann
kann auch jede ...

Nein, nein! rief die Nonne aus und hob abwehrend die Hand. Ich rede nur von Babys, weil sie ohne Sünde sind wie Jesus und rein.

Delia sah gekränkt aus, aber Byatt kam ihr zuvor.

Ich habe eine Puppe, sagte er hilfsbereit, die Stirn runzelnd, die ungefähr die richtige Größe hat, in einer der Truhen in der Garderobe. ...

Nein! sagte Lady Armitage bestimmt. Dies ist ein Krippenspiel, um die Geburt Unseres Herrn zu begehen – nicht eine Farce für Subalterne.

Captain Byatt beharrte. Aber Elinor, du hast sicher nicht daran gedacht, wie bequem es wäre – es wird nicht im falschen Moment weinen oder in der Kälte anlaufen und häßlich aussehen. Außerdem ist es so pedantisch, ein richtiges Baby haben zu wollen ...

Nein, Eugene, das ist mein letztes Wort. Dann fiel ihr ein, daß sie Teil eines Komitees war, und richtete sich an die anderen. Es ist doch richtig, ein richtiges Kind zu haben, oder?

Carrick und Schwester Magdalena nickten. Delia blickte die beiden, die sich mit Vornamen genannt hatten, beleidigend wissend an.

Gut, sagte Lady Armitage und sah Delia nur leicht errötend fest an. Jetzt, wo wir uns einig sind, brauchen wir nur noch eins zu finden, das vor Weihnachten fällig ist.

Leichter gesagt als getan, sagte Byatt fröhlich. Cerise Summers geht zu ihren Eltern nach Sialkot. Venetia besucht ihren Bruder in Mhow. Arabella Dauntry zieht zu ihrem Mann nach Ajmer, und Sophie Tallant wird ihres im Cantonment-Krankenhaus in Delhi kriegen. Das Mädchen der McGuires, Jane, wäre geblieben, aber sie hat eine Fehlgeburt gehabt.

Schwester Magdalena bekreuzigte sich.

Sie sehen also, sagte Byatt und schraubte eine weitere Zigarette in seine Spitze, es wird eine Puppe sein müssen. Alle Legehennen gehen weg.

Der Pastor kaute auf seinen Lippen. Irgendwas wird sich schon ergeben, stellte er kleinlaut in Aussicht.

Dann wird irgendwas ein Baby sein müssen, Reverend, sagte der unerbittliche Byatt und blickte seine Nase entlang auf den Rauch, der sich aus seinen Nasenlöchern kringelte.

Captain Byatt, sind Sie sicher, daß diese vier die einzigen Frauen in Simla sind, die vor Weihnachten gebären werden, fragte Schwester Magdalena plötzlich.

Sie können sich auf mich verlassen, Schwester, sagte Byatt und neigte seinen Kopf mit geübter Anmut. Mir entgeht keine bemerkenswerte Entwicklung in unserer kleinen Gesellschaft.

Die Nonne sah unbeeindruckt drein. Und wer ist dann das hochschwangere Mädchen, das ich neulich in der Bücherei gesehen habe? Sie war keine der vier, die Sie genannt haben.

Byatt sah überrascht aus. Wie können Sie dessen sicher sein? Sie haben alle vier nicht einmal kennengelernt. Sophie Tallant ist ja gerade erst angekommen ...

Natürlich bin ich mir dessen sicher, sagte die Küchenschwester forsch. Das Mädchen, das ich gesehen habe, war Inderin.

Inderin, wiederholte Byatt mit höflicher Ungläubigkeit. Nun, in dem Fall haben Sie sicher recht. Mich interessiert eigentlich nicht besonders, wie sich die Eingeborenen vermehren. Ich war der Meinung, wir suchen einen Ersatz für unseren Herrn Jesus – die Kulis vom Lower Bazaar habe ich dabei nicht berücksichtigt.

Wir sind alle Geschöpfe Gottes, Captain Byatt, fauchte Schwester Magdalena, rot vor Zorn.

In der Tat, stimmte Byatt gleichmütig zu. Das sind auch die Affen auf Jakoo Hill. Würden Sie einem von denen die Rolle des Jesuskinds geben?

Bitte, sagte Carrick, der beschlossen hatte, daß es Zeit war, Frieden zu stiften. Kennt jemand den Namen dieses Mädchens?

Wenn Schwester Magdalena sie in der Bücherei gesehen hat, sagte Lady Armitage, dann ist das der Schützling von Richter Prasad. Er hat mich gebeten, ihren Antrag auf vorübergehende Mitgliedschaft zu befürworten. Was ich auch getan habe. Sie zuckte die Achseln. Er ist vollkommen ehrenwert. Er war letztes Jahr auf der Ehrenliste. Nicht im geringsten wie ein Kuli vom Lower Bazaar.

Wird sie zu Weihnachten hier sein, fragte Carrick, geistesabwesend an seinem Kragen nestelnd.

Lady Armitage zuckte mit den Augenbrauen. Ich könnte fragen, wenn Sie interessiert sind, sagte sie.

Moment mal, sagte Delia, die Worte drohend in die Länge ziehend. Ich darf Maria nicht wegen meiner Farbe spielen – und wir überlegen uns, ob wir dem Baby einer Schwarzen die Rolle des Jesus geben sollen?

Sie ist nicht schwarz, und Jesus war nicht rosa – er war ein mediterraner Typ, erklärte Schwester Magdalena überzeugt. Sie hat den Oliventeint, den wir brauchen.

Sie ist ja nicht mal Christin, um Himmels willen, rief Delia aus und fuchtelte mit den Händen.

War Maria auch nicht, machte Carrick sie sanft aufmerksam, wobei er darauf achtete zu lächeln. Ebensowenig Jesus, wenn wir schon dabei sind. Wir wissen sowieso nicht einmal, ob ihr Vormund sie oder ihr Kind teilnehmen lassen wird.

Wir könnten den Richter heute abend besuchen und das klären, sagte Lady Armitage praktisch.

Sind wir uns einig, fragte Carrick, bemüht, beiläufig zu klingen, und hielt den Atem an, um langsam bis fünf zu zählen. Niemand war dagegen.

Vielleicht könnten wir zusammen gehen, schlug Carrick vor, während Patrick die Teesachen abräumen ließ und sich das Komitee zum Aufbruch erhob.

Ich hatte nicht vor, alleine zu gehen, sagte Lady Armitage spitz und ließ ihre Arme in den Mantel gleiten, den Patrick ihr hinhielt. Natürlich kommen Sie mit. Sie werden die Zusicherung eines Kirchenmannes brauchen.

Carrick sah schüchtern zu, während sie sich die Handschuhe überstreifte. Wir können uns hier um halb fünf treffen und zusammen hingehen. Holcombe ist weniger als dreihundert Meter entfernt. Sie betrachtete mißbilligend seine abgewetzte Jacke. Und tragen Sie mir eine schöne, schwarze Soutane, sagte sie und marschierte forsch aus dem Teeraum des Cecil.

Parwanas Schwangerschaft würde bald vorbei sein. Dadi war von der alten Schule: Schwangerschaft bedeutete Einschränkung, und so durfte Parwana nichts Anstrengenderes machen, als ihre Stenografie zu üben. Sie verbrachte die langen Sommertage im Garten, wo sie sich mit Pitman vergnügte, aber hauptsächlich gezuckerte Erdbeeren mit Sahne aß, in einem Liegestuhl lag, die Beine auf einen Schemel gelegt, damit sie nicht anschwollen. Am Anfang war es spannend gewesen, zu beobachten, wie ihre Zehen Tag für Tag mehr hinter dem aufgehenden Horizont ihres Bauches verschwanden, aber nach diesem Ereignis gab es nichts mehr, worauf sie sich freuen konnte.

Der Höhepunkt ihres Lebens in Simla war ihr einziger Besuch in der Bücherei gewesen, wo sie einen Liebesroman mit dem Titel *Der Schwarze Falter* gefunden hatte, den sie innerhalb von zwei Wochen siebenmal las. Sie hatte die Bücherei seitdem nicht mehr besucht, denn sowie sie in den siebten Monat kam, befand Dadi, daß der zwanzigminütige Gang zur Mall zuviel für sie sei. Dadi besuchte einmal danach die Bücherei für Parwana, aber sie hielt nichts von Belletristik und kam mit Greggs *Kursive Kurzschrift* wieder und einer Fibel mit Emma Dearborns revolutionärer Kurzschrifttechnik *Schnellschreiben.*

Parwana langweilte sich. Ihr Leben wäre vielleicht lebhafter gewesen, hätte Masroor es betreten, aber er begnügte sich damit, aus der Ferne zu starren. Buchstäblich. Jeder freie Moment, den er hatte, wurde damit verbracht, am Rand der Straße, die sich um den Hügel schlängelte, zu stehen, dort wo man einen Blick auf Holcombe hatte. Er beobachtete Parwana in dem pikförmigen Garten, die beobachtete, wie ihre Zehen verschwanden. Er war nach Simla gekommen, um Parwana zu finden, und jetzt wollte er ihr nicht begegnen. Sie schwanger zu sehen hatte ihn tief berührt. Er wollte für sie die Verantwortung übernehmen, für Parwana und das Kind, das sie im Begriff war hervorzubringen. Er wachte über sie wie ein besorgter Ehemann, aber als werdender Vater fand er, daß er ihr erst begegnen konnte, wenn er eine richtige Arbeit hatte.

Er war auch wieder auf seinem Ausguck an dem Abend, als der Pastor und Lady Armitage ihren Besuch machten. Es war ein kurzer Besuch. Er dauerte nicht länger, als es brauchte, eine Tasse Tee zu trinken. Der Richter stellte seinen Besuchern ausdrücklich seine Frau und ihren Schützling vor. Sie sollten nicht denken, daß er seine Frauen versteckte. Carrick brauchte keines der Argumente anzuführen, die er geprobt hatte. Seine knittrige Soutane und Lady Armitages Titel brachten den Sieg. Kaum hatten sie die Teilnahme Parwanas und ihres bevorstehenden Kindes bei dem Weihnachtsspiel angeschnitten, sagte der Richter sogleich: Natürlich, und lächelte nachsichtig die aufgeregte werdende Mutter an und nutzte die Gelegenheit, um tolerante Dinge über Weihnachten die Festzeit für alle, zu sagen.

Danach trat ein kurzes Schweigen ein, das der Richter sofort füllte. Wußten Sie, Sir, sagte er mit der tönenden, leicht erhobenen Stimme, mit der er sonst Todesurteile verkündete, daß viele Gelehrte glauben, daß Jesus Christus in Kaschmir begraben ist? Es war ihm als etwas Harmloses, vage Passendes erschienen, aber Carrick verschluckte sich an seinem Tee und hustete sich fast zu Tode, so daß Lady Armitage die Verabschiedung übernehmen und den keuchenden Pastor hinausführen mußte.

Masroor beobachtete, wie das ungleiche Paar das Haus verließ. Am Gattertor bogen sie nach links und machten sich auf den Weg zum Cecil. Eine Viertelstunde später, als klar war, daß Parwana im Haus bleiben würde, brach Masroor seine Wache ab und ging Richtung Hauptstraße. Eine Woche nach unserer Ankunft in Simla hatte er die Rollschuhbahn hinter dem Pavillon entdeckt, und jetzt ging er jeden Tag mit besessener Regelmäßigkeit dorthin. Sie war brandneu, für die amerikanischen Soldaten gebaut, die für die Dauer des Krieges in Simla stationiert waren. Er liebte den Parkettboden, die glänzenden Geländer, die entlang der Wände verliefen und die Anfänger stützten, den Geruch und den Geschmack von Popcorn, dem er noch nie zuvor begegnet war, aber am meisten liebte er die schwungvollen, gewichtslosen, gleitenden Läufe, die ihm das Gefühl gaben, gottähnlich zu sein. Er hatte gelernt, indem er den Soldaten zusah, von denen einige erstaunliche Dinge vollbrachten, wie Scheren rückwärts bei unglaublicher Geschwindigkeit oder Spagat mit anschließendem Hochkommen, ohne sich dabei zu zerreißen. Er hatte das Stadium erreicht, wo er sehr schnell in einer geraden Linie laufen konnte, ohne das Gleichgewicht zu verlieren, aber er konnte noch nicht die Richtung ändern, und er hatte noch nicht richtig zu bremsen gelernt. Was sein Glück war – sonst wäre er vielleicht nie Cyrus Tehmurasp Dastoor begegnet.

Oder hätte nie eine Arbeit gefunden.

Als er an diesem Abend zur Rollschuhbahn kam, versuchte er seine Enttäuschung darüber, daß er keinen Blick von Parwana erhascht hatte, dadurch auszumerzen, indem er sich mit wilder Geschwindigkeit von einem Ende zum anderen schleuderte. Sein Bremstechnik war rudimentär: Er stoppte, indem er die Handflächen gegen das Geländer schlug und im Moment des Aufpralls seine Füße nach links rüberzog. Auf diese Weise hatte er schon zwölf Längen absolviert und befand sich gerade mitten in der dreizehnten, als irgend jemand Dünnes sich vom Geländer abstieß, über den Boden wackelte und an einem Punkt stehenblieb, der auf Masroors Flugbahn lag. Der Zusammenstoß war spektakulär – der Dünne schoß auf der Seite liegend über den polierten Boden, wobei er grazil mit Armen und Beinen ruderte, wie ein sterbender Schwan auf Rädern. Währenddessen knallte Masroor unverzüglich gegen das Geländer, aber da er sein Gleichgewicht verloren hatte, machte er einen unfreiwilligen Salto darüber.

Unverletzt, aber verlegen, lag Masroor zusammengefallen gegen die Wand gedrückt und tat so, als sei ihm die Luft ausgegangen, bis er sicher war, daß niemand zusah. Dann erhob er sich und ging hinüber zum anderen Beteiligten des Zusammenstoßes, der auf allen vieren kroch und sich aufmerksam umsah. Masroor fand seine Brille für ihn. Als er sich erhob, stellte Masroor fest, daß er noch schmächtiger war, als dieser erste Hochgeschwindigkeitsblick ihn hatte glauben machen. Noch dünner als er. Dünnes Gesicht, dünne Nase, pomadisierte Haare mit Mittelscheitel, große, gleichmäßige Zähne, die etwas hervorstanden, und das Ganze in eine dermaßen blasse Haut eingewickelt, daß Masroor zuerst dachte, er hätte sich eine Gehirnerschütterung geholt. Aber er wirkte völlig klar, während sie sich gegenseitig Entschuldigungen zumurmelten und jeder darauf bestand, daß es allein sein Fehler gewesen sei. Dann gingen ihnen die Worte aus.

Cyrus Dastoor, sagte der Bebrillte, während seine Augen versuchten, durch die kaputten Gläser, die mit einem Spinnennetz von Sprüngen überzogen waren, etwas zu erkennen. Schuldbewußt packte Masroor die ausgestreckte Hand und vergaß, sich selbst vorzustellen. Sie standen eine Weile in einer Ecke der überfüllten Rollschuhbahn und schüttelten sich schweigend die Hände.

Es war kein guter Start, aber binnen einer Woche waren sie Freunde. Das war teilweise der Rollschuhbahn zu verdanken – sie trafen sich dort jeden Abend, und Masroor brachte Cyrus die rudimentären Fertigkeiten bei, die er vor kurzem gelernt hatte. Aber der wichtigere Grund für ihre Freundschaft war die Tatsache, daß sie jung, gebildet und indisch in Simla waren, wo die vornehme Gesellschaft unangreifbar weiß war. Cyrus war Erbe eines Möbelimperiums mit Hauptsitz in Bombay, das gleich nach Lazarus & Co. kam. Sein Vater hatte ihn nach Simla geschickt, damit er einen Auftrag für die Renovierung der Staatsräume in der Lodge des Vizekönigs an Land zog. Die Entscheidung war in der Schwebe. Und Cyrus' gesellschaftliches Leben ebenfalls.

Er hatte die Bastion der Simla-Clique fast erstürmt aufgrund seiner extremen Blässe, seinen Cambridge-Abschlusses, seiner Beherrschung der Oboe und seines Geldes. Als er im April eintraf, hatten sich die Dinge zunächst sehr gut entwickelt. Captain Byatt war ihm in einem Billardsalon begegnet und hatte ihn gleich für *The School for Scandal*, die erste Produktion der Saison 1943 vom Gaiety Theatre, eingespannt. Natürlich nicht, um mitzuspielen, sondern als Regieassistent. Cyrus war begeistert gewesen – bis ihm klar wurde, daß Byatt erwartete, er werde die Bühnenrequisiten auf eigene Kosten liefern, weil er der Sohn seines Vaters war. Sparsamkeit und Stolz ließen ihn das ablehnen – und so verließ das Gaiety sein Leben wieder. Die Regieassistenz ging an Miss

Waters, eine englische Rose, die ihren ersten Auftritt in der Gesellschaft hatte. Die Leute nannten sie Esther.

Erschüttert, begann Cyrus grimmig selbstgenügsam zu werden. Er, der noch nie gesellig gewesen war, wurde jetzt ein Einzelgänger. Von dem Tag, an dem ihn Esther ersetzt hatte, bis zu dem Moment, da er mit Masroor zusammenstieß, war Cyrus' einziger menschlicher Kontakt sein Gastgeber Mr. Jacob gewesen – den Establishment Officer, der für die Möbelauftragsvergabe in der Lodge des Vizekönigs verantwortlich war, nicht mitgezählt. Mr. Jacob führte ein Antiquariat auf der Mall, wo er alte Bücher und Stilmöbel verkaufte. Mowbray Brothers, The Mall 76. Mr. Jacob war natürlich kein Verwandter der Gründer Mowbrays. Er hatte das Geschäft erst vor einigen Jahren gekauft. Der Tratsch, den Cyrus während seiner Zeit mit der Gaiety-Truppe gehört hatte, etikettierte ihn als Juden ausländischer, aber unbestimmter Herkunft. Rußland, Polen, Palästina ... Irgendwo von dort. Wer er auch sein mochte, er war ein großer Freund von Cyrus' Vater, der über die Jahre für ihn ganze Reihen von überzeugend gealterten Queen-Anne-Stühlen maßangefertigt hatte.

Als Cyrus erfuhr, daß Masroor Arbeit suchte, arrangierte er für ihn ein Vorstellungsgespräch mit Mr. Jacob.

Ich kenne ihn eigentlich nicht sehr gut, sagte Cyrus entschuldigend, als die beiden die Rollschuhbahn verließen und zu Mowbray's gingen. Ich meine, er ist sehr freundlich und alles – läßt mich nicht für meinen Unterhalt zahlen, sagt mir ständig, ich soll mich bei den Getränken bedienen –, aber wir kommen nicht oft dazu, miteinander zu reden, außer beim Mittag- oder Abendessen, wenn er nicht auswärts speist, und dann erzählt er ständig von Erstausgaben und der Levante, wozu mir nie was einfällt. Aber er ist ein netter Mann, und ich weiß, daß er dringend jemanden sucht, der ihm seine Bücher katalogisiert. Ich habe gehört, wie er das gestern zu Reverend Carrick gesagt hat, als er die Ausgabe der Bibel nicht finden konnte, die er suchte.

Masroor schluckte und wischte sich die Hände an seiner Hose ab. Dann sagte er sich, er solle nicht albern sein. Er kannte Cyrus noch keine Woche, und jetzt benahm er sich, als würde die Welt untergehen, wenn er die Stelle als Ladengehilfe nicht bekam. Sie waren jetzt in Sichtweite des Geschäfts. Er konnte die Aufschrift Mowbray Brothers in großen Serifenbuchstaben über dem doppeltürigen Eingang lesen, der von Schaufenstern eingerahmt war, in denen Globen, Tische, Landkarten und Lederbuchrücken zwanglos ausgestellt waren. Es würde das Ende der Welt bedeuten, wenn er die Stelle nicht bekäme – es hatte keinen Zweck, sich etwas vorzumachen. Parwana war jetzt jederzeit fällig. Sie hatte am Morgen so dick ausgesehen, daß es ihn nicht überrascht hätte, wenn sie in diesem selben Moment ihre Wehen bekäme. Er mußte eine Stelle haben, wenn das Kind geboren wurde. Er hatte kein Recht, verliebt zu sein, wenn er nicht einmal sich selbst unterhalten konnte, geschweige denn Parwana und das Kind. Er kam sich an seinem Ausguck auf Holcombe schon wie ein Voyeur vor.

Sie waren angekommen. Cyrus hielt ihm die Tür auf. Masroor schluckte einen weiteren Mund voll Speichel hinunter, zog die Lippen auseinander, damit sie sich in einer guten, festen Linie entspannen konnten, und trat dann ein.

Ich saß auf meiner Lieblingsbank im Privatgarten des Cecil, als Masroor von dem Vorstellungsgespräch wiederkam. Cyrus – den ich nur aus Erzählungen kannte – war bei ihm. An ihrem Grinsen sah ich, daß es gut verlaufen war. Masroors Zähne waren alle bereit, die Abenddämmerung zu überstrahlen.

Er hat mich nicht nach meinem Alter gefragt oder was ich lese, wieso ich in einem Buchladen arbeiten will, was ich für einen Abschluß habe – nichts, sagte Masroor und schüttelte verwundert den Kopf. Er hatte so was Ähnliches wie das Vorstellungsgespräch bei der Armee erwartet. Mr. Jacob hat mir bloß einen Stift und ein Stück Papier gegeben und mich gebeten, einen Satz zu schreiben: Der schnelle braune Fuchs springt über den faulen Hund.

Was Mr. Jacob eigentlich nur überprüfen wollte, war die Qualität von Masroors Handschrift, weil es bei der Arbeit im Grunde darum ging, Titel, Autor, Ort und Datum des Erscheinens eines jeden Buches im Laden in lange schwarze Verzeichnisse einzutragen. Er warf einen Blick auf Masroors sichere Schreibschrift, gehärtet auf den Tafeln von La Martinière, und gab ihm die Stelle. Sechzig Rupien im Monat, und Sie können morgen anfangen. Mit Religion, fügte er hinzu und deutete auf den düsteren hinteren Teil des Ladens.

Und so fing Masroor am nächsten Tag mit Religion an, und ich gestattete mir, zum ersten Mal seit meiner Ankunft in Simla, etwas Hoffnung. Diese Arbeit war nur temporär (Mr. Jacob wollte sie bis zu Neujahr erledigt haben), aber es war das erste Anzeichen, daß Masroor sich in dem Gebirgsort einlebte. Im Verlauf der nächsten zwei Wochen kam die Armee auch immer weniger in seinen Gesprächen vor. Ich war begeistert. Ich wollte jetzt nur noch, daß er wieder mit Ammi und Asharfi vereint würde und wir alle wieder eine glückliche Familie sein konnten. Es erschien mir nicht unmöglich. Wenn er aus seiner Vernarrtheit in die Armee herausgewachsen war, gab es für ihn keinen Grund mehr, seine Mutter und seine Schwester zu meiden. Von all dem sagte ich ihm nichts. Es war noch zu früh.

Aber ich versuchte auf, wie ich hoffte, subtile Art und Weise, ihm zu helfen, sich in Mr. Jacobs Laden einzuleben. Ich fing an, bei Mowbray Brothers vorbeizukommen, wenn ich den Vormittag frei hatte. Es war ein gastlicher Ort, voll mit Möbeln und Büchern, und Mr. Jacob hatte nichts dagegen, wenn ich herumstöberte, vor allem weil ich Masroor beim Sortieren und Ordnen zur Hand ging oder auf der Leiter stand und Namen, Daten und Orte vorlas, während er sie säuberlich in seine Register eintrug. Als Patrick mich für einen Monat auf Nachtschicht setzte, wurden meine Besuche bei Mowbray's zur Gewohnheit. An den meisten Tagen nahm ich zum Mittagessen Sandwiches mit. Pünktlich um halb zwei hängte Mr. Jacob das Geschlossen-Schild aus, verriegelte die Türen und ging hinauf zu seiner Wohnung, wo Gama, sein goanischer Koch, das Mittagessen auftrug. Und wenn er nicht in der Lodge des Vizekönigs sein mußte, um seine Bewerbung um den Auftrag voranzutreiben, sah Cyrus darauf, zusammen mit seinem Gastgeber zu essen.

Masroor und ich gingen normalerweise in den hinteren Teil des Ladens und packten unsere Sandwiches im kühlen, grünen Schein des Paradiesfensters aus. So nannte Cyrus es. Mowbray's war ein sehr langer Laden – so lang wie ein Tunnel überspannte er den Bergkamm: Die Vorderseite ging zur Mall, während die Hinterseite einen Blick über die abfallenden Hänge des Vorgebirges bot, das Simla zu Füßen lag. Das Fenster war immer mit dem unberührten Grün der Hügel erfüllt. Niemand lebte dort, und nie passierte etwas. Für eine Stunde jeden Nachmittag aßen wir unsere Sandwiches und ließen unsere Augen das Paradies in sich aufnehmen.

Cyrus sagte, es sehe wie eine Postkartenansicht von England aus. Da ich noch keine gesehen hatte, konnte ich es nicht beurteilen, aber es ähnelte keinem Teil von Indien, den ich kannte. Ich dachte an den Blick von meinem Dachkammerfenster in Benares, wo der einzig sichtbare Baum ungebeten aus einem Dach wuchs, wo in der Gasse darunter der endlose Strom der Lebenden nur für die Bahren der Toten stockte. Am Paradiesfenster sitzend, fiel es schwer zu glauben, daß diese Szene aus Indien stammte.

Das Geschäft vermittelte das gleiche Gefühl. Nach den ersten zwei Wochen der Arbeit bei Mowbray's wurde mir klar, daß ich unter all den Tausenden von Büchern in dem Laden noch auf kein einziges gestoßen war, das in Indien erschienen oder von einem Inder geschrieben worden war. Bis auf eine siebenundvierzigbändige Reihe, die *Heilige Bücher des Ostens* hieß, gab es sogar überhaupt nichts über Indien ... Es sei denn, man zählte *Also sprach Zarathustra* als ein Buch über die Parsen. Cyrus, dem das gleiche aufgefallen war, befragte Mr. Jacob einmal beim Mittagessen dazu. Sein Gastgeber sah etwas beleidigt aus.

Mowbray's ist ein traditionelles Antiquariat, Cyrus, sagte er scharf. Genau wie die in Berlin, Wien oder Prag. Wir handeln nicht mit provinziellen Exotika.

Da Simla das war, was es war, paßte Mr. Jacobs Erklärung. Sie erschien mir damals vernünftig und überhaupt nicht absurd. Simla war eine aufwendig ersonnene Welt – nicht in dem Sinne, daß sie frei erfunden war wie die Schauplätze eines guten Romans, sondern in der eher geistlosen Weise der Phantasie, wo die Scheinwelt eine simple Umkehrung des Alltagslebens darstellt. Wie alle Bergorte hatte Simla eine zentrale Funktion: Es existierte als Nicht-Indien. Das Indien, dem der Sahib in heldenhaftem Dienst sein Leben opferte, war flach, heiß, staubig, braun, durchseucht und übervölkert. Simla war all das nicht.

Es war gewellt und kühl, seine Landschaft war grün, und die Gesichter, die man sah, waren weiß. Es war Indiens Sommerhauptstadt, weil es nicht Indiens Sommer hatte. Es war gemächlich, hübsch und englisch im grundsätzlichen Sinn von Giebeldächern, Fachwerkgeschäften, gotischen Kirchen und datumslosen Burgtürmen – alle auf einmal erbaut. Zeit wurde auf dem ihr zugewiesenen Platz gehalten, in Regimentsakten und Ehrenlisten. Zeitungen mit ihren immer wechselnden Daten erreichten Simla aus der Ebene mit vornehmer Verspätung erst, wenn ihre vulgäre Dringlichkeit herausgebleicht war. Es gab keine örtliche Zeitung, die Simlas eigene Existenz spiegeln konnte. Nostalgie war die herrschende Leidenschaft, nicht weil sich irgendwas verändert hatte, sondern um sicherzugehen, daß das nie geschah. Seit dem zweiten Tag seiner Existenz waren in Simla die Dinge nie mehr wie früher. Es war das Baumhaus eines tropischen Reiches, das direkt von der Pubertät zur Senilität überging.

Diese kleine, weiße Welt verbrachte ihre Abende damit, an den Läden auf der Mall hin und her zu schlendern, und Mowbray's war eine regelmäßige Station. Die Stammbesucher steuerten direkt auf die Kabine zu, wo Mr. Jacob saß, das Haar aus seiner hochgewölbten Stirn zurückgeklatscht, die Wangen so glatt rasiert, daß sie glitzerten. Mit ernster Höflichkeit bot er ihnen Tee oder Kaffee an und schlug Dinge vor, die sie interessieren könnten. Wenn sie ein Buch wollten, führte er sie zu dem entsprechenden Regal oder rief Masroor zu einer Konsultation. Er wußte gewöhnlich, worauf sie aus waren. Tristram Greyly war verrückt nach Wappenkunde und Genealogie und Büchern mit Titeln wie *Tartans der West Highlands,* aber er kaufte selten etwas. Captain Byatt dagegen hatte privates Vermögen und kaufte fast alles, was Mowbray's über Freimaurerei und Satanismus auf Lager hatte. Reverend Carrick sammelte, wie leicht zu erraten, Bibeln, und seine Kollegin im Komitee, Lady Armitage, hielt immer Ausschau nach gekonnt gedrechselten Stockdegen, die sie regelmäßig ihrem Mann schenkte. Sogar Delia Mulholland war Sammlerin: Erstausgaben von Somerset Maugham. Lüsternheit in den Tropen war Cyrus' Erklärung für dieses seltsame Hobby.

Im Geschäft schwirrte das Gerede über Carricks Weihnachten. Lady Armitage erklärte Mr. Jacob, daß es einen Kostümball gebe, der von einem Krippenspiel gefolgt würde. Alle auf dem Ball müßten wie Figuren aus der Bibel kostümiert sein, sagte sie und hielt inne.

Mr. Jacob wartete auf seine guterzogene Art.

Aus beiden Testamenten natürlich, stellte sie gnädig klar.

Mr. Jacob hob die Augenbrauen in tiefer was auch immer – Zustimmung, Bewunderung, Zweifel –, während Masroor Gama half, das Teegeschirr wegzutragen.

Carrick, der später kam, erklärte die ganze Sache dem glasiert aussehenden Mr. Jacob noch einmal, und lud ihn dann, in seinem ökumenischen Eifer, ein, bei dem Krippenspiel als Josef mitzumachen. Schulterzucken, unverständliches Gemurmel, eine anmutige, aber ausdruckslose Bewegung der hohen Stirn, und Carrick kam zu dem Schluß, das Thema fallenzulassen.

Nicht alle wünschten Carricks Weihnachten gutes Gelingen. Eines Nachmittags im November löste sich der Tag in ein für die Saison untypisches Gewitter auf, und Delia Mulholland kam hereingeeilt, um

Schutz vor dem Regen zu suchen. Mr. Jacob schickte sie mit Masroor los, damit er mit ihr zusammen eine leicht beschädigte Erstausgabe von *Der bunte Schleier* inspizierte. Masroor fand sie nicht sogleich. Er war den ganzen Tag schon mit seinen Gedanken woanders, weil Parwana jetzt jeden Tag niederkommen konnte. Er hatte sie schon seit Tagen nicht mehr im Garten gesehen. Außerdem machte Delia ihn nervös. Sie stand zu nah an ihm dran und atmete zu schwer.

Als Delia gerade auf dem Weg zurück zu Mr. Jacobs Kabine war, kam Elinor Armitage herein und faltete ihren Regenschirm zusammen.

Wäre es nicht lustig, sagte Delia ohne Anlaß, sich an Mr. Jacob wendend, wenn diese Inderin, der der Reverend die Rolle der Maria gegeben hat, ein Mädchen bekäme?

Es herrschte einen Moment Stille.

Sehr lustig, sagte Lady Armitage spitz. Aber unwahrscheinlich. Reverend Carrick und ich sind heute mittag nach Holcombe gegangen, um dem Richter zu gratulieren. Sein Schützling hat zwei Söhne bekommen. Zwillinge, mit Kaiserschnitt.

Eine weiße Weihnacht

Es würde eine weiße Weihnacht geben. Der Kiesweg, der zur Hauptveranda der vizeköniglichen Lodge führte, lag unter dem Schnee vom Vorabend begraben. Der Weg ließ sich nicht von den verschwundenen Rasenflächen unterscheiden, bis auf die Vertiefung, wo er von Blumenbeeten gesäumt wurde. Erschöpft nahm ich mir vor, dem Estate Officer der Lodge zu sagen, daß der Weg bis sieben Uhr freigeschaufelt sein müsse, spätestens eine Stunde bevor die ersten Gäste zum Ball eintrafen.

Es hatte vor weniger als drei Stunden aufgehört zu schneien, es war draußen also wärmer als die ganzen vierzehn Tage vorher, aber in der Lodge war es immer noch bitter kalt. Lustlos ging ich wieder hinein und fing an, die Schutzbezüge von den Sofas im Empfangsbereich zu ziehen. Das war schwer mit Handschuhen an. Meine Finger waren steif, mir lief die Nase, meine Lippen waren aufgesprungen, selbst meine Brustwarzen waren wund unter dem Wollunterhemd, das ich tragen mußte, damit ich nicht erfror. Die Vorbereitungen für den Ball hatten sich über die letzten drei Tage (und Nächte) hingezogen. Ich brauchte Schlaf.

Als alle Sofas abgedeckt waren, kauerte ich mich vor den einzigen Kamin im Empfangsbereich, den man am frühen Morgen angezündet hatte, in der absurden Hoffnung, daß er diese dunkel getäfelte Leichenhalle auf Temperaturen aufheizen würde, die für die Lebenden annehmbar waren. Die Lodge war schon unter normalen Bedingungen schwer zu heizen. Aber im Dezember, wo die Kamine seit zwei Monaten, seit der Abreise des Vizekönigs und der Regierung in die Ebene, kalt gewesen waren, war es fast unmöglich. Die Höhe der Innenräume half auch nicht – die Säulenhalle hatte eine atriumartige Decke, die drei Stockwerke hoch war. Mit Geländer versehene Korridore blickten auf diesen zentralen Raum hinunter, und als letzter Schliff schwebte Lord Curzon über dem Kamin und sah kalt und mißbilligend drein.

Am Anfang, als Carrick noch allein die Leitung des Weihnachtsfestes in der Hand gehabt hatte, sollte das Cecil der Veranstaltungsort für den Ball sein. Dann befand Elinor Armitage, daß der Hauptspeisesaal des Hotels nicht annähernd großartig genug sei, um den Rahmen für Simlas Antwort auf den Aufruf der Vizekönigin zu bilden. Carrick schlug den Namen des einzigen anderen großen Holzbodens vor, den er kannte – die Rollschuhbahn –, die anderen hatten nur verächtlich geschnaubt. In einer noch nie dagewesenen Demonstration von Einheit nötigten Elinor Armitage und Delia Mulholland Carrick, die vizekönigliche Lodge als den sich aufdrängenden Veranstaltungsort für einen Ball zu akzeptieren, der vom Aufruf der Vizekönigin inspiriert war. Carrick hatte gezögert, das Krippenspiel in der Sommerresidenz des Vizekönigs unterzubringen. Das kam ihm zu sehr vor wie Cäsar geben, was Gott zusteht. Aber er war überstimmt worden, und als auch Schwester Magdalena mit dem Plan einverstanden war, gab er nach. Patrick erfuhr die ganze Geschichte direkt aus Carricks Mund, als der verlegene Kirchenmann zum Hotel kam, um die Reservierung für Heiligabend abzusagen.

Aber das Cecil richtete trotzdem das ganze Ereignis aus – weswegen ich seit fast siebzig Stunden nicht geschlafen hatte. Generalmajor Armitage hatte von den höchsten Rängen der Regierung die Erlaubnis erhalten, den Ballraum der Lodge zu benutzen. Es ging das Gerücht um, daß die Vizekönigin persönlich interveniert habe. Die Interpretation des Estate Officer von dieser Erlaubnis, die dem Kirchenkomitee gestattete, die Lodge zu benutzen, war kleinkrämerisch eng. Er drehte die Schlüssel in den entsprechenden Schlössern und zog sich in sein Büro zurück, mit großem Vergnügen bedauernd, daß er nicht in der Lage sei, sein Personal für eine Privatveranstaltung freizustellen. Das bedeutete, daß das winterliche Stammpersonal des Hotels – einschließlich mir – alles machen mußte, vom Boden bohnern bis zum Weihnachtsbaum schmücken, ganz abgesehen von der Hauptarbeit, für Essen und Getränke zu sorgen. Irgendwie war es alles vollbracht worden: Der Boden glänzte, der lange Buffettisch war mit weißem Leinen gedeckt, die sechs Kamine, die im Ballraum prasselten, erhöhten die Temperatur wirkungsvoller als der einzelne in der Halle, der mich kaum aufwärmte, und ich saß praktisch auf seinem Rost.

Carrick kam mit Säcken von Stroh und Sägespänen an und sah in seiner Soutane und mit einer Kapuze, die sein Gesicht verdeckte, wie ein verfolgter Frühchrist aus. Widerstrebend verließ ich den Kamin und folgte ihm ins Frühstückszimmer, wo nach Captain Byatts Anweisungen die Krippe gebaut wurde. Byatt hatte sich freiwillig gemeldet, und das Komitee hatte ihm bereitwillig die Verantwortung übertragen – im Gaiety war er schließlich für Requisiten und Kostüme verantwortlich, und die Krippe war ja eine Art Kulisse.

Im Moment bestand die Kulisse aus einem unordentlichen Strohbett und einem groben Arbeitstisch, auf dem ein Schreinerhobel lag – der Tisch wurde jetzt mit Carricks Sägespänen unter Byatts Leitung bestreut.

Und, fragte er. Wie finden Sie es?

Es kam keine Antwort. Carrick und ich hatten gerade das Kalb entdeckt, das an einem Tischbein angebunden war.

Nun?

Carrick deutete auf das Tier, das friedlich unter dem Tisch lag und das Stroh beschnüffelte.

Ach das! Byatt grinste. Nett, nicht? Es gehört meinem Gärtner – gerade zwei Wochen alt. War höllisch schwierig, es an diesem Miesmacher von Verwalter vorbeizuschmuggeln. Aber wir haben es geschafft – man kann keine Krippe ohne Kuh haben, selbst wenn es nur eine kleine ist.

Wie wollen Sie verhindern, daß es – ähm . . ., fragte Carrick unsicher.

Byatt hob das erstaunte Kalb hoch und zeigte uns seinen Hintern. Unter seinem Schwanz war ein Öltuchsack festgebunden. Ich hab an alles gedacht, sagte er schlicht. Aber etwas richtiger Dung wäre ein nettes Detail. Ich hab den Gärtner gebeten, ein paar Kuhfladen zu bringen, wenn er welche hat. Wie gefällt Ihnen der Caddy?

Caddy? wiederholte Carrick unsicher.

Byatt deutete hin.

Er meinte Khadi. Da bemerkte ich, daß das Strohbett teilweise mit schmutzigweißem Selbstgesponnenem bedeckt war, und mit dem gleichen Stoff hatte man auch die rückwärtige Wand, als eine Art Hintergrund bespannt. Er sah passend schäbig aus.

Carrick starrte Byatt verwundert an – Kuhfladen und Khadiballen. Dies von einem Mann, der noch vor nicht langer Zeit von den Kulis des Lower Bazaar geredet hatte.

Das ist die Art von selbstgesponnenem Stoff, den sie damals auch benutzt hätten, oder? verteidigte sich Byatt. Und außerdem, Reverend, sagte er langsam, wieder zu seiner unterkühlten Art zurückkehrend, Sie waren ja derjenige, der ein einheimisches Krippenspiel haben wollte.

Carrick ließ sich nicht provozieren. Er lächelte bloß und schüttelte den Kopf.

Bis sechs bin ich hier fertig, sagte Byatt. Wann kommt denn Ihre Besetzung?

Carrick sah ihn fragend an.

Byatt seufzte. Ihre Heiden, Reverend, erklärte er geduldig.

Ach, Sie meinen Parwana und ihr Kind! Viel später. Frühestens um zehn. Die Frau des Richters will nicht, daß sie länger als drei Stunden außer Haus ist. Ich glaube, das ist vernünftig – es ist so kalt, daß das Baby sich irgendwas holen könnte.

Byatt zuckte die Achseln. Würde keine große Rolle spielen, wenn es das täte, sagte er gleichgültig.

Trotz seiner guten Vorsätze funkelte Carrick ihn an.

Byatt hob besänftigend die Hände. Ich wollte damit nur sagen, Reverend, daß die Vorstellung trotzdem weitergehen würde. Sie haben Ihre Maria gut ausgewählt. Sind doch Zwillinge, oder? Unser Christkind hat einen Ersatzmann.

Der Estate Officer gab nach und stellte zwei Wachmänner ab, uns zu helfen, den Schnee vom Weg zu schaufeln. Als wir um halb fünf fertig waren, waren meine Füße eiskalt, und meine Hände hatten, trotz der Handschuhe, Blasen. Patrick und ich gingen durch die Abenddämmerung zurück, um uns zu waschen und in die Hotellivree zu steigen, bevor der Ball begann.

In der Nähe des Hotels kamen wir an Masroor vorbei, der zu seinem Holcombe-Ausguck unterwegs war. Ich winkte, aber er winkte nicht zurück ... Ich glaube, er sah uns nicht einmal. Später, in einer Blechwanne im Kellnerquartier sitzend, beobachtete ich, wie meine Knie Gänsehaut bekamen, wo sie aus dem heißen Wasser herausragten, und brütete darüber nach, wieso Masroor mich ignoriert hatte. Es bestand nicht die geringste Hoffnung, daß Parwana und ihre Babys an so einem trüben Tag wie diesem draußen sein würden, und doch war er von der Hoffnung, einen Blick auf sie zu erhaschen, dermaßen erfüllt gewesen, daß er einfach durch mich hindurchgesehen hatte. Ich schob mich tiefer in die Wanne, versuchte meine Schultern unter Wasser zu kriegen, während ich meine Zigarette und meine Tasse Rum draußen behielt. Die Kombination von Rum und Tabak schmeckte gräßlich, und so schluckte ich eine Mundvoll seifiges Wasser, um den bitteren Geschmack herauszuspülen, aber er blieb – wie der Stich von Masroors Gleichgültigkeit und die Müdigkeit, die sich wie Zement auf meine Knochen gelegt hatte.

So oft in den letzten Monaten hatte mir allein der Gedanke, daß wir alle, die Menschen, die mir nahestanden, zusammen in Simla waren, Hoffnung gegeben. Parwana, Ammi, Asharfi, Masroor – alle durch Glück und etwas Taktieren am geschütztesten, stoßsichersten Ort in diesem sterbenden Raj versammelt. Wann immer ich an die bevorstehenden Schrecken dachte, tröstete es mich zu wissen, daß, wenn Gott es wollte und wir zusammenblieben, ich nicht allein mit ihnen fertig werden mußte.

Jetzt, während das Wasser in der Wanne kühler wurde, schien dieser Trost im Zusammensein eine Illusion. Zusammensein mit wem? Ammi wußte nicht, daß ihr Sohn in Simla war. Asharfi hatte ebenfalls keine Ahnung, daß sie diesen Bergort mit ihrem Bruder teilte und mit dem Mädchen, das sie geliebt hatte. Ich hatte Parwana den Aufenthaltsort von Ammi und Asharfi nicht verraten, und in Holcombe eingesperrt, wie sie war, war sie nicht in der Lage, es herauszufinden. Masroor wußte nicht, daß seine Mutter und seine Schwester sich in der Nähe aufhielten. Er wußte alles über Parwanas Gegenwart – aber sie wußte nicht einmal, daß er überhaupt existierte. Und wenn sie sich an ihn erinnerte, dann hatte sie die Erinnerung an eine schnurrbärtige Nervensäge, die ihr in Kashmiri Gate nachgestiegen war. Und keiner von ihnen wußte, daß ich in Simla war – mit Ausnahme von Masroor, und er war so in seiner Leidenschaft für Parwana gefangen, daß es ihm egal zu sein schien. Der einzige Ort, wo sich diese getrennten Menschen trafen, war in meinem Kopf.

Ich entspannte mich im Wasser und trank noch mehr von dem Rum. Das kühle Wasser störte mich jetzt nicht mehr, und sogar der Rum schmeckte nicht mehr so schlecht. Vielleicht hatte das alles ja auch was Gutes: Wenn wir sowieso nicht zusammen waren, dann brauchte ich nicht mehr die Luft anzuhalten und nach Gefahren zu suchen, die uns trennen konnten. Darauf trank ich. Ich hatte gedacht, daß ich, indem ich Masroor nach Simla lockte, unsere Chancen verbesserte, vereint zu bleiben, wenn die Teilung käme. Ich hatte versucht, den Matador gegen einen Wahnsinn zu spielen, der eine Million Familien auseinandergerissen hatte. Ich lachte laut. Es klang besser, als ich erwartet hatte, irgendwie tief, und die Akustik des Badezimmers verlieh ihm eine schöne Resonanz. Zum letzten Mal senkte ich mich bis knapp unter die Augen ins Wasser und linste interessiert auf meine schwebenden Teile. Wenn Wünsche Flügel hätten, dachte ich und kicherte Blasen unter Wasser, würde das als eine Erektion gelten.

Um halb sieben, als wir uns wieder auf den Weg zur Lodge machten, war es schon dunkel. Wir trugen beide große Metalltaschenlampen, um uns den Weg zu erleuchten – zusammen müssen wir wie die schwankenden Scheinwerfer eines angeheiterten Autos ausgesehen haben. Ich war immer noch müde, aber der Rum hatte geholfen, die Sonne in meinem Bauch aufgehen zu lassen, von wo sie Strahlen bis in meine Zehen und Fingerspitzen spie. Ich fühlte mich wie eine alte Limousine: Metallermüdung an der Karosserie und unter der Haube wiehernde Pferdestärken.

Als wir die Lodge erreichten, eilte Patrick in die Küchen, um nachzusehen, wie weit sie mit dem Essen waren, und überließ es mir, mit der Tischtuchkrise fertig zu werden: Die steife, weiße Tischdecke, mit der wir den Buffettisch drapiert hatten, war zu lange eingelagert gewesen und roch modrig feucht. Wir hatten keinen Ersatz, und man konnte sie ja kaum draußen in dem trüben Wetter zum Trocknen aufhängen. Ich wollte sie lassen, wo sie war, und hoffte, daß die Kamine sie trocknen würden, bevor die Gäste kamen. Aber sie roch wirklich stark. Zum Glück zeigt mir der Estate Officer, der erschienen war, um uns einen Vortrag darüber zu halten, wie brennbar die Lodge sei und welche Vorsichtsmaßnahmen wir ergreifen sollten, einen Ausweg aus dem Dilemma.

Legen Sie sie zusammen, und folgen Sie mir, sagte er schroff. Ich folgte ihm auf den Fersen durch die Säulenhalle, bis zum Eingang des Frühstückszimmers, wo er stehenblieb und einen klimpernden Bund übergroßer Schlüssel hervorfischte. In die Täfelung neben den Türen zum Frühstücksraum eingelassen war eine weitere Tür, die mir bisher nicht aufgefallen war. Er öffnete sie, und wir traten in eine heiße, nach Mottenkugeln riechende Dunkelheit. Ich dachte, es wäre ein Art begehbarer Schrank, bis er das Licht anmachte. Es war ein langer, schmaler, fensterloser Raum, wie ein Korridor, der nirgendwo hinführte. Links an der Wand liefen dicke Metallrohre entlang und strahlten Hitze ab. Boilerrohre, sagte mein Führer als Erklärung. Er zeigte auf mehrere lange, stoffbedeckte Zylinder, die an der Wand lagen, in der Nähe der Rohre. Teppiche, sagte er. Hält den Schimmel ab.

Während der Regenzeit wurde der Raum auch als riesiger Wäschetrockenschrank benutzt, aber die über die Schmalseiten des Raumes gespannten Wäscheleinen waren zu klein für die Tischdecke, und so bedeckte ich zusammen mit zwei Kollegen vom Cecil den Boden mit Zeitungspapier und legte die Decke darauf.

Sie haben noch eine Stunde, bevor der Ball anfängt – bis dahin müßte sie trocken sein, sagte der Estate Officer und rauschte aus dem Raum, bevor ich ihm danken konnte.

Als ich in den Ballraum zurückkehrte, hatte Patrick schon die Punschschüsseln aufgestellt. Bis acht war es immer noch eine halbe Stunde, aber ein früher Gast war immer möglich, und der Punsch konnte jederzeit aufgewärmt werden.

Es gibt noch welchen in der Küche, sagte Patrick freundlich.

Es war lieb von ihm. Nach der abgestandenen Wärme des Wäscheraums wirkte der Rest der Lodge noch kälter als zuvor, und es war schon länger als eine Stunde her seit dem letzten Schluck Rum. Ich eilte also in die Küche und probierte den Punsch, der nach Nektar, Minze und Zitronenschale schmeckte. Und nach Rum. Es gab noch eine zweite Schüssel, die mit warmem Rotwein gefüllt war, der nach Zimt roch. Nach zwei Gläsern von beidem brannte die Sonne wieder in meinem Bauch, und die Pferde wieherten wieder.

Patrick hatte mir die Aufgabe übertragen, einen letzten Rundgang zu machen, um zu sehen, ob alles an seinem Platz war. Und so inspizierte ich nacheinander das festliche Brimborium des Raj: Seidenblumenarrangements, kristallene Punschschüsseln, die so groß waren, daß sie wie gestrandete Kronleuchter aussahen, das verzierte Wedgwood-Service des Cecil, gestempeltes Silber, Damastservietten, mehrere mehrarmige Leuchter, Madeira und Sherry, die geheimnisvoll in diamanthellen Karaffen leuchteten, Papierschlangen, Schleifen und Weihnachtsflitter, den Pianisten und das Streichquartett in Abendanzügen, Patrick, wie eine Parodie vizeköniglich im Frack. So viele verschiedene Dinge, aber irgendeine rätselhafte Glasur von Englischheit glättete sie alle zu einer einzigen Szene – und ließ uns außen vor, um hineinzuschauen. Es war ein echter Alter Meister – Gutes Leben mit Kellnern –, groß, selbstsicher, unverletzbar: Ich wußte, wenn ich in diese Punschschüsseln pissen würde, würde es sich in Rum verwandeln. Und obwohl wir es zusammengestellt hatten – die Böden gebohnert, die Getränke abgefüllt, den Tisch gedeckt, die Dekoration aufgehängt –, gehörte es nicht uns. Wir waren Lehrlinge, die vorgegebene Details in die Vorstellung unseres Herrn vom Guten Leben ausfüllten, unzüchtige Eunuchen im königlichen Harem.

Als der erste Gast kam, hatte ich schon eine halbe Stunde lang vorgebeugt dagestanden, in dem Versuch, eine Erektion zu verbergen, die nicht verschwinden wollte. Es war nicht wegen einer Frau, es hatte irgendwas mit der ausschweifenden Förmlichkeit des Ballsaals zu tun, mit dem Gedanken, daß diese unberührte Perfektion im Begriff war, benutzt zu werden.

Linkisch aufgerichtet, stellte ich mich auf die Seite und ließ die anderen mit den Frühankömmlingen fertig werden. Ein Dutzend Paare trafen fünfzehn Minuten vor acht ein, hauptsächlich Soldaten und Bürokraten, die auf Pünktlichkeit getrimmt waren. Niemand, so fiel mir auf, hatte für den Ball ein vollständiges Kostüm zusammengestellt. Die Frauen hatten ihre besten langen Kleider ausgegraben, die Männer führten ihre Fracks spazieren. Der Unterschied war, daß einige ihre Bibel durchgeblättert hatten, während die anderen dazu zu faul gewesen waren. Heloise Kaufman, die an Tristram Greylys Arm gekommen war, trug eine Samtrobe und eine Tiara. Sie bestand in ihrer mädchenhaften Art darauf, daß sie Maria Magdalena sei. Auf den Spitzen ihrer Tiara war eine Reihe von Teufelsköpfen eingelassen.

»Maria, die da Magdalena heißt, von welcher waren sieben Geister ausgefahren«, rezitierte sie und kicherte. Lukas 8.2.

Greyly trug einen langen Bart und hielt zwei Tafeln, die mit Kreide beschriftet waren. Er war Moses.

Es gab schon vier Evas, von denen jede einen Apfel umklammerte. Mehrere dumme Männer hatten überhaupt nicht kapiert, worum es ging, und waren mit flauschigen, weißen Bärten und Weihnachtsmannmützen erschienen. Elinor Armitage war eine der frühen Ankömmlinge, in ihrer Rolle als Gastgeberin. Sie trug ein dunkelblaues Gewand aus steifer Seide. Das Dekolleté ging ein gutes Stück über den Anfang der Busenwölbung hinaus, und lange, weiße Handschuhe betonten die runde Perfektion ihrer Arme. Sie sah sehr viel jünger aus und, angesichts meines Zustandes, unnötig sexy. Ihr biblisches Kostüm bestand in einem abgeschnittenen Puppenkopf, den sie an den

Haaren hielt. Das gab mir ein unbehagliches Gefühl. Carrick ordnete sie für Patrick und mich ein. Sie ist Salome, erklärte er. Und? fragte Patrick auffordernd. Ihm mißfiel der baumelnde Kopf noch mehr als mir. Das ist Johannes der Täufer, den sie da trägt, fügte der Reverend hinzu. Patrick sah aus, als wäre ihm übel. Er wurde von Herodes enthauptet, fuhr Carrick geduldig fort.

Sie meinen, sie ist damit herumgelaufen ...?

Carrick nickte.

Patrick stellte keine weiteren Fragen. Er schenkte sich einen großen Becher Punsch ein.

Elinor Armitages Mann, der Generalmajor, trug ein Leopardenfell über seinem Abendanzug, ohne lächerlich auszusehen. Er trug auch ein Offiziersstöckchen.

Wo haben Sie denn das Tier her, Charles, fragte der älteste Weihnachtsmann.

Vom Trommler des Regiments, erwiderte der Generalmajor mit zufriedener Miene. Er machte wilde Schlagbewegungen mit seinem Offiziersstöckchen.

Patrick warf Carrick einen fragenden Blick zu.

Kain, sagte der Kleriker, nachsichtig den Kopf schüttelnd.

Ein paar Minuten später trat Byatt ein, mit einem Schädelkäppchen und einem zottigen Bart. Der Rest von ihm war in etwas gehüllt, das wie ein stilisierter Morgenmantel aussah. Die Zigarettenspitze, die er zwischen die Zähne geklemmt hatte, war noch nie auffälliger gewesen. Er nahm sich ein Glas Punsch und steuerte auf Carrick zu.

Mutter und Kind sind noch nicht gekommen, sagte er.

Es ist noch früh, sagte Carrick. Die Krippe haben Sie ganz wunderbar hingekriegt.

Byatt nickte. Wie finden Sie mein Kostüm, fragte er, mit einer Hand selbstgefällig über seinen Morgenmantel streichend.

Carrick blickte ihn zweifelnd an. Fagin? bot er an.

Byatt lachte. Ich wollte eigentlich als Jesus kommen ... Das ist nur eine so große Verantwortung. Außerdem, mit der Krippe nebenan, schien mir ein erwachsener Jesus nicht zu passen. Und so habe ich aus den Kisten vom letzten Jahr das Shylock-Kostüm ausgepackt und beschlossen, statt dessen als Judas zu gehen.

Carrick setzte eine vorwurfsvolle Miene auf. Sie hätten vielleicht auf Mr. Jacobs Gefühle Rücksicht nehmen können.

So habe ich das gar nicht gesehen, Reverend, sagte Byatt gekränkt. Kann ich was dafür, wenn die Apostel Juden waren?

In dem Moment spielte der Pianist zu einem schnellen Walzer auf und animierte die ersten Paare dazu, auf dem riesigen Tanzparkett herumzuwirbeln. Byatt, so fiel mir auf, forderte Elinor Armitage auf, während ihr Mann galant die älteste Eva aufs Parkett führte. Im Verlauf des Tanzes wurde klar, daß das Zahlenverhältnis bei diesem Weihnachtsfest nicht stimmte: Die Frauen waren gegenüber den Männern zwei zu eins in der Überzahl. Als der dritte Walzer anfing, war diese Unausgeglichenheit zur Peinlichkeit geworden: Es gab mehr Mauerblümchen als Tänzerinnen. Frauen, hübsche, begehrenswerte Frauen, standen am Rand des verzauberten Platzes, den die Tänzer heftig in Bewegung brachten, nippten an ihren Getränken oder redeten mit anderen begehrenswerten Frauen, während sie sich anstrengten, unbekümmert zu wirken.

Es war ein Zeichen der Zeit. In einem normalen Jahr wären die meisten mit ihren Ehemännern wieder in die Ebenen zurückgekehrt, aber die Rebellion im letzten August, gefolgt von der Hungersnot und den Gerüchten über Volksseuchen (vor denen Ammi geflüchtet war), hatten sie davon abgehalten, runterzufahren. So waren sie also hier – Mütter, Töchter, Schwestern, Ehefrauen – und schwebten wie Gespenster an den Rändern des fröhlichsten Wirbels, den Simla in der Nebensaison je erlebt hatte.

Der Generalmajor übernahm das Kommando. Für alle Kriegszeitknappheiten gab es eine vorgeschriebene Prozedur: Rationierung. Ein Wort hier, ein Blick dort, und das Muster auf dem Parkett veränderte sich – jedesmal wenn die Musik neu begann, forderten die Männer jene Damen auf, die beim Tanz zuvor an den Rändern geschmachtet hatten. Armitage ging mit edlem Beispiel voran, indem er in schneller Reihenfolge die fünf häßlichsten Frauen im Saal aufforderte.

Kurz nach neun war das Tanzen in vollem Gange. Im allgemeinen tranken die Frauen mehr als die Männer. Nach der Anordnung des Generalmajors mußten sie jeden zweiten Tanz aussetzen, und sie füllten diese Pausen mit Punsch. Einige der jüngeren Frauen, vom Alkohol beschwingt und nicht bereit zu warten, bis sie wieder an der Reihe waren, hatten angefangen, miteinander zu tanzen. Der Reverend, der nicht tanzte, lächelte nachsichtig über diese beherzte Demonstration von Selbsthilfe. Einige andere, einschließlich des Generalmajors, wirkten erschrocken und unbehaglich, aber es war Weihnachten, und es lag Unschuld in der Luft – oder es sollte –, und so wirbelten kichernde Paare unkontrolliert umher.

Byatt und Elinor Armitage waren beide für fast eine Viertelstunde verschwunden. Sie waren getrennt gegangen und kehrten im Abstand von ein paar Minuten wieder. Sie standen nach ihrer Rückkehr lange Zeit vor verschiedenen Kaminen, aber ich war mir sicher, daß sie an einem kälteren Ort ein Tête-à-tête gehabt hatten. Ihr Mann schien aber nichts zu bemerken, nicht einmal als Byatt Elinor zu einem Walzer aufforderte und sie viel zu eng hielt. Es gab ein paar Frauen in dieser Versammlung, die ich gerne so gehalten hätte ... Außer für die Drachen, die der General bei seinen Pflichttänzen ausgewählt hatte, hätte ich mir sogar die Haut abziehen lassen, wenn ich dafür irgendeine dieser Frauen im legalen Lustgriff eines Berührungstanzes hätte halten dürfen. Aber niemand dachte daran, indische Kellner zu bitten, das Zahlenverhältnis auszugleichen, und so kämpfte ich mit der Ausbuchtung vorne in meiner Hose, bis ich wieder gesellschaftsfähig war, und fragte mich, wann dieses zusammengeballte Sehnen wieder weggehen würde.

Ich hatte zehn Minuten rhythmischen Atmens gebraucht, um die Dinge wieder unter Kontrolle zu bringen, und war gerade im Begriff, meine Kellnerpflichten wieder aufzunehmen und das Tischtuch aus dem Wäscheraum zu holen (das Buffet war für zehn Uhr angesetzt), als Delia ihren Auftritt machte. Er war zeitlich gut plaziert, weil er mit einer Flaute beim Tanzen zusammenfiel, so daß sie jedermanns Aufmerksamkeit bekam. Sie ließ ihren Mantel fallen, und plötzlich wurde die Luft im Ballsaal dünn, als die versammelten Männer den Atem anhielten.

Mein erster Eindruck war weißer Stoff und nackte Haut, irgend etwas Gefaltetes wie ein Sari, aber ohne Bluse getragen – und sogar ohne Unterrock. Dann konnte ich das Kostüm einordnen. Es war das Kleidungsstück, das griechische Schauspielerinnen für das Ritual des Flammenentzündens trugen, mit dem die Olympischen Spiele eröffnet wurden. Eigentlich zeigte sie nicht viel – bloß Arme, Hals und Schlüsselbein, und die Falten vorne verdeckten ganz gut –, aber sie schaffte es trotzdem, an eine lüsterne attische Matrone zu erinnern, die zur Paarung in einen Olivenhain gekommen ist.

Es gab einen Ansturm auf sie, und sie wurde zu drei Tänzen hintereinander aufgefordert – aber dann gewann die Kriegszeitdisziplin wieder die Oberhand, und Delia mußte feststellen, daß sie jeden zweiten Tanz auszusetzen hatte, wie die anderen. Einige der jüngeren Mädchen, wie

Esther Waters, hatten ihre Verehrer von der Tanzfläche weg in abge-schirmte Winkel hineinmanövriert, die von den tapezierten Säulen ge-bildet wurden, die den Ballsaal säumten. Ich sah, wie Delia ihnen sehnsüchtig nachblickte, aber sie konnte es ihnen nicht gleichtun, da sie keinen Partner hatte. Während ich zusah, füllte und leerte sie ihr Glas mehrere Male. Carrick, der den Ballsaal eine Zeitlang verlassen hatte, kam wieder, und sowohl Patrick als auch ich baten ihn, die biblische Fi-gur zu identifizieren, die Delia in ihrem Toga-Kostüm darstellte. Carrick taxierte sie mit einem professionellen Blick und machte ein paar nach-denkliche Geräusche, aber dann kam er nur mit dem Alten Testament, natürlich. Was Patrick mit einem verächtlichen Schnauben quittierte.

Wieso fragen Sie sie nicht, drängte er den Reverend.

Na gut, sagte Carrick ruhig, und steuerte auf das Fenster zu, wo De-lia Positur eingenommen hatte.

Er kam errötend wieder.

Was hat sie gesagt, fragte Patrick flehend.

Carrick faßte sich, indem er ein Glas Punsch leerte. Dann wischte er sich das Gesicht und begann vor sich hinzulachen.

Nun, sagen Sie schon, drängte Patrick.

Ich hab sie gefragt, wen sie darstellt, sagte Carrick. Sie hat gesagt, das würde sie mir nicht sagen, aber sie könne mir zeigen, wo ich nachsehen müßte.

Und, soufflierte Patrick.

Sie hat gesagt, der Name sei in Rot unter ihrem Kleid und über ihr Herz geschrieben!

Patrick hielt den Atem an. Ich gab mein Vorhaben auf, quer durch den ganzen Ballsaal zu gehen, um das Tischtuch zu holen. Statt dessen setzte ich mich langsam hin und schlug wieder die Beine übereinander.

Etwas später – es ging schon auf die Abendessenszeit zu – machte ich mich schließlich auf den Weg zum Wäscheraum. Die toasterartige Wärme drinnen hatte es geschafft – das Tischtuch war völlig trocken. Ich achtete darauf, daß ich keinen Staub aufwirbelte, faltete das Tisch-tuch zusammen und trug es aus dem Raum, über beide Arme drapiert wie ein Ordenskissen bei einer Krönung. Ich stieß die Tür mit meinem Hintern auf und machte eine vorsichtige Drehung, um die Ränder des Tischtuchs vor dem potentiell staubigen Türrahmen zu schützen. Nach dem abgeschlossenen Manöver gestattete ich mir aufzublicken – und sah Delias Gesicht in Kußdistanz vor meinem.

Ich muß sie erschreckt haben, wie ich so plötzlich aus der Täfelung erschien, denn sie fing unwillkürlich an zu erklären, daß sie gekommen sei, um einen Blick auf die Krippe zu werfen. Aber dann bemerkte sie meine Kellneruniform und hielt inne – einem Bediensteten gegenüber brauchte sie keine Erklärungen abzugeben.

Was ist da drin, fragte sie herrisch.

Immer noch die Tür mit meinem Hintern aufhaltend, wich ich weiter zurück, damit sie hineinsehen konnte. Sie raffte den Saum ihrer Toga, ging hinein und inspizierte den Raum mit großem Interesse, als wäre es ein rätselhafter, geheimnisvoller Ort und nicht bloß ein stickiges, überheiztes Loch, ausgestattet mit Rohren, Staub und nach Mottenkugeln riechenden Teppichen. Dann wandte sie sich um, in ihren Augen ein Funkeln unerklärlicher Begeisterung, und steuerte wieder Richtung Ballsaal.

Ich folgte langsamer und fragte mich, wann dieser Abend zu Ende gehen würde, und ob mehr Punsch es beschleunigen könnte. Die Menge im Ballsaal war durch zwei Weise aus dem Orient vergrößert worden, die ich ohne jegliche Hilfe vom Reverend identifizierte, weil sie Turbane trugen und ihre Haut geschminkt hatten. Außerdem klimperte einer hilfreich mit einem Samtbeutel, um sein Goldgeschenk anzukündigen, und der andere hatte brennende Räucherstäbchen in der Krone seines Turbans. Ich fühlte mich leicht betrogen, weil keine vollständige Besetzung von drei erschienen war – seit meiner ersten Bibelstunde in St. Xavier's hatte ich immer wissen wollen, wie das mit der Myrrhe war.

Ich erkannte sie nicht sogleich, weil sie ihre Haut in einem dunklen Schokoladenbraun gefärbt hatten. Ich nahm einfach an, daß es angemalte Weiße waren. Dann sah ich den Weihrauchtragenden mit den Fingern durch seinen Nebukadnezar-Bart streichen, in einer Geste, die ich von einer Moschee zwischen Eisenbahngleisen kannte – und begriff, daß dieser Weise kein gefärbter Weißer, sondern ein dunkler getönter Brauner war. Es war Masroor.

Meine Eingeweide ballten sich in einem Krampf von Eifersucht zusammen. Was hatte er auf dem Ball zu suchen? Ich wußte, daß er sich die Fünfzig-Rupien-Karte nicht leisten konnte. Die Antwort lag in der Identität des zweiten Weißen, der wie Masroor authentisch aus dem Orient stammte: Cyrus Dastoor. Er muß hinter der Sache gesteckt haben.

Und so war es. Masroor stolzierte zu mir herüber und ließ mich ein

Glas für ihn schöpfen, bevor er das Theater aufgab und erklärte. Mr. Jacob, sagte er, hat befunden, daß er krank ist, und Cyrus seine Eintrittskarte gegeben, der sie mir gegeben hat. Ich mußte Parwana und die Kinder sehen, sagte er ernst.

Als er den Schreck auf meinem Gesicht sah, hob er beruhigend die Hand. Ich werde sie nicht ansprechen. Ich werde einfach in der Ecke stehen und schauen.

Aber sie könnte dich sehen, wandte ich ein.

Masroor schüttelte den Kopf. Sie wird sich nicht an mein Gesicht erinnern, sagte er traurig. Selbst wenn, werden mich der Turban und diese Schminke verbergen.

Die Musik begann wieder, und die Paare gruppierten sich neu. Masroor und Cyrus schlenderten zur Tanzfläche, von der Aufregung angezogen, aber unsicher über ihre Aufnahme – sie waren die einzigen beiden Inder im Ballsaal, die Kellner nicht mitgezählt. Grübelnd sah ich sie weggehen. Jede Arbeit war jetzt bedrückender, jede Minute länger, jetzt da ich wußte, daß Inder im Raum waren und sich amüsierten. Als Gäste! Ich konnte auch sehen, daß das Abendessen auf unbestimmte Zeit verschoben war – niemand zeigte irgendwelche Anzeichen, die Tanzfläche verlassen zu wollen.

Nichts passierte während der ersten paar Tänze. Cyrus tauschte mit Byatt und einigen anderen, die er aus seiner kurzen Phase am Gaiety kannte, ein Kopfnicken aus. Masroor kannte niemanden und füllte deswegen seine Zeit mit Zigaretten, was auf bizarre Weise fromm aussah, da sich Schwaden von Räucherstäbchen und Tabak wie ein Heiligenschein um seinen Kopf legten. Niemand forderte ihn zum Tanzen auf – das konnte einerseits an Vorurteilen liegen, aber andererseits sollten es ja die Männer sein, die aufforderten. Er stand da und beobachtete die Tänzer, während er stetig trank und gelegentlich ein Wort mit Cyrus wechselte. Das tat er auch, als Delia ihn einfing.

Was nicht weiter überraschend war. Ich hatte gesehen, daß sie ihn schon eine ganze Weile beobachtete. Er war jung, gut aussehend und eindeutig ohne Begleitung. Sie war ihm auch schon bei Mowbray's zugetan gewesen – ich erinnerte mich, wie Masroor geklagt hatte, daß sie ihn nervös gemacht habe, als er ihr die Regale gezeigt hatte. Ich war also nicht überrascht, als sie ihn in einen Tanz hineinmanövrierte – nur erfüllt von Neid und der Ungerechtigkeit der ganzen Geschichte.

Er konnte nicht tanzen, und so brachte sie es ihm bei, indem sie ihn wie ein Mann an den Hüften hielt, um ihn führen zu können. Die Leute schauten, aber sie ignorierte sie, hielt ihn eng an sich gedrückt und lehnte sich an seinen Arm, wenn sie nicht hinsahen. Zweimal verschwanden sie in eine der dunklen Ecken, in die Delia früher am Abend die anderen Paare hatte verschwinden sehen. Beide Male erschien Masroor wieder zerzaust, gerötet und ein wenig gehetzt aussehend. Einen Moment lang hatte ich den Eindruck, daß er sie loswerden wollte. Es muß eine optische Täuschung gewesen sein: Er wurde von einer erregten älteren Frau verfolgt – was ungefähr so war, wie von einer nackten Vampirin abgeleckt zu werden –, wieso sollte er bedrückt aussehen?

Ich wandte mich mit einem Seufzer von ihnen ab und konzentrierte mich darauf, den Tisch zu decken, jetzt da das Tischtuch ausgebreitet war. Es gab soviel, wofür ich dankbar zu sein hatte, sagte ich mir: Es war schwierig, Masroor auf der Party zu haben, aber wieviel schlimmer wäre es gewesen, wenn der Reverend beschlossen hätte, Ammi oder Asharfi oder beide einzuladen.

Während ich mir das durch den Kopf gehen ließ, verteilte ich das Geschirr und merkte nicht sogleich, daß Carrick neben mir stand und mit mir redete.

... eine Limonade oder irgendwas. Sehen Sie nur zu, daß Sie ihr nichts Alkoholisches bringen. Ihre Mutter wird mir den Kopf abreißen. Sie hat sich nur bereit erklärt, sie kommen zu lassen, weil ich ihr versprochen habe, daß Schwester Magdalena oder ich jede Sekunde, die sie hier ist, auf sie aufpassen werden. Und auch nur für eine Stunde, nachdem das Tanzen vorbei ist. Er hielt inne und blickte hilflos auf das belebte Tanzparkett. Na ja, es sollte inzwischen eigentlich vorbei sein, sagte er entschuldigend, halb zu sich selbst. Kümmern Sie sich also gut um sie, und geben Sie ihr nicht aus Versehen Punsch oder Wein. Er betupfte sich das Gesicht mit einem Taschentuch. Es war Schwerarbeit, sie hierherzubekommen, aber ich fand, es sollte zumindest eine von ihnen hier sein. Schließlich sind die meisten Bauern, die da drüben sterben, Muslims, sagte er vage.

Ich riß den Kopf hoch. Das konnte doch nicht wahr sein! Aber da war sie und saß mit großen Augen am mittleren Kamin, neben einer Nonne, und sah wunderschön in ihrem pfirsichfarbenen Satin-Gharara aus.

Asharfi.

Ohne zu überlegen, wandte ich mich ab, damit sie mich nicht erkannte, und schlüpfte aus dem Raum. Plötzlich war der Ball ein Alptraum – Parwana, die für das Krippenspiel erwartet wurde, Asharfi und Masroor im Ballsaal – und alle unter einem Dach. Da schien das Schlimmste möglich: Enthüllungen, Verzweiflung, Elend. Ich wollte nur noch hinter der Bühne sein, wenn der Vorhang zu dieser Farce über einen Bruder, eine Schwester und die Frau, die sie beide liebten, aufging.

Ich hörte hinter mir Schritte, die meinen eigenen folgten. Als ich mich umblickte, sah ich Masroor, der sich aus dem Ballsaal gedrückt hatte – er ergriff ebenfalls Fluchtmaßnahmen. Ich blieb nicht stehen, um meine Erfahrungen mit ihm auszutauschen. Das letzte, was ich wollte, war Gesellschaft. Frieden war ein Ort ohne Menschen, wo nichts passierte. In der dunklen, fensterlosen Wärme des Wäscheraumes fand ich ihn.

Die Zeit stand still. Lichtjahre später tappten Schritte an der Tür vorbei und schienen nebenan stehenzubleiben, in der Nähe der Krippe. Sekunden, Eiszeiten später schlugen andere, leichtere, Schritte die gleiche Route ein. Dann nichts mehr. Die edle Stille einer geologischen Epoche, bevor Leben die Erde erfüllte. Fischlose Ozeane gurgelten in den Boilerrohren, während Kontinente sich verschoben. Der Ätna rumpelte in meinem Bauch. Waren sie jetzt bereit fürs Abendessen?

Patrick würde schon nach mir suchen, aber im Moment wollte ich noch nicht in den geselligen Lärm zurückkehren. Ich würde mich noch etwas ausruhen, und wenn ich bereit war, zurückzugehen, würde ich das Licht anmachen und das Hier und Jetzt wieder sichtbar werden lassen. Ich schloß die Augen ... Es waren drei lange Tage gewesen.

Ich wachte in einem Durcheinander von Geräuschen auf: miauende, küssende Laute, eine Männerstimme, die nein sagte, sich wiederholte, eine rauhe Frauenstimme, die nach einem Kuli rief, ein Handgemenge bei der Tür – der Tür? Die Tür zum Wäscheraum war mehr als halb geöffnet. Im matten Glanz des schwach erleuchteten Ganges sah ich die Silhouette einer Frau, deren Schultern bebten. Hellwach, aber völlig desorientiert, hielt ich die Luft an und versuchte nachzudenken. Hatte ich die Party durchgeschlafen und suchten sie mich jetzt ... Aber sie hatte nach einem Kuli gerufen, nicht nach einem Kellner. Die Frauensilhouette schluchzte leicht, aber zwischen ihren mühsamen Atemzügen sagte sie wütend Kuli und Landstreicher!

Ich hatte meine Orientierung immer noch nicht gefunden, als sie hereintrat und die Tür hinter sich zumachte, wodurch der Raum wieder stockdunkel wurde. Ich hörte sie rascheln, als sie sich gegen die Tür lehnte und versuchte, ihre Fassung wiederzufinden, indem sie lange, bebende Atemzüge machte. Dreckskerl, zischte sie atemlos. Eunuch! rief sie in die Dunkelheit hinein. Ich begann wieder vorsichtig zu atmen. Mich suchte sie offenbar nicht.

Ich hatte die Silhouette erkannt: Es war Delia. Wahrscheinlich hatte sie Masroor verfolgt, als er aus dem Ballsaal geflüchtet war, in der Hoffnung, mit ihm schmusen zu können. Sie mußte ihn bei der Krippe in sehnsüchtiger Betrachtung von Parwana gefunden haben. Ich erinnerte mich an das Glänzen ihrer Augen früher am Abend, als sie den Wäscheraum entdeckt hatte. Hatte sie ihn sich als einen gemütlichen Platz für ein Stelldichein vorgemerkt? Fast hätte sie Masroor hineinbekommen. Vielleicht hatte ihn das Versprechen von Delias Tunika bis zur Tür gelockt, wo die wahre Liebe triumphierte und er den Willen zur Flucht wiederfand? Vielleicht. Jedenfalls war sie jetzt hier, an die Tür drapiert, weinte vor Wut, eindeutig eine zurückgewiesene Frau.

Eine Zeitlang saß ich völlig bewegungslos da, flach und lautlos atmend, und wartete darauf, daß sie wieder ging. Es verstrichen Minuten, ihre unregelmäßige Atmung kam unverändert aus der gleichen Ecke. Ich spitzte die Ohren, um irgendwelche Bewegungen zu hören, die darauf hindeuteten, daß sie vorhatte zu gehen, aber es geschah nichts. Es war schwer, in einem stillen, stockdunklen Raum den Ablauf der Zeit einzuschätzen: Keine Uhr machte ticktack, keine Schatten wurden länger. Ich begann zu zählen, wie oft sie ausatmete, und kam bis einhundertvierundvierzig, bevor ich in Panik geriet. Patrick würde inzwischen außer sich sein, wo es soviel Arbeit mit dem Servieren beim Buffet und dem Wegräumen der Sachen gab.

Nach dem Zeitplan, den Carrick aufgestellt hatte, war eine halbe Stunde für Drinks nach dem Abendessen vorgesehen, um elf sollten dann alle zur Krippe und zum Weihnachtssingen hinübergehen. Ich mußte raus – vor allem, weil ich dringend pinkeln mußte. Dieser ganze Punsch, den ich getrunken hatte, war in meine Blase gesickert und hatte mir eine nächtliche Version des frühmorgendlichen Zustands beschert: eine Erektion. Das hatte nichts mit Lust zu tun, es war einfach ein Symptom des in meinem Innern aufgestauten Urins.

Dann hörte ich, wie sie sich bewegte und anspannte, und wartete auf das Licht, das sie hereinlassen würde, wenn sie die Tür aufmachte. Sie bewegte sich weiter, aber nichts änderte sich an der vollkommenen Dunkelheit. Ich lauschte angestrengter – es hörte sich an, als würden sich Handflächen an der Wand entlangtasten. Sie suchte den Licht-schalter, nicht den Ausgang. Was bedeutete, daß sie nicht die Tür ver-sperrte! Ich rappelte mich schnell auf und schlich zur Tür, die Arme wie Insektenfühler ausgestreckt, vorsichtig tastend. Zum Glück fand ich den Türgriff beim ersten Hinfassen, schlüpfte hinaus und schloß die Tür hinter mir.

Ich warf einen Blick in den Krippenspielraum, um zu sehen, ob das Weihnachtssingen schon begonnen hatte, und war erleichtert. Es hatte noch nicht angefangen. Es war früher, als ich gedacht hatte. Parwana und das Kind waren auf ihren Plätzen und schliefen fest, vom Feuer gewärmt und in eine passend rauhe Decke gehüllt. Das elektrische Licht war ausgeschaltet worden, so daß der Raum im flackernden Licht des Kamins zitterte wie eine Krippenspielszene auf einem Kalender, die anfängt, lebendig zu werden.

Meine Blase brachte sich mit einem Stich in Erinnerung, und ich ging den Gang entlang zu den Toiletten. Kaum war ich an dem Wäscheraum zu meiner Rechten vorbeigekommen, als ich einen pfir-sichroten Gharara und eine schwarze Soutane aus dem Ballsaal am an-dern Ende herauswogen sah. Asharfi und Carrick kamen mir entgegen – der lästige alte Dummkopf wollte ihr die Krippe zeigen.

Meine Füße hielten im Schritt inne und traten seitlich durch die Tür des Wäscheraums in das Refugium der Dunkelheit. Delia hatte den Lichtschalter noch nicht gefunden. Aber das Geräusch der Tür, die mit einem dumpfen Schlag zuging, unterbrach ihre Sucherei. Ich hörte ihre Kleider rascheln, als sie sich in die Richtung des Geräusches drehte. Dann Schritte, und plötzlich wurde ich durch einen Körper gegen die Tür gepreßt. Zwei starke Hände drehten meinen Kopf herum, während ein unsichtbarer Mund, der sich in meinem Hals vergrub, undeutlich raunte: Du bist wieder da, du bist wieder da!

Selbst in diesem Moment – während heiße Wallungen die Grenzen des Wachstums auf die Probe stellten – bildete ich mir nicht ein, daß sie eigentlich mich haben wollte. Sie dachte wahrscheinlich, daß Masroor es sich anders überlegt hatte und zu ihr zurückgekehrt war. Verwechslung der Identität. Dann steckte sie ihre Zunge in mein Ohr, und ich hörte auf, über die Vorspiegelung falscher Tatsachen nachzudenken. Ich war unschuldig. Ich hatte nicht versucht, mich als Masroor auszugeben. Er war um Zentimeter größer und um Zentimeter dünner. Er trug auch einen Bart und hatte brennende Räucherstäbchen in seinem Turban. Sie hätte den Unterschied feststellen müssen. Es sei denn, sie wollte es nicht. Was möglich war. Sie war schließlich eine Frau, die Maugham las, die wußte, daß Ehebruch in den Tropen unvermeidlich war. Vor allem in einem heißen, schwarzen, gesichtslosen Raum, der gegen Zeit, Schuld und Folgen durch einbalsamierende Dunkelheit abgeschirmt war.

Sie entfernte ihre Zunge aus meinem Ohr und schob sie in meinen Mund, während sie mich auf den Boden drückte, bis sie rittlings auf meinen Oberschenkeln saß. Ich vergaß völlig, daß ich pinkeln und atmen mußte – das einzige Gefühl, das mir noch in meinem Körper blieb, war das von eingequetschter Erregung.

Gierige Finger schnappten die Knöpfe meines Hosenstalls auf, zerrten an meiner Unterhose und griffen hinein. Ihre Hand hätte zweimal rumgepaßt, und es wäre immer noch Platz gewesen, so daß ich ihr nicht glaubte, als sie, mit hauchender Stimme, mein Samson sagte. Ich war im Dunkeln blind und hilflos vor Erregung. Dies immerhin paßte. Hieß das, daß sie als Delila kostümiert war? Ich merkte plötzlich, daß ich auf dem Rücken lag und sie die ganze Arbeit machen ließ. Sie sollte nicht denken, daß ich keine Ahnung von Vorspiel hätte oder daß es mein erstes Mal sei, selbst wenn das der Fall war, und so lenkte ich meine Hand unter den Saum ihres Gewandes und ihre Beine hoch. Meine Finger begegneten ihrem Schlüpfer früher als erwartet – ich begriff, daß sie eine lange Unterhose aus irgendeinem glatten Satinstoff trug. Ich kam nur so weit, dann schlug sie mir meine Hand weg und drückte ihre Faust bedrohlich zu, und sagte mehrmals nein, als wäre es ihr ernst. Also hörte ich auf. Sie zog ihren Schlüpfer selbst herunter. Ich konnte nicht sehen, daß sie es tat, aber ich wußte es, weil sie plötzlich nicht mehr auf meinen Oberschenkeln saß und ich Geräusche hörte – das Klacken ihrer Schuhe, als sie sich von einem Bein aufs andere stellte, um aus ihrer Unterwäsche herauszusteigen, das Rascheln von Stoff, als er an ihr herabsank.

Die ganze Zeit lag ich völlig still da und versuchte mit aller Willenskraft, nicht schlappzumachen. Der Gedanke, auf Halbmast zu sein, wenn ihre Hand wiederkam, ließ meinen Mund austrocknen. Ich war, vor langer Zeit, schon einmal im Stich gelassen worden, und so dachte ich an ihn in der dritten Person und respektierte seine Autonomie. Zum Glück war diesmal die Steifheit durch Pisse garantiert, so daß Delia nicht suchen gehen mußte, als sie sich wieder auf meine Oberschenkel herabließ. Ich ging zur Mundatmung über, als sie sich vorbeugte und ihre Knie zu beiden Seiten von mir verankerte. Dann, sehr langsam, mit der Vorsicht eines Menschen, der im Begriff ist, sich mit einem stumpfen Instrument aufzuspießen, ließ sie sich in die Hocke herab. Es ging mühelos, jedenfalls die ersten zwei Zentimeter. Ich war säuberlich mit Wärme bedeckt, und ich hatte noch nichts bewegt. Dann hielt sie inne, und eine Weile blieben wir so, eingepaßt, aber noch unverbunden. Ich hörte auf zu atmen, das heißt, ich hielt den Atem an und wartete darauf, daß sie sich ganz hinunterdrückte. Ich konnte mein Herz heftig in meiner luftgefüllten Brust schlagen hören: Dum, dum, dum ... Stolze Visionen jagten mir durch den Kopf und erleuchteten die Finsternis: meine Männlichkeit, die auf ihrem Kopf eine weiße Frau trug wie einen Hut, meine Wurzel, die einen Weihnachtsbaum hochhielt.

Dann bewegte sie sich, und die zentimeterdicke Stille wurde durch Schreie zerrissen. Plötzlich war ich derjenige, der hockte und die Ruinen meiner Erregung in den Händen hielt. Durch die Wundheit und die Schmerzensschreie hallte in meinem Kopf eine einzige Frage: Wenn sie diejenige ist, die aufgespießt wird, wieso schreie ich dann? Schwach, in irgendeiner Ecke meines Kopfes, hörte ich Delia fluchen und rascheln, aber ich hielt mich nicht auf, um zuzuhören. Meine Hose hochziehend floh ich halb kriechend zur Tür, taumelte hinaus und suchte nach einem ungestörten Ort, wo ich mich in Ruhe untersuchen konnte. Ich kam mir vor, als wäre ich mit einem Brieföffner enthäutet worden.

Die Toilette war leer. Ich hinkte zu einem der Pissoirbecken und ließ meine Hose herunter. In böser Vorahnung stöhnend, überprüfte ich zaghaft den Schaden. Ich erwartete, meine unelastische Vorhaut völlig zerfetzt vorzufinden, aber sie war in einem Stück. Aber es gab einen Bluterguß, eine runde Verfärbung, die das obere Ende umspannte wie ein halbherziges blaues Auge.

Unglücklicherweise stürmte Patrick gerade in diesem Moment in die Toilette und ertappte mich mit vollen Händen.

Gnädiger Gott, sagte er mit zittender Stimme und wandte den Blick ab. Hat deine verdammte Mutter dir denn nie gesagt, daß du davon blind wirst? Er hielt inne und holte tief Luft. Du hast eine Minute Zeit, in den Ballsaal zu gehen und Drinks zu servieren, du wichsender Heide. Er machte kehrt und steuerte auf die Tür zu. Er hatte sie fast erreicht, als er mitten im Schritt erstarrte und herumwirbelte. Aber wasch dir zuerst deine Wichserfinger!

Als ich zurückkehrte, um meine Pflichten wieder aufzunehmen, sang gerade ein Haufen rauh, aber herzlich aussehender alter Männer mit verzweifeltem, betrunkenem Gefühl »Auld Lang Syne«. Ihre Frauen sahen zu, zurückhaltend, aber aufmunternd lächelnd, doch zu fein, um mitzusingen. Von Asharfi war nichts zu sehen, sie war also noch im Krippenraum bei Parwana. Ich geriet nicht in Panik, weil Masroor nicht bei ihnen war. Er war nicht zu übersehen im Ballsaal, er stand mit mürrischer Miene mit seiner Kaffeetasse neben einem Kamin. Früher oder später würde er die Krippe besuchen, weil das Krippenspiel der krönende Höhepunkt des Balls war, und das Weihnachtssingen sollte in einer Viertelstunde beginnen. Aber solange er mit den anderen und zur festgesetzten Zeit kam und nicht früher oder allein, bestand die entfernte Chance, daß Asharfi und er durch die Menschenmenge getrennt bleiben würden.

Aus dem Augenwinkel sah ich Delia, zerzaust, aber züchtig, hereinkommen. Instinktiv zog ich den Kopf ein und starrte auf den Boden und betete, daß das Parkett sich auftäte und mich verschluckte. Ich wagte einen Blick auf sie – sie sah mich nicht an. Was nicht überraschend war. Sie wußte ja nicht, daß ich mit ihr in dem verdunkelten Raum zusammen gewesen war. Aber ich wußte es ... Ich spürte heiße Flecken von Schamröte mein Gesicht und meine Ohren wie ein bösartiges Geburtsmal verfärben. Ich stellte das Tablett hin und floh in die Küche, wo ich mir so lange das Gesicht wusch, bis es wieder die richtige Farbe zu haben schien. Als ich zum Ballsaal zurückkehrte, war Masroor verschwunden.

Alle anderen waren da – Delia, der Reverend, die übrigen ... nur Asharfi und Masroor fehlten. Selbst als mich meine Füße eilig zur Tür beförderten, bemerkte ich noch, distanziert, wie Patrick von der anderen Seite auf mich zusteuerte. Er sah so aus, als könnte er beißen. Ich ignorierte ihn, ging durch die Tür, und während ich meinen Schritt beschleunigte, ließ ich mir einen kläglichen, mickrigen Plan durch den Kopf gehen, um Masroor im Gang abzufangen. Der Plan war ein Totgeburt – der Gang war leer. Ich verlangsamte meine Schritte, es schien jetzt keinen Grund mehr zur Eile zu geben. Sofern ich mich nicht irrte und Masroor nur zum Pinkeln ausgetreten war, hatten sich die Geschwister im Krippenraum wiedervereint. Das Schlimmste war schon passiert. Ich fragte mich, was sie sich gerade sagten.

Sie sagten nichts. Im Krippenraum war es still, und in der vom Feuer erleuchteten Düsterkeit brauchten meine Augen eine Sekunde, um sie zu erkennen. Masroor stand ungefähr in der Mitte des Raumes, ein paar Schritte entfernt von dem von Byatt entworfenen Strohbett, die Fingerknöchel im Mund, und sah vollkommen verzweifelt aus. Parwana lag halb auf dem Stroh, auf ihre Ellbogen gestützt, erstarrt und blaß. An ihrer Seite hockte Asharfi, den Arm um ihren Hals gelegt, das Gesicht Masroor zugewandt, starr vor Schreck und Schuldgefühl. Es sah unnatürlich aus – wie Schauspieler, die für ein Werbeplakat posierten. Aber es war nur zu wirklich. Ich dachte, ich hätte mir schon das Schlimmste vorgestellt, aber nichts konnte so schlimm sein wie das hier. Irgendeine streng objektive Nische in meinem Gehirn registrierte, daß beide Mädchen ihre Kleider anhatten, aber das bedeutete nicht viel. Die ganze Szene hatte ein Atmosphäre von in-flagranti-ertappt. Hätte man den Film etwas zurückgespult, hätte man sehen können, wie sie sich küßten. Der Raum blieb fünf Sekunden lang still – dann muhte das Kalb und brachte das Kind zum Weinen.

Ich stellte fest, daß ich den Atem angehalten hatte, und atmete aus. In der Ferne konnte ich die fröhlichen Laute feiernder Menschen hören – die Weihnachtssänger rückten an. Sie kamen den Gang entlang und sangen »Noel«, um dem Kind, das ihre Welt gerettet hatte, ein Ständchen zu bringen.

Ich hatte meine gerade verloren.

Schon wieder.

Ein Teil von mir selbst

Die nächsten neunzehn Monate verbrachte ich in Simla, wo ich das Alleinsein aus erster Hand kennenlernte. Gegen Ende dieser anderthalb Jahre, als aus dem Alleinsein Einsamkeit geworden war, überlegte ich, wieviel von der Geschichte jenes Weihnachtsabends Ammi und meiner Großmutter zu Gehör gelangt war. Ihre Familien hatten Simla innerhalb einer Woche nach dem Ball verlassen. Dadi, Parwana und der Richter fuhren am nächsten Abend, Masroor folgte drei Tage später. Er hatte eine finstere, verschlossene Miene aufgesetzt und lehnte mein Angebot, ihn zum Bahnhof zu begleiten, mit kühler Höflichkeit ab. Ein Kellner aus dem Cecil, der an jenem Abend zufällig auch am Bahnhof war, berichtete, daß Ammi und Asharfi mit demselben Zug abgereist waren; er war sich jedoch nicht sicher, ob sie Masroor begleitet hatten.

Ich verschwendete keinen weiteren Gedanken an ihre Abreise. Damals war es eine gewisse Erleichterung, nicht über andere Menschen nachdenken zu müssen. Für die Woche zwischen Heiligabend und Silvester kreisten meine Gedanken ausschließlich um den Schmerz in meinem Schritt und die unerledigte Angelegenheit mit Delia.

Ich verbrachte Stunden in der Toilette damit, meine Vorhaut vor- und zurückzuschieben. Es nützte jedoch nichts – im Gegensatz zu einer elastischen Hose weitet sich eine Vorhaut durch ständige Benutzung nicht. Mein Groll verlieh meinen Phantasien eine patriotische Färbung. Eines Nachmittags, bei einem unruhigen Schläfchen, träumte ich, Delia hätte sich, in einen Union Jack gehüllt, auf mich gelegt ...

Dann, eines Morgens, war das Jahr 1944 da. Neujahr. Von meinem Fenster aus zeigte sich die Welt als schwarzweißes Viereck – was nicht weiß und schneebedeckt war, bildete einen schwarzen Kontrast dazu. Das Grün der Blätter, das Blau des Himmels, das Rot der spitzen

Dächer auf den Hügeln – alles lag unter einer dicken Rauhreifschicht. Schwarze Stämme, dunkle Wolken und finstere, graue Mauern gaben dem Weiß deutliche Konturen. Die Fensterscheiben waren auf beiden Seiten zugefroren, das Wasser in meiner Kloschüssel hatte eine dünne Eisschicht, und dennoch spürte ich, wie sich meine Lebensgeister rührten ... Denn die Welt da draußen sah neu und unbenutzt aus, wie die noch unausgefüllten Flächen in einem Malbuch.

Ich wollte eine neue Seite aufschlagen, einen frischen Start wagen. Es schien mir unvorstellbar, daß die Jahre vor mir von einer unbeweglichen Vorhaut getrübt sein sollten. Es ging mir nicht nur um Sex, auch romantische Liebe in ihrer vergeistigtsten Form gedeiht nur unter der Voraussetzung, daß eine wirkliche Vereinigung möglich ist. Ich erschauderte und ließ beide Hände in meine Hosentaschen gleiten. Durch die Kleider fand ich die Spitze meiner Vorhaut. Vorsichtig zupfte ich daran. Es tat nicht weh. Ich faßte meinen Neujahrsbeschluß.

Es war ein Uhr morgens und nicht mehr Neujahr, als der Zug unter einer großen Dampfwolke in den Bahnhof von Kalka einfuhr. Wegen des Neuschnees auf der Schmalspurstrecke war der Zug nur im Kriechtempo vorangekommen. Es gelang mir, im Wartesaal der zweiten Klasse ein Bett für die Nacht zu bekommen. Es war ein langer Schlafsaal mit zehn Betten, zehn Nachttischen und einer Feuerstelle. Zwar brannte kein Feuer, aber wegen der großen Kälte bekamen wir zwei Wolldecken zusätzlich zu den drei üblichen. Das Bettzeug roch nach Kohle und Ruhelosigkeit.

Ich schlief unruhig, driftete in seichte Alpträume, schreckte wieder auf und sank zwischendurch in einen kurzen Tiefschlaf. Die Kälte weckte mich um vier, meine Blase war zum Bersten gefüllt und schmerzte. Ich befreite mich aus den Wolldecken, die kaum wärmer als geschmolzenes Eis waren, zog Schuhe und einen Pullover an und machte mich auf den fünfzig Meter langen Weg den Bahnsteig entlang zu den Toiletten.

An ein hohes, weißes Pissoir gelehnt, fing ich an, wie eine Sprinkleranlage zu sprühen. Ich mußte umherhüpfen, damit ich mir nicht die Füße naß machte. Nachdem ich an der Vorhaut ein wenig gezupft und gezerrt hatte, kam ein steter Strom. Anschließend saß ich eine Weile auf einer Bank und betrachtete die Schienen. Nach dem morgigen Tag würde wenigstens das nicht mehr geschehen. Ich hatte es in der Encyclopaedia

Britannica im Cecil unter B nachgesehen. Wenn es erst einmal bewerkstelligt war, würde die permanente Reizung des Harnröhrenausgangs auch abklingen, und ich würde einen gebündelten, sauberen Strahl hervorbringen. Ich fing vor Kälte an zu schlottern, aber ich blieb so lange, bis ich all die Gründe, die für die Prozedur sprachen, aufgelistet hatte. Sex würde um vieles leichter sein. Eigentlich war leichter das falsche Wort – Sex würde möglich sein. Ich wäre ein ganzer Mann. Eine merkwürdige Art, ganz zu werden, aber manchmal war weniger mehr.

Ich stand auf und ging zum Ende des Bahnsteigs, von wo ich das gerade noch sichtbare Glitzern des gen Delhi führenden Schienenstranges erkennen konnte, der die erfrorene Silhouette Simlas hinter sich gelassen hatte und auf den unbeständigen Wahnsinn zustrebte. Dort wurde wahrscheinlich das richtige Leben gelebt und Geschichte gemacht. Eines Tages würde ich mit dem Kalka-Postzug über diese Schienen fahren, hinab in diese klar umrissene Ebene. Aber nicht jetzt. Jetzt hatte ich Wichtigeres zu erledigen. Nichts Weltbewegendes, nichts, was die Zukunft, die von wahren Männern in den flachen Gebieten geschmiedet wurde, auch nur um Haaresbreite verändern würde. Nur ein kleiner persönlicher Eingriff, der es mir ermöglichte, das Leben in den vierziger Jahren zu bewältigen, in denen ich nicht länger ein impotenter Betrachter sein wollte. Wenn Delia (oder das Schicksal) das nächste Mal einen Griff zwischen meine Beine tat, würde ich sie aufspießen wie einen Seekh Kabab. Mit diesem beflügelnden Gedanken legte ich mich in mein eiskaltes Bett und schlief traumlos. Draußen ging die Sonne über winterlichen Wolken auf, um auf meine Beschneidung hinunterzuschauen.

Am Morgen des zweiten Januar 1944 putzte ich mir die Zähne, wusch mir den Schlaf aus den Augen und machte mich in Kalka auf die Suche nach einem Hajjam. Ich hätte auch in Simla einen gefunden, aber ich wollte keinen Tratsch. Kalka war die logische Alternative – weit genug, um Vertraulichkeit zu gewährleisten, aber kaum eine Tagesreise entfernt. Doch an jenem Morgen machte Kalka den Eindruck, daß es selbst für einen Teeladen zu klein war, geschweige denn für einen Barbier-Chirurg. Die Erinnerung hatte mich getäuscht, die lebhafte kleine Stadt der achtziger Jahre existierte nicht. Das Kalka, das ich vorfand, hatte kaum die Größe eines Treppenabsatzes – es war eine Zwischenstation auf dem Weg zu wichtigeren Orten.

In weniger als einer Stunde erkundete ich alle Möglichkeiten. Der einzige Barbier, den ich entdeckte, hatte seinen Stand unter einem Baum aufgeschlagen, und das war meiner Ansicht nach nicht privat genug. Ich wollte schon aufgeben und zum Bahnhof zurückkehren, als mir wieder einfiel, daß Kalka nicht nur auf der Strecke nach Simla lag, sondern auch auf dem Weg nach Kasauli, einem kleinen Ort im Gebirge, weniger als zwei Stunden entfernt. Ich war einmal da gewesen, als ich Fotos vom Kasauli Club machen sollte, der nur deshalb bemerkenswert war, weil er im republikanischen Indien unbeugsam am Kolonialismus festgehalten hatte. Mir fiel wieder ein, daß Kasauli ein militärischer Stützpunkt im Gebirge war, daß es dort fast nur Militär gab und ein privates Internat in der Nähe lag. Soldaten und Schuljungen mußten regelmäßig zum Friseur gehen. Es mußte dort einfach eine Ansammlung von Barbieren geben. Vielleicht könnte einer von ihnen ... ? Als ein freundlicher Soldat mich in dem Beiwagen seines khakifarbenen Motorrads mitnahm, schien mir Kasauli wie ein Schicksalswink. Barbiere und Beiwagen hatten schon früher eine Rolle in meinem Leben gespielt.

Als wir in Kasauli ankamen, hatte mich der eisige Fahrtwind völlig betäubt, so daß ich als erstes einen Teeladen aufsuchte, in dem ich auftauen konnte. Ich saß auf einer niedrigen Bank und hielt mein Teeglas in beiden Händen, während ich mich zu orientieren versuchte. Kasauli war genauso wie in meiner Erinnerung. Die Straße, auf der wir gekommen waren, führte an einem militärischen Kontrollpunkt vorbei und endete an einem großen, asphaltierten Platz mit Läden auf zwei Seiten und Garagen für Lastwagen an der dritten. Der Platz war der niedrigstgelegene Teil von Kasauli, beiderseits des Platzes erhob sich der Ort steil auf den Hängen der Hügel. Dort suchte ich erst gar nicht nach einem Barbier, denn die Läden sahen zu vornehm aus – als würden sie eher Reitzubehör verkaufen als Haare schneiden.

Ich trank meinen Tee aus und machte mich auf den Weg in den Lower Bazaar von Kasauli, wo nicht die Sahibs einkauften, sondern deren Bedienstete. Der Markt schlängelte sich an einer schmalen, abschüssigen Straße entlang, deren unbehauene und unregelmäßige Pflastersteine wohl kaum als Kopfsteinpflaster durchgehen konnten. Ich ging an Männern vorbei, die Korn zu Mehl mahlten, Kreisel verkauften, Gemüse abwogen und pausenlos erzählten. Einen Moment blieb ich in dem Schwall warmer Luft, der aus einer Bäckerei quoll, stehen.

Ein Mann holte mit einem Schieber Kuchenformen aus einem Ofen von der Größe eines Zimmers. Er verkaufte mir eine Mischung verschiedener Kekse, die er aus einer Reihe beschlagener Gläser holte, und ich aß sie, während ich weiterging, an Stelle von Frühstück und Mittagessen. Ich hatte die Ladenzeile schon fast hinter mir gelassen, als ich plötzlich einen Barbier sah – nicht einen, sondern drei. Drei Läden nebeneinander auf der linken Seite der Gasse, mit Spiegeln, Scheren und hohen Holzstühlen und Schildern, auf denen Salon zu lesen stand.

Als ich den ersten – Moderner Friseursalon – betrat, wies der Barbier mir einen Platz an. Ich hatte geplant, ihn beim Haareschneiden zu fragen, ob er die andere Sache auch machen könne. Doch als ich in der Ecke des Spiegels vor mir ein Bild des Gottes Shiva entdeckte, unterließ ich die Frage. Ein Hindubarbier würde wohl kaum Beschneidungen als Nebenerwerb vornehmen. Es war zu spät, einfach zu gehen – die Schere ging schon schnipp-schnipp-schnapp, also versuchte ich das Beste aus der Situation zu machen, indem ich ihn bat, nur ein wenig nachzuschneiden.

Ich kam mir etwas dumm vor, als ich den Militärhaarschnitt-Salon mit Talkumpuder auf meinem Hals und frisch rasierten Stoppeln betrat, aber ich hatte keine Wahl. Um einigermaßen glaubwürdig zu wirken, bat ich ihn, mir einen Bürstenschnitt zu verpassen. Unter Einhaltung meines gefaßten Plans unterrichtete ich ihn beim Schneiden von meinem eigentlichen Anliegen. Er war gerade dabei, mir die linke Kopfseite mit dem Wassersprüher zu benetzen. Da ich das Wort für Beschneidung in Urdu nicht kannte, beschrieb ich meinen Wunsch, indem ich das Wort »schneiden« in verschiedenen Variationen benutzte. Er wirkte verunsichert, also zeigte ich zwischen die Beine und machte eine Schneidebewegung. Er versuchte mich mit der Schere zu erstechen. Es war ein Mißverständnis. In dem Versuch, meinen Wunsch zu verdeutlichen, hatte ich aus Versehen auf seinen Schritt gezeigt statt auf meinen.

Ich versuchte ihn mit Geld und Entschuldigungen friedlich zu stimmen, aber er weigerte sich, den Haarschnitt zu vollenden, so daß beim Verlassen des Ladens das Haar auf der einen Hälfte meines Kopfes kurz geschnitten war, während es auf der anderen Hälfte in langen, feuchten Büscheln zu Berge stand und einem Stil huldigte, der meiner Zeit voraus war. So sah ich also aus, als ich, angetrieben von meinem Entschlußwillen, der sich inzwischen verselbständigt hatte, die Schwelle des Majestätischen Friseursalons betrat und dem Eigentümer, Mian Fakhruddin Madar, gegenüberstand.

Der Name paßte nicht, da er wie ein verschrumpelter Nepalese aussah, ich aber wußte, daß Nepal ein Hindu-Königreich war. Dann bemerkte ich seine Kappe und den Bart. Eine kleine Hoffnung flackerte in mir auf. Verlegen fragte ich ihn, ob er meine verbliebene Haarpracht abschneiden könne. Er nickte gefällig. Als er mich mit einem Gerät, das wie eine Miniaturausgabe eines Rasenmähers aussah und für den Nacken und die Haare auf der Seite gedacht war, bearbeitete, raffte ich mich auf und stellte meine zweite Frage.

Er schloß das Geschäft ab und nahm mich zu sich nach Hause.

Gewissermaßen. Er nahm mich tatsächlich zu sich nach Hause, aber nicht in dem Moment, als ich ihn fragte, ob er die Beschneidung vornehmen könne. Zunächst sah ich, wie sich seine Augen weiteten und die Schere aus seiner Hand glitt. Dann kam er um den Stuhl herum und sah mir ins Gesicht statt auf mein Spiegelbild. Nachdem er sich überzeugt hatte, daß mir ernst war, hob er seine Augen und Handflächen zur Decke. Ya Allah, hauchte er. Ich hatte so etwas bereits in Filmen gesehen, aber dies war eine echte Danksagung, ohne jede Affektiertheit. Ich weiß nicht, warum er so zutiefst berührt war – selbst wenn er ein wirklicher Hajjam war, konnte eine Vorhaut mehr oder weniger doch kaum diese von Herzen kommende Frömmigkeit rechtfertigen.

Als er mich wieder ansah, war sein Gesicht zu einem breiten Lächeln verzogen. Dadurch ermutigt stellte ich meine Frage noch einmal. Strahlend ergriff er meine Hand. Er schüttelte verwundert den Kopf:

Seit zwei Jahren gehen Gerüchte um, aber das war nur Geschwätz im Basar. Doch wenn du zu mir gekommen bist, muß etwas dran sein. Die Männer des Jinnah Bhai behalten recht – diese Hügel werden eines Tages zu Pakistan gehören!

Und *dann* schloß er seinen Laden ab und nahm mich zu sich nach Hause.

Bis zu seinem Haus ging man zwanzig Minuten, vorwiegend bergauf, und da ich zu sehr außer Atem war, um zu sprechen, hatte ich Zeit, über seine Reaktion nachzugrübeln. Was er damit meinte, als er sagte, daß die Region an Pakistan gehen würde, war leicht zu verstehen – Jinnah und die Muslim League hatten bis fast zum Ende den ganzen Punjab für Pakistan gefordert, und Kasauli, Kalka und Simla sowie die angrenzenden Berge gehörten zu der damals noch ungeteilten Provinz. Es überraschte also nicht, daß Mian Fakhruddin gehört hatte, Kasauli würde an Pakistan gehen, wenn das Land geteilt würde. Doch warum dachte er, daß mein Wunsch, mich beschneiden zu lassen, diese Gerüchte untermauerte? Warum hing die Zukunft der Berge des Punjab von meiner Vorhaut ab?

Auf unserem Weg die sich windende Straße hinauf kamen wir an dem Kasauli Club vorbei. Er war genauso, wie ich ihn in Erinnerung hatte: rosafarbenes Dach, grüner Zaun und Kletterrosen. Dahinter machte die Straße einen scharfen Knick und verlief dann gerade. Vor dem ersten Haus auf dem geraden Stück blieb Mian Fakhruddin stehen. Auf dem ovalen Holzschild am Tor stand ‚Pencarrow‘. Nervös folgte ich ihm hinein. Das Haus sah nicht wie das eines Barbiers aus.

Das war es auch nicht. Fakhruddin wohnte in einem der Nebengebäude. Um dorthin zu gelangen, gingen wir an dem Haupthaus vorbei, durchquerten den Garten und stiegen ein paar Stufen hinab, die in den Hügel hinein zementiert worden waren. Die Nebengebäude lagen ungefähr fünfzehn Meter tiefer als das Haupthaus, aber der Blick war dennoch atemberaubend. Kasauli war auf den Ausläufern des Himalaya erbaut, so daß wir von unserem Standort die Hügel sahen, die wie eine verebbende Sturmwelle sanft in die Ebene übergingen. Bei Nacht, erinnerte ich mich, war die Landschaft noch beeindruckender, wenn man das Lichtermeer von Chandigarh sehen konnte. Entfernung und Dunkelheit verzauberten selbst diesen Alptraum von Le Corbusier. Heute nacht würde es keine Lichter geben; Le Corbusier hatte noch nicht den Auftrag erhalten, sie zu entwerfen.

Wir betraten einen großen, nahezu leeren Raum, der wärmer war, als man zu dieser Jahreszeit im Gebirge erwarten würde. Dann entdeckte ich das vollgehäufte Kohlenbecken, das vor sich hinglimmerte. Ich setzte mich auf die einzige Bettstelle in dem Zimmer, und Mian Fakhruddin ließ sich auf der Truhe daneben nieder. Er hieß mich mit einem Lächeln willkommen und stellte mir mit einer höflichen kleinen Handbewegung seine Wohnung zur Verfügung.

Ich versuchte, das Lächeln zu erwidern, doch meine Mundwinkel wollten nicht in die Höhe gehen. Dann begannen meine Hände zu zittern. Ich steckte sie unter meine Achselhöhlen und gab vor zu frieren. Plötzlich schien es mir unglaublich, daß ich in diesem Zimmer auf dem Berg mit einem Fremden saß, der schon in kürzester Zeit die Haut meines Penis abschneiden würde, weil ich ihn darum gebeten hatte. Ein Fremder, der noch nie einen weißen Kittel getragen oder ein Krankenhaus von innen gesehen hatte, würde mit dem Messer an mich herangehen, ohne mich vorher bewußtlos gemacht zu haben und ohne eine Krankenschwester in der Nähe zu wissen. Unvermittelt öffnete ich den Mund und hörte mein eigenes Lachen: ein schrilles, an- und abschwellendes Geräusch, wie bei einem Mynah, dem der Hals umgedreht wird.

Mein Gastgeber wartete, bis der Anfall vorüber war, erhob sich dann und ging in die Ecke des Raumes, wo das Kohlenbecken glimmte. Er kam mit einer Hookah zurück, in deren Bauch bereits die Kohle glühte. Er zog ein paar Mal an dem Mundstück, bis Blasen aufstiegen, und reichte mir dann wortlos die Pfeife. Ich sog vorsichtig daran. Der kühle Rauch füllte mein Inneres und besänftigte es wie Balsam. Er verlangte die Pfeife nicht zurück, also übte ich weiter, inhalierte den Rauch und atmete meine Erschöpfung wieder aus. Er ließ mich einen sanften Rhythmus finden, zog dann die Beine hoch und begann, im Schneidersitz auf der Truhe hockend, seine Geschichte zu erzählen.

Er hatte nicht immer einen Barbierladen betrieben oder seine Künste feilgeboten, um sich den Lebensunterhalt zu erwerben. Einst, sagte er, habe er ein schlichteres, ein wahrhaftigeres Leben geführt. Er habe gedient, und im Gegenzug habe man ihm gedient. Er war der Hajjam in einer Gemeinschaft von Armreifenherstellern in den westlichen Gebirgszügen Nepals gewesen. Doch – die alte Geschichte – der Markt war eingegangen, als von jenseits der Grenze die Basare mit Glasschmuck überflutet wurden, und mit der Zeit ging auch die Gemeinschaft ein. Die Männer gingen fort, um Arbeit zu suchen, einer von ihnen war Mian Fakhruddin.

Nachdem er monatelang unterwegs gewesen war, fand er schließlich bei einem Richter in Delhi Arbeit. Nicht bei meinem Großvater, es war jemand aus dem Punjab, der sich aber wie ein Sahib kleidete, wie einer aß und redete und sich den Hintern mit Papier abwischte. Bei der Erinnerung zog Mian Fakhruddin angewidert eine Grimasse. Er war so viel echter als ein Sahib, daß er den Wasserhahn neben seiner Toilette abmontieren ließ.

Mian Fakhruddin arbeitete bei Tag als Diener des Richters und bewachte bei Nacht dessen Haus. Er bekam eine Uniform, weil sein Herr der Ansicht war, daß alle Nepalesen potentielle Ghurkas seien. Weiterhin nahm er an, daß sie alle Man Bahadur hießen, was Mian Fakhruddin, der stolz auf seinen Namen war, ärgerte. Als der Richter pensioniert wurde, konnte er ja nicht die Seereise in die Heimat antreten (da er als Inder bereits in der Heimat war), also tat er das Nächstbeste – er kaufte ein Haus in den Bergen und nannte es Pencarrow. Er nahm Fakhruddin mit zu seinem Alterssitz und baute ihm ein Nebengebäude. Das war jetzt acht Winter her. Der Richter war vor drei Jahren gestorben, und seine Witwe verbrachte den größten Teil des Jahres bei ihrem Sohn in Lahore. Fakhruddin blieb als Hausmeister und hatte ausreichend Zeit, um den Majestätischen Friseursalon zu betreiben. Wieder setzte er Rasiermesser und Schere ein, um sich den Lebensunterhalt zu verdienen, aber diesmal nicht als Hajjam, sondern als Barbier. In Kasauli gab es keinen Bedarf für seine speziellen Fertigkeiten. Seit zehn Jahren war ich der erste Kunde.

Er erzählte mir noch vieles mehr, doch das meiste habe ich vergessen, einschließlich der Geschichte von der halbenglischen Halbschwester der Memsahib, die er eines Tages nackt auf der Tastatur des Klaviers im Salon vorgefunden hatte. Die Geschichte hatte eine Pointe, die mir aber entging, während der Rauch aus der Hookah wie Nebelschwaden durch meinen Kopf zog.

Er verlor kein Wort darüber, was er in der Tonschale der Hookah verbrannt oder wie lange ich geschlafen hatte, doch als ich erwachte, war es draußen dunkel, und ich war beschnitten worden. Mit gespreizten Armen und Beinen, die an den Pfosten des Bettgestells festgebunden waren, lag ich auf der Matratze. Ich spürte einen furchtbaren Schmerz zwischen meinen Beinen, konnte aber nichts sehen, da ich bis zum Kinn mit einem Federbett zugedeckt war. Ich konnte mich auch nicht befühlen. Ich schrie.

Mian Fakhruddin erschien wie ein dienstbarer Geist. Ohne zu sprechen band er mich los, half mir, mich aufzusetzen, und legte mir die Decke um die Schultern. Ich warf einen Blick nach unten. Es war alles da – oder fast alles. Was er wohl mit meiner Vorhaut gemacht hatte, fragte ich mich.

Sie ist draußen im Rosenbeet vergraben, erklärte Fakhruddin, ohne daß ich die Frage gestellt hätte. Wo ich herkomme, sagte er mit einiger Autorität, wird sie immer vergraben.

Er ließ es nicht zu, daß ich bezahlte – auch nicht für seine Gastfreundschaft in den nächsten vier Tagen. Als ich aus Simla angereist war, hatte ich in aller Ahnungslosigkeit vorgehabt, am selben Tag mit dem

Nachtzug wieder zurückzufahren. Doch als die betäubende Wirkung des Opiats nachließ, krümmte ich mich vor Schmerzen. Hätte ich ihn nicht an seinem gewöhnlichen Platz sehen können, wo er wie ein etwas obszönes gezuckertes Stück Konfekt baumelte (Fakhruddin hatte ihn mit Talkumpuder bestäubt), wäre ich vielleicht in Panik geraten und hätte draußen im Rosenbeet gesucht. Es tat so weh, daß ich das Gefühl hatte, er hätte alles abgehackt. Ich hatte nicht vor, gleich wieder abzureisen.

Wenn du fünf Jahre alt wärst, sagte Fakhruddin tröstend, dann wäre es längst nicht so schmerzhaft. Und es würde schneller heilen. Aber du bist älter und größer, und die Wunde, die heilen muß, ist auch größer.

Das stimmte, also versuchte ich, mir nicht auszudenken, was Patrick zu dieser nicht gebilligten Reise sagen würde, und überließ mich der Zeit und ihrer großen Heilkraft.

Fakhruddin behandelte mich mit der Gastfreundschaft, die man einem nahen Verwandten erweist. Er lieh mir seine Lungis, die ich wie ein Handtuch lose um die Hüften gebunden trug. Sie würden, erklärte er, meinen gehäuteten Schwanz weniger reizen als Hosen oder selbst Pyjamas. Er ließ mich nicht zu einem Spaziergang aus dem Haus und warnte mich davor, zuviel im Zimmer umherzugehen. Also verbrachte ich die vier Tage größtenteils auf dem Bett liegend oder sitzend, während Mian Fakhruddin mir Mahlzeiten servierte, zur Zerstreuung mit mir Schach spielte und mich jeden Morgen rasierte. Und da wir ja trotz der Beschneidung Fremde waren, überwältigte mich das.

Doch er wollte kein Geld nehmen. Ich hatte ihm die Möglichkeit gegeben, seinen Beruf auszuüben und seine Fertigkeit unter Beweis zu stellen – das war der Bezahlung genug. Er entschuldigte sich sogar, daß er mich unter Drogen gesetzt hatte. Normalerweise machte er das nicht. Bei Kindern brauchte er nur einen Gehilfen, der sie festhielt, während er ihnen zur Ablenkung Geschichten erzählte. Er hatte eine narrensichere Methode: Die Vorhaut wurde über die Spitze des Penis gezogen, dann rief er, daß ein goldener Vogel vorbeifliege, und während das Kind den Kopf in den Nacken warf, machte er einen glatten Hieb nach unten ... Kleine Jungen waren dumm, sie glaubten alles. Mit Männern war das eine andere Sache, die waren realistischer.

Am vierten Tag hatte sich der empfindliche Schmerz in ein Gefühl des Wundseins verwandelt – ich zuckte nicht mehr jedesmal zusammen, wenn die ungeschützte Spitze des Penis mit der Bekleidung in Berührung kam. Es war Zeit zu gehen. Mian Fakhruddin unterzog

mich einer letzten Prüfung und beschied, daß die Heilung gut voran-
schritt. Vorsichtig zog ich mir die Hosen an und trank eine letzte Tasse
Tee mit ihm. Wir erklommen die Stufen zum Haupthaus, und oben angekommen, hielt ich bei den Blumenrabatten, um einen letzten Blick
auf die liebliche Aussicht über das noch unerbaute Chandigarh zu
werfen.

Er begleitete mich zu dem großen Platz in Kasauli und verschaffte
mir eine Fahrt in dem Lastwagen, der zweimal wöchentlich frisches
Gemüse in den Ort brachte und auf dem Weg nach unten Fahrgäste
mitnahm. Die behelfsmäßigen Sitzbänke füllten sich schnell, und der
Fahrer drückte auf die Hupe, um die Abfahrt anzukündigen. Mian Fakhruddin umarmte mich zeremoniell – den Kopf über eine Schulter,
dann über die andere, dann wieder über die erste. Ich kletterte in den
Lastwagen und setzte mich, die Beine sorgfältig gespreizt. Der Lastwagen rollte an. Ich winkte. Mein Gastgeber erhob die Hand zum Segen
und zum Gruß.

Schick die anderen auch, rief er, als wir schon fast außer Hörweite
waren. Damals verstand ich nicht, was er damit meinte. Außerdem war
ich zu sehr damit beschäftigt, den Kloß in meinem Hals hinunterzuschlucken, um über die Bedeutung nachzudenken. Ich blinzelte eine
Weile und schnaubte in mein Taschentuch. Abschied bedeutete immer
einen Riß, aber dieser war besonders schmerzlich. Ich ließ ja einen Teil
von mir selbst zurück.

Es dauerte noch zehn Tage, bis die Wunde vollständig verheilt war. An
dem Morgen, als ich zum ersten Mal wieder eng anliegende Unterwäsche
anzog, wurden mir Mian Fakhruddins Abschiedsworte klar.

Schick die anderen auch.

Noch in seinem Barbierladen hatte er gesagt, daß mein Anliegen ein
Beweis dafür sei, daß die Berge des Punjab zu Pakistan gehören würden.
Damals hatten seine Worte mich verwirrt, aber jetzt verstand ich sie.
Mian Fakhruddin hatte einfach scharf geschlossen. Warum sollte ein erwachsener Kafir wie ich sich beschneiden lassen? Offenbar doch nur,
weil ich auf privilegiertem und vertraulichem Wege erfahren hatte, daß
die Berge des östlichen Punjab für Pakistan vorgesehen waren.

Ich empfand eine vage Demütigung. Dachte Mian Fakhruddin, ich
sei ein wetterwendischer Muslim, der sich bei dem im Entstehen begriffenen muslimischen Staat einschmeicheln wollte? Offenbar. Außerdem

dachte er wohl, ich sei ein Zeichen der bevorstehenden Zeit. Dieser freundliche und fromme Mann hatte die Vision, daß Hunderte, vielleicht Tausende von Ungläubigen in diesen Bergen den Weg einschlagen würden, den ich gebahnt hatte, um ihren Frieden mit Pakistan zu machen.

Schick die anderen auch!

Da saß er in seinem Nebengebäude, saugte an seiner Hookah und wartete darauf, daß der Berg zum Propheten kam. In einer anderen Zeit wäre es vielleicht eine witzige Vorstellung gewesen, aber wir schrieben das Jahr 1944, und der halbe Januar war bereits vergangen. Ich lachte nicht.

Der Augenblick ging vorüber – es war schwer, in einer eingefrorenen Welt auf Dauer tiefe Ergriffenheit zu fühlen. Eingefroren nicht so sehr durch den Winter, sondern durch die weltweite Erhabenheit des Krieges, für dessen Dauer die lokale Geschichte des Raj in der Schwebe war. Manchmal schien Krieg ein anderes Wort für Gott zu sein: Man schrieb es groß, er durchdrang alles und hatte auf alle Menschen eine Wirkung, und dennoch schien er so weit entfernt, daß er keine Bedeutung hatte.

Doch auch in der frostigen Ruhe von Simla gab es für mich eine persönliche Verbindung mit diesem gottähnlichen Ding. Als ich nach dem Eingriff ins Cecil zurückkehrte, fand ich einen Brief für mich vor, der in Dehra Dun abgestempelt worden war. Er war von Masroor: Er hatte sich beim Militär für einen Kurzeinsatz verpflichtet und er hoffte, wie er schrieb, in Kampfhandlungen verwickelt zu werden. Ich beantwortete den Brief nicht. Er war beim Militär und hoffte, erschossen zu werden. Was hätte ich schreiben sollen?

Doch das war nicht das letzte, was ich von ihm hörte. Haasan schrieb mir aus Lucknow, daß Masroor ihm seine Entscheidung, sich zu verpflichten, telegraphisch mitgeteilt hatte. Seine Mutter war zutiefst besorgt. Auch ihm antwortete ich nicht. Wenn ich geantwortet hätte, hätte ich vielleicht geschrieben, daß ich schon über das Stadium der tiefen Besorgtheit hinaus war, daß ich versuchte, nicht an Masroor oder die anderen zu denken, denn angesichts des bevorstehenden Kriegsendes, dem Tod des Raj und der Teilung Indiens wüßte ich nicht, wie viele meiner Freunde schließlich übrigbleiben würden. Selbst Delia war in die Ebene gefahren, um Ferien zu machen.

Allein auf meinem Hügel, ersetzte ich die fehlenden Menschen mit routinierten Abläufen. Jeden Nachmittag machte ich einen Spaziergang den Berg hinauf zu der vizeköniglichen Lodge. Jeden zweiten Abend verbrachte ich eine wohltuende Stunde auf der Schlittschuhbahn. Jeden Donnerstag, meinem freien Tag, machte ich mir Sandwiches und ging zu einem Picknick im Glen. Jeden Freitagabend trank ich drei Gläschen Rum und schrieb Postkarten an Masroor, Ammi, Asharfi und Parwana – und zerriß sie am Samstagmorgen. In Simla stand die Zeit nicht still, sie verrann, nur daß sie anders gemessen wurde und im Kreise ging, so daß niemand abhanden kam oder übergangen wurde. Die Jahreszeiten lösten einander ab, die Saison kam und ging, ich hatte mal mehr, mal weniger zu tun, wurde krank und wieder gesund.

Anderswo veränderten sich die Dinge. Die Hungersnot nahm ihren Lauf, zu dem die weihnachtliche Spendenaktion der Vizekönigin ihren Beitrag leistete. Der Krieg wurde entschieden, die Japaner wurden in die Knie gezwungen. Mit dem V-Day ging ein Zeitalter zu Ende, doch von der Beständigkeit meines leichten Lebens auf dem Berge aus erschien dies ein Datum in einem anderen Kalender. In der Genügsamkeit meiner geregelten Tage sahen die Höhepunkte etwas anders aus – am Ende meines zweiten Winters in Simla konnte ich auf der Eisbahn rückwärts eine Acht beschreiben.

Als der Krieg zu Ende war, hatte es auch mit diesen friedlichen Tagen ein Ende.

Mit Beendigung der Kampfhandlungen nahm die Regierung Ihrer Majestät Indien aus dem Kühlfach und stellte fest, daß es sich nicht allzu gut gehalten hatte. Zehntausende von aus dem Kriegsdienst entlassenen Soldaten – Hindus, Muslims, Sikhs – kehrten mit ihren ausgemusterten Waffen und ihrem im Krieg erlernten Mordhandwerk in die Dörfer zurück. Mord lag in der Luft. Also tat der Vizekönig das einzig Staatsmännische: Er berief eine politische Konferenz ein. Mitte Juni des Jahres 1945 versandte er Telegramme an die führenden Männer des Landes und lud sie ein, sich Ende des Monats mit ihm zusammenzusetzen, um die Zukunft des Subkontinents zu besprechen. Und da die Konferenz im Juni stattfinden sollte, lud er sie nach Simla ein.

Die Geschichte kam also in die Berge und stupste mich aus meinem Zustand der Untätigkeit. Fast hätte ich es persönlich genommen, denn das Cecil wurde zur Unterbringung der League-Delegation erwählt. Der Lauf der Zeit näherte sich meiner Schwelle. Ich sollte also wieder einmal Jinnah bedienen. Gegen meinen Willen spürte ich ein erregtes Prickeln.

Die Congressabgeordneten wurden nicht im Cecil untergebracht, obwohl das Hotelmanagement sich anbot, Raum für sie zu schaffen. Sie bezogen Bungalows, die extra für die Konferenz auf Vordermann gebracht wurden. Die Vertreter der Muslim League trafen am Abend des vierundzwanzigsten ein: Jinnah, Liaqat Ali Khan und Hossein Imam. Jinnah kam in seinen zweifarbigen Schuhen.

Patrick hatte die Grippe, so daß ich die Aufsicht beim Tischdecken führte. Die Vase in der Tischmitte mußte entfernt werden, da der Gärtner ein Gesteck mit roten Rosen geliefert hatte, der Blume, die von Nehru für sein Knopfloch ausersehen worden war. Ich ließ die Rosen durch weiße Nelken ersetzen, die, soweit ich wußte, keinerlei Bedeutung hatten. An den Wänden des Sonderspeisesaals hingen riesige Photos von fürstlichen Picknickpartys, entweder mit der Bildunterschrift H.I.H. Lord Dufferin und seine Familie in Mashobra versehen oder H.I.H. Lord Curzon und der Fifth Foot im Glen. Sie waren nicht unbedingt passend, doch wenn wir sie entfernt hätten, wären leuchtend bunte Rechtecke auf der verblichenen Tapete zu sehen gewesen, also ließ ich sie, wo sie waren.

Das Essen war für sieben Uhr anberaumt – als es zur vollen Stunde läutete, betraten Jinnah und seine Kollegen den Raum.

Wo ist Gandhi, platzte Liaqat Ali Khan mitten bei der Suppe heraus. Neben dem gertenschlanken Jinnah ähnelte er mehr als je zuvor einem übergewichtigen Mops. Er wirkte beunruhigt.

In Simla, sagte Hossein Imam und betupfte seinen Mund mit der Serviette. In der Monohar Villa, um genau zu sein, fügte er hinzu und tauchte seinen Löffel exakt in die Mitte der Suppenschüssel ein.

Warum nimmt er dann nicht an der Konferenz teil, wollte Liaqat in aggressivem Ton wissen und ließ seinen Blick von einem zum anderen wandern.

Keiner machte sich die Mühe zu antworten. Die Frage war eine rhetorische. Der Mahatma hatte seine Gründe seit Tagen wiederholt vor der Presse erläutert. Er hatte an den Vizekönig geschrieben und erklärt, daß er den Congress nicht vertreten könne, weil er kein Mitglied der Partei sei. Er sei nicht parteiisch oder wenn doch, dann stünde er auf der Seite der Freiheit.

Alter Heuchler, meinte Hossein Imam.

Und warum dann nicht Nehru? Warum er nicht? Dies ist schließlich nicht Mensch ärgere dich nicht oder Murmeln, meinte Liaqat zornig.

Wie können sie nur so – so unernst sein? Azad führt sie bei der Konferenz an. Azad!

Vorzeigeknabe! zischte Hossein Imam pflichtbewußt und schaute Zustimmung erheischend zu Jinnah hinüber. Doch sein Qaid blieb stumm. Er hatte vor ein paar Jahren die Bezeichnung des Alibimuslims für Azad geprägt, und sie war haften geblieben. Jetzt überließ er es seinem Troß, sie nachzusprechen.

Liaqat schüttelte den Kopf. Er war nicht allein verwirrt. Die Kommentare in den Zeitungen, Vizekönig Lord Wavell, Mitglieder der League wie Liaqat, Laien wie ich, selbst belesene Damen – sie alle fragten sich, warum der Vater der noch nicht entstandenen Nation und sein Schützling bei diesem kritischen Treffen nicht die Führung übernehmen wollten. Es ging um die Bildung der Interimsregierung, die nach der Vorstellung des Vizekönigs den Übergang zu einem selbstregierten Indien herbeiführen sollte. Es stand viel auf dem Spiel – warum hatte der Congress nicht seine besten Leute geschickt?

Was haben sie nur vor, brummte Liaqat und versuchte einer Hühnerbrust ihr Geheimnis zu entreißen. Wie können sie es sich leisten, so lässig zu sein?

Weil Nehru glaubt, die Geschichte sei auf seiner Seite.

Ein Satz, und Jinnah war sich ihrer Aufmerksamkeit sicher.

Ihr müßt verstehen, daß Nehru ein Whig, ein Liberaler, ist. Alle Sozialisten sind Whigs. Zum Beispiel dieser Kommunist, der in der Cawnpore-Verschwörung angeklagt wurde. Seine Verteidigungsschrift belief sich auf fünfhundertzweiundsiebzig Seiten. Sie setzte bei der Entstehung des Kapitalismus ein und endete mit der Unvermeidbarkeit des bewaffneten Klassenkampfes. Für den sei, so argumentierte er, die Verschwörung, derentwegen er vor Gericht stand, nur ein einzelnes Beispiel. Wenn Klassenkampf prädestiniert war, dann war seine Beteiligung daran unvermeidbar – und nicht straffähig. Es war die bemerkenswerteste Argumentation, die ich je vor Gericht gehört habe.

Was ist mit ihm geschehen, fragte Liaqat interessiert.

Er wurde gehenkt, sagte Jinnah wegwerfend. Der Punkt ist, daß er glaubte, die Geschichte sei auf seiner Seite. Nehru tut das auch. Er kann Azad ohne Gewissensbisse nach Simla schicken, weil er der Überzeugung ist, daß der Congress ein ungeteiltes Land erben wird. So wie er Motilals Geld geerbt hat. Denn der Congress ist der einzige Sohn der Mutter Indien.

Als ich die Nachspeise servierte, lehnte er sich zurück, die Fingerspitzen beider Hände zu einem Dreieck aufgestellt.

Wie jener Kommunist weiß Nehru, daß er die Geschichte unter Kontrolle hat. Es war kein Zufall, daß er die Unabhängigkeit vom Rücken eines Pferdes aus gefordert hat. Erinnerst du dich, Liaqat? Wie er zu der Sitzung des Congress in Lahore auf einem weißen Roß geritten ist? Das Pferd war die Geschichte.

Für sich selbst zog Jinnah die nicht personifizierte Geschichte vor. Geschichte nicht als lebendige Akteurin, sondern als totes Zeugnis, das Präzedenzfälle für seine großen politischen Überzeugungen lieferte. Als ich den Kaffee servierte, ging er für die Männer an seinem Tisch geduldig seine Konferenzstrategie durch. Die Briten besitzen dieses Land, sagte er mit überdeutlicher Artikulation, nicht der Congress. Der Congress kann uns nichts geben. Ignoriert ihn. Die Briten können uns etwas geben, werden sich aber weigern, wenn sie nicht gezwungen werden. Wir sind zu klein, um sie zu dem zu zwingen, was wir wollen, aber groß genug, um all das zu blockieren, was uns nicht paßt. Wenn wir morgen am Tisch mit ihnen sitzen, denkt an das Ziel, das wir vor Augen haben. Stillstand. Stillstand, bis sie lernen zuzuhören, bis sie ihre Karten aufdecken.

Er unterbrach sich und bat um eine Zigarre. Als ich fünf Minuten später mit den Zigarren kam, stocherte Hossein Imam in seinen Zähnen herum, während Liaqat am Eindösen war. Der Qaid hatte alle Hände voll zu tun.

Es kam zum Stillstand. Zu Beginn der Konferenz weigerte sich Jinnah hartnäckig, der Nominierung eines Muslims für den Ministerrat des Vizekönigs durch den Congress zuzustimmen. Er beharrte darauf, daß die Nominierung von Muslimen der League vorbehalten sein müsse und der Vorschlag des Congress ein hinterlistiger Versuch sei, den Status der League als einziger Sprecherin der Muslime Indiens zu unterminieren.

Es war typisch, daß das ganze Land die Einzelheiten vor uns in Simla erfuhr, weil die Zeitungen erst am Abend in der Sommerhauptstadt eintrafen. Patrick und ich hatten nach dem Nachmittagstee aufgeräumt und lasen gemeinsam die Zeitung, als ein Mann mit einem Walroßschnauzer aus einer von vier erschöpften Männern gezogenen Riksha ausstieg. Er verschwand in Jinnahs Zimmer, aus dem er erst zwei

Stunden später wieder herauskam, der Oberkellner, der ihnen Kaffee und Kuchen aufs Zimmer brachte, berichtete, daß Jinnahs Besucher Gobind Ballabh Pant, ein Entsandter des Congress, sei, der ehemalige Premierminister der United Provinces. Er sei gekommen, um Jinnah zum Einlenken zu überreden.

Basheshar gab uns jede halbe Stunde ein Bulletin. Während der Unterredung stand Jinnah an den Kaminsims gelehnt, rauchte seine Zigarre und schaute immer wieder auf seine Taschenuhr. Pant saß auf der Kante eines Sessels und nahm keinerlei Erfrischung zu sich: Den Kuchen verweigerte er, weil er mit Ei gemacht war, und den Kaffee, weil er einen Zustand der Erregung herbeiführte. Basheshar hatte nicht viel Hoffnung. Als Pant herunterkam, sagte er den Presseleuten (die aus dem Nichts erschienen waren), daß ihre Unterredung privater Natur gewesen sei. Also wußten wir, daß sie keinen Erfolg gebracht hatte.

Die Konferenz setzte sich quälend in die erste Juliwoche fort, aber die Hoffnung war erloschen. Am Ende von zwölf Tagen, als klar wurde, daß der Auftrag des Vizekönigs, die Zukunft des Landes am Konferenztisch zu entwerfen, nicht erfüllt werden konnte, kehrten die politischen Führer in die Ebene zurück. Ihre Ferien von der Geschichte waren vorüber.

Ich fühlte mich betrogen. Etwas Wichtiges war in meiner Nähe geschehen, eine Konferenz über die Zukunft Indiens war gescheitert. Dennoch erschien Simla, nachdem Jinnah, Azad und die anderen abgereist waren, gänzlich unverändert – fast so, als hätten die Verhandlungspartner das Scheitern in ihren Taschen verstaut und mit in die Ebene genommen. Simla, das Sanatorium der Sahibs, hatte sich von der geschichtlichen Infektion gereinigt. Ich hätte mich in Sicherheit wägen müssen, statt dessen fühlte ich mich sterilisiert.

Zweitausend Meter unter mir ging das Leben seinen holprigen Gang. Drei Wochen nach der Konferenz wurde der Himmel von einem Nachrichtenblitz zerrissen: Churchill gewinnt den Krieg und verliert die Wahlen. Labour kam in England an die Macht. Das britische Beamtentum, ob zivil oder militärisch, war betroffen: Ich hörte etwas von Sozialisten im Tea-Room des Cecil, und Cyrus sah Byatt bei Mowbray's, wo er durch den Gibbon blätterte.

Cyrus war wieder in Simla und jagte hinter dem nicht dingfest zu machenden Vertrag für die Staatszimmer in der vizeköniglichen Lodge her, hatte aber keine Hoffnung, daß er ihn bekommen würde. Sie glauben nicht, daß sie noch dasein werden, um die renovierten Räume zu sehen, sagte er verdrossen. Von den weißen Gesichtern, die wir kannten, widerstanden nur zwei der allgemeinen Verdrossenheit: Reverend Carrick wirkte auch weiterhin heiter, und Delia Mulholland sah geradezu strahlend aus. Ihr Mann war unversehrt aus dem Krieg zurückgekehrt, und jeden Abend ging sie mit ihm über die Mall, den Arm bei ihm untergehakt und wirkte rund und zufrieden. Was sie auch war, nach sechs Monaten Schwangerschaft.

Am 14. August kapitulierten die Japaner, auf den Tag genau zwei Jahre vor der Teilung. Dann begann der Countdown: Die Labourregierung setzte Wahlen in Indien an. Nachdem beschlossen worden war, daß die Macht an die Vertreter des indischen Volkes übergehen sollte, wollte die Regierung Ihrer Majestät wissen, wer diese Tribunen sein würden.

Ich wußte, wie die Wahlen ausgehen würden. Die Muslim League würde fast alle Sitze gewinnen, die den Muslims zugeteilt waren, der Congress würde die restlichen Sitze gewinnen, und alles würde auf eine Teilung zustreben. Doch bevor es soweit war, bevor die Dinge sich entschieden, wollte ich für eine Weile nach Lucknow zurückkehren und wie ein normaler Mensch mit einer Zukunft im Lalbagh-Haus leben.

An diesem Abend trugen mich meine Füße weg von der Mall und zum Bahnhof hinunter, wo ich eine Bahnsteigkarte kaufte und zusah, wie die Züge ihre Menschenladungen in die Welt des August 1945 entluden. Wahrscheinlich regnete es in Lucknow. In den Kanälen, die den Hof von Ammis Haus entwässerten, würde das Wasser überschwappen. Ich stellte mir die unechte chinesische Vase mit dem Sprung vor, voll mit nassen Regenschirmen, und die überdachte Veranda zum Hof hinaus, auf der die Wäscheleinen gespannt waren. Ich konnte Asharfi klagen hören, daß ihre Kleider feucht röchen – ich konnte die Feuchtigkeit riechen! Was tat ich hier in Simla? In diesem hochgelegenen weißen Getto, bevölkert von Brigadieren aus Blighty? Ich wollte wieder nach Hause!

Aber ich tat nichts. Ich glaubte nicht, daß das Cecil mir Urlaub geben würde, und einfach kündigen konnte ich nicht. Bezahlte Arbeit wuchs nicht auf den Bäumen. Und was wäre, wenn ich kündigte und in Lucknow feststellte, daß man mich vergessen hatte? Also fuhr ich nicht nach Lucknow, sondern tat das Nächstbeste – ich fing an, den *Pioneer* zu lesen, eine Zeitung aus Lucknow. Obwohl Ammi, Asharfi oder Haasan nie erwähnt wurden, las ich die Straßennamen in den Stadtnachrichten und fühlte mich auf merkwürdige Weise in Verbindung mit ihnen.

Ich hätte das wahrscheinlich noch ewig so weitergemacht, wenn der zweite Montag im Oktober nicht mein freier Tag gewesen wäre. Die Samstagszeitung war gerade angekommen, und da ich reichlich Zeit hatte, studierte ich die Kleinanzeigen im Pioneer. Da sah ich es. Diesen zweieinhalb Zentimeter breiten Streifen Druckerschwärze über eine halbe Spalte, der mich nach Hause zurückbrachte. Das Lalbagh-Haus stand zum Verkauf.

Ich muß die Anzeige wohl hundertmal gelesen haben, aber in Kleinanzeigen werden gewöhnlich keine Gründe genannt, und hier hatte ich gerade mal drei Zeilen, zwischen denen ich lesen konnte. Also wußte ich auch nach dem hundertsten Mal nicht, warum Ammi ihr Haus verkaufen wollte. Aber ich würde es herausfinden. Persönlich. Es war ja nicht nur ein Haus, das da verkauft wurde, sie verkaufte das Geburtshaus meiner Wiedergeburt. Dort hatte ich im Jahre 1942 das Licht der Welt erblickt, dort hatte Asharfi mich gepflegt und Ammi mich gefüttert, dort hatte Masroor mir zu einem Haarschnitt verholfen. Meine Erinnerungen brauchten ein Zuhause, in dem sie leben konnten. Schon einmal war ich meiner Vergangenheit und meiner Umgebung beraubt worden. Das sollte nicht ein zweites Mal geschehen. Entschlossen machte ich einen Kreis um die Anzeige. Diesmal würde ich nicht mit unbeantworteten Fragen sterben.

Ammis Wahl

Haasan öffnete die Tür und schüttelte mir die Hand.

Sie hatten mich erwartet.

Er ist da, rief er über die Schulter ins Innere.

Einen langen Augenblick stand ich auf der Schwelle und sog den Innenhof in mich hinein. Es standen keine Schirme in der Vase, und es regnete auch nicht. Es regnete auch sonst nicht in Lucknow – es war Dezember, und der Monsun war vorüber. Doch in dem Bild von dem Innenhof, das ich im Gedächtnis hatte, schüttete es. Nachdem ich drei Jahre lang mit dieser Erinnerung gelebt hatte, blieb mir die Enttäuschung nicht erspart. Eine schwache Wintersonne und die sachliche Begrüßung – meine Rückkehr verlangte nach mehr Ambiente.

Aus dem Küchenfenster, das sich zum Innenhof öffnen ließ, quoll Rauch hervor. Nicht weiße Wölkchen oder zarte Schwaden, sondern dichter, schwarzer Rauch, der die Sonne verdunkelte und die Türbögen des Wohnzimmers verschwinden ließ. Ammi trat durch einen der Bögen ins Freie. Sie hustete heftig und rieb sich die Augen. Haasan führte sie am Ellbogen zu der Liege mitten im Hof, dann holte er tief Luft und tauchte ins Haus, um nach den Ursachen zu forschen.

Warum besteht ihr darauf, daß ich koche, fragte Ammi mit kläglicher Stimme, als der Hustenanfall vorüber war. Ein Zischen war aus der Küche zu hören – Haasan hatte das Feuer gelöscht. Mit tränenden Augen trat er wieder ins Freie, in der Hand ein Glas Wasser.

Keiner hat darauf bestanden, daß du kochst, sagte er verzweifelt und reichte ihr das Glas. Du warst es doch, die Moonis' Rückkehr nicht mehr erwarten konnte. Wer hat dich denn gebeten, Kababs ohne Ghee zu braten?

Ammi machte gar keinen Versuch zu antworten. Sie beträufelte ihre

Augen mit dem Wasser und wagte ein Blinzeln. Da sie nicht mehr brannten, ließ sie sie offen. Und so sah sie mich.

Mehr als anderthalb Jahre waren vergangen, seit sie Simla verlassen hatte. Sie erwartete mich nicht, sie hatte die Lungen voller Rauch und Tränen in den Augen, aber nicht einen Moment lang wirkte sie überrascht.

Ihr Gesicht wurde weich – die Falten auf der Stirn, die Krähenfüße um ihre Augen, die scharfen Linien, die von der Nase zu den Mundwinkeln liefen, lösten sich auf und verschwanden, als wären sie wundersamerweise ausgebügelt worden. Mit einem Mal war sie nicht mehr meine Nenntante oder Asharfis Mutter, sondern eine schöne Frau, die sich freute, mich zu sehen.

Salaam aleikum, Ammi, sagte ich grinsend.

Sie zog eine Augenbraue hoch. Sehr gut, sagte sie mit einem ironischen Ton. Dann lächelte sie. Haasan Bhai hatte recht. Er hat fest behauptet, daß du kommen würdest.

Ich öffnete den Mund – und schloß ihn wieder. Haasan hatte behauptet, ich würde kommen? Wie konnte er das wissen, es sei denn, er war Gott oder der Verwaltungsdirektor des Cecil? Ich hatte erst vorgestern abend erfahren, daß mein Antrag auf Urlaub bewilligt worden war.

Das Hoftor wurde aufgerissen.

Ammi!

Asharfi kam, eine Zeitung schwenkend, hereingerannt. Ich hatte sie fast zwei Jahre nicht gesehen. Sie wirkte viel schlanker und sah in der wehenden Burqa und dem zurückgeworfenen Schleier sehr attraktiv aus. Sie eilte auf ihre Mutter zu, ohne mich zu bemerken.

Ammi, du stehst im *Pioneer*!

Ich habe dir hundertmal gesagt, du sollst nicht allein auf die Straße gehen, sagte ihre Mutter aufgebracht und entriß Asharfi die Zeitung. Warum ist dieser Moonis nicht mit dir gegangen?

Weil, sagte Asharfi übertrieben geduldig, er hundert Jahre alt ist, und außerdem hättest du jetzt die Zeitung von gestern in der Hand, wenn ich auf ihn gewartet hätte. Sie riß ihrer Mutter die zusammengerollte Zeitung aus der Hand und blätterte zu der Seite, auf der ihre Mutter erwähnt wurde.

Durch die Bewerbung von Begum Kulsum Ganjoo (Independent), las Asharfi laut vor, wohnhaft in Massaldan Lane 1, Lalbagh, wurde der

Kampf der zwei Kandidatinnen um den Sitz der Muslim Urban Women (Lucknow City) in letzter Minute um eine Kandidatin erweitert und hat dadurch an Spannung gewonnen. In einem Gespräch mit unserem Korrespondenten äußerten sich sowohl Begum Amjadi Bano (Congress) als auch Begum Shakila Ara (Muslim League) zuversichtlich, daß die Kandidatur der Begum Ganjoo ihre Wahlaussichten nicht beeinflussen werde. Die bevorstehenden Wahlen, sagten sie, seien ein Referendum über die Zukunft Indiens und eine Wahl zwischen dem Congress und der Muslim League. Unabhängige Kandidaten seien da nicht von Bedeutung. Begum Ganjoo erläuterte, daß sie nur technisch eine unabhängige Kandidatin sei. Sie vertrete sehr wohl eine politische Partei, die jedoch erst vor kurzem gegründet worden sei und daher von der Wahlkommission nicht rechtzeitig zugelassen werden konnte: die Anjuman-Bara-i-Tahaffuz-i-Haal.

Mit glänzenden Augen sah Asharfi von der Zeitung auf. Sie war aufgeregt, aber nicht überrascht. Auch Haasan, der nach der Zeitung griff, um den Abschnitt selbst zu lesen, war nicht überrascht. Der Innenhof blieb auf dem Boden der Wirklichkeit und nahm die Ankündigung ohne Erregung auf. Also versuchte auch ich, unberührt zu blicken. Schließlich war ich drei Jahre fort gewesen – es war vermessen zu erwarten, daß diese Welt sich nicht verändert hätte. Aber es klappte nicht: Meine Überraschung war sichtbar. Ammi verkaufte nicht nur das Haus, sie bestritt auch einen Wahlkampf, in dem sie von einer Ein-Frauen-Partei mit einem unsinnigen Namen gestützt wurde. Mein Vertrauen in die grundsätzlichen Dinge war erschüttert. War das Lalbagh-Haus das Lalbagh-Haus? War ich nach Hause gekommen, oder besuchte ich Fremde? War Ammi ein Mann?

Asharfi brachte mich wieder auf den Boden der Tatsachen. Ihre Burqa roch nach Sandelholz, und ihre Augen öffneten sich weit, als sie mich erkannte.

Du bist wieder da, sagte sie staunend. Wie die anderen! Ein breites Lächeln ließ ihr Gesicht erstrahlen. So wie Haasan Mamoo gesagt hat. Ammi, sagte sie und drehte sich zu ihrer Mutter um, vielleicht gewinnen wir jetzt sogar.

Ich fühlte einen seltsamen Stolz. Ich war skeptisch, was Haasans zweites Gesicht anging. Ich wußte nicht, warum Ammi ihr Haus verkaufte und in die Politik ging. Und vor allem war mir nicht klar, warum Asharfi dachte, ich könne ihrer Mutter zum Sieg verhelfen.

Aber ich war von einer Apsara angenommen und willkommen geheißen worden – das reichte für jetzt. Ich sah Ammi und die anderen mit den Augen des Dazugehörenden an. Dies waren keine Fremden. Und ich war zu Hause.

Für Masroor bedeutete zu Hause die Kaserne in Neu-Delhi, wo ihm drei Zimmer und ein Hof von der Größe eines Taschentuchs zugeteilt worden waren. Normalerweise hätte er viel länger auf ein Quartier warten müssen, doch seine Verletzung und seine Zeit als Kriegsgefangener beförderten ihn auf der Warteliste ganz nach oben. Am Monte Cassino sei er in der Achselhöhle getroffen worden, als er seine Arme hob, um sich zu ergeben, erklärte Haasan an jenem Abend im Kaffeehaus. Bis zum Ende des Krieges blieb er zur Genesung in Deutschland, vor zwei Monaten wurde er dann ausgetauscht und nach Indien zurückgeschickt. Im Oktober kam er für eine Woche nach Lucknow.

Ist er so wie früher, fragte ich. Die Erinnerung an Masroor vor der Weihnachtskrippe, wie er Parwana und Asharfi beim Küssen zusieht, trat plötzlich vor mein geistiges Auge.

Na ja, er ist etwas dicker geworden. Hat eine breitere Brust bekommen, hat zugenommen. Die Deutschen haben die Kugel dringelassen, so daß sein linker Arm etwas absteht, wie eine Spange, aber es täte ...

Nein, ich meine nicht körperlich, unterbrach ich. Wie ist er, wenn er ... Wenn er mit anderen zusammen ist?

Haasan zuckte die Schultern.

Anfangs schien er so wie früher, sagte er zögernd. Keine Bombenneurose, schien auch nicht deprimiert. Wir haben ihn gefragt, wie es im Krieg war – und er hat es uns auch erzählt. Er hat uns alle Einzelheiten geschildert – die Krankenschwester mit den blauen Augen, das Essen im Lager, daß er nach dem V-Day in London ein Held in Uniform war –, aber du konntest mit ihm nicht mehr so plaudern wie früher. Jedesmal, wenn ich mich mit ihm unterhalten habe, war es wie ein Interview. Wenn ich ihm eine Frage gestellt habe, hat er sie beantwortet. Umfassend. Wenn er fertig war, hatte er alles gesagt, so daß du die Unterhaltung nicht fortführen konntest – es sei denn, man stellte ihm eine neue Frage. Er schüttelte den Kopf bei der Erinnerung daran, gab dem Kellner ein Zeichen und bestellte eine neue Runde.

Ich habe es dann vermieden, mit ihm allein ins Gespräch zu kommen, gestand Haasan beschämt. Stell dir vor. Masroor, Intezars Sohn, den ich kannte, bevor er seinen Namen wußte: Plötzlich habe ich mich davor gefürchtet, mit ihm allein zu sein. Nach zehn Minuten ging mir die Puste aus, weil ich immer bedeutende Fragen stellen mußte.

Der Kaffee kam. Haasan leerte seine Tasse mit einem Schluck.

Das war auch so etwas, sagte er. Dann zündete er sich eine Zigarette an.

Ich wartete.

Er wollte meinen Kaffee nicht mehr trinken.

Es war nicht eigentlich der Kaffee. Masroor ertrug es nicht mehr, ins Kaffeehaus zu kommen. Haasan verstand es nicht: Masroor war praktisch im Kaffeehaus aufgewachsen. Während seiner Schul- und Collegezeit hatte er hier mehr Zeit verbracht als im Lalbagh Haus. Haasan erinnerte sich an die Zeit, als er Masroor auf der Theke absetzte, während er arbeitete. Einmal, in den Sommerferien, hatte Masroor ihn so lange bekniet, bis Haasan ihm einen kleinen Kellneranzug machen ließ, komplett mit Turban. Dann hatte Masroor Haasans weltverdrossene Kundschaft damit unterhalten, daß er ihnen Kaffee servierte, die Augen auf die wackligen Tassen geheftet, die Zunge vor Konzentration im Mundwinkel. Er machte das zweieinhalb Monate jeden Tag, und Ammi mußte ihn zu seinem Nachmittagsschlaf praktisch wegzerren.

Aber im Oktober, als er Haasan am Morgen nach seiner Rückkehr besuchte, konnte er es kaum fünf Minuten im Kaffeehaus aushalten.

Er hat gesagt, er könne nicht atmen, sagte Haasan und krauste die Stirn in der Erinnerung. Er wollte wissen, warum es so finster sei, warum die Birnen so schwach leuchteten, warum die Tische und Stühle so schäbig seien, warum es keine Bilder an der Wand gebe oder Topfpflanzen auf dem Boden. Aber er sagte all dies nicht freundlich. Er sagte es wie ein überempfindlicher Mensch.

Ich war verletzt, sagte Haasan. Warum wollte er Pflanzen in einem Kaffeehaus? Weil er Pflanzen in englischen Teestuben gesehen hatte. Wir könnten von den Engländern noch etwas lernen, bevor wir sie verabschiedeten, sagte er. Und eine dieser Lektionen beträfe mein Kaffeehaus, das mit lebendigen Dingen freundlicher gemacht werden könne. Lebendigen Dingen! Ich sagte ihm, daß mein Kaffeehaus voll mit lebendigen Dingen sei, wie zum Beispiel meinen Gästen, die bessere Gesellschaft böten als Pflanzen – auch als englische Pflanzen.

Er griff sich immer wieder an den Kragen, als wäre er ihm zu eng,

und als der Kaffee kam, nahm er ein paar Schlucke – und plötzlich
würgte er und rannte nach draußen.

Er hat sich nicht übergeben, sagte Haasan. Es klang einfach nur so.
Ich war so besorgt, daß ich die Kasse abgab und ihn nach Hause
brachte. In den restlichen sechs Tagen, die er noch in Lucknow war,
kam er dann nicht mehr ins Kaffeehaus.

Am selben Abend schloß Masroor seinen Frieden mit Haasan im Lalbagh-Haus, indem er alles zu erklären versuchte. So wie es nicht einfach
der Kaffee war, war es auch nicht einfach das Kaffeehaus. Es war alles, was
alt, schmutzig, vertraut und gleich war. Das Kaffeehaus war alles zusammen. Der Kaffee verhalf ihm nur dazu, seine Gefühle zu schmecken. Er
war schwach, grau und gechlort, genauso wie er schon immer gewesen
war, als ob derselbe Kaffee in Millionen von schmutzigen Tassen all die
Jahre gestanden hätte. Ihn zu trinken war zutiefst eklig, als würde man
gesammelte Spucke trinken. Deswegen wollte er, daß Ammi und Asharfi
das Haus verkauften und zu ihm nach Delhi kamen, weg von den lebenslangen Gewohnheiten wie in der Nase bohren, auf der Ganj flanie-
ren, Chikan tragen und Kaffee trinken. In Lucknow gab es für ihn kein
Leben mehr, nur noch den Tod ähnlich dem einer Kuh, die an ihrem
Wiedergekäuten erstickt, noch während sie wiederkäut. Delhi war zwar
nicht der Mittelpunkt der Welt – das hatten der Krieg und London ihm
gezeigt –, aber zumindest war es ein Ort, an dem ehrgeizige Männer die
Zukunft Indiens formten – statt endlos in der Vergangenheit herumzu-
stochern.

Vergangenheit! brauste Ammi auf. Zukunft! knurrte sie. Warum müßt
ihr immer von Orten sprechen, an denen ihr noch nie wart?

Masroor, der mit Haasan gesprochen hatte, sah überrascht auf.

Deinen Vater habe ich zuletzt vor fünfzehn Jahren gesehen. Ist er also
in der Vergangenheit verschwunden? Sie wartete.

Ihr Sohn erwiderte nichts.

An jedem Tag, an dem er nicht nach Hause kommt, verschwindet er
erneut. Jedesmal, wenn ich nach ihm Ausschau halte, verschwindet er.
Er verschwand heute morgen, als ich aufstand. Und wenn er zurück-
kehrt, dann wird das nicht in deiner kostbaren Zukunft sein, sondern
heute. Und genauso werden deine Kinder heute geboren. Und wenn du
stirbst, wird das heute sein, und dann stirbst du jeden Tag in dem Leben der Menschen, die dich geliebt haben. Die jungen Menschen ver-

stehen nicht, daß sie nicht einen Vorrat von Tagen bekommen, den sie verbrauchen können – sondern nur einen, ein fortlaufendes Leben, in dem alles in der Gegenwart geschieht.

Ammi, hör zu, sagte Masroor besänftigend. Auch wenn du recht hättest, was würde es denn schaden, wenn wir alle nach Delhi zögen, damit wir zusammen leben können? Was gibt es denn für dich noch in Lucknow? Appa ist verschwunden, und meine Arbeit ist nicht an einen Ort gebunden. Wahrscheinlich werde ich aber nie nach Lucknow versetzt. Und wenn Asharfi erst einmal heiratet ... Wenn du Heimweh bekommst, Lalbagh ist ja nur eine Tagesreise mit der Bahn entfernt.

Aber du hast gesagt, ich solle das Haus verkaufen, sagte seine Mutter mißtrauisch.

Masroor seufzte.

Das stimmt. Aber wenn das dich daran hindert, nach Delhi zu kommen, dann kannst du es auch verriegeln und dich später entscheiden. Warum betrachtest du den Umzug nach Delhi nicht einfach als Urlaub? Es ist zumindest mal etwas anderes.

Aber warum wolltest du anfangs, daß ich das Haus verkaufe, beharrte Ammi.

Weil, sagte Masroor mit eiserner Geduld, das Geld vom Verkauf uns die Freiheit zu wählen geben würde.

Was zu wählen?

Masroor errötete.

Zwischen Indien und Pakistan zu wählen, sagte er trotzig. Wenn die Teilung kommt, fügte er in einem Ton hinzu, der besagte: »Klopf auf Holz.«

Du willst das Haus verkaufen und in dieses Pakistan gehen, fragte seine Mutter ungläubig.

Das habe ich nicht gesagt, erwiderte Masroor heftig. Er atmete tief durch. Noch ist nichts entschieden. Aber es ist davon geredet worden, daß Soldaten und Beamte die freie Wahl haben werden, wenn ... Wenn es nötig sein sollte. Vielleicht kommt es nicht soweit, aber es schadet ja nichts, vorbereitet zu sein. Ich will auch nur sagen, daß wenn wir in Delhi leben und das Geld haben und wenn das Land geteilt wird, dann sind wir in einer viel besseren Lage, über die Grenze zu gehen – wenn wir das wollen.

Wenn, wenn, wenn, sagte Ammi wegwerfend. Und was ist mit dem wichtigsten Wenn: Wenn Intezar nach Hause kommt und sein Haus im

Besitz von Fremden findet? Nein, ich gehe nicht nach Delhi. Denn dein Vater könnte zurückkommen. Und deine Gründe sind absurd. Du willst in der Zukunft leben, wie die anderen auch. Delhi ist einfach deine Zeitmaschine.

Sie ließ die Schultern sinken.

Warum willst du die einzige Welt, die du hast, zerstören für irgendeinen Tag in der Zukunft? Du wirst nie dorthin gelangen – diesen Ort gibt es gar nicht. Schick die Engländer weg, meinetwegen, aber laß doch die anderen in Ruhe. Ist es nicht normal, daß die Menschen an ihrem Leben hängen? Dich kann ich ja verstehen: Die Jungen wollen immer die Welt verändern. Aber Gandhi, Jinnah und Nehru? Erfahrene alte Männer, die ihr Leben wegwischen und wie Fremde in einem brandneuen Land leben wollen? Sie müssen verrückt sein. Woher wollen sie denn wissen, daß die Veränderung Gutes bringt? Daß sie sich nicht nach den Dingen sehnen werden, wie sie vor der Veränderung waren? Warum hält keiner sie auf?

Warum hältst du sie nicht auf, Ammi, fragte Masroor mit ruhiger Stimme.

Tu doch mal etwas anderes, als immer nur zu warten. Seit Appa weg ist, haben wir immer nur gewartet. Das ist jetzt dein ganzes Leben, und es ist das einzige Leben, das Asharfi bisher kennt. Wenn ich mich ganz dir überlassen hätte, würde ich immer noch meinen Lebensunterhalt aus der Vergangenheit beziehen: Ich würde kleinen Jungen Geschichte beibringen und darauf warten, daß der Geist klopft. Wenn ich nicht – wenn ich nicht als Soldat gedient hätte, hätte ich nie erfahren, daß es auch eine andere Welt gibt außer der, in der Ehemänner und Väter jeden Tag verschwinden. Fünfzig Millionen Menschen sind im Krieg umgekommen, Ammi. Fünfzig Millionen. Aber ihre Familien warten nicht darauf, daß die Toten auferstehen. Du willst nicht nach Delhi gehen. Du willst noch nicht einmal über Pakistan nachdenken. Du kannst Gandhi und Jinnah nicht ertragen, weil du Veränderungen nicht ertragen kannst. Halte sie auf. Halte eine Rede. Schreib an die Zeitungen. Laß dich wählen.

Oder verkauf dieses Haus. Nicht, weil ich es so will. Sondern weil es darin spukt.

Haasan zuckte zusammen und warf einen verstohlenen Blick auf Ammi. Ihr Gesicht zeigte keinerlei emotionale Regung. Er glaubte, einen Schimmer in ihren Augen zu sehen, aber er konnte es sich genausogut eingebildet haben. Sie hatte zusammengesunken in ihrem Sessel gesessen, voller Verzweiflung angesichts des Leichtsinns der Menschheit – jetzt richtete sie sich langsam auf, Zoll um Zoll, bis sie ganz gerade saß, die Hände im Schoß gefaltet, die Ellbogen in königlicher Pose auf die Sessellehnen gestützt, und verwandelte, während Haasan ehrfürchtig zuschaute, einen Streit allein durch ihre Haltung in eine Audienz.

Haasan Bhai, sagte sie und sah ihrem Sohn in die Augen, wird der *Pioneer* am Samstag eine Anzeige drucken, in dem wir den Verkauf dieses Hauses anbieten, wenn wir sie heute abend aufgeben?

Haasan nickte stumm. Er fühlte sich wie ein Höfling.

Ammi, sagte Masroor beunruhigt, du sollst ...

Mit einer Geste schnitt ihm seine Mutter das Wort ab. Rede nicht, sagte Ammi tonlos. Hör zu. Ich werde deinem Rat folgen, fuhr sie mit derselben tonlosen Stimme fort, und mich zur Wahl stellen. Wenn ich verliere, verkaufen wir das Haus für den besten Preis, den wir mit dieser Anzeige erzielen können, und ziehen in dein Quartier in Delhi. Aber wenn ich gewinne ... Sie machte eine Pause, um ihre Worte hervorzuheben und wandte den Blick nicht von ihrem Sohn ab. Wenn ich gewinne, ziehe ich die Anzeige zurück und behalte das Haus – und du wirst um deinen Rücktritt ersuchen und zurück nach Lucknow kommen. Und dann warten wir gemeinsam auf deinen Vater.

Sie hatte ihre Gegenwart gegen seine Zukunft gesetzt, ihr Jetzt gegen sein Dann. Es war eine seltsame Abmachung, aber Masroor nickte. Ende 1945 ergaben die seltsamsten Dinge einen Sinn. Es war eine Wette für die Zeit.

Der Lucknower Korrespondent der *Times of India* unterbrach die erste Zusammenkunft unserer Wahlmannschaft, bevor sie noch richtig angefangen hatte. Es war die erste einer ganzen Reihe von Unterbrechungen: An einem Morgen empfing Ammi Reporter der *Hindustan Times,* des *Northern Indian Patrika,* des *Dawn* und des *Statesman.* Der Bericht im *Pioneer* vom Vortag hatte offenbar das Interesse einiger gelangweilter Abteilungsleiter geweckt. Haasan meinte, das überrasche ihn nicht. Wer will schon jeden Tag denselben Quatsch über den Congress und die League lesen, fragte er. Ammi bietet da viel besseren Stoff.

Da irrte er. Ammi allein interessierte die Journalisten nicht. Im Jahre 1945 bedeutete beidäugiges Sehen, daß man besondere Linsen brauchte: eine von der Leidenschaft für den Congress gefärbte und eine vom Eifer für die League – wie die rotgrünen Brillen, die einst im Kino für 3-D-Filme ausgegeben wurden. Ohne sie war die Welt flach und weit entfernt, Indien war ein Name auf der Landkarte, Zeitungen waren Almanachs, Freiheit war die Übergabe der Macht – und Ammi war lediglich eine weitere alte Frau in einer Küche. Doch als die Reporter kamen, trugen sie ihre Brillen und sahen sie in der richtigen Perspektive: Wenn das Ende des Raj in dem, was die League und der Congress sagten, vorweggenommen war, dann hatte Ammi eine Nebenrolle und war damit eine Nachricht wert. In diesem Aufeinanderprallen der Titanen vor den überwiegend schweigenden Millionen hatte die Begum Kulsum Ganjoo (Independent) eine wichtige Sprechrolle ergattert. Doch die Fragen gehörten den Presseleuten, und durch ihr Verhalten deuteten sie an, daß sie auch die Antworten hatten. Nur daß Ammis Erwiderungen häufig nicht zu den Stichwörtern der Reporter paßten.

Das Interview mit dem Mann von der *Times* scheiterte, noch bevor er seine Fragen stellen konnte. Als erstes wollte er sie fotografieren. Er hatte sich alles genau ausgedacht: Begum Ganjoo in einer Burqa, auf einem dekorativen Sessel sitzend, dahinter, etwas zur Seite versetzt, ihr Mann, die eine Hand beschützend auf der Rückenlehne.

Ammi teilte dem Reporter mit, daß ihr Mann nicht in der Stadt sei und deshalb nicht zur Verfügung stehe.

Das macht nichts, sagte er beruhigend. Wie wäre es denn mit diesem Herrn dort, fragte er freundlich und lächelte Haasan zu.

Haasan öffnete den Mund, brachte aber kein Wort heraus.

Ammi bat den Mann zu gehen.

Der Vertreter vom *Statesman* wollte auch ein Bild machen. Er kam mit einer Balgenkamera, bei deren Anblick mein Auslösefinger zu jucken anfing, und einem Assistenten, der einen riesigen Magnesiumblitz trug.

Auch er wollte Ammi in einer Burqa auf einem Sessel, kam aber weiter, weil er nicht auf dem Ehemann als Requisite bestand. Da sie schon eine Burqa trug (wie immer im Haus hatte sie die Kapuze und den Schleier nach hinten geworfen) und es im Wohnzimmer reichlich Sessel gab, war die Szene schnell gerichtet. Als Ammi ihm erzählte, daß die Galerie entlang des oberen Geschosses einst Teil der Zenana, der Frauengemächer, gewesen war, bestand er darauf, dies mit in das Bild einzuarbeiten. Er war ein Bengale mit Glatze, im Alter von Haasan, zu dem er sich umdrehte, um ihm einen Geistesblitz mitzuteilen:

Vom geschützten Harem zum Wählerforum, sagte er verzückt.

Ammi hörte ihn. Sie preßte die Lippen zusammen, blieb aber in ihrem Sessel sitzen. Als er sich vorbeugte und durch den Sucher blickte, setzte sie ihr Fotogesicht auf.

Sehr gut so, sagte er in den Sucher.

Ammi blieb regungslos sitzen.

Der Assistent entzündete mit einem Streichholz das Magnesium.

Sehr gut so, sagte der Fotograf mit großer Dringlichkeit.

Ammi hielt den Atem an, das Magnesium zischte. Sobald es richtig entflammt war, würde der Fotograf die Linse für einen kurzen Moment aufdecken und sie gleich wieder bedecken. Ich wußte, wie es funktionierte – ich hatte es aber noch nie gesehen.

Seeehr gut so, sagte der Bengali, als das Magnesium seine ganze Helligkeit entfaltete, worauf Ammi vor Schreck hochfuhr und die Tauben in der Galerie verstört aufflatterten. Flügelschlagend flogen sie eine unsichere Runde, ließen Federn zu Boden segeln und ein unterdrücktes Gurren hören. Als wieder Ruhe einkehrte, waren alle Flächen, die Glatze des Bengali eingeschlossen, mit Daunen und Taubendreck bedeckt, doch trotz des Aufruhrs, den sein Blitz hervorgerufen hatte, hatte er das Bild nicht im Kasten.

Madam hat ihr Gesicht nicht bedeckt, klagte er.

Er hatte darauf gewartet, daß sie den Schleier vor das Gesicht legen würde, bevor er seine Linse öffnete.

Ihre Zeitung will ein Bild von einer Burqa, fragte Haasan. Seine Stimme überschlug sich fast vor Erstaunen.

Der um sein Bild geprellte Reporter schüttelte geziert den Kopf.

Meine Zeitung will ein Bild von einer muslimischen Lady, die in der Wahl kandidiert, sagte er.

Den ganzen Morgen ließ Ammi der Gedanke an die muslimische Lady nicht los.

Er beschäftigte sie immer noch, als der elegante Vertreter des *Dawn*, die Haare mit Brillantine frisiert, erschien. Der Reporter des Sprachrohrs der Muslim League fing an, seine Fragen zu stellen.

Warum haben Sie … äh … Um mehr Zeit zu gewinnen, untersuchte er das superfeine dunkelblaue Kammgarn seines Blazers auf Staubkörnchen. Warum haben Sie als Muslimin eine muslimische Partei gegründet, wenn es doch die … ähm … die Muslim League gibt?

Was für eine muslimische Partei, fragte Ammi kurz angebunden. Ihre Geduld mit der Presse war am Ende.

Die ... ähm ..., begann er unsicher und warf dann einen Blick in seine Notizen, die Anjuman-ul-Hi ... fazat-i-Islam ... ?

Ammi schnaufte.

Sie denken an nichts als den Islam, sagte sie abfällig. Anjuman-Bara-i-Tahaffuz-i-Haal, so heißt meine Partei.

Richtig, pflichtete der Reporter ihr bei, wischte die Einzelheiten beiseite und wandte sich wieder der zentralen Frage zu. Warum also haben Sie, eine muslimische Lady, eine zweite muslimische Partei gegründet?

Ammi starrte ihn an.

Verstehen Sie Urdu, fragte sie.

Nein, gab der Reporter schlicht zurück. *Dawn* ist eine englischsprachige Zeitung.

Sie passen gut nach Pakistan, murmelte sie. Sie und dieser Jinnah. Der versteht auch kein Urdu. Braucht er auch nicht, schließlich wird er inmitten von Punjabis leben. Hören Sie zu, ich weiß, daß es Ihnen nicht wichtig ist, aber könnten Sie einfach in Ihr Notizbuch schreiben, daß die Anjuman-Bara-i-Tahaffuz-i-Haal keine muslimische Partei ist? Es ist die Gesellschaft für die Erhaltung der Gegenwart.

Doch der Reporter gab nicht auf, die muslimische Lady aufzuspüren.

Ja, aber, hob er wieder an, wollte sie (als muslimische Lady) nicht, daß die Muslim League siegte? Wollte sie nicht in einem muslimischen Staat leben, in Pakistan?

Wozu? fragte sie grob.

Weil es ... ähm ... eine islamische Republik sein wird, kam er mit der Sprache heraus.

Aber es wird nicht Lucknow sein, sagte Ammi.

Ammi braucht ein gutes Wahlposter, bestimmte Bhukay. Seine Stimme war mit Sirup getränkt, weil er gleichzeitig Jalebis aß. Slogan, Symbol und Name. Der Name in großen Buchstaben. Grün auf ...

Nein, schwarz, sagte Haasan. Sein Blick hing gierig an der neuen Ladung Jalebis, die Bihari in siedendem Öl hin und her schob. Wir hatten uns an dem Stand getroffen, den Bihari vor dem Zirkus gemietet hatte, weil er sich das Geschäft mit den Zuschauern nicht entgehen lassen wollte. Der Great Raymond Circus gastierte in der Stadt.

Nein, grün, beharrte Bhukay. Sie bewirbt sich ja für den Sitz der muslimischen Frauenvertreterin. Sie braucht eine muslimische Farbe.

Sie bewirbt sich aber nicht als *muslimische* Muslimin, argumentierte

Haasan, und so stritten sie weiter. Es ging mal wieder um die muslimische Lady.

Nach dem Pressefiasko am Morgen war Ammi nicht in der Stimmung gewesen, die weitere Wahlstrategie zu besprechen, deshalb hatten wir übrigen – Bhukay, Bihari, Haasan und ich – beschlossen, uns später an Biharis Stand zu treffen. Asharfi hatte unbedingt mitkommen wollen, aber Ammi wollte nicht, daß ihre Tochter beim Zirkus mit vier Männern, die nicht mit ihr verwandt waren, gesehen wurde. Zumindest nicht vor der Wahl.

Ich hatte Bhukay und Bihari seit drei Jahren nicht gesehen, nicht seit der Nacht, als wir in Unnao bei den Eisenbahnschienen nach Masroor gesucht hatten. Die beiden waren bei der Explosion, die den Schienenstrang zerstört hatte, nicht verletzt worden. Anders als bei Asharfi und mir waren ihre Kleider und Gesichter nicht versengt, so daß sie, während wir vor der Polizei davonliefen und zum Fluchtauto gelangten, entkamen, indem sie sich unter die Passagiere des Postzuges mischten. Sie entdeckten zwei leere Liegen, schliefen in dem blockierten Zug und gingen am nächsten Morgen zu Fuß nach Lucknow zurück.

Nachdem sie sicher zu Hause angekommen waren, beschlossen sie, jeder für sich, die Stadt zu verlassen, bis die Ermittlungen, die Verhaftungen und das sonstige Aufhebens, den ein Akt der Sabotage notwendigerweise nach sich zog, vorüber waren. Bhukay ging in den Osten nach Gorakhpur, der Heimatstadt seiner Familie, die dort immer noch Land besaß, während Bihari nach Rampur im Westen ging, wo er einen Monat bei seinem Onkel verbringen wollte, der eine Stellung in den legendären Küchen des Nawabsahib hatte.

Dann brach der Quit-India-Sturm los, und es vergingen Monate, bevor man wieder gefahrlos reisen konnte. Als die Züge wieder zuverlässig fuhren, ging in den United Provinces von Ost nach West ein Gerücht um, wonach der Raj wehrfähige Männer kidnappen ließ, sie in Uniformen steckte und in ferne Wüstenländer verschiffte, wo sie im Kampf fielen. Das war die Zeit, als die Vierte Indische Division in Alamein ihr Bestes gab.

Also beschloß Bihari, in Rampur zu bleiben, denn er rechnete sich aus, daß er in einem Fürstenstaat sicherer war als in Lucknow, dem Herzen des Britischen Indien, wo vermutlich hart durchgreifende Rekrutierungsoffiziere auf der Hazrat Ganj unbarmherzig wüteten. Und Bhukay sicherte sich die Dankbarkeit seiner sterbenden Großmutter, weil er sie zu jeder Pilgerstadt im Umkreis von dreihundert Kilometern begleitete – er war der Überzeugung, daß ihm, wenn er nirgendwo lange genug blieb, die Einberufung erspart bleiben würde.

Sie warteten das Ende des Krieges im Exil ab. Bihari wäre schon früher zurückgekehrt, aber irgendwann Anfang 1944 hörte er aus fünfter Hand, daß Masroor zur Armee gegangen sei. In dieser Version der Geschichte hieß es, Ammis Sohn sei auf brutalste Weise entführt worden. Also stellte Bihari seine Heimkehr zurück. Bhukay hatte sich so sehr an sein Nomadenleben gewöhnt, daß ihm der Gedanke, nach Hause zurückzukehren, erst gar nicht kam.

Dann, im Oktober, hörten sie von der Anzeige, in der das Lalbagh-Haus, das Haus ihres Kindheitsfreundes Masroor, zum Verkauf angeboten wurde. Da faßten sie ihren Entschluß und kamen, unabhängig voneinander, innerhalb von zwei Tagen in Lucknow an.

Ich wußte, daß sie kommen würden, sagte Haasan selbstgefällig und leckte sich den Sirup von den Fingern. Genauso wie ich wußte, daß du kommen würdest, sobald du die Anzeige gelesen hättest.

So war das also gewesen. Keine Kristallkugel, kein zweites Gesicht – nicht, daß ich unbedingt an solche Dinge glaubte. Es war ernüchternd zu denken, daß ich einfach nur einer von vielen war. Bis zu dem Moment hatte ich mich als einzelgängerischen Helden gesehen, der ohne langes Zögern zu Ammis Rettung geeilt war. Jetzt fühlte ich mich eher als Pawlowscher Hund.

Mit einem Gefühl von Niedergeschlagenheit und Unfreiheit verließ ich sie, während sie noch über die Farbe des Plakates diskutierten, und kaufte mir eine Eintrittskarte für den Zirkus. Das Zelt war rappelvoll, und aus den Lautsprechern tönte ein Walzer statt der Hindi-Filmmusik, an die ich mich aus meiner Kindheit erinnerte. Auf den Rängen wurde munter geplaudert, während in der Manege geschmückte Pferde einen lahmen Walzer tanzten. Zumindest das war so wie früher. In all den Jahren hatten die Zirkusdirektoren die schlichte Wahrheit nicht begriffen, daß die Zuschauer ihren Eintritt bezahlten, weil sie witzige oder gefährliche Nummern sehen wollten. Tanzende Pferde waren weder das eine noch das andere – es sei denn, eins brach sich das Bein, aber die Hoffnung war zu gering, als daß sie die Aufmerksamkeit der Zuschauer auf den billigen Plätzen zu fesseln vermochte.

Das letzte Mal, daß ich in einem Zelt gewesen war, schien mir wie in einem anderen Leben, doch ich erinnerte mich an jeden Anblick und jedes Geräusch des Congress-Zirkus in Kashmiri Gate, der von zischenden Petroleumlampen erleuchtet wurde. Das war das einzige Mal gewesen, daß alle Menschen die ich kannte, unter einem Dach versammelt waren. Daß dieses Dach aus vergänglicher Zeltplane bestanden hatte, schien rückblickend durchaus passend, denn nachdem es zusammengebrochen war, kamen wir nie wieder zusammen. Ohne meine Augen zu schließen, stellte ich mir Parwana auf dem stehenden Tandem vor, während die Pferde drum herum tanzten. Hatte Dadi sie bei sich behalten, oder hatte sie sie ins Nari Niketan verbannt? Allein – abgesehen von den Pferden – wirkte sie in der riesigen Arena jung, verloren und verletzlich. Ich fragte mich, wie sie wohl mit den Zwillingen zurechtkam.

Als die Musik mit einem Mißklang abbrach, verschwand Parwana mitsamt den Pferden. Statt ihrer erschienen zwei bemalte Clowns. Sie schlugen sich gegenseitig mit hölzernen Latten, die Geräusche wie Gewehrschüsse machten. Dazwischen streckten sie den Zuschauern den Hintern zu und furzten geräuschvoll große Kreidewolken. Das Publikum, vor wenigen Minuten noch abgelenkt und unaufmerksam, lachte Tränen. Es hatte seine Konzentration wiedergewonnen, während mir meine verlorengegangen war. Ich versuchte mir Asharfi vorzustellen, wie sie das Pedal ihrer Nähmaschine bearbeitete – aber es mißlang. Die Clowns waren zu aufdringlich und ließen nostalgische Geister nicht zu.

Die Gegenwart drängte sich wieder auf. Wenn Ammi die Wahl gewann und Masroor sein Wettversprechen einhielt, würden sie nicht nach Pakistan gehen, ich würde meine Pflegefamilie nicht verlieren und das Lalbagh-Haus wäre immer noch mein Zuhause. Draußen zerbrachen sich Bhukay, Bihari und Haasan die Köpfe darüber, wie dieses Ziel zu erreichen wäre: Sie überlegten, wie sie Stimmen für Ammi gewinnen konnten. Und hier war ich und schmollte, weil Haasan mich zu einem Herdentier gestempelt hatte, indem er meine Ankunft vorhergesehen hatte. Ein Solidaritätsgefühl beflügelte mich plötzlich, ich sprang auf und fing an, mir durch das Durcheinander der Beine einen Weg zum Mittelgang zu bahnen.

Psst, zischten Dutzende von Stimmen, obwohl ich gar nichts sagte. Manche fluchten, andere schrien mich an, einer fragte mich, ob ich glaubte, meine Arsch sei aus Glas. Und das alles, weil ich zwischen sie und zwei furzende Clowns geraten war. Zitternd begab ich mich wieder auf meinen Platz. Doch als ich wieder nach vorne sah, waren die

Clowns verschwunden. Der Vorhang hatte sich geteilt und ließ vier Männer in samtartigen Leopardenanzügen ein, die eine riesige Kanone zogen.

Ich spürte, wie mein Mund trocken wurde ... Jeden Moment würden sie die menschliche Kanonenkugel abfeuern! Jetzt verstand ich, was das Zischen und Schimpfen bedeutet hatte, jetzt war mein Mitgefühl geweckt. Im Gegensatz zu den Clowns und den nicht enden wollenden Pferden war dies eine Nummer, die eine Sekunde dauerte. Baff! und es war vorbei. Wenn ich vor den Zuschauern entlanggegangen wäre, hätte ich sie ihrer Sicht beraubt.

Ich verschob Ammi auf später, lehnte mich zurück und harrte der Nummer, die ich auswendig kannte. Lange Trompetenklänge würden das Zelt erfüllen und in einem Ausbruch der Becken explodieren. Dann würde ein Mann in einem silbern funkelnden Anzug in die Manege gelaufen kommen. In diesem Falle trug der Mann auch ein schwarzes Cape, einen schwarzen Schutzhelm und eine silberfarbene Balaklavamütze mit schwarz umrandeten Augenlöchern. Er sah aus wie ein außerirdischer Waschbär.

Die Kanone war ein Frontlader. Die Zimbeln ertönten, während die menschliche Kanonenkugel mit den Füßen zuerst in den Lauf eingeführt wurde. Ein lässiges Winken – und schon war er gänzlich verschwunden.

Die Musik verstummte, die Zuschauer hörten auf zu atmen. So war es jedesmal, bevor die Kanone abgefeuert wurde. Nur deswegen ging ich in den Zirkus: diese atemlose, beklemmende Stille, die meine Ohren wie mit Marmelade füllte. Die menschliche Kanonenkugel bewirkte das jedesmal – keine andere Nummer konnte das erreichen. Weder die Behendigkeit der Akrobaten noch die Waghalsigkeit der Trapezkünstler: nur dieses einzelne Feuerwerk. Ich wußte nicht, warum. Vielleicht lag es an der Schlichtheit, mit der hier die Wirklichkeit verkehrt wurde. Da feuerte der Mensch die Kanonen ab, hier feuerte die Kanone den Menschen ab.

Da ich der Kanone genau gegenübersaß, würde ich den Flug der menschlichen Kugel bestens beobachten können – der Mann würde einen Bogen über der Manege beschreiben und in dem Auffangnetz ungefähr zwanzig Reihen vor mir landen. Wie ein Trampolinspringer würde er sich beim ersten Hochfedern aufrichten. Dann Applaus. Das war die klassische Abfolge – doch als das Kanonenfeuer ertönte, sagte mir die Erinnerung an meine Kindheit, daß jemand den Ablauf geändert hatte. Die Flugbahn war viel zu flach. Er landete zehn Meter vor dem Netz und federte auch nicht.

Jemand hatte einen Fehler gemacht.

Doch keinen tödlichen Fehler. Nach einem Moment der unheilschwangeren und bewegungslosen Stille stützte sich der Silberanzug stöhnend auf Knie und Ellbogen. Ein erleichtertes Seufzen füllte das Zelt. Als er sich langsam auf die Beine stellte, fing jemand an zu klatschen, und im nächsten Moment standen wir alle. Durch den Applaus ermutigt, winkte er die Helfer weg (die Clowns waren mit einer Trage gekommen) und zog den Schutzhelm zum Dank. Der Applaus schwoll an und wollte nicht verebben, also zog er auch seine Balaklavamütze. Ein kollektiver Laut des Entsetzens war zu hören, denn die linke Seite seines Gesichts war blutüberströmt. Doch es war die andere, nicht blutige Gesichtshälfte, die meine Hände erstarren ließ. Dieses Gesicht hatte ich schon einmal gesehen, von meinem Dachzimmer in Benares aus, wie es sich in dem Fenster gegenüber einer angsterfüllten, hilflosen Frau näherte.

Gegenüber der Presse saß Bihari an einem niedrigen Schreibtisch und schrieb Urdu rückwärts. Langsam bewegte sich seine Hand von links nach rechts und produzierte übergroße, spiegelverkehrte Buchstaben. Er versuchte, seine Finger an die ungewöhnlichen Bewegungen zu gewöhnen, bevor er Ammis Manifest auf Stein einritzte. Dies war sein erster Versuch in der Kunst der Lithographie: Haasan hatte ihn zu dieser Aufgabe auserkoren mit der Begründung, daß jemand der arabische Schriftzeichen mit einem Jalebibeutel in siedendes Öl schrieb, wohl Urdu verkehrt herum auf eine festere Unterlage schreiben könnte.

Bihari hatte sich darauf eingelassen. Von dem Wahlkampfposter, das er bereits entworfen und geschrieben hatte, hatten wir soeben fünfhundert Stück gedruckt. Die letzten waren noch auf der Galerie der Frauengemächer zum Trocknen aufgehängt. Ammi erlaubte nicht, daß wir sie im Innenhof aufhängten, weil sie nicht wollte, daß Besucher, die zufällig vorbeikamen, sie sahen. Zu öffentlich, sagte sie. Haasan war entrüstet. Der Sinn von Wahlplakaten, so erklärte er unfreundlich, sei der, daß sie öffentlich waren. Sobald sie angeklebt wären, würden sie von Tausenden von völlig Fremden gesehen werden. Das ist etwas anderes, sagte Ammi. Doch solange die Plakate in ihrer Obhut waren, würde sie

sie nicht in der Öffentlichkeit herumscharwenzeln lassen wie schamlose tanzende Mädchen. Also wurden sie in der sonnenlosen Abgeschiedenheit der Zenana aufgehängt.

Es betraf aber nicht die Plakate allein – Ammi verhängte den strengsten Purdah über alle Dinge, die mit der Wahl zu tun hatten. Bihari hatte sein Debüt als Kalligraph allein der Tatsache zu verdanken, daß Ammi nicht den professionellen Qatib, der ihr gewöhnlich mit der Herstellung des *Khatoon* half, beauftragen wollte. Nur Haasan, Bhukay, Bihari und ich (außer Asharfi und dem treuen Moonis) hatten Zugang zu dem Material, das in den Frauengemächern ausgebrütet wurde – das gemeinsame Erlebnis des Wahlkampfes brachte uns einander näher. Andere Leute – das bedeutete neugierige Blicke; außerhalb unserer Gruppe gab es nur Fremde.

Doch bisher hatte keiner – auch die Wahlkampffamilie nicht – Ammis Programm gesehen. Haasan hatte sie aufgefordert, ihre Verpflichtung zur Gegenwart zu präzisieren, sei es als Programm, Plan oder Vorschrift, aber sie hatte noch nichts zu Papier gebracht. Deswegen bedrängte sie Haasan jetzt. Nachdem er sie auf einem Sessel in dem Raum, in dem auch die Druckmaschine stand, festgenagelt hatte, spielte er verschiedene Variationen des Grundthemas durch: Wir konnten den Wahlkampf nicht auf der Grundlage ihrer bloßen Überzeugung bestreiten.

In die Ecke getrieben und bedrängt, hörte Ammi ihm einmal, zweimal zu, griff dann in ihre Burqa und zog ein zusammengerolltes Blatt Papier hervor.

Hier, sagte sie kurz. Mehr bekommst du nicht.

Haasan glättete das Papier und gab es Bihari, der es vorlesen sollte. Es war in Urdu.

Einleitende Worte jeglicher Art fehlten:

Für fünf Jahre nach dem Abzug der Engländer sollen
  – keine Straßen umbenannt werden
  – keine Denkmäler abmontiert werden
  – keine neuen Denkmäler aufgestellt werden
  – keine Republik ausgerufen werden
  – keine Verfassung geschrieben werden
  – keine Münzen geprägt werden
  – keine Schulbücher geschrieben werden
  – keine neuen Briefmarken in Umlauf gebracht werden

– keine Gesetze verabschiedet werden
– keine Grenzen verschoben werden
– keine Wahlen abgehalten werden
– keine neuen Grenzen gezogen werden,
bis wir für uns geklärt haben, was wir von dem, was sie zurücklassen, behalten wollen.

Einen Augenblick lang herrschte tiefes Schweigen, dann war ein Rascheln zu hören, als Bihari das Blatt umdrehte, in der Hoffnung, noch mehr Text zu finden. Doch die andere Seite war leer.

Haasan entriß Bihari das Blatt und prüfte es selbst.

Was soll das, fragte er verständnislos und sah Ammi an. Dieses Kein-kein-kein-Gerede? Glaubst du, die Leute werden dich wählen, wenn du ihnen sagst, was du nicht willst? Schickst du etwa Moonis zum Einkaufen und gibst ihm eine Liste mit Dingen, die er nicht kaufen soll?

Kopfschüttelnd sah er auf das Blatt hinab.

Jinnah will Pakistan. Nehru erklärt der ganzen Welt mindestens zweimal am Tag, daß er ein freies, vereintes, weltliches und demokratisches Indien will. Du mußt den Leuten erzählen, was du willst – nicht, was sie nicht tun sollen.

Warum? fragte Ammi schlicht. Nehru und Jinnah wollen die Welt verändern, also müssen sie ihrem Traum einen Namen geben. Aber ich habe keinen Traum – mir gefällt die Welt, wie sie ist. Deswegen habe ich ein Dutzend Dinge aufgezählt, die die Inder nicht tun sollten, wenn sie die Welt, die sie kennen, behalten wollen. Was hätte ich sonst schreiben können?

Haasan öffnete den Mund zum Sprechen, hob einen belehrenden Zeigefinger, richtete sich auf – und blieb dann stumm. Es gab nichts zu sagen. Die Begründerin der Anjuman-Bara-i-Tahaffuz-i-Haal hatte Argumente vorgebracht, die unwiderlegbar waren.

Bihari schrieb die zwölf Keine-Anweisungen auf den Lithographiestein, und danach verbrachten wir den Rest des Nachmittags damit, das ein Blatt umfassende Programm zu vervielfältigen. Die regelmäßigen Abläufe machten die Arbeit tröstlich: Jedesmal, wenn ich ein weiteres feuchtes Blatt auf die Leine hängte, beruhigte mich die Unerschütterlichkeit von Ammis Ansichten. Es machte nichts, daß sie eine Minderheit von einem Menschen darstellte, daß sie im Wahlkampf eine Außenseiterin mit einer Chance von eins zu tausend war, und daß ihr

Programm auch im Falle ihres Wahlsieges nicht umgesetzt werden würde. Die Ansichten waren ihre, und sie war überzeugt davon, daß sie recht hatte. Wenn die Weltveränderer den Sieg davontrügen und Ammi ihre Welt aufgeben müßte, wäre sie keine überraschte Verliererin. Da sie nie in Träumen aus zweiter Hand geschlafwandelt war, würde sie auch nicht unsanft geweckt werden. Im Gegensatz zu Chaubey.

Als ich das Zirkuszelt verließ, um wieder zu Bhukay, Bihari und Haasan zu gehen, war ich immer noch ziemlich benommen, weil ich den Mann, der Parwana vergewaltigt hatte, gesehen hatte. Doch in der fröhlichen Stimmung auf dem Zirkusgelände verlor sein Auftauchen allmählich an Bedeutung. Es war der reine Zufall, daß Chaubey hier war: Er war nicht auf der Suche nach mir. Der Gedanke half mir, mich wieder zu beruhigen. Außerdem hatte ich soeben gesehen, wie er aus einem Kanonenrohr abgeschossen und verletzt worden war. Auch das war hilfreich. Als wir später, in einer Unterhaltung begriffen, zusammenstanden und er mit steifen Schritten und verbundenem Kopf in unsere Richtung kam, gab ich dem Drang, mich hinter Bihari zu verstecken, nicht nach und blieb, wo ich war.

Er ging an uns vorbei und blieb zwanzig Meter weiter an einem Teestand stehen. Einer verrückten Eingebung folgend, gesellte ich mich zu ihm. Dreimal mußte ich ihm sagen, wer ich war, bevor er mich erkannte. Dann lächelte er müde und entschuldigte sich für seine Taubheit. Die Explosion sei schuld, erklärte er. In der Kanone sei der Widerhall so stark, daß das Klingen in seinen Ohren noch Stunden danach anhielte.

Er roch nach einem starken Einreibemittel, und die versengte Seite seines hageren Gesichts glänzte vor Salbe. Er mußte meinen Blick bemerkt haben, denn er rieb sich einen Teil der Salbe weg.

Die Hälfte meines Verdienstes gebe ich für Salben aus, sagte er. Mehr als ich fürs Essen ausgebe, fügte er mit einem traurigen Blick auf das zerdrückte süße Brötchen hinzu, das er sich zu seinem Tee bestellt hatte. Hauptsächlich Tigerbalsam. Ohne das komme ich gar nicht mehr zurecht. Besonders an Tagen, an denen sie mich zweimal abfeuern.

Wir sprachen von Guruji und Benares, wie zwei Freunde, die die Vergangenheit wieder aufleben lassen. Es fühlte sich sogar so an – Chaubey stellte überhaupt keine Bedrohung mehr dar –, er wirkte viel zu aufgebraucht, um noch gefährlich zu sein. Sein Niedergang hatte begonnen, als Guruji von seinem sexuellen Debüt erfuhr. Er wurde auf der Stelle aus dem Akhara geworfen. Er mochte zwar der beste Schüler sein, aber Keuschheit galt für alle.

Plötzlich stand Chaubey ohne festen Halt und ohne eine Arbeit da. Seine Filmkarriere hatte geendet, als Parwana floh. Auf die Hindu-Universität konnte er nicht zurückkehren – die Aussicht auf eine höhere Bildung war für ihn gestorben, als er an einem fernen Tag in einem lang vergangenen August im Namen der Nation einen Zug in seine Gewalt gebracht hatte. Dann war da noch der Überfall auf die Polizeistation in Madhuban. Die Beteiligung an einem dieser Vorfälle hätte gereicht, um einen Haftbefehl für ihn auszustellen, und er war bei beiden dabeigewesen.

Als Guruji ihn aus dem Akhara ausschloß, verlor Chaubey mehr als nur den Ausbildungsplatz für seine Mr.-Indien-Ambitionen, er verlor eine ganze Welt. Jetzt brauchte er eine Arbeit – in der wirklichen Welt reichte ein Lendentuch bei weitem nicht.

Ich hatte zwei Wochen gehungert, als die nach Benares kamen, sagte Chaubey und deutete mit dem Kopf auf das Zirkuszelt. Sie hatten eine freie Stelle. Er zuckte die Schultern. Bei der menschlichen Kanone gab es immer eine freie Stelle. Das lag am menschlichen Verschleiß.

Seine Hände, die das warme Teeglas umfaßt hielten, zitterten, so daß ein wenig Tee überschwappte. Er sah zu, wie die Flüssigkeit ihm über die Finger rann.

Ich weiß auch nicht, sagte er mutlos.

Und er wußte es wirklich nicht. Zu lange war er in den Träumen anderer Menschen aufgetreten, um noch klare eigene Gefühle zu haben. Gandhis Kampf 1942, Gurujis Muskelmann-Ramlila, Gyanendras Phantasien für ein Blue Movie: Jedes einzelne Unternehmen eine Katastrophe epischen Ausmaßes, aber ihm hatte sie nur Müdigkeit beigebracht. Er war so sorglos mit der Welt, die er einst besaß, umgegangen, daß er es nicht einmal merkte, als er sie verlor.

Am folgenden Nachmittag, als ich Ammis getrocknete Plakate abnahm und zu rechteckigen Stapeln ordnete, wurde der Gegensatz zwischen Ammi und Chaubey noch deutlicher. Das hier war ihre Welt, im Namen ihrer Partei in schwarz auf weiß zusammengefaßt. Und hier war ihre Verordnung zur Rettung dieser Welt, in zwölf Geboten aufgelistet.

Ammi wußte, was auf dem Spiel stand – sie kannte auch die Bedingungen. Sie ging mit offenen Augen in den Kampf. Chaubey wußte nicht einmal, daß Krieg herrschte. Er war das Kanonenfutter, während sie eine gutgläubige Kämpferin war. Der Gegensatz war tröstlich – er ließ unsere Kampagne lohnend erscheinen.

Neben der Presse stand ein Topf mit klebriger Mehlpaste, die Bihari versuchsweise gekocht hatte. Schon bald würden die Plakate in der ganzen Stadt angeklebt werden müssen. In einer Kampagne mit begrenztem Budget wie der unseren war selbstgemachter Kleister eine wesentliche Ersparnis. Und da war er, schon gebrauchsfertig. Ich konnte der Versuchung nicht widerstehen. In weniger als einer Minute hatte ich die Rückseite eines Plakates damit bestrichen und das Plakat hinter der Presse an die Wand geklebt. Es sah wunderbar aus: klar, deutlich, prägnant.

Aber es würde ihr nicht zum Sieg verhelfen. In sechs Monaten würde dieses Plakat Zeugnis von einer zum Scheitern verurteilten Kampagne ablegen. Ob so oder so, Ammi würde von den Panzern der Geschichte an die Wand gequetscht werden. Dann wäre der Kontrast zu Chaubey nicht mehr so klar. In der Tinte der Geschichtsschreibung sehen alle Verlierer gleich aus.

An diesem Abend verlor Ammi zum ersten Mal die Geduld mit mir. Es hatte mit dem Plakat hinter der Presse zu tun. Als sie es sah, preßte sie verärgert die Lippen zusammen. Moonis wurde herbeigerufen und beauftragt, Lappen und Eimer zu holen.

Reib es herunter, sagte Ammi.

Als ich mein Geständnis machte, sah sie mich eine Weile an und meinte dann, das hier ist kein Spiel.

Dann zog sie einen Schlüsselbund heraus, forderte mich auf, die Plakate zu nehmen und ihr zu folgen. Die alten Frauengemächer bestanden aus drei Zimmern, von denen ich zwei immer nur verschlossen gesehen hatte. Jetzt schloß Ammi eines davon auf und ließ mich ein. Es war ein kleines Zimmer, kaum größer als eine Abstellkammer, vollgestopft mit Papieren und Krempel. Ammi gab mir das Vorhängeschloß und den Schlüssel. Ich sollte eine Ecke für die Plakate finden und hinterher wieder abschließen.

Ich fand den Lichtschalter und drehte eine Zehn-Watt-Birne an, die schon bessere Zeiten gesehen hatte. Nirgendwo war eine saubere Ablagefläche für Ammis neues Wahlkampfmaterial. Als meine Augen sich an das Dämmerlicht gewöhnt hatten, entpuppte sich der Krempel als alte Zeitungen, alte Ausgaben der *Khatoon* und gerahmte Bilder, die an den Wänden lehnten.

Da ich kein Staubtuch hatte, nahm ich die oberste Schicht *Khatoons* vom Stapel, drehte sie mit der sauberen Seite nach oben und legte die Plakate darauf. Als ich meine Hand wegnahm, fingen die Plakate an zu rutschen, da der Stapel nicht ganz eben war. Ich hielt sie also mit einer Hand fest, griff mit der anderen Hand nach einem Bilderrahmen, wischte das Glas auf meinem Hosenboden sauber und begann, es als ebene Unterlage unter die Plakate zu schieben.

Als mir die langen, halbnackten Gopis auffielen, verschwanden sie gerade Zoll für Zoll unter dem Packen Plakate. Ich zog den Rahmen wieder hervor, die Plakate rauschten auf den staubigen Boden. Ich kümmerte mich nicht darum. Sie würden schon keinen Schaden nehmen.

Ich hielt das Bild ins trübe Licht der schummerigen Birne und konnte vorwiegend zwei Farben erkennen, Braun und Grün: die Körper alle braun, der Hintergrund grün. Es waren sechs Mädchen in langen Ghaghras und gazeartigen Dupattas, die um ihre Köpfe und andere Körperteile geschlungen waren. Rechts unten und oben im Bild grasten zwei Kühe auf saftigem Grün. Das Thema war durchaus anständig, ein typisches Kalenderbild: Gopis in Brindavan betrauern die Abwesenheit von Krishna.

Wie das Thema, so war auch der Stil konventionell. Die Figuren waren anmutig schlank – mit grazilen Armen und Beinen, endlosen Fingern und übergroßen, geschlitzten Augen. Die langen, manierierten Linien wurden von großen Brüsten und ausladenden Hüften unterbrochen, und der einzige abweichende Farbtupfer in dem Braun-Grün war das deutliche Rot der Brustwarzen.

Die Trauer der Gopis wurde auf einfache Weise dargestellt: eine steile Falte zwischen ihren Augenbrauen, die eine Hand entweder zur Faust geballt und an die Stirn gelegt oder auf der Brust ruhend, die andere in Verlassenheit ausgestreckt, der Kopf zu einer Schulter geneigt, die unwirklichen Augenlider gesenkt.

Es fiel mir auf, daß die Mädchen paarweise auftraten. Die Paare wurden weniger durch Nähe als durch Ähnlichkeit der Gesten deutlich. In allen Fällen ruhte die vom Körper wegweisende Hand auf der Brust der nebenstehenden Figur, die langen, bleichen Finger nur um Haaresbreite von der Brustwarze entfernt. Im Gegensatz zu den Fingerspitzen von Gott und Adam streckten die Finger sich nicht. Es war auch nicht deutlich, ob sich Brust und Finger auf derselben Ebene befanden, denn die perspektivischen Linien des Künstlers waren etwas verschwommen – aber ich hätte schwören können, daß vor einer Sekunde, bevor ich hinsah, die Finger die Brustwarzen berührt hatten. Im nächsten Moment war ich mir sicher. In den sechs trauernden Mädchen wiederholten sich zwei Gesichter: das von Asharfi und das von Parwana, dreifach gepaart!

Ich holte die anderen Rahmen hervor und fuhr mit dem Ärmel drüber, um sie zu entstauben. Sie waren alle gleich. Die Anzahl der Gopis war unterschiedlich, aber die Gesichter waren alle gleich. Nach einer Unterschrift brauchte ich nicht zu suchen. Sie waren von Asharfi. Sie hatte ihre Themen klug gewählt. Sie erlaubten ihr, Männer auszulassen – selbst die Kühe in den Ecken hatten deutlich gezeichnete Euter mit langen Zitzen. Ich war etwas überrascht, daß Asharfi als Muslimin ein Krishna-Thema gewählt hatte, um ihrem Gefühl Ausdruck zu verleihen, aber das war vielleicht auf meine Sensibilität nach der Teilung zurückzuführen. Möglicherweise waren die Dinge vor der großen Teilung weniger festgelegt gewesen.

Ich wunderte mich darüber, daß die Bilder in der Zenana standen. Höchstwahrscheinlich waren sie von Ammi dorthin verbannt worden, um Asharfi über eine unnatürliche Neigung hinwegzuhelfen. Vielleicht waren sie aber auch eine Art Therapie. Vielleicht hatte Asharfi mit diesen Bildern ihr Denken und Fühlen von Parwana gereinigt und damit abgeschlossen. Die dicke Staubschicht deutete darauf hin, daß die Bilder schon ziemlich lange hier standen. Wie auch immer, Parwana schien sauber in Asharfis Vergangenheit weggeräumt worden zu sein.

Ohne daß ich mir dessen bewußt geworden war, hatte ich die Bilder abgestaubt und überall dort, wo Platz war, aufgestellt. Plötzlich verspürte ich den Drang, sie nach unten zu nehmen und im Wohnzimmer, alle sechs nebeneinander, aufzuhängen. Durch die Aktion war soviel Staub aufgewirbelt worden, daß ich sechzehnmal hintereinander niesen mußte. Danach fühlte ich mich gereizt, den Tränen nahe, aufgewühlt. Ich wollte nicht, daß Asharfi Parwana vergaß. Oder sie als Erinnerung abtat. Oder sie nostalgisch einrahmte. Ich wollte, daß diese Bilder wahrhaftig wären, daß Asharfi um ihre verschwundene Geliebte trauerte. Ich wollte, daß sie sich um eine Zukunft ohne Parwana Sorgen machte, daß sie von einer Wiedervereinigung träumte, sich nach einer festen Adresse und festen Freunden sehnte. Ich wollte in Gesellschaft sein.

Ich sammelte die verstreuten Plakate auf, wischte den Staub ab und baute ihnen eine stabile Unterlage aus alten Zeitungen und antiquarischen *Khatoons*. Die Zeitungen reichten zurück bis ins Jahr 1931, Intezars Aufbruch zu seiner Hadsch, und waren vollständig vorhanden, bis zur letzten Wochenausgabe. Die erste *Khatoon* stammte aus dem Jahr 1933. Sie war fast auf den Tag genau zwei Jahre nach Intezars Verschwinden erschienen. Ich erkannte, daß dieses Zimmer ein Archiv für Ammis persönliche Ära war – die Zeit seiner Abwesenheit. Die toten Zeitungen mit ihren aufrüttelnden Schlagzeilen zählten die leeren Tage. Die alten Ausgaben der *Khatoons* waren Zeichen von gewonnenen Kämpfen in ihrem heldenhaften Bemühen, die Leere mit Phantasie zu füllen. Selbst Asharfis Bilder, diese manierierten Studien einer entzweiten Liebe, schienen Ammis Verlust zu spiegeln. Da in ihnen allen die Frauen sich gegenseitig trösteten, während die Männer durch ihre Abwesenheit auffielen, schien es nur richtig, daß sie in den Frauengemächern gelagert waren.

Ich mußte gehen. Ammi wartete sicher schon auf ihre Schlüssel. Ich räumte die improvisierte Ausstellung ab und stellte die Bilder wieder an ihren Platz. Alle bis auf eins, das ich unter meinem weiten Kurta verbarg. Ich stahl es aus gutem Grunde – ein besseres Porträt von Parwana und Asharfi würde ich nicht finden. Ich hatte keinerlei Fotos von meinen Freunden.

Mir war gleich klar, welches ich haben wollte: das kleinste. Es war kaum größer als eine Mughal-Miniatur. Selbst mit Rahmen konnte ich es leicht in den Bund meines Pyjamas gleiten lassen. Die anderen hatten die Größe eines Tabletts oder waren noch größer, zu groß, um sie herauszuschmuggeln. Sollten Ammi und ihre Tochter je nach Delhi zu Masroor ziehen, dann würde der Transport dieser Bilder einige Schwierigkeiten bereiten. Sofort und unvermittelt stellte ich mir einen anderen, viel ambitionierteren Zug vor: Asharfi in einer endlosen Karawane, auf dem Weg nach Westen in das Gelobte Land, die gerahmten Leinwände hinter sich auf dem Wagen. Warum hatte sie statt dessen nicht monumentale Statuen hergestellt oder Häuser gebaut? Oder irgend etwas, das sie in Lucknow verankern würde. Diese Bilder boten keinen Schutz gegen die Teilung. Die Früchte des Malens kann man forttragen.

Warten auf den August

In der Woche zwischen dem Wahltag und der Bekanntgabe der Ergebnisse verzog sich Ammi in die Küche, wo sie sieben Dinner-Mahlzeiten produzierte, wie man sie seit Lucknows großen Tagen der Dekadenz nicht mehr gesehen hatte. Das letzte Mahl wurde am Abend vor der Veröffentlichung der offiziellen Resultate inszeniert. Ammi lud alle Leute ein, die sie mochte, weitgehend dieselben, die sie in ihrem Wahlkampf unterstützt hatten.

Im Wohnzimmer lagen Matratzen mit frisch gewaschenen weißen Laken, gruppiert um zwei niedrige Tische, nicht einmal einen Fuß hoch, die Haasan eigens für diesen Abend gemietet hatte. Ammi hatte ursprünglich ein traditionelles Festmahl geplant, gespickt mit Shorbas und Kormas, Biryanis und Sherbets, wie sie die Glanzpunkte ihrer weit zurückliegenden Kindheit gebildet hatten, aber der Menüplan wurde abgeändert, als Haasan energisch einwandte, dieses Essen solle keine versunkene Vergangenheit zelebrieren, sondern die zusammengewürfelte Gegenwart.

Unter Haasans ideologischer Anleitung gab es also Tomatensuppe mit Brot, Hühnerbeine in Aspik, Hammel-Dosas, Biryani, Fischcurry mit Senföl, Garnelen in Kokosmilch, ein Relikt aus Haasans Zeit in Malabar, Kartoffeln in einer dünnen Tunke aus Haldi, Dahi und Wasser, ohne Knoblauch und Zwiebeln – Haasan wollte großzügig den bigotten Vegetarismus einschließen –, die niemand aß, und schließlich Vanillepudding. Ammi und ich waren gegen den Vanillepudding, aber Haasan bestand darauf. Nicht, daß er Vanillepudding mochte – er verfocht lediglich unser Recht auf unsere anglo-indische Tradition.

Und sämtliche Speisen wurden gleichzeitig aufgetragen. Ammi hätte sie ja in mehreren Gängen serviert, aber für diesen Abend war Haasan ihr Gewissen. Gänge, so erklärte er, stünden in direktem Widerspruch zu ihren Wahlkampfinhalten, ihrer Verpflichtung auf die Gegenwart. Menüs in Gängen zu essen hieße, die Tyrannei der chronologischen Zeit zu akzeptieren. Es hieße anzuerkennen, daß die Vergangenheit nur die Vorspeise zur Gegenwart sei, die Zukunft nur unser verdientes Dessert.

Später, im Fort, erzählte sie mir, daß sie diesen Moment auf einem Foto habe festhalten lassen wollen, Haasan aber dagegen gewesen sei. Die Gegenwart zu fotografieren, so habe er argumentiert, bedeute nicht, sie zu verewigen. Es bedeute lediglich, der Nachwelt Zuträgerdienste zu leisten. Also gab es keine gleißenden Magnesiumblitze, kein Kameraklicken, obwohl Ammi später bereute, daß sie sich Haasans Dogmatismus gefügt hatte. Ich bereute es auch.

Haasan hatte für den nächsten Morgen sämtliche Zeitungen geordert, für den Fall, daß eine von ihnen falsche Resultate brächte. Lange ehe der *Dawn,* der *Pioneer* oder die *Hindustan Times* über die Mauer geflogen kamen, ja sogar noch vor Sonnenaufgang, saß ein Grüppchen Menschen im Halbkreis im Hof, die Gesichter zum Tor, und wartete auf die Nachricht. Von links nach rechts waren da versammelt: Haasan, Asharfi, Bhukai, Bihari, Moonis und ich. In der Mitte war ein Stuhl frei, da Ammi sich am Vorabend um Punkt elf Uhr unter Berufung auf ihr Alter zurückgezogen hatte. Ob gute Nachricht oder schlechte, hatte sie uns vor dem Zubettgehen gedroht, sagt es mir erst, wenn ich meinen Tee getrunken habe.

Die Postausgabe der *Hindustan Times* kam um Viertel vor sechs, segelte über die Mauer und plumpste zu Boden wie ein noch nicht ganz flugkundiger Vogel. Asharfi erreichte sie als erste. Auf der Titelseite standen Berichte über den Wahlausgang, aber keine Details, nur das grobe Fazit. Die Muslim League hatte die Muslimsitze erobert und die Congress-Partei ansonsten haushoch gewonnen. Von mehreren Händen assistiert, blätterte Asharfi weiter, auf der Suche nach einer detaillierten Auflistung. Sie fand sie auf der letzten Seite, lauter kleingedruckte Spalten, aber die United Provinces kamen nirgends vor. Da waren Tabellen für Bengalen, den Punjab, Madras und sogar Bihar, aber über uns kein Wort. Schließlich entdeckten wir in einem kleinen Kästchen den Hinweis, die Ergebnisse aus den United Provinces seien zur Zeit des Druckbeginns noch erwartet worden.

Dann, um Viertel nach sechs, kam der *Pioneer,* und Bihari fing ihn noch in der Luft auf. Er entrollte ihn, sah – ohne ihn aufzuklappen – auf die Schlagzeile der Titelseite, warf die Zeitung hoch und brüllte etwas, was ich nicht verstand. Asharfi brach in Tränen aus, und Moonis trat zu ihr, um sie zu beruhigen, weil Haasan jetzt plötzlich auf Bhukays und Biharis Schulter saß und sie alle im Chor das schrien, was Bihari solo vorgegeben hatte: Es lebe Begum Kulsum Ganjoo!

Es ging alles so schnell, daß ich gar nichts mitkam. Im Film hätte die Zeitung einen Zeitlupenbogen beschrieben, man hätte sehen können, wie sich Asharfis Gesicht freudig verzog, hätte den ungestümen Jubel auskosten können, der Bihari und Bhukai Haasan emporhieven ließ, und dann erst wäre der *Pioneer* in einem Blätterregen herabgesunken wie ein himmlischer Segen. Aber in Wirklichkeit klatschte die Zeitung auf den Boden, noch zusammengefaltet, und Ammi erschien zerzaust und knurrig in ihrem Schlafzimmerfenster.

He, was ist das für ein Aufruhr, fragte sie, und ihre schlaftrunkene Stimme schnappte vor Ärger über.

Alles verstummte.

Ihr Blick fiel auf Moonis.

Und wo bleibt mein Tee, nörgelte sie.

Wir prusteten alle los, selbst die heulende Asharfi.

Haasan nahm die Zeitung und hob ruhegebietend die Hand.

Begum Amjadi Bano, Congress-Partei, achthundertundzweiundsiebzig Stimmen, las er in förmlichem Ton vor, wobei er zwischen den Worten zu Ammi hinübersah. Begum Shakila Ara, Muslim League, viertausendunddreiundzwanzig Stimmen. Begum Kulsum Ganjoo, unabhängig – Haasans Stimme zitterte bei diesem letzten Wort, und er hielt inne, um Luft zu holen –, Begum Kulsum Ganjoo, wiederholte er heiser, aber fest – viertausenddreihundertundeinundfünfzig Stimmen!

Die Zeitung flog wieder in die Luft, aber diesmal beobachtete ich Ammi. Das neue Mitglied der Gesetzgebenden Versammlung der United Provinces, erkoren von der (Muslim-Frauen-)Wählerschaft des Wahlbezirks Lucknow, brachte gerade noch die Fassung auf, abermals ihren Tee zu fordern, ehe sie die Hände vors Gesicht schlug und den Freudentränen freien Lauf ließ.

Aber Begum Kulsum Ganjoo sollte ihren Parlamentssitz nie einnehmen – da sie aus formalen Gründen nachträglich disqualifiziert wurde. Hätten wir die dritte Zeitung, *Dawn,* an diesem Morgen auch noch gelesen, hätten wir erfahren, daß Begum Shakila Ara von der Muslim League, die auf dem zweiten Platz gelandet war, Klage erhoben und Ammis Ausschluß gefordert hatte. Ihr Anwalt hatte geltend gemacht, daß Ammi überhaupt nicht zur Kandidatur berechtigt gewesen sei. Er argumentierte, das Lalbagh-Haus gehöre nicht Ammi, und da sämtliche Kandidaten Grundeigentum von einem gewissen Mindestwert vorweisen müßten, sei ihre Kandidatur, wie er es formulierte, ipso facto null und nichtig.

Was soll das heißen, das Lalbagh-Haus ist nicht unser Eigentum, fragte Asharfi empört. Es ist seit Generationen in unserer Familie. Mein Vater hat dort gewohnt und sein Vater und der Vater seines Vaters, all die Jahre seit 1857.

Rifaqat, der Familienanwalt, erklärte es ihr.

Es behauptet ja niemand, es sei nicht das Haus deines Vaters. Im Gegenteil, gerade darauf gründet sich ja ihre Argumentation: daß das Haus immer noch Eigentum deines Vaters ist, daß deine Mutter keinen eigenen Rechtsanspruch darauf besitzt und daher nicht die Anforderung erfüllt, daß jeder Kandidat persönliches Eigentum von einem gewissen Wert vorweisen muß.

Aber er ist seit fünfzehn Jahren verschwunden, sagte Asharfi konsterniert.

Rifaqat nickte. Das habe ich deiner Mutter auch gesagt. Sie braucht nur den Antrag zu stellen, daß das Eigentum ihres Mannes auf sie übertragen wird, da er so lange verschollen ist, daß von seinem Ableben auszugehen ist. Es gibt Möglichkeiten, die Eigentumsübertragung rückwirkend zu vollziehen, und dann wäre ihre Wahl vollkommen legal. Aber sie will es nicht.

Asharfi überraschte das nicht und uns übrige ebensowenig. Ammi hatte nicht all die Jahre auf Intezar gewartet, um jetzt diejenige zu sein, die ihn für tot erklären ließ. Sie ignorierte Rifaqats Drängen und tat nichts, um die Klage der Muslim League abzuwehren. Folglich wurde sie disqualifiziert.

Das Merkwürdige war, daß es ihr, soweit wir feststellen konnten, nichts auszumachen schien. Daß man sie mit so plumpen Mitteln ausgebootet hatte, schien sie eher zu erleichtern. Als ob sie dadurch auf ehrenhafte Weise vom lebenslangen Warten auf Intezar entbunden worden wäre. Sie beschloß sogar, Lucknow zu verlassen und zu Masroor zu ziehen. In den zwei Wochen vor ihrer Abreise nach Delhi wurde Ammi vor unseren Augen von Tag zu Tag jünger. Es war, als streifte sie mit dem Haus auch die Jahre ab, die sie darin gelebt hatte. Furchtlos und ohne faule Kompromisse war sie für ihre Überzeugungen eingetreten, hatte sie einer Welt die Treue gehalten, von der alle anderen wollten, daß sie unterging – und sie hatte verloren. Jetzt strahlte sie Freiheit von Verantwortung nach der ehrenhaften Kapitulation aus, Unbelastetheit nach der Bankrotterklärung. Sie hatte genug von hehren Angelegenheiten: Ihr Ziel in Delhi war es, Masroor eine Wollmütze zu stricken, bevor der Winter kam.

Ammi, Asharfi und ich fuhren gemeinsam nach Delhi. Die beiden brauchten Geleitschutz, und ich mußte wegen Arbeit nachfragen. Patrick hatte geschrieben, ich solle nicht nach Simla zurückkehren, ohne mich im Cecil in Delhi zu melden. In den Bergen war jetzt Nebensaison, während die Hauptstadt die winterlichen Besucherströme verkraften mußte, deshalb meinte er, ich würde dort womöglich gebraucht werden.

Wir kamen mitten am Nachmittag bei den Militärquartieren in der Pandara Road an. Ich verpaßte beinahe die richtige Abzweigung am Kreisverkehr, weil die Wahrzeichen meiner in dieser Gegend verbrachten Kindheit fehlten. Der große Kinderspielplatz mit seinen Rutschen, Schaukeln und mannshohen Betonpilzen war noch nicht gebaut worden. An seiner Stelle befand sich eine keilförmige Grünanlage, bepflanzt mit Jamun-Bäumen. Die Pandara Road war noch zu neu, um ein Straßenschild zu besitzen, und die riesigen Sheeshum-Bäume, die sie einst flankiert hatten, waren um vierzig Jahre jünger, nichts als ehrgeizige Schößlinge. Die großen Beamtenbungalows meiner Jugend waren verschwunden: An ihrer Stelle zogen sich niedrige, einstöckige Militärbaracken die Straße entlang wie ein an einem Bahnsteig gestrandeter Postzug.

Masroor stand draußen und erwartete uns. Wir beide trugen das Gepäck nach drinnen. »Drinnen« bestand aus drei aneinandergereihten Zimmern, jedes mit einem Durchgang ins nächste. Sie lagen alle an einer überdachten Veranda, die in einen kleinen Hof überging. Der Hof dampfte feucht von trocknender Wäsche. Ein Dutzend Wäscheleinen waren von einer Seite zur anderen gespannt und behängt mit Kleidungsstücken aller Art, darunter Saris und ein Rüschenunterrock.

Die gehören nicht alle mir, sagte Masroor.

Ich überließ es ihnen, sich häuslich einzurichten, nahm das wartende Phut-Phut und fuhr quer durch die Stadt nach Ludlow Castle zum Cecil. Ich fragte mich, ob ich wohl mein altes Zimmer im East India C-

wiederkriegen konnte. Aber es stellte sich heraus, daß ich es gar nicht brauchte.

Captain Nazar, der Geschäftsführer, sah unglücklich und verlegen drein. Zwei Drittel der Zimmer, sagte er, stünden leer. Ich hätte mir einen schlechten Zeitpunkt ausgesucht, um Urlaub zu machen. Was er eigentlich sagen wollte, war, daß das Geschäft schlecht lief und das Cecil Einsparungen vornehmen mußte. Und daß ich eingespart worden war. Er schrieb mir unaufgefordert ein wunderbares Zeugnis. Ich steckte es in meinen Blechkoffer und trug es zurück in die Pandara Road. Ich wußte nicht, wo ich sonst hin sollte. Als Masroor die Tür öffnete, erklärte ich ihm, noch auf der Schwelle, daß ich keinen Job mehr hätte. Er zog mich hinein und öffnete eine Flasche Rum. Der Rest des Abends versank in freundlichem Nebel.

Ich war für diesen einen Abend arbeitslos. Am nächsten Tag verdiente ich bereits wieder meinen Lebensunterhalt, dank Masroors dezenter Fürsprache beim Geschäftsführer des Ambassador-Hotels und Captain Nazars Empfehlungsschreiben, in dieser Rangfolge. Ich hätte mich wohl schämen sollen, weil Masroor seine Beziehungen spielen ließ, um mir einen Job zu verschaffen, aber das tat ich nicht. Ich fühlte mich im Gegenteil von warmer Befriedigung durchströmt. Wenigstens jemand auf dieser Welt dachte, daß ich es wert war, meinetwegen die Mühe und die Peinlichkeit auf sich zu nehmen, andere um einen Gefallen zu bitten. Ich hatte noch nie geglaubt, daß Freundschaft nur zwischen unabhängigen, ebenbürtigen Individuen möglich sei – das war eine alberne, bourgeoise Vorstellung, die sich ein Mitglied der arbeitenden Klasse nicht leisten konnte.

Ich teilte die Dienstbotenunterkünfte in der linken Hofecke mit Abdullah, dem Dhobi. Die Wäsche auf der Leine stammte von ihm. Ammi und Asharfi kannten ihn, weil sein Vater jahrelang in Lucknow ihre Wäsche gewaschen hatte. Jetzt war er in Delhi, um sein Glück zu machen, und Masroor stellte ihm die Dienstbotenunterkünfte zur Verfügung und dazu soviel fließend Wasser und Trockenplatz, wie er brauchte. Dafür sorgte Abdullah dafür, daß Masroors Uniformen immer gestärkt waren, und erledigte abends noch Botengänge.

Unser Einzug verlief reibungslos. Asharfi konnte sogar ohne Zwischenfälle ihre Bilder aufhängen. Als sie sie auszupacken begann, schützte ich Durchfall vor und flüchtete schleunigst in die Abgeschiedenheit der Toiletten im Hof. Als ich wiederkam, stand Masroor auf einer Leiter und holte gerade mit dem Hammer aus. Nein, nicht in einer Reihe, sagte Asharfi. Masroor stieg gehorsam zwei Sprossen herunter und begann, den Nagel einzuschlagen. Links über seinem jetzigen Standort hing die Gruppe der sechs Gopis, die ich in den Frauengemächern in Lalbagh zum ersten Mal gesehen hatte. Als die beiden fertig waren, gab es in der ganzen Wohnung keinen Raum mehr, der nicht von Asharfis ausgelebter Leidenschaft für jene Frau zeugte, die ihr Bruder aus keuscher Bergferne geliebt hatte.

Weder Ammi noch Masroor erhoben Einspruch. Asharfi schien verblüfft und ein bißchen frustriert. Sie hatte furchtlos ihren Standpunkt vertreten und so explizit, wie es die Umgangsformen zuließen, erklärt, sie werde zu ihren eigenen Bedingungen hier bei Masroor leben, ohne irgendeinen Teil ihrer Vergangenheit wegzuretuschieren. Auf so ergebenes Stillschweigen zu stoßen mußte enttäuschend sein. Es gab nur eine Erklärung: Weder Mutter noch Bruder hatten bemerkt, daß die Gopi-Gesichter Asharfi und Parwana gehörten.

Ammi und ich unternahmen lange Erkundungsspaziergänge. Die Cornwallis Road war nur einen Katzensprung entfernt, und an ihr lagen auf beiden Seiten vertraute Gebäude. Das Ambassador-Hotel, wo ich arbeitete, war fünf Minuten die Straße hinunter, und gegenüber befand sich eine hübsche Wohnanlage aus rotem Backstein, erbaut von Sir Lutyens' größtem Bauunternehmer, Sir Sobha Singh. Die Straße endete am Lady Willingdon Park – Lodi Gardens mit richtigem Namen. Das war der Punkt, wo Abdullah zufolge, die Zivilisation aufhörte und ein schäbiger Dschungel begann, in dem Hyänen ihr Unwesen trieben. Das Neu-Delhi der vierziger Jahre war noch ungeheuer neu, und das merkte man auf Schritt und Tritt. Überall endeten solide gebaute Anlagen plötzlich in der Wildnis, als sei die Stadt ein chaotisches Traumgespinst.

Masroor verbrachte seine ganze Zeit damit, auf dem Streifen Lehmboden, der sich vor seinem Teil der Militärbaracken entlangzog, einen Garten anzulegen. Man konnte die Nummer 28 schon von weitem erkennen, da nur sie einen Rasen mit einer Hecke hatte und eine Fassade besaß, die zu einem großen Teil von Kletterpflanzen, Büschen und Obstbäumen verdeckt wurde. Als wir einzogen, hatte er bereits Raat-ki-raani, Chameli, einen Feigenbaum, einen Birnbaum und zwei Zimtapfelbäume gepflanzt. Die meisten seiner Pflanzen kaufte er in der Moschee am Ende der Pandara Road, die seit dem Weggang der Mughals keine richtige Gebetsversammlung mehr gesehen hatte, weshalb der jetzige Imam zur Sicherung seines Lebensunterhalts auf dem Gelände eine Pflanzenschule angelegt hatte.

Eines Abends kam Masroor von einem Besuch in der Pflanzenschule zurück, mit vier winzigen Dattelpalmen auf einer Schubkarre und triumphierender Miene.

Wieso Dattelpalmen? fragte Asharfi.

Weil sie so langsam wachsen und ewig halten, antwortete er.

Sie brauchten zweihundert Jahre, um voll auszureifen, erklärte er uns. Er hatte sie erstmals in Ägypten gesehen, im Faijûm, der Oase in der Nähe von Kairo, als das Vierte Indische Regiment in Alexandria stationiert gewesen war. Sie hatten dort über Jahrhunderte den Sand zurückgehalten. Diese Palmen hier zu pflanzen, sei sein Beitrag zur Zukunft der Stadt. Wenn sie Wurzeln schlügen, werde er sich wie ein richtiger Delhiwallah fühlen.

Aber du wirst nicht mehr erleben, daß sie Früchte tragen, wandte ich ein.

Ja, schloß sich Asharfi an. Warum nicht Rosen?

Masroor schnaubte verächtlich. Rosen sind was für Leute, die weiterziehen.

Aber das wirst du auch tun, sagte ich. Soldatsein ist ein mobiler Job.

Unser Job mag vielleicht zeitlich befristet sein, erklärte Masroor hoheitsvoll, aber wir müssen dennoch leben, als wären wir ewig.

Ammi, Asharfi und ich machten aus der Pandara Road Nr. 28 eine abgeriegelte Festung, zu der die Außenwelt nur auf Voranmeldung Zutritt hatte. Ammi verbrachte ihre gesamte Zeit mit Stricken, bis die Sommerhitze Wolle unberührbar machte. Wir lasen alle Zeitung, aber als bestünde eine stillschweigende Abmachung, erwähnte niemand je politische Dinge, und Masroor gewöhnte sich bald ab, die Schlagzeilen laut vorzulesen. Gelockert wurde diese Regel lediglich während unserer Lexikon-Spielrunden, bei denen wir nur passende Substantive aus dem Bereich der Politik zuließen.

Ich arbeitete Nachtschicht im Hotel. Ich hatte entdeckt, daß der Tagesschlaf nicht die Schrecken barg, die mich bei Nacht heimsuchten. Ich träumte in allgemeinen Klischees: Meere von Särgen, Wälder von Scheiterhaufen, Ströme von Blut, Säcke voller gebleichter oder blutiger Schädel. Das alles hatte mir nichts ausgemacht, bis zu jener Nacht im Juli, als ein Schädel auf einem Gebeinhaufen Ähnlichkeit mit Masroor aufwies. In dieser Nacht pinkelte ich ins Bett, aber Abdullah rettete mich, indem er das Laken dezent wusch. Am nächsten Morgen bat ich um die Nachtschicht.

Asharfi verbrachte ihre Tage mit Malen. Sie fand ein Sujet in Abdullahs frisch gewaschener Wäsche, die zum Trocknen auf den Leinen hing. Weiße Laken, leuchtend bunte Saris, nüchterne Khaki-Uniformen vor strahlender Sonne, umrahmt von den weißen Mauern, trug sie mit dem Spachtel auf. Zwischendurch spielte sie mit jedem, der willens war, Brettspiele, nicht Mensch ärgere dich nicht oder Dame, sondern, wenn Zeit war, Monopoly und sonst Lexikon.

Von März bis Oktober, das heißt zwischen der Bekanntgabe von Ammis Wahlsieg und dem Einsetzen des kalten Wetters, verbrachten wir ein halbes Jahr in häuslicher Zufriedenheit. Die Welt draußen stand vor Scheidewegen, Grenzlinien, Wendepunkten und Tragödien, aber wir dort in der Pandara Road 28 lebten in Frieden mit uns selbst.

Dann löste die erste Winterkälte allgemeine Besorgnis aus.

Ammi sorgte sich, ob es auch wirklich so kalt werden würde, daß die dicken Wollpullover zum Einsatz kämen, die sie für Asharfi und Masroor gestrickt hatte. Würde man Handschuhe brauchen können? Sie wollte nicht damit anfangen, ohne sich sicher zu sein, weil das Anstricken der Finger so mühsam war. Oder sollte sie Fäustlinge machen, bei denen nur die Daumen zu bewältigen waren? Masroor sorgte sich, was die Kälte seinem Garten antun würde. Angetan mit seinen Landwehrshorts, einen Khurpi in der Hand, grub er seine mehrjährigen Pflanzen aus, um die Zwiebeln abzuschneiden. Er lagerte sie ein, froh, die Hoffnung in die nächste Blütensaison hinübergerettet zu haben. Am meisten sorgte er sich um seine Dattelpalmen. Es setzte ihm zu, daß er nicht lange genug in diesem Haus bleiben würde, um sie durch die ersten, wichtigen Jahre zu geleiten. Er befürchtete, der nächste Mieter könnte sie womöglich vernachlässigen oder, schlimmer noch, ihnen vorzeitig den Saft abzapfen. Das verkrüppelte Dattelpalmen. Wenn man sie in Ruhe ließ, wurden sie prächtige Bäume, bis zu zwölf Meter hoch und mit einer Blätterkrone von über zehn Metern Durchmesser.

Er hatte ein Nachschlagewerk konsultiert. Masroor las zuviel und glaubte zuviel von dem, was er las. Ein paar Tage später ging er hektisch im Garten auf und ab, weil er herausgefunden hatte, daß Dattelpalmen manchmal von kannibalischen Banyan-Bäumen zerstört wurden.

Ammi sah nicht einmal von ihrem Strickzeug auf. Asharfi lachte. Masroor wandte sich Solidarität heischend an mich.

Quatsch, sagte ich.

Es stimmt, insistierte er. Vögel fressen die Banyan-Feigen und spucken die Kerne in die Krone der Dattelpalme, wo sie dann auskeimen und Luftwurzeln bilden, die sich um die Palme winden und sie ersticken.

Quatsch, sagte ich noch einmal.

Na gut, sagte Masroor grimmig, ich werd's euch zeigen. Es steht in der *Cyclopaedia of India.* Der große Banyan-Baum im Botanischen Garten von Kalkutta ist aus einer Dattelpalme gewachsen. *Phoenix silvestris* wird häufig ein Opfer des *Ficus indica,* zitierte er, als ob lateinische Namen Dinge wahr machten. Am nächsten Tag überdachte er die Palmen mit feinem Gitterdraht, um sie gegen Killersamen aus Vogelschnäbeln abzuschirmen.

Meine Sorge galt anderen, bedrohlicheren Dingen. Die Schlagzeilen hatten den ganzen Sommer von den Titelseiten geschrien, ohne daß es mir angst gemacht hatte. Im Mai kippte Nehru die Pläne der britischen Regierung für ein konföderatives Indien, das, wie ich noch aus den Geschichtsbüchern wußte, die einzige Alternative zur Teilung gewesen war. Ende Juli rief Jinnah die Muslims auf, den 16. August als Tag der direkten Aktion zu begehen. Niemand wußte, was das heißen sollte, bis der Tag kam und in Kalkutta das Morden begann. Auch das beunruhigte mich noch nicht sonderlich, weil Kalkutta mehr als tausend Kilometer weit weg war. Dann kamen noch ein paar Menschen in Noakhali um, aber das war Bangladesh und anderer Leute Land.

Die Besorgnis überkam mich erst Ende Oktober, als sich mit den Toten von Bihar die Gewalt westwärts verlagerte. Im November zeichnete sich bereits ein eindeutiger Ost-West-Trend ab. Am sechsten kam es zu Unruhen in dem Pilgerort Garhmukhteshwar, nur hundert Kilometer östlich von Delhi. Daran konnte ich mich aus dem Geschichtsunterricht nicht erinnern, und das beunruhigte mich. Was hatte ich sonst noch vergessen? Hatte es unmittelbar vor der Teilung in Delhi Unruhen gegeben? Hier halfen mir die Geschichtsstunden nicht weiter. Man hatte uns nur die zentralen Fakten vermittelt, nicht die kleineren Gemetzel. Ich wußte, es hatte in Delhi ein Pogrom an Muslims gegeben – ich wußte nur nicht mehr, wann. Bisher war ich immer davon ausgegangen, daß das Schlachten mit der Teilung begonnen hatte, am vierzehnten oder fünfzehnten August 1947, was bedeutete, daß mir noch zehn Monate Ruhe blieben. Es sei denn, die Unruhen griffen früher auf Delhi über.

Der November verging, dann der Dezember, ohne daß es in unserer Gegend zu irgendwelchen Gewaltakten kam. Ich hatte das vage Gefühl, daß sich das Morden in Delhi innerhalb der Altstadtmauern abgespielt hatte. Das beruhigte mich. Dadi lebte zwar dort in Kashmiri Gate, aber sie war Hindu, und in Delhi waren vor allem Muslims umgekommen. Und dennoch ...

Ich ertappte mich dabei, wie ich mich um Dadi sorgte, und rief mich zur Ordnung. Ich wußte ja, daß sie die Teilung überlebt hatte, ich hatte ihren Leichnam am fünfzigsten Jahrestag der Quit-India-Rebellion verbrannt. Ich wußte noch mehr: daß ich einen Vater hatte, der jetzt im Internat war und in zwanzig Jahren seinen einzigen Sohn zeugen würde, daß ich ein reifer Mann sein würde, bevor ich zur Welt käme.

Solche Gedanken lösten bei mir jetzt keinen Schwindel und keine Angst mehr aus. Nicht nur, weil es kein Zurück gab – falls man das Wiedereintreten in die Zukunft als Zurück bezeichnen konnte –, sondern auch weil ich von Ammi gelernt hatte, daß es weder Vergangenheit noch Zukunft gab, nur das eine kontinuierliche Leben, in dem alles jetzt geschah. Wie der Gründerin der Anjuman-Bara-i-Tahaffuz-i-Haal (und aus unumstößlicheren Gründen) war mir die Gegenwart Zeit genug.

Die Tage und Wochen von 1947 flossen so unauffällig vorüber, als gehörten sie zu einem anderen Jahr. Für mich bedeutete jeder friedliche Tag nur, daß die trügerische Stille sich hinzog. Es war ein höllischer Sommer, niemand in Delhi konnte sich an eine heißere Hitze erinnern. Den ganzen Mai hindurch gingen wir tagsüber nicht mehr nach draußen. Asharfi, Ammi und ich verbrachten die Zeit, bis die Sonne verschwand, mit langen Siestas und trägen Monopoly-Runden.

Wenn ich an diesen stickigen Nachmittagen in meinem Bett lag, dachte ich manchmal an mein Leben in Kashmiri Gate. Das East India C- erstand vor meinen offenen Augen, und ich merkte, daß ich noch immer die Namen sämtlicher adliger Herrscher wußte, die in der Doppelreihe von aufgemalten Wappenschilden über der Tür der Imperial Tannery verewigt waren. Der letzte freie Platz in der zweiten Reihe war jetzt sicher auch ausgefüllt, mit Mountbattens Namen – die Zeit lief ab. Manchmal dachte ich an Dadi und fragte mich, was sie jetzt wohl machte, oder ich dachte an Parwana, die ich einst gerettet hatte, vor so langer Zeit. Ich sorgte mich um sie beide, aber nicht genug, um die Mühe eines Besuchs auf mich zu nehmen. Ich wußte nicht einmal, ob Parwana immer noch bei meiner Großmutter lebte. Es wäre bestimmt nicht schwer gewesen, das herauszufinden, aber mir war nicht recht klar, ob ich Parwana in meinem Leben wollte, jetzt, da ich mich gerade in der Pandara Road zu Hause fühlte. Ich konnte nicht riskieren, daß sie Asharfi oder Masroor wieder aus dem Gleichgewicht brachte, nicht, wenn mir nur noch knapp drei Monate Familienleben blieben, ehe die unausweichlichen Schrecken der Teilung über uns hereinbrachen.

Die Teilung wurde am dritten Juni offiziell über den Rundfunk verkündet. Masroor hatte ein altes Murphy-Radio, groß und fast rund. Die obere Hälfte, wo die Lautsprecher saßen, war mit glänzendem Goldstoff bespannt. Die Sendung war in den Zeitungen angekündigt worden, und Masroor versammelte uns alle fünf Minuten vor Beginn um das Radio und schaltete es ein. Ein grünes Lämpchen leuchtete auf, und es dauerte keine halbe Minute, bis die Röhren warmliefen und ein Knattern aus den Lautsprechern kam. Mountbatten kam als erster, begann im Namen der Regierung Ihrer Majestät zu verkünden, daß die Entscheidung gefallen sei, Indien zu teilen. Es folgten Nehru und Jinnah, die erklärten, daß sie und ihre Parteien damit einverstanden seien. Sie sagten alle nicht viel, aber ihre Stimmen hoben und senkten sich so übertrieben, als sprächen sie zu einer Menge, was sie vermutlich auch taten.

Danach wurde das Familienleben schwieriger. Nicht, daß irgend etwas geschehen wäre, es gab keine Bombenexplosionen, keine Unruhen – jedenfalls nicht in unserer Gegend. Das Leben ging weiter, aber mit einem Unterschied: Es war wie ein Leben auf Abruf. Plötzlich gehörte uns unsere Welt nicht mehr, wir lebten nur ein gemietetes Leben, und der Vertrag lief Mitte August aus.

Der Regen brach vorzeitig über Delhi herein. Schon Mitte Juni, zwei Wochen, ehe der Monsun üblicherweise einsetzte, waren die Alleen und Straßen Neu-Delhis überschwemmt. Die Pandara Road war ein Fluß, der an unserem Haus vorbeifloß, und Masroor war mit den Nerven am Ende, weil sein Garten zeitweilig unter Wasser stand. Es regnete und regnete und regnete, sechs Tage lang, so heftig und pausenlos, daß in dem sonnenlosen Hof Moos zu wachsen begann. Ammi, Asharfi und Abdullah drückte das düstere Grau aufs Gemüt, vor allem Abdullah war unglücklich, weil seine Wäsche gar nicht mehr trocknete. Ich hingegen

war froh, daß der Regen die unheilschwangere Stille dieses Teilungs-
jahrs durchbrach.

Und außerdem brachte der Regen Nachrichten von Dadi.

Die Meldung war auf einer der inneren Seiten der *Hindustan Times*
versteckt, zwischen anderen Informationen über die Schäden, die der Regen am anderen Ufer des Yamuna angerichtet hatte. Nur ein kleiner Teil
der Bevölkerung Delhis lebte auf jener Flußseite, aber diese Menschen
fand man auf Bäumen, Telegraphenmasten und an anderen erhöhten
Punkten, nachdem die Flut ihre nicht mit einem Ablaufsystem verse-
nen Barackenunterkünfte überschwemmt hatte. Die Armee schlug eine
Pontonbrücke über das schwellende Wasser und evakuierte die Über-
lebenden, hauptsächlich Aussätzige, Irre, jugendliche Delinquenten,
Hermaphroditen und reuige Prostituierte – all die Gruppen, die es eine
Flußbreite von den steuerzahlenden Bürgern Delhis entfernt in Qua-
rantäne zu halten galt. Dazu gehörten (laut *Hindustan Times*) auch die
Bewohnerinnen einer Frauenbesserungsanstalt namens Nari Niketan.
Ich war wie elektrisiert, ich kannte sie. Das waren Dadis gefallene Frauen.

Und sie waren jetzt ganz in meiner Nähe. In der Zeitung stand, mehrere Versuche, sie in Zeltsiedlungen auf Grünflächen unterzubringen,
seien am Widerstand von anständigen Bürgern gescheitert, die keine
Aussätzigen und Prostituierten nebenan haben wollten, und sei es noch
so vorübergehend. Also habe die Stadt sie jetzt in das Alte Fort verbracht.
Das Fort war ein guter Ort, denn es hatte Tore, die man schließen konnte,
war von hohen Mauern umgeben, die zwar halb verfallen, aber dennoch
schwer zu überklettern waren, und lag vor allem mindestens eineinhalb
Kilometer von der nächsten ehrbaren Ansiedlung entfernt. Diese nächste ehrbare Ansiedlung waren unsere Militärbaracken an der Pandara
Road. Vor der Teilungsdeklaration im Radio wäre ich nicht hingegangen,
aber angesichts des Unausweichlichen hatte ich nichts zu verlieren. Also
machte ich mich am nächsten Morgen um kurz nach zehn in Richtung
Fort auf, um meine Großmutter zu suchen.

Es war der 22. Juni, ein Sonntag. An einem Sonntag war ich auch das
letzte Mal im Fort gewesen, vor vier Jahren, aber diesmal ging ich allein
hin. Ich hatte Masroor und Asharfi nichts von der Neuigkeit erzählt –
sie dachten, ich ginge spazieren. Ammi erinnerte mich noch daran,
einen Regenschirm mitzunehmen. Obwohl es nur eineinhalb Kilometer bis zum Fort waren, machte die Nässe den Weg beschwerlich. Es galt
Pfützen zu umgehen und dem Gespritze der sporadisch vorbeifahren-

den Autos auszuweichen, und trotz des Regenschirms war ich, als ich ankam, völlig durchgeweicht. Ich hatte einen Wächter am Tor erwartet, aber es war keiner da. Vielleicht hatte der Regen ihn vertrieben.

Dadis gefallene Frauen waren nicht schwer zu finden. Sie hausten in einer Reihe bogenförmiger Nischen in der Festungsmauer, keine fünfzig Meter von dem Tor entfernt, durch das ich hereingekommen war. Zelte konnte ich nicht entdecken – wahrscheinlich war keine Zeit gewesen, welche aufzuschlagen. Ich postierte mich hinter einer der Säulen des Sandsteinachtecks, das einst Humayuns Bibliothek gewesen war, und beobachtete sie von weitem.

Sie sahen aus wie heruntergekommene Gespenster, in ihren schlammverdreckten grauen Saris, passend zum düsteren Himmel. Neunzehn gefallene Frauen, eine auf jedes Loch in der Mauer, lernten hier Sittsamkeit. Sechs Sozialarbeiterinnen – von den Insassinnen an ihren gestärkten bunten Saris zu unterscheiden – bewegten sich zwischen den Nischen hin und her und versahen sie mit improvisierten Vorhängen. Sie spannten eine Schnur über die bogenförmige Öffnung und befestigten ein Stück Stoff mit Wäscheklammern daran. Wie ich meine Großmutter kannte, war es bestimmt Khadi. Selbst von weitem war Dadi unverkennbar: Aufrecht, den Kopf ordentlich mit einem Tuch verhüllt, das Einkaufsnetz über dem einen Unterarm, einen Regenschirm in der Hand, erteilte sie den reuigen Huren unermüdlich Anstandsunterricht. Bei diesem Hundewetter hätte sie besser daran getan, ihnen eine Tasse Tee zu kochen.

Während ich noch hinübersah, verließen fünf der sechs Sozialarbeiterinnen zusammen mit Dadi ihre Schützlinge und gingen davon, tiefer in das Fort hinein. Ich war durch hundert Pfützen getappt, um sie zu sehen, und jetzt war sie weg. Nicht, daß ich vorgehabt hätte, zu ihr hinzugehen und mit ihr zu plaudern; Dadi und ich waren in dieser Zeit Fremde füreinander, und wenn Parwana nicht gewesen wäre, hätten wir uns nie getroffen. Dennoch war es ärgerlich, sie so einfach verschwinden zu sehen. Ich fragte mich, wohin Dadi und ihre Freundinnen gegangen waren. Vielleicht inspizierten sie ja nun, nachdem sie bei ihren Schützlingen nach dem Rechten gesehen hatten, die Aussätzigen und die Irren, wo immer diese untergebracht sein mochten.

Enttäuscht kam ich aus meinem Versteck hervor und ging langsam wieder zurück in Richtung Tor. Die Frauen befanden sich jetzt in der Obhut der einen frisch gestärkten Aufseherin, die zurückgeblieben war.

Sie trug einen einfarbig weißen Sari, und ich hielt sie für eine ehrbare Witwe, der Dadi und die anderen Komiteemitglieder die Überwachung der Besserungsanstalt anvertraut hatten. Sie schien nicht besonders gewissenhaft, denn sobald Dadi und die anderen außer Sicht waren, überließ sie ihre Mündel sich selbst und suchte sich eine geschützte Nische, um eine Zigarette zu rauchen. Aber das ging mich nichts an.

Ich blieb bei der Moschee stehen, wo Asharfi, Haasan und ich vor vier Jahren bittere Sandwiches gegessen hatten. Es war zu einem guten Zweck geschehen, um Asharfi aufzuheitern, obwohl ich mich nicht mehr erinnern konnte, warum sie deprimiert gewesen war. Dann fiel es mir wieder ein, nicht weil die Erinnerung zurückkehrte, sondern weil ich Schritte hörte und mich umdrehte – und da stand, in einem gestärkten weißen Sari, der Grund für Asharfis damalige Traurigkeit: Parwana.

Warum trägst du Weiß?

Bist du gekommen, um mich mitzunehmen?

Unsere Fragen überschnitten sich.

Nein! sagte ich laut als Antwort auf ihre. Ich war nicht da, um irgend jemanden mitzunehmen. Ganz im Gegenteil – ich hoffte nur, daß mir niemand weggenommen würde.

Sie schien enttäuscht, aber nicht überrascht, wie eine erwachsene Prinzessin in einem fehlerhaften Märchen.

Warum trägst du Weiß, fragte ich noch einmal, auch, weil ich es wissen wollte, vor allem aber, um das Thema zu wechseln.

Weil ich ihr mit denen hier helfe, sagte sie und wandte den Kopf in die Richtung, in der Dadi verschwunden war.

Das war mir zu kryptisch, also wartete ich, daß sie es mir näher erklärte.

Wegen der Kinder, sagte sie ungeduldig. Ein toter Mann ist besser als gar keiner.

Die Kinder. Die Zwillinge! Ich hatte ganz vergessen, daß Parwana Mutter war. November 1943 – dann waren sie jetzt dreieinhalb.

Dadi hatte Parwana zur Aufseherin von Nari Niketan gemacht. Und da eine Frau, die sich um gefallene Frauen kümmerte, nicht selbst eine solche sein konnte, hatte Dadi sie auch gleich noch zur Witwe gemacht.

Du lebst bei ihr, fragte ich.

Sie nickte. Aber ich will es nicht.

Warum? fragte ich, aufrichtig erstaunt. Ich wollte es wissen, weil Dadi mir auf ihre tüchtige Art nett schien. Parwana hatte eine Arbeit, und sie und ihre Kinder hatten einen Ort zum Leben. Für eine ledige Mutter im Jahr 1947 schien mir das viel.

Parwana sah mich ungläubig an.

Weil ich nicht für den Rest meines Lebens Prostituierte beaufsichtigen will, sagte sie tonlos, aber bestimmt. Und weil ich nicht will, daß meine Kinder von jemandes Mildtätigkeit abhängig sind.

Es herrschte Schweigen. Ich suchte nach einer guten Ausrede, um mich rasch zu verdrücken.

Du willst mir nicht helfen, fragte sie ruhig.

Was kann ich tun, konterte ich defensiv, und meine Stimme klang spitzer, als mir recht war.

Du kannst mich heiraten, beantwortete sie unfairerweise meine rhetorische Frage. Wenn du mich heiratest, sind wir zwei Leute, die sich um die Kinder kümmern können. Mit einem lebenden Ehemann könnte ich wieder Stenografie üben und mir eine richtige Arbeit suchen.

Nichts in ihrer Miene deutete darauf hin, daß sie es nicht ernst meinte. Ich bemühte mich, nicht zu schlucken, aber mein Adamsapfel hüpfte von allein.

Dann ließ sie locker.

Macht nichts, sagte sie lebhaft. Madams Ehemann hat einen englischen Freund, der auch Richter ist und bald nach England zurückgeht. Seine Frau möchte ein indisches Mädchen mitnehmen, das ihr im Haushalt helfen soll. Madam hat mich gefragt, ob ich mitgehen will.

Nach England gehen, um einer Memsahib zu dienen, und das am Vorabend der Unabhängigkeit! Es ging mich nichts an, aber ich war entsetzt.

Und was wird mit den Kindern, fragte ich.

Was glaubst du, warum ich zuerst dich gefragt habe, sagte sie.

Dann blickte sie über ihre Schulter und drückte ihre Zigarette aus. Ich muß gehen, sagte sie. Madam kann jeden Moment wiederkommen.

Sie wandte sich zum Gehen, blieb dann aber stehen.

Weißt du, wo Asharfi ist, fragte sie abrupt.

Ich zuckte die Achseln, es schien mir eine kleinere Lüge, als den Kopf zu schütteln.

Sie ging ohne ein weiteres Wort, und ich verließ schleunigst das Fort — und versuchte, kein schlechtes Gewissen zu haben, weil ich mich so erleichtert fühlte.

Der August kam, dann der fünfzehnte August, Unabhängigkeitstag. Pakistan war am Vortag feierlich gegründet worden. Aber zu meiner Erleichterung drang die Aufregung nicht bis in unser Haus. Masroor schlug halbherzig vor, zum Roten Fort hinunterzugehen, um Nehru sprechen zu hören, aber niemand war sonderlich scharf darauf, und so blieben wir alle daheim. Alle außer Abdullah, der für diese Woche mit seiner Wäsche fertig war und einen Blick auf den großen Mann werfen wollte. Ich warnte ihn, daß es Ärger geben könnte. Er ließ sein Käppchen da.

Er kam wohlbehalten wieder. Millionen von Menschen, erzählte er mit glänzenden Augen. Und Nehru habe frei gesprochen, ganz ohne Notizen.

Gab es irgendwelchen Ärger, fragte ich, aber er schüttelte den Kopf. Würde es denn nie beginnen?

Ich konnte nicht mehr schlafen. Am vierundzwanzigsten August nahm Masroor zehn Tage Urlaub, um über seine Zukunft nachzudenken. Jeder Morgen brachte neue Nachrichten von den Massakern im Punjab. Abdullah beschrieb einen überfallenen Zug, voll mit verstümmelten Leichen, als habe er ihn selbst ankommen sehen.

Gäste fanden sich ein. Der erste, der kam, war einer von Masroors Soldaten, der in einem Dorf namens Masjid Moth am Südrand von Neu-Delhi, schon halb im Dschungel, wohnte. Es war ein Muslim-Dorf, und alle Bewohner verließen es, weil jetzt nach Einbruch der Dunkelheit seltsame Geräusche aus den Feldern drangen. Am letzten Augusttag kamen Bihari und Moonis aus Lucknow an. Sie hatten keine konkreten Gründe gehabt, nur so ein Gefühl.

Auf diese Weise hatte Masroor zu tun. Er hängte einen Toiletten-Benutzungsplan auf. Er räumte die Veranda aus, um Schlafraum für seine Gäste zu schaffen. Und dank seiner Beziehungen zu dem Quartiermeister gelang es ihm, Pritschen und Rationen für zwölf Personen zu beschaffen. Zwischendurch fand er noch die Zeit, ein hüfthohes Gewächshaus für seine kostbaren Palmen zu bauen. Der Quartiermeister hatte eine Ladung überschüssiger Lüftungsfenster mit Mattglasscheiben aufgetrieben. Der Regen und die kommende Kälte, erklärte Masroor, das sei es, wovor er sie schützen müsse.

Am Morgen des zweiten September brach Abdullah mit seinem Bündel frisch gewaschener Wäsche zu seiner wöchentlichen Runde auf. Es war Masroors neunter Urlaubstag, und noch immer war nichts passiert. Die Luft war schwer von Schreckensnachrichten, aber in unserer Gegend war alles ruhig. Das war Grund genug zu hoffen, weil es ja nicht der Weltfrieden war, den wir wollten – nur ein kleines, ruhiges Inselchen. Also versuchte niemand, Abdullah zurückzuhalten.

Erst zur Abendessenszeit dachten wir wieder an ihn, und obwohl wir die Mahlzeit eine Stunde hinausschoben, kam er nicht rechtzeitig wieder. Er war auch am nächsten Morgen nicht da, dem Morgen des dritten September. Bihari und ich machten uns mit Fahrrädern auf die Suche. Es schien alles ein bißchen sinnlos, bis es dann plötzlich ins Sonderbare umschlug.

Wir sahen Rauch und hörten Geschrei. Der Rauch stieg hinter der ersten Reihe von Regierungsbungalows auf der linken Straßenseite auf. Aber was uns in die Flucht trieb, war das Fahrrad. Es hatte Gummiriemen auf dem Gepäckträger, genau wie das von Abdullah, und es lag am Ende der Straße, dort wo der Lady Willingdon Park begann. Es war nur ein umgefallenes Fahrrad – kein unheilverkündender Fleck, kein blutbeflecktes Käppchen, nichts Bedrohliches.

Doch wir machten wortlos kehrt und strampelten wie die Irren die Cornwallis Road hinunter. Wir müssen vor Angst geschrien haben, denn wir waren heiser, als wir vor den glasgeschützten Palmen bremsten.

Dann kamen wir uns albern vor, weil alles so normal war. Auf dem gegenüberliegenden Gehweg las ein junger Mann Zeitung. Die Geschehnisse konnten sich nicht in unserem Viertel abspielen, wenn er eine Zeitung brauchte, um sich darüber zu informieren. Ich ging sogar noch zu ihm hinüber und fragte ihn, ob er irgend etwas von Unruhen in Neu-Delhi gehört habe. Er wandte eine Seite des *Inqulab* um (ich konnte genug Urdu, um die fettgedruckte Schlagzeile lesen zu können), ehe er in aller Ruhe aufsah und den Kopf schüttelte. Beschämt, weil ich so töricht war, ging ich mit Bihari ins Haus.

Abdullah war auch in unserer Abwesenheit nicht zurückgekehrt. Masroor war im Garten, las die *Hindustan Times* und aß Rührei und Rotis (der Brotmann war schon vier Tage nicht mehr dagewesen). Ich versuchte, über seine Schulter mitzulesen, aber es war schwierig, weil er ständig weiterblätterte. Die Seiten legten sich raschelnd von rechts nach links, während er den Sportteil suchte. Von rechts nach links ...

So hatte der Mann auf der anderen Straßenseite auch umgeblättert – aber bei Urdu-Zeitungen wandte man die Seiten von links nach rechts! Ich sah über die Hecke zu der Stelle, wo der Mann gestanden hatte – dort war niemand.

Ich erzählte es Masroor. Er sah mir kurz ins Gesicht und rannte dann nach drinnen zum Telefon. Es klingelte, noch ehe er dort war. Es war Oberst Kardar, der Quartiermeister. In Lodi Estate würden Muslimfamilien angegriffen, erklärte er Masroor. Muslimische Staatsbedienstete und ihre Angehörigen würden in das Alte Fort in Sicherheit gebracht. Wir sollten im Haus bleiben und die Türen verriegeln, bis die Lastwagen kämen.

Aber das taten wir nicht. Wir taten es deshalb nicht, weil die Nachbarskinder ein Dhobi-Bündel auf dem Hintergäßchen fanden, gleich neben dem Hoftor. Masroor öffnete es. Es war ein rot-weißes Dhobi-Bündel. Ein rot-weißes Dhobi-Bündel – mit dem Dhobi darin. Abdullah war wieder da.

Da rannten wir los, alle miteinander. Niemand schloß ab, niemand packte irgendwelche Sachen, Masroor wässerte nicht einmal seine Dattelpalmen. Niemand rief die Polizei. Ammi, Asharfi, Masroor, Bihari, Moonis, die Familie aus Masjid Moth und ich merkten plötzlich, daß wir einfach nur rannten. Rannten, rannten, rannten, die Cornwallis Road hinunter, weiterrannten, im hellen Tageslicht, zu einem halbverfallenen Fort. Die ganze Strecke vergaß ich keinen Schritt lang, daß ich beschnitten war.

Das letzte Stück zum Fort legten wir gehend zurück, weil niemand sonst auf der Straße in Eile schien und wir nicht auffallen wollten. Wir marschierten die Erdrampe zum Tor hinauf, genau wie an jenem Sonntag morgen vor vier Jahren. Nur, daß wir diesmal nicht allein waren.

Heimkehr

Die ersten drei Tage war kein Entrinnen vor dem Geruch von regendurchweichtem Kot. Jeder, der durchs Tor gestürzt kam, schien sich als erstes einen Busch oder einen schützenden Vorsprung zu suchen und zu scheißen. Es war, als entledigten sich alle der letzten Überreste des Landes, aus dem sie geflohen waren. Aber vielleicht war das eine zu phantasievolle Erklärung. Vielleicht war es ja einfach die Angst, die durchschlug.

Einige erhoben sich gar nicht wieder aus der Hocke, weil sie sich den allerorts grassierenden Durchfall geholt hatten. Sie schissen so viel und so oft, daß sie dem Mutterland alles zurückgaben, was sie ihm entzogen hatten. Viele wurden im Fort begraben, und in ihnen verlor die neue Republik nichts – sie hatten ihre Schuld in voller Höhe zurückgezahlt.

Es gab auch solche wie uns, die nach der ersten heißen Dankeswoge an Verstopfung litten. Wir liefen aufgebläht und furzend herum, feuerten unseren kleinen Salut für Indien oder Pakistan oder das noch nicht ganz tote Empire. Diejenigen, die sich über ihre Loyalität nicht im klaren waren, bekamen Bauchschmerzen von den verhaltenen Blähungen. Masroor litt besonders heftig.

Eine groteske Normalität legte sich über das Lager, als am vierten Tag eine Welle von Babys über uns hereinbrach. Wie jede menschliche Gemeinschaft reproduzierte sich auch diese. Etliche Babys starben, erlagen dem Kotgestank und den damit verbundenen Gesundheitsgefahren. Dann richteten die Leute von der Lagerverwaltung – die selbst nicht hier wohnten – eine improvisierte Entbindungsstation in der unbenutzten Moschee ein, und die Sterblichkeitsrate sank. Mehr Kinder überlebten, um vor das Nationalitätsdilemma gestellt zu sein. Jede Stunde wurden Patrioten und Verräter geboren. Die frischgebackene Republik bot keine doppelte Staatsbürgerschaft.

Am fünften Tag, volle vierundzwanzig Stunden, bevor das Trinkwasser und die Armeezelte eintrafen, kamen die Zähler mit ihren Listen. Name des Vaters/Ehemannes, Geschlecht, Zahl der Kinder, Wohnadresse, Heimatort, bevorzugte Nationalität …

Sie kamen am Abend, gerade als Masroor endlich ein Feuer in Gang gebracht hatte, mit Steinen aus dem Befestigungswall und zusammengeknülltem Zeitungspapier, dem einzigen Brennmaterial, das es hier gab. Wir hatten versucht, nach dem Kuhfladenprinzip menschlichen Kot zu verbrennen, aber es war unmöglich, diese Nuggets der Verzweiflung zu entflammen. Wir brauchten Feuer, um Wasser für den Tee heiß zu machen, den uns Mountbattens Frau am Morgen geschenkt hatte.

Sie kamen also mitten in einer kritischen Operation, da wir seit unserer Flucht aus der Pandara Road keinen Tee mehr getrunken hatten. Bevorzugte Nationalität, sagten sie und warteten mit drängend-gelangweilter Miene. Sie stellten nicht wirklich Fragen, sondern füllten lediglich Lücken aus. Wäre es ein anderes Formular gewesen, hätten sie wahrscheinlich im selben Ton auch bevorzugtes Geschlecht oder bevorzugte Geschichte gesagt.

Masroor sah sie nur an, und auf seinem Gesicht lag eine solche Erschöpfung, daß sie etwas von später wiederkommen murmelten und zum nächsten Häuflein hochkonzentrierter Teekocher weiterzogen.

Doch Tatsache blieb, daß es jetzt zwei Länder gab, und früher oder später würden wir die Frage beantworten müssen. In jener Nacht löste sich meine Verstopfung, weil die Nervosität meine Gedärme aktivierte. Was würde Masroor sagen? Was würde Ammi ihm raten? Und wo stand Asharfi?

Man hatte uns gezwungen, in beschämender Panik aus der Pandara Road zu fliehen. Abdullah war tot, ermordet, das Lalbagh-Haus war weg – es war nichts mehr da, was Masroor davon abhalten konnte zu sagen: Pakistan. Vor vielen Jahren, so hatte Nehru erklärt, seien er und einige andere eine Verabredung mit dem Schicksal eingegangen, aber Masroor hatte kein Rendezvous mit jemand so Bedeutendem. Alles, was er hatte, waren die Dattelpalmen. Vor ein paar Wochen habe ich ein Date mit ein paar Dattelpalmen vereinbart, hätte er sagen können – aber das klang nicht wie ein stichhaltiger Grund zum Bleiben.

Haasan kam am nächsten Nachmittag, mit bloßer Brust und blutend. Wir hatten inzwischen ein Zelt und bugsierten ihn entsetzt nach drinnen, ehe wir irgendwelche Fragen stellten. Für einen Mann mit blutiger Brust war er erstaunlich gefaßt. Er war am Abend des Vortags angekommen, nachdem er, sobald er von den Unruhen erfahren hatte, in den nächsten Zug nach Delhi gestiegen war. In Lucknow, berichtete er, sei bis zu seiner Abreise alles ruhig gewesen. Als er hierher gekommen war, um uns zu suchen, hatten sie ihn am Tor abgewiesen. Hindus dürften nur hinein, sofern sie Beamte seien, hatte man ihm erklärt.

Es war zu spät gewesen, zu behaupten, daß er eigentlich Muhammad bin Quasim sei, also hatte er am Morgen die Narben der Swastika geöffnet, die ihm vor einem Vierteljahrhundert ins Fleisch geritzt worden war, von Hindus, die gedacht hatten, er sei ein Muslim. Nach all den Jahren hatte es doch noch etwas Gutes: Die blutenden Linien überzeugten die Torwächter. Kein Hindu würde sich die Brust aufschneiden, um als Muslim durchzugehen. Sie ließen ihn hinein.

Mit Haasan rundete sich die Zahl der Bekannten, die Ammi in diesen ersten sechs Tagen im Fort verzeichnen konnte, auf fünfundzwanzig. Es waren alles Muslims, bis auf Haasan und mich, was nicht weiter erstaunlich war, da das Fort ja Muslimflüchtlingen Zuflucht vor der Gewalt draußen bieten sollte. Einige kannte Ammi noch aus ihrer Jugend, als sie mit ihrem Vater gereist war – und Kamran Gulmargi war viel gereist, schon um seinen Gläubigern zu entkommen. Die meisten Altersgenossen ihres Vaters, die sie im Fort entdeckte, waren Dichter: Rizwan Monghyri aus Bihar, den sie trotz seines Barts und der Tatsache, daß er nichts als einen zerrissenen Achkan trug, sofort wiedererkannte; Angrez Mashriqi, dessen Seele immer in London gelebt hatte, während sein Leib in Jabalpur dahingewelkt war; Javed Haryanvi, dessen Akzent ihr Vater so furchtbar gefunden hatte; Masud Deccani, einst, Kamran zufolge, das vielversprechendste Talent seiner Generation, dann aber tragischerweise dem Alkohol verfallen – sie alle waren da. Manche von ihnen hatte sie zwanzig Jahre nicht mehr gesehen, und plötzlich waren sie alle an einem Ort versammelt, fast so, als seien sie zu einer Abschieds-Musheira, einer Abschiedsdichterlesung, geladen.

Dann waren da die Verwandten ihres Vaters, mit denen sie nichts mehr zu tun gehabt hatte, seit sie Intezars Frau geworden war. Die Heirat war ein Skandal gewesen: Sie, eine Saiditin, Nachfahrin des Propheten über dessen Tochter Bibi Fatima und Hazrat Ali, verband sich mit einem konvertierten Hindu, einem Muslim in der ersten Generation! Es hatte Zorn, Verlegenheit, Mitleid und Verachtung hervorgerufen, was ihr alles nicht paßte, und so hatte sie die ganze Sippschaft hinter sich gelassen. Aber jetzt fand sie hier plötzlich Verwandte an jeder Ecke: ihre Cousine Khaleda, die so eine gute Partie gemacht hatte – einen Nawabzada, der entfernt mit den Bhopals verwandt war. Khaledas Schwester Sameena, Witwe eines kleineren Taluqdar und Herrin über ein Dutzend Mangoplantagen. Omar, ein Cousin zweiten Grades, der Mitglied des Cricket-Teams von Cambridge gewesen war und fast für England und dann beinahe für Indien gespielt hätte und später für Nawanagar angetreten war, wenn seine Pflichten als Adjutant des Nawab von Tonk es ihm erlaubt hatten – auch er war da, zeitweise auf seiner Reisetasche sitzend, dann wieder damit beschäftigt, die Lagerverwaltung wegen eines Zeltes zu bearbeiten. Sein Bruder Shoaib, der Plantagenbesitzer in Assam geworden war, von Tonk aus gesehen am anderen Ende des Subkontinents, wanderte in langen Shorts im Lager herum und sah absurderweise so aus, als inspiziere er seine Teeplantagen. Nach und nach tauchten sie alle auf, Tanten, Onkel, Vettern und Cousinen, manche längst vergessen, andere mehrfach aus den Augen verloren. In der siebten Nacht im Fort bemerkte Ammi, der einzige, der bei diesem Familientreffen noch fehle, sei ihr Großonkel Athar, Pilibhits einziger Rechtsanwalt. Er kam am nächsten Morgen in einem schwarzen Überrock, gestreiften Hosen und gestärkten weißen Anwaltsbeffchen, begleitet von seiner Frau. Es war unheimlich.

Und nicht nur Ammi stieß dauernd auf Leute, die sie kannte. Masroor ging es genauso. An einem einzigen Tag traf er Saleem, Salman, Inayat, Rizwan und den unvergleichlichen Yousuf bin Ansoo. Es war wie ein College-Ehemaligentreffen des Abschlußjahrgangs 1942 – nur, daß sie keine Studienfreunde waren, sondern Mit-Verschwundene, die alle eine Zeitlang im Schattenreich verbracht hatten. Der einzige, den er vorher schon kannte, war Saleem, da sie beide in der Moschee zwischen den Gleisen untergekrochen waren, aber ein Gesicht führte zum nächsten. Saleem machte ihn mit Salman bekannt, seinem Bruder, der einst in Farheen verliebt gewesen war, die später Rizwan geheiratet hatte, dessen Vater Inayat Sahib in einer Grundstücksstreitigkeit als seinen Anwalt verpflichtet hatte. Und Yousuf ... wer kannte nicht Yousuf bin Ansoo –, der Mann, der mehr Inder zum Weinen gebracht hatte als Nadir Shah. Und dann kam eines Morgens auch Maulvi Muin-ud-din, der Imam der Bahnhofsmoschee, der Masroor und Saleem Zuflucht gewährt hatte, und der Abschlußjahrgang 1942 hatte nun auch einen Lehrer.

390

Dieses Fort ist voll von Leuten, die wir kennen, sagte Asharfi zum vierzigsten Mal verblüfft. Sie war nicht die einzige; Ammi, Masroor, Rizwan, Saleem, Javed, Masud – jeder, den wir trafen – sagte irgendwann dasselbe in denselben Worten.

Das Fort ist ein Sammelbecken, sagte Angrez Mashriqi, in das die Muselmanen Hindustans gespült werden.

Das ist eine Metapher, keine Erklärung, sagte Haasan schroff.

Aber früher oder später griffen alle zu Metaphern, wenn sie zu erklären versuchten, warum es im Fort von vertrauten Gesichtern wimmelte. Saleem, der sich für Pakistan begeisterte, befand, das Fort sei ein großer Freiluftwartesaal auf einem Mammutbahnhof, wo alle auf den Zug nach Pakistan warteten. Es ist, als ob man heimkehrt, meinte er. Da trifft man natürlich Freunde und Verwandte, die in dieselbe Richtung wollen.

Maulvi Muin-ud-dins Erklärung war simpler. Jeder kannte jeden, weil wir alle eine große Familie waren, und das Fort war unsere Arche. Wenn man bedachte, wieviel es in letzter Zeit geregnet hatte, konnte man das buchstäblich nehmen.

Arche oder nicht, das Fort war ein recht angenehmer Zufluchtsort, sobald wir uns an den Regen, den Matsch und das Scheißen im Freien gewöhnt hatten. Es gab zwar Toilettenzelte, aber sie wurden nur von den Frauen benutzt. Masroor und ich stießen jeden Tag tiefer in das Innere des Forts vor, auf der Suche nach einem jungfräulichen Plätzchen, um uns hinzuhocken. Wir hatten ein Zelt für die Frauen, und wir übrigen schliefen draußen, was nicht so schlimm war, wie es hätte sein können, da wir erst die zweite Septemberwoche hatten und es frühestens in eineinhalb Monaten kalt werden würde. Das war noch sechs Wochen hin, viel zu weit weg, um sich deswegen Gedanken zu machen – niemand im Fort dachte je weiter als eine Mahlzeit voraus. Das einzig Deprimierende an den Mahlzeiten war, daß man dafür Schlange stehen mußte, aber was es gab, war eßbar. Bihari und Haasan hatten ein paar Tage Durchfall, aber niemand von uns wurde ernstlich krank.

Wir trieben sogar Sport. Es gab – vom Christlichen Verein Junger Männer gestiftet – einen Fußball und ein Badminton-Netz, die jedoch zuerst niemand benutzte, weil zum Fußballspielen nicht genug ebenes Terrain vorhanden war und das C.V.J.M. vergessen hatte, uns Federbälle dazu zu geben. Masroor kombinierte schließlich den Ball und das Netz und initiierte Volleyballspiele. Aber damit nicht genug. Masroor wurde so eine Art Impresario. Er brachte seine Freunde aus der Armee dazu, uns einen Schläger und ein paar Vollgummibälle zu beschaffen und startete ein improvisiertes Tennisball-Cricket. Aber das beeindruckendste war, daß er die Leute nicht nur zum Spielen brachte – er ging noch weiter und organisierte eine Liga. Was sonst wohl nur eine ziellose Abendbeschäftigung gewesen wäre, beschränkt auf einige wenige Enthusiasten, entwickelte sich so zu ernsthaften Meisterschaftskämpfen, mit Ausscheidungsrunden und einem Finale. Die Regeln mußten allerdings mitten während des Turniers geändert werden, als Saleem aus Versehen einen Ball über die Festungsmauern beförderte. Niemand ging ihn holen, und für einen langen Moment herrschte reglose Stille auf dem Spielfeld wie im Publikum, ähnlich den zwei Schweigeminuten während der Morgenandacht in unserer Schule, wenn jemand Bedeutendes gestorben war. Dann verfügte Masroor, daß ab sofort Würfe unter Armhöhe zu erfolgen hatten und Schläge nur am Boden ausgeführt werden durften. Jeder Schlag durch die Luft bedeutete, egal ob er abgefangen wurde oder nicht, das Aus für den Schlagmann. Das waren harte Regeln, aber alle hielten sich daran.

Doch das war noch nicht alles. Am Ende des Turniers sorgte Masroor dafür, daß ein Mannschaftsfoto gemacht wurde. Oberst Kardar, der Quartiermeister, mit dem er befreundet war, beschaffte ihm eine Kamera mit Stativ, und als sich sonst niemand bereit fand, meldete ich mich freiwillig als Fotograf. Niemand trug eine weiße Cricket-Uniform, aber davon abgesehen, war es ein richtiges Teamfoto: die Spieler in zwei Reihen, die eine stehend, mit Saleem als dem Kapitän in der Mitte, die andere auf dem Boden sitzend, Knie angezogen, die Hände vor den gekreuzten Fußgelenken verschränkt, und in der Mitte, auf allgemeines Drängen, Masroor. Man hätte meinen können, sie hätten soeben den Pentangular gewonnen.

Als Oberst Kardar die Abzüge schickte, brach die große Fotoleidenschaft aus. Jeder wollte sich auf einem Gruppenfoto sehen. Auf die Cricketspieler folgten die Volleyballer, dann griff es über den Sport hinaus. Gruppen schossen wie Pilze aus dem Boden, geeint durch die windigsten Gemeinsamkeiten: Jungmannen aus Moradabad; Frauen, Mütter und Schwestern in Purdah; Ehemalige von Aligarh; Freitagsgebetsversammlung (davon gab es zwei oder drei Ausführungen, jeweils mit verschiedenen Gesichtern darauf); Familienfotos; eine Aufnahme des Produktionsteams von *Khatoon* und ein Erinnerungsfoto von den

Mitgliedern jener kurzlebigen Partei, der Anjuman-Bara-i-Tahaffuz-i-Haal. Vielleicht wollten sich alle im Fort versichern, daß es sie noch gab, und diese Fotos bestätigten ihre Existenz. Oder vielleicht wollten sie auch nur einen Beweis dafür, daß noch andere dagewesen waren. Was immer der Grund sein mochte, allen Bildern war eines gemeinsam: Masroor. Er war überall drauf, sogar bei den Müttern und Schwestern. Jede Gruppe wollte ihn dabeihaben, und obwohl es ihm peinlich war, war er zu rücksichtsvoll, um sich zu weigern. Der kleinste gemeinsame Nenner all dieser Fotos war meine Abwesenheit – ich war auf keinem einzigen drauf, nicht mal auf dem von Ammis Anjuman. Nicht daß ich erwartet hätte, mein Gesicht auf den Bildern wiederzufinden – schließlich hatte ich sie ja gemacht –, aber ich fühlte mich dennoch ausgestoßen.

Die einzigen Menschen im Fort, die uns mieden, waren Ammis Verwandte. Wahrscheinlich fiel es ihnen schwer zu akzeptieren, daß sie wegen der Unruhen jetzt Flüchtlinge waren, nicht besser als das schwarze Schaf der Familie. Die Dichterfreunde ihres Vaters dagegen suchten sie auf und riefen immer wieder entzückt, wie groß ihre kleine Kulsum geworden sei. Ammi guckte verlegen und bot ihnen Tee und Kekse an. Nicht jeder hatte Kekse zu offerieren – nur, wer von Besuchern Lebensmittelpakete mitgebracht bekam. Dank Masroor waren wir gut versorgt, er bekam regelmäßig Besuch von einem Dutzend Offizierskollegen. Nur zwei davon waren Muslims, aber alle boten Masroor, Ammi und Asharfi die Sicherheit ihres Hauses an. Masroor lehnte ab.

Er lehnte im Namen seiner neuen Großfamilie ab, zu der nicht mehr nur Blutsverwandte zählten. Er erklärte es mir bei einer unserer morgendlichen Suchexpeditionen nach geeigneten Scheißplätzen. Er fühle sich nicht mehr nur für seine Angehörigen verantwortlich. Das habe schon begonnen, als wir in kopfloser Panik im Fort angelangt seien, und es habe sich noch verstärkt. Erst Saleem, Salman. Maulvi Muin-uddin ... Dann die Cricketspiele und die Gruppenfotos – das alles habe ihm das Gefühl gegeben, Teil eines größeren Ganzen zu sein. Eines größeren Muslim-Ganzen? Ich fragte es nicht, und er sagte es nicht, aber es beunruhigte mich.

Am nächsten Morgen gingen Masroor und ich, diesmal von Haasan begleitet, auf die Suche nach einem ungestörten Hockplätzchen tiefer als üblich ins Fort hinein. Wir suchten noch immer, als wir plötzlich auf

Parwanas Schützlinge stießen – vor acht Khakizelten, die auf einem unebenen Platz standen. Dadis gefallene Frauen hatten jetzt eine feste Adresse.

Sie saßen im Halbkreis und sprachen im Chor ihre Gebete. Unter den tristen, schlammfarbenen Gewändern stach das Bläulichweiß von Parwanas Sari hervor. Selbst aus den gut dreißig Metern Entfernung erkannte Masroor sie sofort. Das erstaunte mich nicht, er war darin geübt: Er hatte in Simla nichts anderes getan, als sie von weitem zu verehren.

Was ... ? war alles, was er von sich gab. Haasan (der Parwana gleich entdeckt hatte) und ich warteten auf mehr, aber Masroor sagte nichts. Stumm schlug er sich ins Gebüsch. Auf dem Rückweg versuchte Haasan, ihm eine Reaktion zu entlocken.

Ich frage mich, was sie hier macht, sagte er laut.

Masroor sagte nichts.

Masroor war die ganze folgende Woche auffallend schweigsam, aber seinem Engagement innerhalb der Fort-Gemeinschaft tat das keinen Abbruch. Er war überall, den Kopf geneigt, hörte zu, mit der Hingabe eines Politikers im Wahlkampf ... Nur daß die entscheidenden Wahlen schon vorüber waren. Er sorgte dafür, daß Briefe auf den Postweg gelangten, er schlichtete Streitereien um Petroleum und Emaillebecher, er half, die Übersiedlung einer Familie nach Pakistan zu regeln, indem er Oberst Kardar dazu brachte, ihre Konten bei Lloyds am Connaught Place aufzulösen und das Geld nach Karatschi zu transferieren – er wurde für alle, die selbst nicht die nötigen Verbindungen hatten, der Briefkasten zur Außenwelt.

Die Leute begannen, sich an ihn zu wenden. Die Volleyballspiele, das Cricketturnier, die Gruppenfotos ... Unter entwurzelten Flüchtlingen war jede Initiative Grundlage genug für eine Führungsrolle. Und Masroor hatte noch mehr vorzuweisen. Er war jung, ergo dynamisch; Offizier, also befehlsgewohnt; er hatte Verwandte und Freunde, folglich war er ein respektabler Mensch; er war das Oberhaupt seiner Familie, was seine Jugend ein Stück weit kompensierte. Sie schenkten ihm ihr Vertrauen, und er dankte es ihnen, indem er Dinge für sie erledigte, ihre Fragen beantwortete und ihnen unermüdlich zuhörte, achtzehn Stunden am Tag. Es schien ihm zu gefallen, denn er lebte sichtlich auf. Das hatte auch etwas mit jenem flüchtigen Blick auf Parwana zu tun: Wie ein Kaktus erblühte er in der Wüste seiner Selbstverleugnung.

Warum tut er das, fragte ich mich zum hundertsten Mal, als ich Masroor beim Schein der Petroleumlampe die Probleme eines Fremden beackern sah.

Er fordert seine Bestimmung ein, sagte Haasan feierlich.

Ich schaffte es, nicht zu sagen, leck mich am Arsch, aber nur mit Mühe.

Schweigen konnte ihn nicht irritieren. Er hatte eine Theorie. Haasan mit einer Theorie war wie ein Hund mit einem Knochen.

Erinnerst du dich an seinen Großvater?

Wir waren zusammen im Kindergarten, wollte ich sagen, aber ich sah ihn nur an. Es war vergeudete Mühe, seine Frage war rein rhetorischer Natur, und er erwartete keine Antwort.

Laut Haasans Theorie hatte alles mit jenem auf Privatkosten gedruckten zweibändigen Werk *Die Geschichte und das Schicksal der Ganjoos* angefangen. In dieser seltsam zwitterartigen Schrift, halb Historie, halb Horoskop, hatte Kalidass seinem kleinen Sohn eine ruhmreiche Zukunft vorhergesagt. Das Leben seines einzigen Kindes, so prophezeite er, würde eins mit der Geschichte seines Volkes sein. Und es geschah genauso, wie Kalidass geschrieben hatte – aber dem Sohn eines anderen Mannes.

Doch man konnte dem Schicksal verzeihen, daß es danebengegriffen hatte, so groß war die Ähnlichkeit zwischen Intezar, vormals Charandass, und dem Usurpator, der die ursprünglich für ihn geschriebene Rolle übernommen hatte. Beide waren Sprößlinge expatriierter Brahmanenfamilien aus Kaschmir, beide die einzigen Söhne ehrgeiziger, energischer Väter, beide in den United Provinces geboren und in ähnlichen Städten herangewachsen – der eine in der Regierungshauptstadt des Staates, der andere am Sitz seiner höchsten Gerichtsbarkeit –, und beide hatten Juraexamen, von denen sie keinen Gebrauch machten. Sie waren beide von durchschnittlicher Größe, hellhäutig und hatten vorstehende Oberlippen und einen zurückweichenden Haaransatz. Um die Verwirrung noch größer zu machen, waren sie auch noch beide nahezu Altersgenossen, obgleich Charandass ein oder zwei Jahre später geboren war als der Nehru-Sohn Jawaharlal.

So viele Gemeinsamkeiten, und doch – Haasan machte eine theatralische Pause – und doch ist Jawaharlal heute Indiens Premierminister und Intezar weniger als nichts – ein Verschollener, ein Abwesender. Deshalb verbringt Masroor seine Tage und Nächte damit, ihnen zuzuhören. Er tut, was sein Vater hätte tun sollen. Er fordert sein Volk ein.

Ich sah hinüber zu Masroor, der im gelben Lampenschein über ein Papier gebeugt dasaß. Auf eine verdrehte Weise war etwas Plausibles an Haasans Theorie – der Sohn, der die Versäumnisse seines Vaters gutmachte. Aber wer war sein Volk? Nehru hatte den indischen Teil fest in der Hand, und das Land der Reinen war Jinnahs Reich. Also blieb ihm noch das Völkchen im Fort. Ein vorwiegend muslimisches Völkchen. Wenn er diese Menschen als sein Volk ansah, wo blieb dann ich?

Während der nächsten drei Tage erschien Haasans Theorie immer überzeugender. Ich bemerkte, daß Masroor Familien dabei half, die Formulare auszufüllen – eben jenen Staatsbürgerschaftsantrag, vor dem er sich selbst gedrückt hatte. Er half ihnen vor allem, indem er ihnen zuhörte, wenn sie noch einmal alle Argumente pro und contra auflisteten, wie sie es sicher im stillen schon eine Million Mal getan hatten. Er enthielt sich jeden Kommentars, jeden eigenen Arguments; er hörte einfach nur zu. Das schien zu helfen, denn alle, die zu ihm kamen, füllten ihre Formulare aus. Haasan fragte ihn, wo der Trend hingehe.

Pakistan, sagte er.

Wenn Masroors Volk, seine Fort-Gefolgschaft, über die Grenze davonsickern würde, würde er dann mitgehen? Es schien immer wahrscheinlicher. Ammis Verwandte, die geschlossen nach Karatschi gehen wollten, verschlimmerten die Situation noch, indem sie anfingen, freundschaftlichen Kontakt zu ihr zu suchen. Jetzt, da Masroor im Fort jemand war, wurde es nützlich, seine Mutter zu kennen.

Ammi war zwar zuerst skeptisch, aber auch nur ein Mensch, und so genoß sie die Beachtung, die ihre Familie ihr schenkte. Zu denken, daß ihre Kinder in dieser Zeit der Entwurzelung wenigstens Cousins und Cousinen um sich hatten, auf die sie zählen konnten, rührte sie auf eine unerklärliche Weise. Asharfi war besonders empfänglich für den Trost einer ausgedehnten Familie. Sie hatte so vieles verloren, was sie für dauerhaft gehalten hatte – darunter ihr Zuhause und ihre Kindheitsfreundinnen –, daß Blutsverwandtschaft, und sei sie noch so entfernt, etwas Sicheres schien. Sie hätschelte Neffen, die sie noch nie gesehen hatte, sie lachte mit ihren neugewonnenen Cousinen, und nach und nach schlichen sich Wörter wie Karatschi und Qaid-i-Azam in die Gespräche am Feuer. Tanten aller Art – Phoophees, Khalas – hockten hier im Fort und versetzten sich im Geist mühelos in die Örtlichkeiten von Karatschi, wo sie zu leben gedachten. Ihre Phantasien machten diese Lokalitäten zu vertrauten Orten.

Karatschi ist genau wie Bombay, sagte Omar lässig. Ammi, die Bombay noch nie gesehen hatte, fand das offenbar beruhigend. Sie, für die noch vor sechs Monaten die Vorstellung von einem veränderten Lucknow unerträglich gewesen war, erwog jetzt, nach Karatschi zu ziehen.

In dem Maß, wie die Gewalt draußen eine Lebenstatsache wurde, so normal wie der Regen, schrumpfte die Gemeinschaft innerhalb des Forts ein wenig, da einige Familien in die unsichere Vertrautheit ihrer Häuser zurückzukehren beschlossen. Da Masroor jeden kannte, kamen sie alle noch einmal vorbei, ehe sie gingen. Die Männer umarmten ihn, legten die Hand aufs Herz und gelobten, daß sie sich, so Gott wolle, wiedersehen würden. Es klang sehr nach einem Abschied für immer.

Masroor zeigte keinerlei Absichten, das Fort zu verlassen. Die Lagerverwaltung behandelte ihn inzwischen wie eine Art Gefangenensprecher, einen verläßlichen Mittler, dem sie vertrauten und zu dem die Insassen aufsahen. Jeden Tag sah ich Dutzende von Menschen mit ihren Problemen zu seinem Zelt kommen. Egal, ob er sein Volk einforderte oder nicht, sein Volk forderte auf jeden Fall ihn ein. Wo er ging, stand und saß, nahm er Einfluß auf das Leben aller im Fort. Daher überraschte es niemanden, daß die Lagerleitung den Fremden zu Masroor schickte.

Sie hatten nicht herausbekommen können, wer er war oder wo er herkam. Sie waren nicht einmal sicher, ob er Muslim war. Sie nahmen es an, aber nur deshalb, weil die Polizei ihn auf dem Bahnsteig eins des Bahnhofs von Neu-Delhi aufgelesen hatte, um ihn vor der Zudringlichkeit einer Horde von Räubern zu retten, die ihm bereits seinen Koffer weggenommen hatten und ihm gerade die Hose vom Leib zu zerren versuchten, als sie die Uniformierten kommen sahen und flüchteten. Nachdem ihn die Polizei ins Fort gebracht hatte, hatte ihn der Lagervorsteher eine halbe Stunde befragt und es dann aufgegeben. Der Mann reagierte zwar auf die Fragen, antwortete aber in erregten Worten, mit denen keiner der Zuhörer etwas anfangen konnte. Als ob der Mann im Mond Urdu spricht, flüsterte der Lagervorsteher Masroor ins Ohr, als er den schwierigen Fall seiner Obhut überließ.

Wir saßen gerade vor dem Zelt, Bihari, Haasan und ich, halb dösend, halb dem Gedröhne einer improvisierten Versammlung lauschend, die sich um Masroor geschart hatte. Haasan bezeichnete diese Zusammenkünfte als Masroors Durbars. Die Durbar an diesem Morgen war überlaufen, da das Gerücht umging, die Regierung habe alle leerstehenden Muslimhäuser als Feindeseigentum konfisziert, um sie an Hindu- und Sikh-Flüchtlinge aus dem westlichen Punjab zu verteilen. Haasan versuchte gerade, die Leute zu beruhigen, als der Fremde gebracht wurde. Während der Lagervorsteher Masroor instruierte, trat die Angst um die Häuser kurzfristig hinter wilden Spekulationen über den Neuankömmling zurück.

Er schien um die fünfzig und hätte vom Gesicht her für einen Inder durchgehen können, wäre da nicht eine gewisse Kantigkeit gewesen, die auf einen westlicheren Ursprung hindeutete. Der Schnurrbart wirkte ebenfalls fremdländisch – ein dichter, kurzgestutzter Bogen, der weder an den Enden allmählich auslief noch in der Mitte gescheitelt war. Er saß unter seiner Nase wie ein Stück Tau.

Er ist Afghane, sagte Shoaib mit den Shorts, und wies auf den Bart und die blaugrünen Stoppeln im Gesicht des Fremden. Behaart, erklärte er für den Fall, daß jemand noch nicht verstanden hatte, und schaute dabei selbstgefällig auf seine glatten nackten Beine.

Masroor begleitete den Lagervorsteher noch ein Stück und kehrte dann zu dem behaarten Fremden zurück.

Assalaam aleikum, begrüßte er ihn formell und streckte ihm die Hand entgegen.

Waleikum assalaam! rief der andere begeistert aus und schüttelte Masroors Hand mit beiden Händen. Masroor ordnete ihn auf der Stelle ein.

Shoaib irrte sich, er war kein Afghane, er war Araber.

Masroor kannte sich da aus. Er war im Krieg monatelang in Alexandria gewesen. Er bedeutete dem Araber höflich, Platz zu nehmen, und hieß Asharfi, die zusah, eine Tasse Tee holen. Er wollte Zeit schinden, wir sahen förmlich sein Hirn arbeiten, als er überlegte, was er als nächstes sagen und welcher Sprache er sich dazu bedienen sollte.

Er entschied sich für Urdu, weil es so viele arabische Wörter enthielt. Sie wollten mit dem Zug fahren, fragte er, und bezog sich damit auf die einzige Tatsache, die ihm bekannt war. Er spitzte die Lippen, um das Schsch der Eisenbahn zu imitieren – ließ es dann aber.

Doch der Araber nickte, schien ihn zu verstehen.

Ermutigt stellte Masroor die logische Ergänzungsfrage.

Wohin wollten Sie fahren?

Lucknow, sagte der Mann ohne Zögern und seltsamerweise ohne jeden Akzent.

Asharfi und Haasan kamen, jeder in beiden Händen je eine Tasse

Tee. Asharfi reichte ihre Tassen Masroor und dem Araber, also rief ich, ehe jemand anders Anspruch anmeldete, Haasan solle mir eine von seinen geben. Aber Haasan schien nichts zu hören. Er stand einfach nur da, die Tassen in den Händen, die Augen auf den Fremden geheftet.

Woher kommen Sie, fragte Masroor gespannt.

Lucknow, sagte der Araber wieder.

Masroor sah enttäuscht drein. Der Araber hatte seine Frage nicht verstanden.

Ich hatte meinen Tee immer noch nicht bekommen. Haasan stand wie erstarrt da, aus der Tasse in seiner Linken schwappte Tee auf den Boden. Ich trat zu ihm und versuchte, ihm eine Tasse zu entwinden.

Masroor versuchte es noch einmal.

Wie, fragte er langsam und gedehnt, ist Ihr Name?

Haasan ließ ohne Vorwarnung die Tassen los. Die eine fiel zu Boden und die andere, an der ich zog, flog über meine Schulter. Jemand schrie auf.

Intezar? sagte Haasan – Frage und Antwort zugleich.

Der Kopf des Arabers fuhr in die Richtung herum, aus der Haasans Stimme gekommen war. Seine Augen blickten suchend – und weiteten sich dann.

Masroor hatte sich auch geirrt, der Fremde war kein Araber – er war sein Vater.

War das eine Heimkehr! Die Bewohner des Forts sprachen bis zum Tag unserer Abreise von nichts anderem mehr. Was für ein Auftritt! Die Leute waren hingerissen vom Timing dieser Rückkehr des verlorenen Vaters. Und ich war es auch. Aus meiner Sicht hätte er sich gar keinen besseren Zeitpunkt aussuchen können. Es wandte alles zum Guten – auch wenn Masroor dem wohl nicht zugestimmt hätte.

Doch nicht einmal er konnte an der mächtigen Tatsache rütteln, daß Intezar wieder daheim war. Er brauchte nur seine Mutter anzusehen. Sie fiel zuerst in ihrem Zelt in Ohnmacht, lag dann weinend in Intezars Armen, während Haasan, von einem Ohr zum anderen grinsend, zusah, und lachte schließlich, bis ihr hysterische Tränen übers Gesicht liefen. Auch als der erste Schock vorbei war und sie ihre Fassung wiederfand, ließ sie Intezar nicht aus den Augen. Sie folgte ihm überallhin, an seinen Arm geklammert. Nicht, als hätte Intezar irgendwohin gewollt. Er war daheim.

Die ersten drei Tage existierte für ihn nichts und niemand außer seiner Frau und seinen Kindern. Er brach immer wieder mitten im Satz ab, um Asharfi oder Masroor an sich zu drücken. Er umarmte sogar Ammi ein-, zweimal in der Öffentlichkeit, was pikiertes Gemurmel seitens ihrer eifersüchtigen Verwandten auslöste. Die Gespräche beim Essen bestanden aus abwechselnden Monologen: Entweder versuchte Ammi, die Lücke von sechzehn Jahren bei Intezar mit einer gerafften Geschichte Indiens in dieser Zeit zu füllen, oder aber Intezar erzählte in seinem merkwürdig gutturalen Urdu, bei dem jedes zweite »g« zu tief in die Kehle rutschte, von seinem Exil.

Dieses Exil hatte so lange gedauert wie eine lebenslängliche Haftstrafe, aber Intezars Darstellung war recht summarisch. Im Anschluß an seine Pilgerreise nach Mekka war er nach Kairo gefahren, in der naiven Annahme, um in El-Ashar angenommen zu werden, bräuchte er nur anzuklopfen. Er klopfte an, und man erklärte ihm, er solle erst einmal zur Schule gehen. El-Ashar sei eine Universität, keine Grundschule für Inder, die nicht Arabisch lesen und schreiben könnten. Das war der erste Schock.

Deprimiert und krank vor Heimweh nach seiner Familie, hätte er am liebsten das erste Schiff nach Bombay genommen, aber die Angst davor, als Versager heimzukehren, hielt ihn zurück. Er beschloß, noch ein paar Monate in Kairo zu bleiben, um soviel Arabisch aufzuschnappen, wie er konnte. Dann hätte er bei seiner Rückkehr nach Lucknow wenigstens etwas vorzuweisen.

Da sein Geld gerade für die Überfahrt reichte, nicht aber zum Leben, nahm er einen Job in einem Hotel an, dem Beau Site. Ich hörte das Wort Hotel und lauschte aufmerksamer, weil Hotels auch meine Zuflucht gewesen waren und ich etwas Verbindendes witterte. Aber Intezar hatte nie als Kellner gearbeitet, er war gleich höher eingestiegen, als Empfangsportier. Das Beau Site war eine leicht zwielichtige, unverbrämt schäbige Pension für ärmere europäische Touristen. Intezar wurde wegen seiner Englischkenntnisse eingestellt.

Ausgehend von ahlam – Welt –, machte sein Arabisch Fortschritte, aber gleichzeitig passierte etwas Seltsames: Die Erinnerung an zu Hause verlor ihre Strahlkraft. Sie ging ihm nicht ganz verloren, anfangs noch nicht, aber statt farbig war sie jetzt schwarzweiß, und dann verblaßte sie immer mehr. Vielleicht ließ sich ein auf Urdu gelebtes Leben nicht so ohne weiteres ins Arabische übersetzen. Und dann riß eines Tages das

Drahtseil des sechzig Jahre alten Aufzugs im Beau Site, und zwanzig Fahrgäste, darunter auch Intezar, schlugen hart im Erdgeschoß auf. Das war der zweite Schock, und der erklärte wohl, daß ihm daraufhin nur noch ein paar fragile, sepiafarbene Erinnerungen blieben.

Doch er konnte immer noch Englisch, und als die Gehirnerschütterung ausgeheilt war, nahm er seinen Job wieder auf und stand für die nächsten vierzehn Jahre am Empfang des Beau Site. Er wäre vielleicht für immer dort geblieben, wenn nicht die Direktion das kleine Glöckchen auf seinem Tresen durch einen elektrischen Klingelknopf ersetzt hätte. Er war nicht richtig geerdet: Als Intezar das erste Mal darauf drückte, wurde er beinahe gegrillt. Dieser dritte Schock riß ihn aus seiner Amnesie und trieb ihn heim. Er stahl das Geld für die Überfahrt aus der Kasse, als Entschädigung für den ganzen Urlaub, den er nie genommen hatte, und nahm das erste Schiff von Suez. Das Urdu, in dem er seit vierzehn Jahren nicht mehr gedacht hatte, fiel ihm langsam wieder ein; zuerst die Verben, dann die übrigen Wörter – ein paar Substantive fehlten ihm bis jetzt. Von Bombay aus war er mit dem Zug nach Delhi gefahren, und hier hatte er gerade Ausschau nach einem Zug nach Lucknow gehalten, als die Räuber über ihn hergefallen waren. Und jetzt war er hier.

Wie gut, daß der Lagervorsteher ein Madrasi ist, sagte Intezar mehr als einmal. Wenn er mein Urdu verstanden hätte, hätte er mich nicht zu meinem Sohn gebracht!

Sein Sohn. Masroor kannte diese Rolle nicht, und Intezar war so plötzlich zurückgekehrt, daß ihm keine Zeit blieb, sie zu erlernen. Es war ihm unbehaglich, von einem erwachsenen Mann umarmt und geküßt zu werden, während alle Leute mit feuchten Augen zusahen. Doch die Verlegenheit war nicht das Schlimmste. Schwerer zu verkraften war das Gefühl, nicht mehr der Mittelpunkt des Fort-Lebens zu sein – jetzt war er nur noch Teil einer ordentlichen Familie, der ein Vater vorstand.

Das Familienleben bestimmte nun Intezar. Ammis wiederentdeckte Verwandtschaft wurde prompt abgewimmelt. Ihre Cousinen Khaleda und Sameena kamen nach Intezars Rückkehr noch zweimal zu Besuch, zogen sich dann jedoch entnervt zurück. Intezar war nicht grob – er nahm ihre Anwesenheit schlicht nicht zur Kenntnis, und nachdem er eine Weile durch sie hindurchgesehen und über sie hinweggeredet hatte, gingen sie, unsicher, ob sie überhaupt existierten.

Die Ortsnamen, die bei unseren Mahlzeiten fielen, wandelten sich nach und nach. Dahin schwanden die traulichen Karatschi-Phantasien, das antizipatorische Abtasten des Gelobten Landes – Clifton, Gandhi Gardens, McLeod Road... Zurück kehrten Hazrat Ganj, Chowk, Lalbagh, und nachdem es wochenlang tabu gewesen war, wurde auch Lucknow wieder zu einer ständigen Präsenz. Niemand forcierte diese Veränderung, sie erfolgte ganz von allein, wie der Wechsel von Ebbe und Flut – schließlich war Intezar wieder daheim.

Bei unseren Toilettentrecks begannen die Leute Masroor zu fragen, wann er denn nach Hause zurückgehen werde – womit sie meinten, nach Lucknow. Sie fragten es freundlich und nachsichtig – sie freuten sich für ihn, freuten sich, daß das Problem des Zuhauses wenigstens für einen entschieden war, wenn schon nicht für sie selbst, gönnten es ihm, auch wenn sie selbst zu einem anderen Ort tendierten. Er zuckte nur die Achseln, sah frustriert und grimmig drein. Frustriert, nicht weil er nach Pakistan gewollt hätte, sondern weil man ihm keine Chance gab, selbst zu entscheiden. Das nagte an ihm. Eine wohldiskutierte Entscheidung, das hätte es sein sollen, aber dazu war es nicht gekommen. Jinnahs Muslim-Heimatland hatte den kürzeren gezogen, nur weil Intezar, sein Vater, wieder da war.

Ammi war auch keine Hilfe. Sie verbrachte jede wache Minute damit, ihre Rückkehr nach Lucknow zu planen. Das Haus war immer noch da, weil sie es nicht hatte verkaufen dürfen, da es nicht ihr gehörte. Weil sie nicht wollte, daß Intezar nach sechzehn Jahren in ein schmutziges, unbewohntes Haus zurückkam, schrieb sie an Bhukay in Lucknow (der die Schlüssel hatte) und beauftragte ihn, die Zimmer putzen und lüften, die abgestorbenen Pflanzen im Hof durch neue ersetzen und im Wohnzimmer Blumen aufstellen zu lassen. Am nächsten Tag schien ihr das nicht mehr ausreichend. Sie fürchtete, die Post könne durch die Unruhen aufgehalten werden oder Bhukay könne es, selbst wenn er ihren Brief erhielt, vergessen, weshalb Moonis nach Lucknow abgeordnet wurde, um die Reinigungsarbeiten persönlich zu überwachen. Masroor beschaffte ihm über Oberst Kardar eine Fahrkarte, und so war Moonis der erste von uns, der nach Indien zurückkehrte.

Ich war hoch erfreut, daß Lucknows Stern wieder im Steigen war, obwohl ich manchmal vor dem Einschlafen Mitleid mit Masroor und sogar eine Spur von schlechtem Gewissen hatte. Ich dachte dann an die Unruhen, von denen ich im Lauf meiner Jahre im unabhängigen Indien gelesen oder in den Nachrichten gehört hatte. Unruhen an Orten nicht weit von Lucknow, Orten wie Moradabad und Kanpur. Masroor hatte recht: Die Familie hätte sich das mit Pakistan ernsthaft überlegen sollen, denn was immer die Schattenseiten sein mochten, hatte dort doch noch niemand sein Leben lassen müssen, nur weil er Muslim war. Aber ich brauchte Masroor und seine Familie zu sehr, um über die Entscheidung zum Bleiben objektiv nachzudenken. Ich sagte mir jeden Abend, daß man durch hundert andere Dinge umkommen konnte als durch Unruhen, und schlief dann ein.

Sobald Moonis geschrieben hatte, daß das Haus fertig sei, ging der Rest sehr schnell. Wir verließen das Fort an einem Freitag morgen. Es war der dritte Oktober, und das Fort war jetzt einen Monat lang unser Zuhause gewesen. Wir waren zu siebt: Intezar, Ammi, Asharfi, Masroor, Haasan, Bihari und ich. Der Lagervorsteher war gekommen, um uns zu verabschieden, und dank Masroors Beziehungen zum Militär warteten draußen zwei Jeeps und ein Lastwagen auf uns. Auf dem Lastwagen befand sich alles, was in der Pandara Road 28 zurückgeblieben war, bis hin zu Asharfis Parwana-Bildern und Masroors Dattelpalmen. Die Jeeps waren unser Transportmittel, wir würden im Konvoi nach Lucknow fahren – Masroors Offizierskollegen trauten den Zügen nicht.

Intezar marschierte geradewegs durch das große Tor und stieg in einen der Jeeps, gefolgt von Asharfi. Sie waren seit seiner Rückkehr unzertrennlich. Ammi und die anderen kleckerten hinterher. Masroor und ich kamen als letzte, weil Masroor hängengeblieben war, als er sich von Saleem, Salman und den anderen Verschwundenen von 1942 verabschiedet hatte. Saleem war im Begriff, nach Pakistan zu gehen, deshalb zog sich der Abschied hin. Masroors Augen waren ohnehin schon rot vom Schlafmangel, nun preßte er die Lippen aufeinander und weinte. Aber er muß wieder aufgehört haben, bevor wir schließlich zum Tor hinausgingen, denn auf dem Foto sehen seine Augen trocken aus.

Ammi hatte aus ihrem Fehler bei dem Wahlabendessen gelernt. Diesmal würde niemand, kein Haasan und kein Gott, sie um ihr Erinnerungsbild bringen. Sie zerrte Intezar und Asharfi wieder aus dem Jeep, für ein Gruppenfoto. Oberst Kardar hatte einen Film mitgebracht, und ich war wie üblich der Fotograf.

Ammi wies mich an, sie alle mit dem Fort im Hintergrund aufzunehmen, am besten umrahmt von dem Tor, durch das wir herausgekommen waren. Und so arrangierte ich denn auch das Foto, die

Kamera auf die Haube des einen Jeeps gelegt, damit nichts verwackelte. So wie sie aufgestellt sind, steht Intezar in der Mitte, mit wacher, ungeduldiger Miene, die Arme um Ammi und Asharfi gelegt. Asharfi lächelt kaum, und Ammi wirkt (was am Licht liegen muß) irgendwie verschmitzt. Haasan hat das Gesicht weggedreht, weil er nichts von Fotos hält. Ganz oben rechts in der Ecke laufen zwei Frauen in weißen Saris aus dem Bild, die Köpfe abgeschnitten … Mir gefällt der Gedanke, daß es Dadi und Parwana sind, auf dem Weg zu den gefallenen Frauen. Bihari kniet vor Haasan und verdeckt ihn von der Taille abwärts. Vor Intezar kniet sein Sohn Masroor, jung und ernst. Niemand käme auf die Idee, daß er noch eine Minute, ehe das Foto entstand, geweint hatte. Zwischen den beiden knienden Gestalten, ungefähr auf derselben Höhe, sieht man einen verschwommenen Wirbel.

Ich hatte auch meine Lektion gelernt, aus all den Bildern, die ich gemacht hatte und auf denen ich nicht zu sehen war. Die Kamera des Obersts hatte einen Selbstauslöser, und die Jeephaube war mein Stativ. Nachdem ich sie alle gruppiert hatte, stellte ich den Selbstauslöser ein und rannte auf die Lücke zwischen Bihari und Masroor zu. Aber sie waren weiter weg, als es durch den Sucher ausgesehen hatte, und die Kamera klickte gerade in dem Moment, als ich mich umdrehte. Aber ich bin da – das ist das einzig Wichtige. Vorn in der knienden Reihe, zwischen Bihari und Masroor, der verschwommene Wirbel – das bin ich.

Glossar

Achkan	langer Mantel
Akhara	Arena, Sportplatz, Sportstätte
Ammi/Amma	Mutti/Mutter
Angada	Figur aus dem Ramayana, Neffe Sugrivas
Anjuman	Gesellschaft
Anna	alte indische Münze; 16 Anna = 1 Rupie
Appa	Vater
Apsara	Halbgöttin, Luftwesen
Ayah	Kindermädchen, Amme
Azaan	Gebetsruf der Muslime

Baba	Großvater; liebevolle Anrede für einen Mann
Banyan	indischer Feigenbaum
Begum	muslimische Frau von hohem gesellschaftlichem Rang; Frau (als Anrede)
Bhai	Bruder; Anrede für einen Mann aus der gleichen Generation
Bhaisahib	wörtl. Bruder-Herr; respektvolle Anrede für einen Fremden
Bhang	Haschisch
Bhavan	Gebäude, Haus
Bhukay	maskuline Pluralform von hungrig
Biryani	Reis mit Gemüse und/oder Fleisch gemischt
Brahma	Weltenschöpfer; einer der drei höchsten hinduistischen Götter
Brahmachari	erster der vier Lebensabschnitte, die ein Mensch nach Hinduvorstellung durchläuft, dauert bis zum 25. Le-

405

	bensjahr, ist dem Lernen gewidmet, zeichnet sich durch zölibatäre Lebensführung aus
Brahmane	Angehöriger der obersten Kaste im Hinduismus; Angehöriger des Priesterstandes
Burqa	Umhang oder Schleier, der den Körper von Kopf bis Fuß einhüllt, wird von muslimischen Frauen getragen
Caddyazzum	gemeint ist Quaid-i-Azam
Capstan	Zigarettenmarke
Chaat	Obstsalat mit indischen Gewürzen
Chai	Tee
Chameli	Jasmin
Chapati	ungesäuertes indisches Fladenbrot
Charkha	Spinnrad, dessen Verwendung in den ländlichen Haushalten wieder von Gandhi eingeführt wurde
Chatnipudi	gebackene Fladen, mit Würzsoße gefüllt
Chikan	besticktes Kleid aus Musselin, meist von muslimischen Frauen getragen
chinna	wörtl. wegnehmen, entreißen
Choolha	Feuerstelle, Herd
Chowkidar	Aufseher
Churail	übelwollender weiblicher Geist
Crore	10 Millionen
Dada	Großvater (väterlicherseits)
Dadi	Großmutter (väterlicherseits)
Dahi	Joghurt
Dekkan	Landschaft in Vorderindien
Dewan	Finanzminister
Dharma	Weltengesetzlichkeit; hinduistischer und buddhistischer Verhaltenskodex
Dharmashala	Unterkunft für Pilger
Dhobi	Wäscher
Dhoti	langes Tuch, meist aus Baumwolle, wird von den Männern um die Hüfte und mit dem letzten Ende durch die Beine gewickelt und im Rücken am Gürtel befestigt

Dosa	gebackene Teigrolle, gefüllt mit Gemüse oder Fleisch
drawidische Sprache	Sprachfamilie, die vornehmlich in Südindien gesprochen wird (z. B. Tamil)
Dschinn	böser Geist im islamischen Volksglauben
Dupatta	von den Frauen, vornehmlich im Punjab, getragener Kopfschleier
Durbar	königlicher Hof; Regierung
Dussehra	äußerst beliebtes Fest in Indien, findet im September/Oktober statt und dauert zehn Tage; es wird der Sieg des Gottes Rama über den Dämonenkönig Ravana gefeiert

Gama	Vasco da Gama, segelte 1502–1505 mit einer Kriegsflotte nach Indien und kämpfte gegen die Araber, 1524 Vizekönig von Indien
Ghaghra	stark gefälteter Rock
Gharara	sehr weite Pumphose
Ghat	Treppe oder abgestufte Terrassen eines Flußufers, die zu rituellen Waschungen und zur Verbrennung der Toten genützt werden
Ghee	flüssiges Butterschmalz, wird auch verwendet, um Leichname vor der Verbrennung zu beträufeln
Gojju	Soße aus gekochtem Fruchtsaft oder -fleisch, gewürzt mit indischen Gewürzen, wird zu Reis gegessen
Gopi	Hirtenmädchen, Gespielin Krishnas
Gupta	Dynastie, die 4.–6. Jahrhundert n. Chr. herrschte; »Goldenes Zeitalter« Nordindiens
Gurkha	wörtl. Rinderhirte; Sammelname für Bergvölker Nepals
Guru	Lehrer, Meister

Hadsch	Pilgerfahrt nach Mekka, die jedem Muslim einmal im Leben vorgeschrieben ist
Hajjam	Friseur
halal	geschlachtet durch langsames Ausbluten; gilt nach muslimischen Speisegesetzen als rein; entspricht dem jüdischen »koscher«

Haldi	gelber Ingwer
Halvai	Zuckerbäcker
Hanuman	Sohn des Windgottes, menschengesichtiger Affe, Anführer des Affenheeres; eine der Hauptgestalten des Ramayana
Hebbar	Unterkaste südindischer Brahmanen, Verehrer Vishnus
Hindi	indische Staatssprache, wird in unterschiedlichen Dialekten von einem Drittel der Bevölkerung gesprochen
Hookah	indische Wasserpfeife
Houris	schöne Mädchen, die nach islamischem Glauben zur Belohnung der Seligen im Paradies leben
Howdah	Gestell, um Menschen auf dem Rücken von Elefanten zu transportieren
Huzur	wörtl. Majestät; Bezeichnung für hochgestellte Persönlichkeiten
Idli	Reiskloß
Imam	muslimischer Religionsführer
inshallah	wenn Gott es will
Iyengar	südindische Brahmanenkaste, Verehrer Vishnus
Iyer	siehe Iyengar
Jagannatha	wörtl. »Herr der Welt«, Beiname Vishnus und Krishnas; sein Kultbild steht im Tempel in Puri, Orissa, auf einem Wagen mit sechzehn Rädern
Jalebi	knusprige, fritierte Süßigkeit
Jamun	Kirschmyrte; ihre rotblauen Früchte werden gerne als Erfrischung gegessen
jhatka	durch Köpfen geschlachtet; gilt nach muslimischen Speisegesetzen als unrein
-ji	die Nachsilbe -ji ist Ausdruck respektvoller Zuneigung
Jodhpurs	Gamaschen; enge indische Hosen
Jumma	häufig von Muslimen getragener Kittel
Kabab	am Spieß gegrilltes Fleisch
Kaccha	Unterhose, wird häufig aber auch als Hose getragen
Kafir	Bewohner des Hindukusch

Kamasutra	systematisches Lehrbuch der Liebeskunst, geschrieben von Mallanaga Vatsyayana (4. Jahrhundert n. Chr.); stellt die Liebe als eine der drei hinduistischen Lebensziele (neben Gelderwerb und religiöser Pflichterfüllung) dar
Kameez	lange Bluse, die über Salwar getragen wird
Kashi	der alte heilige Name für Varanasi, von den Engländern Benares genannt
Kathakali	ältestes und bedeutendstes Tanzdrama, stammt aus Kerala, Südindien, aufgeführt werden Themen der klassischen Epen; prachtvolle Kostüme und maskenähnliches Make-up; die ausnahmslos männlichen Schauspieler zeichnen sich durch ungewöhnliche Ausdruckskraft aus
Khadi	handgesponnener Baumwollstoff; eines der Symbole im Unabhängigkeitskampf Indiens
Khala	Tante (Schwester der Mutter)
Khatoon	Damen
Khilafat-Bewegung	Bewegung, die sich Anfang des 20. Jahrhunderts für die Idee des Kalifats einsetzte
Khurpi	Messer, Jäteisen
Korma	geschmortes Fleisch
Krishna	achte Inkarnation Vishnus; jugendlicher Hirtengott, aufgrund seiner schelmischen, heroischen und amourösen Abenteuer eine der beliebtesten Göttergestalten Indiens
Kulfi	Speiseeis mit Pistazien und Mandeln
Kurta	weite Hemdbluse, Kittel
Laddoo	Süßigkeiten in Bällchenform
Lakshmana	Bruder von Rama
Lathi	Bambusschlagstock der indischen Polizei
Lota	Wasserkanne
Lungi	Lendentuch, das Männer um die Hüfte wickeln und wie einen Rock tragen
Mahabharata	Nationalepos der Hindus, zwischen 4. Jahrhundert v. Chr. und 4. Jahrhundert n. Chr. enstanden; soll von dem Weisen Vyasa diktiert worden sein

Maharadscha	wörtl. großer König: ehemaliger Titel hindustischer Fürsten
Mahdi	wörtl. »der von Gott Geleitete«, Erlöser, den die Sunniten für das Ende der Zeiten erwarten
Mahesa	großer Gott; gemeint ist Shiva
Mahout	Elefantentreiber; sitzt gewöhnlich auf dem Kopf des Elefanten
Mallika	Kaiserin
Mamoo	Onkel (Bruder der Mutter), auch als allgemeine Anrede gebräuchlich
Mantra	Silbe, die bei Meditation oder als Mittel der Magie verwendet wird
Mappila	fanatische Muslimsekte
Marathen	Angehörige einer Krieger- und Bauernkaste
Masala	Gewürzmischung
Maud	37,3 kg
Maulana	islamischer Gelehrter
Maulvi	Gelehrter (Titel)
Memsahib	europäische, verheiratete Frau
Mohandas	Mohandas Gandhi, genannt Mahatma (wörtl. »große Seele«)
Moksha	Erlösung; Befreiung von der Seelenwanderung
Mudras	Gesten, Handhaltungen mit festgelegten Bedeutungen, werden von indischen Tänzern benützt, finden sich auch in bildlichen Darstellungen
Mughal	Mogul, muslimische Dynastie in Indien
Muhurat	Einweihungszeremonie vor Drehbeginn eines Films
Murukku	fritiertes Salzgebäck
Mynah	Star
Nawab	Titel eines muslimischen Fürsten in Indien
Nawabzada	Sohn des Nawabs; allgemein Nachfahre eines Nawabs
Neem	indisches Zedrachgewächs; spielt eine große Rolle in der indischen Volksmedizin
Nizam	Titel des Herrschers von Hyderabad
Paan	Betelblätter, werden mit Betelnußsplittern und Gewürzen gekaut, wirken verdauungsfördernd

Paisa	kleinste Einheit der indischen Währung; 100 Paisa = 1 Rupie
Pajama	einfache, in der Taille zugebundene Baumwollhose; traditionelle Männerkleidung im Nordwesten Indiens
Pandit	Ehrentitel eines Gelehrten, meist eines Brahmanen
Papad	gewürzte, knusprig geröstete Fladen aus Kichererbsen-, Linsen- oder Reismehl
Parsen	Nachfahren einer Gruppe Perser, die im 10. Jahrhundert nach Indien auswanderten, da sie als Anhänger Zarathustras nicht zum Islam übertreten wollten
Parvati	Gattin Shivas
Peepul	Feigenbaumart
Phoophee	Tante (Schwester des Vaters)
Phut-Phut	dreirädriges Fahrzeug zur Personenbeförderung, mit Zweitakt-Motorradmotor, auch Autoriksha genannt
Purdah	Absondern (von Frauen in Frauengemächern); Verschleierung von Muslimfrauen
Qatib	Schreiber
Quaid-i-Azam	wörtl. »der große Führer«
Raat-ki-raani	jasminähnlicher Strauch
Raj	Reich, Herrschaft, britische Kolonialherrschaft in Indien
Rai Bahadur	hoher Titel während der britischen Kolonialzeit
Rama	siebte Reinkarnation Vishnus; von seinem Leben und seinen Taten berichtet das Ramayana
Ramayana	Heldenepos um die Geschichte von Rama und Sita und ihren Konflikt mit Ravana; wird dem mythischen Dichter Valmiki zugeschrieben; entstanden zwischen 4./3. Jahrhundert v. Chr. und 2. Jahrhundert n. Chr.
Ramcha-ritmana	Nachdichtung des Ramayana-Epos durch Tulsidas (Ende des 16. Jahrhunderts)
Ramlila	dramatische Umgestaltung des Ramayana-Epos
Rasam	Linsensuppe, mit Pfeffer und Tamarinde gewürzt
Rath Yatra	großes Fest in Puri, Orissa, zu Ehren von Krishna, mit einer Prozession riesiger Tempelwagen

411

Ravana	Dämonenkönig von Lanka, mit zehn Köpfen und zwanzig Armen
Rikscha	zweirädriges Fahrzeug zur Personenbeförderung, wird meist von Fahrrädern, manchmal auch von Hand gezogen
Roti	Überbegriff für Fladenbrote
Rudraksha	Beeren des Rudraksja-Baums, aus denen sich die Anhänger Shivas Rosenkränze fertigen
Sadhu	umherziehender Bettelmönch; heiliger Mann, der versucht, Erleuchtung zu erlangen
Sahib	Herr, respektvolle Anrede, häufig für Europäer
Salaam aleikum	arabische Grußformel: Friede sei mit euch
Salwar	weite Pumphose, die vor allem von Frauen im Punjab getragen wird
Sambar	Suppe aus Linsen und anderem Gemüse
Sanskrit	kultivierte Hoch- und Kunstsprache Indiens, ist die Quelle für den Wortschatz fast aller moderner indischer Sprachen, obwohl sie seit circa 300 v. Chr. nicht mehr gesprochen wird
Sari	Kleidungsstück indischer Frauen; besteht aus einem sechs Meter langen Tuch, das um den Körper gewickelt und über eine Schulter geschlungen wird
Sati	Selbstverbrennung von Witwen; Witwen, die diesen Tod wählen
Schiiten	eine der beiden Hauptkonfessionen des Islam (siehe auch Sunniten), beruft sich auf Mohammeds Schwiegersohn Ali; die meisten indischen Muslime sind Schiiten
Seekh Kabab	Hackfleischröllchen, die auf Spießen gebraten werden
Seer	circa 1 kg
Serishtadar	Schreiber, Sekretär
Shami Kabab	Fleischklößchen
Sherbet	Erfrischungsgetränk aus Obst- und Kräutersirup
Sherwani	lange, hochgeschlossene, durchgeknöpfte Weste, wird häufig von Muslimen getragen
Shiraz	Stadt im Iran

412

Shiva	Gott als Zerstörer; einer der drei höchsten hinduistischen Götter
Shorba	Suppe
Sikh	Anhänger einer religiösen Bewegung, die im 15. Jahrhundert in Nordindien gegründet wurde und Hindus und Muslime vereinigen wollte; die Männer tragen einen Turban und schneiden sich weder Bart noch Haare
Sindoor	rotes Farbpulver
Sir	Kopf, Spitze, Gipfel
Sita	Ramas Gattin, von Ravana geraubt, mit Hilfe Hanumans gerettet; ihre Geschichte wird im Ramayana beschrieben
Smt	Abkürzung von Shrimati: Frau (Anrede)
Sufi	mystische Bewegung im Islam; predigt Liebe zwischen Gott und Menschen, statt Gehorsam gegenüber Gott; von Armut, Askese und starkem Gottvertrauen geprägte Lebenshaltung
Sugriva	Affenkönig, sein Minister ist Hanuman
Sunniten	Anhänger der orthodoxen Sunna, der Überlieferungen über Leben, Wirken und Aussprüche des Propheten Mohammed; die Sunna gilt als zweite Glaubensquelle nach dem Koran
Surahi	Tongefäß (zum Kühlhalten von Wasser)
swadeshi	einheimisch
Swastika	Hakenkreuz, Symbol für Wohlstand und Glück in weiten Teilen der Welt; Hitler übernahm es als Kampfabzeichen der NSDAP; der Hinduismus unterscheidet zwischen im Uhrzeigersinn drehender Swastika, die als Symbol für die Sonne steht, und im Gegenuhrzeigersinn drehende Swastika, die häufig für Nacht und die schreckliche Göttin Kali steht
Takht	ungepolsterte Holzliege oder Sitz
Taluqdar	Großgrundbesitzer
Tamarinden-Chutney	Soße aus Tamarinden, einer Hülsenfruchtart aus den Tropen und Subtropen
Tanpura	längliche Kalebasse mit vier Saiten, wird verwendet,

	um ein Dröhnen als Begleitung eines Hauptinstruments oder einer Singstimme zu erzeugen
Tehsildar	oberster Verwaltungsbeamter in gemeindeähnlichem Bezirk
Thali	ursprünglich südindisches vegetarisches Essen, bei dem jeder soviel essen kann, wie er mag; der Name kommt von dem Teller (Thali), auf dem es serviert wird; er ist aus Metall und in eine Anzahl kleinerer Schalen unterteilt
Tonga	zweirädriger Pferdewagen
Tulsi	heilige Pflanze der Hindus
Turka	wörtl. Türke, hier allgemein Muslim
United Provinces	nach der Unabhängigkeit umbenannt in Uttar Pradesh, Bundesstaat im Nordosten Indiens
Urdu	Sprache der meisten Muslime in Indien; Staatssprache in Pakistan
Vada	in Fett gebackene Teigkrapfen aus Linsenmehl
Vedanta	Name verschiedener theologischer Systeme der indischen Philosophie
Veden	älteste heilige Schriften, gelten in der orthodoxen Tradition des Hinduismus als göttliche Offenbarung; ihre ältesten Teile stammen aus dem 1. Jahrtausend v. Chr.
Vier-Anna-Münze	indische Währungseinheit von geringem Wert
Vikrami-Epoche	nach der Legende von Vikramaditya, König von Ujjain, 58/57 v. Chr. begründet
Vishnu	Welterhalter; einer der drei höchsten hinduistischen Götter
Wallah	Person, Mensch; kann erweitert werden und ergibt dann eine Berufsbezeichnung, z. B. Zeitungswallah: Zeitungsverkäufer
Western Ghats	Gebirgszug an der Westküste Südindiens

Ya Allah	o Allah; o Gott
Yaar	Freund, Kumpel
Zenana	Frauengemächer in muslimischen Häusern